L'ENFANT AUX LOUPS

Leçons de ténèbres III

Née dans une famille creusoise très attachée à sa terre d'origine, Françoise Chandernagor partage son temps entre Paris et la Creuse, où elle a gardé une maison.
Après une maîtrise de droit et un diplôme de l'Institut d'études politiques de Paris, elle entre à vingt et un ans à l'Ecole nationale d'administration d'où elle sort deux ans plus tard « major » de sa promotion. Elle entre alors au Conseil d'Etat qu'elle quittera en 1993 pour se consacrer à l'écriture.
En 1981, Françoise Chandernagor publie *L'Allée du roi*, mémoires imaginaires de Mme de Maintenon, seconde épouse de Louis XIV. Ce livre, traduit dans une douzaine de langues, a reçu le prix des Ambassadeurs et le prix des Lectrices de *Elle*. Il a fait l'objet d'une adaptation théâtrale et télévisuelle. En 1988, elle entreprend la publication, en trois volumes, d'un roman consacré à la société française des années 1960 à 1980 ; cette trilogie — *La Sans Pareille*, *L'Archange de Vienne* et *L'Enfant aux loups* — a reçu en 1990 le prix Chateaubriand. En 1995, elle publie *L'Enfant des Lumières* et en 1998, *La Première Épouse*.
Depuis juin 1995, Françoise Chandernagor est membre de l'Académie Goncourt.

Paru dans Le Livre de Poche :

Leçons de ténèbres

1. LA SANS PAREILLE

2. L'ARCHANGE DE VIENNE

3. L'ENFANT AUX LOUPS

L'ENFANT DES LUMIÈRES

LA PREMIÈRE ÉPOUSE

FRANÇOISE CHANDERNAGOR

de l'académie Goncourt

Leçons de Ténèbres III

L'Enfant aux loups

ROMAN

EDITIONS DE FALLOIS

EVREUIL

La nuit des banlieues. Elimée, délavée, blafarde.

Les néons de l'autoroute, du RER, des cités neuves, des grandes surfaces, jettent sur le ciel des reflets pâles qui se délayent au ras des toits et forment une bouillie beigeasse ; où elles touchent terre, les ténèbres semblent javellisées. La vraie nuit, profonde, veloutée, s'éloigne au-dessus des têtes comme une coupole détachée du sol.

La nuit des banlieues. Décolorée, glacée.

Pour ceux qui vivent ici il fait toujours nuit : au petit matin, quand ils partent travailler ; tard, lorsqu'ils rentrent. Nuit perpétuelle comme la nuit polaire. Venus des pays du soleil, les banlieusards déracinés ne savent opposer aux ombres qui les cernent que la lumière froide des ampoules nues et l'éclat bleu des « télés ».

Ce soir-là, à Evreuil, seize étages d'écrans projetaient leurs lueurs gelées sur la place qu'un passant m'avait désignée comme « la cour des Platanes ». Au milieu du carré de bitume s'allongeait un bâtiment gris que la proximité des tours tassait davantage, un long rectangle qui avait l'air d'un marché couvert. Sur un filin tendu qui en interdisait l'accès je vis une pancarte se balancer : « Pour les messes et les sacrements s'adresser à l'église d'Evreuil-Centre, 10, avenue de Stalingrad ».

Depuis plusieurs années déjà la paroisse Saint-Paul, créée dans le grand ensemble des Trois-Bœufs au début des années soixante, avait été supprimée, et l'église, mi-caveau mi-entrepôt, d'abord transformée en chapelle, puis désaffectée.

En passant sous le filin je constatai que les enfants de la cité avaient bombé sur le béton les mêmes dessins rouge et bleu, les mêmes slogans que sur les parpaings du Promogros, quelques blocs plus loin : « Vive Hassan, le roi du funky »,

« Mort aux skins » (accompagné d'une tête de mort maladroitement tracée) et « Mouzachi aime Salima » (assorti d'un sexe viril plus convaincant).

Rien là-dedans d'anticlérical, pas même une allusion à la destination première de l'endroit : dans les grands ensembles et les cités — banlieues des banlieues, marges de la marginalité — les signes de l'ancienne culture ne peuvent plus être déchiffrés : personne ne sait que ce hangar enterré fut une église, ni à quoi les églises servaient.

Ce symbole, si discret, était-il même encore lisible lorsque, trente ans plus tôt, on l'avait posé à la périphérie de la cité ? Lancées vers les cieux comme des flammes, élevées comme des mains jointes, les églises de nos villages avaient été des églises dominantes — le donjon autour duquel se groupaient les maisons. Les églises construites depuis la guerre étaient des églises dominées, si résignées à un environnement écrasant et désireuses de s'y faire oublier qu'elles se camouflaient sous le préfabriqué et la tôle ondulée, se déguisaient en gymnases ou en stations-service, jouaient les conciergeries ou les entrées de parking, rampaient dans la boue, rentraient sous terre. Toutes petites à l'ombre des tours, tristes et ternes auprès des enseignes colorées des supermarchés, toujours éteintes, toujours froides, toujours nues, elles semblaient retourner par étapes aux catacombes d'où elles étaient sorties.

Dans les banlieues les pierres se débandaient, les signes s'effaçaient : si l'église du grand ensemble ne ressemblait guère à une église, le grand ensemble ne ressemblait pas à une ville. C'était le rêve hygiénique d'un disciple de Le Corbusier qui croyait les capitales nées du grand air et de l'angle droit : pour réduire la criminalité ne suffisait-il pas de mettre l'eau sur l'évier ? Bien intentionné, il confondait l'espace avec la beauté et les plans-masse avec de vrais quartiers. Posant sur ses maquettes le regard de l'aviateur, il avait bâti une ville géométrique : des avenues parallèles que le vent et la pluie balayaient, des immeubles aux portes régulièrement espacées, aux fenêtres alignées. Une ville où toutes les cuisines, les unes sous les autres, s'allumaient en même temps, une heure avant que ne s'illumine la colonne des chambres à coucher — larges châssis sans volets, vastes baies qui ne laisseraient pas le microbe échapper au soleil purificateur, ni le locataire suspect se dérober au regard de son voisin...

Ici, la vie serait enfin lumineuse, claire jusqu'à la transpa-

rence. Quarante mille habitants, et pas un café : plus de comptoirs, plus d'alcoolisme. Pas davantage de monuments aux morts ni de cimetières, qui disposent les âmes sensibles à la mélancolie. D'ailleurs, les locataires de la cité, bien nourris et oxygénés, ne mourraient jamais : de leurs milliers de loggias identiques ils contempleraient éternellement l'infini — à droite les terrains vagues du futur aéroport, à gauche l'autoroute.

Ici la vie serait logique : à l'homme nouveau, animal raisonnable, notre urbaniste avait offert une ville où il fût impossible de s'égarer. Chaque bloc illustrait un thème particulier — les provinces, les fleurs — qui donnait leurs noms aux rues, aux résidences ; et toutes les « fonctions » étaient dissociées : « fonction sommeil » pour les blocs A à J, « fonction loisir » pour le bloc K où l'on avait regroupé la salle polyvalente, le stade et la bibliothèque, tandis que la « fonction commerce » occupait le bloc L autour de la dalle « réservée à la flânerie ».

Une belle dalle imperméable en comblanchien, avec un banc de ciment tous les vingt mètres et un bac d'éternit au pied de chaque réverbère. Il n'y manquait que les flâneurs car, ici comme ailleurs, le triomphe des Hyperstock et des Intermarché avait reporté le commerce en périphérie : du centre commercial prévu ne subsistaient que la station BP et une vieille enseigne fluorescente qui se reflétait dans les flaques. Une trentaine de lampadaires versaient sur les angles droits une lumière uniformément blanche, ne laissant aucun recoin dans l'ombre : une ville saine n'a pas de recoins.

La nouvelle municipalité était embarrassée : que faire de cette dalle déserte et de ce bloc L si spécialisé que sa reconversion paraissait difficile ? Sur proposition de la Commission d'Equipement, la mairie venait d'installer au milieu de ce « forum » désolé une fontaine lumineuse qui projetait dans la nuit des milliers de perles lactées : c'était aussi gai qu'un pot de géranium à l'entrée d'un pénitencier...

En regagnant ma voiture en contrebas de ce « bloc flânerie », je songeai que la municipalité d'Evreuil n'avait pas de chance : outre cet épineux problème du centre commercial, voilà qu'elle avait maintenant celui de l'ex-église Saint-Paul sur les bras... Certes, l'église était plus facile à placer : parallélépipède comme un autre, sans signe distinctif — ni fresque, ni sculpture, ni croix — on aurait pu la louer à un chef d'entreprise qui l'aurait transformée en bureaux-paysa-

gers. L'ennui, c'est que cette chapelle se trouvait intégrée à la « fonction prière », un rectangle goudronné de deux mille mètres carrés où étaient également implantés le temple et la synagogue ; car l'architecte des Trois-Bœufs, ayant consenti quelques concessions aux dévots attardés — ruraux déménagés du Finistère ou Sudistes rapatriés de Bab-el-Oued —, avait fait un paquet fourre-tout des cultes occidentaux : la foi, il y avait des heures et des endroits pour ça. De préférence les fins de semaine et le bord des autoroutes : le roulement des voitures ne réveille pas le dieu qui dort... C'est pourquoi « la cour des Platanes », « fonction prière » du grand ensemble, se trouvait coincée entre un échangeur, des pylônes à haute tension et la gare de marchandises : une situation telle qu'on ne pouvait guère envisager aujourd'hui que de rendre à Dieu ce qui était à Dieu...

Dans cette perspective, il y avait bien une solution : que l'évêque local s'adressât à l'imam du secteur et lui fît une honnête proposition dans le genre de celle qu'avait adressée Fervacques à son successeur au moment de quitter le Quai d'Orsay — « Mon cher François-Poncet », avait-il dit, le sourire aux lèvres, en accueillant le nouveau ministre pour lui passer les pouvoirs, « soyons sans façon : j'ai un habit de cérémonie à queue-de-pie que je n'ai pas encore mis. Nous sommes de la même taille : ne sauriez-vous vous en arranger ? »

« Le Dieu des chrétiens a rétréci, aurait avoué l'évêque. Son vêtement flotte autour de lui. Plutôt que de jeter ce manteau qui pourrait encore servir, votre divinité ne peut-elle s'en accommoder ? » Fonction prière pour fonction prière, de l'église abandonnée on aurait fait une mosquée. Transfert qui aurait au moins montré qu'on s'était avisé en haut lieu du glissement de population survenu en trente ans : fabriqué pour des Henri Brassard, des Germaine Conan, des paysans transplantés — certificat d'études, premier prix de labour, bal du samedi soir, manille coinchée et « c'est ma tournée » —, le grand ensemble n'était plus occupé que par des immigrés africains, asiatiques, maghrébins, ou un « quart monde » autochtone de clochards et de chômeurs sans droits définitivement passés à travers les mailles du filet.

Mais ces gens-là étaient-ils bien les clients potentiels d'une mosquée ? « La voix de l'Eternel est puissante, dit le Psalmiste, elle retentit sur les eaux, brise les cèdres du Liban, fait trembler le désert de Kadès... » Mais elle ne ride pas les flaques qui stagnent sur la dalle des Trois-Bœufs, ne soulève pas la tenture trop lourde des draps suspendus aux balcons, ne descend pas jusqu'au fond des caves obscures aux soupiraux brisés, aux portes arrachées, aux réduits encombrés de meubles brisés, d'étrons, de cotons sales et de vieux pneus ; la voix de l'Eternel, prudente, n'ose pas prendre l'escalier des caves où depuis longtemps il n'y a plus d'électricité, cet escalier encombré d'immondices, dont les marches s'effritent, et qui mène au lupanar des paumés, à la cachette des voleurs, au nirvana des drogués. La voix de l'Eternel « fait gronder le tonnerre », mais elle s'arrête aux portes du grand ensemble : ici c'est la voix du Provisoire qu'on entend, c'est le culte de l'objet, cassable, cassé, la religion du transitoire qu'on célèbre.

La cité est un dépotoir géant, une décharge ouverte à longueur d'année : sur les loggias et les trottoirs, les garages à vélos et les parkings, les immeubles répandent leurs intérieurs, leurs déchets — frigidaires béants, téléviseurs désentripaillés, cuisinières sans brûleurs, landaus sans roues, cageots, cartons, chutes de lino... Une fois l'an les services municipaux tentent un ramassage en grand, mais quinze jours après, dans les caves et sur les paliers, la marée a remonté : machines à laver percées, matelas tachés, gazinières démodées, couvertures dépenaillées... Car Evreuil c'est la misère, ce n'est pas la pauvreté : on achète — du fragile, du précaire, du laid —, mais on achète sans cesse, et les choses mortes envahissent tout, écrasent tout.

Dans la ville trop rangée, le désordre — un désordre inanimé de machines et de gadgets — s'est insinué partout, sans pour autant que la vie prenne. Aussi, à l'âge de la révolte, quand ils cherchent quelle autorité refuser, quelle tyrannie renverser, les enfants d'Evreuil, qui ont rencontré si peu d'êtres et tant d'objets, s'attaquent-ils aux autos, aux outils, aux appareils ménagers, aux poubelles, aux vitres, aux portes, aux murs : ils arrachent les boîtes aux lettres, forcent les cadenas, tordent les essuie-glace, défoncent les cabines téléphoniques ; ils « graffitent » les ascenseurs, creusent au couteau des sillons dans le plâtre frais, détachent par plaques la peinture des entrées, descellent les faïences, brisent les lampadaires à coups de pierres, lacèrent les pneus au cutter. Lorsqu'on va à Evreuil par le RER, on sait qu'on est dans la bonne direction quand on voit un wagon neuf barbouillé au marqueur ou des sièges éventrés qui laissent échapper leur bourre...

« Ce sont des vandales, m'avait dit l'assistante sociale qui m'accompagnait dans ma visite du grand ensemble, mais ceux des Trois-Bœufs ne sont pas les pires. Ils démolissent, fauchent un peu, donnent dans la "démarque inconnue" mais ils ne dealent pas et ils braquent rarement. Il y a même des gosses plutôt gentils. Si on avait le temps... » Et comme « ceux des Trois-Bœufs » ne sont pas les pires en effet, la mairie et l'office d'HLM leur font de temps en temps l'aumône d'une réhabilitation : on repeint quelques immeubles des blocs D ou G en gris (moins salissant) ou en beige (qui « fait si gai ») ; mais, parce qu'on ne peut pas se battre sur tous les fronts, dans les bâtiments voisins les fenêtres sans vitres restent masquées par des cartons...

Le vent poussait des papiers le long des allées du bloc N, le « quartier des châteaux » : allée de Chambord, allée de Versailles, allée de Saint-Germain... Sur les loggias, doublées de canisses plastifiées, les vieux frigos finissaient de rouiller. Les crépis lépreux des bâtiments non rénovés s'enfonçaient dans une pénombre rosâtre. Etage par étage, la colonne des chambres à coucher s'éteignit. On n'entendait que le hurlement du vent et la rumeur des dernières télés. Au loin, sur une esplanade dénudée, une station d'autobus était encore éclairée : dans la nuit, cet abribus vide, planté en bordure d'un terrain vague, paraissait aussi incongru qu'une pompe à essence dans le désert.

Mieux que la tristesse rêveuse des petites filles noires engoncées dans leurs anoraks, que la solitude des gamins « à la clé autour du cou », que le regard égaré des vieilles Turques en aboyas ou la fatigue des passagers de la dernière rame, ces arrêts de bus des faubourgs expriment la détresse d'une humanité condamnée... M'approchant de la petite cage de verre et d'acier qui disparaissait sous une grande affiche — « Superprix à Home-Salon » — je cherchai sur le poteau de la RATP le nom de l'arrêt : « Terminus Nord ».

Mais c'était tout le grand ensemble, tout Evreuil, toute la banlieue qui avaient ce soir des airs de terminus. Quelque chose finissait là, en effet. Le monde dans lequel j'étais née, et la vie de Christine Valbray...

Six mois avant d'être nommée secrétaire d'Etat, elle avait racheté la maison des Lacroix, à deux kilomètres du grand ensemble. C'est par Béatrice qu'elle avait appris que « le Belvédère » venait d'être mis en vente : là-bas, dans son Alsace natale, Madame Lacroix était morte, et le vieux médecin obligé d'entrer dans une maison de retraite se résignait à se défaire du passé. Le pavillon, en mauvais état et mal environné, ne valait que le prix du terrain — élevé, d'ailleurs ; mais le docteur, lorsqu'il apprit que la fille de son ancienne maîtresse voulait acheter le bâtiment pour le réparer, consentit un rabais.

Sur son retour à Evreuil, Christine me fournit, au fil des années, plusieurs explications, rarement concordantes. Avait-elle voulu, comme elle le prétendait, empêcher que la villa ne fût démolie par la mairie (qui projetait d'implanter dans le parc son Bureau des Ecoles) et la tombe des enfants, profanée ? Il y avait bien des années en effet qu'à la suite d'une espèce de vision elle s'était persuadée que Clotilde et Frédéric avaient été enterrés près du jardin d'hiver du « Belvédère ». Mais rien n'était venu étayer cette hypothèse, et elle n'avait même pas cherché à la vérifier : obligée, au moment de la négociation, d'accompagner Fervacques à l'étranger et de confier à Béa le soin de la représenter, elle avait signé sans savoir, conclu sans voir.

En achetant ainsi le parc voisin des « Rieux », sa maison disparue, n'était-ce pas elle plutôt qu'elle cherchait à racheter ? Gommant son péché originel, sa première trahison, elle se donnait l'illusion de pouvoir effacer la vente de son jardin, la mort de son grand-père, la destruction des murs qui avaient abrité ses plaisirs innocents. Mais les paradis perdus et les enfances volées ne repassent jamais sur le marché...

Serrant sa vérité de plus près, elle me lançait parfois en guise de justification : « Cette banlieue nord, qu'est-ce que c'est ? Une terre sans mémoire livrée à des gens déboussolés... Eh bien, pour moi, n'en doutez pas : au point où j'en arrivais, c'était l'endroit rêvé ! »

Peut-être, comme les civilisations expirantes laissent un jour en arrière ce moment exquis où le jeu des masques suffit à occuper les esprits, éprouvait-elle maintenant le besoin confus de s'abîmer dans la violence, de finir dans la brutalité ? Il lui fallait des guerres civiles, des attentats, du pillage en grand...

« La nostalgie de la barbarie est le dernier mot d'une civilisation » : Evreuil, précisément, c'était la barbarie.

De quelque culture qu'ils fussent issus, les « petits Blancs » et les immigrés qui peuplaient le grand ensemble des Trois-Bœufs, la cité de transit, le quartier de la gare et la Peupleraie, avaient perdu le souvenir de leur passé. Nomades amnésiques confrontés à des symboles illisibles, des signes inconnus, vagabonds privés de repères et de but, ils n'avaient pour eux que le nombre ; ils assiégeaient les capitales, campaient à l'extérieur des villes, masse confuse, disparate, innommée, peuple de nulle part, non-citoyens encombrés de mixers, de walkmans et de machines à laver. De temps en temps le pouvoir leur faisait l'aumône d'une fête ; barbares respectueux, qu'on parvenait encore à cantonner, à acheter avec la verroterie des supermarchés, à diriger vers des bureaux, à intimider à coups de tampon, et à distraire avec trois airs de rock, ils applaudissaient. Quand il n'y avait pas de fêtes et que dans leurs lointaines banlieues — ces « bantoustans » stériles qu'on leur avait abandonnés — ils s'ennuyaient un peu, ils cassaient quelques vitrines ; mais, fauves parqués, c'était entre eux, le plus souvent, qu'ils se déchiraient. A peine s'ils osaient de brèves incursions au cœur de la civilisation — le samedi au Forum des Halles, les jours de foot au Parc des Princes.

Mais déjà leur sauvagerie, leur étrangeté, sitôt entrevues, impressionnaient ; on copiait leurs tenues « si originales », leur musique « tellement énergique », leur langage « délicieusement grossier », et, tel « l'Empire à la fin de la décadence », on regardait passer ces barbares fascinants « en composant des acrostiches indolents »...

Les civilisations qui se défont trouvent du charme à ceux qui les nient et goûtent, ravies, aux saveurs de l'autodérision. Spectateurs amusés de leur propre affaissement, un Charles de Fervacques, un Philippe Valbray, un Saint-Véran donnaient volontiers dans « l'acrostiche indolent » ; farfadets de la déliquescence, ils surfaient sur la vague, en attendant l'instant, si excitant, du choc et de l'effondrement. Christine, plus impatiente, les avait devancés : lasse de conspirer à sa ruine sans se mouiller, elle s'était jointe au flot montant pour mourir ou s'y régénérer. Etrangère à l'ancienne société, barbare parmi les barbares, meurtrie, rejetée, elle aussi aspirait à brûler et saccager...

« L'insécurité » contre laquelle mes meilleurs amis me mirent en garde lorsque j'achetai « le Belvédère » fouetta mon imagination : j'y vis l'occasion de tester ma capacité de riposte. Comme secrétaire d'Etat, je bénéficiais d'une protection rapprochée de nature à émousser un caractère bien trempé ; j'eus à cœur de me prouver que, pour la rapidité des réflexes, je n'avais personne à craindre. D'ailleurs, j'étais curieuse de savoir quels agresseurs seraient prêts, pour l'emporter, à miser aussi gros que moi. L'épreuve fut concluante : en deux ans de séjour, je ne croisai que de petits joueurs ; on rencontre dans les casinos des tueurs autrement dangereux que ceux des banlieues...

Ce fut peu de temps après mon installation, un dimanche soir, comme j'étais sortie acheter du pain à l'heure où les honnêtes gens bouclent leurs volets, mettent la chaîne et poussent le verrou, que je fis ma première expérience : je revenais vers l'impasse de la Gare, ma baguette sous le bras, lorsque, dans une zone d'ombre entre deux réverbères orangés, je me trouvai face à la lame d'un couteau. La pointe me visait à l'estomac, et le manche était entre les mains d'un « loubard » : cheveux en crête d'Iroquois, oreilles en porte-clés, une épingle de nourrice plantée dans la joue, un blouson de cuir « No Future » et une chaîne cadenassée autour du cou, bref un type d'une élégance raffinée...

Sans toutefois prendre le temps d'apprécier l'effort de recherche vestimentaire du muscadin qui m'attaquait, je lui abattis sur la main le coup-de-poing américain que je gardais enfoncé dans la poche de mon manteau : on ne traverse pas la forêt de Bondy comme un salon des beaux quartiers, et pour la forêt de Bondy je savais m'y prendre — on m'y avait élevée...

Néo-punk ou baba-rétro, l'agresseur n'avait pas prévu cette réplique : son Opinel, mollement brandi, tomba dans la boue ; je posai ma bottine dessus. Puis, lâchant mon pain, je saisis au collet le jeune brigand démoralisé et, serrant autour de son cou maigre sa chaîne cadenassée, l'invitai à m'escorter jusqu'au commissariat ; proposition que j'accompagnai — comme Achille — de propos désobligeants pour le vaincu : « Quand on est du genre dégonflé, ce n'est pas aux femmes de mon âge qu'il faut s'attaquer : c'est aux petites vieilles ! »

Le tenant en laisse, j'avais commencé à le traîner en direction du poste de police lorsque je m'aperçus qu'il tremblait. Pas seulement parce qu'il avait peur : tout pâle sous ses cheveux teints, il était couvert de sueur et manifestement au bord du malaise. J'avais éprouvé, à l'abattre du premier coup, la joie du chasseur néophyte ; je comprenais que la victoire avait été facile parce que j'avais tiré du gibier malade. Un drogué, sans doute... J'étais déçue.

Au bout de sa laisse, mon féroce porteur d'Opinel pleurnichait : « Portez pas plainte, Madame. S'il vous plaît. C'est pas de ma faute. J'étais en manque. Je suis camé. C'est pas de ma faute, hein ? C'est un problème de société, vous comprenez ? Un problème de société... »

Il était si touchant avec son « problème de société », proclamant son irresponsabilité et se prévalant de son néant, que j'en eus pitié : « Ah, bien sûr, mon pauvre chou, si c'est un problème de société, tu as toutes les chances d'être acquitté... Casse-toi ! »

Il ne se fit pas prier. Je ramassai le canif et le rapportai à la maison : il ne fallait pas gaspiller les munitions, il y avait tant de « problèmes de société » à Evreuil !

Par exemple la charcutière de la rue Vaillant-Couturier, un quartier à « petits Blancs » et chiens méchants. Elle non plus n'avait rien à se reprocher : elle se bornait à traiter, à sa manière, les disparités culturelles. C'est à cette fin qu'elle avait dressé son berger allemand à courir sus aux « bronzés » ; dès qu'un « mal blanchi » passait le seuil de sa boutique, Rex lui sautait à la gorge. Un jour qu'il s'apprêtait à dévorer une petite Africaine qui avait fait preuve de témérité en tentant d'acheter une tranche de pâté, je m'interposai et lançai à la grasse commerçante : « Ce n'est pas un chien de berger que vous avez là, c'est un chien de SS !

— J'y peux rien, ma petite dame ! » fit-elle, irritée. Puis, me reconnaissant, elle reprit, avec le respect dû aux autorités : « Oh, je m'excuse, Madame la Ministre, sur le moment je vous avais pas remise... C'est pas souvent qu'on vous voit faire vos courses ! Enfin, je veux dire : quand y a pas de journalistes dans le secteur... Mais, pour mon chien, c'est vrai que j'y peux rien, vous savez. Allez, Rex, sage... Sage ! Oui, bon chien, oh oui ! Qu'est-ce qu'elle va lui donner, mémère, à son bon chien ? Non, voyez, moi je suis pas raciste », conclut-elle en jetant vers la petite Noire terrorisée le regard câlin du loup sur le gigot d'agneau. « Vous pensez bien que, dans mon métier, la couleur de celui qui passe la monnaie !... Mais je vais vous expliquer, Madame la Ministre : c'est mon chien qui est raciste. »

« Charmante contrée ! grogna Thierry en sortant de la charcuterie. Faut-il que je t'aime pour être venu vivre chez ces sauvages ! D'ailleurs, je ne te comprends pas... Bon, c'est le patelin de ton enfance, et après ? Moi non plus, je ne suis pas né avec une cuillère d'argent dans la bouche, mais franchement je ne cherche pas à retrouver le goût du fer-blanc ! Quand je pense qu'à l'heure qu'il est tu pourrais profiter d'un appartement de quatre cents mètres carrés aux Invalides ! »

Dès ma nomination à la Défense en effet, les Armées avaient mis à ma disposition un logement de fonction à deux pas du tombeau de Napoléon. Voisinage que je trouvais un peu funèbre, et pied-à-terre plutôt lugubre : nostalgique de l'Indochine, le chef d'état-major qui m'avait précédée avait forcé sur la laque noire, le bambou, les coffres chinois et les lanternes de papier. Résignée à jouer les pleureuses ou les congaïs — au choix —, je m'y étais tout de même installée : mes bureaux étaient si près... Deux mois plus tard j'avais dû déclarer forfait : ce quartier était celui de Nadège Fortier — je ne pouvais sortir de chez moi sans passer devant chez elle, puisqu'elle habitait de l'autre côté de la place, face au mausolée. Il m'arrivait de passer la soirée entière derrière le rideau de ma fenêtre à surveiller son trottoir dans la crainte de voir la Jaguar de Fervacques s'y garer. Il me sembla qu'à Evreuil j'aurais de meilleures chances de les oublier.

Les travaux de remise en état de la villa, abandonnée pendant vingt ans, étaient terminés. J'avais trouvé le plus énergique des maîtres d'œuvre en la personne d'Olga. En achetant la maison, je lui avais demandé de s'occuper de sa restauration : du temps où elle cherchait à me recruter, ne m'avait-elle pas parlé d'un KGB-nounou, celui-là même qui procurait à Kim Philby sa marque de whisky préférée, renouvelait son stock d'amoureuses et lui offrait des vacances sur la mer Noire sitôt qu'il « déprimait » ? « Cette nounou-là, lui dis-je, doit bien pouvoir se procurer un plombier... » A l'époque Fervacques s'éloignait, notre grand amour tournait à l'aigre, la rupture menaçait — je n'ignorais pas qu'Olga le savait. Le moment aurait été mal choisi pour me refuser une petite gâterie : si l'enfant malade exige une maison de poupée, on lui donne son jouet sans discuter... Madame Kirchner était assez intelligente pour se charger de mon immense « maison de poupée » avec bonne humeur ; elle m'avait même avancé des fonds ; et, grâce à l'énergie qu'elle déploya, en six mois « le Belvédère » fut rénové de la cave au grenier. Déjà, chaque week-end, j'y retrouvais Saint-Véran et Madame Conan qui, devenue veuve, avait quitté Sainte-Solène pour veiller sur cette grande bâtisse où elle espérait bientôt accueillir et mignoter celui qu'elle appelait « son bébé » : mon fils Alexandre.

Pour la décider, je lui avais laissé entrevoir la possibilité d'obtenir une modification du droit de garde ; mais je doutais qu'un tribunal pût me l'accorder. Du reste, je n'y tenais pas : Alexandre avait neuf ans maintenant, il était moins clair, moins blond ; comme je lui en faisais la remarque en le coiffant, « eh bien, tant pis », m'avait-il répondu froidement en fixant mes cheveux, « l'essentiel pour moi, c'est de ne pas être roux. Je trouve ça affreux, d'être roux, franchement ! » Un débordement d'affection... Quand il venait chez moi pour « les petites vacances », il montait en silence des maquettes d'avions de guerre (il avait décidé d'être pilote de chasse et ne se souvenait plus d'avoir souhaité « conduire des balcons ») et il repartait en oubliant de m'embrasser ; pour obéir à son père il m'écrivait de temps en temps, mais ses lettres, brèves et insolentes, ressemblaient à celles qu'une grande dame du XVIIIe siècle, mariée contre son gré, adressait à son époux : « Je vous écris parce que je ne sais que faire, et je termine parce que je ne sais que dire... »

En vérité, ce n'était pas Alexandre, mais moi qui aimais à être dorlotée par Germaine Conan. Je regrettais ses petits laits-de-poule, ses tisanes, ses confitures. Même ses feints étonnements devant la poussière me manquaient ; et, plus encore, son bavardage rassurant, les histoires de son village, les nouvelles de ses petits-enfants : « Le dernier, Madame Valbray, quand mon gendre l'a fait, il avait déjà plus de quarante ans : eh ben, je me demande s'il y a bien mis toute la fourniture ! » J'aimais l'odeur de four et de pâtisserie qu'elle traînait après elle et ses formules de politesse si semblables à celles qu'utilisait ma grand-mère, ses « Vous prendrez bien une petite goutte ? » à mon chauffeur, ses « A la vôtre » quand Thierry éternuait, et ses « Bonne continuation » énergiques lorsque je la quittais. De nouveau j'habitais Evreuil, de nouveau j'avais une grand-mère, des bouillottes et du gâteau de semoule...

Ce fut donc officiellement pour rejoindre Madame Conan que j'abandonnai l'appartement des Invalides : on n'avait pas prévu de personnel domestique pour ces quatre cents mètres carrés et j'avais horreur, expliquai-je, de plier mes chemisiers.

Il faut savoir, en effet, qu'un ministre se déplace beaucoup ; on range une valise pour en sortir une autre — corvée de paquetage aggravée pour les dames par la nécessité de varier les tenues, d'assortir les accessoires aux tailleurs et de n'oublier ni le fer à friser ni le rouge à lèvres. Bref, une femme ministre ne peut pas s'envoler avec un costume gris et une chemise de rechange, en comptant sur le peigne de poche et le rasoir jetable qu'on lui offrira en « classe affaires ». A ce handicap sensible s'en ajoute un autre : par un curieux trait de sociologie, qui n'a pas toujours été souligné comme il se devrait, il se trouve qu'une femme ministre n'a pas d'épouse. Aussi consacrais-je plusieurs heures par semaine à repasser et ranger mes vêtements...

Mes proches ne me trouvèrent pas déraisonnable quand j'expliquai que j'échangeais le tombeau de Napoléon contre une lingère dévouée. Quant à ceux qui, comme Hugues de Chérailles, s'étonnèrent de me voir choisir un endroit aussi peu touristique et mal fréquenté que la banlieue nord, je leur fis la réponse politique qu'ils attendaient : « La France profonde, ce n'est plus la Corrèze. Votre patron ferait bien de s'en aviser ! La France profonde, c'est Sarcelles, Créteil, Massy, Villeurbanne... Evreuil aussi. » On en déduisit que je me cherchais une circonscription — ce qui n'était pas encore vrai.

Dès que j'eus quitté les Invalides où, effrayé par le double cordon de sentinelles en faction, il n'osait plus me rendre visite, Thierry abandonna son appartement et vint s'installer au « Belvédère », où, jusque-là, il ne passait que les fins de semaine. Mais, sitôt qu'il y fut à demeure, il se mit à protester contre la laideur de l'environnement avec une véhémence telle qu'on aurait pu le croire venu là contre son gré, poussé par l'amour. C'était du reste ce dont il espérait me persuader. Mais je n'ignorais pas qu'il avait surtout des visées procréatrices dont l'accomplissement supposait entre nous une plus grande proximité : il désirait un enfant avec emportement — « Un enfant, c'est formidable, disait-il avec l'enthousiasme du néo-converti, la seule œuvre qui fasse vraiment de son auteur un créateur ! La seule qui nous déroute, qui nous échappe ! Toutes nos autres productions s'arrêtent où s'arrête notre volonté : est-ce qu'on a jamais vu une œuvre d'art plus intelligente que son auteur ? Tandis qu'un enfant... Un enfant peut pousser sans nous, contre nous, nous dépasser, nous renier. Tu ne crois pas ? Je suis sûr qu'en créant l'homme Dieu a voulu s'étonner » (c'était son versant théologique, l'héritage de Sovorov), « eh bien, moi aussi, Christine, je te le dis : j'ai envie de me surprendre ! »

C'était surtout moi qu'il surprenait : tant qu'à se choisir une mère-porteuse, était-il indispensable de prendre un ministre ?

Néanmoins je me réjouis qu'il eût décidé de partager mes soirées : outre que Fervacques, s'il l'apprenait, y verrait la confirmation de ce que je lui avais raconté, j'étais contente, en rentrant du ministère, de trouver ma maison habitée. Thierry, disert et cultivé, était l'animal de compagnie le plus délicieux qu'on pût trouver : pourquoi, comme tant d'autres femmes abandonnées, se rabattre sur les chiens, les chats ou les perroquets, quand on peut, pour le même prix, mettre un auteur dans sa cuisine ? Par rapport à l'angora ou au siamois, Thierry présentait un autre avantage : on pouvait le sortir. Ce « compagnon », dont la notoriété dépassait depuis longtemps la mienne, faisait en effet très bien en société : ses cinq livres et ses trois pièces lui avaient assuré l'estime des intellectuels et les deux scénarios de feuilletons qu'il venait d'écrire pour la télévision y ajoutaient la reconnaissance populaire ; il avait même fait la couverture de « Votre Journal Télé » — la lecture de ceux qui ne lisent jamais... Bref, c'était sinon la gloire, du moins la célébrité, excellent placement à court terme.

Quant au long terme, Saint-Véran s'en moquait. Ayant commencé sa carrière par la scandaleuse « Vie de Giton » et quelques mauvaises fréquentations, il n'était pas du genre à mettre de côté pour l'Académie et les recueils de morceaux choisis : « La postérité ? répétait-il après Woody Allen, qu'est-ce qu'elle a fait pour moi, la postérité ? » Il lui suffisait que son visage, qu'il avait d'ailleurs plus agréable à quarante-deux ans qu'à vingt-cinq, fût reconnu par les vendeuses des chemiseries, les agents de police et les chauffeurs de taxi.

Et reconnu, je puis témoigner qu'il l'était. Comme, peu de temps après ma nomination à la Défense, je rentrais avec lui d'un week-end à Marrakech et que, hésitant encore à user de mes prérogatives ministérielles, je prenais la file devant un guichet d'embarquement, une jeune hôtesse d'Air France s'arrêta brusquement devant Thierry : « Oh non, pas vous ! s'exclama-t-elle confuse, vous n'allez pas attendre là comme n'importe qui... Suivez-moi », et elle fit enregistrer nos bagages en priorité. Enchanté de toucher les intérêts de sa renommée et de voir son éclat littéraire m'éclipser, Thierry me gratifia d'un de ces sourires appuyés que les enfants soulignent ordinairement d'un « nananère » fanfaron. L'hôtesse, toujours empressée, nous fit monter dans l'avion en même temps que les invalides et les mineurs non accompagnés, elle nous installa aux meilleures places, remit à Saint-Véran une pile de journaux et lui servit, en attendant le décollage, un double whisky. Pourquoi fallut-il qu'elle gâchât cette excellente impression en nous proposant des cigarettes : « Que fumez-vous, Commandant, des brunes ou des blondes ? » Au mot de « commandant », je fus obligée de détourner mon fou rire vers le hublot pour ne pas froisser Saint-Véran ; mais j'eus encore plus de peine à garder mon sérieux lorsque, quelques minutes après, j'entendis la charmante hôtesse, profitant de la cohue des passagers, préciser à une jeune collègue intriguée : « C'est un ancien pilote de la ligne. Je crois qu'il est à la retraite maintenant... »

« Rien ne me sera épargné ! grommela la pseudo-gloire de l'aviation.

— Je crois, lui dis-je pour le consoler, que les pilotes d'Air France sont comme les militaires : ils partent à la retraite très tôt...

— Merci », fit Thierry pincé. Puis il se détendit et passa affectueusement son bras autour de mon cou : « En vérité, je sais depuis longtemps qu'on peut être reconnu sans être identifié : est-ce qu'on ne te prend pas pour un secrétaire d'Etat, Ariane ma sœur ? » Ce rappel du « bord où je fus laissée » et de mes chagrins d'amour tout frais me parut maladroit. Un réflexe de fierté me poussa à attaquer sur le terrain même où Thierry cherchait à me blesser : « Bah, l'erreur est excusable, fis-je désinvolte, je te prenais bien, moi, pour un écrivain ! »

Il est vrai que j'avais été surprise de voir Thierry accepter, le mois précédent, la responsabilité du Centre Pompidou : se souvenant que le célèbre auteur du « Divertimento » avait commencé comme fonctionnaire, le gouvernement lui avait proposé la présidence de Beaubourg, où ses compétences d'administrateur, jointes à une sensibilité artistique de bon aloi, feraient merveille. Peut-être notre liaison n'était-elle pas étrangère à cette promotion ? Mais cette promotion servait à son tour notre liaison : Saint-Véran, l'un des rares intellectuels de sa génération à n'avoir jamais flirté avec la gauche, pouvait, maintenant qu'il m'était lié, être justement considéré par Matignon comme un sympathisant à récompenser ; de mon côté, je jugeais moins compromettant, vis-à-vis de l'Elysée, de me mettre en ménage avec le directeur d'un grand complexe culturel qu'avec le romancier sulfureux qu'il avait été.

Je n'avais donc pas dissuadé Saint-Véran d'accepter des fonctions auxquelles j'avais tout à gagner, mais je voyais moins pourquoi lui s'était jeté sur cet emploi qui lui laisserait bien peu de temps pour terminer son « grand roman » : une fois de plus, la publication s'en trouverait repoussée...

Peut-être, en le voyant accepter ainsi une proposition si préjudiciable à son œuvre, aurais-je supposé (s'il s'était agi d'une autre époque et d'un autre homme) qu'il cédait à la « tentation Rimbaud » du gaspillage, à l'ivresse du potlatch — plongée de l'écrivain dans l'action, entrée du politicien en religion, renfermement volontaire de l'explorateur, voyage au long cours du peintre d'intérieur —, démarche dans laquelle il entre encore plus de présomption que de masochisme. Car, pour que le défi ait du prix et assure à son auteur une réputation de grandeur auprès des gagne-petit, il faut que la perte passe le gain et qu'au moment de brûler ses vaisseaux le destructeur garde une conscience aiguë de la valeur du bien qu'il détruit...

C'est dire qu'en aucune façon le geste de Thierry ne pouvait rentrer dans cette catégorie : mon nouvel amant n'avait jamais été assez imbu des mérites de sa plume pour trouver dans leur immolation cette souffrance voluptueuse, cette griserie morbide, que les vrais génies cherchent dans la négation de leurs dons.

J'étais sans doute davantage dans le vrai en m'imaginant que Saint-Véran entrait à Beaubourg pour soigner, dans le tumulte des « obligations professionnelles » et des déjeuners d'affaires, un commencement de dépression. Non qu'il eût perdu son entrain apparent — il avait l'humeur égale et le vin gai —, mais, au bout de quinze ans de littérature, il se plaignait d'un excès de rumination, d'un penchant névrotique au ressassement ; il était las du tête-à-tête avec lui-même : « A n'importe quel individu qui remâcherait ses vieilles obsessions, m'expliquait-il, on dirait "Ce n'est pas bon pour vous, mon vieux, secouez-vous, cessez de vous écouter !" Mais comment conseiller ça à un écrivain, puisque c'est précisément son métier de s'écouter, son devoir de lécher ses plaies ? A force, on en vient à rouvrir des blessures qu'on croyait cicatrisées... Je suis sûr qu'un psychiatre me dirait que je vais moins bien qu'à vingt ans ! Pour mon équilibre, il m'ordonnerait de m'aérer... Donc je m'aère ! »

Ceux qui prétendent jouer avec le feu sans se brûler m'agacent un peu ; cependant j'aurais admis le bien-fondé des mesures prophylactiques que Saint-Véran prenait si j'avais été persuadée qu'il s'agissait bien, dans son cas, d'une maladie professionnelle, et non d'un problème individuel ; mais plus que d'un abus d'introspection inhérent à la fonction, il souffrait, à mon avis, d'un manque de conviction. Il avait toujours eu de la facilité, de l'oreille, du talent à ne savoir qu'en faire — et il en avait fait n'importe quoi en effet, passant d'un genre à un autre, changeant de peau et d'éditeur à chaque livraison.

Ce n'était pas qu'il fût mondain comme Fortier, paresseux comme Courseul, ou arriviste comme Coblentz, mais il était né timoré : il craignait de déplaire. Et chacun de ses succès, en élargissant son public, accroissait le nombre des déçus potentiels et lui rendait la tâche plus difficile. Il m'avait avoué un jour qu'il écrivait pour être aimé, et comme il voulait être aimé de tous — de sa concierge et du « Temps Littéraire », de « la Gazette des Arts » et de Nicolas Zaffini —, il essayait, à chaque ouvrage, une approche différente de la littérature ou de la scène, s'efforçant de rattraper d'un côté ceux qui le fuyaient de l'autre, et de séduire ici ceux qu'il avait rebutés là. Aussi, de même que Fortier de Leussac avait par civilité tourné au critique-caméléon, fasciné par le style de ceux qu'il commentait au point d'en adopter, le temps d'un papier, les tics et le ton, de même Saint-Véran, romancier-chimpanzé, attrapait-il pour plaire aux censeurs tous les tours que ses lecteurs réclamaient ou que les théoriciens des lettres lui suggéraient.

La critique surtout l'impressionnait. Il n'était même plus nécessaire que les commentateurs s'en prissent à ses livres : ce qu'on disait des autres, il se l'appliquait. Et parce que, à défaut de révérence pour la postérité, il gardait l'amour du travail bien fait, il discernait toujours, sous l'analyse du dernier Goncourt ou du prochain Femina, des reproches ou des conseils qui le visaient. Il se trouve, en effet, que la plupart des professionnels de l'exégèse ont une théorie de la littérature ; et Saint-Véran, peu assuré, était chaque semaine convaincu par le ton décidé du Sainte-Beuve de service, au point de se laisser successivement persuader par des esthétiques contraires. Si par exemple, à propos de l'opuscule d'une dame promise au prix Vauvenargues, il lisait dans « la Presse », sous la plume de Bodin, cette remontrance sévère : « Encore un livre pour rien, alors que les recettes de la bonne littérature sont simples : ne jamais intervenir dans le cours du récit, laisser au lecteur le soin de conclure », il se précipitait sur moi, ses dernières pages à la main : « Le voilà mon tort, je le savais : moi aussi, je me révèle trop, je prêche, je fais de l'éloquence ! Je dois apprendre à insinuer, à suggérer, à dépister... Le roman, c'est le flou, n'est-ce pas, Christine ? Tout ce que je viens d'écrire est à mettre au panier ! » et, avec rage, il déchirait ses feuillets. Pendant quelques jours, il s'évertuait à camoufler sa pensée, déguiser son intrigue, obscurcir son style, jusqu'au moment où il tombait dans « le Monde des Livres » sur un article d'Armel Giraud, où celui-ci reprochait à un jeune romancier de priver le lecteur de « ces instants de vérité où l'auteur s'avouerait » et réclamait « une parole nette, un souffle d'air, un peu d'explicite dans ce non-dit, de clarté dans cette jungle, d'épaisseur dans ces vapeurs ». Aussitôt, bondissant sur son pupitre, Thierry couvrait ses marges de rajouts, enrichissait ses phrases de béquets et de « paperolles », compliquait ses personnages, affinait son trait, avide soudain d'occuper tout l'espace, de ne rien laisser dans l'ombre : balayés, les phrases inachevées et les points de suspension chers à son ami Coblentz !... Accès de bavardage et souci d'exactitude qui duraient ce que dure « le Monde des Livres » : une semaine. Car il suffisait que dans le numéro suivant un autre critique eût vanté la maîtrise d'un romancier « économe de ses moyens, maître de leur emploi, sobre jusqu'à la nudité, et pénétrant comme un instrument de chirurgie » — un écrivain-scanner, précisait in fine le thuriféraire — pour que mon amant fût renvoyé à ses incertitudes et, à grands coups de ratures, revînt en hâte vers l'indicible et le lapidaire.

S'il n'y avait ainsi guère de blâmes adressés à d'autres que Saint-Véran ne prît pour lui, il n'y avait pas d'éloge non plus dont il ne tirât un « a contrario » fâcheux : que Fortier eût favorablement parlé du sens du rythme d'une jeune consœur — « Jamais, chez elle, de scènes longues, de chevilles maladroites ; elle coupe net, tranche dans le vif, épargne au lecteur les digressions psychologiques pour avancer, avancer toujours » — et Thierry, accablé, considérait d'un œil réprobateur ses propres transitions, ses longs dialogues, ses subtiles analyses : « Ne me ménage pas, Christine : c'était ça mon problème, hein ? cherchait-il à me faire avouer. Trop de psychologie, pas assez de rythme... Je suis un mou. Pour retenir le lecteur, il faut foncer. » Et sous prétexte, sans doute, d'avancer, il défaisait ce qu'il venait de faire, remaniait, remaniait toujours, avant de se décourager complètement et d'abandonner le manuscrit entrepris pour en commencer un autre. J'avais beau lui répéter — du haut de mon expérience de professeur de français — qu'il y a entre l'analyse et la création la même différence qu'entre le cabotage et la navigation en haute mer, je voyais approcher l'instant où il se noierait...

Je finis par lui interdire les journaux. Ce n'était pas que je tinsse tellement à lui voir terminer son roman (les livres, le vieux Chérailles m'avait convaincue depuis longtemps qu'il y en avait trop ; trop de phrases, trop de mots, trop de pages, aussi minces que ces pellicules de papier huilé dont on couvre la marmelade) ; mais les inquiétudes lancinantes de Saint-Véran troublaient l'heureux déroulement de mes propres tourments, elles me distrayaient d'un malheur sur lequel j'aurais voulu me concentrer. Aussi fut-ce par égoïsme que je défendis à mon amant la lecture d'une presse qui l'affligeait. Il m'obéit. Malheureusement, il restait les livres — et les auteurs, qui ont aussi leurs systèmes. Lisant un jour je ne sais quel ouvrage russe, il tomba ainsi sur une lettre de Tchékhov à Gorki, qu'il me traduisit avec une amère satisfaction : « Vous avez tant de mots déterminants, écrivait le premier au second, que l'attention du lecteur se fatigue. Quand j'écris : "L'homme s'assit dans l'herbe" ma phrase est facile à comprendre parce qu'elle n'arrête pas l'attention. Au contraire ma phrase est pesante si j'écris : "Un homme grand à la poitrine étroite et à la barbiche rousse s'assit dans l'herbe foulée par les passants." Cela ne pénètre pas immédiatement dans l'esprit ; or, la littérature doit y entrer en une seconde. »

En foi de quoi, les « mots déterminants » des manuscrits de Thierry passèrent un mauvais quart d'heure : la chasse aux adjectifs fut ouverte ; et je ne parle pas des adverbes, décimés, ni des pronoms relatifs, exterminés sans pitié. Les conjonctives circonstancielles furent elles-mêmes près d'y passer. « Il en reste, il en reste encore », gémissait l'écrivain, la tête entre les mains, « Bodin va me descendre en flammes, Leussac m'assassiner, personne n'achètera ce bouquin-là ! » A longueur de week-end, il m'obligeait à lire et relire ses feuillets dactylographiés pour éliminer les nuances, les descriptions, les incidentes, les explications, et ramener la structure de ses phrases au « sujet-verbe-complément », modèle idéal de sa période Tchékhov...

Je tentai bien de lui faire remarquer qu'il n'était pas tuberculeux, et que ce souffle économique, merveilleusement accordé à la capacité respiratoire réduite de l'écrivain russe, ne convenait probablement pas à l'homme éclatant de santé qu'il était. En vain : il biffait. Je lui représentai que les principes littéraires ne sont jamais que des vérités relatives, applicables aux seuls auteurs qui les édictent. Peine perdue : il coupait, rognait, détruisait. Je sentais cette automutilation si contraire à son tempérament, plutôt jovial et généreux, que j'en souffrais pour lui ; et, tout en me répétant que plaie d'auteur n'est pas mortelle, il me déplaisait d'assister à un suicide, fût-il littéraire... Soudain, j'eus l'idée d'opposer à cette vérité tchékhovienne de la phrase-squelette la vérité proustienne des phrases-valises, si pleines qu'elles ne ferment plus. Bien entendu, je me gardai de mentionner l'asthme de l'intéressé, qui infirmait ma théorie précédente : dans l'océan du doute, Thierry avait besoin de quelques îlots de certitude.

En tout cas, l'exemple de Proust lui fit le même effet qu'à un agonisant l'imposition des reliques ; il reprit vie. Ses phrases s'allongèrent, ses paragraphes gonflèrent ; dans les plates-bandes de ses cahiers, les subordonnées refleurirent, les incises proliférèrent. L'inspiration lui revenant avec la bonne mine, il s'était remis à son roman et m'en montrait chaque soir quelques pages, fièrement.

Certes, je remarquai bien que, dopé au style proustien, il avait tendance, cette fois, à en faire trop — trop long, trop plein, trop sinueux ; son texte souffrait de suralimentation. Mais le pauvre n'y pouvait rien ; ce n'était pas par hasard qu'il était entré en littérature par un remake du « Satiricon » et avait connu la consécration en s'inspirant de Fuentes et de Carpentier : il était né pasticheur, et, comme tous les imitateurs, se trouvait enclin à dépasser son modèle pour forcer le trait. Bien que, après les rigueurs de son régime Bodin-Fortier et sa cure d'amaigrissement Tchékhov, Proust eût admirablement réveillé son appétit, j'aurais dû, sitôt l'effet produit, commencer le sevrage. Mais comment priver un malade du remède auquel il croit ? Il vivait avec « la Recherche » à son chevet, comme un cardiaque avec sa digitaline et ma mère avec son Valium. « C'est curieux, m'expliquait-il ravi, les petits écrivains m'intimident, mais les grands m'excitent à écrire... »

Tout semblait donc reparti quand, catastrophe, au détour d'une phrase son grand homme le trahit ! Déjà il s'était alarmé en découvrant sous la plume de sa nouvelle idole un panégyrique de Gérard de Nerval dont les termes avaient quelque chose d'inquiétant : « Ce n'est pas dans les mots, écrivait Proust en extase devant la technique nervalienne, ce n'est pas exprimé, c'est tout entre les mots, comme la brume d'un matin de Chantilly... »

— Qu'est-ce que ça veut dire, ce truc-là ? m'avait demandé Thierry aux cent coups.

— Oh rien... Pour évoquer Nerval, le chantre du Valois, la brume va de soi. Tu te souviens de Senlis ? Du brouillard tous les matins ! Proust dresse un constat géographique, c'est tout.

Mais à deux heures du matin (depuis qu'il prenait du Proust à hautes doses, Thierry avait une fâcheuse tendance à vivre la nuit), il fit irruption dans ma chambre, son bouquin à la main : « Regarde un peu, Christine ! Si ! J'y tiens ! Lis mon arrêt de mort. » Et devant mes yeux ensommeillés il jeta ces lignes où, vaticinant encore une fois sur l'art du roman, son dernier modèle portait brusquement aux nues « les effets de silence » et, sous prétexte qu'il « ne cachait rien et disait tout », renvoyait Balzac aux ténèbres d'où il n'aurait jamais dû sortir.

— Et voilà, reprit Thierry, effondré, deux mois de travail anéantis, j'ai eu tort de t'écouter... Si seulement j'avais lu ça avant ! Qu'est-ce que je vais devenir maintenant, qu'est-ce que je vais devenir ?

Debout au pied de mon lit, son Proust à la main, il me rappelait mon ex-mari lorsque, bien des années plus tôt, à Trévennec, au milieu de la nuit, il me brandissait son Code électoral sous le nez en exigeant des consolations. Chacun à sa manière, ces deux inquiets gardaient une haute idée de leur métier — scrupule incapacitant, comme on sait : dans les époques douteuses la conscience professionnelle, inutile reliquat de la conscience morale, nuit à l'efficacité.

Si vives, d'ailleurs, qu'aient été les appréhensions de Thierry, si profondes ses incertitudes, je prenais ses chagrins d'écrivain moins au sérieux que les angoisses du sous-préfet : je n'ignorais pas que les gens de lettres adorent s'exagérer leurs sentiments pour qu'il en reste quelque chose lorsqu'ils les auront passés au tamis du roman... Je commençai donc par secouer mon scribouillard :

— Franchement, Thierry, c'est pour des bêtises comme celles-là que tu me réveilles ? Tu sais que demain je commence à sept heures ? On fait peu de choses dans l'armée, mais, comme tu sais, on les fait de bonne heure...

Puis, devant sa mine d'enfant battu, je me souvins qu'il m'arrivait de pleurer entre ses bras et qu'il était assez naturel, somme toute, que je lui offre de temps en temps l'asile des miens ; du reste, ayant toujours l'impression d'être aimée de lui comme les infirmières le sont des convalescents, ou les jeunes filles au pair de leurs poussins adolescents — parce qu'ils sont encore trop faibles pour porter leurs regards plus loin —, je me sentais à son égard des responsabilités de baby-sitter : je ne voulais pas voir mon protégé retomber dans l'anorexie ; comme je l'avais fait pour les municipales d'Armezer du temps de Frédéric, j'acceptai d'examiner ses soucis.

— Ton Proust recommande les « effets de silence » ? Et

alors ? Où sont les « effets de silence » dans son œuvre, à ton avis ? Crois-moi, la brume des matins de Chantilly, il la laisse à d'autres !

Il gardait l'air sceptique :

— Ah oui, et comment expliques-tu qu'il écrive des phrases comme celle-là ?

— Mais parce qu'il est comme toi : assez ennemi de lui-même pour prôner ce que, précisément, il ne fait pas !

Emportée par l'élan, je faillis ajouter qu'en somme il s'éprenait de son contraire comme nous le faisons tous, mais je me rappelai à temps que Proust comme Saint-Véran inclinaient à aimer leurs semblables... « Crois-moi, Thierry, en art la seule bonne théorie, c'est qu'il n'y a pas de théories ! Ne t'occupe plus des "maîtres", moque-toi de leurs principes et de leurs mauvaises notes : l'amour qu'on achète en se prostituant n'est pas de bonne qualité. Cache-toi, fuis Paris, les chapelles et les académies ! Rappelle-toi ce que disait Gaya : "L'oiseau doit chanter dans son arbre..." »

Mais je commençais à soupçonner que, à l'inverse du vieux musicien, Thierry serait toujours un oiseau migrateur, en quête de perchoir ; comme moi — quoique pour d'autres raisons — il ne savait où se poser. Et je pressentais qu'aucun argument ne pourrait l'empêcher de voleter à la recherche de l'arbre définitif, jusqu'à complet épuisement de ses forces et de son talent.

Déjà, considérant son abondante production des quinze dernières années, il en venait à décréter qu'il n'était pas doué ; et quoiqu'il eût, en vérité, reçu des fées tous les dons de l'écrivain, peut-être ces fées l'avaient-elles, par une ultime malice, privé du seul qui lui eût permis de les exploiter : la ténacité. Le plus souvent heureusement, par cet aveuglement miséricordieux que la Providence accorde aux malades désespérés, il se montrait plus indulgent envers lui-même : refusant de se mettre en cause, c'étaient les Lettres qu'il incriminait ; il s'était trompé de vocation ; la littérature lui apparaissait maintenant pour ce qu'elle était — une vanité ; il aurait mieux fait de s'embarquer pour le Bangladesh ou l'Ethiopie et de sauver des vies... Entre la poire et le fromage il me faisait le numéro complet du désenchanté : « Peux-tu me dire combien de livres tiendraient contre un cancer ? »

Je voulais bien admettre que peu tenaient contre la douleur physique, en effet ; j'avais essayé de lire Musil pendant mon accouchement et je n'y avais pas pris un grand intérêt... La douleur morale ne m'avait pas mieux disposée à la jouissance esthétique : à l'époque où, enceinte de Charles, j'hésitais entre garder l'enfant et le supprimer, j'avais trouvé un peu fades les « Larmes de sang » de Gilles Courseul et les « Poèmes du regret » de Bertrand Fortier... Après « l'opération », j'étais même restée un mois sans pouvoir lire : les mots me semblaient petits, et les phrases sur les pages aussi dégoûtantes que des processions de fourmis noires sur du sucre blanc.

Thierry, triomphant, poursuivait :

— Tu te tais ? Eh bien je vais te le dire : il n'y a pas dix romans dans toute l'histoire de la littérature qui tiennent contre la souffrance !

— Oui... Je te trouve même optimiste, mon petit Thierry : il n'y en a pas cinq ! Mais pour produire ces cinq-là, pour que poussent, tous les trois ou quatre siècles, ces fleurs rares, ce pavot de première qualité qui donne aux hommes l'oubli absolu, il faut que le jardin ait continué d'exister, que le sol se soit renouvelé. Il faut que d'autres plantes l'aient engraissé, que la mauvaise herbe l'ait fumé...

J'avais acquis dans les cabinets l'habitude facile de promettre aux malheureux des lendemains qui chantent ; même en littérature, je n'avais pas ma pareille pour offrir aux générations sacrifiées le bonheur de la génération d'après... Thierry ne se laissa pas abuser par ce bla-bla électoraliste. Amusé, il se leva, me prit affectueusement le menton et, plongeant ses yeux dans les miens : « Tu ne crois pas un mot de ce que tu dis, murmura-t-il en riant. Conviens d'ailleurs que promettre à un artiste, pour le consoler, d'être le fumier des génies d'après-demain, ce serait un peu fort de café ! On a beau ne pas se piquer d'immortalité, on aimerait que nos amis nous laissent un bout d'illusion ! »

Il avait donc préféré Beaubourg. Nous y avions beaucoup gagné. Moi, en respectabilité. Lui, en sérénité. Il tenait enfin son alibi : s'il n'écrivait plus, c'est qu'il n'en avait pas le loisir ; il était tellement occupé !

Tout juste finissait-il d'honorer un contrat signé avec la deuxième chaîne pour six téléfilms tirés d'ouvrages du XIXe. Car, s'il ne pouvait plus, faute de temps, se consacrer au roman ni à l'écriture de scénarios originaux comme il l'avait fait ces dernières années, l'adaptation — moins prenante — restait à peu près compatible avec son nouveau métier. Sur les œuvres des autres il travaillait vite, en effet ; il avait, pour cette activité parasite, toutes les qualités : aptitude à se glisser dans une pensée étrangère, facilité à passer d'un style au style opposé, adresse à découper n'importe quelle intrigue en quatre épisodes de cinquante-deux minutes, sans oublier une étonnante capacité à retailler les dialogues sur les acteurs et une souplesse de caractère qui lui permettait de collaborer avec les réalisateurs les moins commodes. Il avait ainsi successivement donné aux foules un « Quatre-Vingt-Treize » commercialisé dans toute l'Europe, un « Chevalier des Touches » très estimé, et lorsqu'il vint s'établir au « Belvédère » il travaillait à une adaptation des « Chouans ». C'était sa période vendéenne : il affectait maintenant de ne s'intéresser qu'aux temps agités, expliquant même le tarissement de son inspiration par la médiocrité de notre fin de siècle.

— Il ne se passe rien, disait-il, on attend, on attend... Ah, pouvoir peindre la retraite de Russie, l'incendie d'Atlanta ! Etre le témoin de ces grands événements qui font les Agrippa d'Aubigné, les Malraux, les Chateaubriand...

— Oui, oui... Ou les Marie-Joseph Chénier !

Franchement, il m'amusait avec sa nouvelle antienne ! Je me retenais de lui lancer que les grandes œuvres se bâtissent en contrepoint, que la fièvre romantique naît de l'ennui bourgeois, et la sérénité des « Essais », du tumulte des guerres civiles... Mais je me taisais, par peur de prendre plaisir à l'humilier. Je sentais parfois, au moment même où je l'aidais à émerger, que j'aurais aimé l'enfoncer : pour retourner plus vite à ma douleur j'avais choisi de le consoler, mais dès qu'il revenait à l'insouciance je le détestais ; nous étions plus proches, à tout prendre, lorsqu'il souffrait — lui, veuf d'un art auquel il s'était cru appelé, moi, en deuil d'un homme que j'avais aimé. Avec un Saint-Véran heureux, satisfait des apparences et content de sa médiocrité, un Saint-Véran souriant sous une pluie de « Sept d'or », une avalanche de présidences et d'inaugurations, je n'avais plus rien de commun et je le regrettais...

Lui, pourtant, continuait de se donner du mal pour me faire partager ses joies : n'était-ce pas pour se rapprocher de moi qu'il avait choisi pour sujet de sa troisième série ces « Chouans » dont j'étais entichée ?

Tous les soirs, quand il avait rangé son attaché-case et

classé ses parapheurs (désormais il avait, lui aussi, des circulaires à viser), il se mettait au bureau que j'avais installé dans l'ancien petit salon des Lacroix, allumait une chandelle « pour l'ambiance », et, s'emparant d'une plume Sergent-Major (il n'avait pas encore osé reprendre la plume d'oie), il penchait sur son scénario les dentelles blondes de son jabot et les manchettes frisées de sa chemise de soie. Il y avait, en effet, un certain temps qu'après avoir beaucoup cherché son « look » il avait adopté le style XVIIIe et les étranges justaucorps de velours noir ou de daim gris que Mügler lui fabriquait ; sans doute n'était-il pas fâché, depuis quelques mois, de pouvoir assortir la couleur de sa production à la coupe de son veston. Le soir, lorsqu'il m'invitait à venir regarder par-dessus son épaule ce qu'il écrivait, j'hésitais à lui obéir : quand je poussais la porte et que j'apercevais de dos, à la seule lueur de la bougie, cet homme vêtu de valenciennes et de velours frappé dont la plume crissait régulièrement sur le papier, j'avais l'impression de déranger Mozart...

— Au fait, lui dis-je un jour, maintenant que, grâce à toi, Antenne 2 s'est constitué un stock de costumes XVIIIe aussi impressionnant que ta garde-robe, tu devrais peut-être leur proposer « les Liaisons dangereuses » ou « les Affinités électives » pour qu'ils puissent amortir leurs perruques et leurs robes à paniers... « Les Affinités électives », au fond c'est un beau sujet. Et que nous pourrions traiter ensemble, non ? Nous en savons long sur ce genre de sentiments !

Sans relever l'allusion il avait pris l'air pensif : « Non, il n'y a pas assez de dialogues dans "les Affinités électives". Je serais obligé de faire des raccords, et des raccords dans le style de Goethe... Honnêtement, je ne me crois pas capable de pasticher Goethe : tu comprends, ce qui caractérise ce type d'auteur, ce n'est pas la forme, c'est le fond. Peu de subtilités d'écriture, rien de recherché. Un jaillissement d'idées spontané... Oui, tout le contraire d'un Saint-Véran : c'est ce que tu t'apprêtais à me faire remarquer ? » Il rit. Thierry n'était pas sot ; il me pardonnait par avance mes méchancetés parce qu'il devinait quels chagrins je voulais lui cacher. Ainsi avions-nous tour à tour pitié l'un de l'autre ; j'essayais de me persuader que, pour le bonheur d'une union, cette compassion mutuelle vaut mieux que la passion. L'ennui, c'est que la compassion m'assommait...

— Vois-tu, ma chérie, reprenait Thierry en m'embrassant la main, les petits écrivains n'ont pas de style et les grands ont une pensée : ce sont deux obstacles majeurs à l'imitation. On ne pastiche bien que l'espèce intermédiaire : pour le XVIIe, Madame de Sévigné par exemple ; mais ni Scudéry, qui n'a pas de forme, ni Pascal, qui a trop de fond. Je pourrais aussi te faire Huysmans si ça t'amusait ; mais ni Paul Bourget, ni Marcel Proust... Aujourd'hui, c'est Courseul, tiens, que je copierais...

— Mais Balzac ? Tu es en train de faire du Balzac dans tes dialogues...

— Oui, mais le Balzac d'avant Balzac. « Les Chouans » ne sont pas un grand roman.

— Comment ? Un roman où les amants se promettent mutuellement « une belle journée sans lendemain » ! Mais c'est beau comme Roméo et Juliette, comme Tristan et Yseult ! Rends-toi compte : une histoire d'amour où chacun se demande jusqu'au bout lequel détruira l'autre !

Pour un simple « commentaire de texte », mon enthousiasme pouvait sembler suspect. Thierry m'attira sur ses genoux de velours et, passant doucement ses doigts à travers les cheveux que j'avais laissés repousser quand Charles l'avait exigé, cette longue chevelure « trempée dans le sang des amours » : « Rassure-toi, me dit-il avec un sourire tendre, tu as tout de même l'air en excellente santé... »

Thierry avait raison : le pouvoir dope les hommes et farde les femmes. Mais je savais que les compliments qu'on me faisait sur mon allant étaient aussi peu fondés que ceux que m'adressaient autrefois sur ma bonne mine les institutrices de l'école communale : parce qu'elles m'avaient d'abord trouvée mélancolique et souffreteuse, elles s'étaient imaginé qu'on me battait et nous avaient expédié l'assistante sociale ; ma grand-mère, humiliée, avait décidé de me maquiller pour nous mettre à l'abri d'autres inspections ; sur mes joues maigres elle posait chaque matin une touche de rouge Bourjois et complétait son coloriage en barbouillant mes lèvres de pommade Rosa ; les institutrices me crurent sauvée et admirèrent pendant deux ans leur perspicacité et mon regain de santé. Comme elles, Saint-Véran jugeait de l'état de mon âme par celui de ma carapace...

Je ne dis pas d'ailleurs qu'en d'autres circonstances je

n'aurais pas trouvé amusantes les attributions auxquelles j'empruntais cet éclat passager. Certes, on ne m'avait confié que des compétences limitées : la défense civile, les écoles militaires, l'action sociale des Armées et une tutelle sur la Direction générale de l'Armement pour les exportations de matériel vers l'Amérique du Sud — où nous n'exportons presque rien ; mais c'était pour moi l'occasion de découvrir un milieu nouveau et, pour la première fois depuis mon entrée dans la vie professionnelle, d'être mon propre maître. Sept ans de cabinets ministériels m'avaient à peu près convaincue que j'avais les vertus des grands politiques. Je n'en tirais pas vanité : c'étaient essentiellement des qualités physiques. Par exemple, j'avais une bonne voix, qui portait loin sans s'érailler, une de ces voix incassables qui dissuadent les contradicteurs de vous couper le micro. Je pouvais aussi me prévaloir — dans un pays où l'autorité est souvent affaire de centimètres — d'une haute taille, dont je renforçais l'effet par quelques trucs de métier : me placer toujours au-dessus d'une assemblée pour lui parler, ou, à défaut d'estrade, faire asseoir la foule et rester debout. Enfin, ma couleur de cheveux permettait à tous, spectacteurs comme photographes, de me repérer de loin dans une manifestation ou un congrès... Quant aux insuffisances, j'avais appris à les pallier. Si ma mémoire des visages se révélait défaillante, je savais y remédier : « Rappelez-moi votre nom », demandais-je au vieux militant qu'il me fallait présenter à un tiers ; « Dupont », faisait l'autre, vexé que j'aie pu l'oublier ; « Mais non ! m'exclamais-je dans un grand rire, Dupont, ça je le sais ! On se connaît assez, et depuis déjà... un bon bout de temps, hein, Dupont ? Je voulais dire : votre prénom... » « Ah, soupirait l'autre, rasséréné, Fernand », et aussitôt je lui donnais du Fernand long comme le bras, le laissant, après cinq minutes, enchanté d'avoir tellement progressé dans mon intimité.

Avec de pareils talents, je serais sûrement, moi aussi, « allée bien loin si je ne m'étais toujours trouvée sur mon chemin »...

Au début pourtant je ne me mis pas trop de bâtons dans les roues : anesthésiée par ma rupture avec Charles, j'avais placé ma carrière en pilotage automatique ; et la force des habitudes, la puissance des réflexes acquis, me permirent d'éviter les pièges inhérents à la constitution d'un cabinet.

Ainsi parvins-je — sans heurter personne — à renvoyer la demi-douzaine de Solenais que Fervacques m'avait généreusement expédiés en leur promettant que je les prendrais à mes côtés. Dans cette première épreuve, mon chef de cabinet se révéla d'un grand secours. Il avait été à plus rude école : conseiller d'Edgar Faure au moment où celui-ci redevenait ministre après une longue éclipse, il lui avait fallu affronter une horde de cinquante-deux Jurassiens débarqués à Paris pour occuper les emplois promis depuis dix ans par leur député ; ces cinquante-deux électeurs campaient avec armes et bagages dans les jardins du ministère ; mon chef de cabinet, bien décidé à ne lâcher aucun poste, réussit à en renvoyer quarante avec le Mérite agricole et douze avec la médaille de l'Aéronautique — tous contents... A leur tour mes dix Solenais regagnèrent leurs foyers, enchantés des Palmes académiques qu'on venait de leur attribuer.

Mais le plus difficile dans la vie ministérielle n'est pas de savoir s'entourer, ni même de connaître son travail ; le plus dur, c'est de convaincre les autres qu'on est si bien à sa place qu'on serait encore mieux dans une place plus élevée.

De ce point de vue-là, la partie n'était pas gagnée. Lorsque nous nous rencontrions pour le Conseil du mercredi, mes collègues masculins jouaient aux camarades de régiment — « Alors, chère amie, vous faites votre service ? Dans les bureaux bien sûr, espèce de planquée ! » — , mais ils guettaient avec ardeur mon premier faux pas. Auprès de l'Elysée mes origines politiques me desservaient autant que mon inaptitude à flagorner — je voulais bien être courtisane, je ne serais pas courtisan. Quant au Premier ministre, auquel ma nomination avait été imposée, il m'avait longuement chapitrée sur les valeurs militaires et mise en garde contre une approche trop féminine de mes fonctions : de la fermeté, m'avait-il recommandé, et « surtout pas d'appel au sentiment ! »

Il avait tort de s'inquiéter : je n'étais pas sentimentale. J'étais passionnée — handicap affectif qui ne présente aucun inconvénient militaire. Au contraire : quoi de plus lyrique, et de plus désespéré, qu'un grand chef d'armée ? La violence, je la portais en moi ; la mort, je ne la craignais pas ; et quant à mettre le feu aux poudres, rien de plus facile, puisque je me moquais de sauter... Au contact des officiers, vestiges d'une société en voie de disparition, j'osai enfin m'avouer que j'éprouvais la nostalgie d'un monde où l'excès aurait été la norme, l'absolu la règle. Que mes peines de cœur n'aient pas été étrangères à cette conversion, c'est possible ; mais il est sûr que, très vite, il se noua entre ces soldats et moi une étrange alliance faite d'anciennes déceptions, de ferveur inemployée, et d'un même besoin d'achever dans la paix des cimetières une vie gâchée — quelque chose d'assez semblable au couple sans illusions que je tentais dans le même temps de former avec Saint-Véran...

C'est dans cet esprit que je fis équipe avec le général Beauregard, mon directeur de cabinet, âme ardente et désenchantée. Il approchait de la retraite et il y avait longtemps qu'il n'était plus ambitieux — exactement depuis le jour où, seize ans plus tôt, à la fin de la guerre d'Algérie, soldat fidèle au pouvoir mais estimé des troupes de métier, il avait été chargé par l'Elysée de raisonner les harkis pour les empêcher de rallier l'OAS. A ces Algériens engagés aux côtés des Français Beauregard avait promis ce qu'on lui ordonnait de promettre — la protection de leurs familles contre les représailles du nouveau pouvoir, le transfert en France, le reclassement dans l'armée, et la reconnaissance éternelle de ceux pour lesquels ils s'étaient compromis. Confiants dans sa parole, nos « irréguliers » n'avaient pas bougé ; et il avait fallu l'indépendance pour que, abandonnés aux égorgeurs adverses par une armée qui se retirait, ils comprennent que Beauregard les avait trompés. Beauregard, au même instant, découvrait qu'on lui avait menti. Ecœuré par le massacre qu'on laissait commettre, il avait sollicité, et obtenu, un rendez-vous du chef de l'Etat pour s'entendre demander, lorsqu'il eut fini sa plaidoirie en faveur du rapatriement des rescapés : « Voyons, Beauregard, vous aimeriez que votre fille épouse un bougnoule ? »

Depuis, Beauregard consacrait sa vie à ces « bougnoules » que les Français avaient reniés et que leurs compatriotes méprisaient. Pour se donner plus complètement à la douzaine d'associations qu'il animait dans les régions où les harkis survivants se trouvaient parqués, il avait mis sa carrière en veilleuse et n'avançait plus qu'à l'ancienneté.

Ce fut après avoir accepté la direction de mon cabinet qu'il m'éclaira sur cette douleur secrète, que peu de ses chefs connaissaient, et je compris, en recevant ses confidences, que, même avec les baroudeurs, une femme avait des cartes à jouer : écouter la plainte des cœurs blessés, panser les plaies, et bercer, bercer, bercer... Soulagé d'avoir été compris, Beauregard s'employa à m'être agréable : je savais qu'il y avait à Evreuil, au grand ensemble de la Peupleraie, une poignée d'anciens d'Algérie qui, rejetés par les deux cultures, les deux nations, s'enfonçaient doucement dans l'alcoolisme et la folie ; comme Germaine craignait les « problèmes de société » qui traînaient à longueur de journée dans l'impasse de la Gare, et qu'elle refusait maintenant de rester seule dans la maison lorsque nous la quittions, j'obtins de Beauregard qu'il me confiât le moins abîmé des débris de la Peupleraie : Ahmed El Kaoui vint s'installer à l'entrée de la propriété. Avec ses vieux pistolets et sa fidélité inentamée, il campait dans l'ancien cabinet du docteur Lacroix, reconverti en maison de gardien.

Entre Beauregard et moi, Ahmed créa un lien de plus, une complicité, que les autres membres du cabinet ignoraient. Je lui donnais des nouvelles de son protégé ; ce fut bientôt une sorte de relation familiale entre nous. Touché de mon intérêt, le vieux général me considérait comme une nièce d'élection, une jeune pupille à laquelle il devait apprendre les ficelles du métier. Tout ce que j'ignorais, il me l'enseigna sans misogynie. Les grades, pour commencer : entre les étoiles, les feuilles de chêne, les barrettes et les fourragères, je me perdais... D'abord, j'étais trop myope pour compter les galons ; et si je n'étais pas moins sensible qu'une autre au prestige de l'uniforme (le képi grandit l'homme et l'épaulette l'étoffe), j'étais incapable de déterminer sur-le-champ à qui je m'adressais. Colonel, commandant ou capitaine, pour moi c'était pareil ; comme à l'Opéra-Comique j'aurais volontiers chanté qu'un « tout petit lieutenant vaut un général de brigade... » Quant à distinguer entre elles les différentes armées, à identifier le numéro d'un corps de troupe à la couleur des vareuses ou la forme du ceinturon, c'était vraiment trop me demander ! Je reconnaissais encore le matelot à son pompon, mais à quoi reconnaître le sous-marinier ? Et si j'avais fini par comprendre que j'étais avec un amiral quand j'entendais rouler les sifflets, je ne savais pas toujours, lorsque le clairon sonnait, si l'on saluait une autorité de l'armée de l'Air ou une sommité des blindés... En quelques semaines, Beauregard m'eut déniaisée ; j'accueillis son aide d'autant plus volontiers qu'elle était non seulement sans arrière-pensées mais sans illusions. « Nous défendons un pays qui ne se défend plus », me dit-il un soir tristement (« la Presse » venait de publier un sondage : en cas d'invasion étrangère, 80 % des Français demandaient qu'on traitât à n'importe quel prix). « Parfois, quand j'instruis des officiers, j'ai l'impression de former des Gardes suisses à la veille du Dix-Août. Des types que j'enverrai se faire tuer pour une idée dévaluée, pour un souverain qui ne croit plus en lui... Et, comme les Suisses au Dix-Août, mes gars se feront massacrer — peut-être pas par conviction, mais parce qu'on les paye pour ça, et qu'ils ont au moins ce genre d'honnêteté... Nous sommes fidèles. Fidèles à des valeurs dépassées. Une mince, très mince ligne de fidèles, coincés entre l'agression et la trahison. Déjà pris à revers, tournés par l'arrière. »

Je n'osai ce soir-là, songeant au travail que j'accomplissais depuis trois ans pour Olga, lui dire qu'ils étaient aussi depuis longtemps « tournés » par les sommets... Mais j'eus honte — pour la première fois.

Ces gens, que mes amis prenaient pour des imbéciles et qui n'étaient pas toujours des intellectuels en effet, avaient toute la grandeur des condamnés. Laissés-pour-compte d'un empire englouti, d'une morale abolie, ils se prirent soudain pour moi — comme Beauregard — d'une sympathie imméritée.

A la place que j'occupai dans leur imaginaire je compris qu'ils m'aimaient. Pour ne pas se sentir humiliés, les hommes placés sous une autorité féminine ont besoin, en effet, de se raccrocher à une image de référence empruntée à leur tradition. Pour ses professeurs et ses étudiants ma collègue des Universités était « la dirlo », tandis que les cyclistes et les footballeurs considéraient la jeune secrétaire d'Etat aux Sports comme leur « mascotte ». Mes soldats auraient pu me voir en cantinière ; ils choisirent un autre cliché : la « dame », au sens médiéval du terme. Ils furent mes chevaliers. Quand je leur remettais la Légion d'honneur, ils me communiquaient l'illusion que je les adoubais... Il n'aurait pas fallu les pousser beaucoup, sans doute, pour qu'ils portent mes couleurs ! En attendant, c'était moi qui portais les leurs : chaque fois que je visitais un régiment, ils me remettaient un foulard imprimé qui portait l'écusson de leur troupe et sa devise — « Voilà les bons » ou « Il en vaut plus d'un »... Lorsqu'on me photographiait, je m'arrangeais toujours pour jeter sur mes tailleurs ou mes manteaux l'une de ces écharpes militaires ; plus tard, au hasard de mes tournées, je découvrais au fond des chambrées, épinglées sur les placards, ces photos mi-naïves mi-racoleuses où je portais gaiement les couleurs du régiment.

Ayant ainsi trouvé dans l'attachement de l'armée une consolation à bien des abandons, dans son obéissance une réponse aux questions que je me posais sur mon utilité, peut-être aurais-je fini par guérir ? Pour oublier mes souvenirs, racheter mes trahisons, il m'aurait fallu me perdre dans une masse en fusion, un ultime embrasement... J'avais déjà constaté en 68 que les révolutions faisaient merveille sur les cœurs brisés : que n'eût fait une guerre ?

Saint-Véran avait beau remarquer avec ironie que l'emploi de « Jeanne d'Arc » avait déjà été tenu d'une manière satisfaisante par la susnommée, et que j'aurais été mal placée, de toute façon, pour jouer les pucelles, je savais maintenant que j'aurais trouvé dans une lutte désespérée — un Valmy, un Dix-Huit-Juin, une Bérézina — l'emploi de ce qui restait de meilleur en moi.

Mais rien à espérer de ce côté-là. A l'horizon, pas de rachat par le sang. Dans les nations en préretraite il est trop tard, même pour la rédemption : comme les sondages nous l'apprenaient, notre vaillante patrie n'aspirait qu'à capituler...

Aussi, en fait d'assauts, n'eus-je alors à repousser que ceux, verbaux, des leaders syndicaux de la Commission paritaire des Arsenaux ; les seuls conflits que je dus arbitrer au cours de la première année furent ceux qui nous opposaient à la Direction du Budget, et la seule bataille que je gagnai, celle de l'Ecole Polytechnique que je fis déménager, contre son gré, de la montagne Sainte-Geneviève à Palaiseau. Pas de quoi se sentir grisée.

Tous les jours, quand je ne visitais pas le plateau d'Albion ou l'Ile-Longue, que je ne décorais pas une promotion de Saint-Cyriens ou ne promenais pas un ministre africain, j'accomplissais la plus terne des besognes : je calculais le cubage d'air des abris nucléaires agréés, je recensais les engins de travaux publics à mobiliser, j'époussetais les colonels de réserve, je fourbissais les généraux à muter.

Bref, je « déblayais » mon travail avec l'application monotone d'une femme au foyer, abattant, chaque matin, mon ménage mécaniquement, sans même pouvoir écouter la radio ni fredonner... Le soir, devant la corbeille vide du courrier « arrivée » et la page rayée de mon agenda, j'éprouvais le soulagement, purement physique et provisoire, de la ménagère méritante : j'avais rangé, jeté, classé, en sachant que le lendemain tout serait à recommencer. Chaque jour, en effet, le courrier se déposait sur mon bureau comme la poussière se pose sur les barreaux de chaises, et les réunions devaient être préparées comme on cuisine les repas : après chaque menu et chaque vaisselle, un autre menu, une autre vaisselle ; après chaque rendez-vous, chaque comité, un autre rendez-vous et un autre comité. Je me demandais pourquoi les hommes méprisaient le travail des femmes à la maison ; ils faisaient le même au bureau...

Le pire, c'est que les militaires, qui se montraient si gentils avec moi, si loyaux, si « carrés », et se seraient certainement — désœuvrés comme ils l'étaient — révélés pleins d'allant dans une grande mêlée, n'étaient pas aussi brillants dans l'intrigue financière et le maquignonnage contentieux. Quand nous affrontions des Départements concurrents, que nous disputions une compétence, discutions un contrat, ils me suivaient de bon cœur, mais ils ne m'aidaient pas. Plus doués pour le parcours du combattant que pour le gymkhana administratif, je les découvrais moins agréablement faisandés que les plénipotentiaires auxquels six ans de Quai d'Orsay m'avaient habituée : beaucoup d'Ajax, peu d'Ulysse... Ne pouvant tout de même pas, en temps de paix, passer chaque jour mes troupes en revue histoire de réchauffer mon ennui à la flamme de leur chevalerie, je me mis à regretter de n'avoir plus, pour me distraire de mes peines de cœur, les plaisirs de l'intelligence surcontrée, de la rouerie débridée et de la feinte au troisième degré. Plus de chausse-trappes à éviter, plus de pièges à poser ; sous mon teint de rose je commençais à m'étioler, et, ministre débutant, j'en vins, au bout de quelques mois, à expédier « les affaires courantes » comme un gouvernement finissant.

On prétendit alors, dans certains cabinets, que je manquais d'imagination et que je ne ferais pas grand-chose à la Défense ; il est vrai, ajoutait-on, que je n'y ferais pas de sottises non plus — ce qui était le mieux qu'on pût attendre d'une femme. J'étais décorative, convenait-on, et très

« médiatique », mais ce ministère exigeait de mâles vertus : il y avait de grandes réformes à lancer, il fallait de l'audace — pour l'audace, rien ne valait le pantalon...

Sans doute, sur le plan administratif, vu mon détachement croissant, mes détracteurs n'avaient-ils pas tort ; mais, politiquement, leur jugement manquait de pertinence puisque, ignorant les vastes projets qui dormaient dans les cartons des directions, les EOR continuaient de me trouver jolie fille, et les adjudants « bougrement sympa ». La bonne réputation que m'assurait « la maison » », et les nombreuses interviews que ma situation originale m'obligeait à donner, portaient peu à peu mon nom à la connaissance du grand public. Dans l'opinion je commençais à être « cotée » : il arrivait maintenant que, dans certains sondages ouverts, mon nom apparût en bas de liste avec deux ou trois points de popularité.

Si j'avais été aussi ambitieuse que quelques arrivistes m'en accusaient, c'est à ce résultat seul que je me serais attachée : pour une carrière politique les « petites phrases » valent mieux que les grandes pensées, et le travail qui ne se voit pas — les lois qu'on prépare, les commissions qu'on préside — compte moins que la photogénie, le bruit et les éclats. Il y avait longtemps que Charles de Fervacques m'avait enseigné ces vérités-là. J'aurais donc pu négliger l'avis des spécialistes et me régler sur ma cote de popularité ; mais à cette époque je me moquais de tout — du citoyen de base autant que des experts, et de ma carrière par-dessus le marché : dans ces premiers mois de gouvernement, j'étais (le cas me semble assez rare pour être souligné) un chef totalement désintéressé, une sorte de dirigeant bénévole, un ministre gratuit...

Le seul destin politique pour lequel j'éprouvais par intermittence un peu de curiosité était celui d'un autre... On s'était longtemps demandé en effet qui, de Chirac ou de Fervacques, serait le challenger du Président dans les primaires de la majorité ; et jusqu'alors, bien que la cote d'amour de « l'Archange » eût constamment progressé, on donnait Chirac gagnant : ce n'était pas encore cette fois, assuraient les rédacteurs politiques dans les dîners en ville, que « notre milliardaire solidaire », « le chéri des mamies », « le Machiavel des chancelleries », pourrait être candidat aux Présidentielles.

Et voilà que, tout à coup, comme s'il avait attendu pour

s'effacer que Charles quittât le gouvernement, Jacques Chirac lui faisait de la place : écartelé entre deux équipes de conseillers qui s'entre-déchiraient, il changeait d'image à chaque discours, tantôt chaussant les bottes de Colombey pour plaire à son équipe de vieux gaullistes, tantôt coiffant le stetson de Reagan pour séduire son staff libéral ; ainsi, tiré à hue et à dia, multipliait-il les bévues.

Il y avait eu, pour commencer, l'Appel de Cochin dont le ton, faussement gaullien, prêtait à sourire : « Comme toujours, quand il s'agit de l'abaissement de la France, le parti de l'étranger est à l'œuvre... Mais, comme toujours, quand il s'agit de l'honneur de la France, partout des hommes vont se lever pour combattre les partisans du renoncement et les auxiliaires de la décadence. »

« A la vérité », m'avait expliqué Saint-Véran, champion de la parodie, « ce n'est pas un si mauvais pastiche, il reprend bien les mots de l'Autre, sa syntaxe. Mais il s'agit de savoir par qui on fait prononcer ce machin-là : quand tu prêtes le vocabulaire de Corneille à Scaramouche, tu ne rends pas Scaramouche cornélien, mais doublement comique... »

En juin, la campagne des élections européennes s'était soldée pour l'UDR par un échec cuisant : le maire de Paris n'avait réussi à placer son parti qu'en quatrième position, se laissant même devancer par le PC, ce qui devenait difficile !

« Jacques Chirac : un pantin qui a perdu son destin », osa titrer « le Nouvel Observateur ». Le mot était sévère. Je n'étais pas sûre qu'il fût juste : depuis que j'étais en âge d'écouter, j'avais entendu prédire la fin de bien des politiciens — Fervacques en 56, Mitterrand en 59, Giscard en 67 et Pompidou en 68 ; tous s'étaient ensuite fort bien remis d'avoir un moment égaré leur étoile... Pour empêcher un homme politique de sortir des oubliettes où la vie peut le plonger, lui interdire de rebondir, il n'y a qu'une recette : celle que Marc Antoine appliqua à Cicéron, Elisabeth à Marie Stuart, Henri III au duc de Guise, et la droite à Jean Jaurès... Que Chirac n'eût plus d'avenir, je n'en étais pas convaincue ; pour le présent, néanmoins, il était incontestable que son effondrement servait Fervacques.

« L'Archange » n'avait même plus besoin de se fatiguer : il lui suffisait d'attendre que son adversaire marquât des buts contre son propre camp. Lui restait olympien : se donnant même les gants de ne pas attaquer directement le Président, il daubait sur « l'agitation préélectorale de certains »... Bien entendu, il refusait toujours de convenir publiquement que la Présidence « pourrait l'intéresser » ; il répétait qu'il avait quitté le gouvernement parce qu'un homme d'Etat digne de ce nom doit savoir, de temps en temps, prendre ses distances avec l'action. Il citait en exemple l'accident nucléaire récemment survenu dans la centrale américaine de Three Miles Island : le nez sur leurs voyants lumineux et leurs écrans de contrôle, les techniciens aux commandes, s'affolant en circuit fermé, n'avaient cessé pendant deux heures d'aggraver l'incident par les mesures qu'ils prenaient. Il avait fallu qu'un des leurs, revenu du dehors, pût considérer tableaux et manettes d'un œil neuf et porter sur la panne un diagnostic différent pour qu'on parvînt — in extremis — à arrêter le processus dramatique qu'une suite d'erreurs avait enclenché.

Quand il avait ainsi rappelé les conséquences pernicieuses d'une analyse superficielle des situations, Fervacques n'en disait pas davantage : aux Français de faire eux-mêmes le parallèle entre la catastrophe américaine et la détérioration de leur économie ; à eux de se demander quel pourrait bien être, en 1981, ce technicien sorti pour prendre l'air, qui serait capable de jeter sur la crise un regard nouveau...

De la retraite qu'il s'imposait ainsi pour affiner l'acuité de sa perception et renouveler sa capacité de réflexion, l'élu du « broutard » et du « petit feuillu » émergeait pourtant de temps en temps pour lancer non pas un programme, mais une question — l'un de ces thèmes d'étude comme il en suggérait dix ans plus tôt aux colloques informels de la revue « Progrès et Solidarité ». Toujours des idées simples, bien sûr, de nature à séduire le plus grand nombre ; ainsi s'était-il demandé (il ne proposait jamais — puisqu'il n'était pas candidat ! —, il se « demandait » seulement) s'il n'y aurait pas lieu d'envisager une relance de l'économie par « la défiscalisation » : suppression de tout impôt sur le revenu pour les Français qui gagnaient moins de cinq mille francs par mois et diminution de cinq pour cent pour les autres... Il en va de la démagogie comme du compliment : ceux qu'on caresse ne meurent jamais d'overdose.

Pour le surplus, en attendant de pouvoir porter son « œil neuf » sur nos clignotants affolés, Fervacques le gardait fixé sur la ligne mauve des cheveux des « grannies ». Lutte contre l'insécurité, abaissement de l'âge de la retraite et gratuité des cures thermales : tels étaient les principaux thèmes de ses discours à l'Assemblée et de ses interventions télévisées. De politique étrangère il parlait peu. Ce n'est pas lui qui aurait fait dans « l'honneur de la France » : le sujet n'était guère électoral, et, en cas de nécessité, les huit années qu'il avait passées au Quai d'Orsay suffiraient à rassurer. Tandis que Madame Chirac vilipendait dans les magazines les mauvais conseillers de son mari et que les équipes du maire de Paris prenaient la presse à témoin de leurs dissensions internes, Fervacques peaufinait son image avec un détachement souverain : jouant au jeu des adjectifs pour le compte de l'Institut Louis Harris, les citoyens le trouvaient « rassurant » à 63 %, « généreux » à 60 %, « calme » à 58 % ; tout au plus craignait-on qu'il pût manquer d'autorité (25 %) et d'ambition (10 %)...

Non content d'ajouter sans cesse des plumes à sa parure d'ange, Charles laissait ainsi se dessiner en creux l'image d'un Cincinnatus un peu trop débonnaire, trop démocrate. Il n'abandonnait rien au hasard, pas même ses défauts ; jusque dans ses faiblesses supposées, la représentation qu'il donnait à l'opinion restait cohérente, d'autant plus homogène qu'il la fabriquait de toutes pièces sans concession à la réalité, et qu'il la fabriquait seul.

Autour de lui pas un conseiller en effet : des courtisans. Il n'avait jamais eu comme son rival, enfant unique, la nostalgie d'un grand frère que sa mère ne lui aurait pas donné ; c'était en pilote de compétition — solitaire jusqu'à la ligne d'arrivée —, non en avant-centre d'une équipe de foot, qu'il affrontait l'épreuve. Maintenant qu'éloignée de lui j'avais pris du recul, je voyais mieux d'ailleurs qu'il avait toujours agi seul : parce qu'il savait donner à quelques-uns de ses familiers l'illusion qu'ils l'influençaient, et jouer au début d'une collaboration les petits garçons incertains, avides d'encouragements, j'avais cru à l'importance passagère d'un Cognard, d'un d'Aulnay. A la mienne aussi... Désormais je le savais : personne ne lui était indispensable. Tout juste lui fallait-il — comme à ces acteurs de premier plan, sûrs de leur art — sa dose quotidienne de flatteries ; mais ils étaient interchangeables, ces secrétaires, ces attachés, ces gardes du corps, ces militants, ces « copains », qui se précipitaient sur lui à la sortie des meetings, sitôt les lampions éteints. La vedette lançait à la cantonade un désinvolte « Alors, j'ai été comment, ce soir ? » et tous, au signal, de se précipiter vers leur dieu avec leur petit paquet, dans le genre « Adoration des Bergers ». « Bien, tu as été très, très bien », assurait l'un, qui avait choisi le registre de la sobriété impressionnée, tandis qu'un second, plus volubile, renchérissait : « Je peux te le dire, Charles, moi qui travaille ce secteur depuis cinq ans : on n'avait jamais rassemblé tant de gens ! Même Barre, quand il est passé l'été dernier, a fait moitié moins d'entrées », et qu'un troisième, nouveau venu au cabinet, précisait pour asseoir la réputation de grand financier à laquelle il aspirait : « Je ne sais pas si vous avez remarqué, Monsieur le Ministre, mais on vous a applaudi soixante-trois fois, j'ai compté » ; « Moi, ajoutait une secrétaire, j'étais sortie porter un dossier dans ma voiture, et quand je suis revenue je n'ai pas pu rentrer. On refusait du monde ! Il y avait bien cent personnes dehors, et pourtant il pleuvait ! »; « Ce que j'aurais voulu, confiait un dernier, c'est avoir une caméra pour vous enregistrer quand vous avez lancé que la politique française ne devait pas tourner au ring de boxe, au "pavillon des agités", et qu'à voir la nervosité de certains — suivez mon regard — on pourrait croire qu'ils ont un hérisson dans leur pantalon ! Excellent, le coup du hérisson dans le pantalon ! La salle était pliée ! »

— Oui, convenait la star, dans l'ensemble j'ai eu l'impression que le message passait. Ce qu'il y a de sûr, c'est qu'ils ont ri... Tout de même, je me suis demandé si j'avais bien répondu à ce type, vous savez ? ce journaliste de « la Presse » qui essayait de mettre mes propositions de défiscalisation en contradiction avec l'impôt sur le capital de mon « Manifeste ». J'aurais bien voulu lui river son clou, à ce jeune con, mais je ne me rappelais plus les termes exacts du « Manifeste ». Quatre ans déjà, c'est si loin... J'ai eu l'impression, en lui répondant, que je pédalais dans la semoule, non ?

— Ah, pas du tout, Monsieur le Ministre ! s'enflammait un jeune attaché. Elle était nulle, la question de ce type, tendancieuse, mal formulée : tout le monde s'en est aperçu, il s'est ridiculisé. Je vous dirais même que le public vous a trouvé bien gentil d'y répondre !

— Eh oui, mon pauvre Charles, il faut te faire une raison : tes contradicteurs étaient au-dessous de tout ce soir, concluait un vieux sénateur blanchi sous le harnais de « Progrès et Solidarité ». Bon sang, qu'ils étaient mauvais, les bougres ! Tu n'en as fait qu'une bouchée, je comprends que ça te laisse sur ta faim ! N'empêche que ton triomphe fera la une de demain, je t'en fous mon billet ! Tu tiens la forme en ce moment, mon petit vieux, la pleine forme !

Et chacun de se croire aimé, de se figurer que son avis comptait, chacun de croire sa brosse à reluire plus précieuse que celle des autres : il y a des coqs qui s'imaginent qu'ils font lever le soleil...

Ainsi avais-je supposé chez Fervacques une fragilité qui me flattait, ainsi m'étais-je persuadée — malgré ce que Malou Weber m'assurait — qu'il n'était pas vraiment fait pour ce métier... Au fond, je l'avais sous-estimé. Des coulisses, on a de l'acteur une vision faussée. C'est pour la salle qu'il joue. Maintenant que Fervacques m'avait congédiée, débarquée au gouvernement comme on abandonne un contagieux sur une île déserte, et que je ne le rencontrais plus qu'une fois toutes les sept ou huit semaines entre deux portes, je comprenais à quel point je m'étais trompée : du troisième balcon, je voyais enfin le leader solidariste dans toute sa dimension et il m'éblouissait autant qu'il étonnait Saint-Véran, lequel, après chacune de ses apparitions télévisées, murmurait, fasciné et fâché de l'être : « Rien à redire : il est bon, le salaud, il est très bon. »

Jamais je n'avais tant admiré « l'Archange » qu'aujourd'hui, jamais je ne l'avais tant désiré. Car le désir n'est pas une anticipation, mais un souvenir. « Tu ne me chercherais pas si tu ne m'avais déjà trouvé » : évidence métaphysique peut-être, mais d'abord vérité physique... Or, j'avais assez de souvenirs de Charles pour ne plus pouvoir le croiser sur un magazine sans être aussi bouleversée que s'il m'avait touchée : je le cherchais partout parce que pendant cinq ans je l'avais trouvé.

Si, au moins, j'avais pu un moment lutter contre cette omniprésence, le mettre entre parenthèses... Mais lorsqu'on aime un homme politique, on a toujours de ses nouvelles.

Quand, par extraordinaire, les radios ne le mentionnaient pas, que, pendant quelques jours, les télévisions cessaient de l'interviewer, je savais que ce silence ne durerait pas assez pour que je parvinsse à m'y accoutumer : éprouvant toutes les souffrances du sevrage sans espérer la guérison, je cherchais partout, malgré moi, son image, sa voix — la « dose » à laquelle m'avaient habituée les médias.

Certes, je ne me serais pas abaissée, ces jours-là, à relire ses lettres d'amour ni à ressortir son vieux pyjama, mais je rouvrais, comme par hasard, des romans russes oubliés, ralentissais le pas devant les voitures de sport, et rêvais indéfiniment sur le seul écrit qu'il eût commis, ce « Haut Vol » où il définissait les règles de la fauconnerie... Les yeux dans le vague, pendant que le chauffeur m'emmenait d'un ministère à un autre ou d'une caserne à la suivante, je laissais ma mémoire vagabonder dans l'espoir inavoué d'y retrouver l'un de ces détails infimes — un mot tendre, le pli de sa nuque — qui, tels ces bourgeons qu'on voit au cinéma s'ouvrir en accéléré pour libérer la feuille dépliée, me rendrait d'un coup son corps entier. D'autres fois, renonçant à évoquer son ombre, c'est mon propre fantôme que je poursuivais : je me cherchais l'aimant. Sous prétexte de les ranger, je caressais dans mes placards les robes que j'avais portées pour lui plaire ; autour de mon cou je remettais, le temps d'un dîner, le serpent de jade et d'argent de la « Sans Pareille » ; pour passer la soirée, j'écoutais ce « Lamento de la Nymphe » qui me rappelait le voyage de Dubrovnik ; par tous les moyens, enfin, je cherchais à rejoindre une Christine plus ancienne, qu'il avait assez désirée pour qu'elle pût s'avouer qu'elle l'aimait ; et quand, l'espace d'un instant, l'amoureuse déçue avait disparu derrière l'amoureuse comblée, je comprenais, effrayée et soulagée, que jamais je ne l'oublierais...

Un soir à Evreuil, comme je feuilletais un magazine de décoration à la recherche d'une idée de mezzanine pour la salle à manger, mon œil glissa sur une réclame en noir et blanc, très chic, pour le champagne Dénery. On y voyait un homme blond en smoking et nœud papillon, négligemment adossé à une boiserie XVIIIe une flûte de champagne à la main ; il posait un regard possessif sur une très jeune femme en robe du soir et chignon lisse, qui, assise sur l'accoudoir d'un canapé, son bras ganté appuyé au dossier dans un geste élégant, portait, paupières mi-closes, une coupe à ses lèvres ; à l'autre extrémité du canapé, un troisième personnage, en smoking lui aussi, enveloppait la belle et son élu d'une tendre convoitise, un peu triste, un peu douloureuse. Tout cela — désir, fierté, envie — très « smart », très poli, très mesuré : lumières indirectes, sentiments tamisés... Un monde fait pour Nadège Fortier, un monde où je serais toujours déplacée ; les slogans qui accompagnaient la photographie achevèrent de m'en convaincre : « Etre Dénery, c'est tout un art » et « Le champagne est comme l'élégance : il ne s'imite pas. » Je m'en doutais déjà...

J'avais souvent dans le passé cherché Nadège dans les photos de mode et les publicités. Mais c'était la première fois qu'il me semblait l'y trouver avec Charles, les voir tous les deux tels qu'ils devaient être à Rengen, Deauville ou Saint Barth, lorsqu'ils dînaient ensemble chez les Hottenberg ou les Rubempré.

Sur la page du magazine je regardais Charles regardant Nadège : la manière faussement décontractée dont il s'appuyait à la boiserie, son sourire un peu fat de propriétaire comblé, mais aussi l'inquiétude au fond de ses yeux et la brutalité avec laquelle sa main se refermait sur le verre glacé. Je regardais Nadège regardant Charles : son assurance ironique de jeune fille du monde et — dans un visage d'autant plus enfantin que la coiffure était plus stricte et les lèvres plus maquillées — son expression de petite rouée, aussi pétillante que le champagne de sa coupe. Mais ce qui me frappait surtout, c'était la complicité qui les liait, assez perverse pour trouver du piment dans le dépit d'un autre. A force de scruter la scène j'avais compris en effet que ce troisième personnage, en apparence négligeable, était au contraire essentiel : c'était lui le ciment du couple ; à la fois voyeur et souffre-douleur, lui seul donnait à ces deux amants la certitude qu'ils s'aimaient...

Finalement, j'avais eu tort de supposer que je ne tenais aucun rôle dans la comédie mondaine ; la place qui m'y était assignée de toute éternité, c'était, comme ici, celle du troisième — Rosette entre Camille et Perdican. Charles m'avait utilisée pour faire chanter Nadège : j'avais été en même temps la rivale qu'on craint et la captive qu'on sacrifie, l'arme de la guerre et l'instrument du triomphe. Qui sait même si, au point où Fervacques en était, il ne lui fallait pas me voir souffrir pour être sûr qu'il aimait ? Il passait par mon cœur pour prendre la mesure de ses sentiments, et jugeait de la qualité de sa trahison à la quantité de mes larmes... En attribuant ses hésitations devant la rupture à un reste d'amour, un semblant de pitié, je m'étais trompée : ce qu'il ménageait, ce n'était pas une maîtresse encore chérie, c'était un baromètre sensible à toutes les variations de sa passion pour Mademoiselle Fortier. M'eût-il respectée davantage qu'il m'aurait renvoyée au lendemain de sa nuit de Vienne ; j'avais été bafouée jusque dans ses atermoiements.

Cette photo qui me rappellerait sans cesse mon humiliation et sa cruauté, il fallait que je la découpe, que je la garde dans ma chambre. Chaque matin, chaque soir, ce serait sur elle que j'ouvrirais les yeux, sur elle que je les fermerais : je ne voulais guérir ni de mon amour ni de ma haine.

« Qu'est-ce que c'est que ce machin-là ? » m'avait demandé Saint-Véran, étonné de voir encadrée une vulgaire page de magazine dans une maison où je ne tolérais même pas une reproduction. « C'est quoi, ce trio, dis-moi ? Des gens que tu connais ?

— Oui... Enfin, non... Ou plutôt si... Je veux dire, à moitié : la fille, la cover-girl... C'était une amie de Caro, je crois. Alors j'ai trouvé amusant de... Quand elle rentrera d'Amérique, je voudrais lui montrer ce... Tu comprends ? »

Et c'est ainsi que, profitant d'une absence de Thierry qui donnait une série de conférences à Londres, je réussis à passer quatre ou cinq soirées en tête à tête avec le champagne Dénery — la photo, et la bouteille aussi...

C'était l'été ; je me souviens que, la veille du départ de Thierry, j'avais acheté des fleurs, des freesias jaunes à l'odeur sucrée que j'avais mis dans ma chambre. J'aime trop les fleurs pour en cueillir moi-même, mais à celles que d'autres ont coupées je m'arrange pour donner quelques derniers beaux jours, une fin douce : Anne de Chéraillles m'a appris tous les trucs de garde-malade qui permettent de les prolonger, le sucre dans l'eau, le cachet d'aspirine, la goutte d'eau de Javel, et je n'oublie ni de retailler leurs tiges pour en ôter ce qui pourrit, ni de les abreuver d'eau fraîche avec générosité.

Aussi, bien qu'absorbée dans la contemplation du trio Dénery, remarquai-je parfaitement, au bout de deux jours, que les corolles de mes freesias commençaient à baisser du nez, que leurs tiges ramollissaient. Il avait fait très lourd ces dernières vingt-quatre heures et mes fleurs avaient besoin d'eau propre. Si je ne m'en occupais pas moi-même, ce ne serait pas Madame Conan qui le ferait : comme tous les paysans, elle haïssait les pousses qui ne se mangent pas ; rien ne lui répugnait autant que les fleurs (sauf l'hortensia breton qui a l'air d'un artichaut) et les arbres non fruitiers (à l'exception du thuya, qui n'est pas un arbre mais un plumeau, respectable comme tout objet ménager). Néanmoins je décidai que mes freesias attendraient : ce soir je n'avais pas le temps — trop de choses en tête, de souvenirs à ressasser. Je n'avais d'ailleurs pas envie d'être fraîche moi-même, pas envie d'être belle.

Le lendemain, au milieu de mon bouquet, le bord de certains pétales se parcheminait. Mais je fis ce nouveau constat sans émotion : mes freesias ne devaient plus avoir à boire qu'un très maigre fond d'eau, croupie qui plus est. J'aurais dû me précipiter sur le robinet ; au lieu de quoi, je regardai avec une joie mauvaise les pétales se racornir lentement, comme si je n'étais pas fâchée de trouver à mon tour une vie à torturer.

Le week-end arriva, encore plus solitaire pour moi : Germaine Conan avait rejoint Trévennec ; je passai quarante-huit heures dans la compagnie exclusive du champagne Dénery, contemplant jusqu'à l'étourdissement cet amour en noir et blanc qui était « tout un art »...

Ni Charles, ironique et glacé, ni Nadège, avec ses boucles d'oreilles de chez Chaumet, ne m'empêchèrent pourtant de voir les derniers pétales se recroqueviller, le haut des tiges, peu à peu vidées de leur substance, s'affaisser, tandis que montait du vase une odeur d'eau corrompue, la puanteur douceâtre des cadavres avancés. Pourquoi me serais-je occupée de ces fleurs puisque je ne m'occupais plus de moi ? Je n'avais pas ouvert les fenêtres, pas fait mon lit, je ne m'étais ni coiffée ni maquillée ; malgré la chaleur je ne m'étais même pas baignée. J'étais heureuse de me laisser croupir dans le désordre et la saleté ; j'aurais voulu, moi aussi, sentir mauvais, me couvrir de taches, de moisissures, pourrir par l'extérieur comme je me putréfiais à l'intérieur. Affalée dans un fauteuil, en peignoir, buvant du champagne tiède dans un verre à dents, j'étais la caricature de la jolie fille de la publicité : parce que « l'élégance ne s'imite pas »...

Pour mieux m'enfoncer, j'avais mis sur ma chaîne le « Lieutenant Kije » de Prokofiev et je me repassais sans cesse « la Romance du lieutenant », un air grave et lent, espèce de berceuse triste empruntée au folklore russe, dont l'ample balancement évoquait tantôt le chant de la nourrice de Boris Godounov, tantôt l'immensité des steppes. J'écoutais le violoncelle et la basse de viole mêler leurs plaintes, tandis que, les yeux fixés sur la photo, je portais toast sur toast à mes personnages de papier : « Za Zdarowié ! »

Quand Thierry débarqua le dimanche soir au milieu de ce chantier, il resta interloqué ; je ne crois pas, cependant, que ce fut ma tenue qui l'étonna : si j'avais bu, je n'étais pas ivre, et s'il me trouvait en robe de chambre, les cheveux défaits, l'heure tardive pouvait l'expliquer. Peut-être « la Romance » lui mit-elle la puce à l'oreille ? Elle était tellement russe ! Mais ce fut surtout la puanteur du bouquet, maintenant complètement pourri, flétri, éparpillé, qui le convainquit qu'il se passait quelque chose : une femme qui ne change plus l'eau de ses fleurs en est au stade ultime de la neurasthénie. Thierry se souvint en effet que, dans son deuxième roman, il avait laissé agoniser un bouquet dans la maison d'une suicidée et il fit le rapprochement. A force d'inventer les sentiments de ses personnages, il avait fini par avoir une bonne connaissance du cœur humain. En tout cas, contrairement à la légende qui veut que les romanciers soient doués pour l'observation, il ne remarquait jamais rien qu'il n'eût d'abord imaginé. Ce n'était pas la réalité qui nourrissait ses livres, mais ses livres qui enrichissaient sa perception de la réalité : « C'est après avoir énoncé, plaisantait-il, qu'on conçoit clairement... »

Ouvrant la fenêtre en grand, il jeta les squelettes de freesias, arrêta l'électrophone et me prit dans ses bras. Comme tant de fois par le passé, je trouvai du réconfort à m'abandonner contre son épaule et à laisser couler des larmes qu'il essuyait. Mon frère avait eu autrefois vers moi des élans d'amant, mon amant avait des tendresses de frère. « Qui a fait des misères à ma ministresse favorite ? Allez, Chris, raconte-moi tout... C'est toujours ton Breton russe ? Tu l'as revu ? »

Je me mis à sangloter. Toute la nuit, Thierry me fit parler, me nourrit et me cajola, réussissant une fois de plus à me persuader qu'il valait mieux pour moi vivre avec lui qu'entre une réclame pour le champagne Dénery et un bouquet de fleurs pourries. La solitude est une mauvaise compagnie.

Si l'on pouvait choisir sa famille, j'aurais peut-être choisi Thierry : il avait plus de points communs avec moi que qui que ce soit. Nous venions tous les deux du même milieu, et nos passés se ressemblaient. Comme moi, Saint-Véran avait à peine connu son père — un milicien abattu à la Libération. En ce temps-là, il y avait deux façons de se trouver privé d'amour paternel : être né d'un résistant fusillé ou d'un collaborateur exécuté ; et peut-être les fils de héros ne se jugeaient-ils pas moins à plaindre que les enfants de salauds...

Pour les épouses, c'était différent : Madame Pasty aurait certainement préféré voir ses rejetons pupilles de la Nation. Restée seule avec quatre marmots, abandonnée par une famille que le déshonneur avait éloignée et une société qui préférait l'oublier, elle avait vite — comme « Malise » — cessé de lutter. Dans les années cinquante, plus souvent qu'à son tour (et certainement plus que moi), le petit Thierry avait connu la « soupe au café », dans laquelle on « cogne du pain pour épaissir »... Ses aînés, livrés à eux-mêmes, tournaient mal : à dix-huit ans, le plus grand, un dur « comme Papa », avait déjà tâté de la maison de correction ; quant à la fille de seize ans, Lydie, elle cultivait les mauvaises fréquentations comme on cultive les orchidées — avec des délicatesses d'expert et un flair de collectionneuse : pour les relations douteuses, on pouvait dire qu'elle avait « les doigts verts »...

La veuve du milicien jeta l'éponge ; tout juste tentait-elle encore, entre deux arrêts de maladie, de maintenir la tête hors de l'eau à ses plus jeunes enfants sans espérer vraiment qu'elle les sauverait, même si son Thierry lui semblait gentil, avec ses boucles blondes, ses longs cils, et ses mains tendres qu'il plaquait sur les rides de sa mère comme pour les effacer.

Il allait sur ses onze ans, toujours affectueux, perpétuellement gai, quand un Monsieur l'avait remarqué. C'était un journaliste de « Paris-Match », un célibataire d'une quarantaine d'années, honorablement connu dans le quartier, qui offrait aux enfants des cours de russe gratuits en mettant des petites annonces dans les boulangeries. « Cet oiseau-là, c'est sûrement un coco, disait la boulangère, il nous apprend le russe, ah ouiche, mais c'est pour quand que ses copains vont nous occuper... » Alléchée par la gratuité, Madame Pasty, qui rêvait que son Thierry s'instruise et sorte du trou où l'Histoire les avait jetés (fût-ce au prix d'une alliance avec le nouvel occupant — il y a des fatalités de famille), avait conduit son fils chez « le gentil Monsieur ».

« N'importe comment, avait-elle expliqué à l'enfant, même si t'arrives pas à te faire rentrer le russe dans le crâne » (le petit ne « marchait » pas très bien à l'école en effet), « ça sera toujours autant que tu passeras pas à traîner dans les rues le jeudi pendant que je suis au boulot... »

Or « le Monsieur » avait trouvé chez le jeune garçon des possibilités insoupçonnées : il avait retenu l'alphabet cyrillique en une journée, ravi de rencontrer quelqu'un d'autre que l'assistante sociale et le commissaire de police. Du russe « le Monsieur » avait étendu ses leçons au calcul et au français, et bientôt, en rentrant de l'école, Thierry passa chez lui tous les soirs pour travailler. Très vite, ses résultats scolaires s'améliorèrent, et « le Monsieur » — Alexis Sovorov, puisque c'était de lui qu'il s'agissait — réussit à faire entrer son protégé au lycée. Pour la circonstance, il lui acheta même un cartable de cuir neuf.

Parfois maintenant, il s'invitait à dîner chez les Pasty, y apportant de quoi nourrir toute la maisonnée — des choses que Madame Pasty n'avait plus mangées depuis une éternité : du saumon, des cailles, des huitres, des escargots, des meringues, du nougat... C'était la fête quand il arrivait ; il gâtait tout le monde, même Lydie qui avait commencé par se moquer de sa petite taille et de sa silhouette déjà ventripotente, mais qui, depuis qu'il lui avait offert une montre, se demandait avec l'apparence du respect « après qui il en avait » : « Je parie qu'il en pince pour toi, M'man ! Si tu savais y faire, ça serait pas duraille de le faire cracher au bassinet... »

Mais le plus aimé, le plus comblé, c'était toujours le petit Thierry — « le fils que j'aurais voulu avoir », expliquait Sovorov. Sans doute l'enfant, couvert de cadeaux et de tendresses, s'était-il étonné auprès de sa mère de certains gestes de sa bonne fée ; il semblait éprouver l'intuition confuse d'un danger. Un jour il avait même catégoriquement refusé d'accompagner son bienfaiteur à la piscine ; Madame Pasty l'avait grondé : « Un Monsieur si gentil ! Quand je pense à ce que les gens pourraient croire s'ils t'écoutaient... Veux-tu bien te taire, malheureux ! »

A quelque temps de là, Madame Pasty dut être hospitalisée, et Sovorov, devenu le meilleur ami de la famille, hébergea chez lui le jeune Thierry. Au retour de la mère, ce fut le dernier des enfants, Benito, un garçon de neuf ans (sans boucles malheureusement, et avec un menton en galoche qui ne laissait guère espérer de « cours particuliers »), que son frère aîné, de plus en plus brutal et désaxé, expédia à l'hôpital avec quelques côtes cassées, « histoire de lui dresser le poil, à ce taré ! V'là qu'il me répond maintenant ! Non, mais des fois ! Faudrait voir qui c'est le chef ici ! »

Sovorov prit peur pour la jolie frimousse de son Thierry. Il y eut de longs conciliabules entre Madame Pasty et lui : elle acceptait de lui confier complètement l'enfant ; mais, instruit par les ennuis que lui avaient valus en d'autres temps la dénonciation du jeune Fervacques et d'autres « calomnies », le journaliste avait exigé — selon la loi en vigueur — une délégation de la puissance paternelle en bonne et due forme. Le tribunal n'avait pas vu d'objection à ce que la veuve choisît pour tuteur un reporter diplômé de théologie, ancien précepteur d'une riche famille américaine... Lorsque Thierry, tout en larmes, supplia sa mère de le garder avec elle : « C'est ta chance, andouille, ta seule chance ! lui répondit-elle sans céder à l'émotion. Tu veux pas tourner comme ton grand frère, dis ? Tu veux pas finir comme Lydie ? Et est-ce que t'as envie que l'autre cinglé t'envoie à l'hosto, comme Benito ? Sauve-toi, Thierry, sauve-toi ! On est tous foutus. Sauve-toi ! »

« Je ne crois pas que ma mère ignorait vraiment ce qui allait m'arriver : elle n'était pas idiote, m'expliqua un jour Thierry. Mais est-ce qu'on peut dire qu'elle m'a prostitué ? Non, puisqu'elle ne cherchait pas son intérêt, mais le mien : elle vendait ma sexualité pour m'assurer un avenir décent, comme ces mères napolitaines qui faisaient de leurs enfants des castrats pontificaux... »

Et non seulement il n'avait pas gardé rancune à sa mère de l'avoir vendu, mais il prétendait ne pas en vouloir non plus à son étrange tuteur. La suite du curieux marchandage dont, avec l'aval de la justice, il avait fait l'objet, il la racontait en termes bibliques, Sovorov lui ayant aussi appris le catéchisme. Il citait mot à mot la résurrection du fils de la Sunamite par le prophète Elisée : « Il entra et ferma la porte sur eux deux. Il monta et se coucha sur l'enfant ; il mit sa bouche sur sa bouche, ses yeux sur ses yeux, ses mains sur ses mains, et il s'étendit sur lui. Et la chair de l'enfant se réchauffa... »

Cette référence à une résurrection me semblait un peu

exagérée : j'étais sûre qu'il me mentait, ou qu'il se mentait, négociant avec sa mémoire, transigeant avec ses dégoûts, embellissant le passé pour sauver le présent — Thierry n'était pas d'un tempérament à pouvoir porter loin, contre quelque tuteur que ce fût, une haine « à la Nastassia Philippovna ». Aussi peu dostoïevskien que possible, également incapable de rancune suivie et de fierté soutenue, il poussait aujourd'hui l'esprit de conciliation jusqu'à s'oublier... Néanmoins il est vrai qu'à l'époque l'intervention de Sovorov l'avait sauvé ; car tandis que le jeune Pasty mangeait enfin à sa faim, à des heures régulières, et vivait parmi les livres que Sovorov aimait, tandis qu'il passait successivement son bac, sa licence et son agrégation, toujours encouragé par la chaleureuse admiration de son tuteur, sa famille achevait de sombrer.

Bientôt, l'adolescent n'eut plus au monde que le Russe blanc, et peut-être, en effet, finit-il par éprouver pour lui, faute de mieux, une espèce de gratitude. De son côté, Sovorov, au fil des ans, avait changé de sentiments : son amour pour Thierry s'était épuré au point de ressembler à l'affection paternelle qu'il avait faussement professée. « C'est que je grandissais, m'exposa Thierry amusé, et qu'à l'âge ingrat je me suis défait : je suis même devenu franchement laid, boutonneux, anguleux... Et puis, Alexis n'avait jamais été attiré que par les très jeunes gens, je devrais dire : les enfants. Si tu savais combien de fois je lui ai entendu dire avec mépris d'un éphèbe de seize ans : "Oui, il a de beaux restes" ! »

Ce fut dans ces années-là que Sovorov (dont les goûts étaient demeurés jusqu'alors fort discrets, si discrets que rien n'en était venu aux oreilles des juges) avait — poussé par la nécessité de chercher ailleurs les émotions que son « fils » avait cessé de lui donner, ou grisé par l'air du temps et le « libéralisme » ambiant — commencé à s'afficher dans des clubs d'arts martiaux (où il perdit un peu d'estomac), quelques ligues spartiates (où il découvrit, avec un frémissement petit-bourgeois, les vases antiques à figures coquines), puis à hanter le bidonville de Nanterre, à fréquenter certaines cours d'immeubles, certaines aires de jeux, certains parkings, certains stades... Quelque peine qu'il se donnât toutefois pour mincir, se muscler et prendre les manières conquérantes d'un vainqueur d'Olympie, il n'avait pas un physique à la Montherlant ; c'est à Socrate plutôt qu'il ressemblait. Mais les proies des amateurs d'enfants ne sont sensibles à ce genre d'avantages que lorsqu'elles prennent elles-mêmes conscience de leurs charmes — treize ans chez les petites filles, quinze chez les garçons. D'un gamin de dix ans que personne n'a regardé ni choyé, le dernier des nabots peut, avec quelques paroles sucrées, faire ce qu'il veut. Sovorov était pédagogue, attentif, généreux : quand il proposait des chatouilles, on se laissait chatouiller, et quand il voulait voir si l'on avait grandi, on se laissait mesurer, tâter, et plumer... Aussi fut-il aimé, ou, à tout le moins, supporté. Ces succès l'enhardirent. Lui qui, jusque-là, tenait tant à ce que ses collègues, ses amis, ignorassent son penchant fut saisi sur le tard de l'ardeur du prosélyte. Non seulement il accepta dès 63 de tenir — sous un faux nom — l'éditorial d'une revue pédérastique réputée pour son activisme, mais, sitôt créé le premier « Front Homosexuel de Libération », il abandonna son pseudonyme, défila dans les rues, publia un essai sur la sexualité enfantine, et se lança dans la débauche pédophilique avec l'énergie rondouillarde d'un adhérent du Pickwick Club tombé dans le Bataillon des Amants. On le vit singer avec un zèle de néophyte tous les snobismes de ce milieu particulier, isolé au sein même de la minorité : citations grecques, voyages à Manille et sorties d'écoles. Peu à peu il remplaça ses amis d'autrefois par des couples « comme ça », ne lut plus que des livres qui parlaient de « ça », n'alla au cinéma que pour voir « ça ». L'ex-théologien, que son bagout et son entregent mettaient à l'aise dans toutes les sociétés, et qui aurait pu faire accepter ses goûts partout s'il ne les avait affichés, avait choisi le ghetto.

C'est dans ce ghetto que Thierry fut élevé par quelques papas-gâteau qui sucraient les fraises, et de jeunes pédophiles triomphants qui militaient pour « les droits de l'enfant »... Mais sans doute fut-ce moins à cause de cette éducation précoce qu'en raison du conformisme inhérent à son caractère qu'à l'âge des premières amours il s'éprit à son tour de son sexe : nul doute qu'en milieu « hétéro » la même timidité en eût fait un champion de l'orthodoxie... Vers vingt ans pourtant, lorsque le jeune adulte commence à se dégager de l'influence de son milieu, Saint-Véran découvrit que l'homosexualité, qui avait été sa vie, n'était peut-être pas son choix.

Malheureusement, sa « Vie de Giton », parue peu après

avec éclat, le renferma dans ce camp-là. Il en souffrit d'abord, non comme d'une erreur sur son identité, mais comme d'une mutilation sociale : le sentiment qu'éprouverait une femme condamnée à vivre dans un gynécée... Par la suite lui vinrent des doutes plus sérieux : il éprouva des élans ambigus, des révoltes, des regrets ; il vécut alors ses liaisons avec des garçons coiffeurs, des stewards et des jockeys, comme autant de mensonges. Mais si sa sexualité devenait chaque jour plus équivoque, sa sensibilité intellectuelle restait tout entière marquée par la formation qu'il avait reçue : aucune de ses références morales et culturelles ne le portait vers le sexe opposé. C'était le corps des hommes qu'on lui avait appris à trouver beau, « le Jeune Homme au Gant » de Titien et non sa « Léda » qui l'émouvait, les amours de Gide et pas celles de Victor Hugo qui le fascinaient ; c'était avec des garçons, dans les discothèques que fréquentaient les amis de Sovorov, qu'il avait appris à danser, pour un homme qu'il avait écrit à seize ans ses premiers vers, avec un blondin qu'il avait visité Capri... Si bien que, lorsqu'il se sentait rougir devant certaines jeunes filles, il éprouvait les mêmes affres qu'un père de famille découvrant, au spectacle d'un adolescent étendu sur la plage, des émotions dont il ne sait pas le nom... Torturé par le besoin de comprendre, il tenta du côté des femmes quelques expériences tarifées qui ne le convainquirent pas tout à fait. Puis il fit la connaissance d'une veuve d'une cinquantaine d'années, qui sut l'attirer dans ses filets avec les ménagements d'une mère et les subtilités d'un sexologue. Il l'aima. Ils eurent une liaison secrète, plus affectueuse peut-être que passionnée, mais Thierry était caressant et la dame aimait être caressée... Quand deux ans plus tard sa maîtresse mourut brusquement, emportée par une avalanche alors qu'elle faisait du hors-piste à Courchevel, il éprouva un chagrin si vif qu'il ne la remplaça pas. Ne pouvant se résoudre, d'ailleurs, à envoyer définitivement promener les principes qu'on lui avait inculqués, soucieux de ne pas perdre l'estime de ceux qui l'aimaient, incapable enfin de faire litière de sa réputation, il se remit à fréquenter la secte de son tuteur et à coucher comme il avait commencé, ne sachant plus trop ce qu'il était, persuadé même, certains jours sans gloire, de n'être pas grand-chose.

Il se souvenait par exemple d'avoir éprouvé pour moi,

quand il me voyait à Rome chez mon père, des sentiments assez violents pour l'inquiéter ; par la suite, à Senlis, il avait même cru sentir de la jalousie quand Frédéric me courtisait. Un jour, cette impression avait été si forte qu'il avait failli m'embrasser ; mais le soir même, comme il reprenait un train d'affaires pour Copenhague dont il dirigeait alors l'Institut français, il avait croisé dans le couloir des premières un jeune P-DG qui lisait sa « Vie de Giton » en livre de poche : cette lecture, et quelques indices plus concrets, lui avaient donné à penser que ce jeune patron, malgré l'alliance qu'il portait et le style sévère qu'il affectait, pourrait ne pas être insensible à son charme... Et bien qu'il m'eût quittée quelques heures plus tôt certain de m'avoir désirée, Thierry ne résista pas à l'envie de forcer la retenue de cet admirateur anonyme : de son passé de Lolita, lui, par ailleurs si timide, gardait une confiance naïve dans son pouvoir de séduction. Et il séduisit en effet : ils eurent dans l'étroit wagon-lit une nuit d'amour d'autant plus exaltante, me raconta Thierry, que pour ce jeune P-DG c'était « la première fois » ; et tandis qu'il révélait ainsi à lui-même le novice que « la Vie de Giton » avait jeté dans ses bras, il regardait son livre posé à terre près de la couchette, ce livre qui portait au dos, à côté du prière d'insérer, une photo de Saint-Véran que le lecteur distrait n'avait pas remarquée... « Il ne saurait jamais, avait conclu Thierry, que son rêve l'avait visité. Au matin, nous nous sommes quittés sans échanger de noms : après avoir été sur le point de demander ta main, je venais de vivre avec un lecteur inconnu ma plus belle nuit d'amour ! Et c'était une nuit "gay" ! » ajouta-t-il triomphalement.

A la vérité, c'était surtout une nuit d'écrivain, mais je n'eus pas la cruauté de le souligner...

Jamais cependant, malgré les tourments qu'il devait à l'ambiguïté de son éducation, Thierry ne se laissa aller à exprimer devant moi la moindre aigreur vis-à-vis de son tuteur. J'ai dit que je m'en étonnais : j'avais souvent vu les pédophiles nier le rapport de forces — économique ou intellectuel — qu'ils établissent avec leur protégé, mais c'était la première fois que j'entendais la victime reconnaître de sang-froid qu'en dépit des chagrins éprouvés elle avait trouvé dans l'affaire moins à perdre qu'à gagner... Et lorsque, employant ce vocabulaire de prédicateur qui tenait chez lui du tic familial, Thierry poussait l'audace

— ou la bonté — jusqu'à se demander si « ceux qui nous mènent sur le chemin de la perdition nous détournent ou nous révèlent », je trouvais vraiment qu'il exagérait ! Cependant, c'était librement, j'en conviens, qu'il avait choisi pour pseudonyme le nom, francisé, du vieil Alexis — « Saint-Véran, Sovorov : d'une certaine façon, j'étais content de m'appeler comme lui puisqu'il avait été une sorte de père pour moi, n'est-ce pas ? De père spirituel, du moins... »

Et ce père spirituel, dès que nous fûmes installés, il me l'imposa souvent, sans que je parvinsse à décider si je devais considérer ses conseils de cuisine et ses remontrances de chambre à coucher comme ceux d'une « ex » ou d'une belle-mère. Thierry savait heureusement que ces questions de catégories ne m'obsédaient guère, pas plus que je ne cherchais à découvrir quel genre de relations il avait entretenues avec les amis qu'il amenait au « Belvédère ». J'étais pour lui la femme rêvée : celle qui prend le passé tel qu'il est, une sœur indulgente qui regardait ses caprices de wagon-lit avec l'étonnement amusé qu'elle réservait, enfant, aux fantaisies de son ami Lacroix... Peut-être fut-ce alors, du reste, que je songeai pour la première fois que Thierry ressemblait — non par les traits, mais par ses comportements incertains, timorés et enfantins — au Frédéric de mon enfance. Plus que Philippe, qui n'avait jamais eu avec cet amour de jeunesse que des analogies de caste, et plus que Maleville, qui partageait seulement le prénom du petit prince blond, Saint-Véran, en venant s'établir à Evreuil, me donna l'illusion qu'il revenait dans sa maison...

Lui eut, en revanche, l'impression qu'il s'installait chez moi : il n'était pas fâché que notre liaison, quasi officielle désormais, lui permît de sortir du « ghetto Sovorov » dont l'esprit lui avait si longtemps pesé : il me dit, un jour d'enthousiasme, qu'il espérait que je serais pour lui ce qu'Elsa avait été pour Aragon, Anne pour Moreau-Bailly... Mais les temps avaient changé et la comparaison n'était pas juste : ce n'était pas d'un paravent qu'il avait besoin, ni d'un alibi que la libération des mœurs rendait superflu ; il attendait qu'en lui apportant mes amis, ma famille, je l'aide à rattraper le temps perdu, à se réinsérer plus vite dans le commun de la société. Terrible malentendu : je n'avais plus de famille et guère d'amis... Aussi, dans sa fureur d'assimilation, décida-t-il bientôt qu'il voulait un enfant.

J'eus beau lui démontrer qu'il n'y avait plus que des marginaux aujourd'hui pour exprimer un désir si incongru et que, loin de le banaliser, la paternité allait l'isoler, je ne pus le faire renoncer.

— Je ne suis pas très maternelle, finis-je par objecter avec sincérité.

— Tant pis, me répondit-il, je le serai pour deux.

Je n'en doutais pas : je n'aurais pas été surprise, depuis que ce « désir de bébé » s'était mis à le tenailler, de voir les seins lui pousser ! Puisque, si l'on pouvait faire l'amour sans faire d'enfants, on n'en était pas encore, dans ce temps-là, à faire des enfants sans faire l'amour, notre mariage morganatique ne fut pas un mariage blanc...

De temps en temps même, Thierry avait encore vers moi, comme autrefois, des élans gratuits, des transports imprévus, mais, le plus souvent, il les programmait en vue de la procréation dont il rêvait : il connaissait mes jours de fécondité mieux que moi. Et, chaque fois, il prenait un air catastrophé en découvrant que son calcul n'avait pas marché.

« Est-ce que tu crois que cela vient de moi ? m'interrogeait-il, inquiet. C'est que je le voudrais tellement, ce petit bébé... Un bébé de toi » (ça, c'était la touche de politesse), « un petit bébé de toi, tout mignon, avec des grands yeux et une bouche en chapeau de gendarme, une bouche qui ferait des bulles et des areu » (il se voyait tellement dans son rôle de père qu'il avait déjà commencé à bêtifier), « mais peut-être que je ne peux plus...

— Bien sûr que si ! lançais-je, rassurante. Ne sois pas ridicule... Seulement, on ne réussit pas à tous les coups. Tu as là-dessus des ingénuités de conscrit... Allez, ne t'en fais pas : on réessaiera le mois prochain. On s'appliquera bien... »

Et tous les soirs je prenais la pilule.

Dans l'ancienne villa des Lacroix la chambre de Christine était au deuxième étage, tout en haut de cette partie de la maison qu'elle appelait « le donjon » — une espèce d'avant-corps qui donnait de la noblesse à cette bâtisse fin de siècle, trop sévère avec son toit d'ardoises et ses meulières brunes. La chambre de Saint-Véran se trouvait à l'étage au-dessous, à l'extrémité gauche du bâtiment : une manière comme une autre de prendre ses distances...

Il est vrai qu'en installant l'écrivain si loin d'elle Christine ne cherchait peut-être pas à l'écarter : poussant jusqu'à son terme sa logique assimilatrice, elle avait tenu à lui attribuer la chambre de Frédéric Lacroix, de même qu'elle lui avait abandonné le petit salon aux boiseries de chêne où, dans les années cinquante, elle regardait la télévision avec le fils du docteur.

A ces deux pièces elle n'avait pratiquement pas touché, se bornant à rafraîchir les peintures d'origine. C'est avec la même piété qu'elle avait respecté le sanctuaire de Clotilde ; la chambre de l'enfant fée, qui avait retrouvé sa toile de Jouy, ses doubles rideaux de piqué blanc et ses abat-jour froncés, était réservée aux séjours de Laurence de Fervacques, cette petite sœur que Christine s'était donnée sur le tard. Ainsi, lorsqu'elle pénétrait, au premier étage, dans l'ancienne nursery devenue le domaine réservé de Thierry et Laurence, la nouvelle propriétaire du « Belvédère » pouvait-elle se donner l'illusion que Frédéric et Clotilde, bien qu'ils aient un peu grandi, étaient ressuscités...

Illusion d'autant plus forte que la maison des Lacroix avait subi peu de changements extérieurs : quoique « le Belvédère » fût loin de posséder le charme des « Rieux » — la folie Louis XV acquise par Jean Valbray et détruite vingt-cinq ans plus tard par les promoteurs du Supermag —, il avait gardé cette allure semi-bourgeoise typique des maisons construites dans la région entre 1860 et 1900, après l'inauguration de la ligne de chemin de fer.

Jusqu'à l'apparition du train en effet, Evreuil n'était qu'un gros village de neuf cents habitants groupés autour de l'église romane et de la route de Paris. Le long de cette route, rebaptisée « rue » vers 1920 lorsqu'on passa de la campagne au faubourg, on peut encore distinguer, au milieu des immeubles, une dizaine d'anciennes fermes : c'est à leur disposition en carré autour des cours, désormais goudronnées, et à l'alignement irrégulier des fenêtres de l'étage — où, parmi les chiens-assis, subsistent une ou deux lucarnes de grenier maladroitement transformées — qu'on reconnaît ces vestiges d'un temps où Evreuil vivait du maraîchage et de la bonté des châteaux, marquis de Grinouard et comtes de Morloux.

Si l'on considère ce vieux bourg comme le noyau de l'agglo-

mération, « le Belvédère » appartient au deuxième cercle d'urbanisation, celui de la gare et du chemin de fer : avec son jardin d'hiver, sa corniche de céramique verte, son perron, sa marquise, son kiosque à musique, et ses piliers surmontés de vases Médicis en fonte moulée, il est caractéristique de la période des villas — qui fut aussi, pour Evreuil, celle des guinguettes.

Car, dès la construction du chemin de fer, la vallée du Theil et de son affluent, la Vauvre, apparut aux Parisiens du Second Empire comme « un agréable lieu d'excursion ». Ainsi la qualifiaient les dépliants distribués par les Chemins de Fer du Nord avec les horaires des trains. Derrière la gare, des pataches et des chars à bancs attendaient les peintres et les amoureux pour les mener jusqu'aux auberges de la Cressonnière et de la Peupleraie, au bord de la rivière et des étangs, ou sur ce coteau des Trois-Bœufs que les Parisiens, émerveillés par le climat prétendument sain, rebaptisèrent « la Nouvelle Suisse ». Des couples en canotiers y déjeunaient parmi les arbres ; et quand le patron du « Robinson de la Vallée » eut inventé d'accrocher des petites salles à manger dans les branches de deux grands cèdres, ils osèrent même dîner perchés : les garçons du restaurant hissaient les repas dans des bannes d'osier « pour préserver l'intimité ». A onze heures, les dancings fermaient et la cloche du chemin de fer annonçait le dernier départ...

« Le Belvédère », en dépit de son aspect austère et tarabiscoté, a gardé dans ses pierres le reflet ensoleillé de ces plaisirs naïfs. Car ce fut à l'époque où commis et grisettes envahissaient ainsi les bals champêtres de la Peupleraie que quelques bourgeois plus rassis entreprirent de faire construire autour de la gare : « Avant dix ans, leur prédisait "l'Illustration", les plus pauvres de ces villages se couvriront d'habitations élégantes où les Parisiens viendront respirer un air moins frelaté que celui qu'ils payent au prix de l'or... »

De grosses maisons de plaisance, que les familles aisées occupaient tout l'été, sortirent de terre autour de la nouvelle station ; quelques hôtels où l'on pouvait jouer au billard, louer des écuries et des remises fermées, achevèrent de donner à l'ancienne friche boisée où l'on avait établi les terrassements de la voie ferrée l'allure d'une villégiature. Ainsi naquit le quartier de la gare, deuxième cercle, avec « la Nouvelle Suisse », de l'urbanisation d'Evreuil. Ses habitants n'étaient pas des bourgeois à proprement parler, mais des rédacteurs de ministères, des écrivains désargentés, des médecins convaincus que l'air des coteaux était bon pour les poitrinaires, et des rentiers qui devaient ressembler à cet homme à la badine de jonc que j'avais aperçu sur une vieille carte postale des « Rieux ».

Une nouvelle population s'installa dans la région peu avant la guerre de 14, à l'époque des lotissements. A « l'élégante villa » succéda le pavillon. Au lieu de plaisance, le faubourg. Des panneaux publicitaires apposés le long du chemin de fer invitèrent les Parisiens en goguette à acquérir des terrains à bâtir par lots de six mille mètres carrés « dans le parc du château de Morloux, à quinze minutes de la gare et quarante minutes de Paris ». Les parcelles du deuxième lotissement, celui du « Bois Persan », ne faisaient déjà plus que quinze à vingt ares, et, entre les deux guerres, c'est une trentaine de lotissements, de plus en plus morcelés et de moins en moins boisés, qu'on réalisa entre le coteau de la Butte-à-la-Reine et le marais de la Peupleraie : plus de six cents hectares furent offerts à la construction, dotant la commune d'un troisième pôle de développement, aussi nettement séparé du noyau initial que du quartier de la gare bourgeoisement habité.

Cette zone accueillit des ouvriers et des employés qui, chassés de la capitale par la pénurie de logements, acceptaient de faire deux heures de trajet pour aller travailler. L'évolution du nom des lotissements marque bien cette rapide prolétarisation de la vallée : ce ne sont plus, comme au début, des « Parc de l'Orangerie » qu'on divise, ni même encore, comme dans les années vingt, un « Cottage » ou des « Vergers » qu'on invite les Parisiens modestes à peupler, mais « la Taupinière », « le Foyer-pour tous », et « le Clos du Métro ». Les derniers paysans du secteur étaient si peu dupes des adjectifs consolants — « Riantes Cités » ou « Gai Logis » — dont on tentait parfois d'affubler ces programmes économiques qu'entre eux ils les surnommèrent « le Prolétariat », « le Bout-Galeux » et « les Petites Cabanes ». Les noms finirent par leur rester...

Les pavillons construits en rangs d'oignons sur ces terrains mal viabilisés n'étaient guère que des « petites cabanes », en effet : la meulière, qui avait succédé à la pierre de taille, reculait maintenant devant la brique rouge et le ciment armé, l'ardoise devant la tuile mécanique ; les nouvelles maisons, plus étroites afin d'épouser le découpage du terrain, étaient rarement crépies et, si les plus prétentieuses tâtaient encore de la marquise et du perron, ce perron, rejeté sur le côté, se réduisait à un escalier étriqué et la marquise à un bout de véranda dont, à la fin des années cinquante, on remplaça le verre par du plastique ondulé. Plus de parcs, bien sûr, autour de ces maisonnettes, plus de ces lambeaux de forêt que les villas avaient enclos de murs et préservés, mais de minces lopins que desservait — depuis la clôture en fibrociment jusqu'à la porte vitrée de l'entrée — une unique allée bordée de tuiles cassées où aboutissaient les rangs successifs du potager : choux, poireaux, ail, fraisiers.

Aucun arbre dans ces jardins pauvres : pour vivre, on avait trop besoin des légumes ; pendant « la grande crise », la plupart des nouveaux habitants, chômeurs et endettés, se trouvèrent même dans l'incapacité de payer leurs emprunts, et la commune — aux trois quarts ouvrière maintenant — dut assister dix pour cent d'indigents.

Seule concession au superflu : des glycines aux grappes lourdes, qui poussaient contre la barrière des potagers et, chaque printemps, jetaient dans la vallée une longue coulée d'odeurs. Des hauteurs de la ferme des Trois-Bœufs, on avait, pendant quelques semaines, l'illusion de dominer un vallon tropical : les lotissements disparaissaient sous les vagues mauves, les parfums trompaient la misère...

Il est vrai qu'à la veille de la Seconde Guerre mondiale on pouvait encore prendre d'Evreuil quelques jolies photos, trouver d'agréables points de vue d'où rien ne laissait soupçonner l'ampleur des dégâts. Contre toute attente, par exemple, le quartier de la gare tenait bon, opposant au désordre des appentis, des fils à linge et des bidons rouillés, ses hauts remparts de meulières et le front uni de ses charmilles, de ses grilles nobles, de ses conciergeries. « Vu du chemin de fer, soulignait en 1937 le Guide des environs de Paris, Evreuil a tout d'un lieu de plaisance : de vastes et beaux jardins isolent la voie des maisons, et les épaisses frondaisons de ces parcs, au-delà desquels on n'aperçoit guère que le sommet des collines, dissimulent les médiocres constructions entreprises ces dernières années. »

A dix minutes de là, la rue de Paris aussi gardait à peu de chose près son ancien visage : certes on avait pavé le vieux village, ouvert une place et déménagé le cimetière, mais en 1928 la Commission d'Hygiène déplorait toujours la pré-

sence, à proximité de la mairie, de plusieurs étables qui n'hésitaient pas à poser leurs fumiers sur la chaussée...

Evreuil avait dix mille habitants, mais ce n'était pas une ville, tout juste un semis de hameaux disparates, patchwork de quartiers hétéroclites que séparaient encore des taillis, des champs, des carrières, des friches, des vergers, des serres, des lavoirs, des sablières et des baraques — en planches, en tôles, en grillage, accrochées au fond des « jardins ouvriers », au bord des chantiers, adossées aux murets des ruelles et aux haies vives des sentiers, accotées aux raidillons des plateaux ou au remblai de la voie ferrée.

Comme ces cabanons — mélanges incertains de briques et de parpaings, auxquels on avait adapté tant bien que mal des bâtis de portes hétéroclites qui laissaient de grands jours entre la maçonnerie et l'huisserie —, Evreuil n'était qu'un conglomérat de pièces rapportées.

Peu à peu, cependant, les plus anciennes de ces « pièces » cédaient. De même qu'avaient disparu les châteaux antérieurs à la création de la ligne, les guinguettes fermèrent : devenu propriétaire, le prolétaire n'avait plus le temps de danser. Les saules et les châtaigniers de « la Nouvelle Suisse » furent coupés et l'on couvrit la Vauvre comme on avait couvert la Bièvre. Les fermes de la rue de Paris transformèrent leurs granges en estaminets, et seules quelques exploitations subsistèrent sur la Butte-à-la-Reine et le plateau des Trois-Bœufs.

Pour peu de temps d'ailleurs, car, à partir de 1950, avec l'automobile arrivèrent d'autres envahisseurs, ceux qui n'avaient plus besoin du métro et qui, s'éloignant de la gare, se lancèrent à l'assaut des sommets : le « pavillon de standing » pour cadre moyen tertre artificiel, crépi blanc, tuiles brunies et petits carreaux — gagna les hauteurs, et le jardin « résidentiel » apparut sur les terres à blé : plus de poireaux ni de glycines comme dans les potagers ouvriers, mais — derrière des claustras en plastique blanc — du conifère taillé, des « herbes de la pampa », du portique en tube, parfois même, chez les plus raffinés, un bout de gazon et un bassin bleuté...

Au même moment, dans le fond de la vallée, entre « le Bout-Galeux » et « le Prolétariat », une clientèle de fils de paysans que l'industrialisation jetait loin de leurs régions d'origine prenait méthodiquement possession des derniers terrains vacants. Mauvaises friches, « jardins de rapport » que les anciens maraîchers louaient à l'année aux banlieu-

sards les moins fortunés, morceaux de taillis embroussaillés, tout ce qui séparait encore les divers lotissements fut occupé : les interstices furent comblés, d'abord par des bungalows en bois du genre « Castors », puis par les premiers préfabriqués, si légers qu'on y gelait, enfin par les « maisons industrialisées ». Celles-ci inspirèrent à leur tour la rénovation des bicoques des années vingt dont les propriétaires — ouvriers passés contremaîtres — s'empressèrent de transformer les étroites ouvertures en portes-fenêtres et de percer les toits de Vélux : ils croyaient s'acheter du bonheur en grande largeur, mais achevèrent de déséquilibrer leurs façades exiguës, donnant aux anciens lotissements l'air penché de quartiers rescapés d'un tremblement de terre.

Quand enfin, dans les dernières années de la IVe République, il n'y eut plus aux « Petites Cabanes » et à « la Bourbillière » le moindre pouce de terrain libre, on entreprit de rediviser les lopins de la première époque, de supprimer les jardinets et de rajouter un ou deux étages aux maisonnettes individuelles pour en faire des « résidences » de trois ou quatre studios. Ainsi, de redécoupages en surélévations, parvint-on à entasser la masse des nouveaux Evreuillois importés des provinces, manœuvres sans tradition ouvrière, banlieusards sans culture faubourienne, plus désarmés que les prolétaires parisiens qu'on avait vus s'installer là trente ans plus tôt.

Sous la pression de ces vagues d'arrivants (la population dépassait maintenant les quarante mille habitants), tout se transformait. Le vieux centre, d'abord : dans la rue de Paris, l'avenue de Stalingrad et le boulevard Gabriel-Péri, les immeubles remplacèrent les maisons basses ; les toitures disparurent, le ciel recula ; et tandis que sur telle portion de la voie on « densifiait », à l'autre bout on rasait les masures pour construire des échangeurs, des parkings, des viaducs et des tunnels. Au tissu continu de bâtisses de pierre longues et brunes, qui avait caractérisé le quartier de la mairie, succéda un chaos de bitume et de béton où alternaient les bosses et les trous...

Ce fut dans le même temps que le quartier de la gare — assiégé de toutes parts par les « zones pavillonnaires », les « petits collectifs », et les « rocades » — tomba : « les Tourelles » furent vendues à un promoteur immobilier qui construisit dans leur parc cent soixante-dix appartements « moyen standing ». En 1959 « le Castel » fut acquis par la commune pour faire place à un groupe scolaire et une Maison des Jeunes. En 1961, ce fut le tour de « la Villa des Pins », où le Foyer du Fonctionnaire bâtit deux cents logements HLM.

A partir de là, la débandade s'accéléra. Les nouveaux immeubles surplombaient les vieux parcs, et le feuillage des marronniers ne suffisait plus à masquer les loggias bleues et roses où le linge séchait : les derniers notaires s'enfuirent, non sans avoir monnayé leur sauve-qui-peut. Tout au long des boulevards qui partaient de la vieille gare, on vit tomber, l'une après l'autre, les hautes murailles de meulières, disparaître les conciergeries derrière des panneaux de vente, tandis que, sous les tonnelles et les pergolas, les pelleteuses entraient en action.

C'est alors que Jean Valbray céda « les Rieux » à une société de promotion pour en faire un supermarché. Les infrastructures commerciales d'Evreuil, qui n'avaient pas suivi la brutale augmentation de sa population, laissaient en effet à désirer. Le marché bihebdomadaire de la place de la Mairie, les coopératives des premiers lotissements et les libres-services installés à la Cressonnière ne suffisaient plus à l'approvisionnement des immigrants récents, ceux qui venaient de s'installer à la périphérie de la commune, dans les bidonvilles et les grands ensembles : le « dernier cercle » de la ville.

Ces Evreuillois de fraîche date étaient arrivés avec des valises mal ficelées, des femmes à longue robe et des cohortes d'enfants sans chaussettes, aux frimousses mal débarbouillées ; ni petits rentiers comme les Evreuillois de la deuxième génération, ni ouvriers comme ceux de la troisième vague de peuplement, ni fils de paysans comme ceux du quatrième arrivage, ils étaient « immigrés ». Immigrés pour tout bagage, tout métier, tout passé.

Venus d'au-delà des mers avec des guenilles rouges qui faisaient tache sur le béton gris, des parfums de mangue et de safran qui dérangeaient la superposition savante des odeurs de lilas et des vapeurs d'essence, ils avaient été relégués aux portes de la ville, aux barrières, comme on avait abandonné les « fortifs » de Paris aux apaches du XIXe. C'était pour eux que, sur les franges jusqu'alors inconstructibles d'Evreuil — les derniers carrés de betteraves du plateau, le glacis du fort militaire enfin lâché par l'Armée, et l'emprise de la gare de marchandises, abandonnée par la SNCF —, on avait bâti les « cités », les tours de vingt étages, les barres de quatre cents mètres de long des Terres Rouges, des Trois-Bœufs et de la Peupleraie. On tentait bien de les y parquer en les privant d'accès à l'ancien village (du côté de la Peupleraie toutes les rues du vieil Evreuil se terminaient en impasse), mais, en dépit de ces précautions, les indésirables débordaient, lançant des têtes de pont jusqu'aux abords de la gare ou de la mairie — centres sociaux, « foyers de jeunes travailleurs » et cités de transit — tandis que les anciens lotissements ouvriers et les coteaux des années cinquante, définitivement dévalués, se hérissaient de tessons de bouteilles et de chiens méchants. Bientôt, les cadres moyens, puis les familles d'employés, déménagèrent et les premiers cercles du vieux faubourg se transformèrent en réserve de « petits Blancs ».

Les rivalités entre « rastas » de la périphérie et « loubards » autochtones s'exacerbant, les édiles crurent apaiser les voyous des deux bords en leur donnant enfin un centre ville digne de l'importance de l'agglomération : le boulevard de la Gare, qui reliait la station à la rue de Paris, fut élargi. On abattit les platanes ; on planta sur les trottoirs des lampadaires d'acier, et cette nouvelle artère, qui devait faire le bonheur des bandes motorisées, fut rebaptisée « boulevard Boris-Vian ».

De même, la rue de Paris — élargie elle aussi et dotée d'un double pont autoroutier — changea son nom pour celui de « Jacques-Prévert ». Etait-ce « pour faire le portrait d'un oiseau » ? Peut-être, puisque les élus avaient déjà construit la cage...

Dans la rue Jacques-Prévert, entre la bibliothèque Henri-Barbusse et le dispensaire Maurice-Thorez, les ultimes échoppes à contrevents marron — « Nouveautés-Mercerie », « Articles de Pêche et Vêtements de Travail » — cédèrent la place à des « Bricol'Market » rutilants, des « Pantashops » agressifs, des « fast food » géants et des boîtes à flippers et jeux vidéo qu'annonçaient de loin des panneaux fluorescents. Désormais, dans les rues du centre, consacrées au grand commerce sous le patronage discret de la poésie, on marcha escorté, le jour, par le crépitement des mitrailleuses électroniques et, la nuit, par le hurlement des alarmes.

Arpentant le territoire d'Evreuil depuis la Vauvre, couverte comme un vulgaire égout, jusqu'au plateau des Trois-Bœufs, rongé par le béton comme par une mauvaise gale, je songeais à ce que la supérieure d'un couvent m'avait dit un jour de sa conversion : « Je suis venue à Dieu par la beauté. » Entre les parkings bitumés des supermarchés et les anciennes sablières qu'on remblayait avec des ordures, les pizzerias aux néons violets et les cimetières de voitures, je me demandais où les enfants d'Evreuil pourraient bien, eux, porter les yeux pour revenir à Dieu...

Ce qu'il y avait de plus intéressant à Evreuil, à part la faune, c'était l'évolution politique de la région.

Longtemps la commune avait fait partie de ce que les bourgeois appelaient la « Ceinture rouge ». Même quand y débarquèrent par wagons entiers les paysans que l'exode rural chassait vers les usines, ces nouveaux Evreuillois, encadrés par une maîtrise issue des premières générations d'ouvriers, conformèrent leurs votes aux usages d'une classe à laquelle ils n'appartenaient plus vraiment : dans mon enfance, les voix des lotissements équilibraient encore celles, plus modérées, des pavillons semi-résidentiels qui s'installaient sur les coteaux. A cette époque, si je me rappelle bien les discussions qui se déroulaient autour de la cafetière de ma grand-mère entre Giuseppe Zaffini, Nicolas et mon « Pépé », ce que le Parti craignait, c'était l'implantation dans la vallée du Theil d'une classe moyenne qui en chasserait les ouvriers. Personne ne prévoyait qu'avant vingt ans ces « petits cadres » auraient eux-mêmes plié bagage et abandonné la vallée à d'autres envahisseurs, plus redoutables pour le PC : les immigrés.

Ce ne furent pas les bourgeois en effet qui balayèrent le prolétariat d'Evreuil, mais le sous-prolétariat : des « travailleurs » qui ne votaient pas, alors que les votants ne travaillaient plus. Les ouvriers, étrangers, n'étaient pas citoyens ; quant aux citoyens, ils avaient quitté la classe ouvrière par le bas : chômeurs ou pensionnés, marginaux et assistés de tout poil, ceux qui n'avaient pu fuir la commune échappaient à l'usine et à l'embrigadement des cellules ou des syndicats ; leurs votes, anarchiques, erraient d'un bord à l'autre sans se fixer. A la fin des années soixante ils avaient cédé à l'attraction des groupuscules d'extrême gauche, trouvant chez les « casseurs » un exutoire à leur violence ; dix ans plus tard, effrayés par l'insécurité qu'ils avaient créée, ils flirtaient avec l'extrême droite et, s'ils aspiraient toujours à casser, c'était plutôt du « bougnoule » que des vitrines.

Depuis quelques années donc, la banlieue rouge rosissait : aux dernières municipales, après cinquante ans de service, les élus communistes avaient été remerciés, les Evreuillois ayant, à leur propre étonnement, désigné un maire RPR ; et si le député de la circonscription restait inscrit au PC, le siège voisin de Maingon-la-Jolie était déjà passé à un socialiste. Au train où allaient les choses, pas besoin d'être grand clerc pour prévoir qu'aux législatives prochaines les derniers citoyens d'Evreuil éliraient un candidat de droite...

Mais le nouveau maire — le tombeur du PC — n'était plus d'âge à pousser ses ambitions si loin : retraité établi au lotissement du « Gai Logis », il n'attendait de la vie publique que le renouvellement de son mandat. Qu'un jeune ministre vînt conforter sa position en arrachant la députation à ses adversaires pouvait lui sourire : il prévoyait des législatives dès 81, supposant, comme « l'Archange », que, quelle que fût l'issue des Présidentielles, l'élu dissoudrait le Parlement pour asseoir son autorité et transformer sa victoire en raz de marée ; il me suggéra de « travailler le secteur » dès à présent. Après deux ou trois conversations nous tombâmes d'accord : d'ici 81 je ferais tomber sur sa commune une pluie de subventions, tandis qu'il négocierait les ouvertures de supermarchés au mieux de mes intérêts. On n'a pas milité dans quatre ou cinq partis, vécu plusieurs années avec un sous-préfet et vu un Fervacques manœuvrer, sans savoir où trouver des fonds : la loi qui soumet l'ouverture des grandes surfaces à l'autorisation d'une commission locale remplit les caisses électorales d'une manne inépuisable...

M'étant ainsi constitué un trésor de guerre, je passai à l'étape suivante : la délimitation du champ de bataille.

Comme une circonscription se gagne longtemps avant l'élection, j'étudiai avec soin le redécoupage de mon futur arrondissement. Pour être sûre en effet qu'il passe directement du communisme au solidarisme sans s'arrêter à l'étape intermédiaire du socialisme, il fallait accélérer son évolution. Je proposai au ministre de l'Intérieur d'échanger mes cantons les plus rouges contre deux ou trois cantons pâlichons pris à la circonscription de Maingon. Ce nouveau partage n'arrangerait pas que moi : le nouveau député socialiste de Maingon, dont la circonscription avait, sur le chemin de la décoloration, une longueur d'avance sur l'arrondissement d'Evreuil, avait, lui, tout intérêt à freiner l'évolution de son « fief » vers la droite ; la transfusion de sang marxiste dont j'allais le faire bénéficier ne pouvait que l'avantager — c'était la garantie qu'aux prochaines législatives il repasserait. Bien entendu, je n'allais pas lui lâcher un pareil cadeau sans contrepartie. Comme le député de Maingon, ami d'Hoédic, était franc-maçon et que mon vieux maire RPR l'était aussi, ce fut sous le haut patronage de la Loge, ravie de consolider en même temps la situation de deux des siens, que l'accord fut conclu : pour prix des cantons de gauche que le gouvernement de droite allait jeter dans son panier, le socialiste de Maingon ne m'opposerait dans quatre ans que le plus médiocre de ses militants, et surtout pas ce jeune directeur de MJC dynamique et méritant que, sous prétexte de « déviation droitière » ou de détournement de courant, son propre parti lâcherait in extremis pour m'assurer la victoire... « Quand même, ça vaut la peine de vivre pour voir ça ! » dis-je à Saint-Véran dès que je connus l'heureux dénouement de la négociation. « Oui, fit-il avec un sourire triste, mais si pour vivre on n'a plus d'autres raisons que celle-là, c'est un peu court, tu ne trouves pas ? »

C'était bien mon avis ; mais j'avais décidé de boire le calice jusqu'à la lie. Ce n'était pas, en effet, dans l'espoir de me sauver, mais avec la volonté de m'enfoncer davantage que je venais d'entrer dans la vie politique évreuilloise : je voulais faire contrepoids aux espérances inutiles, aux nostalgies amères, que la fréquentation du général Beauregard et des amiraux aux yeux bleus avait fait naître en moi...

Et si autrefois, en entendant Charles ou Renaud parler de leur arrondissement comme d'un domaine dont ils auraient été les seigneurs et de leurs maires comme de vassaux loyaux, j'avais pu caresser l'idée de me tailler un jour, moi aussi, un petit royaume dans un coin, j'avais depuis longtemps cessé de rêver : aucun « fief » ne pourrait me protéger de mon passé, ni de la machine infernale qu'Olga Kirchner avait remontée. Il ne me restait plus qu'à me convaincre que toutes les âmes sont noires (pour mieux cacher la mienne dans la ténèbre universelle), et, faute de pouvoir mourir pour la patrie, à succomber dans un combat douteux — bagarre de truands, scandale de gros sous, rixe entre voyous... A Evreuil la vie politique me tenta parce qu'elle était franchement sordide. Au niveau national le brio intellectuel de quelques acteurs, la hauteur des débats et l'ampleur des enjeux pouvaient encore masquer la mesquinerie de certaines combinaisons. A l'échelon local, la médiocrité des motivations, la pauvreté des moyens, frappaient en plein ; plus de virtuoses de la délation, de Paganini de la trahison ; rien que des Berton de deuxième choix, des Frétillon en simili — aptes eux aussi à prévariquer, mais pour de plus petites sommes, ou à tourner une lettre de dénonciation, mais sans mettre l'orthographe.

Ma seule crainte, c'était de les trouver trop faciles à vaincre : ils sauraient blesser, mais je pouvais tuer...

Par un reste de circonspection diplomatique, je commençai pourtant par tenter de les séduire.

On me vit dans tous les banquets, toutes les inaugurations. Je rendis aux notables nécessiteux — présidents d'associations de locataires ou directeurs de dispensaires — de menus services : suppression de leurs contraventions ou remise gracieuse de leurs amendes fiscales. Puis j'ouvris sur le secteur un « bureau des pleurs » : une permanence où les pauvres d'Evreuil ou des environs — les deux tiers de la population — viendraient quémander quelques pensions, mendier des protections.

Ceux qui, dans les cabinets, prétendaient que je ne consacrais pas assez d'énergie à mes fonctions ministérielles furent bien obligés de convenir que je faisais une percée spectaculaire dans la banlieue nord : à moins d'accident, mon affaire électorale était dans le sac.

Hugues de Chérailles ne s'y trompa pas qui, un jour à la sortie du Conseil des ministres, me félicita sur « l'excellent travail » que j'accomplissais à Evreuil contre le PC ; il y voyait la confirmation des hypothèses erronées qu'il avait faites lors de mon arrivée au « Belvédère » et s'entêtait à considérer comme une ascension publique ce qui n'était, au vrai, qu'une dégringolade privée...

Charles de Fervacques aussi se laissa abuser. Content d'apprendre que je quadrillais la circonscription d'Evreuil, que j'y avais implanté un club solidariste et que je comptais bien me présenter aux prochaines élections, il me prit à part, boulevard Saint-Germain, pour m'assurer de son soutien et m'ouvrir son porte-feuille, dont je n'avais plus besoin. Il croyait découvrir — et avec quel soulagement ! — qu'il avait surestimé mes emportements sentimentaux et que, plus qu'une grande amoureuse, j'étais une « femme de terrain », qui ne trouvait pas seulement dans l'action des consolations, mais un destin. A quoi bon lui avouer qu'à Evreuil et ailleurs je ne cherchais qu'à affronter des monstres, et que, depuis qu'il était sorti de ma vie, tous les monstres me semblaient petits, petits...

C'est dans un deux-pièces de la rue Jacques-Prévert — loué grâce à la générosité des supermarchés — que j'allais, trois fois par semaine, en rentrant du ministère, recevoir les doléances populaires : chômage et cambriolages, cambriolages et chômage. Pour ces « petits Blancs » lâchés par « l'Ere de l'Opulence » qui défilaient dans ma permanence comme au confessionnal, j'éprouvais une sympathie sincère : la bourgeoisie écrase, le peuple filoute, mais leurs armes sont inégales... Je renvoyais donc mes pauvres pécheurs avec un Pater, deux Ave, et mon absolution : une promesse d'intervention, un petit subside, un passe-droit.

Parfois, à la demande de mairies plus éloignées, je transportais ma permanence dans un groupe d'HLM excentrés, une zone « à rénover par priorité ». Dans ces cas-là je demandais à Laurence de Fervacques de m'accompagner. Moins pour la distraire que dans l'espoir de la former : j'aurais voulu la charger de mon secrétariat local pour qu'elle eût un semblant d'occupation, un petit métier. Déjà, avec ses cheveux sales et ses vieux blousons, je la trouvais admirablement adaptée au paysage environnant...

Mais, tantôt fébrile et tantôt abattue, Laurence se montra vite incapable de tenir un fichier, de résumer un entretien ou de noter un rendez-vous. Elle s'installait dans un coin de la pièce où je recevais et restait là, muette et frileuse, les yeux dans le vague, attendant, comme un chien fidèle, que j'en aie terminé. Je m'obstinai néanmoins à lui verser un petit salaire et à l'emmener dans mes tournées, car j'avais cru remarquer que sa présence rassurait ma clientèle, aidait les timides à se déboutonner, calmait les

« paumés » : à je ne sais quel signe ils la sentaient des leurs...

Elle-même, d'ailleurs, se plaisait à Evreuil : en principe elle me devait chaque semaine seize heures de travail (qu'elle faisait rarement), mais elle restait souvent trois ou quatre jours de suite à la maison. Enfermée dans l'ancienne chambre de Clotilde, elle écoutait de la musique — Hendrix ou Joplin —, elle fumait, quelquefois elle dessinait. Elle avait gardé un joli coup de crayon, mais toutes les tentatives de sa mère pour la pousser à reprendre les Beaux-Arts avaient échoué ; quand elle s'emparait encore d'un fusain, c'était machinalement, comme on gribouille au stylo sur un carnet d'adresses en téléphonant : sans penser aux lignes qu'on trace, ni porter d'intérêt au sujet. Du reste, elle dessinait presque toujours la même chose maintenant — des sirènes stéréotypées, dont les traits disparaissaient sous des chevelures éplorées — et son esprit ne semblait plus avoir aucune part aux mouvements de sa main. Lorsque, fâchée d'apprendre par Madame Conan qu'elle n'avait pas mis le nez dehors de la journée (« Votre grande gigoince, elle est encore couchée ! Si c'était ma fille, je vous jure que je lui passerais une de ces avoinées ! »), j'allais dans sa chambre pour lui demander ce qu'elle avait fait, elle me tendait une de ces sirènes de série pour m'amadouer ; mais ces silhouettes figées, ce trait mécanique, ne pouvaient m'abuser. D'ailleurs, ses cendriers qui débordaient, son couvre-lit froissé, la trahissaient : dans la journée elle ne faisait que dormir ou fumer. Comme ces bébés dont on dit qu'ils prennent le jour pour la nuit, Laurence rôdait en effet dans la maison, le jardin, l'impasse, jusqu'au petit matin et elle somnolait ensuite toute l'après-midi, dans la chambre fermée à clé.

Parfois elle sortait de ses longues périodes d'« absence » pour se jeter à mon cou, me jurer qu'elle allait enfin s'y mettre — rien que pour moi, parce qu'elle m'aimait. Elle se serrait fort contre mon corps : étreinte panique de petite fille mal aimée qui redoute l'abandon définitif. « Taratata, ce qu'elle espèce une fois de plus, c'est une rallonge, grommelait Saint-Véran. Je ne sais pas si tu te rends compte de ce que tu finis par lui donner, mine de rien, mais en mettant tout bout à bout, c'est une sacrée rente que tu lui sers ! Au moins le SMIC ! Pourquoi veux-tu qu'elle cherche à travailler ? » Il est vrai que, sitôt que « ma pauvre noyée » avait consenti à me classer quelques dossiers et à prendre de bonnes résolutions pour la semaine d'après, je lui glissais un petit billet pour le seul plaisir de voir ses yeux briller ; j'aimais ces brefs moments d'exaltation où, brusquement transportée au-dessus d'elle-même, elle riait, dansait. Fantasque et fragile, presque jolie tout à coup, elle courait chercher ses anciennes robes de hippie, de gitane, accrochées dans la penderie où Clotilde avait gardé ses « robes de fée ». Elle se déguisait en « flower people », posait des paillettes sur ses paupières, du mauve sur ses joues, coupait les fleurs des bouquets pour les piquer dans sa chevelure d'Ophélie, marchait pieds nus, allumait des bougies, et brûlait du jasmin dans les coupelles indiennes qu'elle avait achetées. Elle semblait éclairée de l'intérieur ; tout son corps était une fête. Sous l'œil désapprobateur de Jerry nous faisions les folles, étouffant de concert nos chagrins dans le rock, la « soul », et la fumée des cigarettes. J'allais la border dans son lit : « Encore un bisou », quémandait-elle comme un enfant au moment où je m'éloignais... Puis de nouveau, pendant deux ou trois jours, elle disparaissait, traînant de copain en copain. (« Des drôles de citoyens, ses copains », disait Madame Conan qui en voyait quelques-uns défiler au « Belvédère » quand Laurence y séjournait ; « c'est tout tatoué sur la figure, et ça porte des bracelets de fer, des chaînes... Et leurs jeans, faut les voir : raides de crasse ! Par-dessus le marché, les cheveux rasés. Comme des bagnards ! ») D'autres fois ma « pâle Ophélia » rentrait directement à Pierrefonds, où elle vivait depuis que sa mère, qui avait trouvé un petit emploi à Bruxelles, lui avait laissé sa maison. Laurence n'avait plus de studio à Paris en effet (l'immeuble « squatté » de la rue Vercingétorix avait été démoli) et Malou Weber préférait savoir sa villa occupée ; elle envoyait chaque mois de petites sommes à sa fille pour le jardin, le chauffage, l'électricité. Mais Laurence ne semblait pas meilleure gardienne que secrétaire : l'herbe n'était jamais coupée, les volets rarement ouverts, et la maison désertée par sa « locataire » avait déjà été « visitée » deux fois. « J'ai eu de la chance, m'assurait Malou. Ils n'ont emporté que des petits objets. Mes bronzes, un tableau. Pas de meuble. Alors qu'ils auraient pu tout déménager ! Mais à quoi pense Laurence, bon sang ? Où est-elle ? » Je n'en savais rien. « Ne t'inquiète pas, me disait Thierry. Nous la reverrons. Quand elle sera raide comme un passe-lacet ! Tu peux me dire à quoi elle claque son fric ? Ni en fringues ni en loyers, en tout cas ! »

Je haussais les épaules : peu m'importait pourvu qu'elle fût heureuse. Quand je la voyais pâle, douloureuse, contractée, j'avais l'impression que c'était mon propre cœur qu'on serrait ; ses retours d'insouciance, ses bouffées de jeunesse me soulageaient. C'est peu de dire qu'elle était le seul être au monde dont je me souciais : il me semblait parfois qu'elle était ma dernière raison de lutter. Saint-Véran pourrait réaliser ailleurs ses rêves de paternité ; Alexandre continuerait à préparer son avenir sans moi ; et les soldats de Beauregard, éternellement dévoués, reporteraient sur un autre leur inutile fidélité. Personne n'avait besoin de moi pour changer le cours des événements, écrire la suite de son histoire. Sauf Laurence... D'elle j'étais vraiment responsable : si je disparaissais, elle coulerait. Chaque fois qu'elle allait mal, il me semblait qu'il suffirait de peu pour qu'elle passe le cap, surmonte ses difficultés, devienne enfin ce que je n'avais jamais été : une femme « adaptée »... Elle était si jeune encore ! Je l'aimais comme une revanche à prendre, une bataille à gagner. Je l'aimais.

Madame Conan, malheureusement, ne partageait pas mes sentiments : j'avais compté sur elle pour veiller sur la santé de ma protégée, la nourrir surtout, car, depuis une hépatite virale, elle était d'une maigreur effrayante. Mais Germaine Conan supportait impatiemment les trous de cigarette dans la moquette neuve, les bâtonnets d'encens piqués dans les jardinières, les silences et la désinvolture de l'intruse — « une rien du tout » qui abusait de ma bonté : « C'est pas grand-chose de propre, c'te fille-là, ronchonnait-elle, et je peux pas croire que ça soit parent à Monsieur de Fervacques, le vrai... Un homme qu'a si bon genre ! Vous me retirerez pas de l'idée que le nom qu'elle porte, c'est un soubriquet ! » Et quand j'essayais de défendre la pauvre enfant : « Je sais ce que je dis », tranchait Madame Conan, à moins qu'elle ne tentât de piquer ma curiosité par un énigmatique « Je sais ce que je sais » ; perfide, je l'obligeais à ravaler son venin en me gardant de l'interroger... Seulement, j'étais navrée que Laurence, en mon absence, n'eût pas toujours les pot-au-feu qui lui auraient rendu la santé.

Le soir parfois, quand elle restait sur le trottoir devant ma permanence tandis que je ramassais le courrier dans la boîte aux lettres, je voyais son profil se découper sur l'obscurité et, malgré ses couches de vêtements superposés (elle avait froid jusqu'au cœur de l'été et, vêtue en toute saison de gros pulls et de pantalons, ne découvrait jamais un centimètre de peau), elle était si frêle, si mince, que je croyais voir la nuit la dévorer. Les ténèbres la mangeaient comme un fruit dont ne reste qu'un quartier. En m'attendant elle fredonnait : « Tristes enfants perdus, nous errons dans la nuit, le Diable nous emporte sournoisement avec lui... », et ce rauque chuchotis montait dans l'ombre comme l'ultime volute de fumée d'une cigarette consumée.

Si je ne courais pas tout de suite vers elle, si je ne la lestais pas sur-le-champ de tournedos et de baisers, si je ne lui transfusais pas mon trop-plein de vitalité, elle allait s'évaporer. Il m'arrivait de lâcher mon courrier et, me précipitant sur elle, de la ramener vers ma voiture avant que la nuit ne l'eût digérée : j'avais besoin de sentir que, sous la parka et les chandails qu'elle entassait, il y avait toujours un corps, besoin de m'assurer qu'il restait un peu de chair autour de cette âme exhalée. Surprise par la violence de mon élan, elle avait souvent un réflexe de fuite, puis elle s'abandonnait contre moi et, blottie entre mes bras, inclinait la tête sur mon épaule avec un petit sourire d'ironie : « C'est ma chanson qui te fait peur ? »

Ce sourire sarcastique, sa pâleur, son profil que la maigreur accusait, tout, soudain, me rappelait son père : comment n'avais-je pas remarqué plus tôt que, à mesure qu'elle se désincarnait, elle lui ressemblait davantage ? Dans la comédie que je me jouais, qui doublait-elle exactement : Clotilde Lacroix, ou moi ? L'enfant que je n'avais plus, ou l'amant que j'avais perdu ? Furieuse de ne plus savoir pourquoi, pour qui, je l'aimais, je la jetais dans ma voiture et grondais : « Non, ce n'est pas ta chanson qui me fait peur, ni le Diable, figure-toi ! C'est ta façon de te laisser fondre ! » Mais elle tournait vers moi un petit visage dévasté d'où toute trace de Fervacques s'était effacée, un visage Weber depuis le front plissé d'ennui jusqu'à la pointe tremblante du menton, et je ne pouvais m'empêcher de l'embrasser. Je ne la laisserais jamais s'envoler...

Quelquefois, pour la retenir, l'attacher, j'aurais voulu lui dire que je comprenais son désespoir, que j'avais maintenant, moi aussi, une grande peine à oublier.

Mais, d'abord, je n'étais pas sûre qu'elle pensât encore à

Zaffini ; il me semblait en vérité qu'elle n'éprouvait plus le moindre intérêt pour les garçons : quel avait été son dernier amant ? Alain Chaton, ou ce Noir aux longues tresses, joueur de tam-tam, avec qui elle partageait un studio dans le quatorzième ? En tout cas, je ne lui connaissais aucune relation qui ressemblât à une liaison. Et puis comment lui confier mon chagrin sans parler de celui qui l'avait causé ? Comment lui raconter mes malheurs sans révéler que j'avais été la maîtresse de son père ? L'aurait-elle supporté ? J'aurais perdu, en la perdant, le dernier lien charnel qui m'unissait à lui...

Parfois, pour l'amener à évoquer d'elle-même cet homme dont j'étais obsédée, j'avais envie de recourir à la ruse qui m'avait réussi dix ans plus tôt : lui parler de mon père pour qu'elle me parle du sien. Mais savais-je si, au point où elle en était, l'évocation d'un père indigne l'aurait encore émue ? Dans le pays de brumes où elle se retirait, si peu de choses l'atteignaient.

Au reste, pour dire du mal de mon père aujourd'hui, j'aurais dû me forcer : mes relations avec Jean Valbray s'étaient « normalisées » — comme on dit de deux nations passées de la haine brûlante à la guerre froide.

De Moscou il m'envoyait de longues lettres, des analyses spirituelles de la situation, et, comme toujours, la copie de ses télégrammes au Quai d'Orsay. Pour mon anniversaire il m'expédiait des « matriochka », pour Noël du caviar, de la vodka à Pâques et des samovars à la Trinité ! Le temps était loin où j'attendais vainement un petit mot pour ma fête, des félicitations pour un succès...

Il allait maintenant jusqu'à faire des concessions financières. Quand j'avais dû placer ma grand-mère, qui perdait la tête, dans une maison spécialisée et qu'il avait fallu la remplacer auprès de ma mère par une garde-malade salariée, il avait augmenté la pension de Malise sans discuter. Il s'était même montré, géographie oblige, d'une générosité de prince russe : « En veux-tu davantage ? », « Faudra-t-il l'indexer ? » — on ne refuse pas à une fille secrétaire d'Etat ce qu'on refusait à une fille collégienne.

Quelquefois enfin, il avait l'excellente idée de m'inviter en week-end avec mon frère, que je n'avais plus d'autre occasion de rencontrer dans l'intimité : à Senlis Catherine Darc, non contente de m'avoir jeté dans les pattes Nadège Fortier, avait fini par me déclarer « persona non grata ». Du prétexte je ne me souviens plus, mais je devinais la cause : faible comme il l'était, Philippe était redevenu son amant et elle préférait m'éloigner ! A trois mille kilomètres de Paris pourtant, lorsqu'il se croyait à l'abri des regards de sa tante, il redevenait galant et primesautier : s'il y en avait un, d'ailleurs, que ma rupture avec Fervacques réjouissait, c'était bien lui ! Et quoiqu'il fût le dernier auquel j'aurais pu avouer ma tristesse, j'étais reconnaissante à J.V. d'essayer de maintenir entre nous une relation qui s'effilochait...

Aussi, tout bien considéré, n'avions-nous plus, mon père et moi, qu'un seul contentieux. De taille, il est vrai : son dernier mariage, que je trouvais ridicule.

Sa quatrième femme était de deux ans ma cadette. De leur différence d'âge, il était le premier à plaisanter : « Ma future veuve », disait-il en la présentant, ou « ma moitié » — « et jamais ce nom n'a été mieux porté », insistait-il pour désamorcer les quolibets, « puisque j'ai deux fois plus d'années qu'elle ! » Il n'était pas peu fier, au fond, d'avoir mis cette « jeunesse » dans son lit ! Qu'il sombre dans le grotesque, c'était son affaire ; mais je ne pouvais le voir avec son Hélène sans songer à Charles et Nadège, à leurs vingt-cinq ans d'écart, à la candeur virginale de la demoiselle... Je déteste ce goût des don Juan décatis pour la chair fraîche : ils prennent une jeune maîtresse comme les femmes du siècle passé s'appliquaient de la viande crue sur le visage — pour se retendre la peau.

De toute façon, aucune fille ne peut trouver agréable d'avoir une marâtre de son âge ; et il m'était particulièrement pénible que cette nouvelle belle-mère prétendît jouer de la complicité des générations pour conquérir mon amitié — elle évoquait sans cesse des souvenirs censés nous rapprocher, du genre : « C'était l'année du "Locomotion", vous vous rappelez, chez Régine nous en étions toutes folles... » Manque de chance, à dix-huit ans je n'allais pas chez Régine, moi, la chose n'aurait pas été dans mes moyens, enfin dans les moyens que mon père me laissait... Je ne connaissais aucune anecdote sur le collège Sainte-Marie non plus, j'avais été élevée au lycée Jules-Ferry à Maingon ; et je ne savais rien des « rallyes » de jeunes filles à marier auxquels Hélène avait appartenu et qui, à défaut d'un époux bien assorti, lui avaient fourni d'inépuisables sujets de conversation.

Notre mésentente, feutrée mais définitive, fut indirectement à l'origine d'un incident diplomatique.

Je venais de passer deux jours à l'ambassade, à titre privé bien sûr, puisque nous n'en sommes pas encore à vendre nos chars d'assaut et nos missiles à l'ennemi. Mon frère, lui, y était à titre officiel : on venait de le nommer directeur des Affaires économiques du Quai (non qu'il eût intrigué, mais son ciel administratif s'était enrichi, tout à coup, d'une jolie conjonction de planètes — un oncle ministre, une sœur secrétaire d'Etat, et Berton qui, courtisant la grande presse à travers Catherine, ne lui ménageait pas son appui). Depuis, Philippe écopait à la petite cuillère la dette des pays sous-développés, à moins qu'il ne s'efforçât, comme aujourd'hui, de brader aux Soviétiques quelques millions de tonnes de notre meilleur blé. Pendant qu'il courait les ministères, je visitai des couvents en ruine et des palais délabrés. Mon père m'avait obtenu l'autorisation d'entrer au monastère Saint-Michel et d'aller au château de Choutko, à cinquante kilomètres de la capitale. Au monastère je comptais trouver deux tombeaux sculptés où figurait le nom des ancêtres de Charles, les Variaguine — le terrible feld-maréchal Dimitri Dimitrievitch et son petit-fils, Alexei, « le sabreur de la Finlande » : j'imaginais que je pourrais en caresser la pierre, trouver aux épitaphes cyrilliques la douceur de la chair... Au château je rêverais dans les salons et les jardins où la princesse Sophie, la mère de Charles et d'Alban, avait vécu son enfance, avant la Révolution. Une façon comme une autre de passer, sans qu'il s'en doute, toute la journée avec l'homme que j'aimais...

Mais rien n'avait marché comme je l'espérais : à Saint-Michel, dont les églises à bulbes dorés abritaient les réserves du Musée de l'Athéisme, une vieille « baba » m'avait refusé l'entrée, malgré tous les visas, coupe-file et tampons dont je m'étais munie ; quant au château, le gouvernement l'avait transformé en maison de repos pour cadres du Parti, privilégiés qui promenaient sur les terrasses mal entretenues un ennui communicatif. Même mes fantômes me fuyaient.

Je rentrai à l'ambassade, déçue et fatiguée, pour y trouver Philippe et notre jeune belle-mère qui prenaient le thé avec le nouvel attaché militaire et la femme du ministre-conseiller. Hélène, qui craignait toujours en ma présence de laisser le silence s'installer, se lança dans un babillage étourdissant où elle fit défiler — pour m'éblouir ? — toutes les personnalités qui avaient récemment séjourné à l'ambassade. Ainsi appris-je que, après Aragon et Prioux, Fortier venait d'y passer une semaine pour consommer sur place les roubles inconvertibles qu'il accumulait au titre des droits d'auteur de « Noir Remords ». En parlant de lui, Hélène disait « le comte de Leussac », et même — comme s'il s'était agi d'un titre nobiliaire supplémentaire — « Leussac de l'Académie » ; elle en avait plein la bouche. Je ne pus m'empêcher de lui préciser que l'intéressé était comte de Leussac comme d'autres sont marquis de Carabas.

Vexée d'être prise en défaut sur le terrain mondain — son meilleur sujet, avec la porcelaine chinoise, objet de son mémoire à l'Ecole du Louvre —, et mortifiée de s'être fait moucher devant la femme du ministre-conseiller, Hélène eut à cœur de me prouver qu'elle était plus au courant que je ne le pensais des affaires familiales des Leussac : « Marquis de Carabas peut-être, fit-elle pincée, mais la fille du marquis de Carabas pourrait bien épouser un roi ! Un roi de la République, si vous voyez ce que je veux dire... » Comprenant qu'elle allait parler de Nadège, Philippe me jeta un regard inquiet : Hélène, qui était bête mais pas méchante, ignorait probablement tout de mon ancienne liaison avec Charles (connue des milieux politiques, notre aventure ne l'était pas du grand public, et mon père, discret jusqu'à l'indifférence, avait dû négliger d'en informer cette épouse tombée de la dernière pluie). La jeune ambassadrice, plus « grand public » donc en la circonstance que ses nouvelles fonctions ne l'y autorisaient, donnait maintenant ses sources à la femme du ministre-conseiller : « Il se trouve qu'une de mes amies de Neuilly habite à côté des Leussac et qu'elle est restée très liée avec la petite. Elle me raconte tout ! Eh bien, je ne crois pas trahir un secret en vous assurant que Nadège de Leussac et notre "Archange" sont au mieux ! » Philippe, navré, posa la main sur mon bras en signe de sympathie. Agacée, je retirai le bras. Officiellement (pour ma famille et nos amis) c'est moi qui avais rompu, quitté un ancien ministre vieillissant pour un jeune et brillant romancier ; l'air protecteur de mon frère avait quelque chose d'humiliant : « D'où sait-il encore que je l'aime ? / Je ne le dis pas à moi-même. / Je feins d'oublier mon malheur, / Je ne descends plus dans mon cœur... »

En vérité j'y descendais souvent, mais je ne voulais pas être accompagnée ; et si je ne refusais pas qu'on s'apitoie sur mon sort — jamais je n'avais eu autant envie d'être cajolée, réconfortée —, je n'acceptais d'être plainte que pour une catastrophe avouable : un deuil brutal, une maladie incurable... Un cancer aurait mieux ménagé mon orgueil. Hélas, j'avais une santé de fer — avec un cœur de papier mâché... Réduite à supporter la douleur la plus dégradante, celle qu'on se méprise d'éprouver, j'étais condamnée à porter beau.

J'y parvenais, puisque Hélène ne remarquait rien d'alarmant dans mon comportement ; elle poursuivait :

— Il est vrai que le champion du solidarisme pose encore avec sa femme pour les magazines... Mais il vit la moitié de la semaine avec l'autre ! Et, le reste du temps, il lui interdit de sortir. Incroyable, comme il est jaloux ! C'est l'amour fou...

Mon frère tentait toujours de faire comprendre à sa belle-mère qu'elle gaffait. Bien entendu, il aurait pu détourner la conversation. Mais il avait ce soir d'étranges timidités — comme si ses désirs se contrariaient : d'un côté, il souhaitait sincèrement faire taire Hélène pour m'épargner ; d'un autre, il n'était pas fâché de me désespérer davantage pour m'obliger à tourner la page... Aussi, au lieu de couper la parole à la maîtresse de maison, utilisait-il le langage d'un sourd-muet qui n'aurait pas appris l'alphabet manuel, d'un acteur de cinéma d'avant le parlant : il lui faisait les gros yeux. Très gros, vraiment. Il en devenait comique.

Le premier choc passé, je n'en voulais déjà plus à Hélène : tout était venu, une fois encore, de ce qu'elle m'exaspérait et que j'étais ravie de la contredire ; c'est moi qui, en la provoquant sur Fortier, l'avais poussée à déballer ce qu'elle savait. Mais elle ne m'apprendrait rien sur les amours de Charles que je ne sache déjà. Tournant ma petite cuillère dans ma tasse, je me persuadai que je tiendrais bien le temps d'un thé...

— Il la fait vivre en prisonnière, comme une favorite de harem. Pour l'avoir tout à lui et ne pas se faire piéger par un photographe quand il lui rend visite, il lui a même fait quitter Paris. Il a acheté pour elle une grande maison en Italie, près de Naples. Une espèce de palais mauresque au bord d'une falaise, à Ravello. Avec une vue superbe sur la côte amalfitaine.

Là, malgré moi, je dus pousser un soupir ou m'agiter car, de nouveau, Philippe me dévisagea avec anxiété : il faut avouer que la maison de Ravello était de trop ! Pourquoi pas Capri tant qu'ils y étaient ? J'avais cru tout savoir de mon malheur, en avoir reconnu les limites, mais je n'avais pas fait le tour de ses annexes et dépendances...

— Maintenant, elle vit complètement là-bas. Elle y a même transféré le siège de son entreprise de décoration, « Mauvière and Co ». Lui y va deux jours par semaine, et, le reste du temps, elle l'attend. Imaginez cette fille ravissante vivant comme une religieuse, une recluse...

— A propos de religieuse...

Philippe venait enfin d'intervenir : en un éclair il nous fit passer de la « religieuse » de Fervacques à celle de Diderot, et de Diderot à Catherine II. Quand nous eûmes définitivement quitté Ravello pour Pétersbourg, je prétextai un travail à terminer pour me retirer.

Dans ma chambre, je me jetai sur mon lit en espérant pleurer. Mais les « Lettres de Russie » du marquis de Custine traînaient sur mon chevet... Si j'avais emporté ce vieux pamphlet contre le régime tsariste, ce n'était pas pour me documenter, mais pour prolonger une fois de plus — par un biais dont je n'étais même pas dupe — la présence de Charles à mes côtés : Custine n'avait-il pas été élevé au château de Fervacques ? En prenant son livre avec moi, c'était comme si j'emportais un morceau du parc, les confidences de Sovorov, le grenier rouge ; entre les lignes de la satire je débusquais des envols de faucon, la trace de nos baisers, le souvenir de nos nuits...

Mais Charles m'entraînait toujours plus loin. En fait de maison, j'avais déjà une longueur de retard : nous n'en étions plus à Fervacques ni Sainte-Solène, nous en étions à Ravello. Je connaissais ce vieux village et croyais me rappeler, en effet, un palais néo-mauresque d'où la vue plongeait à pic sur la mer. Je n'étais pas surprise que Fervacques eût choisi cet endroit : il aimait les abîmes... J'essayais de me représenter Nadège, vêtue de longues mousselines déchiquetées, marchant dans les allées d'orangers et guettant du haut des terrasses l'apparition d'une voile blanche sur la mer. Non, pas de voile blanche : c'est par la terre qu'il arrivait, par la petite ruelle en escalier ; la clochette du jardin tintait, la fille de mousseline entendait le bruit d'un pas sur le gravier, elle se retournait...

De rage, j'expédiai le Custine sur le parquet — un coup à décrocher les micros dont le KGB avait dû truffer le plafond d'en dessous ! Mais ce fut précisément ce rapprochement entre Custine et l'espionnage qui me donna une idée... Finie l'élégie : j'allais réagir, quelqu'un paierait ! Mon édition des « Lettres de Russie » était ancienne, la reliure superbe — il s'agissait d'un exemplaire volé plusieurs années auparavant dans la bibliothèque du vieux Chérailles. Tout cela ne ferait-il pas un présent de choix pour un homme de goût ? En deux minutes, je transformai Custine en paquet-cadeau...

Quand le dîner que mon père donnait au sous-ministre soviétique de l'Agriculture pour faciliter les négociations de mon frère toucha à sa fin, et que ces messieurs se furent levés à tour de rôle, le verre à la main, pour célébrer l'avenir radieux d'une humanité sauvée par la pensée de Brejnev et le blé de Giscard, je pris la parole. Mon père était étonné : le protocole ne prévoyait rien de pareil — j'effectuais un voyage privé et un secrétaire d'Etat à la Défense n'a rien à dire à un ministre de l'Agriculture. Le Russe n'eut pas l'air si surpris : c'était un gros kolkhozien qui avait pas mal forcé sur le vin français pendant le repas et n'arrivait plus à cacher qu'il m'aurait bien consommée au dessert. Aussi parut-il enchanté quand je lui tendis mon paquet enrubanné.

— Permettez-moi, Monsieur le Ministre, de vous offrir un cadeau bien parisien. Ah non, pas du champagne malheureusement ! Ni du parfum. L'ouvrage d'un libéral décadent, les « Lettres de Russie » d'un petit marquis...

Mon père avait pâli — il ne voyait pas encore où je voulais en venir, mais s'apprêtait au pire.

— Dans cet opuscule d'Astolphe de Custine, célèbre en son temps, vous trouverez, Monsieur le Ministre, une dénonciation courageuse de l'oppression tsariste. Vous y verrez comment on osait censurer la presse, espionner les voyageurs, déporter les citoyens, truquer les jugements, réécrire l'Histoire, et comment le peuple faisait la queue devant les boulangeries. Bref, une époque atroce, mais révolue : ce livre a cent cinquante ans, et sa lecture vous fournira de quoi vous féliciter que votre « grande Révolution » ait tout changé ! Je lève mon verre aux victimes du

« Dimanche rouge », aux marins du « Potemkine », à ceux de Kronstadt, et à tous les martyrs qui ont donné leur vie pour que l'Union des Républiques soviétiques connaisse l'abondance et la liberté : à bas les tyrans et vive le blé ! Tchin-tchin !

Mon père était vert. Je reconnais que j'étais allée un peu loin. Même le sous-ministre brejnevien, que le bordeaux portait à l'euphorie, avait fini par perdre son sourire ; son interprète, plus sobre et plus malin, s'était figé dès la deuxième phrase — on aurait dit du poisson en gelée. Quant à Philippe, il hésitait, comme toujours, entre l'accablement du fonctionnaire et l'indulgence du frère aîné : il voyait son marché s'envoler, mais mon culot l'amusait.

Il n'y eut pas — contrairement aux usages — d'applaudissements convenus à la fin de ce petit speech, lequel, il faut le dire, n'était pas précisément « convenable ». De toute façon, j'avais oublié la ritournelle qui déclenche d'habitude le signal des bravos : « Vive l'amitié franco-soviétique ! Vive la paix ! » Peut-être se demandait-on si j'avais fini...

Nos communistes filèrent en bloc avec leur petit paquet sans passer au salon. La soirée tournait court, mais je me sentais mieux. On se console comme on peut : jouer « l'Internationale » devant un parterre de bourgeoises ou offrir à un ministre soviétique le pamphlet libertaire d'un jeune marquis rafraîchit le sang...

Mon père n'éprouvait pas le même soulagement ; il hurlait, sans se soucier des micros du KGB :

— Alors voilà ! Tous les vingt ans, tu as besoin de choisir une ambassade pour faire un esclandre ! Mais tu ne vas pas bien, ma petite fille ! Il faut te soigner !

— N'oublie pas que tu parles à un membre du gouvernement !

Je crus qu'il allait me gifler ; mais il ne me giflait jamais, pas plus qu'il ne m'embrassait ; c'était un homme qui savait se contrôler... Cette nuit-là, je rêvai que j'allais à Ravello : je sonnais à la petite porte sur la ruelle ; une femme de chambre m'ouvrait ; au loin, du côté de la mer, le bateau de Charles et Nadège disparaissait ; je visitais la maison ; dans la chambre qu'ils venaient de quitter leur lit était encore défait ; je me glissai dans leurs draps...

Mon incartade eut peu de conséquences diplomatiques : les Russes achetèrent davantage de blé canadien — ce qui ne modifia pas « l'équilibre des forces stratégiques » ; quant au Quai d'Orsay, il ne fut pas informé, ni mon père ni Philippe n'ayant intérêt à ébruiter mes folies.

Seule Olga parut fâchée.

Bien entendu, ce n'était pas le gros porc kolkhozien qui l'avait mise au courant : aucun risque qu'il sût qu'au moment même où je me moquais de son patron je travaillais aussi pour ses services secrets... Le cloisonnement est le b-a-ba de ce métier ; il me prit sincèrement pour une provocatrice contre-révolutionnaire. En revanche, les petites femmes de chambre russes qui assuraient le service de table firent certainement leur rapport à la « Place Dzerjinski ». Dans notre ambassade de Moscou tous les domestiques, du chauffeur à la cuisinière, travaillent pour le KGB, c'est le secret de Polichinelle et les intéressés n'essaient pas de s'en cacher : Hélène, par exemple, avait dans sa chambre un petit coffre à cinq chiffres où elle enfermait ses bijoux et dont, pour s'amuser, elle changeait chaque matin le code et brouillait les chiffres ; tous les soirs elle retrouvait sa nouvelle combinaison exposée franchement sur le « compteur ». « C'est Tatiana, ma femme de chambre, expliquait-elle, elle le fait par cynisme, puisqu'elle sait que je ne camouflerais jamais de vrais secrets dans un coffre aussi exposé. Mais elle ne veut pas que je garde d'illusions sur ses fonctions... »

« Bien sûr, on peut se demander pourquoi les Soviétiques, qui ont farci nos murs d'instruments perfectionnés, nous imposent des employés guébistes par-dessus le marché, s'interrogeait mon père. Mais c'est qu'ils ont toujours des ennuis avec la technique : par sécurité ils doublent les circuits — un micro c'est bien, deux oreilles c'est mieux ! »

Les comptes rendus des femmes de service étaient donc remontés — bureaucratiquement — vers les sommets ; et, en haut lieu, un responsable informé de mes relations indirectes avec le « Résident » parisien avait trouvé mon numéro russophobe « un peu poussé » : il y a des limites aux libertés qu'un agent peut se donner. On avait chargé Olga de me le rappeler :

— Vous êtes inconsciente, ma parole ! Ni à l'égard de votre gouvernement, ni vis-à-vis de nos amis, vous n'avez intérêt à vous livrer à des extravagances.

Je lui remontrai avec calme qu'elle se trompait : mon indépendance d'esprit n'était-elle pas ma meilleure « couverture » ? Plus je l'afficherais, multipliant les déclarations publiques contre mes commanditaires privés et les campagnes électorales anti-PC, moins on risquait de me démasquer : « Tenez, je me demande même si, pour bien faire, quand votre "tsar" va venir en France à la fin de l'année, je ne devrais pas profiter d'un de nos petits raouts à l'Elysée pour crier quelque chose du genre : "Vive la Charte 77 ! Vive les Tchèques !" Comme ce député français, vous vous souvenez, qui avait eu le courage de lancer : "Vive la Pologne, Monsieur", à la face de Nicolas Ier après les massacres de Varsovie... »

Ce que j'aimais chez Olga, c'était son self-control. Plus fort encore que celui de Jean Valbray. Combien de fois, depuis que je la connaissais, étais-je parvenue à la faire sortir de ses gonds, à la toucher ? Pas plus de deux ou trois. En général, rien — sinon une trop grande immobilité, un silence prolongé — ne trahissait son émotion. J'étais sûre qu'il y avait longtemps qu'elle m'avait jugée comme une tête brûlée, sûre que l'envie de me laisser tomber la prenait à intervalles réguliers... Mais elle se borna à me fixer longuement de ses yeux vairons :

— Si j'étais vous, Christine, j'essaierais tout de même de ne pas m'attirer d'ennuis. Je ne tirerais pas les moustaches du chat... Personne n'est indispensable.

En un sens c'était vrai : jamais, comme agent, je ne lui avais si peu rapporté. La situation avait un aspect paradoxal qui m'amusait : secrétaire d'Etat à la Défense, je n'avais pratiquement rien à passer — bien moins, en tout cas, qu'à l'époque où j'étais numéro deux au cabinet des Affaires étrangères. Qu'aurait fait le KGB du procès-verbal des commissions paritaires ou du statut des Enfants de troupe ? Parce que j'étais une femme on avait défini mes attributions si étroitement que je n'avais, pour ainsi dire, jamais accès aux renseignements stratégiques et que je prenais peu de part à l'élaboration de notre politique de dissuasion.

Certes, on me promenait partout, je pouvais tout voir, mais, faute de compétences techniques, je n'y comprenais pas grand-chose : n'importe quel ingénieur aurait tiré plus de renseignements que moi d'une visite du plateau d'Albion ou des installations de Mururoa. Une fois pourtant, Olga m'avait demandé de repérer un certain voyant sur un tableau de bord :

« Vous n'avez sûrement jamais regardé ces trucs-là de près, Olga : il y a des clignotants dans tous les coins ! C'est affolant ! Je suis incapable de trouver celui que vous cherchez.

— Je vous remettrai à l'avance un plan du tableau de contrôle. Vous aurez le temps de vous familiariser...

— Oh, c'est inutile ! Même si j'avais le plan en tête, sur place je ne verrais rien : un si petit machin, comment voulez-vous ? Je suis trop myope !

— Mettez des verres de contact.

— Vous savez bien que je ne les supporte pas...

— Alors mettez des lunettes.

— Non. Non, n'insistez pas. Je ne mettrai pas de lunettes, Olga, parce que j'ai deux bonnes raisons pour rester coquette : j'aime plaire aux hommes, et j'ai un amant à remplacer. » (J'avais toujours soupçonné « la Veuve » d'avoir contribué en sous-main au succès de la liaison de Fervacques et de Nadège ; du moins avait-elle été informée avant moi de ce qui se tramait et ne m'avait-elle pas alertée.) « J'ai besoin de me consoler. Donc, je drague ! Je drague nos vaillants petits soldats et je n'ai plus de temps pour les clignotants... Tant pis ! Pas d'information sur les clignotants ! Une croix sur les clignotants !... »

Une lueur homicide passa dans les yeux de « mon traitant », mais elle ne bougea pas — il en faudrait davantage pour qu'elle se décide à m'éliminer ! « Voyez-vous, reprisje, quand on a tout perdu on jouit d'une liberté sans bornes. Vous devriez le savoir, Olga Kirchner... Ah non, j'oubliais : vous, vous avez gardé la foi. Et quelle foi ! Ce qui fait que, si nous nous brouillons, vous aurez plus à perdre que moi... »

J'avais tout de même fourni quelques organigrammes (les ronds-de-cuir soviétiques sont friands de graphiques et d'annuaires). J'avais aussi communiqué des cartes de nos zones radar sur la Manche et en Méditerranée ; mais nous étions une cinquantaine à pouvoir nous les procurer... Enfin, pour faire bonne mesure, j'avais ajouté deux ou trois notes du COCOM, ce comité inter-occidental chargé d'établir la liste des matériels sensibles interdits à l'exportation vers l'Est. De temps en temps, en effet, je représentais la France dans cette assemblée où les nations de l'OTAN s'efforçaient de découvrir une utilisation militaire virtuelle derrière l'usage civil proclamé. C'était drôle, et j'y avais appris des choses — sur la manière, par exemple, dont les Russes tentaient de se procurer les « puces » électroniques nécessaires au fonctionnement de leurs avions de chasse et de leurs chars d'assaut. Ces circuits intégrés, ils seraient allés les récupérer jusque dans nos machines à laver s'ils n'avaient trouvé tout ce qu'il leur fallait dans les petits jeux d'adresse qui, depuis deux ou trois ans, envahissaient le marché. Evidemment, la plupart de ces jouets électroniques étaient interdits d'exportation — pas de « Pacman » ni de « chimpanzé qui grimpe » pour les enfants tchèques ou polonais —, mais il existait des biais. Ainsi, en écoutant les experts du COCOM exposer des généralités, avais-je compris qu'après les « Rendez-vous » de Senlis — qu'Olga avait depuis longtemps infiltrés — c'était maintenant « La Ménagère » qu'elle téléguidait : l'entreprise s'était mise à commercialiser plusieurs de ces jeux importés des Etats-Unis, et Philippe m'avait récemment parlé d'un gros contrat de réexportation vers la Turquie. Rien d'illégal bien sûr, puisque la Turquie appartenait à l'OTAN ; mais était-il vraisemblable que les gamins d'Istanbul fissent une si grosse consommation de jouets coûteux et sophistiqués ? Ni Philippe ni sa tante Catherine ne s'étaient posé la question. Je me la posais pourtant, depuis que je connaissais l'existence d'une filière turco-bulgare : les microprocesseurs, extraits du petit jouet, partaient discrètement pour la Bulgarie, qui les recédait, non moins discrètement, à son grand voisin et ami... Sous l'influence de Madame Kirchner le « milieu Chérailles » ne s'était pas seulement modifié, il était complètement « retourné ». Que Catherine Darc, nouvelle venue dans la maison, ne s'en rendît pas compte, passe encore ! Mais Anne... Anne pouvait-elle rester dupe ? Il y avait longtemps que je me le demandais. Certes, on pouvait dire à sa décharge, comme le faisait autrefois son père, que sa bienveillance universelle, sa tendresse naïve, en faisaient la victime désignée de tous les mensonges, toutes les manipulations : Olga n'avait-elle pas réussi à la persuader, pendant deux ou trois ans, qu'elle buvait moins ? Il avait fallu que, quelques mois après ma prise de fonctions, la célèbre directrice de galerie se laissât aller à quelques scènes publiques d'ivresse pour qu'Anne mesurât la gravité de la situation.

Jusque-là, si beaucoup savaient « la Veuve » alcoolique, personne en effet ne l'avait vue éméchée. Mais, un soir chez Maxim's, après la Nuit des Césars, elle porta, d'une voix de plus en plus aiguë et en allant de table en table, une série de toasts « à tous les imbéciles heureux ! Prosit ! Aux amis qui m'ont vendue, à ceux que je trahirai ! Vive la Nuit des Connards ! » Il fallut la faire sortir. « Oui, avoua-t-elle ensuite à Anne effondrée, je sais, je t'avais promis... Mais je bois. C'est tout : je bois. » Quelque temps après, en Provence, invitée à la Fondation Maeght pour le Festival de la Jeune Peinture, elle tomba dans un coma éthylique assez sérieux pour décider les organisateurs de la manifestation à la faire hospitaliser. Quelques peintres amis l'excusèrent en rappelant ses années de déportation, la disparition de ses proches, sa jeunesse gâchée... Peut-être avaient-ils raison, mais j'aimais croire qu'en buvant ainsi à l'excès — jusqu'au vertige, jusqu'à la destruction — Madame Kirchner cherchait moins aujourd'hui à effacer le passé qu'à conjurer l'angoisse d'un avenir que, depuis mon entrée dans sa vie, elle ne maîtrisait plus tout à fait.

Au moment, cependant, où j'allais m'abandonner à cette douce espérance, je me rappellai le mot de mon père, quinze ans plus tôt ; quand je m'étais imaginé avoir causé ses ennuis professionnels en avortant dans la banlieue romaine, il m'avait jeté, agacé : « Ce serait te donner beaucoup d'importance, ma petite fille, tu ne crois pas ? »

Je savais, en effet, que je n'avais plus d'importance pour personne. Sauf pour Laurence. Et celle-là ne me donnait pas moins de fil à retordre que je n'en donnais à Olga — difficultés qu'avec un instinct très sûr je regardais comme des preuves d'amour...

— Il n'empêche qu'elle charrie ! Christine, tu me connais : je ne suis pas méchant, disait Thierry. Je ne veux pas la mort du pécheur — sinon Sovorov ne serait plus de ce monde ! Je peux tout admettre, tout comprendre... Mais j'estime qu'avec ce que nous faisons pour elle, la fille de ton « Archange » pourrait me parler plus aimablement !

Je ne relevais pas son expression — « la fille de ton "Archange" » — bien qu'elle me parût désagréable ; mais sur l'ambiguïté des sentiments, les incertitudes du cœur, il était difficile de tromper Saint-Véran... Par ailleurs, il avait raison : Laurence exagérait.

Quand nous avions réussi à la tirer de son apathie, elle entrait dans de curieuses phases d'excitation verbale où, retrouvant sa verve de soixante-huitarde, elle nous débitait à toute allure une phraséologie déjà dépassée : « Je ne veux pas vivre une vie de con ! Avec un boulot de con ! Je n'en veux pas, de votre sagesse, de votre gentillesse, de vos "obligations" ! "C'est l'heure de dormir", "c'est l'heure de manger", "dis bonjour à la dame", "mouche ton nez"... Hypocrites ! Petits-bourgeois ! Nullards ! Mais dites-le, dites-le donc que je vous dégoûte ! Allez-y ! Osez ! »

Le plus souvent ces fureurs, qui naissaient à propos d'un incident minime, d'une remarque anodine ou même affectueuse (du genre « Tu dois bouillir avec ton gros pull ? » ou « Tu devrais reprendre un peu de gigot, tu es si maigre »), tombaient sur Thierry : « Toi, tu es le type même du bourgeois... Du bourgeois châtré ! Pas le courage d'aller jusqu'au bout de tes instincts, de tes idées. Tu restes là, entre le zist et le zest. "Bique et bouc", comme dit la mère Conan ! Non, ne me touche pas, Christine ! Je ne veux plus qu'on me touche ! J'ai mal, j'ai mal, j'ai trop mal ! »

Elle claquait les portes, ébranlait les murs.

Dans ces moments-là son regard était noir — non pas assombri par la colère, mais réellement noir. Quelques heures plus tard, quand elle revenait, adoucie, avec un petit bouquet pour moi ou un paquet de bonbons pour Thierry, elle posait sur nous un regard translucide, d'un bleu si pâle qu'il semblait noyé. J'essayais alors de me rappeler la couleur de ses yeux à quinze ans : bleu foncé. Aujourd'hui on aurait dit que, suivant l'état de son âme, ses pupilles se dilataient ou se rétractaient — comme celles des chats. « Aime-moi, aime-moi quand même », suppliait-elle, et allongée sur le canapé, la tête sur mes genoux, elle s'endormait comme un bébé repu.

— Ce n'est rien, expliquais-je à Thierry. Elle fait sa crise d'adolescence...

— Sa crise d'adolescence ? A vingt-six ans ? C'est tardif, ou bien ça dure... Tu veux que je te dise le fond de ma pensée ? Quand je la vois accablée au point de roupiller sans arrêt, puis hérissée comme un chat sur des braises, je me demande... enfin, je ne voudrais pas te choquer... Mais est-ce que par hasard elle ne serait pas devenue folle ? Pour de bon. Malade, quoi ! Est-ce qu'on ne devrait pas lui faire consulter un médecin ? Il y a une psychose dans ce genre-là, je crois, un truc où la dépression alterne avec l'excitation... Une maladie génétique qui...

— Ecoute, des médecins, elle en voit sûrement. Ici, je ne sais pas. Mais à Pierrefonds, probablement... En tout cas, elle se bourre déjà de médicaments. Des trucs pour les bronches, la toux, l'intestin. Et même des tranquillisants... Madame Conan en a trouvé tout un sac, glissé sous le lit de sa chambre.

Sur cette découverte-là, mieux valait ne pas insister : moi non plus, depuis quelque temps, je ne pouvais plus vivre sans somnifères ni calmants — Urbanyl, Laroxyl, Temesta... Je les emportais partout, même dans les casernes quand je devais coucher au quartier des officiers. Sinon, dans la journée, malgré les tambours et les clairons, j'avais des moments d'absence, et, la nuit, je ne fermais pas l'œil : je trouvais les oreillers trop durs ou trop mous, trop minces ou trop épais, et j'épuisais jusqu'à la lie les charmes de l'insomnie — le corps qu'on retourne en tâchant de l'alourdir, le fil des pensées qui court vers le rêve et qu'on coupe juste avant qu'il ne l'atteigne, la lampe éteinte et rallumée, les heures qui glissent sur la montre, le compte à rebours toujours recommencé... « En politique, me disait autrefois Fervacques, ceux qui gagnent ce sont ceux qui survivent. » En amour aussi. Pour continuer, vaincre peut-être, il fallait dormir. A n'importe quel prix.

Comme Anne pour Olga, Thierry s'inquiétait pour moi : « Toutes ces pilules ! Essaie d'arrêter un peu. Quelques semaines... Juste pour te prouver que tu peux arrêter. » Comme Olga à Anne, je promettais. Je tenais deux jours, puis je recommençais. A chacun ses ivresses.

— Non, tu vois, reprenais-je, la vraie raison des sautes d'humeur de notre Laurence, c'est la mort d'Alain Chaton. Enfin son entêtement à croire qu'il est mort...

Tout était venu, pensais-je, d'un reportage que « Match » avait publié après le suicide collectif d'une secte para-vaudou, le Temple du Peuple, à la Guyana. Le chef de la communauté, un Américain fou, avait entraîné neuf cents personnes à absorber avec lui, dans un élan d'allégresse désespérée, une limonade au cyanure. Le phalanstère recevait des déséquilibrés de toute la planète : les photographies montraient des dizaines de cadavres anonymes, en jeans, tee-shirts et baskets, pourrissant au soleil sous les palétuviers. Il n'y avait pas de survivants et la plupart des Européens, dépourvus de papiers, n'avaient pu être identifiés. Mais Laurence, en feuilletant le journal, avait poussé un cri : « Regarde ! Là ! C'est Alain... »

Sur la photo on voyait au premier plan, parmi d'autres corps allongés face contre terre, une paire de fesses rebondies, moulées dans un jean serré, une tignasse blonde et frisotée... Rien de particulier.

— C'est lui, je te dis, insistait Laurence. Je reconnais sa montre.

Au poignet du mort on apercevait en effet, posé sur un bracelet d'acier, un curieux cadran triangulaire. Mais peut-être la perspective déformait-elle l'image ? Du reste, le cliché n'était pas net.

— Il avait une montre très moderne, en triangle, poursuivait Laurence. Enfin, à moitié moderne seulement : il n'y avait pas d'affichage. C'était un truc comme dans le temps — avec un remontoir et des aiguilles... Mais sans chiffres.

Cette absence de chiffres ne m'étonnait guère : que Chaton eût choisi une montre sur laquelle on ne lisait pas l'heure lui ressemblait.

— Ecoute, Laurence, inutile de te ronger les sangs et de te crever les yeux. Pour les détails la photo est trop floue, on ne peut rien voir sur le cadran... Dis-toi quand même que si Chaton s'était acheté ce genre de montre, c'est qu'on en vendait : d'autres ont pu la porter. D'ailleurs, il y a combien de temps que tu n'as plus de nouvelles d'Alain ? Trois ans ? Sa montre, il l'a peut-être perdue, ou échangée... Moi, en tout cas, je ne reconnais pas son corps : il n'a jamais eu un si gros derrière ! Surtout depuis qu'il était devenu végétarien...

En réalité, on ne pouvait exclure qu'Alain Chaton se trouvât parmi les « suicidés de la Guyana ». Il courait de secte en secte depuis si longtemps. Il avait été PSU, il avait été maoïste, il avait été anarchiste, il avait été mooniste, « enfant de Dieu », Krishna : pourquoi pas sous-gourou en Amazonie ? J'aurais pu tenter d'obtenir des précisions par notre ambassade là-bas : avait-on reconnu le corps qui figurait au premier plan de la photo de « Match » ? Savait-on si un certain Chaton était au nombre des victimes ? Mais ni Laurence ni moi n'étions capables de préciser la date et le lieu de naissance d'Alain. Si nous l'avions connu à Compiègne, nous ignorions d'où il venait, et depuis quand... Fallait-il, au surplus, attirer l'attention des diplomates sur mes rapports avec ce personnage ? Pendant sa période « anar » Chaton avait été arrêté une ou deux fois pour des vols dans des supermarchés ; il était passé en correctionnelle ; plus tard, après l'attentat chez Fauchon, on l'avait interrogé ; bref il avait eu souvent maille à partir avec la police et devait être fiché comme gauchiste ou comme délinquant. Pas vraiment le genre de relations qu'il convient à un jeune secrétaire d'Etat de ramener sur le devant de la scène ! Je m'en fis machinalement la réflexion et, presque aussitôt, trouvai comique de garder ainsi le souci de ma carrière : je réussissais à mener de front la réussite professionnelle et l'échec sentimental, à lutter contre le PC à Evreuil et à servir le KGB à Paris, à admirer Beauregard et à le trahir, à aimer Olga et à la haïr, à brûler ce que j'adorais, à adorer ce que je brûlais... Tantôt ambitieuse, tantôt amoureuse, communiste un jour, giscardienne le lendemain, menteuse mais toujours sincère, j'oubliais un rôle dès que j'avais endossé l'autre. A Moscou n'étais-je pas allée jusqu'à reprocher à ma belle-mère Hélène ses indiscrétions ? Elle se répandait en papotages sur les hommes publics tandis que la babouchka, très intéressée, traînait entre les petits gâteaux et le sucrier... Je l'avais grondée : elle savait bien pourtant que tout ici était enregistré, noté ; tôt ou tard ses imprudences nuiraient à J.V. ! J'avais été très convaincante jusqu'au moment où je m'étais rappelée que, si quelqu'un risquait, par ses indiscrétions, de ruiner la position de Jean Valbray, ce ne serait pas sa femme... A force de me diviser, je n'arrivais plus à faire tenir les morceaux ensemble : je m'éparpillais.

Encore ces instants d'amnésie n'étaient-ils pas les plus inquiétants ; je m'alarmais davantage, à tout prendre, quand il m'arrivait de ne plus oublier, d'adopter un nouveau sentiment avant d'avoir quitté le précédent, d'exister simultanément sur deux plans différents, de jouer tout en même temps. Un jour, affolée, j'avais consulté le dictionnaire à l'article « schizophrénie » : « Psychose caractérisée par une désagrégation psychique — ambivalence des pensées, des sentiments, conduite paradoxale... » Je me crus rassurée : si l'ambiguïté était un signe de folie, combien de gens autour de moi auraient relevé de la psychiatrie ! Peut-être cette façon de me jeter dans un maëlstrom d'émotions, un tourbillon de sensations, exprimait-elle seulement la merveilleuse « vitalité » que Saint-Véran m'enviait ? « Tu t'en sortiras », m'avait-il encore assuré tandis que je pleurais dans ses bras après le trop long week-end passé avec le champagne Dénery, « tu adores l'action, les émotions, les plaisirs, tu t'intéresses à tout, tu débordes d'énergie ! »

Il confondait force d'âme et appétit : la vitalité mène droit au suicide — on aime trop la vie, jusqu'à l'indigestion, jusqu'au vomissement...

Assise sur le grand divan du salon, je caressais les cheveux de Laurence appuyée contre mon épaule — c'était un soir d'yeux bleus et, quelques jours plus tôt, elle avait consenti à mettre un peu d'ordre dans mes fichiers... Tout en la câlinant je lui fredonnais le dernier « tube » : « Elle se jetait contre moi comme si j'étais le Bon Dieu, comme si je pouvais, comme ça, peindre en bleu les nuages de sa vie, les trous noirs, elle disait : "Un jour ou l'autre je vais m'envoler, un jour ou l'autre je ne vais plus rentrer..." » Et je ne savais plus, tout à coup, si je chantais pour elle, pour moi, ou pour les deux. Peu à peu elle s'assoupissait : « Cette petite n'a aucune vigueur », commentait Thierry, jaloux de me voir dispenser mes tendresses à d'autres, « non seulement elle est toujours fatiguée, mais quand elle dort on dirait un poisson mort. »

Il est vrai qu'elle me faisait parfois penser au fretin que nous allions pêcher avec mon grand-père dans l'étang de la Peupleraie, avant que l'étang ne soit asséché : hors de l'eau vairons et gardons se laissaient mourir très vite. Mais, un jour, nous avions pris une grosse carpe : les carpes ont de la force, elles, du dynamisme à revendre... Nous avions ramené notre prise dans un seau ; arrivée à la maison, la bête vivait toujours, bien qu'en lui arrachant l'hameçon, qu'elle avait englouti dans un élan de goinfrerie, mon « Pépé » lui eût arraché une partie des entrailles. Plusieurs heures après, étendue sur la table de la cuisine, elle respirait encore, méthodiquement, désespérément ; effarées, nous regardions, Béa et moi, ses ouïes se soulever, sa bouche bâiller. A la fin, mon grand-père, gêné, l'avait saisie par la queue et assommée à grands coups contre le mur de la cour. Mais au moment où, certain de l'avoir tuée, il lui plantait le couteau dans le ventre pour la vider, elle avait encore battu des ouïes, sa bouche s'était entrouverte... La vitalité, c'est ce qui fait durer l'agonie.

Laurence, sûrement, ne lutterait pas aussi longtemps si quelqu'un la tirait de la mare pour la jeter sur le gazon. Mais je n'étais pas certaine qu'on dût regretter son manque d'ardeur... Pour l'instant, de toute façon, elle nageait encore, ferrée peut-être, mais pas prise ; elle avait les soubresauts de l'ablette qu'on traîne au bout de sa ligne. Ainsi, du moins, interprétai-je ses révoltes et ses frissons depuis la mort supposée d'Alain Chaton.

— N'exagérons rien ! protestait Saint-Véran. Chaton, elle ne l'aimait pas tant que ça ! Tu m'as toujours dit que sa grande passion, ç'avait été Zaffini. Alain n'était qu'un pis-aller...

— Sans doute. Mais c'est souvent après la mort des gens qu'on s'aperçoit qu'on tenait à eux...

Thierry, d'un naturel arrangeant, finit par en convenir ; pourtant je n'étais plus très persuadée moi-même par les bonnes raisons que je lui donnais. Quand Laurence restait quelques jours à la maison, que je n'étais pas trop occupée au ministère et que je pouvais passer quelques minutes à l'observer, je trouvais son attitude préoccupante : sa paresse, ses distractions, son regard surtout — ce regard curieusement changeant où les pupilles s'élargissaient parfois comme des soucoupes et rétrécissaient, quelques heures après, au point de laisser l'iris noyer l'œil — me mettaient mal à l'aise.

Comme un souci n'arrive jamais seul, Madame Conan, qui avait pris Laurence en grippe dès le début, se mit aussi à se plaindre d'Ahmed El Kaoui, le harki de la porte d'entrée : « Je rentre demain à Trévennec, Madame Valbray ! Je m'en vais... Parce que je veux pas que vous pensiez que c'est moi qui vous vole. »

Elle amorçait souvent ses réclamations, ou ses demandes d'augmentation, par un « Je préfère m'en aller » comminatoire, certaine que je céderais au chantage et que je la retiendrais. Cette fois, il ne s'agissait pas des trous de cigarette que Laurence laissait dans la moquette ni des taches de bougie sur les manchettes de Thierry ; c'était plus grave : elle avait acquis la conviction qu'Ahmed n'était « pas net », comme elle disait.

— Il m'avait pourtant l'air d'un brave gars... Mais pour finir, ma pauvre dame, il est comme les autres. Un Arabe...

— Un Kabyle.

— C'est du pareil au même, trancha-t-elle avec toute l'assurance que lui donnait sa parfaite connaissance de la Bretagne intérieure. Vous êtes bien trop gentille, Madame Valbray ! Les employés, ils vous exploitent ! Dans une maison comme ça, faudrait de l'autorité...

— Bon... Il me vole quoi, Ahmed ?

— Vos couverts... Enfin, vos cuillères... Surtout les petites.

Je poussai un soupir de soulagement ; le problème était ramené à de plus justes proportions, d'autant que, sur la disparition des cuillères à dessert, j'avais depuis longtemps mon idée : avec une femme de ménage distraite, elles finissent dans la poubelle ; la petite cuillère part avec les épluchures. Toutes les maîtresses de maison en ont fait l'expérience : on reçoit un service complet quand on se marie ; au bout de dix ans on a perdu les deux tiers de ses illusions et les trois quarts de ses petites cuillères...

Pour ne pas humilier Germaine Conan qui, à la première semonce, m'aurait rendu son tablier, je mis la faute sur mon compte : « Ahmed n'est pas coupable. La fautive, c'est moi. Le week-end, quand vous n'êtes pas là, je ne fais pas toujours attention en débarrassant la table. Je jette des petites cuillères avec les pots de yaourt... »

La vieille Bretonne ne fit aucun commentaire ; ses bras croisés, son hochement de tête, disaient assez son sentiment : si je voulais me ruiner en cuillères, c'était mon affaire, mais, ruine pour ruine, elle ne voyait pas pourquoi elle ne ferait pas « son beurre » sur ma faillite... Je compris le message : deux cents francs d'augmentation.

Du reste je pouvais bien me montrer généreuse et assumer la responsabilité des disparitions qui chagrinaient Madame Conan : depuis longtemps je remplissais les poubelles et les vide-ordures d'une mère blâmable ; en 68 j'y avais fait disparaître les dossiers du Quai d'Orsay ; aujourd'hui je déposais les secrets de l'armée dans les conteneurs de la Peupleraie.

C'était une idée d'Olga. Puisque je n'allais plus à Senlis et qu'il m'était difficile dans la journée de me rendre rue de Seine sans escorte, mieux valait remplacer nos contacts directs par une « boîte aux lettres morte ». Pourquoi ne pas glisser mes enveloppes dans un des grands conteneurs qu'on sortait le soir sur les places de la Peupleraie ? Mes déplacements n'y paraîtraient pas suspects puisque la famille d'El Kaoui y vivait ; et rien n'était plus facile que de se mettre d'accord sur, « disons, la première poubelle de droite, à l'angle de la place des Poètes ; quelqu'un passera avant les éboueurs pour ramasser votre courrier ».

Ce système, je l'avais refusé à Vienne autrefois ; maintenant je l'acceptai. Non qu'Olga m'eût convaincue d'être prudente — l'inquiéter me plaisait —, mais, en ce moment, à cause de Beauregard et des siens, de leur fidélité de chiens battus, de leur détresse de chats mouillés, je préférais ne pas la rencontrer : la trahison par poubelle interposée perdait de sa gravité ; la faute disparaissait sous les déchets... Au fond, je ne faisais que jeter une photocopie, tout le monde jette ses vieux papiers ; et si des chiffonniers fouillaient les poubelles, qui pouvait me le reprocher ? Ajoutons que la perspective de traîner le soir à la Peupleraie me souriait ; c'était un lieu parfaitement absurde et désespéré. L'architecte Garmore, qui, dans les années soixante-dix, avait planté ce grand ensemble à la limite d'Evreuil et de Maingon, pour faire pendant aux Trois-Bœufs, avait lui-même défini son ouvrage comme « une trame de peupliers sur une nappe de bitume »... Il est vrai que, pour la poésie, il s'y entendait : sous prétexte de donner un peu de culture aux dix mille immigrés qui s'entassaient dans ses appartements, il avait conçu cette « place des Poètes » où, reproduites en mosaïque noire et blanche sur les murs aveugles des immeubles, se détachaient d'immenses photos de Baudelaire, Nerval, Valéry, Mallarmé... « C'est quand même des belles photos », me disait El Kaoui qui habitait à côté ; il ne connaissait pas le nom de « ces vieux messieurs qu'ont pas l'air très gai », sauf « le jeune » — précisait-il en parlant de Rimbaud —, « celui-là, je le reconnais : c'est Alain Delon. »

Deux ou trois fois donc, sous prétexte de rendre visite à la smala d'Ahmed, j'étais allée de nuit admirer le Rimbaud de Garmore sous le nez. Bien entendu je prenais la voiture, mais je refusais d'être accompagnée, prétendant qu'il me fallait sentir le danger : « Tu comprends, disais-je à Saint-Véran, depuis que je suis interdite de casino, le jeu me manque. Je rêve de cartes, de roulette... Mais ce serait bête de replonger ! Risque pour risque, j'aime encore mieux me faire agresser par une petite frappe de la Peupleraie, ça me coûtera moins cher — je n'ai jamais plus de cent francs sur moi... »

Thierry ne cachait pas son incrédulité : « Avec tes balades dans ce quartier pourri, ce n'est plus le pépin que tu cherches, c'est la mort !

— Bien vu, mais ne rêvons pas : nos vœux sont rarement exaucés ! Du reste, maintenant que je me connais bien, je me vois venir et je m'évite ! Ce n'est pas encore cette fois que l'ennemi me fera la peau... J'ai tant de ressort, mon pauvre ami ! »

Au commencement des années soixante-dix j'avais lu beaucoup d'articles sur la Peupleraie, une expérience novatrice, la cité de demain. A l'époque, Fortier de Leussac avait même consacré au créateur de ce grand ensemble futuriste — dont la conception semblait aussi éloignée des Trois-Bœufs que Garmore l'était de Le Corbusier — un ouvrage dithyrambique qu'illustraient des dessins de Stuart Michels et des esquisses de Vasquez : « L'urbanisme de Garmore se situe à mi-chemin entre la philosophie présocratique et l'œuvre d'Edgar Poe », assurait-il avec un enthousiasme qui m'avait rendue rêveuse — j'avais du mal à traduire la philosophie présocratique en modules industrialisés.

Garmore usait, lui, d'un vocabulaire plus familier quand il commentait son œuvre : la Peupleraie devait, prétendait-il, « être regardée comme un coquillage » — « coquillage » tiré tout de même à plusieurs exemplaires puisque, au nord et au sud de la capitale, de nombreuses communes avaient acheté ce modèle pour loger leur nouvelle population.

Sur le moment, ces déclarations d'intention m'avaient laissée un peu sceptique ; mais, lorsque entraînée par mon enquête sur Christine Valbray je fus amenée à explorer Evreuil et sa périphérie, j'étais réellement curieuse de découvrir cette ville miracle où, d'après Fortier, « même l'ombre des bâtiments n'était plus noire »...

Comme Christine m'en avait avertie, aucune rue du vieil Evreuil ne menait à la Peupleraie : pour atteindre ce nouveau quartier il fallait passer par l'extérieur, traverser les dernières strates d'urbanisation, prendre en coupe les faubourgs des banlieues, et cette promenade dans la « petite couronne » de la « Grande Ceinture » n'avait rien de réjouissant. La Peupleraie pouvait bien être à sa manière une réussite, son environnement n'était pas un succès...

Sans doute, les horreurs clinquantes accumulées ces dernières années me gênaient-elles davantage que celles qui avaient la patine du temps... En réalité, il y a plus de cinquante ans qu'Evreuil et sa région ont été sacrifiés ; au début des années soixante déjà, personne n'aurait pu reconnaître sous la marée des pavillons, percée ici et là de viaducs routiers, les anciennes collines « couvertes de bois et de bruyère » décrites en 1900 par « le Guide de Paris à Chantilly », ni même — tant l'amoncellement de pierres et d'hommes avait en apparence nivelé le relief — soupçonner qu'il eût existé, sous ce désordre, des vallonnements, des rivières, des coteaux. Mais on avait fini par s'habituer aux fautes d'esthétique les plus anciennes (on s'accoutume à la laideur pourvu qu'elle n'ait pas l'air trop neuve) alors qu'on restait surpris, choqué, devant les Trois-Bœufs ou les cités d'urgence.

Ainsi, tout en marchant vers cette Peupleraie devenue le refuge des immigrés de fraîche date et des vieux harkis, ne pouvais-je me défendre de préférer aux tours récemment financées par la municipalité les petites ruelles pavées qui serpentaient encore entre les lotissements ; je trouvais un charme poignant aux derniers piliers de meulière coiffés de chapiteaux de ciment, aux bidons de fer rouillés qui traînaient dans les ultimes lambeaux de potagers, et aux rares cafés qui avaient conservé leurs rideaux de dentelle et leurs anciens noms — « Buvette de la Mairie » ou « Tabac de la Butte ». Dans les sentiers empierrés coincés entre des murs aveugles j'écoutais avec bonheur l'écho de mes pas ; le long des grillages je contemplais, non sans nostalgie, ces ultimes touffes d'herbes-aux-clercs que les guérisseuses des faubourgs utilisaient autrefois pour soigner l'eczéma ; au pied des murailles éventrées je prenais plaisir à retrouver, sous les relents de frites et de mazout, cette odeur de mousse et de moisissure qu'avaient respirée les Mimi Pinson du début du siècle... Tout, dans les premiers quartiers ouvriers de cette banlieue déshéritée, me semblait encore chargé de mystère, à défaut de beauté ; et je me demandais, une fois de plus, d'où venait à l'homme « cette volupté de la mélancolie qui le fait s'aimer dans le sentiment de sa ruine », tant, dans l'état où j'étais, le moindre rang de poireaux échappé à l'asphaltage universel me bouleversait ; un châssis crevé, jeté sur une dernière plate-bande de fraisiers, m'aurait tiré des larmes...

Mais peut-être, en regrettant les verrues des vieilles banlieues, n'étais-je pas si insensée que je le croyais ? La disgrâce des « Petites Cabanes » ou du « Prolétariat », des quartiers pavillonnaires et des anciens lotissements, n'avait pas été programmée, aplanie, tarifée ; c'était encore une laideur individuelle qui avait sa fantaisie et ses secrets, une misère éclectique, une médiocrité asymétrique qui laissait une petite place à l'homme — tout autre chose qu'un projet d'urbanisme...

En m'arrêtant au coin des rues vides du Bout-Galeux qu'on commençait à « restructurer » à coups de « bretelles » et de parkings bitumés, en voyant abattre ici et là les derniers bouquets d'acacias pour leur substituer des bancs de ciment, je me rendais compte avec regret qu'à leur tour les difformités particulières de ces vieux quartiers allaient être uniformisées, normalisées, comme, peu à peu, tout ici l'était — les paysages, les hommes, les activités : ne m'avait-il pas suffi, certains jours d'été, de me promener sur le boulevard Boris-Vianet, l'avenue des Riantes-Cités pour entendre monter de toutes les fenêtres ouvertes les mêmes clameurs au spectacle des mêmes programmes télévisés — Coupe de France de football, Mundial, ou Tournoi de Roland-Garros ?

Le créateur de la Peupleraie avait, lui, d'excellentes idées. Cent fois je l'avais entendu les exposer dans des interviews : il était contre l'architecture des plans-masse et du chemin de grue, contre l'urbanisme en bandes parallèles, contre la monotonie des avenues et des perspectives, contre les agoras toujours torrides ou verglacées, bref contre les Trois-Bœufs... Mais pas plus qu'une théorie littéraire ne fait un bon roman une juste critique des erreurs urbanistiques ne fait une belle ville : la Peupleraie, quand enfin je la vis de près, ne me parut pas seulement sinistre, elle constituait un échec d'autant plus remarquable qu'elle avait été plus « pensée ». Garmore s'était donné beaucoup de mal en effet : il avait varié les hauteurs (entre R + 7 et R + 2), multiplié les piazzettas, disposé quelques immeubles en rubans sinueux, et élaboré toute une doctrine sur les circonvolutions maternelles et l'attraction intime du concave... Mais entre la construction des Trois-Bœufs et l'assèchement des étangs de la Peupleraie, la pro-

duction de série avait gagné du terrain : Garmore ne travaillait plus qu'avec un seul type de panneau lourd et trois modèles de châssis — pour vingt-cinq mille fenêtres ! L'architecte se flattait, certes, que la rigueur de l'industrialisé l'eût amené à développer « une écriture contrapuntique », et Fortier de Leussac, dans son petit livre, renchérissait : « Les façades sont agencées suivant une démarche que l'on pourrait qualifier de musicale. D'un bâtiment composé de centaines de fenêtres semblables, également espacées et superposées, on passe peu à peu à une autre disposition par simple décalage des rangées ; ensuite les fenêtres sont groupées par deux et ce rythme binaire peut être vertical ou oblique. Plus loin, comme l'entrée d'un nouveau thème, des fenêtres d'un second type commencent à se mêler aux premières, régulièrement d'abord, puis dans un ordre plus difficile à lire, pour se résoudre enfin, par un retour au calme, à l'ordre initial. » A défaut de grands créateurs, nous avions de grands exégètes...

Cependant, malgré ses propres déclarations sur « les ruptures de rythme » et les « oscillations d'un monde en gestation », l'architecte était plus conscient que Fortier de l'uniformité accablante de son œuvre. Aussi, pour maquiller, avait-il multiplié les initiatives décoratives — verbales ou visuelles. Pas de bloc H ou G, mais des noms poétiques et champêtres qu'il éparpillait sur les terrains vagues — impasse du Tournevent, place aux Herbes, cour de la Fontaine ; et sur chaque piazzetta, pour faire plus italien ou plus antique, il avait disposé des obélisques : on en comptait une cinquantaine dans la ville, isolés ou groupés par deux ou trois ; des obélisques industriels en béton lisse, fabriqués en série comme les fenêtres, des obélisques « au second degré », pseudo-références culturelles dont personne ici n'avait la clé. Les « petits Blancs » d'Evreuil affirmaient que « les sauvages de la Peupleraie » ne savaient pas se servir d'une baignoire, qu'ils y élevaient des lapins, y égorgeaient des moutons ; en soi, ce détournement de fonction ne m'aurait pas scandalisée : l'essentiel, c'est que les hommes soumettent les objets. Mais comment un Malien de l'an 2000 aurait-il apprivoisé un obélisque en ciment armé ?

Seule la petite Souraya El Kaoui, la dernière fille du vieil Ahmed, tentait encore, par ses jeux, de donner un sens à ces monuments absurdes, plantés entre les bâtiments comme des suppositoires géants : dans « l'enclos des Fruits tombés » (où il n'y avait aucun arbre fruitier), elle avait sorti une chaise et attaché aux barreaux deux élastiques rouges dont elle avait noué l'autre extrémité à la fausse colonne égyptienne ; tout en sautant à cloche-pied par-dessus ces cordelettes, elle fredonnait à mi-voix dans une langue que je ne comprenais pas et s'applaudissait gentiment chaque fois qu'elle avait réussi un tour d'adresse délicat — pieds croisés, mains dans le dos, ou jambe levée.

Peut-être est-ce cette image de « la petite fille aux élastiques », nattes flottantes et jupe au vent, que j'aurais dû garder de la Peupleraie ? Mais, honnêtement, la perspective eût été faussée : on n'était pas étourdi de chansons ni de bravos dans ce nouveau quartier. Dans cette ville close séparée du reste de l'agglomération par de larges zones non aedificandi et interdites à la circulation (Garmore n'avait voulu que des rues piétonnières puisque les Trois-Bœufs étaient faits pour la voiture), on n'entendait ni rires d'enfants, ni radio, ni moteur, ni « télé ». Dans leurs chambres-cellules de 7,91 mètres carrés, les « simples » (c'était l'expression de Garmore, architecte pompidolien) cuvaient leur solitude en silence. Tout juste, en passant dans « le Béguinage », avais-je deviné les dernières notes d'un disque qu'une main invisible ôtait de l'électrophone : une mélodie d'Oum Kalsoum. Un jour, un ami égyptien m'avait dit que la voix de cette femme était si nuancée et si pure qu'elle semblait verte, « de la couleur du Prophète », m'avait-il précisé. La voix d'Oum Kalsoum était sûrement le seul vert qu'on pût trouver à la Peupleraie depuis que Garmore s'était déclaré l'ennemi des arbres : les squares maigrelets et les quinconces l'exaspéraient ; que dire alors des platanes des boulevards, ou des espaces verts des Trois-Bœufs ! Dès qu'on parlait d'espace vert, Garmore voyait rouge : il voulait une ville minérale, comme Sienne ou Florence.

Que Florence n'eût pas été conçue en six mois, ni par un seul homme, ne le troublait pas. De sa Peupleraie il avait méthodiquement éliminé le peuplier ; quand il parlait d'une « mince trame d'arbustes sur une nappe de bitume », il fallait interpréter : dans sa ville il y avait, en tout et pour tout, cinq peupliers — dix fois moins que d'obélisques. Encore ces cinq arbres ne risquaient-ils pas de provoquer une indigestion de verdure : on ne pouvait pas les voir en même temps. L'architecte étant un adepte du « less is more », chaque peuplier se trouvait isolé sur une placette, au sommet d'un mon-

ticule de pavés : ainsi réduit à l'unité, l'arbre prenait de la valeur, il devenait sculpture, symbole, obélisque en somme...

Quand j'arrivai impasse de la Marelle où Christine Valbray tenait parfois ses permanences, le soir tombait. Deux clochards disposaient déjà des cartons sur le pavé ; ils préparaient leur nuit, tandis qu'un grand Noir, emmitouflé dans un blouson à capuche, allait et venait autour d'eux en hurlant ; il me fallut quelque temps pour saisir ce qu'il disait : « On a pas trouvé pour baiser, merde ! On a pas trouvé pour baiser ! », et il donnait de grands coups de pied dans les façades en pâte de verre polychrome, comme s'il voulait secouer les immeubles, les faire crier, introduire un peu de vie dans le vitrifié. « J'en ai marre, bordel ! Je suis jeune, merde, je peux trouver gratuit des belles filles ! Bordel ! » (il ne connaissait manifestement que deux jurons français, mais en faisait la même utilisation, généreuse et « contrapuntique », que Garmore de ses trois châssis de fenêtres). « Nadia, Stéphanie, Fatima, tu veux pas baiser avec moi ? Toute la nuit, je peux, merde ! Et croyez pas que je suis saoul, je suis un bon musulman, moi, merde, jamais une goutte d'alcool ! Toute la nuit je danse dans mon lit. Faut que je te baise, merde ! Pas une goutte d'alcool, un bon musulman, je te jure... », et il se frappait la tête à coups de poing, tapait contre les murs, bousculait les clochards, poussait des gémissements inarticulés. Mais pas une seule des vingt-cinq mille fenêtres de la cité ne s'ouvrit ; et les deux vagabonds saouls, étendus sur leurs cartons, rigolaient. Etait-il ivre lui aussi, fou, ou seulement malheureux ? Risquait-il de devenir dangereux ?

Par prudence, je m'abstins d'aller y voir de plus près et rebroussai chemin en direction de la place des Poètes où je savais trouver les grands conteneurs dont Christine m'avait parlé. A la Peupleraie on devait sans cesse rester sur ses gardes : l'endroit avait mauvaise réputation, bien pire que celle des Trois-Bœufs. « Ceux de la Peupleraie » ne se contentaient plus de casser (bien qu'ils aient déjà fort proprement arraché les portes en tôle des immeubles), on prétendait à Evreuil qu'ils violaient, qu'ils tuaient. La proportion d'hommes, de célibataires en particulier, était trop élevée ; surtout, la cité vivait repliée sur elle-même alors qu'aux Trois-Bœufs les voitures de police pouvaient facilement cir-

culer sur les avenues aérées et les « parvis » illuminés : si là-bas les caves seules échappaient au regard de Dieu et à la sollicitude des magistrats, ici la ville tout entière, refermée sur son silence, sans perspectives ni débouchés, était aussi abandonnée, aussi inquiétante qu'un souterrain...

Bien entendu, on ne pouvait rejeter sur Garmore seul la responsabilité de cet échec : pour se justifier l'architecte aurait pu invoquer les contraintes budgétaires et les promesses non tenues — ne s'était-on pas engagé à doter ce dortoir planté au milieu des champs de betteraves d'une station de métro qu'on n'avait jamais construite ?

Mais, du moins, l'ami de Fortier aurait-il pu s'abstenir de plastronner (« J'ai voulu », disait-il fièrement devant l'ampleur du désastre, « bâtir une cité apte à la mélancolie »), ou d'ajouter ici et là, sur le tard, des gadgets qui rendaient encore plus pathétique la faillite de son projet.

La plus dérisoire de ces petites touches ajoutées après coup — sous prétexte de rendre la vie « spectaculaire » à la Peupleraie — était la place des Poètes : une place carrée, fermée par quatre murs aveugles (« des façades vierges », disait Garmore qui gardait de singulières pudeurs). En 75, quand on avait senti que, dans le grand ensemble modèle, quelque chose clochait, que les populations déportées du treizième arrondissement, émigrées des bidonvilles ou du Congo, ne se comportaient pas exactement comme nos technocrates l'escomptaient, qu'elles manquaient de vocabulaire, et que, dans les parallélépipèdes posés sur le no man's land, elles ne sauraient pas voir, comme Fortier de Leussac, « un jeu de cubes qui s'éparpille au hasard dans la prairie sauvage », « le lieu de l'angle droit qui règle et ordonne », ni goûter, dans les bâtiments concaves, « une communauté baignant dans le mauve et la complémentarité », on avait placardé sur les façades la tête de huit poètes. Comme à Cuba celle de Castro, à Pékin celle de Mao. Puis on avait inauguré les mosaïques éducatives de cette place rénovée en présence de nombreuses personnalités. Même Zaffini, qui était du pays, avait assisté à la cérémonie. L'Association des amis de Mallarmé, la Fondation Paul-Valéry, l'Académie française, le ministre de la Culture, tout le monde y était. Je me rappelais les photos, les articles ; j'avais même vu un reportage télévisé où, pendant que, au centre de la place, Garmore entouré d'une brochette de célébrités répondait au discours élogieux du président du Conseil régional, on distinguait, au second plan, les habitants pressés à l'extérieur de l'enclos pour apercevoir les « stars » et maintenus à bonne distance par un cordon de sécurité...

Depuis ce soir-là, douze ans avaient passé et la place me parut changée.

Il faisait maintenant nuit noire ; dans les rues qui menaient aux « Poètes » les réverbères à l'ancienne, genre « pont Alexandre-III », qu'avait souhaités Garmore, n'éclairaient guère : vitres et ampoules avaient éclaté sous les jets de pavés. Dans l'ombre d'étranges dandys adolescents, vêtus d'extravagance et de cuir clouté, promenaient des airs dégoûtés ; quelques-uns fumaient, allongés dans les halls béants des bâtiments : ivrognes, drogués, prostitués ? Sur la place même, plongée dans l'obscurité, une dizaine de gamins aux cheveux violets avaient allumé un feu où ils brûlaient silencieusement quelques cageots, des papiers gras ; les flammes de ce bivouac éclairaient le visage immense des poètes, comme un campement des premiers âges adossé à une falaise. Le brasier jetait sur les mosaïques une lueur vacillante. Je crus d'abord qu'il laissait certains détails dans les ténèbres. Il me fallut quelques secondes pour me rendre à l'évidence : je ne distinguais pas la forme des visages parce que les visages n'avaient plus de forme...

Rien n'est aussi facile à détruire qu'une mosaïque ; pour arracher les petits carreaux de céramique, il avait suffi d'un canif ou d'un tournevis. A hauteur d'homme, par plaques entières, les portraits semblaient dévorés : selon que la photo du grand homme était en plan américain ou en gros plan, c'étaient les épaules ou le menton qu'on avait grignotés. Victor Hugo avait perdu sa barbe et Baudelaire sa lavallière, mais il gardait son rictus amer et, de son œil las, contemplait les dégâts. Mallarmé, lui, n'assisterait plus à la mutilation de ses compagnons, ni à la profanation de l'idéal garmorien : il avait les yeux au beurre noir. Là où le tournevis ne pouvait atteindre en effet, on avait bombé : de longues estafilades de peinture zébraient les visages, des taches distordaient les bouches, dissimulaient les regards, et le nez de Verlaine disparaissait derrière un slogan, ultime tentative de la CGT pour s'imposer dans ce quartier dépolitisé — « Une seule nationalité : ouvriers. » Ce mot d'ordre avait déjà le charme désuet d'un vers de douze pieds...

De haut en bas, toute la place était « graffitée » d'inscriptions, la plupart du temps illisibles, car elles se recouvraient les unes les autres : un « tagger » chassant l'autre, des opinions en vert chevauchaient des formules en noir, des prénoms bleus se superposaient à des serments rouges. Bientôt ne resterait, des héros de Nadar et d'Etienne Garmore, noyés sous la marée des gribouillages, qu'une touffe de cheveux. Déjà leurs visages massacrés rentraient dans l'ombre, les façades borgnes redevenaient aveugles : faute d'aliment le feu s'éteignait, et les gosses à crête de coq qui s'y chauffaient refluaient lentement vers l'entrée des rues faiblement éclairées. Un instant — comme leurs parents douze ans plus tôt, au moment de l'inauguration — ils se tinrent à la frontière de la place et des ruelles, formant un anneau fragile à la lisière de la lumière ; et, dans une dernière vision, j'emportai l'image des poètes en ruine qu'encerclaient des enfants bariolés — les débris de l'élite assiégés par les déchets de la société...

Bien sûr, je comprenais maintenant ce que Christine avait aimé à la Peupleraie lorsqu'elle y venait, comme moi ce soir, à la nuit tombée. La dévastation, le pourrissement, ont leurs charmes : on peut perdre ses échecs dans un échec plus vaste, ses chagrins dans un plus grand malheur... Mais je n'étais pas tentée. Exilée dans mon propre siècle, je cherchais toujours au contraire à m'enraciner, et la dérive barbare de « ceux de la Peupleraie » m'effrayait. Ce n'était pas ici, en tout cas, que je pourrais — comme Christine me le reprochait — jouer à « Dieu y es-tu, m'entends-tu ? ». Il n'y avait plus d'espérance dans ce monde de cendres.

Cependant, alors que j'allais quitter le quartier pilote de la ville d'Evreuil, j'aperçus, en bordure du parking périphérique, une autre mosaïque, plus réussie et mieux conservée. Dans un ultime élan de remords, l'architecte y avait représenté ce qu'il n'avait su créer : sur le mur de l'immeuble on voyait un ciel immense au soleil couchant, et — presque au ras du sol — la ligne déjà sombre des arbres, la toiture des maisons, brusquement coupées d'un pignon plus haut où se détachait une lucarne allumée, une seule fenêtre ; rassurante comme un fanal.

De ce qui manquait à la Peupleraie tout figurait sur la mosaïque : les feuilles et les branches, les toits pointus, et cette fenêtre unique, ce phare qui nous appelait. On avait envie de sortir de la vie pour entrer dans le tableau...

Illuminée par les projecteurs de l'autoroute qui passait à proximité, la mosaïque me parut si belle, si chargée de souvenirs et de désirs, que je restai un long moment à la contempler. Au fond, qui pouvait dire ce qui resterait un jour de Garmore et de son œuvre ? Peut-être, dans deux mille ans, viendrait-on en procession admirer ce pan de mur, ou, pire, l'un des obélisques industriels des « Fruits tombés », l'une des bornes basses de la rue des Lauriers, la plaque de ciment carié d'où jaillissait la chevelure de Rimbaud ? A Rome ou à Pompéi, devant les colonnes brisées ou les jarres de terre cuite, je m'étais souvent demandé si nous n'étions pas en train de nous extasier sur un papier à fleurs ou un bidet de série — une chose, en tout cas, qu'aucun de ses contemporains n'aurait considérée comme un objet d'art. A travers les atriums et les péristyles ne pensions-nous pas aussi rejoindre le bonheur d'un siècle d'or, rêvant naïvement aux vers de Virgile et aux chlamydes des patriciennes là où l'on avait fouetté des esclaves ?

Quand nous serions morts, que les hordes auraient nivelé nos temples et nos tombes, les hommes du futur, à leur tour, chercheraient à s'exalter sur les ruines de la Peupleraie : nous aurions été « la Belle Epoque » de nos successeurs...

Un soir, en rentrant d'une de mes expéditions (je venais de jeter « à la poubelle » un état des forces soviétiques en Méditerranée — l'adversaire a besoin de savoir aussi ce que nous savons de lui), j'allais m'engager sur la grande rocade d'Evreuil quand j'aperçus de la lumière dans la chapelle de l'ancien presbytère.

Ce presbytère avait été exproprié au début des années soixante pour agrandir le carrefour : le jardin avait été sacrifié en même temps que la maison d'habitation, mais on avait conservé la chapelle, désormais désaffectée ; c'était une bâtisse pseudo-romane de la fin du XIXe — granit, ardoises, et mini-clocher — sans intérêt architectural ; isolée sur un terre-plein au milieu du rond-point, elle disparaissait maintenant sous les panneaux publicitaires et les plaques indicatrices. Deux ans plus tôt, le conseil municipal avait décidé sa démolition pour réaménager le croisement : il fallait de nouveau élargir les voies ; en outre, la chapelle gênait la visibilité lorsqu'on venait de Maingon, et les affiches « fluos » placardées sur ses murs distrayaient les conducteurs ; on ne comptait plus les accrochages. Mais les Ponts et Chaussées tardaient, faute de crédits, à satisfaire le vœu de nos élus ; la mairie m'avait donc demandé d'intervenir, et je venais d'obtenir du cabinet de l'Equipement l'assurance qu'on accélérerait la procédure, promesse qui, compte tenu des délais habituels, ne laissait pas espérer l'octroi de la subvention avant six mois.

Aussi fus-je très étonnée de voir la chapelle allumée : allait-on commencer les travaux ? Déjà ? Et pourquoi le maire ne m'avait-il pas informée du succès de ma démarche ? A moins qu'il ne s'agît d'un supplément d'enquête, d'une ultime inspection des Ponts... A pareille heure pourtant — il était près de minuit — ce zèle administratif avait quelque chose de suspect.

Voulant en avoir le cœur net, je garai ma voiture un peu plus loin, sur le boulevard Gabriel-Péri. Mais, quand je tentai de pousser le portail, qu'encadraient depuis l'été précédent deux feux clignotants, je sentis une résistance : quoique la porte ne fût pas fermée, quelque chose bloquait les vantaux. Je parvins tout de même à les entrouvrir juste assez pour me faufiler, mais dus aussitôt baisser la tête pour ne pas heurter une espèce de plancher qui occupait toute la largeur de la nef. A moitié courbée, je parcourus en tâtonnant la vingtaine de mètres qui me séparaient du chœur : la baladeuse dont j'avais aperçu la lueur de l'extérieur à travers les vitraux crevés devait être fixée aux voûtes, accrochée loin au-dessus de cet échafaudage qui empêchait l'ouverture du portail ; du coup, je ne distinguais pas grand-chose. Je faillis, dans l'obscurité, renverser une bassine de plâtre ou de peinture blanche ; puis je me pris les pieds dans un escabeau couché en travers de l'allée.

J'entrevoyais enfin le bout du tunnel quand, en me redressant brusquement, je reçus de plein fouet le choc du jaune. Tout le chœur baignait dans une lumière soufrée ; du sol au plafond on avait barbouillé la muraille d'une peinture si intense qu'elle crevait les yeux, coupait la respiration ; c'était la couleur d'une autre planète, d'un monde en ébullition — jaune citron de l'acide sulfurique, des gaz délétères, de l'ypérite. Un condensé d'alchimiste. Comme si l'on avait extrait la matière des « Tournesols » de Van Gogh pour la répandre uniformément sur des dizaines de mètres carrés. Eblouie, je clignai des yeux, regrettant de ne pas avoir apporté mes lunettes de soleil...

— C'est beau, le djaune, hein ? lança derrière moi une voix joyeuse.

Je me retournai, pour me trouver devant une nef coupée en deux, comme un de ces visages maquillés du carnaval vénitien où, depuis le front jusqu'au menton, une ligne verticale sépare la face d'ombre de la face éclairée : à ma droite, tout le mur était bleu nuit — d'un bleu tirant sur le violet, qui, à la lumière de la baladeuse, prenait des reflets de toile cirée, de nylon bon marché, aussi violents que le jaune du chœur ; à gauche en revanche, tout restait blanc, et contre cette surface vierge, perché au sommet d'une échelle double, elle-même posée sur les planches de l'échafaudage, s'agitait un petit homme brun, qui, sans lâcher sa spatule ou son pinceau (à cette distance-là je ne percevais que ses mouvements), engageait aussi tranquillement la conversation que si rien n'avait été plus naturel que sa présence à cette heure dans ce lieu, et rien moins surprenant que mon incursion dans son champ de vision : « Tout le monde aime le djaune, poursuivait-il en riant, c'est la couleur de... de la félicité. C'est très, très chaud... Mon djaune à moi, il brûle, vous sentez ?

— Euh, oui... Oui, je m'en faisais justement la remarque... Dites-moi, Monsieur, je ne voudrais pas être indiscrète, mais qu'est-ce que vous fabriquez là ?

— Hé ! Je peins !

— Ça, je l'avais deviné... Mais au nom de quoi, de qui ?

— Matteo Mattiole. »

Je m'attendais à ce qu'il mentionnât l'une ou l'autre de nos nombreuses administrations, se prévalût — à la rigueur — de l'appui du curé ou de l'autorisation des Ponts et Chaussées ; mais sa réponse ne m'avançait guère : aucun responsable ne s'appelait comme ça.

— Pardonnez-moi d'insister : c'est qui, votre Mattiole ?

— Moi ! fit-il, tout fier.

Je compris avec un peu d'agacement qu'il y avait un malentendu : je lui demandais qui lui avait permis de s'introduire la nuit dans cette chapelle, et il m'annonçait, non sans vanité, comment il allait signer son barbouillage inspiré... Il est vrai que j'avais noté, en l'écoutant, une intonation chantante, une façon de transformer les « j » en « dj » et de faire vibrer certains « r », qui pouvaient — comme son patronyme — indiquer une origine italienne ; peut-être ne possédait-il pas assez le français pour saisir ma question, dont j'admettais qu'elle était mal posée. Je repris mes explications :

« Cette église est un bien communal, une propriété publique. N'importe qui ne peut pas... Qui vous a autorisé... ?

— Ah... le maire », et, sans s'offusquer de ma curiosité, il me raconta qu'il avait depuis longtemps envie de décorer cette chapelle abandonnée : « C'était comme... une imadgination têtue, pleine de couleurs. Ça revenait même dans la journée, ça me disait : "Vas-y, Matteo, vas-y ! Tu as tout une monde à peindre, Matteo, presse-toi, presse-toi. Sara bello, va !" Ma tête elle vibrait, mes yeux ils se remplissaient de fresques. Di grande pitture comme celles que je vois à Firenze, chez nous... »

Parce qu'il était florentin, en plus !

Quand le nouveau maire avait été élu, notre fresquiste refoulé avait profité de ce qu'il le connaissait — ils habitaient tous deux le lotissement du « Gai Logis » — pour lui faire part de ses projets. D'abord interloqué, le vieux s'était montré intéressé quand Mattiole lui avait proposé de prendre avec lui, chaque samedi, trois ou quatre jeunes du LEP pour « passer les fonds. Les fonds et les intonaci, les enduits. Ici », dit-il en désignant du bout de l'outil la paroi blanche au-dessus de lui, « j'ai déjà donné trois passes d'enduit. Gia ! Les murs sont très mauvais, trop abîmés. Et, le salpêtre, il finit par ressortir... » Il avait un vocabulaire de peintre en bâtiment ; il en avait aussi l'allure — calot blanc sur la tête, blouse informe, et cette aisance du professionnel qui s'agite en haut de l'échelle, penchant le corps, écartant les bras, tendant la main ou soulevant un pied sans jamais s'accrocher aux montants. « Ma, les gamins, l'enduit, ils ne peuvent pas passer. C'est une métier, ça ! Les trous, les fissures à boucher... Les fonds, sono piu facile : tout du djaune, ou tutto azzurro. Les gosses du LEP, ils ne sont pas des peintres, poverelli, ma pour les fonds, ils m'aident quand même. Parce que, nella settimana, moi je dois gagner les sous ! Beaucoup, beaucoup de travail ! La peinture, il reste pour le soir, ou le samedi... »

Je commençais à imaginer le raisonnement du maire : pendant que les deux ou trois caïds du collège technique barbouillaient ici, ils ne « bombaient » pas ailleurs. Un mur ou un autre, pour eux c'était tout comme, tandis que pour nous ces murs-ci offraient un avantage : ils seraient détruits...

« Hé, ils vont trop vite, questi "trovatelli" ! » reprit Mattiole en riant aux éclats et sans cesser d'étaler sa pâte blanche sur la muraille. « Ils me dépassent : l'autre côté de la nef, non e encore fini, il faut déjà que je mets l'enduit da questa parte ! Vite, plus vite, Matteo, presto, prestissimo ! »

Comme il avait parlé de « l'autre côté de la nef », je quittai un moment son échelle des yeux pour revenir sur le mur opposé où s'épanouissait sa « période bleue ». Je m'aperçus alors que, contrairement à ma première impression, la peinture n'était pas uniforme : il y avait des triangles d'un bleu plus pâle, quelques parties où restait encore du blanc, et, ici ou là, des formes imprécises, traitées dans les teintes beiges ou ocre ; l'échafaudage avait gêné ma perception de l'ensemble. Mais en avançant, puis en reculant, tantôt collant mon nez sur la muraille, tantôt prenant une vue générale, je parvins peu à peu, malgré la plate-forme, les perches et les escabeaux, à me faire une idée de la composition : aux deux tiers de la hauteur, des taches groupées en demi-cercle figuraient probablement des visages humains, dont on ne pouvait distinguer aucun trait et qu'aucun corps ne semblait soutenir ; plus bas, en revanche, à la moitié environ du panneau, on discernait nettement des mains, des mains sans bras, immenses, aux longs doigts, des mains avides, qui, toutes tendues dans la même direction, attiraient l'attention vers le centre de la fresque ; et là, au milieu de la partie inférieure (je dus revenir sous l'échafaudage pour l'apercevoir), tranchant en rouge sur la pénombre bleu nuit de la paroi, on reconnaissait le dessin d'un corps minuscule — quatre membres, un crâne rond. Le seul corps identifiable de toute la fresque, bien que le peintre l'eût laissé sans « finitions », définitivement privé de pieds, de ventre, de bouche ou d'yeux. Une anatomie de convention, esquisse de corps plus que chair achevée, enfant à naître plutôt que né. Un fœtus... Du fœtus ce petit gardait d'ailleurs la position : la tête en bas, il paraissait glisser vers le sol. Mais toutes les mains raidies s'allongeaient vers lui ; les mains bleues et beiges, glacées, groupées autour de son corps comme d'un brasier, semblaient sur le point de s'en saisir, de l'agripper. Lentement j'élevai le regard à l'aplomb de cette flamme si convoitée, de ce bébé écarlate qui tombait dans le monde la tête la première, et, comme je m'y attendais, je trouvai, juste à la verticale du nouveau-né, une face plus lumineuse que les autres et deux mains qui, au lieu de retenir, donnaient paumes offertes — deux mains ouvertes au-dessus de l'enfant comme les ailes déployées d'un ange.

— Hum, bon, oui, ça doit être Marie... Vous avez voulu faire une Nativité, n'est-ce pas ?

Derrière moi Mattiole qui avait continué à gâcher le plâtre et à crépir en chantonnant — un vieil air de Mistinguett, je crois, « Paris reine du monde, Paris, c'est une blonde » — interrompit un instant sa romance : « Certo ! Une Nativité... Perche ? ça a l'air d'une enterrement ? »

Il se moquait de moi, par-dessus le marché !

Pour me venger, je me retournai d'un seul mouvement vers le chœur qui restait terriblement « djaune », même si une fois passé le premier éblouissement, on pouvait aussi deviner dans ce magma quelques nervures, des brèches, des zébrures noires, le projet d'un enchevêtrement...

— Et ça ? fis-je agressive, qu'est-ce que c'est ?

— Pas grand-chose, dit Mattiole en s'esclaffant. Ou trop de choses ! Troppo ! Ça bouille... Il tempo, l'espace, le big-bang, la vie... La Création du Monde, quoi !

C'était le bouquet : la Création du Monde dans une église à moitié ruinée et qu'on allait démolir ! J'avais cru avoir affaire à un barbouilleur du dimanche, un sympathique illuminé, peut-être même un « travailleur social »... Mais je sentis à l'ampleur de ses visées, à la nature même du sujet choisi, que je me trouvais devant une provocation délibérée : on ne fait pas de la politique depuis dix ans sans reconnaître un défi.

— Savez-vous, dis-je avec fermeté, que ce bâtiment va être démoli ?

— Peut-être, convint Matteo en se trémoussant sur son échelle. Peut-être... Le maire, il me l'a dit. Si, si ! Ma...

— Ecoutez, Monsieur, je suis bien placée pour vous le

confirmer : cette chapelle sera détruite d'ici six mois. Un an maximum... Vous perdez votre temps !

— Peut-être... Non importa !

Fou, l'animal, mais pas contrariant. Du reste, il riait et chantait tout le temps. Impossible de se fâcher : dans cette histoire il était sans doute manipulé... Aussi, bien que décidée à tirer l'affaire au clair dans les plus brefs délais, crus-je devoir faire un effort d'amabilité avant de le quitter. Mais, comme il n'était pas facile de rester poli devant un jaune aussi acide et que je manque de vocabulaire en matière picturale, « euh, cette "Création du Monde", finis-je par lâcher piteusement, pour le moment elle n'est pas tout à fait finie, hein ? »

Cette fois il se paya franchement ma tête : « Eh non ! Pas du tout finie ! Le monde, il ne s'est pas fait en un jour, vero ? » Puis, parce que sa nature le portait encore plus à l'enthousiasme qu'à la raillerie, il se lança aussitôt dans une description élogieuse, mais confuse, de ce qu'il allait représenter, me parla de maquette, de plans, d'études, et de « teintes primaires », et de « fulmine », et de « vulcano », et de « djoie », et de « mouvement » : « Ça sera beau, questa fresque, mais beau, beau ! Bello quanto mai ! » Et de ses doigts couverts de plâtre, il fit contre ses lèvres le petit geste du gourmet qui apprécie dès la première bouchée, ou de l'enfant qui éparpille un dernier baiser. En fait de création, cet homme-là aimait d'abord la sienne ; tant de confiance en soi me laissa sans voix :

— Bon, eh bien... Excusez-moi de vous avoir dérangé...

— Non, non, on ne me dérange jamais. Tutto que je fais, je fais pour donner...

Quelques jours plus tard j'eus une longue explication avec mon maire. Il me présenta Mattiole comme un original — je m'en étais douté —, mais « pas un marginal pour autant, m'assura-t-il. C'est un type du Bâtiment, un ouvrier sérieux, un ancien carreleur ». Le carreleur était trop qualifié : venu s'installer dans la région à l'époque où Garmore faisait réaliser les grandes mosaïques de la Peupleraie, il s'était retrouvé sans emploi quand le marché s'était réduit aux deux mètres carrés de faïences — lavabo, baignoire, évier — octroyés aux HLM ; on n'employait pas un mosaïste confirmé là où un maçon faisait l'affaire ; son entreprise l'avait licencié. « Comme il ne voulait pas quitter le coin parce que sa femme est d'ici et qu'il loge chez ses beaux-parents avec ses mômes, la FPA l'a recyclé. On lui a payé un stage pour devenir, je ne sais plus moi, mécanicien ou conducteur d'engins, enfin toujours dans le Bâtiment, mais versant Travaux Publics... En tout cas, l'artiste a retrouvé du boulot. Mais la décoration lui manque. Alors il peint... »

Le maire me vanta l'excellente influence de Mattiole sur quatre ou cinq cas sociaux de la Peupleraie, « des gosses algériens qui cassaient à tour de bras et gribouillaient leurs pseudos partout, ils avaient formé une bande, les "Dictators", on ne pouvait plus en venir à bout... Eh bien, depuis qu'ils barbouillent avec lui dans la chapelle, ils nous fichent une paix royale ! Ah, ça, on peut dire qu'il sait s'y prendre avec les gamins, l'Italien ! Même chez nous, au Gai Logis, tous les enfants l'adorent : c'est "Mat" par-ci, "Mat" par-là — une roue de vélo crevée, une écharde dans le pied, un doigt dans une portière, qui est-ce qu'ils appellent pour réparer les dégâts ? Matteo Mattiole ! Ce gars-là, c'est le SAMU ! »

Je m'étonnai tout de même que des graffiteurs se soient si facilement laissé reconvertir dans le crépi anonyme : « En général, d'après ce qu'une assistante sociale m'a expliqué, ils ont besoin d'écrire leur nom, d'affirmer leur identité comme disent les psychiatres...

— Mais Matteo connaît le truc, justement ! » et le brave maire, enchanté de l'opération de récupération qu'il patronnait, me dévoila que Mattiole allait leur laisser « tout le bas pour signer. Vous n'avez pas vu qu'il a réservé un demi-mètre de fausses plinthes sous ses tableaux ? Les gosses y mettront leur nom avec le sien, et, en prime, toutes les conneries qu'ils voudront ! Ils ont déjà commencé, je crois bien... Pour autant que j'aie compris le projet — parce que je vous avoue que je ne passe pas mes nuits à me torturer pour trois bouts de mur qui seront rasés ! —, l'idée de Mattiole, c'est de faire une œuvre collective... D'ailleurs, puisque le personnage vous intéresse, je ne vous cacherai pas que, la première fois qu'il m'a parlé d'"œuvre collective", ça m'a mis la puce à l'oreille ! Forcément ! Ça me rappelait le temps où il fricotait avec Zaffini. Zaffini le père, Giuseppe. Ils se voyaient beaucoup, avant que ce vieux coco retourne prendre sa retraite en Italie... Alors, bon, possible que j'apprenne un jour que notre carreleur a eu sa carte, lui aussi... Sûr en tout cas que, pour son stage de FPA, l'ancienne municipalité l'avait chaudement recommandé... Mais, croyez-moi, si Matteo a été au PC, il n'y est plus ! D'ailleurs, entre Zaffini et lui, il n'y avait peut-être qu'une amitié de "pays", un copinage d'immigrés... Ce n'est pas un mauvais bougre, Mattiole, vous savez, pas quelqu'un dont il faut se méfier... Juste un idéaliste, quoi !

— Idéaliste peut-être... Mais l'argent ? »

De nouveau le maire me rassura : la commune ne déboursait rien — comment, du reste, aurait-elle pu investir dans une bâtisse vouée à la démolition ? C'était Matteo qui achetait les enduits, les peintures : des acryliques naturellement, car on ne pouvait utiliser la technique classique de la fresque sur ce mortier trop vieux et trop sec.

— Il est riche, votre Italien ?

— Non, mais chacun son vice, pas vrai ? Lui, il ne fume pas... D'ailleurs, ce qui coûte cher dans la peinture, ce n'est pas la couleur, c'est la toile. Je lui offre la surface, il paye le badigeon...

Telle quelle, l'affaire de la chapelle avait l'air, en effet, d'une excellente opération. Pour la commune, du moins, car pour Mattiole c'était différent : si, financièrement, il n'y perdait pas tant que j'avais cru, et si, compte tenu de ses convictions, il pouvait même y gagner en passant quelques « gratifications » idéologiques, c'était encore, me semblait-il, faire bon marché de ses illusions d'artiste.

Il était fier, cet homme, après tout : comme un chacun, il rêvait d'un public ; il travaillait dur pour transformer ses songes en pierre ; comment, dans le fond de son cœur, pouvait-il se satisfaire d'un arrangement qui renverrait si vite son œuvre au néant ?

Il me fallut quelques jours pour admettre que Matteo raisonnait comme beaucoup d'artistes de sa génération : Thierry n'avait-il pas deux ou trois amis qui, eux aussi, à leur manière, pratiquaient un art de l'éphémère ? Pieter Wermus par exemple, un jeune architecte hollandais, qui se prétendait adepte de « la création événementielle » (une variante des happenings de la décennie précédente) et, entre deux marées, jetait sur les plages de la Manche de frêles arcatures de sable — châteaux pour la Belle au Bois Dormant ou palais yéménites, féeries gothiques ou forêts de stalactites — qu'il ciselait au couteau, peaufinait au pinceau, teintait enfin de poudres colorées, avant de regarder la mer les dévorer.

De ces charpentes légères et minutieuses que la vague détruisait il ne gardait, chaque fois, qu'une photo. Une seule. Prise in extremis, comme un pari... Tantôt ratée, tantôt réussie. Lorsqu'elle était bonne, cette photo, placée en agence, illustrait quelquefois la couverture d'un magazine ; certains clichés avaient même fait l'objet d'une exposition et commençaient à se négocier à des cours intéressants : Wermus vendait la trace de chefs-d'œuvre engloutis, le souvenir unique, un peu flou, un peu tremblé, de créations anéanties ; il y avait un marché pour le rêve évanoui... Mais, malgré ce début du succès, j'osai — un jour que Pieter nous avait entraînés à Houlgate où il projetait de réaliser en six heures je ne sais quel prodige provisoire — manifester ma désapprobation :

— Quel gâchis ! Si au moins votre œuvre durait trois ou quatre jours, on aurait le temps de l'admirer !

— Pour quoi faire ? Vous connaissez Benuys, le père de l'art conceptuel allemand ? Il sculpte dans du beurre...

— Bon, peut-être... Il y a des frigidaires, après tout ! Mais vous, plutôt que de laisser la mer tout démolir sur-le-champ, vous pourriez vous renseigner sur l'horaire des marées... Je ne sais pas, moi : construire vos châteaux à la lisière des eaux ?

Il avait ri : « D'abord, ma chère Christine, pour bâtir sur le sable il faut de l'humidité. Pas moyen d'abriter mes palais derrière les dunes ! Ensuite, si la marée montante ne recouvrait pas mon monument dans la journée, le soleil et le vent, en desséchant le matériau, se chargeraient de réduire mon inspiration en poussière ! Un peu plus lentement, sans doute, mais à peine : en quelques heures mes tours n'auraient plus de forme, les ouvertures seraient comblées, les flèches nivelées... »

L'objection me parut sensée. Cependant elle troubla Wermus lui-même à mesure qu'il l'énonçait : tout compte fait, ne serait-il pas intéressant d'observer sur ses chefs-d'œuvre l'action du temps telle qu'il me la décrivait ? Bien sûr, il s'agirait d'un temps chichement compté — celui d'un week-end à la plage, d'un dimanche de paresse, d'un aller et retour Paris-Deauville — mais, rapporté à la précarité de l'ouvrage, ce court délai prendrait des dimensions d'éternité...

C'est pourquoi ce jour-là Pieter, que ma suggestion rendait de plus en plus songeur, accepta d'inaugurer une nouvelle « manière » : ayant mesuré sur le terrain l'ampleur prévisible du flux, il planta son édifice un peu au-delà de la limite et le laissa vieillir deux jours. Cette expérience faite, il lui apparut que l'érosion donnait un charme supplémentaire à la fragilité ; pour la séduction, la ruine naturelle l'emportait encore sur l'art provisoire... Pendant quarante-huit heures, renonçant à ses principes de puriste, il alla jusqu'à prendre plusieurs photos : une à chacun des stades de la dégradation — du flambant neuf à l'ombre de vestige ; et quand elles furent développées, qu'il vit sur pellicule la grandeur et la décadence en miniature de sa ville de sable, il fut conquis. Du coup, il commença à diviser sa production architecturale et photographique en deux catégories — « l'éphémère fugace » (sa première manière) et « l'éphémère prolongé » (sa période d'Houlgate) —, qu'il trouva plus tard à réunir sous l'appellation générique d'« instantanéisme ». Chaque cliché tiré correspondait en effet à une étape unique de la corrosion ; ainsi évitait-on la série, nuisible à la commercialisation. Bientôt, pour promouvoir un film disloqué, un roman inachevé, pour célébrer l'avènement du post-modernisme ou l'approche de la fin du siècle, les médias se disputèrent la « reproduction originale » de ces gratte-ciel usés, de ces basiliques désagrégées : dans leurs fondations rongées et leurs superstructures effritées on cherchait à deviner le commencement de la fin, à dater le début de l'effondrement ; ce qu'on goûtait dans les « instantanés » de Wermus, c'était moins l'agonie, en vérité, que le passage : la mort même...

Pieter, reconnaissant, me dédia quelques-uns de ces groupes de clichés dont la cote ne cessait de monter : n'étais-je pas devenue sa bienfaitrice en lui révélant le moyen de multiplier son revenu par cinq sans travailler davantage ? Si je ne m'étais trouvée là, se serait-il jamais douté que le sable sec pesait plus lourd en Bourse que le sable mouillé ? Aurait-il imaginé, pour s'enrichir, de laisser le vent souffler ?

J'avais eu moins d'influence sur Romain Kolinski, un autre adepte de l'art précaire, un intime de Sovorov. Il faut dire que, comme théoricien, Romain était plus radical. Il travaillait sur un matériau autrement fragile : la peau humaine. Il peignait des corps. Il ne les tatouait pas : le tatouage, réputé indélébile, a des prétentions à la durée que Kolinski repoussait. Il se bornait à poser, d'un pinceau délicat, des couleurs lavables sur les visages et les membres nus de ses modèles. Je me souviens du choc que j'avais ressenti en rencontrant pour la première fois, à l'occasion d'un dîner chez Sovorov, l'une de ses « créations ». Après mon coup de sonnette la porte s'était ouverte sans bruit, et dans l'embrasure s'était glissé un être bleu nuit qui n'avait plus visage humain. Effrayée, j'avais dû m'habituer à sa silhouette informe — une large tunique indigo —, puis au paysage tumultueux qui s'étendait sous sa crinière de fauve et ses mèches crêpelées, pour comprendre enfin que je me trouvais devant une femme, mais une femme peinte comme une œuvre d'art. Toute sa peau avait été teintée à la poudre d'ardoise ; on lui en avait passé jusque sur la bouche — qui disparaissait comme le nez, le menton et les sourcils ; puis sur ce fond sombre et uniforme, qui semblait aussi lisse qu'une toile, on avait tracé au milieu du front un croissant de lune, sur une joue un soleil enflammé, et sur l'autre une espèce de bouc, qui, encadrant de ses pieds fourchus la bouche effacée et repoussant le nez de sa corne enroulée, paraissait sur le point d'envahir toute la face, de la dévorer ; ici et là, le long des arcades sourcilières et à la pointe du menton, un semis d'étoiles blanches complétait cette vision cosmique. Seuls les yeux, que la femme était obligée de garder ouverts pour se diriger, attestaient encore qu'il y avait eu, sous ce tableau figé, un visage, un mufle, ou un groin. Mais ces yeux mêmes — que le maquillage du visage rendait par contraste curieusement rouges et protubérants — n'exprimaient plus ni sentiment ni pensée : c'était, au mieux, un regard de bête traquée, ou les yeux d'ivoire privés de pupille des statues romaines. Sans prononcer un mot, car aucun mouvement des lèvres ne devait altérer l'harmonie du panorama astral qu'elle portait, la créature s'était inclinée devant moi, et, toujours en silence, me faisant un léger signe de sa main bleue aux ongles vernis de noir, elle m'avait conduite à la salle à manger. Au moment de passer devant elle pour y entrer, je me retournai : elle avait fermé les yeux ; paupières rabattues, il ne restait plus dans ce paysage cosmique la moindre trace de vie animale. Ses cheveux eux-mêmes, teints de bleu à la racine, semblaient sortir de sa chair comme d'une glaise ou d'un tronc, et, par leur couleur, leur substance même, évoquaient davantage la chevelure végétale du maïs qu'un pelage de femme... Pendant tout le dîner, dont la muette assurait le service, j'étais restée gênée : ce visage nocturne, saupoudré de paillettes et d'étoiles, où plus aucun trait n'était à sa place, me désorientait.

Cependant, si mal à l'aise que me mît chaque fois la contemplation des « œuvres » de Kolinski, le contact de ces êtres mi-plantes mi-planètes que le dieu des chrétiens avait oublié de faire à son image, je ne pouvais m'empêcher d'admirer le talent de leur « créateur ». Je n'étais pas la seule d'ailleurs à le trouver doué : Romain K. (c'est ainsi qu'il signait — sous le menton de ses « toiles ») jouissait dans le Tout-Paris d'une assez jolie notoriété. On commandait ses créations pour les grandes réceptions où, rangées le long d'un vestibule, alignées dans un escalier, elles remplaçaient les valets Louis XV ou les gardes républicains. On louait aussi certaines de ses peintures en « extra », pour passer les plats dans les dîners élégants ; d'aucuns disaient même qu'on pouvait se procurer ces « trompe-l'œil » pour ranimer des partouzes flapies, introduire un peu de fantaisie dans le cercle vicieux... L'idée était excitante, mais le fait improbable : les tableaux de Kolinski fondaient. En raison de cette imperfection naturelle du matériau, Romain était obligé de mener la vie dure à ses modèles ; non seulement pendant le service, mais pendant la pose (huit à dix heures de pinceau en moyenne pour une femme-Zodiaque, un homme-forêt, ou un enfant-volcan), la « créature » devait s'abstenir de parler, de manger, et, bien entendu, éviter de sourire, de se moucher, de pleurer ou de transpirer. Aussi la vie publique d'une œuvre de Romain K. n'excédait-elle jamais la demi-journée : quand le support était exténué, le chef-d'œuvre partait avec l'eau du bain. Comme, à l'inverse de notre ami Pieter, Kolinski s'opposait à ce qu'on photographiât ses délires d'un soir, il ne resterait rien de son art, à part une petite trace de rouge ou de bleu sur l'émail de la baignoire, qu'une goutte de « Monsieur Propre » suffirait à effacer... Excès d'orgueil ou d'humilité ? Dans le cas de Romain je n'avais pu trancher, mais c'était un excès — ce qui me rendait l'homme sympathique... Mattiole, en moins chic, en plus passéiste (une chapelle !), partageait apparemment le même genre de folie.

Le même genre de folie ? Voire... Si, par le détour du papier glacé ou de la prestation de service aux maîtresses de maison débordées, Wermus et Kolinski avaient réussi à transformer « l'art éphémère » en argent durable, je voyais mal comment le carreleur s'y prendrait, lui, pour monnayer ses illuminations. A moins qu'après le passage des bulldozers il n'envisageât de vendre à la pièce les décombres de sa chapelle, comme on avait vendu les pierres de la Bastille ?

J'en étais encore à considérer cette éventualité lorsque, un vendredi soir, en rentrant de Villacoublay (je venais de visiter nos bases de Polynésie), mon chauffeur me fit repasser par le carrefour : de nouveau, l'église était éclairée ; par les fenêtres du chœur, le « djaune » débordait. Insolent, agressif...

Malgré les explications du maire, et l'exemple de Wermus ou Kolinski, ce Mattiole continuait à m'inquiéter ; si je le croyais aussi fou que l'inventeur de « l'instantanéisme » ou le créateur de la « vivipeinture », je le devinais atteint d'un délire moins commode. N'avait-il pas été l'ami de Giuseppe Zaffini ? Non que le vieux Giuseppe pût encore me causer du souci — il se remettait lentement, dans sa Sicile natale, d'une thrombose cérébrale —, mais Nicolas, son fils, le trotsko-écologiste, était redoutable pour deux. Or si Mattiole connaissait Giuseppe, il connaissait sûrement Nicolas ; et Nicolas — je m'en souvenais maintenant — était au mieux avec le jeune directeur de la MJC d'Evreuil, mon ennemi juré. Depuis que je m'intéressais à la circonscription, cet apôtre de la jeunesse et de la culture (de la culture jeune plutôt que de la jeunesse cultivée) ne cessait de me mettre des bâtons dans les roues. Sans doute avais-je déjà réglé avec sa hiérarchie politique le problème de son éventuelle candidature : il ne prendrait pas le départ ; à la dernière minute ses entraîneurs m'assureraient la victoire en le remplaçant par un tocard... Mais d'ici les élections il restait plus de dix-huit mois : qui, dans un pareil délai, pourrait empêcher les Judas de sa Fédération de trahir deux fois ? La parole d'un élu est aussi fragile qu'un château de Wermus : constamment menacée par la vague. Or la vague, je la voyais venir : il suffirait d'agiter cette histoire de chapelle décorée par les génies en herbe des banlieues déshéritées. En permettant aux punks et aux rastas du secteur de barbouiller trois vieux murs, ce pauvre homme de maire était en train de m'assassiner : dès que les pelleteuses apparaîtraient, on prétendrait que le gouvernement voulait priver les jeunes zonards de leur liberté d'expression, que, ministre en tailleur Chanel, je m'attaquais aux laissés-pour-compte de l'expansion, aux nouveaux pauvres, aux immigrés de la deuxième génération... On jouerait la réinsertion contre la technocratie, l'âme contre l'automobile, l'Action Sociale contre les Ponts et Chaussées. « Le Matin » allumerait la mèche ; la MJC rameuterait ses troupes ; il y aurait des banderoles, des reportages, et Nicolas Zaffini, bien sûr. En dépit des accords passés avec le PS par l'entremise de la franc-maçonnerie, je finirais, bon gré mal gré, par devoir affronter le champion de la cause adverse, ce patron de MJC que je m'appliquais depuis plus d'un an à écarter...

Au moment où la voiture me déposa devant « le Belvédère », je m'étais déjà bâti deux ou trois « cachots en Espagne »... Thierry me vit soucieuse, énervée ; il fut tendre pendant le dîner. Au dessert il me rappela que c'était mon anniversaire : la dernière chose qui aurait pu m'égayer ! Il me tendit un petit paquet affectueusement ficelé : il avait fait encadrer — d'un joli cadre Modern' Style — ma première photo d'enfant. De moi je ne possédais aucune photo de bébé : à cet âge, je posais trop de problèmes sentimentalo-juridiques à mes parents pour qu'ils aient envie de me faire tirer le portrait ! Sur ma plus ancienne photo, j'avais déjà quatre ou cinq ans : ma grand-mère m'avait emmenée chez le photographe de la rue de Paris après m'avoir vêtue de ma plus belle tenue — un manteau de lapin blanc, avec le bonnet assorti, que ma mère nous avait envoyé d'Amérique. Le chapeau de fourrure me faisait un tout petit visage, presque maladif. Mais c'était moins cette figure en amande, jolie d'ailleurs, qui me bouleversait, que la bouche et le regard : une bouche qui ne souriait pas, comme resserrée sur des cris qui ne sortiraient jamais ; et le regard, immense et grave, dans lequel passaient des tristesses étonnées, un regard où je lisais aujourd'hui plus que de la mélancolie : de l'affolement. Bien entendu, il ne fallait rien exagérer : j'avais pu, simplement, me faire gronder par ma grand-mère pour avoir traversé la rue sans regarder, ou prendre peur du photographe — une arsouille qui sentait mauvais —, ou bien encore, intimidée par l'immobilité à laquelle la pose me contraignait, appréhender ce qui allait sortir de ce gros appareil sur pied... Jusqu'à présent, cependant, je n'avais vu ces yeux attentifs et suppliants qu'aux petits « boat people » des camps thaïs, bouclés derrière leurs barbelés ;

ils semblaient avoir déjà tout vu, mais tout craindre encore. Comme eux, la petite fille de la photo sentait qu'elle avait mal commencé et ne finirait pas bien...

Du bout des doigts, j'effleurai la vitre derrière laquelle elle m'implorait en vain ; j'aurais voulu la serrer dans mes bras, lui murmurer que je l'aimais... Mais l'aurait-elle cru ? Elle n'avait aucun souvenir d'un père qui ne l'avait ni connue ni reconnue ; sa mère était en Amérique ; sa grand-mère lui avait seulement dit qu'il fallait « marcher droit, parce qu'ici on n'a pas de famille, pas d'amis, et que faut se faire bien voir ! » Pauvre grand-mère, tellement occupée à « tenir les gamines propres » qu'elle n'avait plus le temps de les cajoler — « Arrête-toi de miâler ! A la taloche qu'on nous élevait nous autres, dans le Bugey. Je l'ai pas regretté ! » Quant au grand-père, il avait la respiration trop fragile pour parler, les lèvres trop minces pour sourire ou embrasser... A travers la vitre, je caressai le pâle visage qu'encadrait aujourd'hui une bordure raffinée, cadeau d'un intellectuel de goût à une fille d'ambassadeur. Thierry suivit mon geste avec un sourire attendri : « N'est-ce pas que tu es mignonne là-dessus ? Je te trouve adorable. Un peu sombre peut-être, mais tu me plais ! » et, me saisissant le poignet, il y déposa un baiser.

Qu'il dît « tu » pour parler de cette étrangère me surprit. Elle me semblait si loin maintenant, la petite bâtarde, la « buissonnière » comme disaient les bien-pensants de Saint-Rambert... Si loin qu'elle n'entendrait pas les mots d'espoir que j'aurais prononcés. Inaccessible derrière sa glace, elle attendrait jusqu'à ma mort l'amour que personne ne lui promettait, que, seule peut-être, aujourd'hui j'aurais su lui donner. Comme si le moi d'autrefois continuait d'exister parallèlement au moi présent, se prolongeait à l'infini dans une autre dimension, un autre pays, je croyais comprendre enfin cette petite fille aux yeux tristes ; j'aurais voulu toucher sa joue, prendre sa main ; mais notre âme ancienne, condamnée à gémir et pleurer au-delà des barbelés, est l'unique enfant pour lequel nous ne puissions rien, le seul être que nous n'atteindrons pas et ne guérirons jamais...

Les détresses que je ne peux soulager finissent par m'irriter : je remballai précipitamment le portrait de l'exilée et le fis disparaître sous ma chaise. Saint-Véran, auquel la signification du manège n'avait pas échappé, hocha la tête : « De temps en temps, Chris, il faut être bon pour soi...

— Pour soi ? D'accord, mais là justement c'est une autre ! » et, pour changer de sujet, je lui racontai l'histoire de la chapelle : « Un piège, et bien monté... Quand je pense que le maire n'a rien soupçonné ! Matteo Mattiole, je ne sais pas si c'est un peintre, mais c'est un pion sur l'échiquier du patron de la MJC ! Qu'est-ce que je dis "un pion" ? Une pièce maîtresse, oui ! Remarque, lui-même ne m'a pas l'air tellement tordu. Rien d'un vicelard, d'après mon maire. Je ne pense pas avoir trop de mal à le confesser : pour peu que j'admire son "djaune", il me crachera le morceau... Le tout, c'est de ne pas laisser pourrir la situation. Puisqu'il est là-bas ce soir, ajoutai-je en sortant de table, je vais aller voir tout de suite ce qu'il a badigeonné depuis trois semaines et je tâcherai de le faire parler...

— Mais... tu ne vas pas ressortir ? » Thierry paraissait inquiet, déçu : il est vrai qu'il venait d'allumer du feu dans la cheminée du salon et qu'il avait des « intentions ». Il me prit dans ses bras pour amollir ma résolution et tenta de me consommer à la sauce Cantique des Cantiques : « Pose-moi comme un sceau sur ton cœur, ma sœur, mon amour... » Je me dégageai de mon mieux. Plus il se rapprochait de moi, plus j'avais envie de le fuir, de lui crier que je ne l'aimais pas, qu'il ne m'aimait pas, et que cette comédie, dont nous n'étions dupes ni l'un ni l'autre, était à vomir.

Mais il y avait pire encore que ses avances : sa pitié. Quand il mettait ses mains sur mes épaules, appuyait son front contre mon front, plantait son regard dans le mien, et que, d'une voix légèrement voilée, style crooner, il me susurrait : « Je peux t'aider, Christine. Laisse-moi t'aider. Whistle, just whistle », je l'aurais giflé. D'abord, il n'était pas Bogart ; ensuite, si j'avais eu besoin de quelqu'un, je n'aurais sifflé personne : « le port de l'Angoisse », je pouvais y aborder toute seule...

— Pour une fois que tu étais rentrée plus tôt, j'espérais...

— Je suis désolée, mon pauvre chou, mais je dois y aller. Il me faut le fin mot de la « Création du Monde » avant huit jours !

— Vaste programme ! persifla-t-il. Mais qu'est-ce que je vais faire, moi, ce soir ? Je m'ennuie quand tu n'es pas là !

Enfin un aveu sincère : il redoutait la solitude ; beaucoup confondent le dégoût d'eux-mêmes avec l'amour d'autrui.

— Bon... Prends un livre.

— Je ne peux pas, je ne peux plus : j'ai le crayon intérieur.

— Le « crayon intérieur » ? Et c'est grave, ça ?

— Assez, oui... Une maladie d'écrivain.

— Ah, tiens ? Dans le genre de l'oreille absolue pour les musiciens ?

— Ça, ma petite chérie, fit-il en revenant rôder autour de moi, ce serait plutôt un don. Le « crayon intérieur » est plus relatif... et beaucoup moins flatteur ! Il s'apparente à une déformation professionnelle, une intoxication : tu sais à quel point, ces dernières années, j'ai travaillé mes manuscrits — je retaillais sans arrêt les paragraphes, j'inversais les propositions, je pourchassais les répétitions, les processions de génitifs, l'abus des relatifs. Même la nuit, en dormant, je travaillais ; je rêvais que j'avais enfin trouvé le mot juste, cassé la phrase où il fallait... Eh bien, maintenant que je n'écris plus, je continue ce boulot-là pour les autres, malgré moi : j'ouvre un livre et, dès la première ligne, je me demande s'il n'y aurait pas un adjectif de trop, s'il ne faut pas renoncer à cet imparfait du subjonctif, remplacer le point par un point-virgule ; mon crayon intérieur se remet à courir sur la page imprimée. Tiens, pas plus tard que la semaine dernière, pendant que tu passais la Légion en revue sous le beau ciel de Kourou, j'ai voulu relire un Maurice Leblanc. Tu sais comme j'aime Arsène Lupin. Eh bien, j'ai passé trois heures sur la première page de « l'Aiguille creuse » ! J'en suais ! J'ai tout corrigé. Après quoi je suis allé me coucher, exténué : je n'avais même pas compris ce que je lisais... Mon « crayon intérieur » m'a rendu l'écriture odieuse, et il est en train de me gâcher la lecture ! C'est comme une paralysie qui s'étend, un virus qui gagne...

Ses exigences de lecteur me fatiguaient autant que ses scrupules d'auteur : le perfectionnisme est peut-être un virus, c'est surtout une forme d'impuissance. Que n'avait-il reçu en partage le bel enthousiasme d'un Mattiole, si content de lui et des autres, de sa création et de celle du Seigneur ! En art les ingénus reposent.

« Allez, secoue-toi », dis-je à mon littérateur déprimé qui cherchait dans les défaites de l'esprit un nouveau prétexte à l'exaltation des corps, et me reniflait la gorge avec lascivité. « On peut apprendre à admirer, après tout : c'est une gymnastique comme une autre... Tu me dis qu'il faut être bon pour soi ? Eh bien, vas-y : trouve-toi beau dans la glace. Puis ouvre la fenêtre et regarde les étoiles. Come e bello ! E bello, mi amore ! Tutto e bello ! Bello quanto mai ! »

Et je plantai là un Saint-Véran perplexe et déconfit, convaincu que je traversais une crise de folie ou que je « sniffais de la coke » en secret. « Tu changes si vite d'humeur, me disait-il parfois. Presque aussi vite que ta Laurence chérie... Depuis que nous nous sommes mis en ménage, j'ai l'impression de vivre avec un veau à deux têtes. Et je ne sais jamais laquelle des deux me regarde... »

On ne compare pas une femme qu'on veut séduire à une tête de veau — même double : ce goujat méritait d'être puni.

En entrant dans la chapelle, je fus de nouveau submergée par la violence des couleurs et l'odeur de l'acrylique. Du mélange des bleus et des jaunes montait une vapeur asphyxiante ; on avait l'impression de traverser des brouillards vénéneux, de s'imbiber de peinture à mesure qu'on avançait ; machinalement on jetait un coup d'œil sur son col ou ses manches, tant il semblait improbable que des teintes si criardes ne déteignissent pas à distance... Cependant Mattiole avait démonté une partie de l'échafaudage, dégageant la Nativité qu'il avait achevée, et de cette fresque mi-abstraite mi-figurative qu'on voyait enfin en entier émanait une force singulière ; non seulement parce qu'en n'utilisant que des formes géométriques et des tons primaires Matteo avait évité l'imagerie pieuse, mais parce que la composition était animée de deux mouvements contraires, dont l'opposition produisait un surprenant effet de torsion : on aurait dit que la fresque s'élevait en spirale, qu'elle tournait sur elle-même comme une hélice. Bien que le triangle des mains tendues attirât toujours l'attention sur le pseudo-fœtus, les visages paraissaient aspirés vers le haut, étirés comme des Greco. Une partie des lignes dirigeait le regard du spectateur vers la voûte où éclatait le bleu le plus intense (et le moins céleste, à dire vrai !), une autre le ramenait vers le bas, ce sol pavé où l'enfant couleur de grenat allait tomber. Les personnages de la fresque semblaient divisés entre ces élans inverses, écartelés entre le ciel et la terre ; Marie était le point de jonction, le centre de l'hélice — ce qui devait être conforme à la théologie moderne, après tout : ne disait-on pas le nouveau Pape très porté sur le culte marial ? En religion notre carreleur-mosaïste ne s'écartait pas de l'orthodoxie.

Le point faible de cet ensemble, par ailleurs vigoureux, c'étaient les couleurs, bien sûr, et le vitrail. Ou plutôt l'absence de vitrail. La fenêtre, comme toutes celles de l'église, avait été fermée d'un simple verre dépoli, que les pierres lancées par les voyous du voisinage avaient fini par crever ; on l'avait rebouché avec une bâche plastifiée. Quand on s'était habitué au bleu du mur, la grisaille de cette fenêtre détonnait, on ne voyait qu'elle. D'autant qu'elle coupait la fresque en deux, séparant les bergers de ce qu'ils adoraient. Pour bien faire il eût fallu compléter la composition par un vitrail, bleu aussi, sur lequel on aurait prolongé les lignes brunes de la fresque. Mais, si insensé fût-il, Mattiole n'avait pas les moyens de s'offrir des rosaces épanouies et des verrières en fleurs... Pas les moyens, non plus, de réparer les gouttières : partie du haut de la fresque, une auréole blanchâtre, provoquée par une fuite d'eau, menaçait de gagner le cercle des visages.

« E peccato, si ! Un grand dommage, dit Matteo, cette tache va me manger Marie...

— Eh oui, fis-je fermement, l'administration ne peut pas réparer ce qui doit être détruit...

— Tant pis », conclut l'artiste, qui se remit à fredonner avec gaieté. Ce soir-là il travaillait à sa « Création », qui progressait doucement ; vers le bas du mur, les zébrures bleues et noires sur fond jaune semblaient maintenant suggérer des formes humaines — on distinguait le renflement des têtes, le mouvement des silhouettes saisies en contre-jour.

Tout en peignant, Mattiole me parla de son nouvel emploi : devenu « conducteur d'engins », il pilotait un « manitou » dans un cimetière de voitures, à Maingon ; la machine saisissait dans sa fourche les autos abandonnées et, après les avoir élevées dans les airs, les jetait les unes sur les autres ; on pouvait en empiler jusqu'à trois ou quatre en hauteur ; puis un bulldozer repoussait ces carcasses pour mieux égaliser le tas, et une presse mobile venait réduire ces formes si diverses en lingots d'acier

« normalisés » : « De voiture, moi je n'en ai pas, dit Mattiole en rajoutant une petite touche d'or à sa "Création" citron, mais ça me fait triste quand j'écrase... » Toute la semaine Matteo cassait, le samedi il bâtissait.

Après m'avoir parlé de son métier, il m'entretint de sa famille. Il avait trois enfants. « Trois et demi. » Le quatrième, dont l'attente inspirait peut-être sa Nativité, était prévu pour le printemps. Loquace sur sa vie, Matteo Mattiole l'était moins sur sa création : pour éclairer ses motivations, il n'était pas facile de lui tirer les vers du nez... « Ceux qui parlent beaucoup composent peu », m'expliquait autrefois Gaya quand nous prenions le café dans la roseraie des Chérailles à Senlis et qu'après m'avoir rapidement entretenue de la pluie et du beau temps (à la rigueur, de ses rhumatismes ou du dernier film qu'il avait vu) il se hâtait vers ses opéras et ses Te Deum sans un mot de commentaire sur sa musique et ses projets. Se pouvait-il que Mattiole, tellement plus fruste (« brut de décoffrage », aurait-on dit dans la profession qui l'employait), appartînt à la même race que le vieux musicien ? Seul Gaya aurait su en juger, lui qui prétendait repérer de loin les fausses valeurs et les vrais bavards : « Je hais ceux qui vous assomment de leurs intentions — "je vais vous écrire un concerto comme-ci, un livre comme-ça, ma vision, ma démarche", bref toutes ces mines d'or où l'on ne fabrique plus de médailles !... Il est vrai que le silence, à lui seul, ne garantit pas le talent, mais chez les silencieux je distingue très bien les imbéciles des misanthropes, et les misanthropes des trappistes. En art, ma petite, il n'y a que les trappistes qui aient une chance... » Mais Gaya était mort l'an passé, sans avoir terminé son Requiem d'ailleurs (« Mozart non plus », aurait-il observé sans rire) ; et faute de savoir à quoi rattacher la concision de Mattiole — désir de concentration ou défaut d'intelligence, excès de sensibilité ou volonté de dissimulation —, je devais me contenter de ses exclamations, aussi vagues qu'enthousiastes : « Bravo, Matteo ! » (il parlait souvent de lui-même à la troisième personne, avec une fierté aussi bêtifiante que touchante), « E una splendida pittura ! » ou « Ça, c'est un bleu, vero ? Un bleu fortissimo, comme une grosse note de piano ! Vous aimez ? »

Il finit tout de même par me montrer l'étude de la « Crucifixion » qu'il destinait au mur droit de la nef, face à la

Nativité ; ou plutôt il me montra l'esquisse de cette maquette où, pour l'instant, seul le Christ figurait : « Les autres, je n'ai pas le temps, pas ancora... Trop de travail, povero Matteo ! » Apparemment nous n'échapperions pas à une rallonge de bleu, le même que pour la Vierge et l'enfant — Mattiole ne faisait pas dans la nuance. Si bien que, une fois peinte sa Crucifixion, la nef entière serait d'un même bleu électrique. Sans doute pour mieux mettre en valeur le fameux « djaune » du chœur... Le dessin, en revanche, semblait plus intéressant. Mattiole projetait une Crucifixion sans croix : le gibet avait disparu, submergé par la déferlante azurée ; ne restait que le corps du Christ, non pas suspendu ni recroquevillé comme on le voit d'ordinaire, mais étiré, la pointe des pieds posée sur le pavement, les bras levés comme des ailes. On aurait cru un oiseau, ou un plongeur remontant du fond des mers. Comme Mattiole n'avait représenté ni le vêtement ni les traits, mais seulement, pour rester fidèle à son parti pris de géométrie, des triangles ou des losanges dont la forme évoquait les muscles à vif d'un écorché, l'effet aérodynamique s'en trouvait renforcé : ce n'était plus un Christ souffrant que l'Italien allait célébrer, mais un Christ-fuseau, un Christ-fusée.

— Ma non voglio dipingerlo subito, m'expliqua l'artiste bénévole. Le badigéon, il est fini. Seulement, maintenant, personne il m'aide pour les fonds...

Etonnée, je lui demandai des nouvelles de ses apprentis : qu'avait-il fait de ses zonards reconvertis ? Ils ne venaient plus depuis trois semaines, me dit-il en reprenant une fissure à l'enduit, « à Evreuil ils sont comme ça, les enfants ! Un djour, si, un djour non. E cosi ! » Ils avaient du mal à se tenir à la tâche, à appliquer leur force à un seul objet — au bout de deux murs ces artistes intermittents avaient « zappé »... « Mais peut-être ils vont revenir, vous savez. Ils sont dgentils, dgentils. Ils vont revenir, sûrement.... Et, si l'église elle est déjà finie quand ils viennent, on pourra faire la fête. Une grande fête. Avec le champagne ! »

Il ne pouvait rien m'apprendre de plus agréable : si les gosses de la Peupleraie renonçaient d'eux-mêmes à « s'exprimer », personne ne pourrait m'accuser, d'ici deux semaines ou six mois, de contrecarrer leur réinsertion. Leur abandon de poste, de même que l'apparent détachement de Mattiole, prouvait d'ailleurs qu'il n'y avait pas eu complot — ou qu'en comptant sur sa jeune troupe pour dynamiter mes projets le socialiste de la MJC s'était fourvoyé.

Soulagée, je décidai de me montrer plus aimable : j'interrogeai le carreleur sur les trésors qu'il cachait encore dans ses cartons. Mais les croquis qu'il tira pour moi d'un tas de vieux chiffons n'étaient pas si séduisants que son Christ sans croix : je me souviens d'un Dieu le Père au regard farouche et aux pommettes tatouées qui avait l'air d'un chef sioux. A le voir ainsi portraituré, on comprenait mieux les religions qui interdisent la représentation de la divinité : combien, chez nous, auront perdu la foi pour avoir gardé le goût ?

Je ne fis aucun compliment à Mattiole sur son Grand Sachem ; d'ailleurs je ne me sentais pas tenue de procéder avec ce robuste « conducteur d'engins » comme avec les petits-maîtres amis de Saint-Véran auxquels j'assurais, faute de mieux, que j'avais bien aimé telle image de leur film, tel dialogue de leur roman — comme on dit gentiment « elle a de beaux yeux » d'une fille dont chacun sait qu'elle est affreuse... Même, j'osai ne pas cacher à l'Italien que, si la composition de sa Nativité était étonnante et celle de sa Crucifixion prometteuse, les tons qu'il employait, et l'intensité des contrastes, brûlaient les yeux, dévoraient les paupières — « comme à la montagne, quand on ne se méfie pas de l'éclat de la neige... Ici, on souffre d'ophtalmie des fresques ! On ne devrait pas s'aventurer dans vos murs sans protection... » Impavide, Matteo m'assura qu'à Chartres, quand le soleil traversait les vitraux, toutes les dalles de la cathédrale, toutes les statues, se teignaient de couleurs vives :

— Tout l'intérieur de l'église, il devient rouge, bleu de cobalt, et violetto ! Come qui !

— Le jour, peut-être, Monsieur Mattiole... Mais à Chartres, par moments il fait nuit : c'est reposant !

Il rit : « Scusatemi... Ma, pour les fresques, tous les peintres ils forcent au début. Perche les fresques, ça passe très, très vite. A cause de la poussière, de la respirazione, de la vapore... »

Sa peinture à lui était d'autant plus fragile, m'expliqua-t-il, qu'elle restait en surface, que les couleurs ne pouvaient pénétrer en profondeur comme celles des églises italiennes peintes à l'eau sur mortier frais :

— Ce mur, je le gratte avec une ongle, je l'enlève tutto !

Elle va s'éclaircir, ma peinture, Signora, cancellarsi, s'effacer... Il faut que je donne du vif à la couleur pour qu'elle tient un peu...

— Oui... c'est possible... En général, ça commence à s'estomper au bout de combien de temps ?

— Oh, non so... Dipende... Deux o tre secoli...

Trois siècles ! Le ciel me tomba sur la tête ! J'avais bien affaire à un fou, mais ni politique ni « éphémère » : Mattiole était un fou non répertorié.

Par charité, je tentai encore de lui mettre les points sur les i. Espérant que, s'il saisissait mal les paroles, le ton l'aiderait à comprendre, je pris une voix lugubre pour répéter que tout serait démoli ; j'ajoutai, pour enfoncer le clou, que j'avais assisté autrefois à la destruction de ma propre maison ; je lui racontai les bulldozers, les grues, les grosses boules d'acier, la façade éventrée, les cheminées qui s'accrochaient aux cloisons, l'escalier suspendu dans le vide... « C'était pour faire un supermarché, conclus-je avec sobriété. Et cette chapelle, c'est à cause du carrefour qu'on doit l'abattre. Elle gêne les voitures. Voilà. Dans quelques semaines tout sera rasé.

— Oui, oui... Ça se peut. Chi lo sa ? Moi, je ne m'occupe pas de ces choses-là. Je peins. Vous, vous faites les routes. »

Il n'y eut pas moyen d'en tirer davantage... Aussi ne sortis-je de cette deuxième visite qu'à demi rassurée ; et, trois jours plus tard, ayant, à force de suppositions et contre-examens, réussi à rendre un semblant de logique au comportement de Mattiole, j'avais retrouvé une excellente raison de m'affoler : en m'obnubilant sur le « social » (prévention de la délinquance et lutte contre le vandalisme), j'avais donné dans le panneau. La double casquette du directeur de la MJC m'avait abusée : je m'étais gardée du côté de la jeunesse pendant qu'il m'attaquait sur le front de la culture. Car si l'on examinait le problème dans toutes ses dimensions, et non plus sous le seul angle de l'adolescence dévoyée, la nature de la machination apparaissait en plein. Pour empêcher la municipalité d'élargir le carrefour, c'était l'Art qu'on invoquerait : mon adversaire allait faire inscrire la chapelle à « l'Inventaire supplémentaire des Monuments historiques ». J'ignorais si, pour sauver la bâtisse, on se réclamerait de l'art moderne ou de l'art ancien, mais mes ennemis avaient le choix : du point de vue de l'architecture et du passé, le bâtiment ne présentait aucun intérêt, mais depuis dix ans qu'on classait les buffets de gares, pourquoi pas les chapelles du général Boulanger ? Et si mon rival optait pour les arts plastiques et le temps présent, le fait que notre fresquiste pût difficilement passer pour un Giotto ne dérangerait personne : l'art pompier retrouvait la cote. Meissonier redevenait le pourvoyeur attitré de la bourgeoisie en chevaux cabrés et grognards enneigés ; et notre ambassadeur à Vienne refusait tous les jours des sommes fabuleuses pour « la Musique poursuivant le Crime » (ou « la Littérature endormie par la Musique », je ne sais plus) que mon père avait récupéré dans les greniers quelques années plus tôt et raccroché dans la salle des fêtes. Puisque les autorités morales du septième arrondissement — le Quai d'Orsay et le musée du même nom — s'entendaient pour réhabiliter Bouguereau, la directrice régionale des Affaires culturelles (dont je me souvenais maintenant qu'elle couchait avec le patron de la MJC) pouvait bien classer Mattiole... Naturellement, ce faux ingénu était au courant ; d'où son étonnante insouciance !

Pour le coup, je me mis à craindre de vrais ennuis. Le machiavélisme de la conspiration m'étourdissait. Auprès de celles qui m'attendaient, les difficultés qu'avait rencontrées Fervacques avec le cimetière d'Armezer, à l'époque où j'étais la femme de son sous-préfet, avaient l'air d'une plaisanterie. Rétrospectivement, je trouvais une certaine fraîcheur, presque de la gentillesse, à la « partie de campagne » qui s'était alors déroulée : sympathiques et candides, ces hippies en fleurs qui débarquaient de la capitale pour s'enchaîner aux pommiers, ces hordes d'écologistes qui envahissaient les vergers pour défendre le bouilleur de cru contre le fossoyeur, l'alambic contre le corbillard ! Sans doute « l'Archange » avait-il failli perdre son siège dans ce riche débat d'idées, mais on me préparait pire : les grandes manœuvres recommençaient (« Evreuil, Armezer, même combat »), avec des chefs adverses qui avaient pris du galon. J'imaginais déjà l'élite de la gauche intellectuelle couchée devant mes pelleteuses, malaxée dans mes bétonnières, et Jean-Edern Hallier attaché tout nu au portail de ma chapelle avec la bénédiction du clergé. Grâce à cette affaire de fresques, le directeur de la MJC s'offrait en effet un beau doublé : mettre l'intelligentsia dans son camp tout en obligeant l'Eglise à l'appuyer. Depuis Louis-Philippe personne n'avait réussi un coup pareil !

« C'est très embêtant, pour un candidat de droite, d'avoir l'Eglise contre soi dès la première élection », expliquai-je à Saint-Véran quand j'eus fait le tour de la situation.

Il posa sur moi un regard apitoyé : « Tu divagues, ma pauvre Christine ! Toujours des intrigues ! Des pièges, des conjurations ! En fait de conspiration, je n'en vois qu'une : celle que tu montes contre toi-même ! Une fois de plus... Remarque, si ça peut te changer les idées... Les faux soucis distraient des vrais chagrins. »

Il m'agaçait.

Sans attendre j'organisai la contre-attaque ; payant d'audace, mon aide de camp appela le cabinet de la Culture pour savoir où en était « le dossier de la chapelle du Sacré-Cœur, à Evreuil, un projet de classement soutenu par votre Direction régionale... »

Les « culturels » tombèrent des nues, ou firent semblant : « Un dossier ? Mais quel dossier ? Et pourquoi classer un truc qui n'est ni beau, ni même curieux ? Des édicules dans ce goût-là, la France en est couverte ! Il faut choisir entre la ruine des chapelles et celle du ministère ! » Ils ne faisaient allusion qu'à l'aspect extérieur du bâtiment ; apparemment, ils n'avaient pas encore entendu parler de la « Création du Monde » de Matteo Mattiole...

— Bon, mais au cas où l'un de vos services vous transmettrait une demande d'inscription pour ce... ce monument, sachez que Madame Valbray a d'autres projets d'urbanisme pour le quartier. Elle souhaite que vous rejetiez toute intervention, ou que vous fassiez traîner...

Bien entendu, mon aide de camp ne s'exprimait pas si simplement : il avait fait toute sa carrière dans les bureaux – et les bureaux de la gendarmerie ; il lui en était resté une tendance au « nonobstant », et même un penchant pour le « parlant à ma personne » contre lequel Beauregard avait lutté en vain. Par chance, ayant atteint le grade de colonel, il donnait dans le « nonobstant » chic, la périphrase en tenue de cérémonie et plumet à l'ancienne : il ne disait pas « Madame Valbray souhaite » mais « Madame Valbray attacherait du prix », il ne « rejetait » jamais une demande mais « n'y donnait pas une suite favorable » ; souvent il « avait l'honneur », et parfois, les jours de défilé et de grande fourragère, il se commettait jusqu'à « prendre langue avec ses homologues »... L'essentiel était d'ailleurs qu'en fatiguant « les susdits » et « les susmentionnés » il obtînt d'eux ce que je voulais. Et cette fois, quelles que fussent les intentions cachées de mes adversaires, j'étais contente : nous avions allumé le contre-feu avant l'incendie.

J'aurais même tout à fait cessé de penser à Mattiole (je ne voyais plus par quel bout me ronger) si, parfois, mon chauffeur, pour éviter un embouteillage ou une manifestation, n'avait dû emprunter la route de l'ancien presbytère. Certains soirs tout y était noir — à part, dans la lumière des phares, les affiches phosphorescentes placardées sur la petite chapelle ; mais d'autres soirs le jaune me provoquait : la baladeuse de Mattiole projetait au-dehors, par les trois fenêtres du chœur, l'éclat aveuglant de sa « Création du Monde ». Tout le carrefour sentait le soufre ; et la nuit, déchirée par ces faisceaux lumineux, violée, écartelée, semblait sens dessus dessous ; le peintre du dimanche plongeait les ténèbres dans le chaos.

Deux ou trois mois après avoir appris de notre alchimiste que la couleur de ses fresques pourrait défier les siècles, je n'y tins plus ; son jaune m'énervait, je fis arrêter la voiture.

Sa Crucifixion avait beaucoup avancé, et c'était le martyre le plus radieux qu'on eût jamais représenté. Sur champ d'azur le Christ déployait ses longues ailes ; il s'envolait. Deux ou trois personnages s'accrochaient encore aux lambeaux de son manteau, aux voiles qui, partis de ses épaules, flottaient derrière ses pieds joints. Visages renversés, ils se suspendaient à ces loques comme aux cordages d'une montgolfière ; mais déjà le tourbillon les happait : ils décollaient. Nulle trace de douleur — les femmes, privées d'yeux, ne pleuraient pas, le cadavre semblait sans poids. La chair avait cessé de s'opposer au mouvement, on n'avait gardé les corps que pour prouver l'élan.

Les mêmes remous, la même violence travaillaient peu à peu les couches sulfureuses de la « Création » : des bulles crevaient à la surface du magma, des craquelures s'ouvraient comme des sourires. La matière se concentrait en filaments fibreux, en zigzags épais, qui traversaient la fresque de haut en bas ; des coulures sombres parcouraient la muraille pour éclater contre la plinthe en grosses gouttes noires, rondes comme des crânes, et des formes humaines, encore confuses, proches du têtard, rampaient au ras du sol.

Matteo Mattiole, assis à califourchon dans une nacelle qui se balançait sous la voûte, était en train d'ajouter, près du plafond, quelques touches de jaune foncé à une tache jaune moyen sur fond de jaune clair — évocation probable de la foudre en boule...

« C'est Dieu ? » lui demandai-je. Car ces histoires de boule de feu me rappelaient quelque chose...

L'Italien resta un bon moment silencieux : il devait tirer la langue en s'appliquant. « Non so, lâcha-t-il enfin, non so. » Le commentaire n'était pas son fort. Pourtant il ajouta presque aussitôt, avec un petit soupir : « C'est la vie », sans que je puisse savoir s'il s'agissait d'une explication ou d'un constat résigné.

Depuis le transept je pouvais prendre une vue de l'ensemble : bien sûr, il n'y avait guère de mur où l'on ne pût relever des maladresses de détail — incertitude du trait, erreur de proportions, redondance dans l'allégorie ; cependant, la force de l'impulsion, l'ampleur de la construction, commençaient à m'étonner. Du coup, l'acidité des couleurs me choquait moins ; même l'absence de nuances, le parti pris de monochromie, où j'avais cru d'abord déceler un manque de métier, me semblaient intéressants : maintenant que les deux échafaudages latéraux avaient été démontés, le bleu profond de la nef donnait au jaune du chœur la fulgurance d'un éclair, et toute la pierre s'en trouvait réchauffée. Au point que, le granit ayant gardé sous l'enduit ses irrégularités, son aspect laineux, on aurait cru la chapelle revêtue de tapisseries.

— Et, dans le transept, vous allez peindre quoi ?

A mesure que l'œuvre progressait, le vide gênait davantage en effet : les murs nus, comme les vitres crevées, dérangeaient. Il restait cinq panneaux à décorer ; quatre dans le transept (très court), auxquels il fallait ajouter le mur de l'entrée. Le carreleur m'expliqua que, pour le transept, il avait envie d'une « Fuite en Egypte » et d'une « Arche de Noé » — il disait « j'ai envie d'une Fuite en Egypte » comme d'autres disent avec gourmandise « ce soir je me mangerais bien un petit sauté de veau »... Pour les trois autres panneaux, en revanche, le gastronome ne savait pas encore ce qu'il allait commander : l'appétit viendrait en mangeant. Pour le mur du fond, je lui suggérai une « Apocalypse » : il me paraissait logique que l'Apocalypse fît pendant à la Création — une déformation d'agrégée sans doute, thèse-antithèse... Sous sa voûte, la silhouette brune de Mattiole fut secouée d'un grand rire : « Ah çà non, je ne peux pas ! J'aime sauver, moi, Signora ! » Entre deux accès d'hilarité (« Il giocondo Matteo, la fin du monde, oh oh ! ») je finis tout de même par lui arracher qu'il songeait à une Résurrection et, « ancora, à un piccolo Lazzaro, s'il me reste un posto, un coin ! »

Il pouvait bien rire : la fin de son monde était pour demain ; si les bulldozers n'aplatissaient pas son chef-d'œuvre, l'humidité le dévorerait ; la tache de pluie qui menaçait la plus belle figure de sa Nativité s'était étendue, et le salpêtre rongeait la base du Calvaire — comme son Christ n'avait pas l'air crucifié, on croirait bientôt qu'il était mort lépreux ! Tant que personne n'aurait réparé les gouttières percées, les intempéries déferaient la tapisserie de Mattiole à mesure qu'il la créait, comme un méchant enfant attrape le bout d'un tricot mal noué et tire doucement, maille après maille, rang après rang... Une fois de plus, j'appelai l'attention du peintre sur les effets catastrophiques du mauvais temps — « Il faudrait faire quelque chose, Monsieur Mattiole, votre Marie va s'effacer » —, mais il ne parut pas affecté : tout occupé à couvrir de nouvelles surfaces, défricher des étendues vierges, il ne prit même pas la peine de se retourner. « Ah si ! E peccato ! Dommage... Ma qu'est-ce que je peux faire, poveretto di me ! Tant pis, tant pis... » Je lui aurais bien suggéré, faute de mieux, de repasser un coup de bleu, mais il m'aurait répondu qu'il n'avait pas le temps — pas une minute pour replâtrer, rapiécer, fignoler. Trop de neuf devant lui : pendant qu'un déluge engloutissait sa Nativité, il projetait ailleurs une « Arche de Noé »...

« Bon, si vous le prenez comme ça, cher Monsieur... Moi, après tout ! Cette Arche alors, c'est pour quand ?

— Pas tout de suite. Per disgrazia ! Il ne me reste plus de sous pour les peintures. Le quatrième enfant, il m'a bu toute l'eau du "Déluge" avec son lait ! »

Et il rit, enchanté de m'annoncer que le dernier des Mattiole — un garçon, me précisa-t-il en se rengorgeant — pesait déjà cinq kilos deux cents. « Beaucoup d'appétit, questi bambini ! Ils me mangent l'argent !

— Combien vous manque-t-il pour le transept ? »

La somme était dérisoire : je pouvais avoir une « Fuite en Egypte » et une « Arche de Noé » pour le prix d'une console Charles X repérée la semaine précédente dans le catalogue d'un antiquaire romain. A ce tarif-là, la survie de l'humanité me semblait donnée : si l'on considérait les profits latents, pouvait-on sérieusement hésiter entre le cèdre de l'Arche et le citronnier du guéridon ? Tant pis pour mon salon ! Du reste, on a toujours trop d'argent quand on n'en a plus assez pour racheter le passé... Je tendis mon chèque ; Mattiole eut la pudeur de l'accepter. Au moment où, de ses doigts tachés, il l'enfonçait sous la doublure de son calot (sans se confondre en remerciements : il devait considérer, lui aussi, que je faisais une bonne affaire), je ressentis le même pincement au cœur que j'avais connu dans les casinos, cette griserie que j'éprouvais, enfant, lorsque la balançoire était montée très haut et que je me demandais, avec une angoisse délicieuse, si dans la redescente la nausée me saisirait. Peut-être était-ce précisément ce genre de sensations que Fervacques recherchait quand à Sainte-Solène il embellissait sa maison, empilant avec désinvolture des millions sur une falaise minée ?

— Pour vos gouttières aussi, dis-je à l'artiste, je crois que j'ai une idée.

J'en avais même deux. D'abord, si je devenais le mécène attitré du carreleur, il ne pourrait pas refuser d'employer Laurence. Sans compter qu'elle était plus qualifiée que les gamins du LEP : outre qu'elle pouvait passer les fonds, sa formation la rendait capable de reporter au fusain sur la muraille certaines parties de la maquette et, par la suite, de préparer les tons, de suggérer, d'inventer... J'étais sûre, en tout cas, qu'elle préférerait ce travail-là au secrétariat, et si elle prenait goût à la chapelle, si elle peignait, nous la sortirions du marasme dans lequel elle se complaisait. Je paierais Mattiole pour qu'il la paye.

Mais qui pourrait financer à la fois les acryliques de l'Italien, la bonne volonté de Laurence, et les réparations de la bâtisse ? C'est là qu'intervenait ma seconde idée : comme « sponsor » pour les gouttières, je voyais très bien la holding des Fervacques. Il me fallait seulement obtenir la coopération de Carole ; l'ancienne vendeuse des Nouvelles-Galeries, l'hôtesse de l'Agence Cléopâtre, la patronne du Sex-Appel, était en effet mieux placée que quiconque aujourd'hui pour soutirer des capitaux à la multinationale. Je l'appelai à New York où elle s'était installée avec Alban depuis qu'il avait quitté l'hôpital où on l'avait soigné deux ans. Comme elle me le confirma, le frère de Charles allait beaucoup mieux, c'était miraculeux.

— A propos de miracles, Caro, est-ce que tu ne ferais pas un petit don à une église ?

Elle avait toujours aimé les médailles pieuses, les ex-voto... Je ne lui dis pas qu'elle allait relever des murs que nous abattrions dans six mois : il ne faut pas décourager la piété ; du reste, j'oubliais parfois moi-même que la chapelle n'était qu'un fantôme, les fresques des linceuls. L'insouciance de Mattiole était contagieuse.

« D'accord, Chris, la "Spear" te le restaurera, ton truc ! Alban ne peut pas me refuser ce plaisir : chaque fois qu'on fait l'amour, il dit que ça fait tellement de bien à son cancer !... N'empêche qu'ils ont de la chance, les péquenauds d'Evreuil, d'avoir quelqu'un comme toi, qui s'occupe de leurs églises gratis pro Deo. C'est bien le mot, hein ? » Rien qu'à sa voix lente, un peu grasse, j'imaginais sa silhouette de Betty Boop : une robe à bustier comme elle les aimait — trop juste de partout, trop courte, trop étroite, d'où ses seins, ses bras, ses cuisses débordaient (« pulpeuse », disaient les messieurs) ; et puis ses cheveux noirs passés au henné, ses lèvres trop rouges, cette façon qu'elle avait de se pousser dans vos bras lorsqu'elle vous embrassait, de se coller à vous, et sa rage à vous affubler de « mon lapin chéri » et de « cocotte jolie », de « ma loute » ou de « ma minette », un peu trop « poulettes » pour être honnêtes : très demi-mondaine quoi qu'on fasse. « Je ne sais plus qui m'a raconté que tu allais te présenter aux élections dans la région ? En somme ça y est : tu as chopé le virus ! Tu sais, Mistouflette, je suis fière de toi : pour une nana, réussir dans la politique, ce n'est pas évident !

— Non... Remarque, j'ai un avantage sur les autres : quand une femme devient ministre, tous ses collègues se demandent avec qui elle a couché ; pour moi, on ne se le demande pas, on le sait... »

A l'autre bout du fil il y eut un silence gêné : si Carole m'avait crue guérie, désormais elle était fixée. Obligée, malgré elle, de penser à « l'Archange », à notre rupture, à mon chagrin, elle voulut en détourner mes pensées et, par un malheureux enchaînement d'idées, tomba précisément sur le sujet qu'elle souhaitait éviter — Nadège Fortier.

« Tu sais que je vais récupérer "Marie Mauvière" ? Je te l'ai écrit, non ? » (Les lettres de Caro se perdaient toujours. Pour la bonne raison qu'elle n'écrivait jamais... J'avais pu lui apprendre la prononciation, pas l'orthographe.) « Ce que cette conne de Na... euh la nouvelle... enfin la direction... faisait en matière de décoration, eh bien c'était sûrement très distingué, dans le goût de l'élite, et tout et tout, mais, côté diffusion et bénéfices, le bide ! Tu comprends, le marché est trop étroit pour rentabiliser un style aussi pointu : l'exclusivité mondiale de Stuart Michels ou de Vasquez, ça coûte cher et ça rapporte peu ! Sans compter que, sur les nouvelles tendances de l'ameublement, je suis sûre depuis le début qu'elle... euh, qu'ils se gourent. Elle est, ils sont... Bref, la boîte... La boîte est orientée trop "design" : structures en fil d'acier, coupes au laser, époxy moucheté, modules empilables, et du noir, ma pauvre, du noir, du noir, du noir... A te coller le bourdon ! Tout ça — le style Zen, Bauhaus —, crois-moi, c'est dépassé ! Qu'est-ce qui marche maintenant ? Souviens-toi que je te l'avais prédit il y a longtemps : le nid douillet ! Le cocon qui abrite de tous les dangers ! On vend du rotin, des vérandas, des barbotines et des commodes en pin... Par conteneurs entiers qu'ils nous les expédient, les Anglais ! Bon, avec sa "Boutique Pastel", elle, enfin eux... l'équipe là-bas, quoi, ils avaient quand même fait fabriquer des abat-jour plissés, mais... Moi, je vais y aller carrément : je crée une "Ligne Irlande" ! Et pour après-demain, je sens la tendance : la surcharge ! Plus les vaches seront maigres, plus il faudra paraître gros. On sera content d'avoir l'air riche quand il y aura plein de pauvres : d'ici deux ou trois ans, je lance des ors vieillis, des draperies, des faux marbres, du rococo. Ma "Ligne Objectif Luxe" ! Encore un peu de chômage et tout le monde voudra se meubler comme mes émirs — tu te rappelles comme tu te fichais de moi ? Mais j'avais quinze ans d'avance, Mistouflette ! Et je te parie qu'avant longtemps j'aurai décoré toute la Cinquième Avenue en style Versailles ! Ou en Pompéi peut-être, avec des colonnes, des urnes, des toges... En tout cas, je transfère le siège de l'entreprise en Amérique, j'ai des bureaux — avec W-C sur Central Park, le chic du chic —, et je reprends tout en main. Alban m'ouvre un gros budget pour la pub. »

Je me souvenais d'une de nos conversations dans son F3 de Compiègne quinze ans plus tôt ; elle feuilletait un vieux numéro de « l'Expansion » que mon frère m'avait laissé parce qu'il contenait un reportage sur la LM ; elle était tombée en arrêt devant un portrait de Giovanni Agnelli, plus très jeune déjà mais si riche : « Moi, entre Tarzan et la FIAT, je préfère la FIAT, avait-elle murmuré, rêveuse. La forêt vierge, merci bien, tandis qu'Agnelli, même s'il fallait le pousser dans une petite voiture, je serais preneuse... Tu me connais, ma cocotte : les Mickeys » (c'était son expression affectueuse pour désigner ses caprices les plus lucratifs), « les Mickeys, je les aime matures ! », « Et tu les trouves au Whisky-Club, tes Mickeys matures et généreux ? », « Ben oui... Bon, je te cache pas : je les prends de seconde main. Mais je les rénove ! Je commence par les chaussettes, et puis je remonte... » A l'évidence, elle avait si bien « rénové » Alban, si bien « poussé sa petite voiture » dans les couloirs du Bethesda Hospital, et si bien « remonté » en partant des chaussettes, que les actions de « Mauvière and Co » allaient crever le plafond...

— Et puis, tu sais, poursuivit-elle, ici à New York on ne me connaît que sous ce nom de Marie Mauvière justement, alors ça m'agaçait qu'on me prenne tout le temps pour... enfin, pour l'autre. Comme ça, je récupère mon entreprise, mon « pseudo », et basta !

— Je vois que la décoration te passionne toujours, ma Caro. Presque autant que la diplomatie ! A propos, je ne te demande pas où en sont tes contacts avec l'Iran de l'Ayatollah ? J'imagine que c'est top secret !... Mais, dis-moi, que va devenir Mademoiselle de Leussac dans cette affaire-là ?

J'avais réussi à poser la question avec décontraction : si Alban lâchait Nadège, peut-être que Charles lui-même... Carole faucha d'un coup cette timide illusion :

« La Leussac ? » fit-elle, étonnée comme si elle n'avait pas songé à « la sylphide » alors que depuis cinq minutes, sans la nommer, nous ne parlions que d'elle. « Eh bien, elle reste à Amalfi, je crois, ou dans le coin... » Un blanc. Elle me laissait le temps d'atterrir. « Tu sais, reprit-elle, Alban ne financera plus ses projets. » En soi, le fait était sans importance — Charles ne manquait pas d'argent de poche —, mais il me permit de mesurer le chemin parcouru par la petite Massin : s'il y avait eu bagarre entre les deux dames stylistes (et leurs souteneurs respectifs), elle s'était trouvée en position de l'emporter, apparemment mieux placée auprès d'Alban que Nadège auprès de Charles, ce qui donnait à rêver... « Bon, je te passe les détails. D'ailleurs, je ne les connais pas. Il paraît seulement qu'elle va travailler pour une grande maison de couture italienne. Robes et bijoux : elle revient à ses premières amours. »

Encore un mot mal choisi, Carole n'avait pas de chance. Elle s'en rendit compte et, de nouveau, avec l'abattage d'une ancienne entraîneuse, tenta d'enchaîner :

« Et toi, Mistouflette, toujours avec Saint-Véran ? Mais quand même, depuis que tu es ministre, il doit y avoir un tas d'autres types qui te font des propositions ? » Elle s'enfonçait, la pauvre. « Je suis sûre que tu te laisses draguer. Par des petits Mickeys...

— Détrompe-toi. Le pouvoir est un attribut masculin. Comme les baleines de col, la prostate et les boutons de manchettes... Il ajoute peut-être à la séduction des messieurs, mais, pour une femme, c'est comme si elle se mettait des moustaches : les hommes n'osent plus l'aborder, ils ont peur. Voilà pourquoi les femmes ministres ont des réputations de Messaline et des vies de carmélites !

— Ah... Au fond je ne sais pas pourquoi je te parlais de ça : Thierry est un type extra. Sans doute que tu ne trouverais pas mieux...

— Surtout si je ne cherche rien... Caro, ma chérie, pour ton entreprise de décoration j'ai une idée : quand tu voudras créer une "Ligne Dérision", appelle-moi, je suis spécialiste... »

Les gouttières furent remplacées — la nuit, par un travailleur « au noir », pour que personne ne pût informer le maire de la substitution (après mes remontrances du début, il m'aurait crue passée à l'ennemi). Je fis aussi renforcer discrètement le système de fermeture du portail : je m'étonnais que les « skins » du secteur n'aient pas encore démoli les échafaudages et bombé les peintures — elle était si tentante, cette église ouverte à tous les vents où les pires éléments du lycée professionnel avaient exercé leur talent. Pour agresser Matteo ou son œuvre, il suffisait de pousser la porte...

Nombreux, d'ailleurs, étaient les visiteurs qui la poussaient. Certains soirs, quand j'allais embrasser Laurence en passant (elle venait de loin en loin donner un coup de main au fresquiste pour les fonds du transept, où l'« Arche de Noé » et la « Fuite en Egypte », éclatantes comme des Chagall, avançaient en parallèle), je trouvais dans la chapelle des badauds ébahis qui faisaient le tour des fresques comme d'un musée et sortaient au bout du circuit sans un mot, ou des enfants égarés, aux longues jambes d'antilope, qui s'asseyaient en tailleur au milieu des pots de peinture et laissaient la couleur baigner leur corps, noyer leurs yeux. « Mais lorsqu'ils parlent, ces gens, demandai-je à Laurence, qu'est-ce qu'ils disent ?

— Rien d'intéressant. En général ils ne comprennent pas. Non pas que ton Mattiole peigne si mal » (je savais Laurence réservée sur le génie de l'Italien), « mais ils ne connaissent pas l'histoire qu'il raconte... »

De cette incompréhension Matteo se moquait, comme il se moquait, semble-t-il, des panneaux publicitaires que la chapelle portait sur ses flancs et des ordures qui s'accumulaient à l'extérieur, au pied des murs et du portail, depuis que les voisins avaient transformé le terre-plein en décharge sauvage. La laideur de l'environnement ne le dérangeait guère ; dès qu'il prenait un pinceau, une brosse, un rouleau, il oubliait. Une seule chose le gênait parfois, comme elle me gênait : l'absence de vitraux. En se découpant crûment sur les fonds bariolés, en fractionnant chaque scène, les fenêtres grisâtres, bouchées de plastique, interrompaient, disait le peintre, « la respiration de ses fresques ».

Le souffle qui animait l'œuvre, son unité même, s'en trouvaient troublés, déchirés comme la soie d'un étang où l'on jette un caillou.

Je suggérai à l'Italien de me dessiner quelques projets de vitraux ; je demanderais un devis à un verrier. Un mois plus tard, il me remit plusieurs maquettes — toutes abstraites et toutes admirables. Si chaque vitrail, en effet, prolongeait le graphisme et les couleurs de la fresque, c'était en inversant le mouvement : le « big crash » succédait au « big bang » ; la matière, que Mattiole avait laissée se dilater sur la muraille, se condensait dans l'épaisseur du verre ; les lignes convergeaient, les tons s'assombrissaient. La lumière n'était plus le point de départ, mais l'arrivée.

Surprise, je dis à Matteo que ses vitraux seraient beaux.

Beaux sans « si » ni « mais ». Quand il me vit presque décontenancée par l'estime que je commençais à lui porter, l'amateur de « djaune » me confia, pour me rassurer, qu'à l'école il avait souvent travaillé la pâte de verre et de plomb... Ainsi appris-je que, contrairement à ce que j'avais cru, le carreleur du « Gai Logis » n'était pas un autodidacte de l'art : à Florence il avait suivi une école genre « Arts-Déco », qu'il avait dû quitter avant le diplôme pour gagner sa vie. On l'avait embauché comme aide-mosaïste, il avait collaboré à la restauration de plusieurs églises en Toscane, puis en Vénétie ; ensuite, lorsque les commandes publiques s'étaient raréfiées, il était passé en France, après un séjour d'un an à Madagascar (« pour voir des violets », me précisa-t-il) ; arrivé chez nous, il avait monté la mosaïque des Poètes à la Peupleraie — « ma, je ne l'ai pas dessinée ! » se défendit-il en riant ; puis, il avait rencontré l'amour au « Gai Logis », s'était marié, et la dureté des temps en avait fait successivement un carreleur de HLM et un conducteur de bull. Six bouches à nourrir...

Carole, émue par ce parcours héroïque dont je me hâtai de l'informer, nous consentit une rallonge de crédits. Mais le jour où je reçus le virement de la « Fervacques and Spear » pour les vitraux, un coup de fil des Ponts et Chaussées m'informa que la subvention de l'Equipement allait être débloquée : « Puisque Madame Valbray a soutenu ce projet, elle peut annoncer au maire que les travaux d'aménagement du carrefour commenceront dès la rentrée. »

« Rien ne presse, rien ne presse », fis-je répondre par l'aide de camp de la gendarmerie qui suivait mes affaires locales. Le pauvre type, qui avait harcelé les ingénieurs pendant six mois pour éliminer cette « verrue », n'y comprenait rien...

J'allai porter la mauvaise nouvelle à Mattiole. « Ne vous inquiétez pas », fut son unique commentaire et tout le renfort qu'il m'apporta dans cet étrange combat. Il se remit aussitôt à fredonner un air de la Miss, « Paris, c'est une blonde », tout en appliquant une couche de jaune supplémentaire — du blond, justement — sur sa « Création du Monde ».

« Est-ce que le curé ne pourrait pas... ? » Non, le curé avait été informé des activités pieuses du carreleur, mais, outre que la chapelle, depuis longtemps désaffectée, ne relevait plus de son autorité, il n'aimait pas les églises peintes ; il ne supportait que les icônes. Question de mode sans doute : en d'autres temps cet iconolâtre eût été iconoclaste.

« Reste la Culture... »

Ne pouvant annuler moi-même la demande de subvention routière présentée par la commune, je n'avais d'autre solution que de lui susciter des oppositions. Indirectes, bien sûr. Le proverbe arabe dit « Baise la main que tu ne peux couper » : mieux vaut d'abord essayer de la tordre... Dans cet esprit je resongeai à cette charmante directrice régionale des Affaires culturelles, amie intime du patron de la MJC : si la dame marquait le moindre intérêt pour ma chapelle, je pourrais demander au maire de reconsidérer le dossier, faire réexaminer la question par son Conseil.

— Vous savez, avouai-je à Mattiole avec un gros soupir, au début je n'aimais pas votre peinture...

— Certo ! Ce qui doit être tout de suite compris, tout de suite aimé, ce n'est pas l'art, Signora, c'est le commerce. Je ne suis pas marchand. Je ne vends rien. Niente. Je peins pour la djoie...

Dans son lit Saint-Véran feuilletait le catalogue de « la Redoute ». Je me glissai près de lui (le sauvetage des chapelles en péril exige certains sacrifices) :

« Qu'est-ce que tu comptes commander par correspondance ? Tes chemises en dentelle, ou tes justaucorps de velours ?

— Ne plaisante pas. J'ai emporté ce truc-là à Madame Conan parce que c'est tout ce que je peux lire. Comme il y a surtout des images, le "crayon intérieur" n'opère pas. Encore que... il m'arrive de corriger certaines notices. Tiens, je viens de revoir tout le texte des "conditions générales du contrat" : imagine des subordonnées comme "qui donnera lieu à l'exercice du droit d'accès dans les conditions prévues au chapitre particulier de la loi précitée après le paiement de la redevance légale sauf rectification justifiée" ! Ce n'est pas du Tchekhov, hein ? Et sans ponctuation ! Vingt minutes de boulot pour remettre d'aplomb une phrase aussi bancale ! Cela dit, la lecture des "Trois Suisses" ou de "la Blanche Porte" est plus instructive qu'on ne croit. Regarde cette double page, "Des solutions pour chacun" ; à quarante-cinq ans on y trouve tout ce qu'il faut pour philosopher : à gauche le passé — les biberons “jus de fruits”, la gigotière matelassée, les protège-coins de table, la barrière de sécurité, l'assiette chauffante à compartiments ; à droite l'avenir — le nettoie-dentier à ultrasons, la feuille-loupe en plastique, la canne pliante, le coussin anti-escarres, la ceinture “spéciale pour tenir les reins au chaud”, et ce joli encart “Incontinence, à chaque problème son change complet”... Au passage, je te rappelle qu'il dépend de nous qu'un avenir aussi sombre retrouve provisoirement les tendres couleurs de la nursery. » Il jeta le catalogue à mes pieds : « Et si on se le fabriquait, dis, ce petit ? »

Même avec l'accent, en Raimu il ne faisait pas le poids ; mais il était président de Beaubourg : à cause des fresques je n'avais pas le choix... Cependant le câlin resta tiède. On disait autrefois des Girondins qu'ils « parlaient d'or mais ne concluaient pas ». Saint-Véran était un Girondin de l'amour... La faute, bien entendu, était partagée : petit tempérament d'un côté, mauvaise volonté de l'autre. Encore, lorsqu'il lui échappait quelques mots de russe (un legs de Sovorov), j'arrivais à m'illusionner : fermant les yeux, je m'appuyais sur ces sonorités étranges que Charles m'avait rendues familières, comme on s'appuie sur une épaule, abandonnant mon corps à la seule caresse des consonnes douces, chuintantes... Mais, ce soir-là, Thierry tenait à s'exclamer en français. Après un long effort inabouti il alla me chercher un verre de Schweppes — mon dédommagement —, et je lui exposai les dernières aventures de Mattiole et mes péripéties administratives.

— Ma pauvre Christine ! Une fois de plus, tu t'es fait des nœuds partout ! Tu as le génie de te fourrer dans des impasses !

— Proverbe yiddish : « Si tu ne fais pas ton malheur toi-même, les autres le feront pour toi »...

— Eh bien, félicitations : toi, tu n'as besoin de personne ! Et ce coup-ci, non seulement tu ne peux plus avancer, mais tu t'es coupé la retraite... Dans cinq minutes tu vas me jouer le grand air de la paralysie : « Thierry, je ne peux plus marcher. Porte-moi, Thierry... » Bien sûr que tu ne peux plus marcher, sotte : tu te ligotes ! Bon, qu'est-ce que tu attends de moi pour parachever la catastrophe ?

— Un avis. Je veux savoir ce que tu penses de ces

fresques. Et si par hasard elles te plaisaient, tu pourrais peut-être...

— Mais je n'y connais rien !

— Tu ne présides pas le Centre Pompidou ?

— Christine, bon sang, ne fais pas l'enfant ! Tu n'ignores pas comment... enfin, ces nominations... D'ailleurs, qu'il soit compétent ou pas, le président de Beaubourg n'a pas le pouvoir, juridiquement, de protéger les églises !

Il finit néanmoins par m'accompagner, un peu par altruisme, beaucoup par amour de la tranquillité : il en avait assez de prendre mes inquiétudes de plein fouet ; « on ne peut pas vivre à côté de quelqu'un d'aussi survolté, expliquait-il. Chaque fois que je te touche, j'ai l'impression de disjoncter ! » Elégante justification par l'électricité de ces moments de plus en plus fréquents où, entre nous, le courant ne passait plus et où ses « baisses de tension » nuisaient à ma fécondité...

Sur le seuil de la chapelle, il marqua un temps d'arrêt : personne, à part les enfants ou les aveugles, ne pouvait entrer sans freiner ; les couleurs vous prenaient à la gorge, vous assommaient... Mais Thierry passa vite de la stupeur à l'hilarité : « Ne me dis pas que c'est ce barbouillage qui te causait du souci ! » Il ne chercha même pas à dissimuler que les dessins de Mattiole l'amusaient : « Tu as vu, au-dessus de l'Arche, cette tête de dieu emplumé ? Le Yahveh des Cherokees... Hugh, mon frère, moi fumer calumet de la paix ! Et ces mains jaunasses, à gauche, là, tu as vu ces mains qui nagent dans le bouillon bleu ? On dirait des crachats, avec du pus dedans ! Brr... Il y a de quoi devenir tuberculeux ! »

Mattiole aurait pu entendre, je fis signe à Thierry de ricaner plus bas. Il haussa les épaules : le fond de sa pensée, pourquoi l'aurait-il caché à cet Italien qui n'était rien ? On ne saurait offenser un homme aussi dénué de relations. Un peintre « parisien » pouvait, s'il lui plaisait, exposer des voitures cassées — on trouverait l'audace admirable —, mais un casseur de voitures ne pouvait pas peindre. Pas sérieusement en tout cas. A la rigueur, si c'était un « naïf »... Matteo, juché sur son échelle, n'avait heureusement pas saisi les propos de Saint-Véran, ou bien il les prenait pour des compliments : il en aurait fallu davantage pour l'amener à douter de sa vocation. Quand Thierry, revenu à plus de politesse, l'interrogea sur sa « Création du Monde », il parla avec réticence d'abord, puis avec un enthousiasme croissant, d'« amour cosmique », de « sfolgoranza », d'« illuminazione », de « défi aquatique » et d'« espérance diabolique »... D'ordinaire silencieux, il se laissait mener par les mots ; incapable d'adopter le bon ton des vernissages, il débordait ; son propre verbiage le grisait. Quand, emporté par l'élan, il finit par nous assener, du haut de son perchoir, que parfois il entendait des voix, qui lui disaient : « Vas-y, fils de Dieu, vas-y, sara magnifico, sai ! », Thierry, le sourire en coulisse, me glissa à mi-voix : « Après ça, il n'y a plus qu'à tirer l'échelle ! », et, désignant l'acrobate du regard : « On la tire ? »

Convenons qu'avec ses bras trop longs, son visage simiesque, ses jambes grêles, sa blouse large et son calot taché, Matteo Mattiole ressemblait davantage à un chimpanzé déguisé qu'à un artiste patenté : il n'était pas la meilleure réclame pour son œuvre.

« Tu veux dire que c'est un fou, oui ! » me lâcha Thierry dès que nous fûmes sortis. Il riait aux larmes : « Au moins, je ne me serai pas dérangé pour rien, j'ai passé un excellent moment avec "l'amour cosmique" et les voix célestes ! D'ailleurs, il est sympathique, ce Mattiole. Tu sais à qui il me fait penser ? A l'innocent des crèches provençales : "lou Ravi". Un simplet, mais ravi. Ravi du monde, de lui... Tiens, autrefois, il y avait des moines dans ce goût-là : les béats !

— J'admets qu'il est un peu cinglé, en effet. Je te l'ai dit dès le début... N'empêche que j'aimerais savoir en quoi le "Compteur de bétonneuse à la guirlande de fleurs" que tu nous imposes dans la salle à manger est supérieur à sa Nativité ? »

Ce « Compteur », une œuvre de Valade (le chiffonnier des « éraillures »), nous avait été offert en dépôt par l'auteur — qui prospectait pour une rétrospective... Le « Compteur de bétonneuse », que son créateur aurait bien vu au Centre de Création Industrielle que Thierry dirigeait, était de conception simple et d'exécution facile : on prenait un tableau flamand du XVIIe siècle représentant un chapelet de roses ou de pivoines, un Van Thielen, un Abraham Bruegel (le gros de l'investissement), on en découpait le centre, et, au milieu de la toile évidée, on introduisait un compteur de bétonneuse acheté chez Berliet.

« Je ne sais pas si c'est beau, Thierry, mais j'aimerais autant l'avoir entière, moi, la guirlande ! En cinq minutes, avec ses petits ciseaux, Valade fiche en l'air plusieurs mois du travail d'un autre ! Et l'art gagne quoi, à ce massacre ? Ce grand bousilleur a-t-il jamais produit quelque chose ? Non, il élime, il érode, il rogne, il lacère... "Compteur de bétonneuse à la guirlande de fleurs", vraiment ! Pendant ce temps-là Mattiole construit, au moins ! Depuis huit mois que je m'intéresse à lui, il a accompli un boulot considérable...

— Tu as raison, ma petite chérie : chez ton carreleur, l'absence de talent devient un don ! Si, si, je ne plaisante pas : il est si peu esthète au naturel qu'il lui faut beaucoup travailler... Les gens doués sont enclins à se donner moins de mal, bien entendu. Tandis que lui, si disgracié... Ah, devenir Michel-Ange à la force du poignet ! Seulement, ce n'est pas de la culture, ça, mon chou, c'est du culturisme ! Et puis je me pose une question à propos de ton Sisyphe : pourras-tu lui offrir encore beaucoup d'églises pour qu'il s'entraîne ? Il a le brouillon onéreux, non ? Tu devrais peut-être le pousser vers la miniature... Christine, soyons sérieux : l'art n'est pas l'artisanat ! Une maquette de la cathédrale de Reims construite en bouts d'allumettes par un retraité qui y consacre des milliers de soirées vaut moins, à tous égards, que le croquis d'un maître gribouillé sur une nappe en papier.

— D'accord, je suis une béotienne. Mais, puisque le temps ne fait rien à l'affaire et que vous vous êtes affranchis de toutes les lois, apprenez aux béotiens à reconnaître la beauté ! Si c'est bien ce que vous cherchez...

— Ah, le beau, le beau... Ça aussi, c'est vite dit ! De ce point de vue-là, tout est égal, ministresse de mon cœur : une grille d'égout, ou même la vespasienne de Vasquez, ont des formes aussi nécessaires qu'un Benvenuto Cellini. Un rectangle de papier blanc peut être aussi parfait qu'une toile peinte. Qui sait même si la mise en scène de l'objet n'importe pas plus que la création de l'artiste ? Le beau n'est pas un but, mignonnette... Voilà pourquoi l'art est difficile aujourd'hui : ni but, ni sens, ni théorie ! Un créateur moderne se trouve devant le vide. Mais c'est ce vide, précisément, qui devient fascinant ! »

Fascinant, voire ! Des cinéastes en perdition avaient éliminé l'image de leurs films, des musiciens le son de leurs orchestrations, Vasquez organisait des vernissages d'odeurs, Soulages vendait des monochromes noirs, et Ben exposait du vide. La boucle était bouclée : même ne plus rien faire avait déjà été fait...

Du coup, quelques inquiets, passant d'un extrême à l'autre, se redonnaient des règles plus sévères que la plus sévère des académies. Des romanciers s'imposaient de supprimer, dans leurs romans, une lettre de l'alphabet, de ne plus écrire qu'à la deuxième personne, ou, comme Coblentz, de publier des livres réversibles, illisibles de la dernière ligne à la première. Ils entassaient l'absurde sur l'insignifiant, le maniérisme sur le désenchantement, ne réussissant, au bout du compte, qu'à fabriquer des « curiosités » : la plus longue saucisse d'Europe, la plus grosse omelette du monde... L'esthétique de l'exploit !

— Le vide, Thierry, n'est satisfaisant pour l'esprit que si on le remplit. Vive la table rase pourvu qu'on reconstruise ! Matteo a tous les défauts qu'on veut — il les a, en effet —, mais il bâtit, il dit. Il cherche, même pour lui seul, un sens à son œuvre, il donne un fond à la forme, un contenu au contenant...

— C'est bien ce que je pensais : tu veux te convertir. Ah, qui dira le prestige des Madones sur les âmes simples !

Après quelques discussions véhémentes (la polémique restait notre meilleur terrain d'entente), nous parvînmes à un compromis : Thierry réchauffa son jugement, je m'attiédis ; je convins qu'en peinture mon Italien avait peut-être plus de verve que de maîtrise (je réservai la question des vitraux) ; Saint-Véran, de son côté, admit qu'il passait « quelque chose », « un souffle, oui », dans cette œuvre mal dégagée de sa gangue : « Ton Matteo ne manque pas de culot : c'est une qualité d'artiste... »

Il me promit d'organiser un dîner avec le directeur des Arts Plastiques, personnage influent du ministère que j'espérais intéresser au sort de ma chapelle. Bien qu'il ne fût pas de mes subordonnés, j'aurais pu convoquer ce fonctionnaire dans mon bureau ; mais il me semblait qu'un dîner, où je déploierais mes charmes de ministre resté simple (genre « le grand Empereur au bivouac du troupier »), l'attendrirait davantage.

Entre-temps, je pris quelques mesures conservatoires. Un fils d'El Kaoui, l'un de ces « simples » (pour parler comme Garmore), si simple qu'il en devenait anonyme, envoya à la directrice régionale des Affaires culturelles une lettre que j'avais dictée : on signalait à l'administration l'existence à Evreuil-Peupleraie « d'une expérience artistique novatrice » et l'on suggérait la mise en place d'un périmètre de protection. Cette lettre expédiée, je chargeai mon aide de camp d'appeler le cabinet de la Culture : mon collègue aurait-il « l'amabilité de faire regarder favorablement toute demande concernant une chapelle sise à Evreuil » ? Pour aller plus vite, j'avais traduit en style gendarme. Mais le gendarme se rebiffa :

« Voyons, Madame le Ministre, j'ai dû leur demander le contraire il y a trois mois ! J'aurai l'air d'un con ! »

Pour une fois qu'il renonçait aux circonlocutions...

— Eh oui ! Vous leur direz que vous vous êtes trompé... Vous avouerez qu'il y a trois mois vous n'aviez rien compris, que vous êtes intervenu à contretemps... Ne faites pas cette tête, mon vieux ! Vous connaissez le mot de Clemenceau — « je pète, et c'est Mandel qui pue » ? On divise les tâches dans les équipes politiques : le patron sent toujours bon. Si vous n'en êtes pas persuadé, retournez à la circulation !

Le directeur des Arts Plastiques nous convia à dîner. J'arrivai avec un gros dossier sous le bras : j'avais pris moi-même des photos des fresques. J'aurais bien chargé Laurence de ce travail — elle avait un petit talent pour la photographie —, mais Laurence, de nouveau, s'était évaporée. Elle n'avait assisté Mattiole que par intermittence et sans goût. Elle prétendait que les acryliques lui donnaient de l'eczéma... « Elle est dgentille, votre amie, disait Matteo, mais pas acharnée ! » Je n'osais lui avouer que Laurence, comme Thierry, ne professait pas une grande estime pour ce qu'il entreprenait. Du reste, le fresquiste n'avait pas su ménager la sensibilité de mon Ophélie ; il aurait fallu prendre son avis de temps en temps, discuter. Sans doute manquait-il de temps ; par exemple, lorsqu'elle eut fini de préparer l'« Arche » et la « Fuite », elle lui suggéra, pour l'autre branche du transept, un « Massacre des Innocents » dans les rouges (« quoique je trouve ces sujets nunuches, m'avait-elle précisé, pourquoi pas "Vénus sortant de l'onde" pendant qu'on y est ! ? Ça me semble trop littéraire, si tu veux mon avis. Moi, j'aime mieux "les Deux Harengs" de Van Gogh que "le Serment des Horace" ! Enfin... Je tâche quand même de l'aider, ton farfelu, puisque tu me l'as demandé... Je voudrais toujours faire ce que tu me demandes, Chris. Je ne peux pas, mais j'essaye. J'essaye, je te jure. Parce que je t'aime, toi, je t'aime ») ; Mattiole, tout emporté par sa création et peu conscient des efforts de son assistante, avait regardé ma « noyée » avec commisération avant de lâcher : « Non, ragazzina, sur ce mur-là ce sera une "Terre Promise" ! Avec du blé. Rien que des épis. Un djaune de chrome. » Laurence avait posé son pinceau et, prétextant une allergie, elle avait disparu dans la nature...

Certes, j'aurais pu tenter de la raisonner, la pousser, pour une fois, à aller jusqu'au bout de ce qu'elle avait commencé — fût-ce l'œuvre d'un autre —, mais Thierry m'en avait dissuadée : « On ne va pas l'obliger à travailler avec un zozo qui, si ça se trouve, n'a pas le quart de son propre talent ! Laissons-la juge... » De toute façon, le carreleur n'était pas resté longtemps sans compagnons : le soir où je vins faire les photos, deux petits Africains, aussi réjouis que lui, passaient le rouleau jaune et il m'apprit que certains enfants du LEP revenaient ; même, ils avaient bombé leurs noms sous la « Crucifixion » : « Peut-être, elle reviendra aussi, votre Laurence, elle est dgentille... Mais elle n'a pas assez confiance. Trop timide. Elle ne s'aime pas, poverella ! E difficile, difficile ! » Je tirai le portrait des deux gosses noirs sur fond jaune — je ne voulais rien négliger qui pût émouvoir les Arts Plastiques...

Pourtant, le soir du dîner, sitôt que la soubrette de location eut pris nos manteaux, je sus la partie perdue : dans l'entrée, servant de support au téléphone, une colonne bicolore, tronquée, nous narguait de toutes ses cannelures — un Michels... L'accueil du jeune directeur fut poli, mais froid. Je me souvins qu'il avait été gauchiste dans les années soixante : mon appartenance au gouvernement giscardien l'écœurait. Bien entendu, lui-même était passé à droite (il n'avait pas trouvé son poste dans une pochette-surprise), mais de cette trahison il gardait un sentiment de malaise. Mauvaise conscience politique qui lui donnait une bonne estime de lui-même : ayant chèrement acquis par ses reniements le droit de faire la morale à ceux qui n'avaient pas changé, il battait volontiers sa coulpe sur la poitrine d'autrui. Me croyant réactionnaire de naissance, il avait décidé que j'expierais ses péchés...

Nous mangeâmes, sans appétit, quelques amandes grillées sous un égouttoir à vaisselle enveloppé de sparadrap (un Dietman de la grande période), puis un chaud-froid de volaille sous un Vasquez de l'époque « Pointillés » (rectangle blanc traversé, en plein milieu, d'une ligne de points rouges). Au dessert, le gauchiste nous fit l'éloge de Dorian, qui peignait avec ses pieds — au sens propre, si je puis dire. Il trempait ses pieds dans la peinture verte et marchait de long en large sur la toile. Bien entendu, compte tenu de la facilité du procédé et de la cote de l'artiste, des aigrefins avaient tenté d'écouler des faux. Le musée d'Auxerre était sur le point d'en acheter quand les Arts Plastiques avaient décelé la fraude : une erreur de pointure. Le directeur s'applaudissait de sa sagacité... Exaspérée, je sortis mes photos et fis l'article pour Mattiole — sans illusions, et avec rage. Le directeur fronça le nez ; on aurait dit que je cherchais à lui vendre une viande avariée. « Nous ne finançons pas ce genre de choses, fit-il, ravi de sembler gêné. Des fresques, déjà... Et puis, les couleurs, le style... Un type d'expression qui date terriblement. Voyez-vous, je ne me permettrais pas d'émettre une opinion sur une œuvre qui a éveillé votre attention, mais il me semble que ce... cet homme ne peint pas, il dépeint... Encore, si c'était un naïf ! »

Thierry, fâché de s'être compromis dans une négociation aussi humiliante pour sa réputation, me lança un regard éloquent : ne me l'avait-il pas dit lui-même que si ce carreleur avait été douanier... ?

« De toute façon, Monsieur le Directeur, je ne vous demande pas de financer quoi que ce soit. Nous avons trouvé des mécènes. » Il hocha la tête, d'un air plus insolent qu'admiratif. « Je ne sollicite même pas un classement, ni une quelconque protection... » Mimique de protestation du vertueux fonctionnaire : une protection, il aurait été extravagant — quasi insultant — d'y songer ; n'étions-nous pas entre gens sensés ? « De vos services je n'attends qu'un signe de curiosité ; le moindre geste — un rapport, même une simple visite — me permettrait de ressaisir la mairie du dossier, de la pousser à réexaminer l'intervention des Ponts et Chaussées... » Le directeur des Arts Plastiques eut une moue dégoûtée. « Bien, j'ai compris : votre administration ne bougera pas. Mais si je trouvais moi-même, à la direction générale, un fonctionnaire subalterne pour nous expédier un formulaire quelconque, prendre des renseignements... » Grimace d'agacement, presque de douleur : mon hypothèse lui coinçait le nerf sciatique. « Je le répète, Monsieur : il ne s'agit pas d'argent, ni de mesures juridiques, mais d'un vague, très vague, intérêt... Dois-je comprendre que, même à cela, vous vous opposeriez ?

— Nous ne pouvons gaspiller notre intérêt », lança-t-il superbe, « c'est ce que je rappellerai à nos services locaux... »

Bien joué ! Non seulement il ne m'aiderait pas, mais il avait décidé de me barrer. Pour le plaisir. A ce sport il risquait peu : avant qu'un secrétaire d'Etat à la Défense obtienne la mutation d'un directeur de la Culture, il y aurait beaucoup d'élections... La moutarde me monta au nez : désignant le pointillé rouge sur le mur d'en face, « Tiens, vous avez un Vasquez ! » m'exclamai-je. J'avais feint l'admiration. Aussitôt il se rengorgea, fier de pouvoir digérer sous un pointillé si coûteux — c'est l'avantage de la fonction... « Eh bien, poursuivis-je, Vasquez pour Vasquez, je vous suggère, Monsieur le Directeur, de remplacer ce pointillé par une pissotière — au moins elle servira à quelque chose ! »

Réduite à l'impuissance, je me résignai à laisser courir les procédures. Je ne remis même pas à Mattiole l'argent des vitraux : à quoi bon ? J'achetai ma console en citronnier, et quelques-uns de ces meubles faussement Renaissance sur lesquels nos amis s'extasieraient et dont j'expliquerais, sans rire, qu'ils me venaient « de ma famille »... Avec le solde j'acquis pour Matteo un peu de matériel amovible : quelques spots, des rallonges — les ampoules qui éclaireraient sa « Création » pourraient aussi bien, par la suite, éclairer son HLM... En lui portant ces lampes, je l'informai de l'insuccès de mes démarches. Il se mit à chanter. M'avait-il écoutée ? « Un livre, une partition, sont des îles que l'artiste a du mal à quitter », disait Gaya... Je jetai un dernier regard sur les fresques de son rocher : « Trop littéraire », avait dit Laurence, « une cathédrale d'allumettes », avait dit Thierry, « vieillot, ringard, dépassé », avait dit le directeur... Incapable d'avoir raison toute seule, je trouvai brusquement ces barbouillages très laids. Le souffle était retombé.

Du reste, la passivité de Mattiole aurait suffi à me dégoûter : il m'avait laissée me démener pour sa cause sans jamais remuer le petit doigt ; je soulevais des montagnes, lui peignait ! Je le voyais soudain tel qu'il était : un égoïste, doublé d'un inconscient... J'avais d'autres soucis ; j'abandonnai son sort au hasard, auquel il s'était si légèrement confié.

Tout au plus, quand ma voiture, certains soirs, croisait au large de sa forteresse jaune, faisais-je des vœux, en passant, pour que les Ponts et Chaussées n'aient plus d'argent, que la circulation diminue, que le carrefour disparaisse, que le maire meure, que les idées changent...

Tous les vendredis soir, nous recevions à dîner quelques amis de Thierry. Il prétendait que ces contacts faisaient partie de son nouveau métier. Mes fonctions ministérielles ne m'empêchaient pas de l'assister : les militaires sont les protecteurs de la famille et les défenseurs du week-end ; et si, pendant la semaine, j'étais occupée dès l'aurore, le vendredi à dix-huit heures j'étais rentrée. Alors, tandis que mes généraux et mes lieutenants couraient faire risette à leur petit-dernier ou visiter en civil leurs frères magistrats et leurs cousins curés, je pouvais m'adonner au plaisir, tout chéraillesque, de recevoir dans ma salle à manger quelques intellectuels prestigieux.

Bien qu'appartenant pour la plupart à l'opposition, tous n'étaient pas aussi intransigeants que ce directeur des Arts Plastiques qui avait dédaigné mes avances ; la présidence qu'assurait Saint-Véran (Beaubourg est de gauche par définition — à cause des tuyaux de sa façade) rachetait à leurs yeux ma participation à un gouvernement de droite. Du reste, ils étaient ravis de traverser de vastes zones d'insécurité pour arriver jusqu'à mon « Belvédère » : par cette même sorte de snobisme qui pousse les golden boys newyorkais à s'installer dans les taudis du Bronx et nos journalistes « branchés » à transformer en lofts les usines désaffectées de la Bastille, nos artistes à la mode trouvaient à Evreuil tous les charmes du désordre et du danger. Que j'eusse acheté ce parc à l'abandon, cette maison délabrée en plein cœur des bidonvilles, leur semblait aussi original que sympathique ! Peu giscardien, en tout cas, et tout à fait « in »...

De mon côté, leur compagnie m'amusait : ils me changeaient des politiques. Leurs haines, pour n'être pas moins profondes, me semblaient plus feutrées : n'ayant pas d'étiquette, ils avançaient masqués. Faute de se trouver soumis à la sanction de l'élection, qui oblige périodiquement à choisir son camp et compter ses points, ils pouvaient tricher plus longtemps. Doucereux et torturés, ils n'étaient pas d'un maniement facile — même les sots, dans ce milieu, avaient l'air compliqué ! On devait les traiter avec prudence, comme les diplomates d'un pays hostile — et néanmoins allié. Ainsi avec Coblentz (que nous connaissions, Thierry et moi, depuis près de quinze ans) avais-je toujours l'impression de jouer les charmeuses de serpents : tant que je le fixais, que je l'enjôlais, il dansait pour moi — sourires, bons mots et compliments ; mais, dès que je détournais les yeux, il piquait...

Ce soir-là, je terminais en hâte mon brushing dans la salle de bains lorsque Sovorov sonna. Dans nos dîners il était toujours le premier arrivé et le dernier parti — un privilège qu'autorisait notre « parenté »... Depuis le premier étage et malgré le ronronnement du séchoir, j'entendis sa voix de stentor, étonnante dans un si petit corps : « L'ombre est douce et mon maître dort, coiffé d'un bonnet conique de soie... » Il traversait toujours le parc en chantant, se faisant précéder d'un morceau du répertoire classique adapté au moment de la journée : Ravel lui fournissait son « ombre douce » en début de soirée, Rameau ses « rossignols amoureux » quand la nuit était plus avancée, Massenet l'accompagnait lorsqu'il venait nous tirer du lit le dimanche matin — « Ouvre tes yeux bleus, ma mignonne, déjà l'alouette fredonne » —, et, s'il tombait chez nous le samedi à l'heure du déjeuner, nous étions prévenus de son arrivée par un Duparc claironné depuis la grille d'entrée : « Midi sur le feuillage rayonne et t'invite... » Aussi entiché de musique dans ses vieux jours qu'il l'avait été, à vingt ans, de métaphysique, il allait pourtant rarement au-delà des cinq ou six premières mesures, ressassées jusqu'à satiété, de ses romances préférées. Ce qui, par analogie, m'amenait à m'interroger sur la manière dont il avait lu la Bible autrefois : sans doute ce luxurieux n'avait-il jamais atteint le septième commandement...

« Alors, mon grand », demanda-t-il à Saint-Véran après avoir poussé la porte sur un « mon maître dort » approprié à l'heure, « est-ce qu'à part Pieter et moi » (il amenait Wermus sous son bras) « il y aura du beau linge, ce soir ? Et, question bouffetance, est-ce qu'on s'en mettra plein la lampe ? »

En peignoir, les cheveux mouillés, je descendis l'embrasser :

« Soyez tranquille, Alexis, vous aurez Georges Coblentz, Gilles Courseul, Richard Tanguy, Vincent Bardé, et des cailles sur canapé... Cela convient-il à votre estomac délicat ?

— Ah sûrement pas, fillette ! Sûrement pas ! Fiston, depuis quand autorises-tu ta mousmé à inviter Coblentz et Courseul au même casse-graine ?

— Ils sont amis, fis-je, surprise et agacée.

— Amis ? Vous saurez, ma mignonne, fit-il, l'index menaçant, que, d'après mes auteurs, "il y a deux sortes d'amis : ceux qui vous aiment et ceux qui vous haïssent". Jojo Coblentz et Jiji Courseul sont deux potes de la deuxième catégorie : ils ne peuvent pas se sentir ! »

Et de m'assener, enchanté, devant un Saint-Véran admiratif (« Il en sait des choses, mon papa ! »), que Coblentz et Courseul étaient brouillés depuis une certaine foire du livre, « vous savez, une de ces kermesses du Barnum littéraire, où on vous expédie les écrivains par wagons entiers. On les colle derrière des petites tables avec leur nom et le prix — en vitrine, autant dire —, et là, vas-y Toto, faut qu'ils se vendent, qu'ils fourguent la marchandise ! Comme des putes ! Le client défile dans les allées, compare leurs charmes respectifs, et eux, les pisse-copie, ils sont là sur leur bout de trottoir avec des regards en coulisse, des sourires de fausses rosières, sans savoir — à part les plus dessalés — jusqu'où ils peuvent aller dans la retape. Quand le chaland s'arrête, qu'il renifle le bouquin ("Est-ce que c'est bien du frais ?"), ils n'osent pas lui faire de l'œil, non... mais, enfin, on ne peut pas non plus lourder la pratique, pas vrai ? Bref, c'est pas la joie ! Or, figurez-vous, mes enfants, qu'à ce pince-fesse le jeune Coblentz et le petit Courseul s'étaient retrouvés côte à côte. A cause de leurs initiales... Normalement, c'était du bol : ils sont copains ; pendant les pauses ils pourraient toujours se tailler une bavette, discuter le bout de gras... Seulement, chacun venait de sortir un roman : Coblentz son "Ava", et Courseul la dernière ritournelle de sa petite zizique, un bidule dont j'ai oublié le titre, mais qui mouline le même air que d'habitude. Et le match, ma poulette, le match ne pouvait pas se jouer à la loyale : Coblentz est peut-être plus connu des nymphettes because son "look", mais, manque de pot,

Courseul était passé la veille à "Apostrophes"... Si bien que c'est lui qui a fait un tabac ! Pour avoir son gribouillis, les pedzouilles faisaient la queue devant sa boutique, et même ils débordaient devant le stand de Coblentz. Celui-là, au bout de cinq minutes, plus personne ne le voyait : sa table, son écriteau, sa chouette petite gueule, sa houppelande, et sa camelote, tout avait disparu derrière le flot des télécamés ! Pauvre Jojo ! En principe il aurait dû vendre moins de bouquins que son voisin, d'accord, mais, vu sa notoriété chez les lycéennes, il pouvait espérer en refiler quelques-uns... Seulement, comme les tables étaient trop rapprochées et qu'on ne lui voyait plus la bobine, ce jour-là il n'en a pas placé un ! Pas un ! Il a passé l'après-midi à compter les clients de l'autre ! Depuis, il se répand dans les coquetèles en disant que le Courseul est un sans-gêne, un pas réglo, quelqu'un qui marche sur les pieds des copains, une espèce d'"ôte-toi-de-là-que-je-m'y-mette", et que, ses romans, pour être sincère, ce n'est que de la roupie de sansonnet... Il a même écrit quelque part que le succès du dernier bouquin de "Môssieur Courseul" était un "syndrome". "Mon succès, un syndrome ?", il a fait, l'autre, "dommage pour lui que ce ne soit pas une maladie contagieuse, il aurait pu en attraper quelque chose !"... Allons, bon, voilà que vous vous faites du mouron ! Mais non, ma bergère : ils sont trop bien élevés pour se tirer la gueule à votre dîner ! Ils sont amis, comme vous dites si bien, et ils ne s'enverront que des demi-vacheries... D'ailleurs, à cause des événements — Boulin qui passe l'arme à gauche, l'affaire des diams, et tout ce tintouin —, ce soir on va parler de politique, pas d'art !... Alors remettez-vous ! Surtout que vos cailles sur canapé, c'est épatant ! Mais j'espère que vous nous avez dégoté des gros raisins ? Et votre champagne ? Il est frais, au moins ? »

Une vraie belle-mère ! Enchanté de me diminuer un peu devant son fils bien-aimé... Le seul point où il consentait à me trouver quelque talent, c'était pour l'ameublement : avisant brusquement ma dernière acquisition, la console Charles X en citronnier, « oh ! s'exclama-t-il, où avez-vous déniché ce truc-là ? C'est rien bath ! »

Il y avait bien trente ans que personne n'utilisait plus l'adjectif — non plus que ce « foutral » qu'il affectionnait quand il débordait d'enthousiasme : l'argot de Sovorov était un musée... Lui-même, maintenant, avait tout du sépulcre. Quoique reblanchi. Comme ses cheveux étaient tombés, on lui avait fait des implants. Le résultat ne me paraissait pas concluant : le chirurgien ayant regreffé les touffes séparément, comme sur les baigneurs en plastique, on avait l'impression, quand on regardait Sovorov d'en haut (il n'était pas grand), de contempler la photo aérienne d'un potager : une succession de rangs de poireaux... Aussi les derniers temps, pour ses reportages, se faisait-il toujours photographier en contre-plongée — ce qui accentuait sa bedaine, mais donnait plus de naturel à sa chevelure empruntée.

Dans le vieillissement de cet homme qui n'avait aimé que les enfants, je trouvais quelque chose de pathétique. Heureusement, les charters long-courriers restaient bon marché : il devait encore pouvoir satisfaire ses goûts dans ces contrées exotiques où les gamins vivent sur les décharges d'ordures...

— Oh, et vous avez acheté aussi un cartel ? Un Louis XV authentique ! Mazette ! Vous en avez claqué, du fric !

— Thierry et moi avons les moyens, mon petit Aliocha : ne sommes-nous pas de ces jeunes cadres que les Américains appellent des dinkies — « double income, no kids », deux revenus, pas d'enfants ? La voie royale !

— Quand même, si vous gagnez tant de blé, vous devriez en mettre de côté pour vos vieux jours...

Des vieux jours ! Avec la vie que je menais !

« Oui, vous avez raison, Alexis », convins-je malgré tout, bonne fille. « Je pense quelquefois à me ranger... Mais me ranger où ? Voilà la question ! »

Je lui servis un whisky et l'installai avec Wermus dans mon « salon des Masques » dont les murs étaient couverts d'anciens loups vénitiens et de faux nez de la commedia dell'Arte — une collection que j'enrichissais sans arrêt et que notre ami Pieter m'enviait. En remontant pour terminer mon brushing, je croisai Thierry qui redescendait avec une cravate : « Celle d'Alexis est trop rose pour son âge ! Je lui en prête une.

— Pendant que tu es dans les habillages, veux-tu voir ce que fait Laurence ? Pour une fois qu'elle accepte de dîner avec tes amis, je ne voudrais pas qu'elle vienne en jean... Et demande-lui de se laver les cheveux ! »

Quelques minutes après, Saint-Véran entrait dans ma salle de bains, l'air contrarié : « Je ne comprends pas,

Chris, Laurence s'est barrée » (il s'était corrigé de l'argot de Sovorov comme il s'était débarrassé de son homosexualité, mais, sitôt que son tuteur reparaissait, il retombait sous sa coupe : son langage se relâchait et il câlinait Wermus des yeux). « J'ai frappé à sa porte plusieurs fois. Ça ne répond pas. En plus, elle a dû chouraver la clé : c'est fermé... Entre nous, je t'avais bien dit de ne pas l'inviter ! Elle est givrée, cette fille ! Elle s'est taillée sans prévenir. Comme d'habitude ! Tu n'as plus qu'à changer ton plan de table...

— Ce n'est pas une affaire. Dans les ambassades j'ai eu l'occasion de me roder...

— Oui, mais il y aura plus d'hommes que de femmes à ce dîner !

— Et alors ? Ne me dis pas que ça te gêne !... Au pire, d'ailleurs, je pourrais mettre la pianiste à table » (j'avais imaginé, pour donner plus d'originalité à nos dîners, d'inviter de temps en temps de jeunes lauréats du Conservatoire qui, ravis d'exercer leurs talents devant un public si choisi, accompagnaient nos rôtis d'une sonate ou d'une mazurka ; l'ambiance faisait assez piano-bar, ou Farnèse des grands jours, du temps où Maria-Nieves Villosa de Vega demandait à Béatrice de saupoudrer nos petits-fours de ses arpèges). « Non, ce qui m'inquiéterait plutôt dans cette histoire, repris-je, c'est la disparition de Laurence...

— Madame Conan dit qu'elle est restée dans sa chambre à écouter de la musique tout l'après-midi.

— Justement, je me demande bien à quel moment elle est partie... Surtout que je viens de trouver ça sur ma coiffeuse : une enveloppe dans laquelle ta soi-disant “givrée”, ta sans-cœur, m'a glissé un bonnet de douche (en plastique, bon, comme on en trouve dans les hôtels, elle a dû l'avoir en prime avec une laque ou un gel, mais enfin c'est l'intention) et un petit mot. Tiens, lis : “Ce cadeau de rien du tout, pour que ma Christine soit belle, même lorsqu'il n'y a personne pour admirer sa beauté”... Est-ce que ce n'est pas adorable ? En tout cas, on ne dirait jamais la lettre de quelqu'un qui s'apprêtait à me faire faux bond !... Je ne la comprends pas, cette fille. Elle aurait pu me le dire, au moins, qu'elle ne se sentait pas le courage d'affronter ta faune artistique ! Je l'aurais excusée...

— Bien sûr, puisque tu l'excuses toujours ! Votre histoire, ma pauvre Christine, ce n'est plus de l'amour, c'est de la rage !

— Tu insinues quoi, exactement ? Que j'aimerais Laurence comme tu aimes tes zombis des wagons-lits ? Pas de chance, mon petit, mes goûts ne te serviront pas d'alibi : une fois pour toutes, j'ai choisi les hommes. Pas par plaisir, par bravoure : il est tellement plus difficile d'aimer son contraire que son double ! J'ai préféré la "porte étroite"... L'âme doit chevaucher le corps, nom d'un chien ! »

Thierry éclata de rire. Moi aussi. En prédicateur de l'Armée du Salut, j'étais si convaincante... « L'âme doit chevaucher le corps ! Ça, ma chérie, c'est trouvé ! Et pourquoi pas, pendant que tu y es : l'homosexualité n'est pas un péché de chair, mais une faute contre l'esprit ? Ce serait aussi une jolie formule, non ? A nous deux, Chris, nous aurions fait fortune dans la maxime ! Dommage que nos époques troubles ne s'accommodent plus de leur ton de certitude... Ah, tu me plais, tu sais ! Je ne suis pas insensible au côté "bel Aryen" de Wermus, mais je préfère encore ton cynisme, et ta chevelure, mon cœur, ta chevelure "trempée dans le sang des amours"... »

Tout en riant, nous étions revenus devant la porte de Laurence. Je frappai, j'appelai. Aucun mouvement. Je collai mon œil contre la serrure : « Je n'ai pas l'impression que la clé soit à l'intérieur... Où est-ce qu'elle a pu la fourrer ! ?

— Je te dis qu'elle a décampé ! Et elle pique la clé pour que Madame Conan n'aille pas fouiner chez elle !

— Peut-être... A moins qu'elle se soit enfermée pour bouder... Mais, cette fois, je ne vois vraiment pas ce que nous avons pu dire ou faire qui... Et puis, ce mot si gentil sur ma coiffeuse... Bah, tu as raison, elle change d'humeur d'une minute à l'autre. Tant pis... »

Thierry m'aida à accrocher ma robe — une longue jupe en taffetas écossais avec un corselet de velours noir et une grosse ceinture en tissu élastique qu'on devait enrouler deux fois autour de la taille pour enclencher le fermoir. Comme j'avais un peu grossi, il fallait tirer très fort ; je n'y arrivais plus toute seule. Mais quand, à deux, on avait réussi à fermer cette robe étranglée, la silhouette valait la peine ; Thierry siffla d'admiration : « Mais dis donc, tu peux encore te le permettre ! » Le compliment me rappelait un peu le « Chapeau, la vieille ! » dont le grand-duc Wladimir gratifie Madame d'Arpajon à la réception du prince de Guermantes... Mais, oui, « la vieille » pouvait se le « permettre » : si mon ventre n'était plus tout à fait plat, il ne faisait pas encore bedon. Les tailleurs à basques dont la veste dissimule l'abdomen rebondi de la quarantaine, et les jupes plissées qui cachent la fesse en goutte d'eau et la « culotte de cheval », je les laissais à d'autres. Jusqu'à la saison prochaine...

Thierry, conquis par ma ceinture, m'embrassa dans le cou et je fus contente de le laisser faire puisque nous n'irions pas plus loin : nos invités commençaient à arriver. « Ce sont les Bardé, je reconnais la voix de Vincent, j'y vais... Tu sais, Chris, à propos de ta bien-aimée, je pense à une chose : elle a peut-être, tout bêtement, son walkman sur les oreilles. Avec ce son qui arrive droit sur les tympans, on a l'impression d'être enfermé dans un tambour ! Alors, bien sûr, elle ne nous entend pas l'appeler. Mais elle descendra d'elle-même dans un moment... »

— Madame, Madame, appela d'en bas Germaine Conan, c'est Ahmed à l'interphone !

La maison de gardien à l'entrée était reliée à la cuisine par un téléphone intérieur : « Pour ouvrir les huîtres, est-ce que je peux venir maintenant, la patronne ? »

El Kaoui m'appelait tantôt « la patronne », tantôt, avec un rien de malice, « mon Commandant ». Des fonctions que j'exerçais à la Défense il n'avait retenu qu'une chose : certains gradés, qu'il apercevait parfois dans la voiture à mes côtés, m'obéissaient. Comme dans son esprit je ne pouvais avoir atteint un grade plus élevé que le général Beauregard, son dieu, et qu'en outre j'étais une femme, un « cul fendu » comme il disait avec mépris de ses filles, il avait transigé entre l'estime qu'il me portait et les préjugés qu'il gardait en me donnant de temps en temps du « Commandant » — ce qui, chez cet ancien sergent, était déjà la marque d'un vrai respect.

— Merci, Ahmed, venez tout de suite... Dites-moi : avez-vous vu Laurence sortir ?

— Pas quand la grille était fermée, mon Commandant. Mais ji ouvert à sept heures. Pour vos invités. Comme vous aviez demandé. Peut-être qu'il est passé dans le noir sans faire du bruit, Laurence. Moi, je regardais les jeux à la télé, et quand la grille il est ouverte, vous savez !...

Coblentz, emmitouflé dans sa cape de drap noir, était arrivé avec sa jeune femme, une réalisatrice de télévision qui venait de tourner ces « Chouans » dont Thierry avait écrit le scénario. Depuis quatre ans qu'il vivait en ménage, Georges Coblentz avait cessé de publier. Ne pouvant aller plus loin, disait-il, que « cette expérience ultime, ravageuse, qu'a représentée pour moi la gestation d' "Ava" », il s'était laissé tenter par l'audiovisuel. Non ces séries banalisées, ces adaptations, ces feuilletons, sur lesquels avait travaillé Saint-Véran : plus moderne, Georges s'était tourné vers une nouvelle technique — le vidéoclip. Outre-Atlantique on commençait à produire du clip musical, pourquoi pas, ici, du clip littéraire ? C'était, assurait-il, « l'écriture de demain ». Le couple avait consacré son premier essai vidéo à « la Recherche du temps perdu » : en quatre minutes on voyait, pêle-mêle, le Grand Hôtel de Cabourg, le parc Monceau, le bois de Boulogne, une épingle de cravate, un bouquet d'aubépines, et une madeleine, bien sûr ! Comme Noël approchait, des spots publicitaires passaient sur le petit écran pour inciter les ménagères à offrir autour d'elles le chef-d'œuvre de Coblentz : « L'or du sable, de la madeleine, le vermeil des couverts font de cette cassette un magnifique paquet-cadeau pour les fêtes. »

« Ah, mon cher Georges, dit Courseul en se servant un deuxième porto sous notre "Bétonneuse", quelle idée de génie vous avez eue ! Depuis le temps qu'on répétait que la vie est trop courte et Proust trop long... Quatre minutes ! Admirable, admirable !

— Savez-vous, Gilles, que c'est vous qui m'avez inspiré ce type d'approche ? » Sur l'admiration de Courseul, Coblentz savait à quoi s'en tenir et il avait préparé ses munitions : « Mais si ! Chaque fois que je vous voyais dans une émission littéraire en train de promouvoir un de vos livres, je me disais : "Bon Dieu, mais comment fait-il pour être aussi bon ?" Il me semblait toujours, à moi, que présenter un roman à la télévision c'était comme parler d'une musique qu'on n'entendrait pas, d'une peinture qu'on ne verrait jamais... Et puis, en vous observant, j'ai compris : vous ne cherchiez pas à résumer l'action, ni à parler des thèmes, de la composition. Vous focalisiez tout de suite sur un détail. Zoom sur quelque chose qui accroche. Par exemple, "mon roman est bleu et blanc, le blanc de la mouette qui traverse la première page et le bleu du ciel polynésien à la fin"... Comme pour une bonne pub ! Une image et une couleur, si possible un slogan : le tic de langage d'un personnage, un prénom original, un nom de lieu exotique — Zazie à Zanzibar... Imaginons Flaubert sommé de résumer "Madame Bovary" en une minute : s'il avait répondu "c'est l'histoire d'une femme qui trompe son mari", le spectateur écœuré par tant de banalité aurait changé de chaîne. Tandis que vous, vous auriez dit : "Madame Bovary, c'est un fiacre. Un fiacre qui se promène dans les rues de Rouen, rideaux baissés. A l'intérieur, deux amants. Deux amants qui font l'amour sauvagement." Une vision de cinéma : cent mille exemplaires de plus... Bon, pour Flaubert, ce genre de présentation a l'inconvénient d'être un peu réducteur (c'est ce que vous vouliez me laisser entendre à propos de mon Proust, non ?), mais, pour vous, je vous assure qu'on a chaque fois l'essentiel... »

Avant qu'ils n'en viennent à se traiter mutuellement de marchands du Temple et à s'accuser de brader le patrimoine, je les avais séparés. Dans les dîners de Thierry, quand je ne jouais plus à Maria-Nieves, je jouais à Anne de Chérailles : avec une maestria mondaine consommée — qui semblait, comme mes nouveaux meubles, héritée d'une longue lignée — j'entraînai Courseul à l'écart.

« Maintenant que vous êtes directeur de l'INA » (il avait pris la tête de l'Institut National de l'Audiovisuel au moment où, passant lui aussi de la création à la conservation, Saint-Véran acceptait Beaubourg), « nous allons faire des affaires : j'ai dans mes caves, aux Invalides, des archives cinématographiques qui vous intéresseront. Des images inouïes, inédites : à Verdun, l'arrivée du tonneau dans la tranchée, ou "comment l'Etat-Major shootait les poilus". On y voit les héros se jeter sous le robinet, rouler par terre, avec la bénédiction des généraux... J'ai aussi des documents uniques sur la ligne Maginot. Nous pourrions vous organiser une projection privée : j'aimerais que nos deux administrations passent un accord pour l'exploitation...

— Je serais bien surprise que l'armée vous laisse transférer ces archives, dit Sylvia Jacques, la compagne de Courseul. Les militaires sont tellement bornés ! Je me demande comment vous pouvez passer votre temps avec des gens dont tout l'esprit tient dans une poche de la culotte de peau ! »

Fallait-il rire ? Très jeune, et fort à la mode depuis qu'elle avait publié un premier roman généralement encensé, Sylvia était hantée par le désir de paraître originale, d'énoncer chic, de s'exprimer choc. Elle pratiquait la pensée-Perrier : on secoue, on fait « pschitt », et des bulles, des bulles... Sur des pensers antiques faisant des traits nouveaux, elle cherchait sans cesse à relever la conversation de ses saillies : en somme, elle parlait comme elle écrivait, tantôt frisotté (un accroche-cœur au bout de chaque paragraphe), tantôt pointu (un hameçon derrière chaque proposition). Son style était si piquant que son livre avait l'air d'un oursin. J'avais dû le lâcher... « Tu as tort, m'avait expliqué Saint-Véran, elle a un vrai sens de la formule. Mais, bien sûr, sa plume scintille trop : son roman s'autodétruit dans un crépitement d'étincelles... Elle ferait mieux de se tourner vers l'essai, la poésie, la chronique. N'importe quoi qui s'accommode de la dérision, de la distance, du clin d'œil... Le roman, comme l'épopée, exige plus d'élan, plus de naïveté. » Il en savait quelque chose, lui qui avait perdu en même temps l'innocence et l'inspiration.

A propos de l'imbécillité des militaires (opinion qui ne me semblait ni « scintillante », ni « distanciée »), j'aurais pu rembarrer Sylvia, mais je crus sage de me brider : elle assurait depuis six mois la critique de télévision dans un grand hebdomadaire (ce qui lui avait permis de « descendre », toujours en pétillant, la dernière réalisation de Maryse Coblentz) ; Thierry, dont les deux derniers scénarios n'avaient pas encore été diffusés, allait avoir besoin de sa bienveillance, ou de sa neutralité... Comment savoir, du reste, si elle avait voulu m'être désagréable ? Elle pensait à gauche, dînait à droite, écrivait à la fois dans « Minute » et dans « l'Obs » : une vraie Parisienne... Jamais, cependant, un hôte d'Anne de Chérailles n'aurait osé attaquer de front la maîtresse de maison, se moquer aussi ouvertement de son travail, de ses fréquentations ; sans le secours discret d'une grande fortune, la présence, au second plan, d'un pouvoir occulte que ses détracteurs mêmes traitaient avec égards, sans la LM enfin, le rôle de cabaretier de l'intelligentsia exigeait trop de complaisances d'échine. Peut-être n'étais-je plus assez souple ? Ce soir, brusquement, il me fatiguait. J'aurais tout donné pour aller me coucher, « coiffée », comme m'y invitait Sovorov, « d'un bonnet conique de soie »...

Pour me détendre, je décidai de changer de masque ; plus de propositions à Courseul, plus de sourires à Coblentz, d'avis sur l'audiovisuel ou la peinture éphémère : j'allais contrefaire la bourgeoise bébête, Madame Dormanges par exemple — Madame Dormanges faisant visiter son « château » d'Enghien... Aussitôt j'embarquai mon monde pour une visite guidée : Wermus n'avait-il pas demandé à voir le premier étage ? « Quelle bonne idée, avait renchéri Bardé, toutes les fois que vous m'invitez je découvre des pièces nouvelles, des agencements ingénieux, des objets rares ! »

Je ne leur fis grâce de rien, pas même de la chambre d'enfants — ma dernière réalisation, le clou de ma restauration. Une vraie chambre d'enfants : non pas celle, reconstituée, de Clotilde ou de Frédéric, mais la chambre rêvée d'un enfant imaginaire. Avec tout ce qu'il faut pour être heureux : des portraits de famille et des boîtes à musique ; une poupée de porcelaine avec son trousseau, un voilier dans une bouteille ; des draps brodés de petits lapins, des édredons de plume, des chromos pieux, et le parfum d'une maman toute en soie qui viendrait le soir feuilleter un livre d'images, raconter une histoire... Tandis qu'avec politesse nos invités s'extasiaient sur la mousseline et la guipure, les commodes pastel et le vieux lit de cuivre, je songeais que j'avais bâti ce palais de l'enfance innocente, de l'enfance protégée, ce temple du luxe, dans un quartier où les huissiers opéraient cent saisies par mois. « Oh, vous bilez pas, on est rodés, m'avait expliqué quelques jours plus tôt un "cas social" de la cité des Grèves. Avant que la flicaille se ramène, mes gosses déménagent les lampes, les vases, la pendule — on met ça chez les voisins. Y a que les gros meubles : là on y peut rien, ils les emportent ! Mais on peut sauver des petites choses. On se démerde, quoi... Tenez, même l'aquarium, on arrive à le garder : je connais la loi, pour qu'ils puissent l'emmener faudrait qu'il y ait plus de poissons dedans. Alors, comme on a pas de quoi se racheter des poissons, on s'en fait refiler par les gens du sixième. Pour la journée... » J'avais rencontré des « défoncés » qui squattaient les placards à poubelles des immeubles, des vieilles qui avaient « peur dans les couloirs, peur qu'il y en ait "un" qui soit dans le coin, à attendre pour nous attraper... »

Je ne pouvais pas jouer à Madame Dormanges très longtemps, même si pour partager ce jeu-là je ne manquais pas de petits camarades obligeants... A tout prendre, je comprenais mieux mon carreleur, avec ses fresques, promesses de survie jetées sur des ruines : peut-être aurais-je dû jouer à Matteo Mattiole plus souvent ? N'avais-je pas, comme lui, tenté d'aménager une oasis dans un désert ? Peine perdue, puisque ce havre n'était destiné à personne. Sovorov dut aussi se poser cette question de la destination de mon îlot car, au moment où nous regagnions le palier, il me demanda si c'était « pour le môme Alexandre, tout ce tralala ?

— J'ai le nid, répondis-je, laconique, mais je n'ai plus l'oiseau. »

Je me demandais pourquoi il s'intéressait tant à mon fils. Non que je fusse devenue naïve ; mais mon ancien « conducteur de balcons » n'avait pas neuf ans : Alexis n'allait pas les prendre au berceau, tout de même ! En outre, ils ne s'étaient vus qu'une fois. Cependant, Sovorov m'avait demandé la permission de prendre quelques photos du petit aux prochaines vacances : depuis qu'il fréquentait Wermus, le tuteur de Thierry s'était mis lui aussi au cliché d'art — surtout des portraits d'enfants, comme le Révérend Dodgson... S'agissait-il d'une sublimation tardive de ses mauvais instincts, ou d'une nouvelle manière de piéger des victimes moins consentantes ? Il s'agissait de crépuscule, en tout cas... Je me promis, si Alexandre revenait à Evreuil, d'empêcher le « photographe » de le croiser.

Saint-Véran interrompit le cours de ces réflexions maternelles : « Ne t'y trompe pas, Aliocha, la chambre d'enfants n'est faite pour aucun enfant ! Tout est faux ici ! Cette villa, par exemple, n'est pas la maison de Christine : elle est à côté de la maison de Christine. Une espèce de maison bis. Je te l'ai dit, la vraie a été démolie... Et sa famille ? Sa famille entière est d'emprunt ! Comme dans "le Rendez-vous de Senlis" — l'autre, bien sûr, celui d'Anouilh... Elle a loué Ahmed pour le rôle du grand-père, Madame Conan pour celui de la grand-mère. Moi, je joue le petit frère, et Laurence, la sœur... N'est-ce pas, Chris chérie ? Mais tous, nous tenons nos emplois à la perfection ! Mieux que des vrais ! Et elle, en cicérone du faux-semblant — venez visiter mon bonheur, voyez mes amours authentiques —, n'est-elle pas admirable ? »

J'étais habituée à ces accès de clairvoyance, qui ne me

dérangeaient guère. Mais, quand il parla de « ma petite sœur » — dont je n'avais pu montrer la chambre évidemment —, je me souvins qu'il devait traîner dans un tiroir de la cuisine un double de sa clé. Je le chercherais demain pour Madame Conan : quoi qu'en pense Laurence, il fallait faire le ménage ; d'autant que, dès qu'elle avait passé vingt-quatre heures à la maison, la belle chambre de percale ressemblait à un stade de foot après le match : des boîtes de gâteaux vides, des papiers d'esquimaux, des mégots, des sacs plastique, des vieux journaux, des cacahuètes, des verres sales et des vêtements épars, comme oubliés... J'avais beau ne pas être une fanatique du lit au carré, il me prenait parfois envie, après inspection de sa chambrée, de lui infliger « quinze dont huit » !

Tout le monde redescendait en se récriant encore d'admiration sur le papier peint panoramique, imitation dix-huitième, de la cage d'escalier. Je faillis repasser par ma chambre pour changer de robe : ma ceinture de jeune fille me serrait. Mais il était tard, et j'y renonçai : ce soir, quand je me déshabillerais, j'aurais des marques rouges sur le ventre, comme ces vergetures inutiles que portent, jusqu'à leur dernier jour, les mères des enfants mort-nés...

Le dîner avait bien commencé.

Dans la petite antichambre entre le salon et la salle à manger, la pianiste jouait cette « Fantaisie en fa mineur » de Schubert qui semble répondre à une question qu'on ne lui aurait pas posée et fait de l'auditeur un confident indiscret : quelle meilleure invitation aux plaisirs de la conversation ? Quant au plan de table, je l'avais recomposé en me passant de Laurence. Du coup, Tanguy se trouvait à côté de Bardé. C'était amusant car dans la vie aussi ils se faisaient pendant : tous deux travaillaient pour la première chaîne, Richard Tanguy animateur devenu écrivain, Vincent Bardé écrivain devenu animateur. Le premier opérait depuis vingt ans dans la variété généreuse avec « Jour de chance », une émission où, cette année, il recevait de loin en loin des « créatifs » (c'était son mot) : ainsi s'apprêtait-il à accueillir, le mois prochain, notre président de Beaubourg entouré d'une équipe de jeunes « plasticiens » ; ensemble ils offriraient une « cannelure » à une famille nécessiteuse... Bardé, notre seconde vedette, était un spécialiste du culturelo-politique : dans « Questionnaire », il demandait aux hommes politiques leurs goûts musicaux, et aux musiciens leurs goûts politiques. Au départ, bien sûr, sa notoriété n'égalait pas celle de son aîné, ni dans l'audiovisuel ni même — il s'en montrait fort marri — dans la littérature. Les tirages de Richard Tanguy, venu tard à l'écriture, avaient en effet vite rattrapé ses indices d'écoute : il avait commencé, sept ans plus tôt, par une petite brochure de morale positive, « Ça va fort ! », qui avait redopé bien des déprimés ; il avait continué sur sa lancée avec un « On a l'âge de ses artères », non moins tonique, quoique plus ciblé ; et ce n'est que dans le troisième ouvrage qu'il nous avait raconté son enfance, forcément méritante. Un tube ! Je n'ose employer le mot « best-seller » : c'était si peu de la littérature... A partir de là, avec ou sans « nègres », il s'était jeté dans le roman, en suivant un principe simple qu'il exposait lui-même : il racontait sa vie par tranches, « une tranche, un roman ». Il avait ainsi découpé une tranche de sa mère, une tranche dans chacune de ses femmes, et une tranche de son jeune fils. « Un écrivain doit tout dire, avait-il expliqué dans une émission de la chaîne concurrente. Il ne peut rien cacher, quoi qu'il en coûte. » « Même s'il en coûte surtout à ses proches ? » avait demandé le présentateur. « Même ! avait rétorqué Tanguy, impérial. L'art a priorité. Il faut avoir des exigences morales. » Pour l'indice de popularité, ces « exigences morales » le plaçaient loin devant Bardé : il caracolait en tête des hit-parades.

Mais l'autre, longtemps adepte du poétique et de l'imaginaire, avait compris à son tour que, pour assurer le succès d'un livre, il fallait pouvoir jurer que c'était « vécu », poser ses tripes devant les caméras. « Tu vois », disait-il à Thierry dont il regrettait de ne plus rien lire, « il suffit qu'il y ait accord entre la personne de l'auteur — son apparence, sa vie — et ce qu'il écrit... Toi, bien sûr, tu souffres maintenant d'une image brouillée : "la Vie de Giton", tes "Débris", tes dentelles, Sovorov, et les singes du "Divertimento", c'était cohérent. Mais là, les responsabilités administratives, Christine, le giscardisme, la vie bourgeoise... L'ensemble n'est plus homogène, tu piges ? Et ne t'avise surtout pas de faire un mioche par-dessus le marché et de te laisser tirer le portrait en père modèle ! Ton public ne s'y retrouverait plus, tu ne placerais pas un exemplaire !

— Que tu dis, Vincent ! Mais tu n'en sais rien : comme

je n'ai plus le temps d'écrire, on ne peut pas supputer ce que je vendrais... D'ailleurs, regarde mes scénarios. Ils marchent formidablement, mes scénarios !

— Ce n'est pas pareil... Pour un scénario, la promotion se fait sans toi : le scénariste s'efface derrière les images, Coco, tandis qu'un romancier, sa gueule est le support de son bouquin, sa seule illustration. Il est l'image même ! Crois-moi, Thierry : maintenant je suis un vrai pro ! »

« Pro » des médias, il l'était devenu en effet, surtout quand il s'était mis à interroger sur leurs choix culturels des rockers plutôt que des organistes, des acteurs plutôt que des philosophes, des gangsters plutôt que des cardinaux. On lui avait confié une meilleure tranche horaire, et Richard Tanguy, qui occupait encore le créneau du début de soirée, avait senti le vent du boulet : si ses tirages restaient à cent mille au-dessus de ceux du jeune Bardé, son émission n'avait plus que cinq points d'avance — Vincent, moins solennel, habillé de manière décontractée (foulard, chandail), et toujours prêt à dire « flûte » en direct (il faudrait bien attendre cinq ans de plus pour le « merde »), lui grignotait l'audience et lui « pompait l'air ». Certes, Tanguy jouissait toujours dans les provinces d'une popularité de gladiateur, mais il mesura l'ampleur des dégâts quand — la chaîne l'ayant envoyé à Lille, en compagnie de Bardé, pour animer un show de bienfaisance en faveur des mineurs silicosés — il entendit, au milieu des ovations qui saluaient son passage, plusieurs « Vive Bardé ! », « Bravo, Bardé ! ». Il se retourna, superbe, vers son challenger : « Vous avez des amis dans la région ? »

Bientôt, pourtant, il dut se rendre à l'évidence : Bardé avait des amis partout. Lorsqu'une grosse dame s'arrêtait bouche bée sur le trottoir, puis cherchait fébrilement dans son sac à main un bout de papier à faire signer, le créateur de « Jour de chance » n'était plus le seul à pouvoir s'exclamer : « Chère madame, je suis pressé, je vous interdis de me reconnaître ! » Bardé aussi était reconnu, acclamé, harcelé...

Tanguy, vexé, enragea quand ce fut à « Questionnaire » que Mesrine, toujours en cavale, vint — en différé et à la barbe des polices — parler de « ses héroïnes préférées, dans la vie et dans la fiction ». Et sa rage tourna à la paranoïa lorsque le baron Empain, invité par Bardé à nous faire entendre son violoniste favori, finit par évoquer en direct son enlèvement : à l'Audimat, six points de mieux que le « Spécial Mireille Mathieu » de « Jour de chance » !

Blessé, le vieil éléphant chargea : il modifia sa formule, glissa, entre un trapéziste et une loterie, quelques gags culturels (d'où la présence à « Jour de chance » de Thierry et de ses plasticiens), invita des ministres à chanter, des strip-teaseuses à penser... Sa cote remonta. Cette guerre des écoutes, accompagnée d'un bombardement d'échos, menaçait de laisser beaucoup de monde sur le carreau quand Bardé, chaudement appuyé par le patron de sa chaîne, eut un trait de génie : il consacra son « Questionnaire » à Richard Tanguy.

Pendant une heure « l'Ancien » put évoquer ses divorces et ses romans, le couronnement de la reine d'Angleterre, ses rencontres avec De Gaulle, le phrasé de Pavarotti et le toucher de Lili Laskine. Très émouvant. Excellent score : Bardé plus Tanguy à la même heure, sur la même chaîne, et pour le même prix, que vouliez-vous que fissent les chaînes adverses ? Elles plongèrent. Après quoi, Tanguy, bien obligé de rendre sa politesse à son cadet, invita Bardé à « Jour de chance » pour parler de son dernier livre, « les Routes de l'Himalaya », et tirer au sort l'heureux couple qui gagnerait un voyage à Katmandou... L'indice de satisfaction grimpa à 18/20.

Record qui, par ricochet, fit naître sur les plateaux une vraie camaraderie : le jeune et le vieux décidèrent de produire ensemble une nouvelle émission, qui dévoilerait les coulisses des autres émissions. On montrerait les présentateurs au maquillage, les producteurs dans leur famille, les speakerines chez le coiffeur, les journalistes en weekend ; on poserait des questions indiscrètes aux vedettes du « petit écran », on informerait sur la guerre des chaînes, on récompenserait les meilleurs réalisateurs, et on organiserait des débats sur les « talk-shows » — du genre « Pour qui roule Elkabbach ? » ou « Peut-on inviter un ancien SS aux Dossiers de l'Ecran ? ». La télévision enquêterait sur elle-même, le spectacle serait l'objet du spectacle... Cet « Envers-Endroit » marchait déjà fort bien quand les deux complices le complétèrent par une astucieuse série de portraits : « En noir et en couleurs ». Chaque numéro était consacré à une ex, ou une nouvelle, star des studios : ainsi y eut-il, pour illustrer la période du noir et blanc, un portrait de Roger Couderc et un hommage à Léon Zitrone, puis, pour la couleur, un « Toute la lumière » sur Catherine Darc (elle-même présentatrice de la célèbre émission politique « Ces inconnus qui nous gouvernent ») et un « Pleins Feux » sur Maurice Cognard (qui animait le programme « Show chaud »). Au fond, c'était économique : la télévision devenait son propre fournisseur, elle créait les vedettes qu'elle consommerait, inventait les querelles qu'elle apaiserait...

Le jour où ils dînèrent chez moi, Tanguy et Bardé venaient d'avoir une idée plus sensationnelle encore : filmer des téléspectateurs devant leur poste, observer l'effet du petit écran sur leurs relations, entrer dans leur intérieur pour examiner les conséquences d'un viol de leur intimité, puis leur reprojeter les images ainsi tournées en leur demandant de réagir sur leurs réactions... De la télévision au carré.

— Aux Etats-Unis, c'est déjà comme ça, m'expliqua Vincent Bardé. La moitié des gens filme l'autre moitié, qui se regarde...

Quand je les voyais, lui et Tanguy, si entreprenants, si éloquents, si joyeux, leur enthousiasme me rappelait la « cage à miroirs » que mon frère m'avait montrée à Senlis quinze ans plus tôt : enfermés dans une prison dont les parois multipliaient à l'infini leur propre reflet, nos gens d'écran avaient fini par se croire si nombreux qu'ils prenaient leurs gazouillis pour des réponses.

Du moins, leur bonne humeur était-elle communicative : le vin et les huîtres aidant, ils nous exposèrent avec volubilité le projet de cette émission, « Intrusions », qui prendrait le téléspectateur pour sujet ; puis, toujours exubérants, ils amenèrent l'assistance à médire chaleureusement de quelques amis communs : on persifla de concert, et les adversaires d'hier (Georges Coblentz et Gilles Courseul, Maryse et Sylvia) se retrouvèrent un moment unis sur le dos des absents.

Fortier de Leussac fit, le premier, les frais de cette réconciliation : « Depuis vingt ans que ce grand torturé rêvait de devenir ministre, l'y voilà ! » Le décès de Robert Boulin, puis, huit jours après, la mort d'Hugues de Chérailles (un infarctus qui avait — d'une pierre, deux coups — laissé Catherine Darc veuve et propriétaire de cinquante pour cent des actions de « La Ménagère ») avaient en effet libéré des places au gouvernement. Sur ces postes on avait fait glisser deux ministres en exercice, et nommé deux nouveaux aux emplois des anciens. Ainsi le « comte de Leussac » (« ce crucifié qui descend de sa croix de temps en temps pour faire une station chez Lasserre », commenta Coblentz) s'était-il retrouvé secrétaire d'Etat à la Coopération culturelle. Officiellement, il s'agissait de récompenser le ralliement de cet académicien, RPR bon teint, à la cause giscardienne ; mais peut-être le président de la République, mieux informé qu'autrefois des amours de « l'Archange », s'était-il aperçu que, s'il s'agissait de tenir les solidaristes par les dames, mieux valait se rapprocher du père de Nadège Fortier...

Puisqu'en suivant l'itinéraire idéologique de Fortier de Leussac la conversation était passée, elle aussi, de la littérature à la politique, on s'arrêta sur l'affaire Boulin : s'agissait-il d'un suicide ? D'un assassinat ? Quel scandale avait-on voulu étouffer ? On se tourna vers moi. Chacun pensait que, membre du gouvernement, je disposais d'informations confidentielles dont je pourrais faire bénéficier mes amis.

Comme ces ministres laissés pour compte qui, n'étant plus informés de grand-chose, dissimulent leur ignorance derrière les nécessités du secret et, n'ayant plus rien à révéler aux journalistes, s'étendent complaisamment sur les problèmes de leur Conseil général — les « vraies » réalités —, j'aurais pu me retrancher derrière « la vérité du pays », « les actions positives du gouvernement », « les inquiétudes sérieuses du moment » : la montée du chômage, l'imminence d'une intervention soviétique en Afghanistan... Madame Conan, en revenant changer les assiettes, me dispensa de recourir à ce médiocre procédé : on me demandait d'urgence à la cuisine, dit-elle. Ainsi n'aurais-je pas à avouer que je ne savais rien de la mort du ministre des Finances, ni que, si son destin me touchait, c'est que je repensais aux derniers jours de Kahn-Serval. Une confidence aussi sentimentale m'eût fait peu d'honneur. Du reste, qui se souvenait de Renaud ? Sans conviction la pianiste de l'antichambre nous expédiait « Tristesse »...

En emboîtant le pas à la cuisinière j'eus l'air de me dérober aux questions, ce qui confirma auprès de mes hôtes ma réputation de politique avisé.

« C'est encore Ahmed qui téléphone, Madame... Il est retourné à la conciergerie après m'avoir épluché les huîtres... Et, pas sitôt rentré dans sa petite maison, v'là qu'il me rappelle ! L'air chaviré. Paraît qu'il se passe quelque chose dans le parc. Quelque chose de pas catholique... Vous le connaissez, Ahmed : pas le genre de bonhomme à se pendre après une tête de pissenlit ! Pour qu'il panique, faut qu'il y ait du danger... »

Il y avait en effet de quoi s'inquiéter : en quittant la cuisine pour regagner son poste à l'entrée du jardin, dans l'ancien pavillon médical du docteur Lacroix, Ahmed avait vu, de loin, « une bande » qui se faufilait par la grande grille. Evidemment, cette porte n'était pas fermée : lorsqu'une heure plus tôt notre harki était venu aider Germaine, nous attendions encore plusieurs invités. Pour entrer dans le jardin, « la bande » n'avait donc pas eu besoin d'escalader les murs ni de forcer les verrous. « Oh, c'était pas malin, ça, de laisser tout ouvert ! Et à la nuit ! » gémit Madame Conan en entendant le récit d'Ahmed dans l'interphone. « Aurait pas fallu rappeler notre sentinelle ! Surtout pour nous éplucher des huîtres ! Qu'en plus on aurait aussi bien pu leur donner du saumon ! »

Ses lamentations couvraient les chuintements de l'appareil ; je la fis taire.

— Ils sont combien, Ahmed ?

— Je sais pas, mon Commandant. Trois, cinq, pit-être six ?

A la lueur diffuse des lampes de l'impasse il n'avait aperçu que le reflet de leurs blousons cirés ; et puis, des cheveux — orange, verts, violets. « Pas des cheveux de chrétien », me précisa ce bon musulman. Depuis l'allée il avait interpellé ces chevelures menaçantes : « Ho, les gars, là-bas ! Où c'est que vous allez ? »; mais aussitôt les silhouettes s'étaient dissoutes dans l'ombre, avec une sorte de ricanement — peut-être, convint-il, le bruit des feuilles sèches sous leurs pieds...

Quant à savoir si les intrus étaient des « skins », variante récente des « Rockers » et des « Teddys », ou des loubards, Ahmed ne pouvait trancher, bien que la nuance fût de conséquence : « Les loubards, m'avait appris un collégien des Trois-Bœufs, c'est pas des rastas, mais, côté race, c'est quand même plus mélangé que les skins ; et surtout c'est moins méchant — si vous leur donnez tout ce qu'ils demandent, votre fric, vos pompes et votre blouson, ils vous frappent pas... »

Ahmed était rentré à la conciergerie, il avait fermé la grille à double tour pour couper toute retraite à l'ennemi et empêcher l'arrivée de renforts éventuels (« Qu'est-ce qui me dit qu'ils attendent pas des copains ? ») ; puis il avait pris sa lampe de poche, sa carabine, son pistolet et son couteau ; maintenant il partait en chasse. Il ne pourrait plus communiquer avec nous par le téléphone intérieur, mais il nous demandait de brancher le talkie-walkie. A lui seul, il allait « quadriller » le jardin et semblait aussi dangereux, ainsi équipé de pied en cap, qu'une armée en campagne.

— Surtout, Ahmed, ne tirez pas ! Pas sans sommations, du moins !

— Pourquoi qu'il se gênerait ? s'indigna Madame Conan, jusqu'au-boutiste par personne interposée.

— Vous, les femmes, vous bouclez tout de suite les portes de la maison, et tous les volets ! nous intima le sergent El Kaoui. Ji vu, moi, en Algérie, di gens qu'ils avaient pas fermé tous les volets, et que les fellaghas, ils les égorgeaient par surprise !

Fin de la communication : nous n'aurions plus de nouvelles que par le talkie-walkie. Je renvoyai Madame Conan à la salle à manger : abandonnés devant leurs coquilles de Marennes, nos invités devaient se demander ce qui se passait... Pendant qu'elle débarrassait, je me précipitai dans le salon des Masques : aucune porte-fenêtre n'y était fermée à clé ; et il ne fallait plus songer à tirer les volets — en sortant pour décoincer les taquets, je me serais exposée aux coups des agresseurs ; d'ailleurs, si j'entrouvrais ces portes, comment empêcher les rôdeurs d'envahir la maison ? Je donnai donc un simple tour de clé, et fis coulisser quelques rideaux (le tapissier n'en avait livré que la moitié). Au premier étage, la défense était plus facile : personne n'ayant eu le temps de grimper par les gouttières, je pouvais verrouiller les persiennes.

Pas une seconde, évidemment, je ne songeai à mettre en doute le témoignage d'Ahmed — il avait des yeux de lynx : « une bande » traînait bien autour de la maison. Peut-être n'avait-elle pas de mauvaises intentions, mais, dans le cas contraire, une douzaine d'intellectuels des beaux quartiers opposés à cinq ou six caïds d'Evreuil ne feraient pas le poids... J'avais fermé les volets de la plupart des chambres quand, une fois encore, je me heurtai à la porte close de Laurence. En pestant, je redescendis fouiller les tiroirs de la cuisine : du tas de vieilles clés mal étiquetées laissé par les Lacroix, j'en tirai trois, rouillées, qui ressemblaient à celle de l'ancienne chambre de Clotilde. Deux n'entrèrent pas dans la serrure ; je parvins à engager le canon de la troisième, mais il se bloqua à mi-course — pas moyen d'actionner le pêne : « On dirait que l'autre clé est restée à l'intérieur », fis-je à Madame Conan qui, ayant fini de changer les assiettes, était venue me donner un coup de main avant de servir les cailles aux raisins. Elle soupira : « Monsieur Thierry m'a demandé où vous étiez passée, Madame. J'ai pas voulu l'inquiéter, le pauvre homme, j'y ai juste parlé d'un plat cassé... »

Je frappai contre la porte : « Laurence, Laurence, tu es là ? Réponds-moi ! Laurence, je ne t'obligerai pas à venir dîner, mais il faut que je ferme tes volets. Ouvre-moi ! C'est urgent, tu risques de te faire attaquer ! Laurence !

— Vous fatiguez pas, Madame Valbray ! Votre clé, c'est sûrement pas la bonne. Je sais même pas s'il y en avait un double... Et puis votre Laurence, je parie qu'il y a longtemps qu'elle a filé. Si ça se trouve, pendant que vous vous rongez, elle rignoche, elle traînasse, elle counille... Peut-être même, justement, avec la bande du jardin ! Ça m'a tout l'air du genre d'oiseaux qu'elle fréquente... Si c'est pas malheureux ! »

Je redescendis. La maison restait vulnérable de tous côtés — presque toutes les fenêtres du rez-de-chaussée pouvaient être brisées, et la chambre de Laurence au premier, avec ses persiennes grandes ouvertes, constituait plus qu'un accès facile : une incitation au viol. La salle à manger, en revanche, me parut calme et même gaie ; mes hôtes, tout en désossant leurs cailles, disséquaient l'actualité. On parlait de la radicalisation de Chirac, du refus des députés RPR de voter le budget (les solidaristes, eux, l'avaient voté) ; on parlait surtout des « diamants ».

Six semaines plus tôt, « le Canard enchaîné » avait affirmé que le président de la République avait reçu de l'ex-empereur du Centre-Afrique, Bokassa Ier, pour prix de l'aide que la France lui accordait, plusieurs diamants de grande valeur qu'il n'avait remis ni à des œuvres ni à des musées. Le journal ajoutait que les archives centrafricaines, qui gardaient une trace de ces présents compromettants, venaient d'être transférées à l'ambassade de France à Bangui... Tous les médias s'étaient emparés de l'affaire — sauf « la Vérité » qui, depuis qu'elle était discrètement pilotée par la « Fervacques and Spear », évitait d'en rajouter dans l'antigiscardisme : pourquoi « l'Archange » aurait-il donné le coup de pied de l'âne au lion vieilli ? Il suffisait de le laisser mourir : l'interview du Président la veille, à la télévision, menée avec mordant par le nouveau directeur de « la Presse », Henri Dormanges, avait affligé jusqu'aux inconditionnels de la majorité — Giscard ne s'était-il pas borné, avec l'espérance candide d'un Louis XVI retour de Varennes, à opposer, « quant à la valeur des cadeaux qu'il aurait reçus, un démenti catégorique et méprisant » ?

— S'il croit, pépère, qu'avec sa gueule de fer à repasser il va retourner les esprits en leur infligeant ses mépris, il se fourre le doigt dans l'œil jusqu'à l'omoplate ! s'exclama Alexis Sovorov. Il faudrait peut-être qu'il démente les faits, et pas seulement « la valeur » — « Non, M'sieur, j'en ai pas piqué pour trois millions, j'en ai gratté que pour deux et demi ! » Un démenti de cet acabit, quel aveu, messeigneurs ! Le sire de Chamalières est foutu, et, en 81, Fervacques va cartonner balèze !

C'était l'avis général : ces « affaires » faisaient le lit de Fervacques. Le lit de Fervacques...

— Absolument. « L'Archange » a le vent en poupe : avec son échec aux Européennes et son Appel de Cochin, Chirac lui avait fait de la place ; et voilà maintenant que c'est Giscard qui se pousse ! renchérit Bardé. Des primaires dans un fauteuil !... Encore heureux qu'à gauche on ait Rocard pour le contrer !

— Rocard ? Mais il ne sera pas candidat, mon vieux ! objecta Coblentz. Au dernier congrès, Mitterrand a fait 47 % des voix.

— Ça n'empêchera pas Rocard d'être candidat à la candidature : vous avez vu sa cote dans les sondages ? Il creuse l'écart ! Les socialistes ne sont pas fous : je vous fiche mon billet que nous aurons un duel Rocard-Fervacques... Du reste, je ne sais pas si vous avez remarqué, mais ils ont un point commun, nos deux arcandiers : moins on les voit, plus ils sont populaires !

Il devait craindre que ces politiciens-là ne lui retirent le pain de la bouche.

— Fervacques et Rocard ont peut-être des stratégies

similaires, il paraît d'ailleurs qu'ils ont le même conseiller en communication, coupa Sylvia Jacques. Mais, si vous voulez mon avis, c'est encore avec Giscard que le beau Charles présente le plus d'analogies...

Et la voilà partie sur les amours de l'un et les liaisons de l'autre : si le Président ne rendait pas les diamants, c'est qu'il les avait donnés à une dame de ses amies et qu'un homme galant ne reprend pas les cadeaux qu'il a faits... Quant à Fervacques, il était, poursuivit-elle, très amoureux d'une jeune fille qui lui tenait la dragée haute. « Je ne vous dévoilerai pas le nom de l'heureuse élue, mais, le soir où il a commencé à lui faire la cour — vous savez comme il est pressant ! —, la gamine a bien amusé l'assistance en lui jetant à la figure : "Mon printemps vous amuse, Monsieur le Ministre, mais j'ai déjà deviné que vous étiez un homme des quatre saisons !" »

Quatre, n'exagérons rien : une et demie, tout au plus...

J'avais pris un air distant : mes fonctions m'interdisaient de participer à une conversation qui mettait en cause le chef de l'Etat et le leader de mon parti... Heureusement, car j'aurais pleuré. La manière dont les salons raillaient la frivolité d'un homme que j'avais aimé, le ridicule qu'il se donnait aux yeux de tous, et la certitude que, malgré mon dégoût, je le chérissais encore jusque dans cette légèreté, me soulevaient le cœur. Je ne quittais plus des yeux les hautes fenêtres sombres, sans volets ni rideaux, de la pièce où nous dînions : d'un instant à l'autre, j'espérais voir surgir, derrière la vitre, le visage des « pirates ». Détaché sur la nuit noire comme le masque illuminé d'un sanglant Halloween...

« Je vous trouve bien silencieuse, murmura Courseul en se penchant vers moi. Il est vrai que, dans votre position, on vous imagine mal choisissant entre V.G.E. et "l'Archange" ! Mais, au train où vont les choses, combien de temps parviendrez-vous à garder cette double fidélité ? » Il ignorait que j'étais rompue à cet exercice depuis l'enfance, perpétuellement écartelée entre des allégeances opposées, divisée contre moi-même... « Ne prenez pas ma question pour un reproche. Au contraire ! Je serai charmé de ce gouvernement aussi longtemps que vous y participerez. Tant que la politique française aura votre regard rêveur et votre silhouette » (ici, une longue caresse muette qui glissa de mes épaules jusqu'à la ceinture qui m'étranglait),

« tant que nos “choix de société” auront votre sourire et vos lèvres, soyez sûre, Christine, qu'ils me feront vibrer », et il posa sa main sur ma main, comme pour tester, en passant, une autre fidélité...

J'attribuai ce soudain épanchement à un excès de boisson plutôt qu'à un débordement de sentiments : comme je l'avais dit à Caro, les hommes hardis au point de courtiser une femme publique (de celles qu'on ramasse sur les tribunes plutôt que sur les trottoirs) n'étaient pas légion. En revanche j'avais noté, en passant par la cuisine pour y chercher la clé de Laurence, qu'à onze nous avions déjà bu cinq bouteilles pour accompagner l'entrée. Combien de « cadavres » d'ici le dessert ? Cet alcoolisme mondain, qui avait contaminé nos aînés, mais dont les sociologues nous avaient assuré qu'il épargnerait les enfants du baby-boom élevés au jus de pomme et au lait Nestlé, nous rattrapait un par un à mesure que, la trentaine franchie, nous glissions sur l'autre versant de la vie. Comment se rappeler sans amusement le temps où l'on nous présentait comme « les enfants de Marx et du Coca-Cola » ? Nous avions largué Marx et commencions à laisser tomber le Coca-Cola...

Me tirant d'un mauvais pas et d'une méditation morose, Madame Conan vint m'avertir qu'elle avait de nouveau Ahmed, « au talkie-walkie ». Richard Tanguy, qui, pour parler comme Sovorov, « avait déjà son plumet », s'esclaffa : « Et rebelote, voilà notre ministre qui s'esquive ! Chaque fois que nous parlons d'une vilaine affaire, elle court aux fourneaux !... Si jeune, et déjà tant de métier ! »

Dans le jardin, la situation se précisait. En peu de mots — rauque chuchotis dans le talkie-walkie (il craignait d'être en vue de l'ennemi) —, Ahmed m'apprit qu'il « les » avait retrouvés. « Ils » étaient cachés dans la serre, à l'autre bout du parc : l'un d'eux avait allumé un briquet. D'arbre en arbre, Ahmed s'était rapproché ; mais au moment où il espérait saisir ce qu'ils disaient, les voir de plus près, ils étaient ressortis, se dirigeant brusquement vers la cabane à outils ; il les avait entendus fourrager dans le matériel — ils avaient dû s'emparer d'un ou deux manches de pioche. Puis, de nouveau, ils s'étaient enfoncés dans l'ombre ; ils tournaient autour de la maison ; Ahmed les suivait de loin ; il avait pu les compter : ils étaient cinq.

« Baraqués, mon Commandant. Très, très grands. Presque des géants. Deux Noirs et trois Blancs. » Sur cette proportion, toutefois, Ahmed n'était pas formel : la nuit, beaucoup de Blancs sont gris...

Un dernier grésillement dans l'appareil : « Y a encore plein de volets ouverts en bas, la patronne. Mais, maintenant, les fermez pas ! Touchez surtout plus aux portes, plus aux fenêtres ! Ils approchent, ils sont là... »

Quand je me rassis près de Gilles Courseul, je le considérai avec autant de curiosité qu'autrefois, dans les avions, les voisins que le hasard me donnait : allais-je mourir à ses côtés ?

Les souvenirs m'envahissaient : le viol d'« Orange Mécanique », l'assassinat de Sharon Tate, la maison forcée, les hommes attachés, les femmes éventrées, le sang sur les murs... Combien les quatre ou cinq fous de « la bande à Manson » avaient-ils tué de pacifiques dîneurs hollywoodiens ? Sept ou huit. Les agresseurs, en tout cas, étaient moins nombreux que leurs victimes : l'effet de surprise avait joué en leur faveur, mais aussi la supériorité des barbares sur les civilisés, de la cruauté sur la pitié, de la démence sur la raison — dans les camps de la mort, les SS n'étaient-ils pas minoritaires ? Ce soir, pourtant, les sauvages en goguette ne me prendraient pas au dépourvu, je leur vendrais ma peau plus cher qu'elle ne valait : j'avais glissé dans la poche de ma jupe mon « coup-de-poing américain » et caché dans un pot de fleurs l'Opinel conquis un an auparavant sur le drogué de l'impasse.

Courseul me sourit, d'un sourire plein de mélancolie : finalement, il n'avait pas le vin si gai. Tant mieux : avec ses tempes grisonnantes, ses traits doux et ses yeux battus, il ferait un compagnon de mort très convenable. Comme s'il avait deviné ma pensée (mais peut-être s'était-il seulement imaginé que ses galanteries me faisaient fuir ?), il soupira : « Je n'ai pas de chance... Je suis une sorte de Midas à l'envers : tout ce que je touche devient plomb !

— Comment pouvez-vous dire une chose pareille ? Votre style est la grâce même ! »

Si nous survivions — il fallait envisager toutes les hypothèses —, un « small talk » sur les tendances de la littérature serait moins préjudiciable à ma carrière qu'un débat de politique intérieure... Du reste, je trouvais les romans de Gilles charmants ; certes, il était d'un naturel indolent et nous jouait toujours la même « petite musique », quand ma nature, plus « Damnation de Faust » que « Clair de lune », me portait davantage vers la grosse caisse ; comme lecteur, néanmoins, je préférais périr au son de ses accents nonchalants, plutôt qu'étouffée dans la cape de Coblentz ou découpée en tranches saignantes par Tanguy...

« Non, fit Courseul en secouant la tête. Je n'aime rien de ce que j'ai écrit. Mon style est daté. Il fait trop années soixante. Même si j'ai eu la sagesse de ne pas m'enliser dans le nouveau roman ! » Regard ironique vers Coblentz. « Vous comprenez, j'écris juxtaposé. Sous prétexte d'exprimer un monde atomisé, j'ai évité les phrases. Résultat : du hachis. Peu de conjonctions, pas de relatifs. Vous voyez le genre : "L'homme était là (point) Debout (point) Dans un manteau vert (point) Un loden (point) Il avait un chien (point) En laisse (point) Il se retourna (point) Me regarda (point), etc., etc." J'ai aussi beaucoup abusé de l'infinitif, ce temps sans sujet, et du participe présent, sous prétexte qu'ils donnaient une impression d'inaccomplissement, d'aliénation... Oh, bien sûr, je ne dis pas que, grâce à ces procédés, je ne sois pas parvenu à traduire quelque chose de mon époque : son morcellement, notre solitude. Mais j'ai vieilli, mon époque a changé. Le temps n'est plus à l'incommunicabilité... Au contraire », dit-il en se tournant à demi vers Tanguy et Bardé, « on n'a jamais tant communiqué ! L'heure est au flash, à l'éclat, au tapage : le retour du paradoxe et des guiches, l'étourdissement des fins de siècle, la dernière valse avant la chute. Le désarroi se porte pailleté... J'ai beau être télégénique — comme me le reproche notre ami Coblentz ! —, si je pouvais je rachèterais tous mes livres pour les brûler ! Aujourd'hui, c'est Sylvia qui est dans le vrai... »

Sa petite amie n'avait pas peur des phrases, en effet. Même si, pour le tape-à-l'œil, elle préférait ses éclats à ceux des autres et n'était, en fait de bruit, que celui qu'elle faisait : tout en reprenant de la salade (soutenue par quarante ans de métier, Madame Conan continuait, tant bien que mal, d'assurer le service, un couteau à découper dissimulé sous sa bavette de dentelle), elle se moquait de l'art spectaculaire que Tanguy défendait, et raillait les femmes peintes de Kolinsky, les « happenings » de Stuart Michels, « vous verrez qu'un jour vos "plasticiens" emballeront le mont Blanc, signeront le Pont-Neuf, et estampilleront la tour Eiffel ! »; elle se moquait du vieux Moreau-Bailly qui, depuis qu'il avait perdu « la Presse », n'avait retrouvé qu'une petite rubrique littéraire dans « la Gazette des Arts » mais n'en finissait pas moins à l'Académie — « quand il analyse un livre des Quarante, il écrit sans chichis : sujet-verbe-compliment ! » Elle se moquait du trop célèbre Valade qui avait prétendu devant les caméras de Bardé que « l'art n'existe que par l'obsession » : « Il veut justifier ses dix ans d'éraillures, pardi ! » Courseul, qui lui aussi avait creusé toujours plus profond le même sillon, accusa le coup : il eut un mouvement de recul, comme s'il avait marché sur un scorpion... Mais déjà son effervescente compagne, insoucieuse de l'effet produit, était « repartie », se gaussant de Jimmy Carter (« ce marchand de cacahuètes », incapable de sortir d'Iran les otages de son ambassade), de Giscard (« qui parle du changement comme les vieillards parlent des petites filles »), de Chirac (« Oh, dis, chéri, oh, joue-moi-z-en, de la trompette ! »), de Fervacques (« l'élu des gagas, le candidat des gogos »), et de Catherine Darc (« Veuve Chérailles, née Balmondière : blasons et quartiers de noblesse... Mais à son âge, la pauvre, il s'agit moins de quartiers que d'abats ! »). Dans la foulée elle s'en prit aussi à Pierre Boulez, à Sakharov, et même à Mère Térésa, qui venait de décrocher le Nobel de la Paix. Bref, comme moi autrefois, elle tournait tout en dérision, sauf, faiblesse de la jeunesse, sa propre allure. La mode était, à ses yeux, plus qu'une valeur : une vertu. Dandy de la tête aux pieds, elle avait l'air d'une reproduction, modèle luxe, des déchets de la Peupleraie : mêmes cheveux fluos mais teints par Jacques Dessange, mêmes épingles à nourrice mais en or blanc, même perfecto mais poinçonné d'une grande maison du Faubourg Saint-Honoré.

Jusque dans son accoutrement, elle pétillait, elle moussait — franchement acide, résolument fruit vert. Comparant nos toilettes, comme Courseul tout à l'heure avait comparé leurs deux écritures, je songeai aux modes que j'avais moi-même suivies à vingt ans : les minijupes, les chignons torsadés dont chaque mèche était si crêpée qu'elle semblait postiche, les faux cils, les faux ongles... Mais, si je mesurais aujourd'hui le ridicule de ces vogues anciennes, je ne croyais pas malheureusement que l'élégance consistât à s'écarter des tendances et à mépriser les courants. Au contraire, si le bon genre, c'est la discrétion, il n'y avait de chic que la mode du jour — la seule qui permît de se fondre ton sur ton, de rentrer dans le rang. Pour moi, il était trop tard : pas plus que Courseul ne pouvait changer d'écriture tous les dix ans, je ne pouvais m'habiller en débraillé, me déguiser à la Sylvia Jacques. Mon heure était passée. Bon gré mal gré, je devais rester fidèle aux modes d'hier, quitte à les épurer : j'étais vouée aux cheveux longs et aux ceintures larges, comme Courseul aux notations brèves et aux infinitifs patinés. C'était « notre style » — celui de la quarantaine... Il était tard, tard, tard. La pianiste, qu'une assiette de canapés et un verre de champagne avaient revigorée, attaquait allegretto le troisième mouvement d'une sonate haletante, déchaînée : « la Tempête ». Mais les grandes fenêtres de la salle à manger restaient noires, désespérément vides.

Un souffle aurait pourtant suffi à emporter ma maison de paille : au salon, quatre portes fragiles ; à la cuisine, quinze bouteilles vides ; et dans la salle à manger, onze convives éméchés...

Pieter Wermus, riant trop fort, s'apprêtait à accepter la proposition de Maryse Coblentz : elle le filmerait en train de photographier ses châteaux. Tanguy et Bardé, non moins excités par le Mouton-Rothschild, envisageaient soudain de consacrer une émission spéciale au « retour du spiritisme » — les tables tournantes, les verres parleurs : « Christine, vous avez bien un guéridon ? »

Peut-être moins saouls qu'il n'y paraissait, sentaient-ils déjà la mort rôder ? J'attendis une phrase édifiante de Sovorov : l'au-delà, c'était un de ses dadas. Mais il semblait distrait : en vieillissant il devenait moins attentif aux autres, moins curieux, et surtout moins tolérant. Non qu'il coupât les discours qui l'énervaient, mais il ne les écoutait plus. Du reste, il avait toujours préféré le monologue au dialogue... Agacé de ne pouvoir reprendre la parole à Sylvia Jacques ou à Bardé, il feignait de vouloir entendre la pianiste : l'euphorie de la table l'en empêchait. Aussi, le front plissé, la lèvre crispée, tout son visage exprimait-il la souffrance ; et chaque fois que Sylvia faisait de l'esprit, il soupirait à petits coups, comme s'il soufflait sur une brûlure.

« De toute façon, poursuivit Courseul en se resservant un peu de vin, avec l'INA je n'aurai plus beaucoup le temps d'écrire... Oui, je sais ce que vous allez me dire : "comme Jerry" ! » Gilles, au moins, ne se dorait pas la pilule. « En effet. Peut-être même suis-je, à cet égard, plus lucide que votre amoureux transi... Moins carriériste aussi. » La remarque me frappa : il y avait longtemps qu'on ne m'avait présenté mon compagnon sous ce jour-là. « Mais je ne suis pas, non plus, moitié si doué qu'il l'est ! Saint-Véran est un talent d'exception. Croyez-moi : j'appartiens à assez de jurys littéraires pour pouvoir comparer ! Actuellement, c'est vrai, quelque chose le gêne » (il n'osait dire « quelqu'un »), « mais il saura se ressourcer, redémarrer. Il suffit parfois de si peu — un déclic, un choc... »

Ces paroles me firent songer aux derniers aveux de Jerry lui-même : il se plaignait de ne plus pouvoir chanter. Souvent il se fredonnait intérieurement une des mélodies favorites de Sovorov, mais, sitôt qu'il ouvrait la bouche pour m'en redonner le ton, m'en faire partager le plaisir, il ne tirait de sa gorge que des sons éraillés, grinçants — une suite de couacs où je ne pouvais reconnaître aucun air, rien identifier de ce qu'il tentait de reproduire. « J'ai trop fumé, m'expliquait-il, accablé. Et pourtant je le connais parfaitement, ce morceau-là ! Je l'entends, tu sais. Je l'entends juste, mais je le rends faux... Exactement comme quand j'écris », précisait-il, au désespoir. « Dans la journée pendant que je préside des réunions et que j'inaugure des expositions, ou bien le soir juste avant de m'endormir, il me vient encore des phrases superbes, des développements admirables, dont je perçois précisément l'intonation, la cadence, la coulée. Mais dès que je reprends la plume pour essayer de traduire en mots ces mouvements si harmonieux, ces impressions originales, dès que je m'efforce de retranscrire ma mélopée sur le papier, ça ne ressemble plus à rien. Rien de ce que je voulais dire, rien de ce que j'entendais. J'entends juste, mais depuis trois ans j'écris faux... »

Tout à l'heure, me promis-je, je lui dirais, pour l'encourager, qu'à en croire Gilles Courseul, cet orthophoniste de l'écriture, un choc suffirait à lui rendre la voix : comme en littérature on a, d'ordinaire, plus de rivaux que d'amis, Thierry ne manquerait pas d'être sensible à cette indulgente prédiction...

A moins, bien sûr, que je n'aie pas le temps de lui en faire part : cette émotion qui rendait la parole aux muets, peut-être allait-il la connaître plus tôt que nous ne l'imaginions ?

Quand une bande de drogués déshabilleraient Sylvia Jacques et se tailleraient un bifteck dans la bedaine de Sovorov, quand des punks « défoncés » partageraient les bijoux de Madame Tanguy et se disputeraient nos abattis, notre auteur ne l'éprouverait-il pas, son traumatisme salvateur ? S'il survivait au massacre, quel beau livre il écrirait ! Comme nos agonies feraient de jolies phrases ! Les romanciers sont des vampires : le sang des autres lui rendrait la santé.

Malheureusement, on ne voyait toujours rien aux fenêtres. Qu'une nuit épaisse et mate, qui collait aux carreaux comme une mauvaise peinture. Une vraie nuit de défense passive et de couvre-feu. Nuit d'attente, nuit sans actes.

Je m'éclipsai pour rappeler mon harki sur le talkie-walkie.

Il avait perdu l'ennemi. La bande avait traîné un moment du côté de l'ancien verger, Ahmed pensait qu'ils avaient touché aux échelles ; puis les cinq « tueurs » s'étaient séparés. El Kaoui avait cru suivre le gros de la troupe mais s'était bientôt retrouvé derrière un seul « brigand » qui l'entraînait vers le fond du parc — la diversion classique, un coup que les fellaghas lui avaient déjà fait dans les Aurès, en 59 ! Aussi ne s'était-il pas laissé duper : persuadé que les quatre autres avaient pris une échelle, il revenait maintenant vers la maison.

Immobiles devant le plateau de fromages, nous suivions pas à pas, Madame Conan et moi, la lente progression d'Ahmed qui crapahutait entre les massifs de buis et les allées de rhododendrons. « Ça y est, je li vois. Ils sont là... C'est eux ! Oh, le grand rouge !... Oh, attention, la patronne, attention ! Oh ! »

A cet instant la communication fut coupée — soit qu'Ahmed eût été attaqué par-derrière, soit que, dans l'émotion de la découverte, il eût lâché le talkie-walkie. Je tentai de le rappeler, sans rien obtenir qu'un crachouillis, un crépitement régulier qui rappelait le tir d'une mitraillette... « Ils ont liquidé Ahmed », dit Germaine Conan aussi blanche que son tablier. « Il faut prévenir la police. »

Le commissariat d'Evreuil n'avait pas la réputation de

courir au-devant du danger ; on peut même dire que, tels les carabiniers de la chanson, « par un malheureux-z-hasard » les policiers de cette brigade arrivaient toujours trop tard ! Mais comme ils avaient encore plus peur de se faire taper sur les doigts que sur le crâne, pour moi ils se dépêcheraient...

Je décrochai le téléphone pour composer le 17, mais j'eus beau secouer l'appareil, je dus me rendre à l'évidence : il n'y avait plus de tonalité. « Germaine, le téléphone est coupé ! »

Voilà donc pourquoi « ils » avaient besoin d'une échelle ! Et maintenant qu'ils avaient l'échelle... Madame Conan s'affala sur une chaise : elle n'avait plus le courage de présenter les fromages.

« La petite, Germaine ! Ils sont en train de passer par sa chambre ! » En une seconde je fus sur le palier d'en haut : « Laurence, ouvre-moi ! Laurence, je t'en prie ! » Je collai mon œil au trou de la serrure : à l'intérieur tout semblait noir. Ou bien la pièce était vide, plongée dans l'obscurité ; ou bien la clé se trouvait à l'intérieur, et Laurence aussi, endormie avec son walkman sur les oreilles. Si les loubards forçaient sa fenêtre...

Plus moyen d'ailleurs de se dissimuler la gravité de la situation : nous étions assiégés. Sans possibilité de secours extérieur. Quant aux intentions des intrus... Même un inconscient aurait trouvé impressionnant qu'ils eussent supprimé la ligne avant toute « intervention » ! A moins... A moins, songeai-je, qu'Ahmed, lorsqu'il se trouvait encore à la conciergerie, n'eût mal raccroché le téléphone intérieur, nous coupant ainsi du réseau ? Deux ou trois fois dans le passé, il avait eu de ces distractions-là.

Décidément, Thierry avait raison : j'avais l'espérance chevillée au corps et du tonus à revendre ! Non seulement j'avais du mal à me persuader qu'une situation était désespérée, mais, dès que j'y étais parvenue, je me trouvais une nouvelle raison de me démener : la beauté de l'inutile, l'élégance du désespoir, que sais-je ? Quand je ne me battais plus, je me débattais... Lentement, je redescendis l'escalier, en réprimant les battements d'un cœur dont je ne savais plus ce qui l'agitait : la peur ou la joie, la crainte — ou l'appétit du danger. Quelque chose comme un départ de course, en tout cas.

Laissant Madame Conan entre un téléphone muet et un

talkie-walkie qui crachotait en morse, je pris le plateau de fromages et marchai bravement vers « la Tempête » et la salle à manger : la vie est un sport violent... Un coup frappé à la porte-fenêtre du salon m'obligea à me retourner : derrière la vitre, « ils » étaient là.

Cinq visages plaqués au carreau, aussi patibulaires qu'on pouvait le souhaiter. Le crâne rasé sur les côtés, mais une grande queue de cheval au sommet, genre Dernier des Mohicans. Un collier de lames de rasoir autour du cou. Un anneau dans l'oreille. Et pour compléter la panoplie, le plus grand — qui arborait une crête sang-de-bœuf (« le rouge », « un géant », avait dit Ahmed) — offrait à la vue une joue virilement balafrée... Le pire, cependant, c'étaient leurs regards : inexpressifs, aussi vides que ceux des « créatures » de Kolinski. Des regards si dépourvus de profondeur, si lisses qu'on y distinguait son reflet.

Dans ces yeux qui miroitaient comme la lame d'un couteau, je me vis telle que je leur apparaissais : une dame très « dame » en longue robe de taffetas écossais, debout devant une console en citronnier, avec un plateau de fromages sur les bras... En fait de « sport violent », une bourgeoise ridicule et désarmée ! Il fallait se décider vite pourtant, réagir avec naturel puisqu'on n'éviterait plus l'affrontement — il leur aurait été tellement facile, si j'avais fait mine de résister, de casser une vitre ou d'enfoncer la porte ! Sans lâcher mes fromages, dont je semblais me faire un rempart dérisoire, je leur ouvris : « Qu'est-ce que vous voulez ? » Je me doutais bien qu'ils n'allaient pas me répondre : « Un quart de Brie et un petit bout de Belle des Champs... »

Le « rouge » entrouvrit son blouson, glissa la main dans cette entrebâillure pour sortir quelque chose de sa poche intérieure — un poignard, un revolver ?

Non, un morceau de papier, sali, plié en quatre, qu'il me tendit avec timidité : « Ben voilà... On était dans votre rue. En train de glander, quoi... On se faisait chier. Le vendredi soir, y a rien à branler dans cette ville de merde. C'est nul ! Et puis, on a vu les gens arriver. Rien que des mecs qu'on connaissait. Et la petite meuf aussi, hein, Farid ? On les a tous vus à la télé... Tanguy, Bardé... Alors on s'est dit comme ça : des fois qu'ils voudraient signer leur nom sur un papier, ça serait canon ! » De chaque côté du colosse, les deux Blancs et les deux Noirs approuvaient, en hochant la tête avec gravité. « Seulement y a votre concierge, là, le vieux, qui s'est mis à nous faire des emmerdes... Un vrai keuf, ce mec ! Avec un flingue, en plus ! Non mais, il nous prend pour qui ? On cherche pas la baston ! Complètement pété, ce mec ! Ça fait que, du coup, nous, on a eu les boules... On flippait. On était plus sûrs qu'on pouvait...

— Ne me dites pas, Messieurs, que quelqu'un a voulu vous empêcher d'entrer ? J'en serais navrée. Une petite signature, c'est si naturel, voyons ! Nos vedettes sont en train de dîner. Si vous voulez me suivre... Vous êtes de la Peupleraie ?

— Ouais, de la Peupleraie... Vous connaissez ? La galère, hein ! Pourri, Madame, ce quartier il est pourri... »

Ils entraient dans le salon l'un derrière l'autre en s'essuyant poliment les pieds. Le géant rouge s'empara de mes fromages : « Donnez, c'est trop lourd, je vais vous les porter... »

Nous fîmes une arrivée sensationnelle dans la salle à manger : un moment interloqués par l'allure de mes cinq compagnons, nos hôtes ne tardèrent pas à trouver l'intermède charmant — ne venaient-ils pas à Evreuil précisément pour « aller au peuple », se mêler à cette faune si pittoresque, éprouver des sensations fortes ? Et puis on est toujours content de vérifier qu'on est populaire, aimé dans la zone comme dans la Sarthe, chéri des routards comme des bergers. Tandis que le papier circulait de célébrité en célébrité (personne n'osa empêcher Sovorov, ravi, de signer aussi), j'essayais de considérer les dîneurs en oubliant ce que je savais d'eux, de les regarder avec autant de naïveté que nos visiteurs les voyaient, et je m'aperçus que, si je ne les avais pas connus, je les aurais reconnus : tous travaillaient dans l'audiovisuel, producteurs, réalisateurs, scénaristes, animateurs, critiques ou directeurs. Même Thierry — celui dont le visage était peut-être le moins familier aux téléspectateurs — pouvait se targuer de plusieurs reportages dans les journaux spécialisés, sans compter la fameuse couverture de « Votre Journal Télé »... Massés au bout de la table, dans l'attitude respectueuse de paysans bretons en visite au château (il ne leur manquait que le chapeau rond), les jeunes gens attendaient les autographes illustres. En vieux routier, Richard Tanguy avait même des photos sur lui : il dédicaça son portrait à chacun des punks, enchantés de ce bonus imprévu — « pour le prix d'un paquet, je vous en donne deux »...

Ensuite, tandis que nos vedettes, remises en appétit par cette irruption de la jeunesse dangereuse, attaquaient à belles dents le camembert et le gouvernement Barre — qui, assurément, ne passerait pas l'hiver —, je raccompagnai leurs admirateurs anonymes vers la sortie. Sur le pas de la porte le géant se retourna une dernière fois :

« Ce mec-là, dit-il en désignant Coblentz du doigt, il est bien chanteur ?

— Euh... Il a fait un clip sur Proust.

— Ben, tu vois, Farid, ce que je te disais : il fait des clips, ce mec ! » Ses yeux s'animèrent : « Les "Sex Pistols" et "Téléphone", je suis sûr que c'était lui aussi... Voyez, Madame, ce qui serait super, comme plan, c'est que vous demandiez à votre copain d'écouter Farid : il chante du funky avec les "Wonder Juniors" et les "Fils d'Allah", des groupes des Trois-Bœufs. Et le rythme qu'il a, je vous dis pas ! Faut le voir smurfer ! Et le reggae, alors là ! Une bête, une vraie bête... » Ce devait être un éloge. « Alors, si quelqu'un l'aidait, ça serait génial : un bon clip, et il éclaterait ! Un artiste comme lui, je vous jure que dans le coin y en a pas deux !

— Mais bien sûr ! Un clip, pourquoi pas ? Après ça, à son tour notre ami Farid pourrait signer...

— Oh ça, question signatures, il signe déjà ! Dans le RER ! Sur les bagnoles ! Partout ! Tenez... »

Et, pour me remercier des autographes, Farid, gentiment, sortit un marqueur de son blouson et inscrivit son surnom sur le mur du salon. En grandes lettres sinueuses, enluminées comme les lettrines d'un antiphonaire ou d'un livre d'heures ; si ornées que son pseudonyme — BOY — devenait presque illisible. Evidemment, cette politesse m'obligerait à repeindre le mur, mais comment lui en vouloir ? Quand il avait vu notre « Compteur de bétonneuse » encadré d'or, il s'était senti justifié dans ses ambitions artistiques...

El Kaoui, ressuscité (en fait de dommages, il n'avait à déplorer qu'une panne de talkie-walkie), fit à nos zonards un bout de conduite : il fallait bien rouvrir la grille.

« Ahmed, s'il vous plaît, en passant par la conciergerie pensez à raccrocher votre téléphone : vous nous éviterez des émotions ! »

Tandis que Courseul, l'œil allumé, nappait son gâteau de crème pâtissière (je l'enviais de pouvoir trouver tant de réconfort spirituel dans le processus digestif), je repensai à ma sœur : enfant, Béatrice cherchait les mêmes consolations dans la crème anglaise et la bouillie au chocolat... Je la revis, léchant son assiette ; et les vers oubliés d'un poète pour écolier — Maurice Carême ou Victor de Laprade — me revinrent en mémoire : nous avions sept ou huit ans et des tabliers à carreaux, « Récitez-nous "les Petites Sœurs" » réclamait ma grand-mère, et nous ânonnions d'une voix unie : « Elles vont la main dans la main, / On ne les voit jamais qu'ensemble, / L'une veut tout ce que veut l'autre. / Toujours sur les mêmes chemins, / Elles vont la main dans la main... »

Nos mains s'étaient séparées, nos chemins s'étaient écartés... Mais, en passant de sœur en sœur, le mien me ramena soudain à la chambre de Laurence, cette forteresse autour de laquelle nous avions tourné toute la soirée — les loubards d'un côté, Germaine et moi de l'autre. Et, brusquement, j'en fus certaine : la clé était à l'intérieur ! Une fois de plus, je m'étais trompée de souci : obnubilée par les voyous en virée, j'avais cessé de m'inquiéter du silence de Laurence, quand là était la vraie menace, le vrai malheur...

Sans entamer mon dessert, je me levai. « Vous mangez peu », constata Courseul, ironique. Je me rappelai la perplexité que j'avais moi-même éprouvée quand un ambassadeur de France, qui me recevait dans un pays lointain, avait quitté la table à six reprises pendant le dîner ; la première fois qu'il s'était éclipsé, j'avais cru à une dépêche urgente ; à la sixième, j'hésitais entre l'accès de dysenterie et l'opiomanie aiguë lorsque mon voisin, un vieux colonial qui en avait vu d'autres, m'avait « mise au parfum » : l'Excellence disparaissait à cause du « 21 h 45 » ou du « 22 h 06 » — il avait monté un train électrique dans le grenier de la Résidence et, à heures fixes, après un certain nombre de tours de circuit, il lui fallait modifier les aiguillages pour éviter le choc frontal de deux rames et le déraillement du réseau entier... De quelle manie Courseul, ignorant nos ennuis de talkie-walkie, allait-il à son tour me croire l'esclave ?

Peu m'importait : j'avais enfin trouvé le moyen de tirer mes angoisses au clair. Du temps des Lacroix, il existait un passage entre l'actuelle salle de bains de Thierry et la garde-robe de Clotilde ; quand j'avais restauré la maison, je n'avais pas muré cette porte, me contentant de la condamner en installant des étagères dans le renfoncement. Pour rétablir la communication il suffisait de déplacer trois piles de linge et d'ôter les planches, simplement posées sur des tasseaux : c'était l'affaire de cinq minutes ; j'en serais quitte pour un peu de peinture écaillée.

Les étagères déposées, la lampe de la salle de bains éclaira le « dressing » de Laurence, où un tas de jupes, de chaussures, de pantalons jetés pêle-mêle (elle avait dû faire des essayages avant le dîner) semblait vouloir m'interdire l'accès de la seconde porte : celle de sa chambre, où déjà la lumière ne parvenait plus qu'affaiblie, voilée. Pas assez tamisée tout de même pour que je ne puisse distinguer le corps étendu sur le lit, enveloppé d'une longue robe rousse. Couleur de feuille morte. Morte...

D'un bond, je fus près d'elle. Du bout du doigt j'osai toucher sa main, sûre qu'elle était froide ; mais elle me parut tiède. Alors je saisis mon Ophélie par les épaules, la pris dans mes bras ; je la secouai, la pinçai, la giflai, l'embrassai : « Laurence, réveille-toi, Laurence, Laurence ! » Elle restait inerte, bouche ouverte, comme un cadavre ; néanmoins j'eus l'impression qu'elle respirait. Une seconde après j'avais atteint l'escalier — « Thierry, au secours. Thierry, Laurence est en train de mourir ! » Personne n'eut le temps de me répondre avant que j'aie fait irruption dans la salle à manger : « Laurence a eu un malaise. Vite ! Je l'ai trouvée inanimée. On dirait qu'elle va mourir. Vite, un docteur ! Dépêchez-vous ! »

La pianiste, désorientée, coupa les « Morceaux en forme de poire » qu'elle nous avait préparés pour le dessert. Thierry voulut se précipiter au premier : « Non, le SAMU d'abord ! » Tandis qu'il téléphonait (une chance qu'Ahmed eût enfin raccroché !), nos invités, comblés par ce divertissement supplémentaire, s'agitaient, s'effrayaient avec délices, et ils y allaient allégrement de leurs questions et suppositions : était-ce grave ? Une asphyxie peut-être ? Une attaque d'épilepsie ? Un empoisonnement ? Un suicide ? Une paralysie ? Pouvait-on voir cette jeune fille, se faire soi-même une opinion ? Et de qui s'agissait-il au fait ? « Une petite qui me fait du secrétariat. » Je ne leur précisai pas qu'elle était la fille de Fervacques : la nouvelle aurait fait le tour des salles de rédaction...

Déjà ils étaient debout, ils se massaient dans l'entrée, frétillant ; j'eus le plus grand mal à les empêcher de monter : ils avaient tellement envie de voir, de toucher — un mourant, c'est intéressant ! Ah, comme la vie d'Evreuil était exaltante ! On ne s'ennuyait pas chez moi... Si Saint-Véran ne faisait rien d'une matière aussi riche, Richard Tanguy s'en taillerait bien une tranche, lui : « les Nuits de la zone », « No Feeling », « Blank Generation » (sous-titre : « La Génération du vide ») ou, moins sociologigue et plus poétique, « l'Heure grise », « les Enfants du crépuscule »... Il avait la sensation que son titre venait. Et puis, le lancement de ce roman-reportage serait facile : on pourrait organiser des débats sur les conditions de vie dans les banlieues déshéritées, récolter de nouveaux témoignages sur le chômage, la déprime, ou même les transsexuels... Tiens, oui, les transsexuels, c'était une bonne approche — la vie d'un transsexuel dans un bidonville de Nanterre... L'idéal serait de doubler le livre par une série d'émissions, et de lâcher tout en même temps. Son roman des années quatre-vingts, son « docudrama » comme disent les Américains, il le sentait. Il ne restait qu'à le faire écrire...

Le médecin était arrivé. Avec un flegme de soldat romain rescapé des Légions de Varus, de poilu revenu de Verdun, d'hauptmann réchappé de Stalingrad, bref d'un baroudeur qui a connu sur le front des troupes des destins plus tragiques et des corps plus abîmés, il souleva les paupières de Laurence, prit son pouls, releva posément les manches de sa tunique, puis les jambes de son pantalon. « Appelez une ambulance, dit-il à Thierry d'un ton froid. Je l'embarque en réanimation. » Il prit une seringue dans sa mallette et fit une piqûre. « Ne vous affolez pas, ajouta-t-il en se tournant vers moi, on l'en sortira. Elle est saoule, voilà tout !

— Saoule ? Mais elle ne boit pas d'alcool !

— Elle en boit sûrement de temps en temps pour renforcer l'effet des prises. Mais ce n'est pas d'alcool qu'elle est ivre, c'est de "kounous"...

— "Kounous" ?

— Un nom africain pour un produit bien de chez nous. Les habitués appellent comme ça les petites pilules qu'on trouve en pharmacie : Immenoctal, Nembutal, Binoctal...

— Elle a voulu se suicider ?

— Pas du tout... Elle a voulu voir ailleurs si elle y était ! Avec notre héroïne du pauvre : le cocktail de barbituriques... Peut-être pas l'extase, mais la cuite garantie ! A soixante-dix francs la dose, contre deux mille pour la "neige" de bonne qualité, on peut dire que l'abrutissement est donné ! Bon, d'après les spécialistes, on n'a peut-être pas la même qualité de "trip"... Mais le véritable amateur de "kounous" s'en fout : il ne cherche qu'à s'assommer ! Votre copine a seulement un peu forcé... D'ailleurs, forcer, ils y viennent tous, à cause de l'accoutumance. Elle devait en être à cinq, six comprimés par jour, puis elle a franchi la barre des dix...

— Mais on ne peut pas se procurer des médicaments de ce calibre-là sans ordonnance !

— Ah, vous croyez ? D'abord, des ordonnances, on lui en donne sûrement : j'ai des confrères, mettons, naïfs... D'autant que ces saloperies-là ne sont pas au tableau B ! Et puis, il faut compter avec les circuits parallèles : les "kounous", c'est une dope comme une autre ! Là où il y a de l'héroïne, on trouve des pilules. La poudre et les pilules attirent le même type de toxicos : les "a-motival syndrom", comme disent les Anglais. En clair, ceux qui manquent d'appétit... Elle fait quelque chose dans la vie, cette petite ? Elle se passionne pour quoi que ce soit ? Elle bosse, elle baise, elle s'éclate ?

— Euh... Pas vraiment...

— Vous voyez ! Remarquez, je n'ai rien trouvé sur ses bras. Ni sur ses cuisses. Elle n'en est pas encore à se shooter. Affaire de vocation, ou de moyens ! Vous-même, vous n'avez jamais remarqué sur les veines de son avant-bras des petites mouchetures, genre piqûres de moustique ?

— Non. Enfin, je ne crois pas... Elle est toujours couverte comme un oignon !

— Et le myosis ? Jamais de myosis ?

— C'est quoi ?

— Les pupilles en tête d'épingle. »

Je me rappelai les yeux bleus, les yeux noirs...

« Ah, tout de même », fit-il pensif. Il se tordait la bouche comme s'il chiquait ; on aurait cru qu'il allait cracher : « De deux choses l'une, reprit-il, ou bien de temps en temps elle fume du hasch coupé de belladone — mais je me demande si on peut encore trouver de ce mélange-là sur le marché —, ou bien elle flirte déjà avec les opiacés. Pas la “blanche” — on verrait des traces —, mais sa petite famille : l'élixir parégorique, le Néocodion...

— Le Néocodion, oui, elle en prend. C'est pour la toux.

— Pour la toux ! Une toux tenace alors, parce que, pour avoir les pupilles contractées, il faut qu'elle l'avale au litre, la codéine !... Bon, résumons-nous : pour l'instant elle est dans une sorte de coma éthylique — inodore, au moins... Trois jours d'hôpital et on l'en tirera. Enfin, comprenez-moi bien : on la tirera de ça. Parce que pour le reste, si vous me permettez un conseil, il serait grand temps de lui faire passer le goût des bonbons ! »

Quand l'ambulance eut emmené la Belle au Bois Dormant, Thierry parvint à mettre à la porte nos derniers invités, très excités, après leur avoir offert un dernier verre d'armagnac. Puis il dut raccompagner en voiture son ami Sovorov, toujours prêt, sous prétexte qu'il avait raté le dernier métro, à accepter notre hospitalité. L'ex-théologien s'éloigna sur un air de Rameau ; il était déjà au bout du parc que j'entendais encore ses trilles (« Rossignols amoureux, répondez à nos voix par la douceur de vos ramages »). Apparemment, l'incident ne l'avait pas trop ému : son goût des choses de l'esprit le protégeait de celles du cœur... Le « père spirituel » et son fils partis, je me retrouvai dans la cuisine avec Madame Conan, toutes deux attablées devant un Viandox pour nous réconforter.

— Quelle soirée ! Et quand je pense qu'il va falloir que j'appelle sa mère...

— Faut pas vous frapper comme ça, Madame Valbray ! Le docteur dit qu'il va la sauver...

— Mais, Germaine, jusqu'à dix somnifères par jour, songez ! Même avec l'habitude, elle devait être « dans les vaps » à longueur de journée !

— Eh bien, qu'est-ce que je vous avais dit ? Qu'elle faisait qu'à dormir, cette grande gigoince !

— Oui, oui...

— Et mes petites cuillères ? Vous savez ce qu'elles devenaient mes petites cuillères ? J'ai pas osé vous en reparler parce que vous m'aviez menti : c'est pas vous qui les jetiez, c'était Laurence quand ses petits copains, le Stéphane, le Mahmoud, l'Albert et toute la clique, étaient passés. Ça fumait comme des pompiers, enfermés dans la chambre ! Des propres-à-rien ! Et après, quand ils se décidaient à dégager, et que je pouvais nettoyer leur soue à gorets, deux fois que j'ai retrouvé des cuillères tordues dans la corbeille à papier. D'abord, je me suis dit : « Tiens, peut-être qu'ils font des expériences comme Uri Geller, de la paraspychologie, qu'ils tordent les petites cuillères par la volonté... » Et puis je me suis souvenue de ce que j'avais lu dans un journal, à propos des drogués. Et ce coup-là, j'ai tout compris. Ah, cette histoire de cuillères, ça m'en a donné ! Je me suis tourné les sangs, je vous le dis ! La drogue, y en avait pas assez dehors peut-être, fallait en plus qu'on l'ait à la maison !

— Laurence ne prend pas d'héroïne, Germaine, le médecin me l'a dit. Ses amis, je ne sais pas, mais, elle, c'est moins grave... Vous n'avez jamais trouvé de coton taché de sang dans sa corbeille à papier ? Ni de seringues ? C'est bien ce que je vous disais... Il n'empêche que trois ou quatre boîtes de comprimés par semaine... Et le Néocodion au litre !... Des quantités pareilles, où est-ce qu'elle pouvait les trouver ?

— Aux Marguerites, ma pauvre dame ! Toutes ces saletés, ça se vend aux Marguerites, dans la cité. Me dites pas que vous le saviez pas ? Non ? C'est pas Dieu possible que vous soyez innocente à ce point-là ! Par exemple ! Mais pourquoi que vous croyiez qu'elle était tout le temps fourrée chez vous, la fille à Fervacques ? Parce que ça lui plaisait de taper à la machine ? Ou de barbouiller avec l'Italien ? Ou peut-être bien, à votre avis, que c'était pour les beaux yeux de Monsieur Thierry ? Ah, Madame Valbray, les Marguerites, les Marguerites ! Pour elle, y avait plus que ça qui comptait...

Même si l'entrée de l'impasse où se trouve « le Belvédère » racheté par Christine au docteur Lacroix garde une espèce de charme timide, presque honteux — meulière, glycines et lilas —, le bout de la rue annonce déjà la couleur, avec, à gauche, le lac de bitume du Supermag d'où n'émergent que des rangées de pompes à essence, et, à droite, le rempart des pylônes d'électricité qui tendent, comme un vélum d'acier, une quarantaine de filins au-dessus des courettes du quartier. Enfin, fermant le bout de l'impasse, on trouve le mur aveugle derrière lequel, juste au bord des voies et invisibles au promeneur distrait, se terrent les immeubles de la cité de transit, le lazaret des réprouvés.

Cité d'urgence construite en 1972 derrière l'impasse de la Gare, les Marguerites font en effet pendant à la Tour des Grèves, édifiée l'année d'avant pour loger des « réfugiés politiques » guinéens et malgaches à proximité de la décharge municipale. Coincée entre le remblai du chemin de fer et une mini-zone industrielle, la cité n'est accessible à pied qu'en empruntant au fond de l'impasse, derrière le mur gris, un sentier que les pas des usagers ont peu à peu tracé le long de la voie ferrée à travers les terrains vagues.

D'un côté, la cité regarde ce rempart de ciment chargé de graffitis, de l'autre, la grille construite par les entrepreneurs de la zone industrielle pour protéger leurs hangars des incursions et des jets de pierres — un panorama bien fait pour accoutumer les occupants des Marguerites à la prison que, tôt ou tard, ils connaîtront...

Car son isolement a permis à la cité de se constituer, au fil des années, en Etat autonome et délinquant : dans cette enclave où la police elle-même ne se risque guère sans l'appui des CRS, les familles du « quart monde » provisoirement regroupées, puis définitivement oubliées, échappent à la loi comme à la sollicitude de la société. On y vit de petites rapines et de grands trafics — voitures volées et stupéfiants. Tous les résidents « dealent » : à cinq ans les bambins font le guet, à dix ils entrent dans le métier. Par le sentier du remblai leurs clients arrivent de toute la vallée : pour la plupart, de ces fils d'ouvriers et petits-fils de paysans qui occupent encore les vieux lotissements d'Evreuil, de Sarcelles, de La Courneuve ou de Maingon. Si les consommateurs sont en majorité des « locaux » (immigrés blancs de la troisième génération), la moitié des fournisseurs vient de nos ex-colonies : par un juste retour des choses, ce sont les « Peaux-Rouges » aujourd'hui qui liquident les cow-boys à l'eau-de-vie...

A première vue, pourtant, rien ne semble justifier le mauvais renom du quartier : les façades ne sont pas lépreuses ; montées en grands panneaux de laque jaune ou bordeaux, elles gardent un air propret ; à l'intérieur des bâtiments, les logements, avec leurs salles de bains claires, leurs cuisines confortables et leurs papiers à fleurs, ne rappellent pas davantage les taudis de Zola ou les courées de Roubaix. Seul le triste état des abords pourrait renseigner le visiteur : des terre-pleins transformés en décharges où des sacs en plastique de toutes les couleurs sont les seules fleurs qu'on ait vu pousser ; des parkings boueux et creusés de fondrières où achèvent de pourrir de vieilles voitures volées ; des pneus empilés dans l'escalier des caves ; et partout des caddies déglingués, rouillés, que les enfants ont « empruntés » au supermarché...

Certains de ces jeunes chapardeurs faisaient justement semblant de jouer au foot avec un vieux jerricane ; mais leur jeu manquait de naturel : ils me surveillaient du coin de l'œil. Le soir tombait. Sur chaque perron, deux ou trois adolescents désœuvrés battaient la semelle en attendant le client ; aux étages, derrière les rideaux à ramages qui pendaient aux fenêtres, d'autres jeunes gens apparaissaient en ombres chinoises. Tournant le dos à la lumière, ils guettaient, soulevant de temps à autre un pan de la tenture qu'ils laissaient retomber dès qu'ils me voyaient lever la tête. On devait se demander dans quelle catégorie me ranger : toxicomane ? ou flic ?

Que j'aie davantage l'air d'une inspectrice que d'une « camée » ne paraissait d'ailleurs pas émouvoir les trafiquants qui continuaient d'espérer le chaland sur le pas des portes ; et, si je sentais s'attacher sur moi des regards hostiles, il s'y mêlait quelque chose de goguenard. L'accueil silencieux et narquois de la cité semblait à l'image de cette petite fille qui vint à ma rencontre, et posant une main collante sur mon bras : « T'es une keuf, toi. Vaudrait mieux que tu te casses, tu sais... » L'avis me fut donné sans timidité, mais avec un demi-sourire et un éclat d'espièglerie dans le regard qui rendaient l'avertissement quasiment aimable. A mon tour, je souris à l'enfant, à son minois barbouillé sous ses boucles brunes emmêlées, son nez moqueur et ses yeux de gazelle égarée. Je me souvins qu'on appelait « poussière d'ange » certaines des poudres qu'on vendait dans les cités ; cette prévenante messagère avait bien l'air d'un ange en effet, retombé dans une poussière d'où il ne s'envolerait jamais. Pendant plus d'un siècle, nos élites nous avaient assuré que Dieu était l'opium du peuple ; aujourd'hui que l'opium était le dieu du peuple, je me demandais si nous y avions gagné...

Ici et là, je voyais errer dans la cité des fidèles en quête d'eucharistie : filles aux silhouettes masculines — santiags, rangers, jeans, et colliers de chiens —, garçons aux allures androgynes de toreros — cheveux longs, catogans, spencers étriqués, socquettes roses et maquillages outranciers. Produits d'une élégance barbare, les vêtements prenaient sur eux des allures d'oripeaux : dans cette nouvelle religion, tous, trafiquants et pratiquants, semblaient également déguisés — camelots menteurs, mendiants masqués, faux prêtres et pseudo-dévots. Cependant, sous leurs fripes de carnaval, ils restaient beaux ; et cette seule circonstance aurait suffi, dans un monde vieillissant, à les rendre suspects. Car nulle part, même à Evreuil, on ne voyait autant d'enfants rassemblés et d'adolescents en liberté qu'aux Marguerites, aux Trois-Bœufs ou à la Peupleraie ; si bien que les jeunes Evreuillois (de moins en moins nombreux) qui naissaient encore dans le vieux centre finissaient toujours — rejetés de la ville par une gérontocratie fatiguée, ou attirés au-dehors par une mystérieuse sympathie, un appel aussi peu intelligible aux anciens que celui des rats de Hamelin — par rejoindre « hors les murs » leurs petits frères sauvages. Ainsi, de plus en plus minoritaire, mais de plus en plus soudée, la jeunesse de la ville devenait-elle marginale par nature, délinquante par définition, étrangère dans sa totalité.

Dans les banlieues-poubelles, la jeunesse est un ghetto : aux adolescents d'Evreuil la vie ne fait même plus l'aumône d'un de ces rêves des années cinquante où les ruelles sordides des faubourgs finissaient par déboucher sur le « grand soir » ou la forêt vierge, une piste d'aéroport ou une nouvelle société... Personne aujourd'hui n'oserait proposer, dans les films ou dans les livres, l'un de ces happy ends dignes des « Rendez-vous de Juillet » : avions et révolutions mènent tous vers des lieux répertoriés, et nous savons que le bout du monde ressemble à son point de départ... Dans cet univers borné par la connaissance et cerné de déchets, quand un homme trouve « son idée plus vaste que son être », il ne sait vers quoi se tourner : pas d'île au loin, pas d'amour en haut. Une seule issue : « se piquer ». Mourir pour partir un peu...

S'évader, les enfants des Marguerites ne pensent qu'à ça, ils en parlent sans cesse — au café ou en prison, sur les murs graffités comme dans ce blues métissé, ce « rap » sur lequel les plus doués improvisent des paroles pour raconter la valse des canettes de bière et des petits joints, les parkings sordides et les filles à vingt francs, les barres de fer et les couteaux, et l'envie obsédante de « tout plaquer », « se faire la belle », partir enfin, partir...

Ce sont pourtant les mêmes qui démontent rageusement les minuteries d'escaliers, arrachent les boutons d'ascenseurs, et dévissent les poignées de portes. Comme si, malgré ce que nous rabâchent leurs chansons, ils voulaient s'empêcher de sortir, s'empêcher de bouger. Tout, dans la cité, semble immobile, arrêté. Aucun d'eux ne passera le seuil sur lequel ils attendent. Ils attendent. Le client, l'argent, la nuit suivante, le jour d'après, le bout de la semaine, le mois prochain, la fin... « Aux Marguerites, m'avait dit Christine, ce ne sont pas les sous-sols qu'il faut visiter, mais les terrasses, les "séchoirs" — on y marche sur les seringues ! »

« Nous allons réinsérer ces logements ségrégatifs dans l'espace urbain », promettent les nouveaux élus, qui votent dans l'enthousiasme l'installation de quelques portes blindées ou d'un barreaudage au rez-de-chaussée... Car, si Evreuil ne vit pas un déclin confortable, sa décadence reste sous contrôle, son coma sous analgésiques. Sauf l'espérance et la beauté, rien ne manque à la jeune plèbe du Bout-Galeux et de la Bourbillière, aux zonards de la Gare ou de la Peupleraie : aucune perfusion, aucun calmant ne leur est refusé. On leur fournit le pain en abondance, et même la confiture ; la « télé » leur délivre quotidiennement leur ration de jeux ; quant au rêve, ne jouissent-ils pas de facilités exceptionnelles pour se procurer, dans cette banlieue réputée pour son « insécurité », l'anesthésique par excellence, ce merveilleux médicament qu'on trouve sous toutes ses formes à la cité ? Bâtonnets bruns et farine beige, pilules bleues, sucre-glace, ou fleurettes desséchées...

Il paraît que des imbéciles s'y font même fourguer de la Nivaquine pilée, et que des revendeurs coupent l'héroïne avec du sulfate de batteries : c'est de la poudre aussi, et il faut bien qu'au bout de la chaîne les « petits bonnets » gagnent leur vie, leur dose, leur « voyage » — voyage sur place, sommeil sans repos. Une illumination où manquerait la grâce, une communion d'excommuniés.

Je les regardais, petits poucets perdus dans la nuit : paradis de pacotille, la cité fonctionne en nocturne, comme les grandes surfaces. C'est à l'heure où les chats sont gris que

« la blanche » passe inaperçue. Elle circule de main en main sous les lampadaires éteints ; ici, le bris de réverbères procède moins du vandalisme que du marketing : enhardi par l'obscurité, le chaland sort ses billets.

Dans le noir on échange tout : la « dope » et les filles, les chaussures Weston et les blousons Chevignon dont d'autres ont dépouillé les bourgeois dans les couloirs du métro et les rues de Neuilly. Aux Marguerites on trouve la marchandise à moitié prix : les résidents ont l'honnêteté du brigand de la complainte — « J'les vendis bon marché, ils ne m'avaient rien coûté... »

A la faveur des ténèbres le trafic s'organise, les circuits se ramifient — quatre paires de Weston contre un gramme de « neige », de la neige un peu mélangée, grise comme ces anges aux figures barbouillées qui gardent l'entrée, mais « à ce tarif-là, tu voudrais quand même pas de la pure laine ! » Alors, on cherche plus loin, on rencontre Samy qui renvoie à Nathalie, laquelle expédie sur Walter ou Fadoua... La cité, enfin sortie de sa torpeur, s'agite, de plus en plus fébrile à mesure qu'avance la nuit. Sous les porches les ombres s'affairent, derrière les fenêtres les fantômes s'affolent ; les marchés se concluent dans la hâte, les amours se bâclent dans l'urgence. Tout se précipite. On croirait entendre planer, au-dessus des immeubles, des terrasses et des « séchoirs », le grand cri du prophète : « Veilleur, où en est la nuit ? » Mais ceux qui ont posté des guetteurs sur les seuils et dans les allées n'espèrent pas d'aurore ; vampires qu'effraie la lumière, ils n'ont pour demeure que l'ombre froide des tombeaux.

Déjà le ciel blanchit. C'est l'heure des poubelles et de la première rame : maintenu en état de coma dépassé, perfusé de partout, le grand corps des villes au cerveau liquéfié recommence d'accomplir, mécaniquement, ses fonctions vitales...

Dans la cité, un vieil homme tire d'un soupirail quatre planches mal équarries — pour quel lit, quel cercueil ? Il se dépêche, s'énerve, tremblant de hâte dans l'air glacé. En courant, deux adolescentes poussent un pneu volé comme on pousse un cerceau ; des mères inquiètes appellent une dernière fois des enfants imprudents qui ne rentrent pas. Vite. Une aube indécise éclaire le rempart gris, les grilles, les caddies disloqués... Ailleurs, c'est l'heure de l'école, l'heure du bureau. Quel bureau ? Quelle école ? Cachez-vous, enfants, cachez-vous ! Regagnez vos fosses et vos caveaux, bouclez bien les portes, fermez les rideaux !

Un premier rayon frappe le chrome d'une vieille moto. Le jour se lève, la vie se fige : comme des rats, les habitants des Marguerites rentrent dans leur trou. « Où en est la nuit ? » Vicaires des ténèbres, ils la gardent en eux comme une hostie.

Le soir où l'on emmena Laurence à l'hôpital je fis un rêve : je vis des montagnes barrer l'horizon et ma famille marcher vers une gorge creusée dans le rocher ; mon grand-père, costume et chapeau noirs, allait en tête. Pour atteindre la brèche (qui, curieusement, coïncidait avec la trouée du métro), il fallait traverser le jardin d'Evreuil — l'ancien, celui des « Rieux » ; au moment où nous passions par le verger, je cueillis une pomme sur l'un des pommiers que mon grand-père venait d'y planter ; mais il me gronda : ne pouvais-je attendre que l'arbre ait grandi, que les fruits aient mûri ? Je ne répondis pas ; tout en dormant, je savais qu'il n'y avait rien à attendre, que les pommiers ne grandiraient jamais, que le jardin fleuri qui s'étendait sous mes yeux était déjà détruit. Jusque dans sa douceur mon rêve portait sa propre négation : consciente de dormir, je sentais que le songe me mentait, que le bonheur promis avait filé...

Laurence passa plus d'une semaine au centre hospitalier : s'il ne fallut pas cent ans aux internes pour ranimer cette Belle Endormie, son retour au siècle fut plus lent que le médecin ne l'avait prédit.

Dès qu'elle eut repris conscience, j'allai la voir. Et, bien qu'elle n'eût jamais été très bavarde, je parvins à lui faire expliquer son overdose de « kounous » : la veille de mon dîner, elle avait décidé d'assister près de Sceaux à un meeting solidariste que son père présidait ; profitant de l'incompétence du service d'ordre et de l'absence de quelques notables, elle avait réussi à se faufiler jusqu'aux places réservées du premier rang, et à passer six heures assise en face de la tribune, à quatre mètres de « l'Archange » ; il ne l'avait pas remarquée. A la sortie, comme quelques « groupies » s'attardaient, elle s'était jointe à elles, demandant à son tour un autographe ; il avait signé sans la reconnaître, avant d'inviter une petite blonde, non moins anonyme mais plus jolie, à prendre un verre avec les élus.

— Et alors ? Il n'y a pas de quoi en faire une maladie ! Les pères de cette génération sont distraits... Tiens, si à brûle-pourpoint je demandais au mien : « A ton avis quel âge j'ai ? », je le plongerais dans un sacré pétrin ! Toi, en plus, il y a des années que ton père ne t'avait pas revue... Sans compter que les hommes de pouvoir ont des vies très remplies : l'enfant qui leur tombe dessus, c'est une pluie d'orage sur une terre inondée — ils étaient déjà à saturation, du coup ils dégorgent, qu'est-ce que tu veux, ils dégorgent...

Sa petite figure disparaissait dans les oreillers ; elle avait du mal à articuler : « Je ne sais pas comment je suis arrivée dans sa vie, dit-elle enfin, mais ce que je veux, c'est retourner d'où je viens... »

Voilà qui éclairait l'overdose ; mais la lente dégringolade jusqu'aux « kounous » ? Je m'étais renseignée : la majorité des consommateurs étaient des sans-domicile-fixe, des épaves édentées, illettrées — maman boit, papa tape, et le fils trinque... On suçait des « kounous » quand on n'avait plus qu'un seul pantalon et qu'on avait perdu depuis longtemps « la clé autour du cou ». Tant qu'à se droguer, l'héroïne, plus chère, semblait nettement plus chic, « l'acide » de mes jeunes années faisait artiste, et la cocaïne donnait aux amateurs la touche intellectuelle dont rêvent les crémiers. Pourquoi Laurence avait-elle échoué dans ce milieu de vagabonds et de smicards, pourquoi, de tous les paradis artificiels, avait-elle choisi le moins bien fréquenté, elle qui, chez Malou, déjeunait chaque jour dans une salle à manger ?

Elle ne s'en justifia qu'à moitié. Elle avait commencé par le hachisch, comme tout le monde. Lorsqu'elle vivait à Montparnasse, elle en trouvait à chaque coin de rue : quand, émue par sa détresse, je lui donnais de l'argent pour son loyer ou le vaccin du chat (à propos, qu'avait-elle fait de ce minet ? Un civet ?), je contribuais à son approvisionnement. Mais, bientôt, la plupart de ses compagnons de dérive étaient passés à des jeux plus dangereux, des quêtes plus hardies, des défis plus radicaux : ils avaient découvert Belleville, l'îlot Chalon, et elle les avait suivis à la recherche d'« Harry and Charly » — c'est ainsi qu'entre eux ils désignaient les drogues dures, héroïne et cocaïne. La coke, elle en avait tâté — « sniffer » ne lui faisait pas peur ; mais elle n'avait pas aimé l'excitation qu'elle ressentait, cette impression de surchauffe, de toute-puissance, d'omniscience : le moulin à pensées qui tourne vingt-quatre heures sur vingt-quatre, très peu pour elle ! Laurence ne voulait pas comprendre le monde ni le dominer, elle voulait dormir — peut-être rêver, mais surtout dormir.

Aussi le bonheur passif qu'éprouvaient ceux de ses amis qui se « shootaient » l'avait-il tentée davantage, mais elle avait buté sur un obstacle idiot : elle avait horreur des piqûres ; c'était physique — elle tournait de l'œil pour une simple prise de sang. Les préparatifs du « voyage » l'avaient dégoûtée : passe encore pour la petite cuillère qu'on chauffe à la flamme d'une bougie pour tiédir le liquide, diluer la poudre (« ça, commentait-elle, c'est plutôt politique »), mais ensuite le garrot qu'on serre, la veine bleue qui saille, l'aiguille qui pénètre dans la chair, le piston qu'on pousse, toute cette mise en scène pseudo-médicale lui soulevait le cœur, et — pire — cette façon qu'ont les héroïnomanes de jouer avec leur propre sang, d'en aspirer quelques gouttes avec la « pompe » pour le mêler à la « blanche », de regarder, fascinés, ce nuage rouge qui envahit peu à peu le cylindre de plastique, cette seringue qui rosit lentement avant qu'on la fasse coulisser jusqu'au bout. « Ils appellent ce truc-là des "tirettes" — j'aspire, je refoule, j'aspire, je refoule —, il y en a qui font durer le plaisir cinq bonnes minutes ! Moi, ça me fait gerber ! » Une fois, pourtant, elle avait accepté d'en tâter, par crainte de paraître « dégonflée », par désir aussi de rejoindre ces corps extasiés, de se fondre dans leur chair : « Je suis en ce monde, dit le poète, comme une goutte d'eau qui cherche une autre goutte dans l'océan et qui, en y tombant pour trouver sa pareille, s'y abîme »... Le flash. Elle se souvenait d'avoir instantanément cessé de peser, de s'être vaporisée, le ciel s'ouvrait. Mais, quinze jours plus tard, c'était l'hépatite : une fièvre de cheval, des maux de tête, et l'impression, même couchée, de naviguer sur un bateau pris dans la tempête. A la clinique où sa mère l'avait fait hospitaliser, les médecins lui avaient demandé si elle n'avait pas récemment subi une injection — anesthésie dentaire, piqûre d'antibiotiques ? Le virus était souvent transmis par des aiguilles mal stérilisées... « Je sais bien qu'il y a des filles qui tombent enceintes la première fois qu'elles baisent, mais reconnais que je n'ai pas de pot ! »

Cet accident de santé avait achevé de l'éloigner des piqûres : les aiguilles, qu'elle craignait déjà, lui répugnaient désormais ; elle voyait la vermine grouiller sur leur tige métallique... D'ailleurs, elle voulait bien mourir, mais elle ne voulait pas souffrir.

Ses copains toxicos, informés de l'histoire de l'hépatite, avaient admis — non sans en tirer a contrario quelque fierté — qu'elle n'était pas assez solide pour tenir sur « le bourrin » (un autre des surnoms affectueux qu'ils donnaient à leur vice) ; pour ne pas se faire rejeter, elle s'était mise aux produits de substitution qu'ils absorbaient entre deux doses, quand le manque commençait à se faire sentir : élixir parégorique ou codéine. Elle « tenait » bien la codéine, m'apprit-elle avec un rien de fatuité. Et puis, au moins, le Néocodion se buvait ! En augmentant progressivement les doses, elle planait, moins haut qu'avec l'héroïne certes, mais elle planait : le monde devenait cotonneux, douillet, elle n'éprouvait plus d'angoisses...

Les « kounous » étaient arrivés là-dessus, un peu par hasard : outre la codéine et le gin, elle prenait des tranquillisants et beaucoup de somnifères le soir pour s'endormir ; au réveil, parfois, elle était encore « dans les vaps » ; un matin, au lieu d'avaler les comprimés de calcium et les « fortifiants » qu'un médecin lui avait prescrits, elle s'était trompée : machinalement, parce qu'elle ne savait plus bien quelle heure il était, parce qu'elle perdait la mémoire, elle avait repris des somnifères ; elle s'était aussitôt rendu compte de son erreur, mais il était trop tard pour rattraper les pilules ! Renonçant à s'habiller, elle était retournée s'allonger : très vite, elle avait senti des picotements au bout des doigts, puis elle était tombée dans une somnolence agréable — elle ne dormait pas vraiment, mais elle ne pouvait plus bouger, pas même soulever les paupières ; des demi-rêves alternaient avec des périodes de semi-éveil au cours desquelles elle se rappelait avoir pris une dose trop forte de médicaments, elle se souvenait même avoir laissé la clé dans la serrure la veille, après avoir fermé sa porte, et se disait que personne ne pourrait la secourir si les choses tournaient plus mal. Mais elle se le disait tranquillement, d'une manière apaisée, détachée, tout son corps engourdi, affaibli comme si elle n'avait plus que de l'eau dans les veines ; ce qui tombait bien puisqu'elle avait horreur du sang ! Les yeux toujours fermés, elle essayait de deviner dans quelle position elle se trouvait, mais elle ne sentait plus ses membres, ne savait pas si elle était couchée sur le dos ou sur le côté, si ses mains étaient croisées l'une sur l'autre ou posées sur le drap, bras écartés. Il lui avait fallu plusieurs heures pour cesser d'être une âme, récupérer enfin la conscience de ses cinquante kilos, sentir de nouveau ses doigts, ses jambes, son cerveau irrigués ; en se levant — vers trois heures de l'après-midi — elle gardait la « gueule de bois », mais, toute la soirée, elle était restée mieux que bien : anesthésiée, indifférente... Deux ou trois fois par la suite elle avait renouvelé l'expérience — volontairement.

Puis, comme elle racontait ses « trips » médicamenteux à l'un de ses amis, l'autre lui avait parlé des « kounous », de la manière de les mélanger, des endroits où l'on pouvait s'en procurer. Elle s'était d'abord ravitaillée au Forum des Halles — beaucoup de paumés, de quasi-clochards y tenaient commerce de ces comprimés volés dans les pharmacies ou délivrés par des médecins complaisants. Ensuite, elle avait découvert les Marguerites...

Bien sûr, les mangeurs de « kounous » n'étaient pas la crème des toxicos, ils n'avaient pas « de style », disait-elle, pas d'alibi : cuite pour cuite, plutôt des buveurs de gros rouge que des consommateurs de whisky... Mais elle s'en moquait : depuis qu'elle marchait au cocktail de barbituriques, elle se sentait moins mal. Ses chagrins, sa révolte, tout lui devenait étranger ; d'ailleurs, avec cette « dope »-là, elle avait la chance de ne jamais connaître de redescente — les « kounous » ne provoquaient pas de flash, mais une longue et lente ivresse, qu'on pouvait prolonger à volonté : il suffisait d'ajouter une pilule...

« Remarque, m'avoua-t-elle, je me demande si, en sortant de l'hosto, je ne vais pas retenter le coup avec la poudre, réessayer au moins une fois... Ici, ils m'ont fait tellement de piqûres, tellement de perfusions » (du bout du menton elle désigna ses deux bras immobilisés le long du lit par les tuyaux qui descendaient des flacons pour pénétrer dans ses veines) « que je commence à m'habituer aux seringues : je n'ai plus peur ! Il y a même une infirmière sympa qui a vu que j'avais la peau sensible, les veines fragiles : elle me pique avec des aiguilles spéciales, pour nouveau-nés. Des aiguilles très fines. Ça ne me fait pas mal du tout ! Alors, si dehors je pouvais m'en procurer... Et puis les perfusions, j'aime bien. Être allongée, obligée de rester immobile, le corps abandonné, et sentir la chaleur qui entre par l'aiguille, qui s'irradie dans le bras... Ce qui me débecte avec l'héro, c'est d'enfoncer l'aiguille, mais c'est aussi de la retirer. Tandis que, là, mon aiguille reste branchée toute la journée, comme un cordon. Elle m'apporte tout — à boire, à manger —, elle me réchauffe, elle m'endort, elle me réveille... Au fond, j'ai eu tort de me méfier des aiguilles. Dans certaines conditions, la piquouze, c'est le pied !

— Et avec les "kounous", tu n'étais pas bien ?

— Avec les "kounous", je n'étais pas. Ce qui est bien. »

Je ne prenais pas trop au sérieux ses menaces de passer à l'héroïne dès qu'elle sortirait : elle nous avait fait peur, et, pour voir jusqu'où nous pourrions l'aimer, elle n'était pas mécontente de nous inquiéter davantage. En revanche elle semblait vraiment prendre goût à l'hôpital, d'autant plus qu'on l'y soignait sans la désintoxiquer : l'un des médecins nous expliqua, à Malou et à moi, qu'on avait dû continuer à lui injecter chaque jour une certaine dose de barbituriques ; un sevrage trop brutal aurait provoqué « des crises comitiales » ; le manque causait des convulsions « épileptiformes », d'une violence telle qu'elles pouvaient tuer. Le corps de Laurence avait besoin de sa ration quotidienne de poison...

— Tout de même, dis-je à l'interne, il ne doit pas être aussi difficile de décrocher de l'Immenoctal que d'une drogue dure !

Il eut un geste d'impuissance : « Psychologiquement, je ne sais pas... Mais physiquement les "kounous", Madame, sont des drogues dures. »

Ce jour-là, je mis mes somnifères à la poubelle, résolue à affronter avec courage les idées noires de mes nuits blanches. Je tins quarante-huit heures sans dormir. Le troisième matin, j'étais chez le généraliste pour me faire prescrire une nouvelle pincée de benzodiazépines dans l'espoir de chloroformer l'anxiété, saturer mes neurones, et, six heures par nuit, six heures seulement, ne plus penser, ne plus souffrir, oublier...

Cette faiblesse, Malou Weber l'ignorait, mais elle m'en reprochait une autre : mon laxisme à l'égard de sa fille, une amitié si aveugle qu'elle la tenait pour de la complaisance, du pousse-au-crime. N'avais-je pas toujours donné l'argent que Laurence me demandait ? Et quand, à l'époque de la rue Vercingétorix, sa mère lui avait coupé les vivres (parce qu'elle avait appris, me dit-elle, que la petite flirtait avec des délinquants autochtones et des herbes exotiques), n'avais-je pas continué de lui avancer régulièrement des petites sommes sans exiger de contrepartie ni de justification ?

Je n'eus pas de peine à me défendre : même si je n'avais pas rémunéré de temps à autre la bonne volonté, les accès de tristesse ou les élans d'amour de Laurence, elle aurait aisément trouvé sans moi de quoi s'acheter ses « remèdes » : moins de cent francs par jour, une bagatelle ! D'ailleurs, en lui laissant la disposition du pavillon de Pierrefonds, en lui envoyant de quoi payer la femme de ménage ou le jardinier, Malou elle-même ne lui avait-elle pas fourni les moyens de prolonger sa dépendance ? Et les cambriolages répétés de sa maison ? Ces cambriolages où les voleurs, si modérés dans leurs ambitions, ne prenaient jamais qu'un ou deux objets à la fois — une vieille pendule, un petit bronze, un tableau —, ne lui avaient-ils jamais paru suspects ?

A l'hôpital Laurence venait justement de m'expliquer que le produit de ces « casses », organisés avec un de ses copains qui travaillait parfois aux Puces de Saint-Ouen, était moins destiné à son porte-monnaie qu'à ses bonnes œuvres : « Quand tu as un ami qui a besoin de se "fixer" d'urgence, qui souffre, qui se roule par terre, tu ferais n'importe quoi pour l'aider, je te jure ! Surtout quand il y a du fric qui dort à côté !... Tu peux me dire à quoi elle lui servait, à ma mère, sa panthère en bronze ? Et à moi ? Ça m'aurait fait une belle jambe d'en hériter dans trente ans ! » Elle m'avait toujours paru indifférente aux biens de ce monde ; puisque, fille de bourgeois, elle avait elle-même trouvé le bonheur à peu de frais, elle faisait généreusement profiter de ses surplus financiers les prolétaires que leurs plaisirs ruinaient...

En tout cas, si faiblesse il y avait, Malou dut convenir qu'elle était partagée et qu'elle n'avait pas montré, dans cette affaire, moins de lâcheté que moi. Elle pleura.

Elle se reprochait de n'avoir jamais eu vraiment confiance en Laurence, de ne l'avoir pas assez aimée pour la persuader qu'elle méritait de l'être : du coup, la petite avait fait tout ce qu'elle pouvait pour justifier la défiance maternelle... Psychologie de bazar, peut-être. Mais je fus bouleversée par la phrase, pourtant chargée de réminiscences littéraires, qu'elle me lança entre deux sanglots : « Le plus grand malheur du monde, ce n'est pas "d'être séparé de Maman" ! C'est de n'avoir pu protéger son enfant... »

Essuyant ses larmes, je lui avais promis de l'aider, de parler à Fervacques qu'elle n'osait informer elle-même d'une « faillite éducative » qu'il n'eût pas manqué de lui imputer : les inconscients le sont rarement à demi...

Mais, dès que je demandai un rendez-vous à Charles en insistant sur l'urgence et la nécessité de le rencontrer en tête à tête dans un endroit discret, il me prêta de troubles arrière-pensées.

« Passez me voir à mon bureau, boulevard Saint-Germain », finit-il par lâcher, agacé.

Boulevard Saint-Germain ! Au Quartier Général des solidaristes, entre deux portes, au milieu de ses secrétaires, de ses assistants, des militants de passage, des colleurs d'affiches, des cent yeux d'Argus et des oreilles qui traînent ! Certes, je ne risquais pas de l'y violer...

Je lui répétai que notre conversation ne devait pas être surprise, qu'elle concernait sa fille Laurence, et que, si nous n'agissions pas, nous allions vers un éclat dont la presse ferait son profit : ne pouvions-nous déjeuner tous les deux ? Dans un lieu tranquille : sa garçonnière de la rue de l'Université par exemple, ou le logement des Invalides que j'avais cessé d'occuper ?

Non, justement, il était navré : son appartement était en travaux.

« Ah, fis-je en riant, des plombiers ? » (L'affaire du « Canard enchaîné » était dans toutes les mémoires.)

— Non, des électriciens, des tapissiers...

— Vous faites refaire le sanitaire alors ?

— Oui... c'est ça... le sanitaire...

Le sanitaire sans plombier ! Il s'enferrait ! Il faut dire, le pauvre, qu'il n'avait jamais dû voir un tournevis...

— Dans ces conditions que diriez-vous de mes Invalides ? Je vous préparerais un petit pique-nique...

Non. Non plus. Il aimait autant en ce moment qu'on ne

le surprît pas dans une de nos forteresses ministérielles : « Il est inutile que je me compromette davantage avec les giscardiens, vous comprenez ? » Toujours fuyant, il suggéra que nous déjeunions plutôt au restaurant de l'Assemblée, « c'est si pratique ».

Avec ses tables à touche-touche qui permettent aux parlementaires du Calvados de surprendre la conversation de leurs collègues du Jura tout en feignant de se concentrer sur leur céleri rémoulade, la cantine des députés est en effet l'endroit rêvé pour une entrevue clandestine ! Mais je ne revins pas à la charge : parti comme il l'était, si je lui reparlais encore de tête-à-tête et d'intimité, il me proposerait le métro...

— Bon, va pour le restaurant de l'Assemblée ! J'essaierai de m'exprimer en phrases sibyllines et vous tâcherez de me comprendre à demi-mot... Retrouvons-nous vers deux heures : à partir de deux heures et demie, les tables se vident. Au dessert nous pourrons communiquer en français courant.

Il avait réservé une table d'angle ; mais, quand il entra, tous les regards se tournèrent vers nous. Je ne pus m'empêcher d'ironiser :

« Pour quelqu'un qui ne souhaite pas fréquenter les giscardiens de trop près, vous vous compromettez ! J'ai beau être solidariste, j'appartiens au gouvernement du Président. C'est même vous qui m'y avez mise, vous vous souvenez ? J'aimerais d'ailleurs savoir », poursuivis-je à mi-voix, « combien de temps vous comptez m'y laisser, assise entre deux chaises... Parce que plus votre cote monte dans l'opinion, plus ma situation devient difficile.

— Rien ne presse », fit-il, souverain, en dépliant sa serviette. « Nous examinerons ce détail en temps utile...

— Faites attention : le "détail" pourrait se lasser... D'autant que je ne suis pas submergée d'instructions par votre QG ! Pire : c'est tout juste si l'on se rappelle encore, chez vous, que je suis membre du Bureau Politique ! On oublie de me convoquer... »

J'avais dû élever le ton sans m'en rendre compte. Fervacques me lança un regard réprobateur. Avec la maîtrise d'un vieux politique il restait toujours sur ses gardes : à peine s'il osait ouvrir la bouche pour manger — un photographe dissimulé ne risquait-il pas de surprendre une grimace malencontreuse, une posture disgracieuse ? Un présidentiable ne mâche pas, ne se gratte pas, trébuche rarement et ne s'accroupit jamais. Des yeux il fit le tour de la salle pour s'assurer que personne ne s'intéressait à notre différend.

— Ce n'est pas moi qui ai choisi ce restaurant, murmurai-je avec suavité tandis qu'il achevait son inspection.

Il eut un petit claquement de langue exaspéré :

— De toute façon, il n'y a pas de lieu public où vous passiez inaperçue.

Ce n'était pas un compliment : déjà au temps de nos amours, il me reprochait, comme tous les gens de sa classe — mon père, mon frère —, de parler trop haut, de faire trop de gestes, de rire trop fort. L'excès fait populaire, l'émotion n'est pas distinguée... Quant à ma façon de m'habiller, j'admets que dans le monde politique elle me signalait de loin.

Sans doute, dans les débuts de ma carrière de cabinet, quand j'étais attachée chez Antonelli ou débutante aux Affaires étrangères, avais-je cru sage d'adopter le bleu marine et le blazer : seule dame dans ces réunions de messieurs en gris et ces cocktails de smokings noirs, j'essayais de m'effacer. Encore un peu et j'aurais fini en « executive woman » — tailleur de tweed, épaules carrées, mocassins et serviette de cuir ! Par chance, j'avais compris mon erreur à temps : puisque je ne pouvais changer de sexe, autant l'affirmer franchement. J'étais la seule femme dans les congrès, les conseils, les dîners ? Tant mieux : sur ce parterre de flanelle on ne verrait que moi ! Vive les vert pomme et les bleu dur ! Et quand, malgré tout, mes cheveux roux m'obligeaient à porter du noir, je le choisissais provocant : décolleté ici, échancré là... L'hiver, petite chose fragile, je m'enveloppais frileusement dans des châles à franges ou les écharpes à écussons que m'offraient mes armées ; l'été, enfant distraite, je laissais négligemment dépasser un bustier de lingerie sous une veste mal boutonnée ; en toute saison enfin, j'usais du strass et des escarpins pointus, du lamé et des ceintures dorées... Cette façon d'accrocher l'œil avait beaucoup contribué à ma naissante popularité : partout les journalistes me repéraient et quelquefois (de plus en plus souvent) le public masculin me reconnaissait. Chemin faisant, je ne désespérais pas de convaincre ces admirateurs de « petites pépés », ou ces contempteurs de « traînées », que les robes à volants n'excluent pas la compétence... Mais je devinais que Fervacques, qui avait depuis longtemps fait sien le principe du beau Brummel (« Quand une personne se retourne pour regarder vos vêtements, c'est que vous êtes mal habillé »), jugeait mon style trop voyant pour être élégant, trop clinquant pour être honnête.

En vérité, il aurait suffi qu'il me demandât d'y renoncer. Sans doute même n'en rajoutais-je que pour le provoquer ; n'importe quoi, requête ou sommation, qui, dit sur n'importe quel ton, ressemblât encore à une marque d'intérêt eût déclenché une métamorphose, comme dans les contes de fées : avec quel plaisir, princesse redevenue grenouille, j'aurais réendossé le marine gansé de mes débuts ! Sans hésiter j'aurais troqué mes talons aiguilles pour des « Charles X », et caché ma gorge sous le chemisier blanc à col rond des petites filles bien élevées...

Car, à bien considérer le fond, je ne me souciais pas plus de stratégie vestimentaire que de tactique politique ! Les techniques de communication dont les nouveaux amis de Saint-Véran me rebattaient les oreilles n'étaient à mes yeux qu'un jeu de plus : déguisement, mensonge, et pari... Oui, si Charles ce jour-là m'avait priée de fermer le dernier bouton de mon corsage, d'ôter mes boucles d'oreilles, et de renoncer au vert cru, je lui aurais obéi avec gratitude.

Mais il ne me demanda rien ; une fois encore je sentis nos destins, entraînés dans un même mouvement, partir dans des directions contraires, comme lorsqu'à la roulette une même impulsion lance la boule en sens inverse du cylindre. La course de Fervacques l'enlevait vers les sommets, tandis que, petite bille ballottée, je sautais de case en case à reculons. Nous nous éloignions...

Brusquement, je décidai d'augmenter l'écart. Dédain pour dédain, perte pour perte, j'aurais le mérite d'avoir accéléré, tels ces flambeurs lancés à la poursuite de l'échec, ivres brusquement de l'orgasme du perdant. Plus de détours, droit au but : en finir...

— Je ne passe pas inaperçue, dites-vous ? C'est vrai, je ne raffole pas des tons fanés... Ni des mousselines arachnéennes. L'arachnéen n'est pas mon genre. Je le laisse à d'autres. Dont vous devriez bien vous méfier : derrière l'arachnéen on trouve toujours une araignée !

Cette allusion aux « créations » de Nadège de Leussac le piqua au vif ; quelques années plus tôt, il aurait cassé un cendrier. Mais en public le présidentiable sait se contrôler : sans empire sur soi, plus d'Empereur !... Olympien par nécessité, « l'Archange » prit une profonde inspiration et but une gorgée de Cahors :

— Vous souhaitiez me parler de Laurence, je crois ?

— En effet. Vous le voyez, nous ne quittons pas le chapitre des abandons...

La phrase m'avait échappé ; j'avais pris deux tranquillisants avant de l'affronter, et l'association du Cahors et de l'Urbanyl a des effets pervers : j'étais sur le point d'oublier qu'en principe j'avais pris l'initiative de notre rupture... Mais je me rattrapai : « Certes, le cas de Laurence est plus délicat que le mien. Un ministre que son parti délaisse s'en remet toujours. Pour Laurence, c'est différent : elle souffre d'un lâchage sentimental. La guérison sera plus difficile. »

En peu de mots je l'informai de l'hospitalisation de sa fille. Comme, sur la nature de cette « maladie », je ne pouvais rien dire que par allusions, usant d'expressions obscures et de formules contournées (à moins d'un mètre de nous, Dominati et deux de ses électeurs s'attardaient sur leur crème caramel), Fervacques se méprit : il crut que Laurence prenait de l'héroïne. La stupeur se peignit sur son visage — j'avais eu raison de lui supposer une bonne couche d'inconscience ; à mesure que mes révélations dissolvaient cette carapace protectrice, il paraissait sincèrement effondré. Cependant, quand j'eus réussi à lui faire comprendre qu'il ne s'agissait que de pilules, il me sembla soulagé à l'excès.

Nos voisins venaient de quitter leur table, je pus enfin lui répéter sans périphrases les propos du vieux généraliste et du jeune interne : consommés à dose massive, les « kounous » entraînaient, eux aussi, une dépendance physique ; le sevrage de Laurence serait douloureux, peut-être dangereux, et il prendrait du temps. Son entourage devrait beaucoup l'aider, beaucoup l'aimer. Il se pouvait d'ailleurs qu'on remédiât plus vite aux effets si l'on s'attaquait aux causes : les rapports de Laurence et de sa mère étaient mauvais ; mais elle m'avait souvent parlé de son père ; il lui manquait.

« Ah, je vous vois venir, coupa "l'Archange". Tout est de ma faute ! Bourrage de crâne signé Malou ! » Rassuré d'apprendre que sa fille ne se « piquait » pas — pas encore —, il avait retrouvé toute sa pugnacité.

Avec patience, je lui rapportai ce que Laurence m'avait raconté du meeting de Sceaux. De nouveau il explosa : « Mais cette gamine devient idiote ! Comment veut-elle que l'orateur repère quelqu'un dans une foule ? ! Vous savez bien, vous, comment sont ces rassemblements... Qui a pu lui fourrer dans la tête l'idée stupide d'aller là-bas ? Ça pue la machination à plein nez : on a cherché à la désespérer et, une fois de plus, à m'accuser ! »

Sans me départir de mon calme, je lui rappelai les difficultés scolaires de Laurence enfant, et l'appel au secours qu'un professeur de Compiègne lui avait adressé quand la petite n'avait que quatorze ans.

— Oui, oui... Encore une brillante manœuvre de Madame Weber ! Elle s'est toujours servie de Laurence pour essayer de me raccrocher. Il fallait absolument qu'elle arrive à me culpabiliser !

— Possible... Mais la lettre de Compiègne, Malou n'y était pour rien. Je suis bien placée pour le savoir : l'auteur de ce papier, c'était moi.

— Vous ?

A l'étonnement succéda l'incrédulité : « Vous jouez à quoi, là, Christine Valbray ? Cette lettre, je m'en souviens maintenant, c'est moi qui vous en ai parlé. Il y a des années. A Fervacques...

— Oui. A l'époque, je n'ai pas osé vous avouer que je l'avais écrite. Vous me faisiez peur, figurez-vous !

— Peur, vous ? Non. D'ailleurs la lettre de ce prof était ridicule, exagérée... je ne vous crois pas. »

Pas de chance : quand je mens tout le monde gobe mes histoires, tandis que mes vérités sonnent faux. Dès que je soulève honnêtement un coin du voile, on aperçoit un paysage si bouleversé, si peu conforme à mon sourire lisse, mes cheveux rangés, mes discours raisonnables et ma carrière bien menée, qu'on me soupçonne de mythomanie. De même qu'il est inconvenant de parler trop haut, il semble invraisemblable, dans certains milieux parisiens rassasiés de cynisme et de petits fours, de vivre une vie pathétique, d'avoir une âme passionnée. « Que tu es donc excessive, ma pauvre enfant ! » me reprochait déjà l'Ambassadeur quand j'avais seize ans. Il me trouvait « mélo », j'imagine. Depuis, j'arrange, je minimise, je rationalise, bref je mens — par politesse, pour ne pas déranger.

— Peu importe que vous me croyiez ou pas. Une chose est sûre : c'est que je m'intéresse à votre fille plus que vous, et depuis plus longtemps... Et si je dois continuer à m'occuper d'elle, j'ai besoin que vous m'expliquiez pourquoi vous l'avez sacrifiée à vos dissentiments conjugaux. Que reprochez-vous à Malou ? Après tout, elle vous a beaucoup apporté au moment où vous aviez besoin d'une femme d'expérience, d'une épouse maternelle. Elle vous a compris, formé, assisté... Tout en vous faisant bénéficier, ne l'oublions pas, des relations de son père : un président du Sénat sous la IVe, ce n'était pas rien, il me semble !

— Oui... Et le scandale Weber, c'était comment à votre avis ? L'affaire des « ballets bleus », c'était quoi : un cadeau ?

Je n'eus pas besoin de lui demander d'explications : par Philippe, je connaissais les détails de cette histoire depuis quinze ans. Mais Charles, quoiqu'il lui déplût d'évoquer son passé (« Je déteste qu'on se mêle de ma vie personnelle », m'avait-il répété à l'époque de notre liaison), tint à me préciser que Malou avait eu sa part de responsabilité dans le scandale de 55. « Parce qu'elle connaissait les mœurs de son père et fermait les yeux sur ses récréations avec "les enfants du Pirée"... Croyez-vous qu'après m'avoir épousé elle m'en aurait seulement informé ? Non. Elle a continué à le couvrir. Mieux que ça : elle tenait le "secrétariat particulier" des week-ends sénatoriaux dans la gentilhommière de Sologne... Malou n'hésitait pas à sacrifier un jeune mari à un papa chéri ! La vieille fille type ! Remarquez, quand elle s'est rendu compte qu'elle coulait ma carrière, elle a essayé de se suicider mais, bien sûr, comme toutes les femmes elle s'est ratée !

— Et Laurence dans tout ça ?

— Laurence n'avait que trois ou quatre ans au moment des événements... D'une certaine manière, pourtant, elle a joué un rôle déterminant. Parce que si, trois mois après avoir démissionné, Marceau Weber s'est décidé à se supprimer (avec succès, lui !), c'est à cause de sa petite-fille, pour éviter un déballage "qui ternirait l'honneur de l'enfant". Vocabulaire de MRP : il avait laissé une lettre pour expliquer son geste...

— Bien entendu vous ne lui aviez pas vous-même fait valoir ce genre d'argument ?

— Mais pour qui me prenez-vous ? ! » s'exclama-t-il, en frappant la table de ses deux paumes — non sans avoir, au préalable, vérifié d'un coup d'œil circulaire que la salle était tout à fait vide. « Malou aussi, imaginez-vous, s'est figuré que j'avais poussé son père à disparaître ! Parce que, la veille de sa mort, j'avais eu une discussion avec lui... Bon Dieu, je suis un réaliste, mais je ne suis pas un assassin ! Je n'ai jamais caché que la mort de mon beau-père, en nous évitant une instruction étalée sur des mois, m'avait permis de refaire surface cinq ou six ans plus tôt, mais je ne l'aurais pas tué pour si peu ! D'autant que je l'aimais bien, moi, le père Weber, avec son accent du Sud-Ouest, ses coups de sang, son caporalisme d'ancien chef de gare, et ses maquignonnages de chef-lieu de canton... Un vieux roublard très sympathique. Si j'avais connu ses goûts, je lui aurais arrangé des petits séjours en Angleterre, en Egypte, ou ailleurs. Tout gentleman sait que ce qui se passe au-delà des frontières est sans importance ! Mais Weber n'avait rien d'un gentleman, malheureusement... En Sologne ! L'imbécile !... En tout cas, quitte à vous décevoir, je puis vous assurer d'une chose, chère Madame : je n'ai pas plus de sang que vous sur les mains ! »

Justement...

« Ce qui n'empêche que, depuis cette époque, vous vivez dans la terreur du scandale...

— La terreur du scandale ? Je croyais pourtant vous avoir prouvé que je ne suis pas un pétochard ! Non, les frasques amoureuses de leurs dirigeants, à deux, à quatre ou à dix, les Français s'en foutent ! Je suis même convaincu qu'ils aiment les cavaleurs. Tant, du moins, que ces don Juan restent dans la catégorie du macho pur fil. Marceau Weber avait le tort de s'en écarter... Pour le reste, dans ce pays, il n'y a de grave que les histoires d'argent ! Chez nous, si un ministre invite une jolie fille dans un hôtel de luxe, on va râler sans doute, mais pas pour la fille : pour l'addition... C'est le seul domaine où j'essaie de rester prudent. » Et la raison pour laquelle il m'avait condamnée au « filet mignon » du buffet de l'Assemblée !

« J'ai compris... Mais que diriez-vous d'une petite droguée qui organiserait des casses pendant que son père se bat contre l'insécurité ? » Je le mis au courant des visites répétées qu'avait subies la maison de Pierrefonds et de l'idéal partageux qui animait Laurence. « Il y a là un joli scandale à la clé, non ? Et la fille d'un présidentiable qu'on retrouverait morte d'une overdose dans les toilettes d'un café, la seringue plantée dans le bras ?

— Mais vous m'avez dit que...

— Pour l'instant Laurence a mis le cap sur les "kounous", d'accord, mais elle navigue à l'estime et nous ne pouvons exclure certaines dérives : elle a déjà tâté du hachisch, de la cocaïne, et, une fois au moins, de l'héroïne. Or, avant-hier, figurez-vous, elle m'a fait part de son intention de s'y remettre ! Bon, je n'y crois qu'à moitié, mais il est sûr qu'elle a pris l'habitude de consommer des opiacés dilués. Supposons que demain elle mette moins d'eau dans son vin ? Croyez-vous que l'électorat des mamies apprécierait ?... Je ne mentionne qu'en passant une dernière hypothèse, la plus favorable pour vous : l'overdose de "kounous". Favorable parce qu'on pourrait maquiller cet accident en acte volontaire : suicide aux barbituriques... Mais même le suicide d'une frêle jeune fille dans une famille à principes me semble de nature à troubler l'électeur sensible ! Surtout si la maman de la petite, quelques amis, ou d'anciens professeurs — il y a tant de bavards ! — se mêlent de raconter aux journalistes que le père de l'ingénue l'avait abandonnée... »

Il me dévisagea avec stupéfaction, sans rien dire. Puis, s'étant assuré qu'aucun serveur ne traînait à proximité, il posa une seconde sa main sur mon bras :

— Très joli chantage, Christine... Bravo ! Joli, mais inutile. Quelle sorte d'homme me croyez-vous ? Quel monstre êtes-vous en train de vous fabriquer ? Pensez-vous qu'il faille me menacer pour que je m'occupe de ma fille quand elle est en difficulté ? J'aime Laurence... Enfin, non, soyons honnête : je la connais trop peu. Mais je me sens capable de l'aimer... Malgré tous les ennuis qu'elle me cause, tous ceux qu'elle m'a causés : souvenez-vous de la façon dont, autrefois, j'ai évité la prison à son petit ami, cette épave, ce Chaton... Ah, elle m'en a fait voir, je peux le dire, mais, en fin de compte, j'ai toujours été près d'elle dans les moments décisifs : sa première communion, son premier bac... Et je suis prêt à faire encore un effort : je vais la prendre en convalescence chez moi, à Fervacques. Cette invitation tombe assez mal compte tenu de la conjoncture politique et de mon emploi du temps, mais je tâcherai de lui faire une place dans mon programme : je déjeunerai avec elle une fois par semaine... D'ailleurs, il n'existe pas de cliniques pour ce genre de désintoxication ? Ah si ? Euh... Non, vous avez raison : ce ne serait pas une bonne idée, cette petite a besoin d'affection... Eh bien, va pour la Normandie, je lui consacrerai même un week-end sur deux... Ou sur trois. Pour le reste, mes filles et Elisabeth s'en chargeront. Je ne vois d'ailleurs que des avantages à ce que tout ce monde fasse connaissance : un jour Laurence détiendra le quart de ma fortune et il vaudra mieux qu'elle s'entende avec ses sœurs... Oui, c'est une excellente idée : quelques mois à la campagne et votre « orpheline » sera sur pied ! A ce moment-là, je lui trouverai un petit boulot dans mon équipe, on a toujours besoin de gens pour vérifier les adresses et coller les enveloppes... Ce qui me permettra de l'apercevoir encore de loin en loin. Ce sera parfait, parfait... Quand quitte-t-elle l'hôpital ?

— Après-demain, en principe.

— Ah, ça, c'est court évidemment ! Il faut tout de même que je prépare Elisabeth à cette idée... Donnez-moi quinze jours, trois semaines peut-être, pour tout organiser. D'ici là... D'ici là auriez-vous une idée sur l'endroit où Laurence pourrait aller ?

— Chez moi. Comme d'habitude...

— Vous êtes un ange !

Il prit ma main et la baisa. J'eus la satisfaction de n'en éprouver aucun plaisir. Ses lèvres glissèrent sur ma peau sans me communiquer ni chaleur ni frisson ; je ne rougis pas, ne pâlis pas davantage. De l'ange j'avais déjà acquis la marmoréenne sérénité... Pour le reste, je n'étais sûrement pas si angélique qu'Elisabeth : trompée comme elle l'avait toujours été, bafouée à la face du monde, si elle acceptait encore de se charger de l'enfant d'une autre pour soulager Charles du fardeau de sa paternité elle n'aurait pas volé son auréole !

Enhardie par l'Urbanyl, j'osai brusquement une de ces phrases insolentes, mi-questions mi-réponses, par lesquelles Fervacques s'amusait lui-même à pousser ses interlocuteurs dans le sens de leur pente :

— Au fait, Charles... A propos d'Elisabeth... Quand divorcez-vous ?

J'avais eu soin, moi aussi, de vérifier les alentours et de

parler à voix basse pour lui ôter tout prétexte à se dérober. Mais il ne se défila pas ; au contraire, ma question parut l'amuser :

— Sûrement pas avant les élections, murmura-t-il en souriant, très complice.

— Et si vous devenez Président ?

— Voyons, Christine, vous avez trop de sens politique pour vous méprendre ! Cette fois, je ne joue pas gagnant, je joue placé. Même si du côté de la majorité la situation se dégradait encore, si les bavures se multipliaient, je n'irais pas au-delà du premier tour... Trop jeune dans la carrière ! En revanche, ce premier tour, il faut que j'y sois, et même que je sois « un peu là » !... Car après l'élection, perdue par un autre que moi, je dois apparaître comme l'unique recours de la droite : l'homme neuf qui reprend le flambeau et venge l'échec... Cet objectif à long terme détermine ma stratégie présente. Eliminer Chirac (de préférence avant le premier tour) et faire battre Giscard au second, voilà mon plan. Le deuxième volet ne présente aucune difficulté : avec les « affaires » actuelles, V.G.E. est très mal parti. D'un duel avec Rocard ou Mitterrand je ne le vois pas sortir vainqueur. Puisque je souhaite la victoire de la gauche et que notre Président est le mieux placé pour l'assurer, je le soutiens. Vous aurez remarqué que, ces temps-ci, je me suis gardé de l'enfoncer...

— En effet. La presse que vous contrôlez reste remarquablement modérée...

— Et c'est pour la même raison — puisque vous me demandez des instructions — que je vous prie de tenir bon là où je vous ai placée : à la fois solidariste et membre du gouvernement, vous êtes la preuve vivante que je ne trahis pas...

— Je m'en étais doutée... Et vous ne pouviez mieux tomber : attester de la bonne foi d'un parjure, incarner la loyauté d'un trompeur, symboliser la fidélité d'un inconstant, c'est de la routine pour moi ! Un travail auquel j'excelle... Que dis-je, « un travail » ? Une vocation, un destin ! J'ai fait ça toute ma vie : l'essentiel, dans la félonie, c'est de commencer très jeune. Affaire de dressage, comme pour les enfants du cirque. Un homme-caoutchouc, ça se prépare dès l'âge de deux ans. Il ne faut pas lui laisser le temps de se raidir, de s'ossifier. Tous les jours on l'étire, on le tord, on l'assouplit. Je craignais de me rouiller : merci.

— Quand vous vous exprimez par énigmes, ma petite Christine, vous m'agacez !

— D'accord, revenons aux élections : ce que je vois mal dans votre montage, c'est le premier tour. Je vous accorde que la nébuleuse gaulliste va s'effilocher : on peut déjà compter sur quatre prétendants ; outre Chirac — qui, malgré les vœux que vous formez, croit toujours, le naïf, qu'il sera candidat —, Michel Debré et Marie-France Garaud vont entrer en lice, c'est certain. Avec vous, cela fera quatre. Pour le moins ! Mais ce que je...

— Debré et Garaud ne me gênent pas ! Au contraire ! Ils piquent des voix au grand Jacques sur sa droite. A eux deux, ils feront bien 4 % : c'est toujours ça de pris. Si je pouvais même, dans leur orbite, susciter deux ou trois candidatures de plus... Jobert peut-être ? Moi, en tout cas, je ramasse au centre. Et si, à six mois de l'élection, les sondages me donnent huit ou neuf pour cent (vous voyez que je ne délire pas !), je suis sûr que Chirac ne se présentera pas : il ne lui resterait, tous décomptes faits, que douze ou treize pour cent des voix... Pour un ancien Premier ministre, chef d'un grand parti, une misère ! Il serait ridicule, le pauvre homme ! Je sais que Balladur lui déconseille déjà d'être candidat. Il lui a montré que Giscard serait battu sans que lui puisse être élu : à se présenter il ne gagnera que de porter le chapeau — endosser la responsabilité de la défaite et, en tant qu'ancien second du Président, celle de la trahison... Je crois qu'il n'enverra au casse-pipe qu'un de ses sous-fifres — Pons ou Labbé — et, naturellement, ce sacrifié fera moins de voix que moi ! Du coup, je vais me retrouver en tête de la portion gaulliste de l'électorat — un quart des voix, tout de même. Aussi sec je me désiste pour Giscard, et là-dessus, discrètement, je fais voter pour Mitterrand.

— Ces brillantes combinaisons me rappellent la fable du Pot au lait...

— Pas du tout ! Je n'ai rien d'un chimérique : jusqu'aux Présidentielles il me reste dix-huit mois. Souvenez-vous de ce qu'était la cote de Chirac en 72 : 5 % d'opinions favorables contre 50 % à Chaban, mais dix-huit mois plus tard... ! Il suffit que d'ici 81 j'élargisse un peu mon audience, que je réduise encore l'écart entre Chirac et moi : c'est une question de deux, trois pour cent. Pour cela, bien sûr, il faut que mon Jacquot continue à déconner, mais il est sur la bonne voie. Au besoin je l'y pousserai : j'ai quelques dossiers...

— Bah, les dossiers !... Ce n'est pas à vous que j'apprendrai qu'en politique tout le monde tient tout le monde ! Si vous avez barre sur lui, il n'est sûrement pas dépourvu de munitions non plus.

— Nous verrons... J'espère, en tout cas, que vous avez applaudi au but que j'ai marqué contre ses amis en leur lançant dans les pattes le Mouvement des démocrates.

La semaine précédente, plusieurs groupuscules centristes qui « ne se reconnaissaient pas », expliquaient-ils, « dans les grandes formations existantes » avaient en effet décidé de constituer avec le groupe solidariste « un troisième pôle de la majorité présidentielle ». Ils s'étaient trouvé un bon slogan — « Pour ceux qui veulent faire de la politique autrement » — , et, se réclamant « de la tradition républicaine en même temps que de la réflexion la plus moderne » (« Je ratisse large », convenait Fervacques), avaient convié « les démocrates-chrétiens », « les sociaux-démocrates », « les gaullistes de progrès », et même « les écologistes constructifs » (Zaffini et sa jeune troupe) à soutenir leur effort : comment pourrions-nous refuser de « conjuguer morale et politique » ainsi qu'ils nous le proposaient ?

Personnellement, je n'avais rien contre cette conjugaison, bien qu'elle parût aussi désuète désormais que le subjonctif imparfait ; je me demande même si, des deux, l'imparfait du subjonctif ne m'aurait pas semblé plus naturel, moins suranné. N'importe : en politique, comme en grammaire, rien ne me paraît plus urgent que l'inactuel. J'aime le passéisme — surtout chez les autres... Va donc pour la morale, et même pour le « supplément d'âme », succursale qui prenait de l'extension à mesure que la maison mère s'anémiait : comme dans ces exploitations modernes que des fermiers enrichis développent dans les anciens communs des gentilhommières abandonnées, on multipliait les dépendances autour d'un château ruiné...

Qui sait d'ailleurs si, avec son petit côté rétro — « Restaurons nos vieilles poutres » —, l'entreprise des Démocrates n'était pas plus habile qu'une analyse superficielle ne le donnait à penser ? Dans une époque incertaine, où les changements de valeurs sont si rapides et les engouements si contraires, le rétro peut se changer en « néo » au premier cahot... Jugée sur ses intentions, l'opération m'était donc sympathique. Malheureusement, je doutais que « l'Archange » pût y gagner plus d'un point ou deux : à part Zaffini (qui justement hésitait à sauter le pas, jouait les donzelles effarouchées, interrogeait le ciel — et tous les instituts de sondage — pour savoir si l'on pouvait être un « écologiste du centre »), Fervacques et ses acolytes ne s'adressaient qu'à des espèces en voie de disparition, « démocrates-chrétiens » et « gaullistes de progrès », qu'il eût mieux valu conserver sous verre que de jeter dans la mêlée... Encore aurait-on pu passer sur le manque d'envergure des destinataires — ce genre de déclaration vise autant le grand public que ceux auxquels elle prétend s'adresser — si le fameux accord avait brillé par son originalité, son mordant. Mais, pour le mordant, ce texte tout neuf ressemblait déjà à un vieux dentier. L'appel commençait par un constat qui, pour relever du « balancement circonspect » cher aux Sciences Po de première année, m'avait paru d'une inquiétante banalité : « Les années quatre-vingts s'ouvrent pour la France sur de grands espoirs et de redoutables incertitudes. » Certes... La suite était de la même encre, tant il est vrai que l'entrée en matière donne le « la » d'un ouvrage : c'est du moins ce que me répétait Saint-Véran quand je m'étonnais que, pour rédiger les critiques qu'on lui demandait parfois, il bornât sa lecture à la première page, se contentant de « flairer » le reste... Je ne sais pas si l'on a tout saisi d'un roman en trois lignes (« J'ai lu "Guerre et Paix" par la méthode de lecture rapide, dit un personnage de Woody Allen, ça parle de la Russie »), en revanche le lecteur le plus lent, le plus bouché, avait sûrement jugé ce Mouvement des démocrates dès son premier paragraphe : « La France doit renforcer sa cohésion sociale par la solidarité » — sans doute ! —, « poursuivre la modernisation de son économie » — voilà du neuf ! —, « et consolider ses relations internationales par une aide active aux pays en développement » — je n'y aurais pas pensé !... Où donc était le Fervacques qui, cinq ou six ans plus tôt, m'avait démontré qu'un papier passe-partout, un programme indiscutable, que personne ne discuterait, était sans valeur médiatique et sans force politique ? Où était celui qui m'avait appris à pimenter ses déclarations d'imprudences et de saillies, à les saupoudrer de paradoxes — bref à surprendre et à choquer pour pouvoir polémiquer ?

« Vous partez au combat avec une arme bien émoussée, mon pauvre Charles ! Qui vous a pondu ce chef-d'œuvre ? D'Aulnay ?

— Oui... Enfin, avec un petit énarque qu'il vient d'engager... Je sais, je sais », poursuivit-il en se prenant la tête entre les mains, plus accablé soudain par ses déboires d'écriture que par les mœurs de Laurence, « depuis que vous êtes ministre je n'ai plus de bonne plume au boulevard Saint-Germain... C'est catastrophique : pour cette histoire de "troisième pôle", par exemple, j'avais amorcé une dynamique prometteuse... et, plaf, avec leurs formules fadasses, cette équipe de bras cassés me sabote mon projet. J'en suis conscient... Remarquez que, d'un autre côté, ce n'est pas entièrement la faute de Fabien : mettre une rédaction au point avec les radicaux, qui, du petit déjeuner jusqu'au souper, et depuis un demi-siècle, ne pensent qu'à une chose — édulcorer, diluer, faire du rose avec du rouge, et du blanc avec du rose —, ce n'est pas facile, croyez-moi ! Et comment trouvez-vous notre slogan ?

— "La politique autrement" ? Plutôt bon. Excellent, même.

— Ah, fit-il en se rengorgeant, ça, c'est de moi ! Mon conseiller en communication voulait "Unis pour la victoire"... "Unis pour la victoire" au moment où je divise la majorité ! Et dire qu'on paye des fortunes à ces pierrots pour qu'ils nous livrent des idées de ce tonneau... Mais le pire, mon petit enfant, le pire c'est qu'il faut maintenant que j'écrive un livre. Très, très vite. Giscard et Mitterrand en ont publié, Chirac en prépare un, et vous le savez, en France un homme politique qui n'a rien écrit ne peut prétendre à la direction du pays. Voyez Richelieu, Louis XIV, De Gaulle, Napoléon... Même Badinguet y est allé de ses "Commentaires de César", et ce pauvre Pompidou de son "Anthologie" ! Entre nous, qu'est-ce qui leur a pris, à tous ces piafs, d'aller tremper leur épée dans l'encrier ? Enfin, à présent le mal est fait... Et on peut même dire qu'il s'aggrave : aujourd'hui, c'est avant qu'ils aient gouverné qu'on demande aux politiciens de publier leurs mémoires — bribes d'enfance, ramassis de pensées, visite express du jardin secret... Donc, il faut que je sorte un bouquin. Dans cinq ou six mois. Ça devient urgent. Mais je ne peux pas signer n'importe quoi...

— Evidemment.

— Vous... Vous n'auriez pas le temps de me préparer un petit canevas ? Comme vous faisiez autrefois, pour mes discours... »

De nouveau il posa sa main sur la mienne. Mais humblement cette fois, comme un enfant trop gourmand demande un gâteau supplémentaire à sa mère en sachant qu'elle aurait de bonnes raisons de le refuser...

— Je ne m'inquiète pas pour vous, Charles : la Spear a sûrement les moyens de vous offrir une dizaine de nègres de talent. Le cas échéant, je vous indiquerai plusieurs romanciers amis de Saint-Véran que ce genre de prose pourrait intéresser. Entre deux chefs-d'œuvre confidentiels il faut bien vivre...

— Sans doute, sans doute... Mais avec vous, je gagnerais du temps : vous avez l'habitude de mes formules, de mon style.

De son style ? Là, il exagérait ! Si on pouvait lui reconnaître un certain panache verbal en effet — l'insolence, le trait méprisant et concis, à la Talleyrand, à la Morny —, personne ne pouvait se flatter d'avoir lu une ligne de sa main... Pour ses articles, ses grands discours, il se bornait à retravailler le papier qu'un autre lui avait préparé. Il « retouchait » d'ailleurs avec intelligence : comme ces critiques et ces directeurs littéraires que la page blanche angoisse, il avait, sur la page écrite, le jugement sûr. Il suffisait de lui fournir un plan, qu'il se révélait toujours incapable de construire, et le premier jet, qui l'ennuyait ; ensuite il élaguait, puis, ici ou là, vous poussait à ajouter une anecdote poivrée, un détail étonnant, une précision qui frappait. Pendant les quelques années où je lui avais servi de « ghost writer », il m'avait beaucoup appris : comment couper mes subordonnées-spaghetti, ou de quelle manière titiller la curiosité de la presse, flatter une catégorie d'électeurs, et tordre le cou d'un adversaire en faisant mine de le caresser. J'avais été la Colette de ce Willy... Et, comme l'autre, j'avais longtemps pris un plaisir trouble à m'effacer. Mieux : chaque fois qu'il publiait un article remarqué, faisait adopter une motion brillante, j'étais fière de le voir encensé pour des mérites que je n'osais m'attribuer... Mais depuis, tout de même, j'avais grandi !

Cependant, comment résister à la perspective d'écrire pour lui quelque chose qui ressemblât à une autobiographie ? Parler à sa place de son enfance, de ses chagrins, évoquer la maison de Sainte-Solène, le château de Fervacques, lui prêter des réflexions personnelles sur d'autres sujets que le suffrage universel, lui inventer des sentiments... Je sentais déjà, à ma grande honte, que j'en mourais d'envie.

Il crut pourtant que j'hésitais encore et revint à la charge : « Je ne vous demande qu'un avant-projet. En quelques soirées, avec votre formation d'agrégée, vous m'aurez mis tout ça sur pied ! Tenez, nous nous partagerons les tâches : je guérirai Laurence pendant que vous plancherez... » Un silence. Il avança sa lèvre inférieure dans une petite moue dubitative, pencha la tête sur le côté, me regarda par en dessous, puis sourit franchement : « Quelle bourde, hein, si cette phrase était dite avec sincérité ! J'aurais l'air d'un maître chanteur ! La santé de ma fille contre un livre bien ficelé... Mais, bien entendu, je n'établis ce parallèle que pour vous donner une raison honorable d'accepter ma proposition : telle que je vous connais, il vous sera plus facile de penser que je vous ai contrainte, que j'exerce sur vous d'odieuses pressions. Avec des arguments... inqualifiables, voilà le mot ! Ne rougissez pas, vous n'êtes pas la première femme qui préfère être violée ! Donc, nous sommes d'accord : je suis un père indigne ; et si vous retravaillez avec moi, c'est pour sauver Laurence... Voyons, voyons, ne mangez pas votre pouce comme ça ! Vous en aurez besoin pour tenir la plume ! »

Quand j'étais perplexe, j'avais tendance, il est vrai, à mordiller l'ongle de mon pouce droit. Il me le faisait gentiment remarquer pour me placer en position d'infériorité — procédé classique de débatteur —, mais je connaissais toutes ses intimidations depuis que, jeune attachée de cabinet, je lui avais servi de cobaye ; il en aurait fallu davantage aujourd'hui pour me mettre mal à l'aise. En revanche, j'étais surprise d'avoir pu oublier si vite avec quelle sagacité il pénétrait le secret des âmes, en démontait les ressorts, ne soumettant le pécheur à la tentation qu'après lui avoir donné toutes les raisons d'y succomber : pour moi, il ne se méprenait pas ; j'aimais mieux en effet céder à la menace qu'au désir...

Mais, si j'étais humiliée d'avoir envie d'écrire pour lui et d'obéir dès qu'il ordonnait, je me sentais plus humiliée encore d'avoir été devinée — sursaut d'orgueil qu'il n'avait peut-être pas prévu... J'étais mortifiée qu'on pût m'offrir aussi cyniquement le moyen de m'abuser, qu'on m'invitât à me soumettre en convenant d'avance, d'un ton léger, que ce serait à mon corps défendant, et indignée qu'on détruisît cette illusion au moment même où on me la proposait : « Regardez-vous en face une bonne fois, semblait dire "l'Archange", et convenez que vous ne valez pas mieux que moi ! » A peine s'était-il donné la peine de me tromper qu'il s'offrait ainsi le plaisir de me détromper... Assurément, si j'avais été certaine qu'il ne mentait pas en prétendant n'avoir jeté la survie de Laurence dans la balance que pour me mettre à l'aise, j'aurais dû me lever, j'aurais dû partir. Refuser ce livre, petit service qui succédait à de si grandes blessures, lui interdire de me mépriser avantage et m'empêcher moi-même d'en redemander.

Seulement, je gardais un doute. Un doute sérieux, car présenter la vérité comme une feinte est le b-a-ba de la ruse : le marchandage sordide dont Fervacques se vantait (je m'occupe de Laurence, vous travaillez pour moi) pouvait bien révéler le fond de sa pensée, et ce « donnant-donnant », dont il avait senti qu'il me choquait, pouvait lui avoir échappé. Politique habile autant que père indigne, il avait aussitôt rattrapé sa bévue en prétendant l'avoir commise exprès. En ce cas, si je refusais son marché, dans quinze jours ou trois semaines il m'apprendrait — comme par hasard — que, malgré la meilleure volonté du monde, sa femme Elisabeth se trouvait dans l'impossibilité, matérielle ou morale, d'accueillir notre jeune « Ophélie »...

Incapable de tirer au clair les vraies intentions de Charles et de démêler l'écheveau de mes propres sentiments, je décidai, dans l'immédiat, d'agir au mieux des intérêts de Laurence : j'acceptai le livre

« Le titre, au moins, est tout trouvé. Il faut reprendre votre slogan : "la Politique autrement"... Pour le reste, donnez-moi trois mois. J'ai déjà plusieurs idées sur le contenu. On peut tirer le meilleur parti de votre enfance : le frère aîné tué à la guerre, la mère disparue alors que vous n'aviez que...

— Vous ne parlerez pas de ma mère ! Ni d'aucune de mes histoires de famille. Je n'ai jamais voulu de ce genre de déballage, vous le savez bien ! La psychologie, la psychanalyse, tout ça, c'est de la foutaise et du narcissisme ! Moi, j'aime mieux partir en croisade que de me regarder le nombril ! Et ne me dites pas que les croisades ont fait plus de tort à l'humanité que l'introspection : se croiser, c'est encore s'occuper des autres ! » (Assez satisfait de cette déclaration, il jeta un coup d'œil circulaire sur la salle — en quête d'un public cette fois —, mais, comme il avait pu le constater depuis plus d'une demi-heure, nous étions seuls.) « Et d'ailleurs, pendant que vous y serez, pourquoi ne pas rappeler aussi le scandale Weber, hein, pourquoi ?

— Le scandale Weber, rassurez-vous, on l'expédiera en deux ou trois phrases. Mais sensibles, humaines... Quant à votre mère, on ne racontera pas tout, mais seulement sa mort tragique, votre désarroi : orphelin à douze ans, c'est une aubaine ! Littérairement parlant... Et politiquement, donc ! Il ne faut rien négliger de ce qui peut corriger votre image d'enfant gâté, de milliardaire insolent. Pensez que cette image-là, Chirac, fils d'employé et petit-fils d'instituteur, va vous la coller sans cesse sur le dos ; et pour faire oublier sa petite fortune, Giscard ne manquera pas de rappeler que vous en avez une grande...

— Quand même, fit-il, révolté à l'idée qu'on pût l'attaquer avec tant de mauvaise foi, ils ne pourront pas prétendre que j'ai gagné mon argent malhonnêtement ! Je ne l'ai pas gagné, cet argent : j'en ai hérité... »

Il restait, dès qu'on parlait de « finances privées », désarmant de puérilité.

— Certes, Charles ! Mais voyez comme le monde est injuste : ne pas avoir gagné d'argent soi-même est aussi une tare ! Croyez-moi : il est indispensable que votre enfance nous tire des larmes...

— Bon... On parlera tout de même un peu de politique dans ce bouquin ? demanda-t-il, agressif. Entre deux confidences sur mes langes et ma première dent...

— Mais oui, mais oui ! N'ayez crainte : je caresserai vos chères têtes blanches... Je n'oublie pas que le nombre des plus de soixante-cinq ans augmentera de 25 % d'ici l'an 2000 : je prépare votre avenir ! Au fait, avez-vous connu votre grand-père ?

— Très peu... J'avais neuf ans quand il est mort. Je n'ai aucun souvenir de lui.

— Tant mieux : nous vous en inventerons. Le grand-père est très important dans une stratégie de conquête du troisième âge. Et je me sens capable d'écrire des pages très émouvantes sur les grands-pères... Au besoin, je demanderai un peu d'aide à Saint-Véran pour la rédaction : personne n'est plus doué que lui pour attraper le ton d'un autre. Il saura très bien pasticher votre... enfin, notre style. Dormez tranquille : vous allez écrire des pages bouleversantes sur les couchers de soleil à Sainte-Solène, le cimetière des Chevaliers, le petit marchand de croissants de « la Belle Hélène » et « la maison de l'ogre »... Bref, un livre très personnel !

J'avais pu obtenir de l'hôpital qu'on gardât Laurence jusqu'au week-end, et, déplaçant mes rendez-vous au ministère sous prétexte de mettre la dernière main au rapport sur le Service national que le Premier ministre m'avait demandé, je m'étais réservé les lundi et mardi qui suivaient : quatre jours de « pont » que je comptais bien consacrer à Laurence et au livre de son père. Je profiterais des moments où elle dormirait — elle dormait encore beaucoup — pour jeter sur le papier une première ébauche de « la Politique autrement » : les têtes de chapitres, le plan de la partie économique, une description de la maison de Bois-Hardi en équilibre sur sa falaise ; peut-être même, si j'en avais le temps, un portrait de Bertrand de Fervacques, le fameux aïeul bâtisseur d'empires...

A l'hôpital, juste avant de signer la fiche de sortie, le jeune interne me prit à part et me conseilla d'obliger Laurence à respecter certains horaires dès que nous serions à la maison : « Vous la réveillez tous les matins vers huit ou neuf heures, même si elle n'a aucune envie de se lever. Et vous lui faites faire sa toilette : n'admettez pas qu'elle traîne en chemise de nuit toute la journée ! Vous l'empêcherez également de manger en dehors des repas, et, tous les soirs, vous lui éteindrez la lumière vers onze heures. Soyez très ferme. Comme avec un enfant. Un drogué a besoin de discipline. Si cette petite ne retrouve pas le rythme de la vie sociale, elle n'a aucune chance de réinsertion... »

Pour le reste, il m'avait remis une longue ordonnance, et un grand sac de pilules avec leur mode d'emploi : il y en avait pour toutes les heures de la journée — certaines, bonnes (genre tonicardiaques et remontants), d'autres, pernicieuses mais nécessaires (on ne pouvait sevrer Laurence que lentement). « Avec tout ça, elle sera encore dans le brouillard de temps en temps, m'avait précisé le jeune homme, mais ne vous affolez pas ! Il se peut aussi qu'elle ait des vertiges quand vous la mettrez debout : elle reste très hypotendue. Elle est même passée si bas au début de son coma qu'on a cru qu'elle nous filait entre les doigts ! Ce sont les barbituriques qui provoquent cette chute de la pression artérielle : ils sont hypotenseurs, comme les anesthésiques. A mesure qu'on réduira ses doses, tout rentrera dans l'ordre. Jusque-là, ne vous précipitez pas pour appeler le SAMU chaque fois qu'elle perd l'équilibre ou qu'elle éprouve le besoin de s'allonger : elle n'a encore dans les veines que du sang de navet ! »

Un fantôme, en effet : lorsque de retour au « Belvédère », déjà fatiguée, elle s'étendit sur son lit et se lova frileusement sous la couette, il me sembla qu'elle se dissolvait presque aussitôt dans la blancheur de la chambre. A peine plus ivoirine que la couverture de percale, presque aussi légère que les rideaux de mousseline et les taies brodées, elle ne laissait aucune trace sur le lit. Ses cheveux avaient coulé derrière l'oreiller, ses mains disparu sous les manches trop longues du sweat-shirt décoloré dont elle s'était enveloppée ; et de son visage pâli, amaigri, aux lèvres desséchées, on ne distinguait plus les traits — rien qu'un pastel crayeux, un barbouillage blême, sauf quand, un instant, elle rouvrait ses yeux, immenses et sombres, posés sur sa peau blanche comme deux myrtilles dans la neige. En quinze jours, elle s'était amenuisée, dématérialisée au point de n'être plus qu'un regard, d'ailleurs intermittent.

Elle soupira, les yeux fermés : « Je regrette l'odeur de l'hôpital... »

Les vapeurs de désinfectant et les odeurs de poireau qui traînent dans les couloirs d'hôpitaux ne peuvent sembler agréables qu'à ceux, peu nombreux, qui les ont associées à des moments heureux. Tel était le cas de Laurence, apparemment : entre ses perfusions et nos visites, prise en charge comme un bébé, elle s'était sentie mieux. Ce n'était pas tant le fumet de la cantine et l'arôme du Mercryl qu'elle regrettait que le fait d'avoir quitté sa couveuse.

— L'infirmière était gentille, ajouta-t-elle comme si elle avait suivi ma pensée.

— Mais oui, tu verras : il existe plein de gens adorables

sur cette terre ! Enfin, tu le verras si tu veux bien rouvrir les yeux...

— J'ai essayé, Chris, mais je ne peux pas. Je t'assure. Dès que je les ouvre, tout tangue autour de moi. J'ai l'impression de passer par des creux de dix mètres ! Je me sens drôle. Je vais vomir... Il me faudrait un comprimé pour dormir.

— Sûrement pas ! Ce sont eux qui font baisser la tension et qui te donnent ces étourdissements. D'ailleurs, ce n'est pas l'heure de dormir, ma chérie, mais celle de déjeuner.

— Ah, non, j'ai trop mal au cœur ! Je ne veux pas manger. Christine, ne m'oblige pas, je t'en supplie...

« Elle ne mange pas assez, m'avait expliqué le médecin, elle est très décalcifiée. Même ses dents sont abîmées... » Moi-même, en l'aidant à s'habiller pour quitter l'hôpital, j'avais été bouleversée par ses épaules étroites, cachectiques, et ses membres si menus que les articulations — coudes, genoux — y formaient des renflements, comme chez les déportés. Sortie de ses pulls flottants, de ses superpositions de tuniques et de ses grosses parkas, elle n'était pas belle à voir, ma prématurée. Ne pouvant la remettre sous perfusion, ni renouer son cordon ombilical, je résolus de lui donner la becquée ; je l'avais déjà fait pour Nieves autrefois quand elle mourait d'un cancer du foie, et je n'avais pas ma pareille pour négocier indéfiniment l'absorption d'une cuillerée de purée ou de confiture. Laurence finit par accepter un yaourt. Peut-être à cause du blanc : un yaourt blanc pour une petite fille toute blanche couchée dans une chambre blanche... Ou à cause du lait : que peut avaler d'autre un bébé ?

Après le yaourt elle s'assoupit. Gavée ! Elle avait pris un oreiller entre ses bras, le serrait contre son ventre, et dormait ainsi, recroquevillée dans la position du fœtus. Par la suite, je remarquai qu'elle ne s'endormait jamais sans tenir contre elle l'un de ses oreillers, mais son attitude était plus ambiguë que je ne l'avais pensé : étendue sur le côté, les jambes repliées, son gros coussin sur l'abdomen, elle avait autant l'air d'une femme enceinte que d'un nouveau-né. Dans le curieux couple qu'elle formait avec son oreiller, je ne savais plus vraiment qui elle était : la mère, ou l'enfant ?

Elle se réveilla de mauvaise humeur : elle se transformait toujours avec une facilité déconcertante, passant, d'une heure à l'autre, de la douceur à la colère, de l'enjouement à la bouderie. « Pour vivre avec cette fille-là, il nous faudrait un truc qui nous prévienne des changements de temps. Un baromètre : attention, tempête en préparation, période de basses pressions... ! » ironisait autrefois Thierry. Je savais maintenant que le baromètre était inutile : il suffisait d'une horloge. En calculant combien d'heures la séparaient de la précédente prise, on pouvait, à quelques minutes près, prévoir l'état de son âme...

Cet après-midi-là, je dus la faire patienter cinq heures avant le prochain comprimé, cinq heures durant lesquelles elle se montra odieuse. Je lui avais apporté les journaux : deux ou trois livres sur la drogue que j'avais parcourus conseillaient de ramener le drogué à la réalité en l'intéressant à l'actualité ; il fallait lui acheter la presse du jour, l'inciter à suivre les journaux télévisés... Mais Laurence attrapa mon paquet de quotidiens et l'expédia à l'autre bout de la pièce avec une force dont je ne l'aurais plus crue capable ; puis elle refusa avec la même énergie qu'on installât la télévision dans sa chambre : « L'actualité, je n'en ai rien à branler ! Entendre les grandes phrases des journalistes sur les petites phrases des hommes politiques, merci bien : ce n'est pas avec ça que je vais m'éclater ! Quoi d'autre encore dans l'actualité, qu'est-ce qu'il y a d'autre ? Comme d'habitude : des guerres, des guerres partout — ça va, je le sais. Et puis peut-être un petit tremblement de terre, hein ? C'est chouette, un tremblement de terre, ça fait du scoop et du mort frais. Seulement je peux quoi, moi dans mon coin, pour aider ces gosses ensevelis, ces bonnes femmes ravagées ? Eh bien, rien ! Rien... Alors, ce n'est pas la peine de m'en parler ! J'aime mieux ne pas le savoir.

— Comme tu voudras... Seulement, tu ne pourras pas toujours fuir. Fuir le monde, te fuir...

— Ah, parce que, du moment que je préfère rester dans ma chambre, en tête à tête avec moi-même, je me fuis ? Parce que si je ne cours pas d'un rendez-vous à une réunion, je me fuis ? Parce que si je ne m'abrutis pas avec la télé, je me fuis ? Mais, ma vieille, refuser de se disperser, aller vers l'intérieur, voyager en soi, ce n'est pas forcément fuir, ça ! La vraie fuite pour moi, c'est l'action ! Toi, la superwoman, tu crois que tu ne te fuis pas peut-être ? Toujours prête à foncer, à partir, à te rajouter une occupation : je suis ministre et, en plus, je sauve une droguée ; je sauve une droguée et, en prime, j'organise des dîners ; j'organise des dîners et, par-dessus le marché, j'écris un bouquin ; j'écris un bouquin, et ça ne m'empêche pas de tenir une permanence dans la ZUP du coin ; et j'emmène mon gosse en vacances ; et je me présente au Conseil général ; et j'accepte une émission à la télé ; puis, dès que j'ai un petit moment creux, je le bourre, voyez-vous : je prends des amants, je finance des peintres, je coffre des loubards, je couds de la ruflette à mes rideaux et j'accroche des cadres dans mon escalier... Ne me dis pas que j'invente : quand je dormais tout à l'heure, j'ai été réveillée par des coups de marteau ; c'était bien toi qui clouais quelque chose, hein ? Histoire de reposer ta main du stylo, probable ! Tu n'arrêtes jamais, Christine, tu me donnes le tournis, dans ton genre tu es aussi malade que moi... L'aveugle et le paralytique, je te dis ! »

Epuisée par tant de véhémence, elle retomba sur ses oreillers et se tut pendant deux grandes heures, n'interrompant sa méditation intérieure que pour maugréer : « Si tu ne veux pas me donner mes médicaments, tu n'as qu'à me renvoyer à l'hôpital ! » ou gémir : « J'étouffe, j'ai des crampes partout, tu me fais souffrir, souffrir... »

Tout ce que j'obtins fut qu'elle quittât son lit pour le fauteuil. Le médecin avait suggéré une heure de promenade, mais il pleuvait. Dans le fauteuil, avec ses longs cheveux épars sur son pull flottant et ses jambes emmitouflées dans de grands châles, elle avait l'air d'une jeune phtisique du XIXe siècle. Il ne lui manquait que la chaufferette ; elle y songea :

— J'ai froid. Je voudrais une bouillotte...

— Tu ne veux pas lire ?

— Non.

— Même pas une petite BD ?

— Non.

Elle gardait les yeux fermés.

« Et si on écoutait un peu de musique... Ça te ferait plaisir ?

— J'ai revendu ma chaîne le mois dernier. J'avais besoin de ronds.

— Tu as encore tes cassettes. Je peux te prêter mon lecteur...

— De toute façon ma musique t'emmerderait, on n'aime pas les mêmes choses... » Il est vrai qu'elle écoutait surtout des blues, du rock, chantés par des Américains dont elle avait autrefois placardé les posters dans son squatt de Montparnasse — toutes ses idoles étaient, je l'appris plus tard, mortes d'overdose... « D'ailleurs, reprit-elle, la musique des autres, maintenant, je n'en ai plus rien à cirer. Une seule goutte d'acide, et tu entends une musique absolue, céleste, avec Dieu le Père qui chante en solo et le Saint-Esprit qui te joue du tambour... »

Elle eut, à cette évocation, le même petit sourire, mi-ange mi-diable, que son père. Comme lui, du reste, elle mentait :

— Tu es en train de me bluffer, ma petite Lau : tu ne peux pas savoir ce qu'on entend quand on prend de l'acide, puisque tu n'en as jamais pris.

— Non... Mais je l'ai lu.

— Tu as de bonnes lectures...

— Donne-moi mon médicament.

— Dans deux heures.

— Fais pas chier, Christine, je flippe ! Qu'est-ce que ça te fait de l'avancer de deux heures ? On n'est pas à l'armée !

— Si.

Alors, comme un affamé sur une île déserte compose des menus, rêve à des banquets, comme un otage au fond de son cachot se remémore la saveur des grands crus, elle se mit, d'une voix rauque, lointaine, à me raconter dans le détail, minute par minute, l'ivresse des « kounous » : « Dès que je sentais mes lèvres commencer à me picoter, j'étais heureuse. J'avais l'impression que ma bouche gonflait, bourgeonnait, qu'elle poussait sur moi comme une grosse fleur. Etrangère à mon corps... J'avais perdu ma bouche. Et j'étais contente, parce que je savais qu'il viendrait, qu'il venait, le moment où j'allais perdre aussi mes jambes ; mes mains, où tout allait basculer... La vie qui vous quitte doucement comme une hémorragie, tu ne peux pas te figurer à quel point c'est délicieux ! » Une seconde elle rouvrit les yeux, jetant sur moi un regard embrumé. « On rapetisse, on s'affaiblit, on s'oublie, on s'enfonce. On entend encore, mais déjà on ne peut plus bouger, plus parler... »

On aurait dit qu'elle me parlait du rêve que je faisais, enfant, après l'accident des petits Lacroix, on aurait cru que, vingt-cinq ans après, dans la même chambre, elle revivait la mort de Clotilde telle que je l'avais imaginée : le sang qui coule dans l'herbe mouillée, le corps paralysé, le cri muet, le froid, la tête renversée, les étoiles qui s'éteignent, et la mort qui entre par la plaie ouverte, lentement, lentement...

— Arrête, Laurence, arrête ! J'ai peur ! Tu me glaces !

Ravie, elle poursuivait ; jouant de mon malaise, elle en remettait, avec une perversité têtue, un zèle dans le sadisme, qui me rappelaient les grandes heures de son père. A la fin, je ne distinguais plus moi-même le vrai du faux, l'horrible du délectable : cette perte de conscience qu'elle évoquait si bien, ce cauchemar que je croyais connaître, et cet ultime apaisement que je brûlais d'éprouver, je ne savais plus s'ils me répugnaient ou s'ils me fascinaient. Le sol fuyait sous mes pieds comme un tapis qu'on tire, comme le sable qu'une vague lointaine aspire... Sentant que son vertige me gagnait et que je risquais de céder, que, pour la faire taire, ne plus partager ses délires, j'allais lui administrer ses pilules une heure plus tôt que prévu, je claquai sa porte et, d'un pas chancelant, m'en retournai vers « la Politique autrement ». La vraie vie...

Le soir, alimentée et redroguée, Laurence redevint tendre et sincère. Je m'étais assise sur la moquette, le dos appuyé contre son sommier. A demi relevée sur ses oreillers, elle caressait mes cheveux, jouait avec mes mèches, comme une petite fille qui s'amuse à décoiffer sa mère : « Tu comprends, murmurait-elle, revenant sur la conversation de l'après-midi, que je m'intéresse ou non à ce qui se passe dans le monde, ce n'est pas grave, au fond. Ce qui est grave dans mon cas, c'est que... je n'arrive pas à m'intéresser à la suite de... de ma propre histoire. » Sa voix s'était brisée, elle pleurait à petites gorgées. « C'est comme au cinéma, quand on a envie de sortir avant la fin... Pas que je déteste vraiment le film, mais... je ne suis pas curieuse de savoir ce qui se passera après. Je... J'en ai assez vu, c'est tout. » J'attrapai au vol cette main qui jouait dans mes cheveux, l'embrassai, puis, la gardai posée contre ma joue : « Voyons, Laurence, on ne dit pas de bêtises comme ça à vingt-six ans ! Tu peux rencontrer demain un type sympa, qui t'aimera, que tu vas aimer. Tu peux trouver un travail passionnant, recommencer à dessiner... Tiens, même, tu peux voyager ! Tu connais Machu-Picchu ? »

Je me souvenais que découvrir Machu-Picchu avait été l'un de ses rêves d'adolescente. Pourquoi cet endroit-là, je ne sais pas : une de ces obsessions d'enfant née d'un rien

— une photo, la sonorité d'un nom ; mon fils Alexandre rêvait bien de la Terre de Feu, qui n'est ni chaude ni hospitalière.

« Oui, fit-elle pensive, Machu-Picchu... Je me rappelle, au lycée... Mais maintenant je sais que, pour aller là-bas, il faut traverser le Pérou, et qu'au Pérou les gens meurent de faim, je sais qu'il y a des dictateurs, des révolutionnaires, des terroristes, que Machu-Picchu, c'est comme partout... Et le type... le type sympa dont tu me parles, j'ai bien essayé de l'imaginer — difficile, tu sais, quand on n'a connu que des Chaton et des Zaffini ! — mais quelquefois j'y arrive. J'y arrive presque. Seulement c'est pire alors, parce que je m'aperçois que lui non plus, même lui, il ne m'intéresse pas... Pas du tout. » A petit bruit, petits moyens, elle pleurait. Elle pleurait à larmes maigres, à larmes sèches, comme si la source de son chagrin se tarissait avec sa vie. Je me relevai, m'assis sur le bord de son lit, la serrai dans mes bras : son cœur palpitait comme un oiseau. « Et toi, demanda-t-elle enfin en reniflant, pourquoi tu continues ? Qu'est-ce qui fait que tu t'accroches ? Dans tout ce qui t'attend, tu as envie de voir quoi ? Les législatives à Evreuil ? Ton mariage avec Saint-Véran ? Qu'est-ce qui t'intéresse ? De devenir un ministre plus important ? D'acheter une maison plus grande ? De donner des dîners de vingt couverts au lieu de dix ? »

A quoi bon lui avouer que je vivais au jour le jour, que chaque matin je trouvais un prétexte pour me faire durer ? Elle l'avait deviné. En ce moment, par exemple, je vivais pour qu'elle ne meure pas ; et peut-être aussi, soyons francs, pour tirer au clair la signification de certain adverbe : lorsque, à la question que je lui posais sur son prochain divorce, son père, au déjeuner de l'Assemblée, m'avait répondu « Sûrement pas avant les élections », il m'avait fourni matière à réflexion...

Il aurait pu, j'en conviens, dire « sûrement pas » — « sûrement pas » tout court —, tuant ainsi dans l'œuf les rumeurs de remariage que propageaient ma belle-mère Hélène et quelques désœuvrées de son espèce ; mais je n'étais pas assez folle pour espérer un pareil démenti. A l'inverse, s'il s'en était tenu à un « Pas avant les élections » net et direct, j'aurais pris sa réponse pour la confirmation de mes hypothèses les plus pessimistes — divorce certain, date différée. Mais il avait dit « Sûrement pas avant les élections » : à condition d'admettre que la phrase se terminait sur des points de suspension (le ton n'était pas celui de l'exclamation), on pouvait la traduire par « en tout cas, pas avant les élections ».

Dès qu'on en arrivait à ce point du raisonnement, mes affaires s'arrangeaient : le recours à un « en tout cas » n'impliquait-il pas qu'on fût disposé à envisager toutes les éventualités, y compris celle où le problème aurait entre-temps cessé de se poser ? N'était-ce pas reconnaître que le divorce restait douteux même après les élections, parce que d'ici là il n'y aurait peut-être plus de liaison ? Ce « sûrement » avec points de suspension, qui laissait planer une incertitude sur le sort de Nadège, me rendait un peu d'espoir : je ne dirais pas que je m'en berçais, mais... il y a des adverbes qui changent tout ! Quand Thierry, cet imbécile, les pourchassait dans ses romans, les pourfendait dans ses critiques, j'avais envie de les prendre sous mon aile, ces adverbes si mal aimés, de les soigner, de les cajoler, moi qui, depuis cinq jours, ne vivais que pour l'un d'eux !

Peu à peu, Laurence parut se calmer. Les heures de bouderie succédaient encore aux heures de confidence, mais ses sautes d'humeur semblaient moins contrastées. Elle consentit à faire chaque après-midi le tour du parc — sinistre en cette saison —, mangea ses yaourts sans rechigner, et poussa l'obligeance jusqu'à suçoter une pince de homard...

S'il y avait dans cette apparente docilité plus de résignation que de conviction, je ne me posai pas la question. J'avais choisi d'oublier qu'un prisonnier n'est jamais si sage que lorsqu'il prépare son évasion.

C'est donc sans arrière-pensées que je me réjouis aussi de lui voir retrouver un peu de vocabulaire : ayant été son professeur, je m'affligeais depuis des mois de l'indigence et de la vulgarité des tournures qu'elle employait. Tout était soit « super », soit « nul » — éventuellement « à chier » : avec ces deux qualificatifs et un superlatif elle faisait le tour de ses sentiments. Triomphe tardif, mais écrasant, de ces pions de collège qui, pour faire pièce aux instituteurs, avaient contraint trois générations d'élèves à bannir l'adjectif... Aussi fus-je agréablement surprise quand, un matin, à l'instant où j'ouvrais ses volets, je l'entendis marmonner du fond de son lit, au lieu du « Déjà ? Merde, c'est pas le pied ! » auquel je m'attendais, une phrase confuse qui se terminait par « la première clarté de mon dernier soleil ». Ce vers égaré provenait d'un sonnet précieux — Maynard ou Saint-Amant — que je lui avais fait étudier en classe de troisième. Qu'elle fût encore capable de le citer me remplit de fierté, puis de joie car, pour la première fois depuis qu'elle avait quitté l'hôpital, elle cherchait à me plaire. Et tant pis si, sur le fond, la strophe, que peu à peu je reconstituai de mémoire, ne révélait pas un optimisme délirant : « Je touche de mon pied le bord de l'autre monde », écrivait le poète, « Et l'on verra bientôt naître du sein de l'onde / La première clarté de mon dernier soleil... » Quelques jours plus tard, elle me fit un nouveau cadeau : me parlant de Madame Conan, elle la traita de « virago ». J'étais tellement habituée à lui voir ranger les autres en deux catégories, deux seulement — « les cons » et « les mecs extra » —, que ce « virago » aussi imprévu que recherché me combla.

Sans doute n'étais-je pas difficile à contenter, car pour le reste Laurence, quoique plus traitable, refusait toujours de lire, de dessiner, de ranger sa chambre, de s'intéresser aux diamants du Président, ou d'envisager une psychothérapie. Elle dormait encore quatorze heures par jour et restait allongée dix-huit heures sur vingt-quatre.

Un soir pourtant elle accepta d'écouter quelques cassettes, et au milieu de ses junkies américains je découvris avec surprise quelques bardes bretons en excellente santé — Yann Borel, l'ex-chantre du FLB que j'avais connu chez les Chérailles, Alan Stivell, et les Tri Yann. A première vue, ce mélange déconcertait : en dépit des années, des ruptures, des dérives, la fille de Charles s'obstinait donc à cultiver la nostalgie de cette Bretagne qu'elle ne connaissait pas, de ce Sainte-Solène qui, enfant, l'avait tant fait rêver qu'elle l'avait fui par peur d'être déçue...

Supposant que je trouverais plus de charme à ses trouvères armoricains qu'à ses camés, elle me pria de lui passer son morceau préféré : une vieille complainte sur le thème, classique, de la métamorphose. « Je suis fille le jour, et la nuit blanche biche, disait la chanson, la chasse est après moi des barons et des princes... »

— Tu l'aimes ? me demanda-t-elle, anxieuse, sitôt la bande terminée.

— Beaucoup.

— Moi, je l'adore. Je l'adore, Chris ! Remets-la.

Elle avait posé sa tête contre mon épaule ; les longues manches flottantes de son pull, sous lesquelles ses mains disparaissaient, ressemblaient à deux ailes brisées ; et à l'instant où l'on mettait la biche en quartiers, elle fermait les yeux comme un moineau qui meurt.

— Encore, dit-elle.

A la troisième fois, je me mis à fredonner avec elle : « Je suis fille le jour, et la nuit blanche biche... » Pourquoi cette chanson, où elle croyait se reconnaître, me parlait-elle aussi de moi ?

— Encore, encore, gémit-elle.

A la quatrième reprise, nous soupirions ensemble sur les plaintes de la belle — « La chasse est après moi des barons et des princes » — lorsque Thierry poussa la porte : « Alors, les filles ? Je croyais que Laurence devait s'endormir à heure fixe ? Il est presque une heure du matin ! »

« Saint-Véran, chuchota-t-elle cinq minutes après tandis que je la bordais, c'est ton Alain Chaton...

— Pourquoi dis-tu ça ?

— Parce que tu ne l'aimes pas, et qu'aucune femme sensée ne pourrait l'aimer : tu l'as choisi pour te désespérer... Mais ça ne t'empêche pas, comme moi, de le suivre jusque chez les Krishnas...

— Les Krishnas ?

— Oui, tu te souviens : les Krishnas du Berry chez qui on était avec Alain... Des escrocs ! Des types qui exploitaient notre besoin d'absolu pour nous vendre leur riz au prix de l'or... Les copains de Saint-Véran, tous ces artistes bidon, ces peintres à la gomme, ces romanciers à la manque et ces vedettes de télé qui viennent dans tes dîners, ils parlent d'art, de culture, mais ils n'y croient pas. Ils pensent qu'il n'y a que des gogos pour croire sérieusement à ces conneries-là ! Entre eux, ils rigolent... Seulement, ils rigolent tout bas. Parce qu'ils en vivent. Comme... tiens, comme les évêques d'avant la Révolution.

— Tu exagères ! D'ailleurs Thierry vaut mieux qu'eux. Sinon, je n'aurais pas pu vivre avec lui. Il n'y a rien que je déteste autant qu'un curé voltairien ! Ceux qui font mine de servir un culte dont ils ricanent me dégoûtent, tu le sais bien... Mais Thierry est différent. Honnête, lui : du jour où il n'a plus eu la foi, il a jeté sa défroque aux orties. Il n'écrit plus. Il administre. Et, finalement, je l'estime pour ça.

— Va, va, estime... L'estime !... De toute façon, la suite de ton histoire, je m'en tape. Je ne suis pas curieuse, je te l'ai déjà dit », et, recroquevillée autour de son oreiller, elle recommença à pleurer.

Au bout de quinze jours, plus moyen pourtant de s'y tromper : Laurence allait mieux. Certes, elle avait eu encore plusieurs crises de révolte — « Mais dis-le donc que je suis une malade, une droguée, dis que tu me méprises, dis-le puisque tu le penses ! Mais donne-moi mon médicament tout de suite, ou je me jette par la fenêtre ! » —, et parce que, un soir, elle avait été prise d'un léger accès de tétanie, le médecin avait ralenti le sevrage. Du coup, il me semblait (et je m'en félicitais) qu'il entrait quelque affectation dans ses poussées de désespoir : « Tu sais ce qu'il a dit Churchill avant de mourir ? me demanda-t-elle un jour à brûle-pourpoint comme je rentrai du ministère. Il a dit que la vie valait d'être vécue. D'être vécue une fois, il a précisé... Eh bien, moi, je trouve que c'est cinquante pour cent de trop : une demi-fois suffirait !

— Tu n'as pas écouté de musique aujourd'hui ?

— Qui est-ce qui te l'a dit ? Ta virago ?

— Tu as lu ?

— Non.

— Dessiné ?

— Non. Je ne suis pas douée.

— Mais si ! Tu faisais de très jolis portraits de femmes l'an dernier...

— Nuls, ils étaient nuls... Ce que je voudrais, moi, c'est pouvoir dormir, m'engourdir, basculer... Je ne dis pas ça pour te provoquer, Chris, mais si tu savais comme on est bien avec, juste, une ou deux pilules de plus ! Je n'ai pas l'intention de mourir, hein ! Ne crois pas ça ! Parce qu'il faut sentir qu'on dort. C'est ça, le meilleur. Comme quand on se réveille au milieu de la nuit et qu'on comprend qu'on peut se rendormir, bien au chaud, que le matin est encore loin... »

Mais elle se levait de plus en plus longuement, furetait dans la maison, essayait mes robes, grignotait des chocolats : « Je m'ennuie, se plaignait-elle parfois, je voudrais voir des gens... » Il est vrai qu'elle ne nous apercevait que le soir et restait la journée entière sans échanger dix phrases avec Madame Conan.

— Tu auras de la compagnie à Fervacques. Il paraît que tes demi-sœurs sont très mignonnes.

J'avais déjà appelé Charles deux fois : pour lui dire où en était sa « Politique autrement », et pour savoir s'il avait « préparé » Elisabeth. Oui, mais maintenant il préparait ses filles — « Elles ont reçu une éducation très différente de Laurence, alors évidemment... Il faut leur expliquer, mais elles accueilleront très bien leur grande sœur, j'en suis sûr. Donnez-moi encore quinze jours, et tout sera prêt. »

Il m'écœurait, et, plus il m'écœurait, plus je me méprisais. Pourtant, en y réfléchissant bien, je n'étais pas sûre qu'il ne fût pas sincère. Hypothèse à écarter d'urgence, bien entendu, car s'il était honnête, je cessais de l'être... Du reste, c'était d'un méchant que j'avais besoin : comme ces homosexuels bourreaux d'eux-mêmes que Thierry fréquentait, je ne pouvais céder à mes désirs sans me punir. Si j'aimais encore Fervacques, je devais en sortir souillée. Aussi me le fallait-il médiocre et démoniaque à souhait... Après notre deuxième coup de fil, je sentis en tout cas que j'avais besoin d'air :

— Laurence, je suis ennuyée. Samedi et dimanche, Thierry sera à Barcelone pour une exposition et, moi, je dois aller à Rome. Pour une raison idiote : j'ai besoin de renouveler ma garde-robe...

— Mais non, ce n'est pas bête. J'aime que tu sois belle... Pour quarante-huit heures, je me débrouillerai avec Madame Conan. Je me sens presque bien maintenant.

Dialogue de dupes : elle me mentait, je lui mentais. J'avais, certes, l'intention d'acheter quelques tailleurs dans ces boutiques du « Centro Storico » que je continuais à fréquenter, mais je voulais surtout visiter certain cercle du Lungotevere où j'espérais perdre un peu d'argent.

J'arrivais en effet au terme de ma première interdiction de jeu de cinq ans ; bientôt, conformément à la loi, je recevrais la visite d'un inspecteur ; on me demanderait si j'entendais solliciter le renouvellement de cette mesure pour une seconde période — dix ans cette fois. J'hésitais. Les raisons qui m'avaient poussée à me fermer la porte des casinos français avaient disparu : Renaud était mort ; et, depuis ma dernière algarade avec Olga, ses « commanditaires » se laissaient oublier — jeter tous les deux ou trois mois un bout de rapport dans les corbeilles de la Peupleraie ne suffisait plus à mon malheur : soixante jours sans suspense, sans émotion, alors qu'à la roulette la boule sort toutes les deux minutes... Car, davantage que le goût du risque, c'était le goût de l'échec que j'allais satisfaire à Rome : j'avais besoin de brûler des billets. Depuis que j'étais ministre, que je vivais avec Thierry, j'avais remboursé mes dettes ; et cette aisance, si nouvelle pour moi, ne m'avait apporté ni l'insouciance ni l'oubli. Je n'avais même pas assez de désirs pour employer mes trente sous d'économies : ce que je désirais ne s'achetait pas. Comme ma mère avait détruit sa beauté, sa santé, quand elle avait compris qu'elles lui étaient inutiles puisque mon père lui échappait, j'aurais voulu faire un petit tas de ma « fortune » et y mettre le feu. Détruire aussi « le Belvédère » tant que j'y étais — cette pseudo-« maison bourgeoise », ce décor viscontien sans cesse enrichi de faux marbres et de faux ancêtres, et qui, malgré mes efforts, était à un foyer ce que les bûches électriques des Anglais sont à une vraie flambée... Oui, jeter mes meubles par la fenêtre, vider mon compte sur livret, et, quand tous autour de moi — de Tanguy la star à Laurence la paumée, des caïds du parti aux huissiers du ministère — ne songeaient qu'au « fric » (comment en avoir, comment en voler, comment le consommer), montrer combien je le méprisais !

Seulement, je ne le méprisais pas... Rien même ne m'aurait été plus difficile que d'approcher une allumette d'un billet de cinq cents francs ! Pour la petite Brassard dont les grands-parents avaient économisé sou par sou, celle qui voyait son grand-père gober les miettes de pain plutôt que de les balayer, sa grand-mère tailler des taies d'oreillers dans le bas des chemises usées du « Pépé » et travailler sous des ampoules de quarante watts pour réduire la facture d'électricité, le gaspillage restait l'interdit suprême. Et si parfois je dépensais beaucoup pour me coiffer, m'habiller (mais jamais je ne me serais permis un « grand coiffeur », jamais un « grand couturier »), il m'arrivait, encore aujourd'hui, par un réflexe d'ancienne pauvre contre lequel je devais lutter, de choisir dans les rayons de la supérette le camembert le moins cher, la lessive la plus économique, la cafetière électrique yougoslave ou le faux crochet X — moitié prix, et tout de suite tordu... Là, heureusement, intervenait le casino : le casino est supérieur aux allumettes en ce qu'il vous fait croire que vous allez gagner, ou vous permet, du moins, de le prétendre ; la perte, alors, devient accidentelle, le suicide prend des allures de « cas fortuit »...

Depuis que j'avais déjeuné avec Charles, que je l'avais au téléphone deux fois par semaine, j'étais persécutée jusqu'à l'anxiété par le besoin de parier — tout miser sur une carte, un seul numéro. Quitte ou double. Quitte, quitte...

Toute ma journée du samedi je la passai à courir les « prêt-à-porter » de la place d'Espagne, à comparer méthodiquement les qualités, à négocier des rabais — je fis des achats utiles et raisonnables —, puis, la nuit du samedi au dimanche, je restai sept heures piquée devant un tapis vert du Lungotevere : « Je suis fille le jour, et la nuit blanche biche... » Mais j'eus beau faire : à l'aube je n'avais perdu que cinquante mille francs. Je pris des somnifères et allai me coucher.

Dans l'avion du dimanche soir, j'éprouvais de vagues regrets. Thierry risquait de se fâcher : la communication n'est pas plus facile entre les joueurs et les non-joueurs qu'entre les drogués et les gens sains ; le malade sait des choses que les autres ne savent pas... A l'égard de Laurence, je me sentais plus coupable encore : comment avais-je pu la laisser tomber au moment précis où elle se relevait ?

Dès mon arrivée je fus rassurée : elle aussi m'avait trompée, s'empressant de « retourner à son vomissement »...

A peine m'étais-je échappée en effet qu'elle avait commencé à téléphoner. Deux heures plus tard elle recevait la visite de son amie Myriam : Ahmed l'avait laissée passer parce qu'il la connaissait, et qu'elle apportait à Laurence une grosse azalée qui donnait à son incursion le côté rassurant des visites d'hôpital aux jeunes opérées... Myriam et Laurence avaient bavardé un moment dans la chambre pendant que Madame Conan, à la cuisine, déballait l'azalée ; Myriam partie, Laurence avait prétendu que cette conversation, pourtant brève, l'avait épuisée, qu'elle avait besoin de « récupérer » ; Germaine était redescendue.

En remontant un peu plus tard, elle avait trouvé Laurence assise dans son fauteuil : « Elle me souriait, avec des yeux, mais des yeux ! De poisson mort d'amour, tenez ! Complètement saoule, quoi. A plus pouvoir articuler. Mais c'était pas du Ricard, ma pauvre dame, qui l'avait mise dans cet état... » Madame Conan avait eu un mari alcoolique ; sachant qu'il n'y a pas d'ivresse sans bouteilles, elle avait aussitôt cherché l'emballage de ce que la petite venait d'avaler, et cherché en femme expérimentée, à qui « on ne la fait pas » : sous le lit, sous le matelas, dans la cheminée... Derrière une rangée de livres elle avait trouvé deux bouteilles de Codéine, vides naturellement. « Ah, je la retiens, la Myriam ! Et ce pauvre Ahmed qui s'était pas méfié ! Tout ça, parce qu'elle est d'Algérie, comme lui ! Enfin, je veux pas dire de mal... »

Madame Conan, qui savait par moi quelles doses Laurence était capable d'absorber, ne s'était pas affolée : elle avait laissé la jeune droguée dessaouler, se gardant seulement, ce soir-là, de lui donner les neuroleptiques que le médecin avait prescrits : « Vu les quantités qu'elle s'était enfilées... Surtout que les mélanges, c'est traître ! » Le lendemain, Laurence avait retrouvé ses esprits, mais « elle était toute barbouillée, la gueule de bois, vous comprenez... J'y ai fait de la tisane, une petite bouillotte, puis j'y ai donné de l'aspirine. Elle voulait ses pilules, elle disait qu'elle se sentait pas bien... Tu m'étonnes, après la musette qu'elle avait ramassée ! Avant de recommencer avec ses "kounous", valait mieux que tout ce qu'elle avait bu soit éliminé ! » Bref, jusqu'au dimanche après-midi, Madame Conan, qui détenait les clés de l'armoire à pharmacie, avait sevré Laurence avec l'inflexibilité d'un garde-chiourme, tout en lui préparant une « petite blanquette, et un bouillon de poule pour lui redonner des forces. Y a que ça de vrai, le bouillon, ça nettoie. » Le deuxième jour, Laurence gémissait, suppliait. En vain : « J'y croyais pas, moi... C'est sournois, les drogués, vous savez. La preuve : cette Myriam... » Il avait fallu que la malheureuse se mît à claquer des dents, à trembler, puis à se tordre, à baver, pour que Germaine, reconnaissant les spasmes de l'épilepsie, se décidât à appeler les pompiers. On avait retransporté Laurence à l'hôpital, son père était prévenu, il prenait tout en main.

Il m'appela le soir même. Il avait vu sa fille — « Des convulsions, trois fois rien, une affaire banale, ma petite Solène aussi quand elle avait la fièvre... » —, il emmènerait Laurence à Fervacques dès le mardi, tout était arrangé : « Le comité d'accueil est fin prêt, me précisa-t-il gaiement.

— Je suis navrée, je me sens responsable : je n'aurais pas dû la quitter...

— Mais non, pensez-vous !... Au fait, j'ai reçu votre plan, pour "la Politique autrement", je vous rappelle mercredi pour en parler ?

— Je repars demain, malheureusement. En Guyane. Le vol de qualification de la fusée Ariane... Dites à Laurence que je suis désolée, je ne peux même pas passer la voir à...

— Sans importance ! Ma pauvre Christine, vous en faites toujours trop ! »

Je me souviens qu'il avait répondu, mi-narquois mi-admiratif, à l'un de mes collègues giscardiens qui faisait mon éloge : « Valbray ? Mais oui, une petite bonne femme très active... Elle tire un train avec un moteur de cinq chevaux ! » En me reprochant ma fuite dans l'action et cette frénésie d'émotions qui m'ôtait jusqu'au sommeil, Laurence n'avait-elle pas essayé elle aussi de me faire comprendre que je vivais au-dessus de mes forces ?

Ils avaient raison : le moteur s'épuisait, les freins chauffaient, les commandes ne répondaient plus. Il aurait fallu s'arrêter. A la prochaine gare. Avant la descente, l'emballement, le déraillement. Mais je ne pouvais pas, je ne pouvais plus... Au contraire, je rajoutais toujours des wagons.

Car, dès que j'eus décroché Laurence, j'accrochai le wagon « télévision ».

Auparavant c'était surtout la presse — les hebdomadaires, les magazines féminins — qui m'avait assuré une certaine notoriété ; les plateaux de télévision, je ne les avais fréquentés qu'en accompagnatrice, en invitée, avec Fervacques, du temps où je l'aidais à préparer ses passages sur le petit écran, puis avec Saint-Véran, dont je suivais de près les scénarios, les tournages et les relations. Justement, le premier à penser que je valais mieux qu'une séquence de quinze secondes au journal de vingt heures fut Vincent Bardé, l'ami de Thierry. « Je vous verrais très bien en gros plan », me dit-il un soir qu'il dînait à la maison ; et il m'invita à son émission « Questionnaire » — un portrait de cinquante-cinq minutes à la meilleure heure d'écoute.

Pourquoi refuser l'épreuve ? Je connaissais trop Bardé pour redouter un traquenard.

Les questions culturelles restèrent en effet très conventionnelles, et, sur le plan politique, il ne chercha d'abord, comme un compère de foire, qu'à me mettre en valeur : il mentionna par exemple le procès à Bonn de Kurt Lishka, l'ancien chef de la Gestapo, ce qui me permit d'évoquer, avec toute l'émotion souhaitable, la grande figure de ma tante Arlette, la fusillée de Nantua...

Espéra-t-il me piéger en revenant brusquement à la loi sur l'avortement ? Huit jours plus tôt, le Parlement avait rendu définitive la loi de 75 sur l'interruption volontaire de grossesse malgré l'hostilité d'un grand nombre de représentants de la majorité : de quel côté moi, femme mais élue de droite, acceptais-je de me situer ?

La caméra était sur moi. Il y eut un silence. Bardé me crut gênée. Il me fit un petit signe d'encouragement. Mais je savais que j'avais tiré un bon sujet : le débat qui agitait l'opinion, autrefois je l'avais porté en moi. Je fus émouvante, parce que j'étais émue : « Pour une femme, dis-je, une grossesse non désirée, c'est un viol. Mais un enfant refusé, c'est un deuil. Tout le problème de l'avortement tient dans cette contradiction que les femmes affrontent, me semble-t-il, dans une solitude de plus en plus grande... »

La convocation à six heures du matin, le ticket de caisse, la salle d'attente sans fenêtre, les huit « IVG » démaquillées, et les heures qui passaient sans un mot, sans un geste, sans un verre d'eau : les souvenirs me remontaient aux yeux ; ils piquaient, comme une goutte de citron, mais, comme le citron, donnaient de l'éclat au regard... « Voyez-vous, Monsieur Bardé, plus on rend l'avortement techniquement simple, plus on le rend moralement douloureux. Je ne crains donc pas que la loi banalise l'avortement : l'avortement ne sera jamais un acte banal. Mais je voudrais qu'au moment où une femme s'interroge sur le choix qu'elle fera elle rencontre moins de jugements de principe et plus d'amour. » La réponse était prudente, assez habile pour qu'il devînt difficile de m'embrigader dans un camp ou dans l'autre ; surtout, elle avait la saveur du vrai. Je sentis que je venais de retrouver le secret de Kahn-Serval ou de Maud Avenel : jouer avec ses tripes sans perdre la tête, se donner à fond sans jamais se livrer. Accessoirement, j'étais ravie d'avoir pu conclure mon exposé sur le mot « amour » : en politique, « amour », « cœur » et « âme » sont toujours payants...

La caméra était restée braquée sur moi ; en face, Bardé,

toujours invisible à l'écran, me fit en souriant le « V » de la victoire, puis il enchaîna sur une question bateau, le rôle des femmes dans la société, qu'il rattacha à l'actualité en parlant du retour d'Indira Gandhi au pouvoir et en rappelant que j'exerçais moi-même mon activité ministérielle « dans un secteur peu féminisé ».

C'est à cet instant, je pense, que « j'emportai le morceau » : tout à l'heure j'avais pu toucher ou convaincre ; je compris que, maintenant, il fallait donner à voir, être plus concrète. Je me mis à raconter quelques anecdotes de la vie ministérielle, vue du côté du « deuxième sexe », et, parce que je m'étais longuement interrogée sur le tailleur qu'il convenait d'adopter pour ce « Questionnaire », j'abordais en riant les problèmes vestimentaires : la nécessité pour les femmes ministres d'opter pour des infroissables, des robes tricotées, et l'avantage qu'il y avait à posséder chaque jupe en deux exemplaires, version courte — au genou — si l'on devait travailler debout (Légion d'honneur, Soldat inconnu, Quatorze-Juillet), et version longue si le programme prévoyait qu'on reste assise. « Car les jupes droites ont toujours une fâcheuse tendance à remonter ! » précisai-je avec le sourire, « et quand nous sommes assises, nous le sommes, neuf fois sur dix, sur une estrade... » Aussitôt le cameraman enchanté cadra mes genoux.

Or, à la télévision, ce qui compte n'est pas ce qu'on dit mais ce qu'on voit : l'image cache le discours. D'où la prudente invisibilité du Très-Haut : un Dieu que tout le monde verrait, personne n'écouterait Sa parole... J'aurais préféré la radio si j'avais eu un vrai message à faire passer ; mais une émission comme « Questionnaire » ne prétendait pas à la promotion des idées : ce soir-là c'était moi, et moi seule, qu'il fallait vendre. Je me vendis donc. Avec les techniques éprouvées du « plus vieux métier du monde »... Mes problèmes de longueur de jupe exposés avec humour, et la rondeur de mes genoux exposée avec innocence, firent plus pour ma popularité que dix-huit mois de travail sérieux.

En rentrant à la maison, je retrouvai Thierry enthousiasmé par mon numéro, mais surpris : « Comment se fait-il que tu aies osé nous parler de tes genoux, toi qui crois toujours avoir des jambes affreuses ?

— Ce soir, mon vieux, j'avais la pêche !

— Tu avais pris des tranquillisants ?

— Même pas ! Je suis contente pour Laurence : à

quelque chose malheur est bon, son père s'occupe enfin d'elle ! »

J'aurais été plus honnête en disant « de nous »...

Le surlendemain de mon « Questionnaire », Maurice Cognard me téléphona : en dehors de « Show chaud », il produisait depuis trois ans l'émission « Vis-à-vis », un face-à-face qui opposait deux personnalités du monde politique, économique ou intellectuel, choisies moins en raison de leurs antipathies reconnues que de leurs affinités supposées — par exemple, deux publicitaires concurrents mais nés la même année, deux politiciens rivaux mais sortis de la même école, deux philosophes antagonistes mais qu'avait un moment réunis l'amitié. Le rêve de Cognard, ç'aurait été un « Vis-à-vis Sartre-Camus »... Hélas, ils étaient morts trop tôt ! A défaut, il proposa de m'opposer à Arlette Laguillier, qui venait d'annoncer qu'elle serait de nouveau candidate aux Présidentielles pour représenter le courant trotskiste.

Officiellement, le thème du débat serait « Deux femmes en politique » ; depuis ma déclaration de l'avant-veille sur les ourlets de jupes, Cognard faisait semblant de croire que les dames, tous partis confondus, menaient le même combat, que la « féminitude » leur était un langage commun... En fait, je savais bien ce qui, dans ma rencontre avec Laguillier, émoustillait cet ancien adversaire redevenu un professionnel des médias : le contraste entre « la bourgeoise » et « la prolo », « la marquise de Grand Air » et « la tricoteuse ». Il souhaitait une empoignade, un bon vieux crêpage de chignons à la Zola, un match de catch féminin comme ceux que suivait passionnément mon grand-père sur l'unique chaîne de la RTF au début des années soixante. Et, parce qu'il s'imaginait la tricoteuse plus musclée que la marquise, il espérait bien que je prendrais une fessée. Ne serait-il pas savoureux que la dame qui prétendait, avec tant d'hypocrisie, cacher ses genoux sur les estrades prît en public une déculottée ?

J'acceptai sa proposition avec une reconnaissance si bien jouée qu'il pensa m'avoir roulée. Mais j'avais fait mes comptes : dans une bagarre de ce genre-là, j'avais tout à gagner. D'abord, parce que, de nous deux, Arlette Laguillier était la plus connue ; si je me montrais pugnace, convaincante, j'engrangerais plus de points de popularité qu'elle n'en perdrait : avantage habituel du challenger. Ensuite, j'étais bien résolue, dès les premières répliques, à piper les dés : pour Monsieur Cognard, qui m'avait connue (et haïe) au cabinet du Quai d'Orsay, j'étais la fille d'un grand ambassadeur, la sœur d'un inspecteur des Finances, une parente des Chérailles, ce gratin de l'aristocratie ; jamais il n'avait soupçonné l'autre versant de ma vie.

Son « Vis-à-vis » m'offrait précisément l'occasion de le révéler et, du même coup, de redistribuer la donne avant le début de la partie : dans l'ouvriérisme, même si Laguillier savait y faire, j'étais bien capable d'en rajouter ! Et, en effet, je me payai le luxe de foudroyer le malheureux Cognard dès la première minute ; à peine m'eut-il présentée (le sourire en coin) comme « un ministre BCBG, fille de diplomate, nourrie dans le sérail » que je lui coupai la parole pour remettre les choses au point : mes parents étaient divorcés (j'avais simplifié), et, si mon père appartenait bien à la bourgeoisie traditionnelle, j'avais été élevée par ma famille maternelle, une famille ouvrière très représentative de sa catégorie — ma mère, vendeuse dans une charcuterie, mon grand-père, contremaître au « Textile Moderne », ma grand-mère, conditionneuse chez Bourjois. « Plusieurs membres de ma famille ont été membres du Parti Communiste, je ne m'en cache pas, ajoutai-je, et j'ai passé toute mon enfance à Evreuil. » Pas besoin d'en dire plus : ce nom, qui revenait dans les faits divers, les débats sur le chômage et l'insécurité, était devenu synonyme de misère et de marginalité. « Mieux, Monsieur Cognard, j'y vis encore aujourd'hui. Combien de ministres BCBG habitent ce genre de quartier, à votre avis ? »

Maurice Cognard, partagé entre la rage d'être contredit et le plaisir de tenir un scoop, désireux aussi de me pousser dans mes retranchements pour s'assurer que je ne lui mentais pas, me posa un tas de questions sur la vie quotidienne à Evreuil il y a trente ans. A la limite du voyeurisme : il me rappelait mon demi-frère la première fois que je l'avais rencontré — « Et alors, le peuple, c'est comment ? L'angoisse des fins de mois, ça fait quoi ? »

Je m'étendis complaisamment sur nos déplorables conditions de logement : la pompe à bras de l'arrière-cour qu'il fallait amorcer quarante fois avant d'obtenir un filet d'eau, l'absence de tout-à-l'égout et de salle de bains, le lavoir qui existait encore, en ce temps-là, au bout de la rue et dont l'eau stagnait toujours sous une mousseuse couche de crasse... Arlette devait commencer à trouver que je lui coupais l'herbe sous le pied, et Cognard, abasourdi, avait perdu le fil de son émission. « A ma gauche Cosette, à ma droite la duchesse de Langeais » : le combat lui avait paru loyal, le texte tout écrit, et voilà que je ne tenais pas le rôle pour lequel on m'avait engagée. Laguillier, agacée de se voir voler ses morceaux de bravoure, fit front, mais elle contre-attaqua de la manière la plus classique : si je n'étais pas une vraie bourgeoise, j'étais pire car j'avais trahi ma classe d'origine.

L'avantage avec ceux qui récitent la messe selon saint Marx et saint Lénine, c'est qu'on peut prévoir les répons : j'avais préparé ma riposte. « Serait-ce être fidèle à la classe ouvrière que d'approuver les envahisseurs de l'Afghanistan ? » (L'accusation était injuste car Laguillier, toute léniniste qu'elle fût, n'avait rien de brejnevien. Mais, depuis l'évocation du lavoir et des usines Bourjois, je me sentais invincible : j'avais une arme et j'arrosais. Pas de quartier !) « Serait-ce être plus fidèle aux déshérités, dites-moi, que de les distraire du présent pour les bercer d'utopies ? Vous me permettrez de préférer le concret ! La condition des miens, des nôtres, je veux l'améliorer ici et maintenant. »

Après quoi, rappelant que je venais d'être élue conseiller général d'Evreuil, je dressai un rapide panorama des réformes que je mettais en chantier : rénovation du grand ensemble des Trois-Bœufs, délimitation de « zones d'éducation prioritaires » dans lesquelles les enfants ne seraient plus que quinze par classe, déségrégation raciale à la Peupleraie, et lutte contre l'insécurité par l'amélioration de l'éclairage public et le renforcement des effectifs de police.

« Vous voulez dire : "de l'appareil de répression d'Etat...", murmura-t-on en face.

— Non. Les premiers en France, nous allons, avec l'appui du ministère de l'Intérieur, expérimenter une nouvelle forme de quadrillage des secteurs difficiles. » (Quel vocabulaire, mon Dieu ! C'était le métier...) « Nous embaucherons des "îlotiers". Ce sont des gens du pays, qui vivent dans le quartier, connaissent chaque jeune, chaque famille, et sont à même de mener en douceur une vraie politique de prévention... » Ici je plaçai une sympathique évocation des « hirondelles » d'autrefois avec leur grande pèlerine et leur petit vélo. Rassurant.

Mon énergique adversaire eut beau tenter encore de

ramener le combat sur le terrain idéologique — si peu télévisuel —, je m'en tins fermement à la propreté du RER et à l'éclairage des caves, espérant que, d'ici le générique final, je trouverais une histoire touchante à raconter, un geste qui parlerait au cœur et non à la cervelle — que je n'avais d'ailleurs pas trop sollicitée depuis le début de l'émission... Arlette Laguillier, épuisée d'avoir dû lutter seule pour relever le niveau du débat, finit par jeter l'éponge : elle traita du sort des agricultrices, leurs maternités, leurs vacances, les vachers de remplacement et le cours du veau (aux Présidentielles elle faisait son meilleur score dans la Creuse — pas vraiment un créneau porteur...). Et c'est là que Maurice Cognard, que mes révélations initiales semblaient avoir désorienté au point qu'il ne menait plus le débat mais le suivait, eut, pour conclure, une idée de génie, celle que j'avais en vain cherchée :

— Mesdames, dit-il soudain, vous nous promettez, l'une et l'autre, des lendemains qui chantent, que ce soit dans nos banlieues ou dans nos campagnes. Ils chantent, ces lendemains, mais vous ? Si vous deviez définir votre action, votre personne, par une seule chanson, ce serait... Toujours « l'Internationale », Arlette Laguillier ?

Hochement de tête affirmatif.

— Et vous seriez capable de nous la chanter ?

— Certainement, répondit-elle, mais je ne le ferai pas.

Réponse aussi digne qu'héroïque. Sur le fond elle avait raison — quand nous aurions chanté tout l'été, on nous demanderait de danser —, mais, candidate du peuple, elle perdait une occasion unique de se rendre populaire... — Et vous, Christine Valbray, votre chanson, c'est quoi ? « La Marseillaise » ?

Lorsqu'il avait posé la question à Laguillier j'avais pensé, l'espace d'un instant, à « Ma môme » de Jean Ferrat, que j'avais adorée à quinze ans ; c'était l'époque où je fréquentais les Jeunesses Communistes, où je vendais « l'Huma » sur les marchés : « Ma môme, elle joue pas les starlettes... elle pose pas pour les magazines, elle travaille en usine, à Créteil »... Mais, après avoir envisagé d'évoquer une dernière fois les masses laborieuses, j'eus une bien meilleure idée :

— La chanson que je préfère, fis-je avec sobriété, celle qui, si j'ose dire, m'exprime le mieux, c'est « le Temps des cerises ».

Et d'expliquer en deux phrases que son auteur, Jean-Baptiste Clément, avait été communard, qu'on avait fusillé ses amis, et que le temps des cerises qu'il évoquait n'était pas seulement celui des fruits rouges et de la passion amoureuse, mais aussi ce printemps où la révolte des Parisiens avait été écrasée :

« "J'aimerai toujours le temps des cerises" », fredonnai-je doucement, «" c'est de ce temps-là que je garde au cœur une plaie ouverte..." Ce texte me touche parce qu'il est ambigu : un chant politique qui est aussi une chanson d'amour. Il me semble que mon engagement personnel participe de cette même dualité : j'aime ceux pour lesquels je me bats, je me bats pour ceux que j'aime. La politique, l'amour — deux faces d'une même passion ! "Mais il est bien court, ce temps des cerises" », repris-je à mi-voix, «" où l'on s'en va deux cueillir en rêvant des pendants d'oreilles..." »

Rideau. Générique. Une goutte de mousseux servi dans des verres en carton au fond du studio. Dès que ma « vis-à-vis » se fut retirée, Maurice Cognard, qui n'avait bu qu'un peu de Badoit (on ne m'avait pas menti en me disant qu'après avoir quitté Fervacques il s'était refait désintoxiquer avec succès), se montra aussi élogieux qu'élégiaque : « Un grand moment de télévision, ma chère Christine ! Ah, ce "Temps des cerises" nostalgique, cette façon d'évoquer, sans avoir l'air d'y toucher, l'amitié fidèle, l'amour malheureux, ce regard noyé... Nous attendions de la politique politicienne : vous nous avez offert votre cœur ! Du grand art ! »

Il semblait sincère : peut-être avais-je eu tort de le croire mêlé aux intrigues sentimentales que Catherine Darc avait menées contre moi, peut-être ne m'avait-il même pas gardé rancune de l'avoir évincé autrefois ? Son assistante descendit de la régie pour nous dire que le standard était submergé par les appels de téléspectateurs enthousiastes : on voulait en savoir plus sur moi — mes fonctions exactes, mon âge, ma carrière...

Thierry, qui m'avait attendu dans un coin du plateau, n'osa pas aller contre l'opinion générale ; cependant, il se sentait partagé : « Bon, tu étais excellente, c'est vrai. Très à l'aise. Et bouleversante à l'occasion... Mais tout de même ! Tu leur as montré ta belle voix, tu leur as montré tes jolis genoux... La prochaine fois, tu leur montreras ton derrière ! »

J'interprétai ce rappel à la pudeur comme une manifestation de jalousie : il savait bien, lui, de quelle manière j'avais associé amour et militantisme, et quelle « plaie ouverte » me faisait encore monter les larmes aux yeux.

— Mon derrière, vraiment, et alors ? Vous ne le montrez peut-être pas votre derrière, vous, les hommes de lettres ? L'autre soir à la maison, tu aurais dû entendre les mots doux qu'échangeaient à ce sujet Courseul et Coblentz ! « Comment dévoiler ce sein qu'on ne saurait cacher »... On ne peut pas aller contre son temps, mon pauvre ami.

— Si ! Et tu n'aurais jamais dit ça il y a dix ans !

— Oh, il y a dix ans... Justement, c'était il y a dix ans !

De toute façon, je me moquais de son avis. Le jugement de mon père, en revanche, m'inquiétait. S'il n'avait pas habité Moscou et ne s'était trouvé dans l'impossibilité matérielle de suivre l'émission en direct, je n'aurais jamais eu l'audace de m'étendre, comme je l'avais fait, sur les difficultés de mon enfance, la pauvreté de ma mère, le désignant ainsi publiquement pour ce qu'il avait été : un infidèle, un déserteur... Mais quelques jours plus tard je reçus de l'imposteur une lettre charmante — avec la copie de ses deux derniers télégrammes ; on lui avait envoyé la bande, il l'avait regardée avec intérêt : je m'en étais bien tirée. « Dans un registre peut-être un peu misérabiliste ? suggérait-il. Mais un bon acteur en rajoute toujours. D'autant qu'il y a toujours eu chez toi un petit côté "Porteuse de pain", une touche "ancienne vedette du muet", et qu'en faire trop, c'est ton style précisément. »

En fin de compte l'orage vint du seul point de l'horizon où je ne l'attendais pas : ma sœur Béatrice m'appela au ministère, si indignée qu'elle s'en étranglait. Comme la fureur l'empêchait de s'exprimer clairement, je crus d'abord que, communiste bon teint, elle était choquée par la manière dont je m'étais exprimée sur l'Afghanistan. Mais non : ce qui l'avait irritée, c'était la peinture de notre enfance. « Que tu étales notre misère devant des millions de gens, il me semble que Pépé n'avait pas mérité ça ! La "soupe au café" ou le toit qui fuit, des choses comme celles-là, on les cache ! Peut-être qu'on n'était pas si bien habillées que les copines, et qu'on n'est parties que deux fois en vacances, mais on a toujours eu l'essentiel ! Tu as même appris le grec, ma salope ! »

Je me tus ; elle avait raison : mettre en avant une origine modeste, un passé méritant, un oncle cheminot, des cousins paysans, est un réflexe de bourgeois ; comme porter ces jeans effrangés, délavés et prédéchirés qu'on propose aujourd'hui dans toutes les bonnes boutiques relève d'un comportement de nanti — scandaleux vis-à-vis de tous ceux qui, pour « rester propres », sont obligés de repriser leurs vêtements usés. Pour faire étalage de ses privations et de ses accrocs, il faut avoir franchi la barre, être sûr que la confusion (avec un vrai clochard, un authentique manœuvre) n'est plus possible. Tant qu'on vit dans la gêne, on a honte, précisément... Et la honte a la vie dure : il s'écoule généralement deux ou trois générations avant qu'un petit crétin, né à Neuilly, ose se prévaloir de sa famille ouvrière, de sa trisaïeule chaisière, de son grand-père mineur (souvent, d'ailleurs, le petit crétin ramène sur le devant de la scène un grand-père gendarme ou instituteur : monté trop haut, il ne voit plus bien ceux qui restent en bas et se figure, l'enfant de chœur, que le gendarme ou l'instituteur, « ça fait peuple » !). Oui, d'habitude, il faut près d'un siècle pour que les mains gantées sortent de la poche les mains calleuses, que les mains blanches exhibent les mains tachées... J'étais allée plus vite, trop vite : ce n'était pas en participant à un gouvernement giscardien que j'avais trahi ma classe, mais en exposant les blessures de mes proches, leurs humiliations, tous ces ravaudages et rapiéçages que ma grand-mère s'acharnait à dissimuler...

Ma performance dans « Vis-à-vis » fit quelque bruit, mais ce fut par hasard que, la semaine suivante, les projecteurs se trouvèrent de nouveau braqués sur moi : je remettais au Premier ministre mon rapport sur le Service national, et la date de cette remise avait été fixée depuis des mois.

L'existence même du rapport, en revanche, ne devait rien au hasard : j'avais beaucoup intrigué pour que ce travail supplémentaire me fût confié. Ayant compris que le secteur d'activité qu'on m'avait abandonné n'était pas précisément médiatique, j'avais cherché quel sujet, dans l'ordre de ma compétence, pourrait intéresser les Français. La réponse fut vite trouvée : si les querelles à propos du char X ou du sous-marin Z ne concernaient pas grand-monde, si Pithiviers restait de marbre devant la guerre des étoiles et Nonancourt indifférente à nos interventions au Tchad, une question, et une seule, touchait toutes les familles — le Service national. Evidemment, elle était périlleuse. D'abord parce que ce service devenait, d'année en année, plus impopulaire — une nation qui, en cas d'agression, plébiscite la reddition à 80 % ne peut manifester un vif enthousiasme pour le maniement d'armes. Ensuite, l'armée elle-même se divisait sur l'opportunité de maintenir cette obligation qui tournait à la corvée d'Ancien Régime : certains, comme Beauregard, mon directeur de cabinet, penchaient, à l'heure du missile et du presse-bouton, pour un corps de techniciens, une armée de métier qui défendrait, malgré lui, le citoyen fatigué ; d'autres, plus réalistes, s'inquiétaient, si l'on supprimait les bidasses, du prix qu'ils devraient payer leurs coursiers, leurs balayeurs et leurs cuisiniers.

Je coupai la poire en deux : la moitié des appelés continueraient d'effectuer un service dit « militaire » — c'est-à-dire, pour l'essentiel, à conduire les Renault de service et cirer les chaussures des officiers —, l'autre moitié serait affectée au « Service civique ». Je me donnai un peu de mal pour savoir comment occuper ces conscrits « civiques » sans ôter leur travail aux entreprises établies ; mais, à la réflexion, les tâches d'intérêt général que personne n'accomplissait ne manquaient pas : il suffisait de sélectionner celles qui, pour l'armée comme pour moi, se révéleraient immédiatement rentables en termes d'« image ».

De ce point de vue quatre secteurs semblaient prometteurs : l'écologie, la sécurité, l'exportation et l'action sociale. Côté « écologie », je proposai donc d'employer nos troufions à débroussailler les taillis pour lutter contre les incendies, à nettoyer nos plages avant l'été, et ramasser les déchets dans les décharges sauvages et les forêts domaniales. Pour la sécurité, je proposai de lancer des patrouilles d'appelés dans le métro et dans les banlieues — menus travaux qui pouvaient, à mon avis, être confiés à n'importe quelles recrues, même peu qualifiées, pourvu qu'elles fussent encadrées. Aux diplômés de haute volée je réservai la conquête de nouveaux marchés : mis à la disposition des entreprises exportatrices comme vendeurs-stagiaires à l'étranger, ils renforceraient notre potentiel d'attaque et contribueraient, écrivis-je, « à nous faire gagner la guerre économique mondiale, la seule qui importe désormais ». Quant aux diplômés bas de gamme, on les emploierait dans le social et le para-éducatif : les uns assureraient l'aide à domicile aux personnes âgées, les autres seraient envoyés dans des établissements scolaires déshérités en tant que « maîtres supplétifs d'internat » — puisque le lycée de Maingon ne disposait plus que de trois surveillants pour trois mille élèves (et quels élèves !), nous allions remplacer les pions défaillants par des adjudants...

En somme, avec ce rapport, j'avais, comme aurait dit Fervacques, « ratissé large » : je plairais aux jeunes gens qui ne voyaient pas sans répugnance arriver l'âge de la caserne et de l'ennui ; et, en ayant saupoudré mes troupes « civiques » de manière à toucher le maximum de gens, je devais séduire aussi bien le chevrier du Larzac que le vieillard paralysé, les gardiennes d'immeubles de Bobigny que les jeunes patrons de Passy.

Je séduisis en effet ; mais je déplus aussi. Mon rapport souleva sur le moment l'enthousiasme d'une bonne moitié de l'électorat, mais il indigna non moins violemment quelques « vieux de la vieille » ; il fâcha surtout — ce qui ne me surprit pas — mon ministre de tutelle qui n'avait pas vu venir le coup et se plaignit avec véhémence d'avoir été court-circuité. Il est vrai que ce rapport, demandé par le Premier ministre, devait rester confidentiel tant que Matignon n'aurait pas décidé de le publier. Mais il y eut des fuites...

— Un rapport sur ce sujet, c'est de la dynamite ! me reprocha le ministre de la Défense

— En effet. Malheureusement, plus la question est brûlante, plus le document devient volatil ! La chaleur du débat fait que le papier s'évapore...

— Oui, oui, je sais que vous allez me dire : impossible d'empêcher les fuites. Irez-vous jusqu'à m'avouer que, dans ces conditions, le mieux est de les organiser ?

Je n'avouai rien, et puisque mes propositions étaient devenues publiques, je les défendis, tout en répétant, pour calmer les esprits, qu'il ne s'agissait que d'une amorce de réflexion, l'esquisse d'une esquisse...

Qui dit polémique dit audience, « l'Archange » me l'avait assez répété. Il avait raison : on me photographia sous toutes les coutures et l'on voulut m'interviewer partout. Même Catherine Darc vint à résipiscence ; elle était désolée, me dit-elle, que nous ne nous fussions plus vues depuis si longtemps ; elle m'avait beaucoup admirée à « Questionnaire » et « Vis-à-vis » ; accepterais-je de participer à la nouvelle émission qu'elle lançait sur sa chaîne ?

« Le Défi » tenait autant du jeu télévisé que du débat classique : la vedette de la semaine y affrontait deux contradicteurs, mais, pendant la première moitié de l'émission, ces faire-valoir, qui apparaissaient dans un angle de l'écran, restaient masqués ; on filmait leurs visages à contre-jour et leurs voix parvenaient sur le plateau déformées. Ce mystère redonnait du piment à des discussions insipides, un petit coup de neuf à des arguments éculés : l'invité, ignorant l'identité de ses adversaires, ne pouvait fourbir ses arguments avec le soin habituel — on parvenait à le surprendre, à le mettre en colère « pour de vrai », ou même à lui couper le sifflet ; quant aux deux opposants, ils prenaient une allure de « vengeurs masqués » ou de traîtres préfabriqués, bien faite pour plaire à un public abreuvé de séries B américaines et de dessins animés japonais : Juppé, sans la tête, c'était Batman, « Ponia » Capitaine Flam, les frères d'Aulnay Starsky et Hutch, et Georges Marchais, depuis l'invasion de l'Afghanistan, avait dans la pénombre le ricanement de Crocogang ou de Spiderman. A mi-parcours, on arrêtait cette conversation pour interroger le gladiateur vedette : avait-il reconnu les rétiaires d'en face ? C'était l'aspect ludique : « Pour dix points, Monsieur Rocard, dites-nous le nom de votre interlocuteur de droite ? Oui, gagné ! Et maintenant en quinze secondes et pour vingt points, le nom de celui de gauche » ; un gong scandait l'écoulement du temps et chaque téléspectateur devant son poste essayait, pour son compte, de répondre : ce Zorro à la voix de fausset était-ce Chaban-Delmas ou Lionel Berton ? A son éloge vibrant de la fougère et du mouton ne reconnaissait-on pas le petit Zaffini, enveloppé pour un soir dans la cape de Superman ? « Oui, disait la ménagère à ses enfants en apportant le rôti, mais ça pourrait bien être le Brice Lalonde, après tout. Question carrure, ils se ressemblent, c'est Ratapoil et Rantanplan, mais, question discours, m'est avis, voyez-vous, que Zaffini parle plus comme nous... »

Bien que récente, l'émission rencontrait déjà un vif succès. Elle aussi, dans son principe, me rappelait certains combats de catch qui, vingt ans plus tôt, faisaient le bonheur des banlieues populaires : quand la vogue de ces matchs — le plus souvent truqués — avait commencé à s'épuiser, leurs organisateurs, et la télévision qui les retransmettait, avaient imaginé de dissimuler le visage des lutteurs sous des cagoules ; on avait inventé « l'Ange Blanc » et « le Bourreau de Béthune », redonnant ainsi un second souffle à des spectacles trop convenus...

Pour cette fois, j'étais à peu près certaine que Catherine Darc allait m'opposer un socialiste et un chiraquien. Du côté des socialistes j'attendais Charles Hernu, que son parti avait désigné pour s'occuper des questions de défense ; pour les gaullistes, je pensais à Michel Debré : le thème du débat, « Citoyens ou soldats », me semblait dans ses cordes. Naturellement, il dauberait sur le choix du sujet : « Citoyens ou soldats — comme si l'on avait le choix, comme si l'on pouvait être l'un sans l'autre ! Vivre libre, Madame Valbray, c'est être prêt à mourir pour le rester... » Il invoquerait les grandes idées, critiquerait mon rapport au nom des grands principes — défense de la Démocratie, cohésion de l'Armée et de la Nation ; il n'aurait pas tort, mais il ennuierait tout le monde : il y avait beau temps qu'aux grands sentiments on préférait les petites combines.

Dès les premières minutes de l'émission, à ses arguments mi-chèvre mi-chou je reconnus, comme prévu, Charles Hernu : il montait au créneau en militant obéissant, mais le cœur n'y était pas ; mes propositions avaient divisé le PS — comment un parti qui faisait alors profession d'antimilitarisme aurait-il pu s'élever contre la création d'un « Service civique » ? Et puis, j'avais été attaquée par la vieille droite, ce qui me rendait très sympathique à la jeune gauche.

J'eus plus de peine à identifier mon second adversaire : son ton n'était pas noble, mais gouailleur — ce qui excluait les gaullistes historiques ; quant à la voix, passée à la moulinette, elle devenait par instants presque inintelligible, comme si l'inconnu n'avait pu se défaire d'une pointe d'accent. Sur le fond, le personnage offrait un curieux mélange de férocité et de bonhomie : la cordialité pittoresque, mais implacable, d'un vieux « Parrain ». Justement, j'avais connu un directeur de casino italien qui opérait dans le même registre : ventre rond, mais peu d'entrailles... Pourtant je ne me trouvais pas mal à l'aise avec ce brutal ; il ne m'embarrassa qu'une fois, lorsque, quittant soudain les questions militaires, il m'interrogea de sa voix synthétique sur les intentions de mon chef de parti : « Dites-nous donc, Madame : quel jeu joue le trouble Monsieur de Fervacques ? »

J'essayai de m'en tirer par une pirouette :

— Il faut que vous le lui demandiez, fis-je en riant. C'est vrai, vous n'avez pas l'air d'avoir la langue dans votre poche, hein, vous !

J'avais donné à ma réponse, presque malgré moi, une inflexion méridionale ; cette intonation spontanée m'éclaira : j'ai toujours eu le don du caméléon — j'imite sans analyser, je reproduis avant de savoir ce que je contrefais... Ce mimétisme inné me conduisit à penser qu'en face de moi l'homme était du Midi — ou, qui sait, un peu plus au sud ?

Au gong, avec un rien d'hésitation, je ne proposai qu'un nom : Charles Pasqua. Gagné !

La seconde partie de l'émission, à visage découvert cette fois, ne me parut pas difficile : il était aisé, avec un aussi bon sujet que celui dont je m'étais emparée, de donner l'illusion de la profondeur, de la densité. Face à de vieux routiers de la vie publique, j'étais consciente, en outre, de produire une impression de fraîcheur : on pouvait même croire que je m'étais embarquée dans cette délicate affaire militaire par excès de naïveté ! C'était « l'effet de mon inexpérience », comme aurait dit l'Autre... Je me plus donc à souligner le côté artificiel et vain du débat politique contemporain, et me risquai à faire, à propos du « microcosme », un jeu de mots douteux : « microcosmique, microcomique » ; il faut bien penser aussi à la presse écrite et lui fournir les formules qu'elle reprendra le lendemain !

La presse écrite, d'ailleurs, pensa beaucoup à moi dans ces semaines-là. Quinze jours après ma participation au « Défi », « l'Express » publiait ma photo en couverture sous le titre : « Suivez cette femme ». A l'intérieur du journal, le « chapeau » mettait dans le mille : « Hier inconnue, la voilà star. Qui est donc cette femme aux dix vies, aux dix visages ? »

Dix, c'était peut-être trop, mais deux ou trois...

« Il y a dix-huit mois, commençait l'article, on aurait dit : Christine, qui ? Pourtant, en moins de temps qu'il n'en faut pour faire une star, notre secrétaire d'Etat à la Défense est devenue presque aussi célèbre que Mireille Mathieu ou Isabelle Adjani. Un an après sa nomination, un sondage BVA révélait qu'elle n'était encore connue que de 24 % des Français. Sept mois plus tard, elle est passée pour la notoriété au septième rang des "hommes politiques". Mieux : 65 % des Français ont une bonne opinion d'elle ! Entre-temps, il y a eu la consécration avec "Questionnaire", "Vis-à-vis", et "le Défi" : de sa voix douce elle ose contredire les professionnels de la politique et les généraux d'armée. Et c'est cette audace, cette sincérité qui vont épater les Français. Plus que sa beauté et son charme. Aujourd'hui encore, quand elle vous jette, comme ça, sans respirer, que "son âme a un prix", on la croit. » (Mais oui, elle avait un prix, mon âme : Olga la payait vingt mille francs par mois, et Fervacques se l'offrait pour trois fois rien — un sourire enjôleur, une promesse sans lendemain...)

Cela dit, la journaliste qui avait rédigé le papier était souvent tombée plus juste qu'elle ne le supposait — par exemple, lorsqu'elle parlait d'une « existence à tiroirs, presque à sketches, tant l'héroïne y joue chaque fois son rôle avec un enthousiasme, une application à la limite de la caricature : "Christine en banlieue", "Christine au Farnèse", "Christine professeur", "Christine maman", "Christine diplomate", "Christine et les généraux". Un personnage de feuilleton. »

Pour le reste, « manipulée » comme il convenait, l'échotière présentait sous un jour favorable les endroits délicats de ma vie : mon divorce devenait « la fin de (ma) période province, le refus de l'hypocrisie » (et, bien sûr, j'étais au mieux avec mon ex-mari !) ; en 68, si je n'avais pas construit de barricades, je m'étais tout de même « reconnue dans certaines des aspirations qui traînaient » et je restais « étrangère aux craintes des bourgeois qui m'entouraient », ah mais ! Quant à ma rencontre avec Fervacques (et mon adhésion au mouvement solidariste dans la foulée), on la donnait pour « un grand choc d'amitié »... Seule ombre à ce tableau flatteur : l'opinion de deux de mes collègues ministres qui, officiellement, n'avaient rien déclaré mais dont l'équipe de reporters avait su interpréter le profond silence — « Le ministre de la Défense, un rien macho, laisse percer qu'à ses yeux sa collègue joue un peu trop de la facilité, des médias, et de son charme. Tout juste s'il ne parle pas de tromperie sur la marchandise » ; quant à Berton, ministre de la Justice, on indiquait (après avoir rappelé qu'il me connaissait depuis plus de quinze ans) que, sur le plan politique, il m'avait toujours « trouvée flottante. Ni de droite, ni de gauche. Ou tantôt l'un, tantôt l'autre. Selon les circonstances... » Bien entendu, « le Biface » me téléphona le soir même pour me jurer qu'il n'avait rien dit de tel ; je l'assurai de mon côté que je n'en avais pas douté...

J'aurais été très satisfaite de la tournure que prenaient les événements si, au lendemain de cet excellent « papier » (six pages : de quoi rendre fous tous les caciques !), Charles ne m'avait appelée : Laurence, dont il m'avait donné des nouvelles régulièrement en m'assurant que tout allait pour le mieux (la fille découvrait le père ; et le père découvrait sa fille ; bref, la lune de miel), venait de fuguer en emportant une garniture de cheminée — la pendule et les deux chandeliers.

— Une pendule du XVIIIe !

— Tout le problème est de savoir combien elle peut en tirer... Bien sûr, elle va se faire rouler, mais, même comme ça, elle n'en obtiendra pas moins de cinq ou six mille... Dans ce cas, vous ne la reverrez pas avant trois semaines.

— Je n'y comprends rien, Elisabeth non plus : elle semblait presque guérie...

« Presque » seulement. Je l'avais eue quelquefois au téléphone, entre deux réunions, deux émissions. Elle prétendait, il est vrai, se sentir bien à Fervacques, être heureuse d'avoir rompu avec ses anciennes relations, de s'être écartée de la tentation — « Rassure-toi, répétait-elle, rassure-toi ». Mais son laïus sonnait faux, elle trébuchait sur les mots (une fois même elle m'avait paru franchement ivre, mais de quoi ? Gin, ou « kounous » ?). Surtout, elle se montrait incapable de tenir une conversation jusqu'au bout : chaque fois la communication avait été interrompue au milieu d'une phrase comme si, m'appelant d'une cabine publique, elle n'avait plus assez de monnaie, ou coupait nerveusement par crainte d'en avoir trop dit ou incapacité à mentir une seconde de plus...

Ces coups de fil saugrenus ne m'avaient pas trop inquiétée : toute désintoxication passe par des hauts et des bas, et la post-cure n'est pas moins délicate que le sevrage. Mais de là à s'enfuir avec la bimbeloterie du château ! Charles finit par confesser que, deux jours plus tôt, il l'avait obligée à consulter un psychologue :

— Il a tout de suite fait le diagnostic : elle est abandonnique.

— Abandonnique ?

— Oui, une espèce de complexe : ça veut dire qu'elle a peur d'être abandonnée, qu'elle se figure qu'elle a été abandonnée...

— Ah, bon ? Parce qu'elle ne l'a pas été ?

Il changea prudemment de sujet : « J'ai lu votre brillant rapport. Discutable, mais c'est peut-être ce que vous vouliez ? Je vous ai aussi admirée au "Défi". Bonne prestation... Et hier j'ai vu l'article de "l'Express". Bravo. Beau départ. On ne parle que de vous... Tout de même, n'en faites pas trop... »

Encore ! Mais cette fois je ne sus comment interpréter cette recommandation sibylline : conseil ou mise en garde ? Redoutait-il que je ne me fatigue, ou craignait-il que je ne lui fasse de l'ombre ? Il est vrai que je me trouvais brusquement propulsée au deuxième rang de son mouvement... Cependant, il se pouvait qu'il m'avertît par amitié, en vrai spécialiste de la petite phrase et du coup de théâtre : à trop se répandre, on se délaye, et plus on couvre de surface médiatique, moins on a d'épaisseur... Devais-je, moi aussi, apprendre dès maintenant à « gérer mon silence » pour ne pas « m'étaler » ?

En tout cas, il m'avait douchée. Puisqu'il n'appréciait pas mon numéro, je refusai les émissions suivantes — les « Cartes sur table » et les cartes forcées, les « Coups de dés » et les coups fourrés, coup de Jarnac et coup d'arrêt ; même Richard Tanguy fut recalé. Mon plaisir était retombé comme un soufflé. Ma déception me ramenait quinze ans en arrière à l'époque où, ayant passé l'agrégation pour plaire à mon père, j'avais attendu en vain ses félicitations. Et comme alors le chagrin de sentir indifférent — ou, pire, réservé — le seul être dont l'opinion comptât pour moi était augmenté d'une honte secrète ; car, pour séduire ces cœurs glacés, je n'avais pas seulement travaillé, bataillé, fait le sacrifice de mon repos, de mes affections, de ma liberté : j'avais triché !

Si encore je leur avais déplu par excès de pureté, si j'avais échoué en suivant ma voie ! Mais pour les conquérir je m'étais prostituée, embrassant une carrière que je n'aimais pas, fréquentant un milieu que je n'estimais pas, usant de procédés que je méprisais. Surmontant mes dégoûts, j'avais suivi le chemin qu'ils me montraient et quand enfin j'arrivais au but, couverte d'honneurs et de boue, ils se détournaient...

Le parallèle que j'avais ainsi établi, une fois de plus, entre l'attitude de mon père et celle de Charles me désespéra tant que je dus prendre deux jours de congé. Je les passai sous un couvre-pied en duvet, avec une bouillotte, en me faisant croire que j'étais enrhumée.

Bien cachée, la tête « dans le sable » et sous l'édredon, j'acceptai enfin de regarder les choses en face... La vérité était ovale et lumineuse comme une mandorle, Fervacques en occupait le centre ; il s'y trouvait « en majesté »... Je ne m'étais mise à jouer les femmes ambitieuses que pour rester dans son champ de vision : je le voyais partout, il fallait qu'il me vît aussi ; j'entendais parler de lui, il entendrait parler de moi. En veine de lucidité, je dus aussi m'avouer que je croyais qu'il deviendrait Premier ministre (ou peut-être Président) d'ici quelques années. En faisant le singe savant, je tentais de lui forcer la main — quand il constituerait son gouvernement, il ne pourrait m'écarter, je serais « son » ministre... Piètre consolation ! Espérance ridicule ! Etre son ministre quand une autre serait sa maîtresse, son unique, sa Sans Pareille !...

Accablée par ces révélations, je m'enfonçai plus profondément sous ma couette : j'avais perdu toute envie de me montrer.

Mais je n'avais pas encore perdu l'envie de voir (ma fameuse énergie vitale, sans doute ?) : voir mon avenir, celui de Charles, de Laurence, de Thierry... Un moment, je songeai à reconsulter la voyante de Neuilly. Mais elle était devenue trop célèbre — il fallait solliciter un rendez-vous des semaines à l'avance —, tous les journaux maintenant publiaient sa photo, ses prédictions : c'était une voyante en vue, et même (à en juger par l'inconsistance de ses premières visions) beaucoup plus vue que voyante... En désespoir de cause, j'envisageai de recourir à quelque vieux marabout africain — nous n'en manquions pas aux Trois-Bœufs —, mais, craignant les effets conjoints de radio tamtam et du téléphone arabe, j'y renonçai... La magie noire me tentait bien, pourtant. J'aurais éprouvé du soulagement à triturer une poupée de cire molle, à percer d'aiguilles un cœur de son : on devait sentir une volupté particulière à appliquer sa haine en des points précis du corps de l'autre, à l'embrocher ; faute d'aiguilles ou d'épée, je concentrais ma pensée sur un bout d'abdomen, un morceau d'épaule, j'essayais d'effiler ma douleur jusqu'à ce qu'elle fût une flèche empoisonnée ; puis, les yeux plissés, la respiration haletante, j'expédiais cette onde maléfique à travers l'Europe, espérant déclencher à l'autre bout un lumbago, une appendicite, un infarctus, ou un cancer du cerveau...

Bientôt je m'aperçus que c'était toujours Nadège que je persécutais de la sorte, Nadège que je souhaitais détruire. J'épargnais Charles, soit que j'aie trop aimé son corps pour le torturer, soit que je ne l'aie pas encore aimé suffisamment pour le haïr.

Peut-être, en effet, la coupe n'était-elle pas assez pleine ? Il fallait aller plus loin dans l'abnégation, l'abjection — aimer plus, souffrir davantage. Avancer.

J'eus des nouvelles de Laurence : la pendule de cheminée ne lui avait pas duré six jours. Elle ne l'avait pas vendue, elle l'avait bradée : trois mille francs ! Puis elle était descendue vers Marseille. Elle avait rencontré l'héroïne à Avignon et s'était crue tenue de mettre ses menaces à exécution : cette deuxième expérience ne s'était pas avérée plus concluante que la première, mais elle avait bien entamé son pécule. Aussi, après trois jours de cavale, ne lui restait-il que huit cents francs. Elle était revenue à la Codéine et aux « kounous ». Entre ces friandises et les hôtels miteux, elle avait liquidé le solde de sa fortune en une semaine. Trop faible pour le vol à la tire, trop timorée pour le vol à l'étalage, elle avait traîné dans la gare Saint-Charles jusqu'au moment où le manque de barbituriques l'avait jetée sur un banc, épuisée, la bouche grimaçante et les membres secoués de convulsions.

C'est moi qu'on avait prévenue : elle n'avait pas de papiers d'identité, et aucune autre adresse que la mienne.

Fervacques descendit la récupérer ; il la ramena au bercail sans la sermonner ; mais tout était à recommencer. Elle avait plané si haut qu'il fallait réamorcer lentement la descente, préparer en douceur un nouvel atterrissage. Naturellement, elle avait pris d'excellentes résolutions. Elle m'en entretenait lorsqu'elle m'appelait — du château lui-même maintenant, parce qu'on ne la laissait plus aller jusqu'au village : « Elisabeth ne m'en a pas voulu pour sa pendule, m'expliquait-elle, et mes sœurs sont très gentilles, surtout la petite. Elles font comme s'il ne s'était rien passé... Rien passé ! Il s'est passé quelque chose pourtant, puisqu'ils m'enferment... Ce n'est pas la bonne solution : je m'ennuie, je m'ennuie... » Je songeais à la froideur du château entrevu six ans plus tôt, à ses grands salons mornes, ses boiseries sombres, ses canapés interchangeables, ses cheminées sans feu — et sans pendule désormais ! Une cage à riches, un couvent doré où Elisabeth elle-même devait se sentir séquestrée. Pensant à la réclusion dans laquelle Fervacques tenait maintenant Nadège à Ravello, je me dis que cet homme ne portait pas bonheur aux femmes qu'il rencontrait : elles finissaient toutes en prison ! Du fond de son cachot la petite voix de Laurence me parvenait, grelottante et lointaine : « Je t'aime, je t'aime », lançait-elle comme un appel au secours avant de raccrocher. Mais pour l'instant il n'était pas question de la revoir : le nouveau médecin qui la suivait prétendait qu'elle devait rompre avec son passé. Je faisais partie de ce passé. Elle s'éloignait...

Olga aussi s'éloignait. Il est vrai que les événements allaient si vite ! J'étais toujours tellement occupée que Madame Kirchner, ses activités, sa vieille amitié et notre ancienne collaboration semblaient rejetées dans une vie antérieure. Je ne parvenais à les restituer dans le temps — un temps proche pourtant — qu'au prix d'un effort de mémoire : j'étais surprise, en écoutant à la radio une chanson apparemment déjà ancienne que j'avais associée à telle visite discrète chez Olga, d'entendre ensuite le speaker expliquer que « c'était France Gall en 76 » ou « Hallyday version 77 ». Si peu d'années, vraiment ? Tant de cicatrices depuis !

« La Veuve » devait, non moins que moi, souffrir d'amnésie : elle avait oublié mon adresse ; j'avais beau défrayer la chronique, faire la couverture des journaux, il y avait bien quatre mois que ses « amis » ne s'étaient pas manifestés et dix mois que je ne l'avais rencontrée. Qu'attendait-elle pour me « réactiver » ? Elle aurait dû être contente, pourtant, de me voir réduire les effectifs de l'armée !... Mais je n'entendais parler d'elle que par mon frère. Encore ne m'en donnait-il que des nouvelles rares et imprécises ; car Olga ne fréquentait plus beaucoup la maison de Senlis. Peut-être Anne, trop prise désormais par sa « boutique », submergée par les vagues successives de grille-pain coréens et de moulinettes malaisiennes, ne lui semblait-elle plus assez disponible ? De son côté, la nouvelle comtesse de Chérailles — Catherine Darc — lui battait froid ; il faut dire qu'en entendant la journaliste détailler avec gourmandise un projet d'émission sur « les trottoirs de Calcutta » après un dossier (non moins émouvant et très rentable) consacré à la famine éthiopienne avec mères suppliantes et bébés mourants en gros plan, « la Veuve » s'était exclamée : « Autrefois c'était la misère qui se jetait sur le pauvre monde, maintenant c'est le beau monde qui se jette sur la misère !

— Quand on n'aime pas le beau monde, avait rétorqué l'autre, pincée, on n'est pas obligé de vider ses assiettes ! »

« Olga a perdu une bonne occasion de se taire, avait commenté Philippe. Compte tenu de la situation financière délicate de l'entreprise et du pourcentage de parts que détient Catherine, elle aurait dû tenir sa langue... Ne serait-ce que par égard pour ma mère ! Mais elle ne sait plus ce qu'elle fait : elle boit comme un trou. Sans pudeur. Ça crève le cœur ! Physiquement, tu sais, elle n'est plus que l'ombre de ce qu'elle a été. Pire que ravagée : on dirait une olive noire ! Sombre et fripée. Il y a des gens que l'alcool gonfle, souffle comme des pop-corns. Elle, non : elle est confite, macérée, racornie dans son whisky !

— Est-ce qu'elle joue encore ? Deauville ? Sainte-Solène ?

— Je ne sais pas... Mais elle n'a pas l'air de s'amuser ! »

Je l'imaginais accablée par la politique impérialiste de son tsar, fâchée de l'exil de Sakharov à Gorki.. Peut-être était-ce lui accorder trop de crédit ?

Quelles qu'en fussent les raisons, cependant, elle semblait vouloir transformer sa « taupe » en marmotte : je ne lui proposais rien, elle ne me relançait plus. Je détenais des informations intéressantes sur l'éventualité d'une action commune de la France et des Etats-Unis contre Kadhafi ; elle devait avoir eu vent de ce projet. Mais pas un mot, aucun signe : comme si elle avait voulu me laisser l'initiative des gestes qui me compromettraient.

Dans ce cas, elle attendrait longtemps ! Pour trahir Fervacques, je n'avais plus besoin de trahir le pays : la politique intérieure m'offrait assez de possibilités... Je jouais à l'agent dormant, elle au traitant mort.

Morte, d'ailleurs, elle l'était déjà pour le monde : évincée de Senlis, elle n'apparaissait plus que rarement dans les vernissages, les premières de théâtre, les cocktails littéraires — ses éclats éthyliques des derniers mois effrayaient les organisateurs. En un clin d'œil, elle était passée de mode. Quelques amis de Thierry, qui la vénéraient encore comme mécène et fréquentaient de loin en loin sa galerie, la disaient très mal portante... M'imaginais-je que sa mort me rendrait la liberté, qu'une disparition soudaine effacerait l'ardoise, et que, au moment de payer, mon compte s'en trouverait allégé ? Je ne crois pas m'être posé la question. Parfois, il m'arrivait de me surprendre à chanter : « Si elle meurt dimanche, ô gué, vive la rose, lundi on l'enterrera, vive la rose et le lilas ! » D'autres jours je regrettais sa chaleur, son esprit, nos joutes ; je lui en voulais de son silence, persuadée qu'elle me fuyait et qu'en se cachant c'était moi seule qu'elle évitait. Si au moins elle m'avait demandé quelque chose, j'aurais pu le lui refuser ! Nous en aurions discuté... Mais elle rompait nos derniers liens en silence, elle s'écartait sans bouger. Comme Charles deux ans plus tôt, elle m'abandonnait en me laissant croire que j'avais pris l'initiative de cette séparation.

Laurence, Olga... Même Thierry, maintenant, se détournait. Je m'en aperçus à ses mots, ses gestes dans l'amour. D'abord, les changements ne furent guère perceptibles : lui, si poli dans les jeux amoureux, si gourmé, laissait échapper une expression trop crue, presque ordurière ; ou bien, l'espace d'une seconde, il adoptait une attitude brutale qu'il rachetait aussitôt d'un surcroît de mièvrerie. Puis, peu à peu, son vocabulaire de corps de garde et son insistance à me proposer des caresses que je n'aimais pas, sa prétention même à me les imposer, éveillèrent mes soupçons. Bientôt, il devint clair que, lorsqu'il me faisait encore « un câlin » (impudique dans le détail, il restait modeste comme une jeune fille quand il désignait le tout), il se trompait de personne : quelqu'un d'autre raffolait de ces rudesses-là...

J'avais déjà remarqué une évolution similaire chez Charles à l'époque où il commençait à courtiser Nadège. A ceci près que, soumis à une autre influence, « l'Archange », lui, était devenu pudibond. Violent par nature et plutôt expéditif dans l'intimité, il lui prenait brusquement des langueurs et des timidités qui ne lui ressemblaient pas. Il avait toujours appelé un chat un chat, et voilà qu'il l'appelait un « minou »... Pour un peu il m'aurait « fait cattleya » !

Ce que je pressentais à propos de Thierry me parut confirmé quand, ouvrant un tiroir de son bureau, je tombai sur une petite annonce découpée dans un journal de gauche : « Unique à Paris. Equivoque. Il ou Elle... » Un petit dessin montrait un visage « mixte » — coupe en brosse d'un côté, longue chevelure de l'autre. Suivaient une adresse et une invitation à venir se rendre compte par soi-même « tous les jours de 10 h à 19 h, sauf le dimanche ». Le jour du Seigneur probablement...

Je ne pensai pas que cet être androgyne fût mon rival ; mais le fait que Thierry eût gardé cette publicité en disait long sur ses états d'âme ; je ne pouvais pas plus le sortir de ses obsessions qu'il ne pouvait m'empêcher de poursuivre sur ma lancée ; notre amour (notre liaison ? notre amitié ?) n'avait été qu'une fioriture commune en marge de nos destins particuliers... Du reste, il ne parlait plus de me faire un enfant. Finis, ces instants d'exaltation où il m'assurait que « l'éternité ne nous réclamait pas un livre supplémentaire, mais une œuvre à son image, qui ne fût ni close ni repliée, un élan imprévisible, une confiance illimitée... L'éternité nous demande un mortel ! » concluait-il alors, le menton conquérant. Aujourd'hui, il n'était plus question de « faire le pari de la folie », de « glisser du désordre dans l'ordre établi », de « mettre du neuf dans nos ruines ». Dommage : j'avais commencé à m'habituer à ce lyrisme échevelé dont ses livres, trop savants, nous privaient souvent ; en père virtuel, je lui trouvais un immense talent... Mais il était dit que je n'enfanterais avec lui qu'un être de papier, et qu'il ne connaîtrait d'autre paternité que celle d'une formule heureuse, d'une phrase bien tournée : ensemble dans notre chambrette nous fabriquions, soir après soir, l'œuvre d'un autre — cette « Politique autrement » qu'après « l'accouchement sous X » Charles de Fervacques reconnaîtrait...

Ce travail en commun était le dernier lien véritable qui nous unissait. Nous l'accomplissions sans peine, en nous amusant : je fournissais le fond, il mettait la forme. Parfois, tout de même, inquiet des libertés que je prenais avec les faits, il m'arrêtait : « Tu ne crois pas que, là vraiment, nous sommes un peu loin de la réalité ?

— La réalité, la réalité ! C'est qu'il ne faut pas en abuser, de la réalité ! En art, on doit l'employer comme le poivre en cuisine. Avec parcimonie. Une pincée pour relever la sauce, d'accord. Mais un plat entier de réalité, qui en voudrait ?

— En art peut-être... Mais nous n'écrivons pas un roman.

— Un roman-roman, non... Mais un roman historique, si. Nous suivons dans les grandes lignes la trame des événements tout en inventant les sentiments. »

Et il était vrai que nous traitions Charles en personnage de roman, cherchant à lui donner une cohérence et parlant de lui au conditionnel : « Non, à mon avis, il ne s'exprimerait pas de cette façon-là », objectais-je quand Thierry, grisé par le plaisir de prêter sa plume à un futur Président, abusait des métaphores ; « Ah, mais il n'avouerait jamais ça ! » s'exclamait Saint-Véran dès que je poussais « l'Archange » sur la voie de l'introspection, « voyons, Christine, ce n'est pas dans sa logique ! C'est un battant, ton bonhomme, pas un torturé. Pour le public du moins... On ne change pas en cours de route le héros d'un feuilleton à succès ! »

Nous n'avions pas su former un couple, mais nous formions une bonne équipe. En travaillant avec lui je découvris qu'il était le collaborateur idéal — inventif, généreux, et gai. J'en fus d'autant plus surprise qu'il s'agissait d'écriture et que, dans nos premiers mois de vie commune, ses angoisses de romancier m'avaient beaucoup fatiguée... Devenu l'Erckmann d'un Chatrian, le Boileau d'un Narcejac, il retrouvait sa bonne humeur et ses facilités : nos fous rires l'empêchaient de se prendre au sérieux et le sujet imposé le libérait. « Reconnais que tu as besoin d'asservir ta plume, lui dis-je un jour, les travaux de commande te réussissent...

— Je m'amuse, je l'avoue. C'est que voilà un livre dans lequel je n'aurai aucune responsabilité — pas même celle de le signer !... Au fond, dans cette aventure, nous trouvons tous les deux notre compte : moi, je me rééduque, et toi, tu tiens l'alibi pour penser à ton "Archange" toute la journée... »

Je lui tirai la langue :

— Erreur, Mister Freud, erreur ! Ce n'est pas

« l'Archange » que je poursuis à travers ce livre, c'est toi : un seul auteur en deux personnes, peut-on rêver plus intime union ?

Faire des phrases sur un canevas préparé, passer du roman à la biographie (même imaginaire) et à l'exposé politique, rendaient à Saint-Véran une assurance que je ne lui avais plus vue depuis le soir de son triomphe à Vienne avec le « Divertimento » — ce soir où il m'avait prise et presque forcée. Du reste, les mêmes causes produisant les mêmes effets, il découcha plusieurs fois pendant notre « gestation » : je pense qu'« Il-ou-Elle » bénéficia de ce regain d'enthousiasme... Pendant quelques semaines je caressai l'espoir qu'il retrouverait la foi perdue et reviendrait à la littérature sans avoir eu besoin du grand choc dont Courseul m'avait parlé. Mais, à mesure que nous avancions dans l'ouvrage, je vis resurgir en foule ses vieux démons : ne devrions-nous pas suivre un plan plus original, l'ellipse ne valait-elle pas mieux que l'explication, ne conviendrait-il pas de créer, dans ce récit trop linéaire, quelques « vides de la narration » ? Et le cinéma ? N'y aurait-il pas des avantages à utiliser certains procédés du cinéma ? Il en employait déjà le vocabulaire : « Ici, je verrais bien un travelling sur le congrès du RPR — les bancs, les travées, les visages, les pancartes, les tribunes —, et puis, brusquement, zoom sur Chirac ! » Il reprenait sans cesse les pages déjà rédigées pour en repétrir la pâte, la fourrer d'antithèses ou de métonymies, battre des formules en neige, faire mousser son esprit, puis réduire le tout à feu doux. Il rêvait, me disait-il, d'un livre-meringue. Blanc, léger, aérien.

« Oui, c'est joli, la meringue. Mais c'est trompeur. Tu crois te nourrir mais, pfuitt, dès que ta langue la touche, elle s'évapore !

— Et alors, tu ne prétends pas qu'il reste quelque chose de ta "Politique autrement" ?

— Non, mais, au moins, je prétends le finir. » Car, si je l'avais laissé faire, il aurait enfilé les mots comme des perles sans pouvoir terminer le collier.

Le seul point positif de l'affaire, c'est qu'il avait recommencé à lire les autres : je l'avais momentanément guéri du « crayon intérieur » ! Mais il choisissait mal ses lectures : il s'était plongé dans les romanciers américains contemporains sous prétexte d'y découvrir des formes nouvelles de récit et d'importer chez nous des techniques narratives inconnues. Tourné vers New York, il cherchait midi à dix-huit heures : le décalage horaire...

Pourtant, en fait de techniques narratives, j'en connaissais une, moi : « Excellente, Thierry, insurpassable : "Il était une fois"... Seulement il faut avoir une histoire à raconter ! »

Toujours en nous chamaillant, mais dans la joie, nous parvînmes à boucler la première moitié du livre — l'autobiographie — en trois mois ; puis j'entamai la partie politique, plus délicate : il fallait faire de la démagogie en s'abritant derrière la morale, caresser l'électeur avec des précautions de Caton... Thierry, que ce prêchi-prêcha ennuyait, se bornait à trouver des raccourcis et à me fournir des slogans qu'on pourrait utiliser plus tard pour les affiches de la campagne.

Fervacques, auquel je portai les neuf premiers chapitres, fut enchanté du résultat. Enchanté quoiqu'un peu surpris, bien sûr, par le récit de sa vie — « Tiens, commentait-il parfois, je ne me voyais pas comme ça... Mais au fond pourquoi pas ? Votre construction se tient : parcours rectiligne, pensée homogène, personnage tout d'une pièce... Oui, je me plais bien là-dedans : j'ai l'impression de me comprendre ! »

Ayant ainsi pris des nouvelles de lui-même, il me donna des nouvelles de Laurence : on arrivait enfin au bout du sevrage, il ne restait plus qu'à réussir la « post-cure » et la « réinsertion ». « J'ai rencontré deux fois des spécialistes de l'hôpital Marmottan. Ils m'ont donné d'excellents conseils. Ce qui manque à cette enfant, c'est un projet. Or, elle a un vrai talent pour le dessin, vous me l'aviez caché. Bon, je savais qu'elle avait suivi les Beaux-Arts, mais comme elle n'avait pas terminé... Franchement, en découvrant ce qu'elle pouvait tirer d'un fusain, j'ai ressenti une certaine fierté... »

A ce qu'il me raconta ensuite je compris qu'elle lui avait fait le coup des sirènes stéréotypées : comme il n'avait encore jamais vu ces profils mélancoliques, ces silhouettes éthérées, mi-femmes mi-fées, qui semblaient produites à la chaîne par un imitateur de Kay Nielsen ou un émule tardif d'Aubrey Beardsley, il avait cru à ses dons.

« En une demi-journée elle m'a jeté sur le papier trois ou quatre vierges préraphaélites remarquables ! Des corps de liane, des chevelures éplorées... L'illustration rêvée pour une "Salomé", une "Mélisande", bref n'importe quelle "petite fille qui pleure dans la forêt"... Avouez qu'une enfant qui a de pareilles possibilités, il serait dommage de l'envoyer coller des enveloppes boulevard Saint-Germain ! Je vais lui chercher une formation complémentaire, un stage... J'ai des idées. »

Il m'avait étonnée en me parlant de Mélisande : je n'aurais pas osé glisser sous sa plume une allusion aussi culturelle. Je m'en étais tenue jusque-là à des citations de romanciers japonais sur lesquelles personne ne lui demanderait de gloser — Chirac ne mettait-il pas en avant un grand lettré chinois, le poète Tu-Fu ?

Fervacques m'apprit que Laurence était enfin autorisée à revoir quelques amis : « Même vous, précisa-t-il comme s'il s'agissait d'une suprême concession. A condition que vous ne l'invitiez plus à Evreuil : la cité des Marguerites, les caves des Trois-Bœufs et les "placettes" de la Peupleraie, ce n'est pas un environnement pour elle ! N'induisons pas le pécheur en tentation ! »

Encore un peu et il deviendrait aussi vertueux que je l'avais fait...

J'invitai mon « enfant perdue » à dîner chez « Charlot Ier » : Fervacques m'avait dit qu'elle recommençait à manger, « surtout des coquillages, des poissons...

— Des fruits de mer ? avais-je répliqué. J'espère au moins que vous avez compris le message : c'est à "l'Escale" de Sainte Solène qu'elle souhaite se faire inviter... Et par vous, Charles, pas par moi ! »

Première surprise : elle arriva à l'heure — cornaquée, il est vrai, par le chauffeur de son père. D'emblée elle me parut changée. En mieux, bien sûr : elle semblait repassée de frais. Surtout elle avait natté ses cheveux — des dizaines de petites nattes de style « Afro » dans lesquelles on avait mêlé des rubans et qui, parce qu'elle était blonde, lui donnaient moins l'air d'une bergère soudanaise que d'une danseuse slave, une vedette rouge et or des Ballets Moïsseïev. Le visage dégagé, elle gagnait en propreté, et peut-être en charme, même si sa maigreur lui faisait encore des traits trop pointus ; il aurait fallu provisoirement lui garder une frange, des mèches : le profil acéré de son père, que soulignaient ces cheveux tirés, lui enlevait de sa féminité. Un instant, quand elle se tourna vers le maître d'hôtel pour commander, offrant simultanément au regard ses tresses de petite fille et son nez busqué, elle me rappela le portrait d'androgyne découpé par Saint-Véran : « Il-ou-Elle »...

— Tu as l'air en pleine forme, dis donc ! Et ta coiffure... C'est original. Ça fait plus net en tout cas...

— C'est Solène, ma sœur, qui me tresse les cheveux, mais l'idée vient d'Elisabeth.

Des tresses, forcément ! A quand les socquettes blanches ? La suite de la conversation me prouva, en effet, que Madame de Fervacques appliquait une thérapeutique simple : faire vivre à Laurence, de manière rétroactive et accélérée, une enfance aristocratique et rangée...

Pour saugrenu que fût ce projet, appliqué à une fille de vingt-six ans, le régime auquel on soumettait ma protégée semblait lui réussir ; elle grignota avec complaisance, et alla jusqu'à plaisanter :

— Tu as choisi ce restaurant en pensant à mon père ?

— Pas précisément... Pourquoi ?

— Charlot Ier ! « Le Roi des coquillages » ! C'est lui, non ?

— Ah... Je n'y avais pas songé... Au fait, comment l'appelles-tu, ton père ? Je veux dire : dans l'intimité ?

— Papa, bien sûr. Comme mes sœurs.

Moi, je n'avais jamais pu : le « Papa » m'était resté dans la gorge ; Jean Valbray serait jusqu'au bout « J. V. », « Votre Excellence », ou « Dis-moi »...

— Qu'est-ce qu'il y a ? me demanda-t-elle. Tu as froid ?

— Oui, un peu...

Machinalement, j'avais resserré mon châle sur moi. Maintenant, elle me parlait de ses sœurs, avec ironie mais sans agressivité — « mes sœurs », « mes sœurs », elle en avait plein la bouche... De nouveau, j'eus l'impression que je la perdais. Déjà, avec ses tresses relevées, son kilt « Cyrillus » et son chemisier de soie, plus personne ne l'aurait prise pour Ophélie... Impossible, bien sûr, de ne pas s'en féliciter.

« En somme, tout va bien ?

— Oui... Enfin, presque. » Une seconde, son visage s'assombrit, mais je n'eus pas le temps de l'interroger sur ce qui la tourmentait, car le nuage disparut aussi vite qu'il était venu, et son regard s'éclaira :

« Je pars la semaine prochaine en Italie !

— Bravo ! Où, en Italie ?

— A Rome. Dans un atelier. Pour travailler. Une idée de mon père.

— Et tu es contente ?

— Pour l'Italie, oui. Le travail, je ne sais pas... Mon père s'est fourré dans la tête que j'aime dessiner ! » Elle secoua ses tresses, sourit avec ironie — son sourire à lui. « Pour être franche, je n'ai pas plus envie de dessiner que de me pendre ! Et peut-être même que, quand on se pend, on éprouve des sensations qui... » Elle soupira. Dans ses yeux flous passa une procession de « kounous »... « Mais enfin, je veux bien essayer. Il m'a choisi un atelier de stylistes. Du design ! Des gens qui font un petit peu de tout — des lampes, des robes, des fourchettes, des bijoux... Ça dépend des commandes. En ce moment ils ont un gros marché avec Bulgari pour des pendentifs et des bracelets. C'est là-dessus que je vais travailler. Comme stagiaire... Remarque, moi, les bijoux, je m'en fous : je n'en ai jamais porté ! Alors, l'intérêt du job... Mais il y a une chose qui me plaît, c'est que je vais être dans l'équipe d'une nana hyper-géniale. Une Française qui fait des trucs extra. Il y a longtemps que je l'avais repérée : que ce soit des tissus, des meubles, ou n'importe quoi, j'adore ce qu'elle fabrique ! Elle est archiconnue, tu sais. C'est même elle la patronne de la boîte. Pourtant elle est plus jeune que moi, tu te rends compte ? Oh, je suis sûre que tu as entendu parler d'elle. Mais oui, tiens, c'était une copine de ton amie Caro... Nadège de Leussac, ça te dit quelque chose ? »

De Charles j'avais tout imaginé, tout envisagé sauf qu'il pût un jour me voler Laurence, me priver de son amour pour le donner à l'Autre... C'était pire qu'un viol !

Il me dépossédait de mon double, m'arrachait mon ombre, il m'enlevait l'affection de mon unique enfant et m'ôtait ma dernière raison de vivre ! Il y avait tant d'années que je m'occupais de cette petite fille, tant d'années que je la soignais, que je la nourrissais, que je la berçais, et tâchais de lui donner ce que je n'avais pas reçu ; il y avait de si longs mois qu'elle était le seul être avec lequel je me sentisse encore en communion, le seul avec qui il me restât quelque chose à partager ! Et voilà qu'avec la froide détermination d'un tacticien il la faisait basculer dans le camp d'en face — abus de confiance, détournement de passion, d'autant plus révoltants qu'ils ne touchaient pas que moi : depuis des semaines aussi, Elisabeth lavait cette enfant qui n'était pas la sienne, elle la coiffait, l'amusait, essuyait ses coups de gueule et ses coups de cafard ; maintenant qu'à nous deux nous l'avions sauvée, il nous trompait ensemble, offrant sa fille à sa maîtresse comme une bague de plus, une nouvelle pierre à sa couronne !

Laurence, toujours à l'affût de mes réactions, s'affola : « Qu'est-ce qui ne va pas ? Je t'ai choquée, Christine ? Parle-moi !

— C'est difficile, Lau, difficile... »

Si la vérité ne m'avait été assenée aussi brutalement, si j'avais appris les choses par un tiers, si j'avais eu du recul, j'aurais compris sans doute que je devais me taire, ravaler une fois de plus ma honte et mon chagrin ; mais je n'eus pas le temps de réfléchir : submergée par l'émotion, je chargeai, tête baissée, comme un taureau piqué par un taon. C'était Fervacques, Fervacques seul, que je visais, mais dans mon emportement j'ajustai mal mon élan :

— Tu aimes Elisabeth, n'est-ce pas ?

— Oui... Je la trouve un peu coincée mais plutôt sympa. Le genre catholique dévouée, tu vois...

— Et tes sœurs ? Finalement, tu les aimes bien ?

— Assez, oui. Surtout le bout-de-chou, Isabelle...

— Eh bien, ton père va les quitter. Il a l'intention de divorcer. Pour épouser la fille chez qui il t'envoie. Nadège. Elle est sa maîtresse depuis trois ans...

Laurence n'alla jamais en Italie. Deux jours après notre dîner, au petit matin elle quitta le château de Fervacques avec une valise pleine d'argenterie. Sur la table de la salle à manger, elle avait laissé un mot d'excuses pour Elisabeth et un petit bouquet de violettes, cueilli dans la nuit pour sa demi-sœur Isabelle.

Pendant plus d'un mois, personne ne sut ce qu'elle était devenue : comme « l'Archange » ne voulait pas porter plainte pour vol, la police ne pouvait rechercher la fugueuse — elle était majeure et libre. On la retrouva six semaines plus tard aux Etats-Unis, sale, squelettique, sans le sou, et bourrée de comprimés : elle avait perdu connaissance dans un Greyhound entre Durham et Raleigh ; on l'hospitalisa en Caroline du Nord et notre ambassade, sollicitée pour un rapatriement sanitaire, contacta discrètement son oncle Alban. Le milliardaire la réexpédia à son frère.

Mais elle ne voulait plus rester à Fervacques ; elle erra trois ou quatre semaines entre la Normandie, Evreuil, et Bruxelles où vivait sa mère. Je l'hébergeai quelques jours à la maison : elle ne mangeait que des bananes — vertes parce que l'odeur des fruits mûrs lui soulevait le cœur. Encore devait-elle se forcer pour les avaler ; la voir déglutir péniblement après chaque bouchée me bouleversait :

« Rien ne passe, admettait-elle, tout me dégoûte. Mais je m'oblige pour les bananes, parce que c'est riche en sucre, en calories. On doit pouvoir survivre un certain temps avec ce truc-là... »

Elle ne voulait pas mourir, mais ne se sentait plus la force de lutter sans être soutenue, encadrée, contrainte même : « Un corset, me répétait-elle d'une petite voix nouée, les lèvres tremblantes. Pour me remettre debout j'ai besoin d'un corset. » Elle était si pâle que, dans ses veines, on aurait cru voir couler des larmes...

Elle décida d'entrer dans un centre spécialisé, un établissement — moitié secte moitié bagne — que deux gaillards mystiques et musclés avaient installé dans un château du Périgord. Le régime était draconien : pas de téléphone, pas de sorties, pas de visites pendant six mois. Vie de château qui coûtait tout de même huit cents francs par jour à la famille de l'interné... Fervacques paya.

Laurence pouvait écrire des lettres (soumises à la censure du directeur), mais n'avait pas le droit d'en recevoir. Du fond de ce cachot elle m'écrivit trois fois. Trois lettres folles et tendres, avec, comme autrefois au téléphone, des phrases inachevées, des formules si allusives ou concises qu'elles en devenaient incompréhensibles. De ses progrès ou de ses difficultés il n'était d'ailleurs pas question, soit qu'elle voulût me cacher la vérité pour ne pas m'inquiéter, soit que le règlement de l'établissement interdît ce genre de commentaires. Mais Fervacques, auquel je vins remettre la conclusion de « la Politique autrement », me rassura : il appelait le directeur chaque semaine, la troisième désintoxication de Laurence était en bonne voie. Tant mieux, reconnut-il, car il commençait à se lasser : il estimait avoir fait tout ce qu'il devait, et si, dans quinze jours ou dans trois mois, il apprenait que sa fille replongeait, il laisserait tomber ; à chacun sa vie !

Un dimanche matin, au début du mois de juin, alors que je prolongeais une grasse matinée, je me sentis tirée du sommeil par une caresse douce sur ma joue. La veille, j'avais pris deux somnifères — un pour m'endormir, et un pour ne pas me réveiller ; je me retournai dans le lit en protestant et, avec un soupir, ressombrai sur-le-champ. Alors on insista, toujours en me caressant le front, les cheveux, et en tapotant tendrement ma joue. J'ouvris les yeux : Thierry se tenait devant moi, le visage incliné ; tout en lui soudain — son cou penché, ses paupières lourdes, sa bouche affaissée — semblait de travers : sans doute ce qu'on appelle un visage « chaviré »... Il me regardait avec tant de pitié que, d'un sursaut, je me redressai.

« Il est arrivé un malheur », dit-il en prenant ma main.

Je sentis mon cœur s'arrêter : Fervacques avait été assassiné !

Il baissa les yeux : « Laurence... Laurence est morte. »

On enterra Laurence de Fervacques dans l'Aveyron, où les Weber avaient gardé leur tombe de famille.

Entre-temps j'appris que, contrairement à ce que j'avais imaginé, elle n'avait pas succombé à une overdose, mais au traitement : avait-elle, ainsi que le prétendirent ses gardes-chiourme, abusivement réduit d'elle-même ses prises de « médicaments » pour guérir plus vite ? Ou bien ses geôliers, dont aucun n'était médecin, s'étaient-ils risqués à lui confisquer quelques pilules pour la punir d'une incartade ? Avaient-ils décidé de la faire souffrir, dans l'intention de lui assouplir le caractère ? « Ici, faut en chier », professaient certains de ces partisans de la manière forte... Nous ne saurions jamais ce qui s'était passé, sauf qu'une nuit Laurence avait fait une nouvelle crise d'épilepsie : comme elle était déjà couchée, son gros oreiller entre les bras, elle n'avait eu le temps d'appeler personne ; dans ses mouvements convulsifs, désordonnés, elle avait serré l'oreiller contre son ventre, contre son visage, de plus en plus fort, comme si elle voulait s'enfouir, se perdre dans le duvet ; et l'oreiller l'avait étouffée... En somme, une mort accidentelle.

Fervacques se dérangea pour l'enterrement : c'était tout de même sa fille, et les circonstances de sa disparition

— crise d'épilepsie — n'offraient pas matière à polémique. Les médias n'en parleraient pas.

Elisabeth n'était pas venue, par égard pour Malou ; et Caro, arrivée dans la nuit des Etats-Unis, représentait Alban.

L'inhumation avait été prévue pour seize heures, mais le corbillard qui ramenait le corps du Périgord se perdit, et nous attendîmes le cercueil jusqu'au soir, rassemblés par petits groupes dans les allées d'un cimetière champêtre, qui sentait le soleil et le foin coupé. Des pivoines rouges inclinaient leurs corolles entre les caveaux, des merles sifflaient dans un cerisier, des essaims d'abeilles bourdonnaient autour du calvaire.

Je me souvins de l'enterrement de Paul Escudier à Sainte-Solène, huit ans plus tôt : dans les vergers d'Armezer déjà, la mort avait cette désinvolture bucolique, ces langueurs estivales. Je me rappelai aussi qu'à cet enterrement-là, comme aujourd'hui, Fervacques était présent ; comme aujourd'hui il conduisait le deuil. C'est même à cette occasion qu'il m'avait « recrutée » : il lui fallait quelqu'un pour remplacer le défunt au pied levé...

Mais en ce temps-là, dans la chaleur du cimetière, je le désirais ; en ce temps-là, je l'adorais. Maintenant tout était semblable — un jeune mort, un vieux cimetière, une brise tiède —, mais tout était différent : je le haïssais.

Pourtant il vint encore vers moi, l'air bouleversé, et me dit une banalité du genre : « Qui aurait pu prévoir une fin aussi atroce ?

— Surtout, Charles, ne vous reprochez rien ! Comme vous me l'aviez rappelé il y a quinze jours, vous aviez une obligation de moyens, non de résultats... J'espère que j'aurai plus de chance que vous dans l'exécution de mon contrat, et que “la Politique autrement” sera un grand succès. »

Il jugea préférable de ne pas insister et alla porter ses grimaces ailleurs.

Il n'y avait pas eu de messe (ni Malou ni Laurence n'étaient croyantes, et un enterrement civil n'aurait gêné « l'Archange » qu'en Bretagne) ; cependant, pendant toutes ces heures où nous attendîmes le fourgon mortuaire en contemplant la fosse ouverte, une parole de l'Ecriture me trottait dans la tête : « La pierre éliminée par les bâtisseurs est devenue la pierre d'angle, une pierre sur laquelle on bute, un rocher qui fait tomber... »

— Si ça continue, murmura Carole, on va lui faire un enterrement aux chandelles !

Les convoyeurs arrivés à la nuit tombée étaient pressés, les fossoyeurs avaient envie d'aller se coucher : on ne fit donc pas à Laurence « un enterrement aux chandelles » mais plutôt, comme pour ces excommuniés qu'on inhumait à minuit, un enterrement à la sauvette...

Il était tard : Carole proposa de m'emmener dîner ; elle connaissait un « trois-étoiles » sympathique dans la région, « un souvenir de l'époque où je vadrouillais dans les provinces, avec mes vieux VRP ».

« C'est aussi l'époque où tu cuisais des gros gâteaux au chocolat pour Laurence, tu te rappelles ? Dans notre HLM de Compiègne... Ils étaient délicieux, tes gâteaux. Pourtant elle chipotait, finissait juste par en pignocher quelques miettes. Pour m'être agréable... Il a toujours été si difficile de la faire manger ! Les yaourts, même les yaourts... Et ses bananes, à la fin, ses bananes ! » Je me remis à pleurer.

Caro me prit par les épaules : « Chris, Chris, dis-toi qu'elle est plus heureuse comme ça... » Elle avait vu Laurence pendant quelques jours chez Alban, après que les Américains l'eurent ramassée dans le Greyhound, et elle avait pensé que nous ne pourrions pas la sauver. « Elle a tellement souffert, la pauvre, tellement souffert. Maintenant elle n'a plus peur, elle n'a plus froid, elle n'a plus mal. Crois-moi : c'est mieux comme ça... »

Mieux ? Quel mieux ? Laurence était-elle à même d'apprécier ce « mieux » ?

Si Carole avait vraiment cru en une survie, je lui aurais peut-être pardonné cette manière désinvolte d'expédier les trépassés, mais, bien qu'elle raffolât d'images pieuses et de gris-gris, je la savais peu portée sur la spéculation philosophique...

Ecœurée de la voir si vite consolée, je la regardai d'un autre œil : il est vrai qu'elle revenait de loin, Carole Massin ; qu'elle aussi avait souffert, lutté ; après l'enfance qu'elle avait vécue, celle de Laurence devait même lui paraître « sucrée » ; sans doute considérait-elle la fille de Fervacques comme une mauviette, un de ces oiseaux chétifs dont la vie ne fait qu'une bouchée... Mais comment, quant à elle, avait-elle pu si aisément surmonter sa misère, l'assassinat de sa mère, le suicide de son père ? Ses consolations de convention, où le cœur entrait pour peu, venaient de m'éclairer : Caro avait survécu parce qu'au fond elle n'aimait qu'une seule personne sous plusieurs identités — Carole Massin. Son égoïsme l'avait sauvée.

Laurence ressemblait à ces « impatiens », si fragiles qu'elles piquent du nez quand on oublie, une seule journée, de les arroser ; Carole, malgré ses joues veloutées, tenait davantage du chardon : sèche, elle pouvait vivre en terrain sec ; dure, elle s'enracinait dans le rocher.

Pendant le dîner elle me parla de ses affaires. Elle était toujours en contact avec l'Iran. L'ex-jésuite Pierre Prioux lui servait de commis voyageur. Il était très bien vu là-bas depuis qu'il avait abjuré le christianisme et signait ses mises en scène « Youssouf Islam ». Il venait de faire paraître un « Libre propos » dans « le Monde » où il se livrait à un éloge sans mesure de la guerre sainte présentée comme « une esthétique de la mort reçue et donnée, un art partagé du sacrifice, une éthique réciproquante du glaive et du fourreau, très proche finalement de ce que j'ai cherché à traduire l'an dernier dans ma mise en scène du "Cid" »...

Bien entendu, il ne faisait peur à personne. On le savait atteint d'héliotropisme idéologique : comme le tournesol et la marguerite dirigent naturellement leur sommet vers la lumière, Prioux tournait toujours sa pensée du côté chaud. Propriété biologique qui n'avait rien d'une singularité : dans les années cinquante nos élites avaient toutes été marxistes ; quinze ans plus tard, aucun penseur ne sortait sans son gourou indien et sa philosophie non violente ; en ces dernières années du siècle quelques intellectuels parisiens, cédant aux charmes plus musclés du Djihad, répondaient à l'appel d'Allah. Comme ils n'avaient pas encore tâté du confucianisme, du mazdéisme ou du Nichiren, on gardait de quoi s'amuser !

« Youssouf Islam », donc, faisait avancer les projets de contrats de la Spear et de Caro.

— Tu sais, me dit-elle, qu'il va bientôt y avoir la guerre entre l'Iran et l'Irak...

— Ils s'entendent comme chien et chat...

— Eh bien moi, j'ai un marché tout prêt pour le moment où ça pétera.

— Je n'en doute pas : « les usines Mérian, un capitalisme à la pointe du combat »... Vous leur vendez des chars, cette fois, ou des avions ?

— Non, les affaires de la « Fervacques and Spear », je ne m'en mêle pas. Je te parle seulement de mes projets à moi, « Marie Mauvière »...

— Ne me dis pas que tu vas leur fourguer des abat-jour ou des dessus-de-lit !

— Mais non : des clés. Des clés en plastique.

Je ne crois pas en avoir appris davantage ce soir-là : au seul mot de « clé », je m'étais revue à Evreuil, fourrageant dans la serrure de Laurence sans parvenir à l'ouvrir ; j'avais revécu le combat livré pour la sauver — l'arracher aux loubards, l'arracher aux « kounous » — tandis qu'au rez-de-chaussée l'intelligentsia dînait. Puis, brusquement, l'image de cette vieille clé rouillée, qui n'entrait plus dans la porte de Laurence, avait fait place au souvenir d'une minuscule clé d'or qui, dans une cave de Creil, m'avait livré tous les secrets de ma mère, une clé qui, en m'ouvrant la boîte de Pandore, m'avait à jamais fermé le pays où m'attendaient les enfants Lacroix... J'éclatai en sanglots.

Ce fut plus tard — en prison — que je compris quel marché Carole avait passé avec ses clients d'Orient : je lus un reportage sur les gamins iraniens d'une douzaine d'années ramassés sur les champs de bataille. La guerre avait fait d'eux des invalides — les « grands » les envoyaient en avant-garde, pour déminer : on leur avait expliqué qu'il fallait protéger les combattants plus exprimentés... Fièrement ils avaient perdu, qui une jambe, qui un bras, mais tous, manchots et unijambistes, portaient encore autour du cou une petite clé en plastique doré. On la leur remettait juste avant l'attaque, pour les stimuler : c'était un passeport pour l'au-delà, « la clé du Paradis ».

Carole avait vendu aux combattants des millions de clés du Paradis ; et ce n'était pas sa faute sans doute si, en montant aux cieux, quelques maladroits avaient raté une marche...

En rentrant au « Belvédère », je fouillai mes cartons à la recherche de vieilles photos de Laurence — Laurence adolescente, Laurence avant l'errance et le malheur... Je finis par retrouver deux ou trois clichés de groupe : des photos de classe prises au lycée Jeanne-d'Arc de Compiègne ; je siégeais au centre comme professeur, elle se cachait dans les derniers rangs, petit visage en fer de lance, contracté par la peur.

Je fis agrandir ce détail, l'encadrai et l'accrochai dans ma chambre. L'agrandissement avait accentué l'imprécision des traits : les cheveux au vent, les yeux dans le vague, Laurence y ressemblait aux sirènes anonymes qu'elle dessinait...

Ensuite, je me mis en tête de ranger toutes ses lettres et les devoirs qu'elle m'avait remis du temps où j'étais « sa prof » de français ; j'en avais gardé cinq ou six : elle, si médiocre dans les autres matières, prenait la tête de ma classe chaque fois que le sujet l'inspirait. A l'époque ce n'était pas par amitié que j'avais conservé ces essais, mais comme modèles pour les années suivantes : j'avais ainsi tout un stock de « meilleures copies », où Laurence n'était qu'un auteur parmi d'autres. Du paquet jauni j'eus vite fait d'extraire les œuvres complètes de ma « petite noyée », constatant au passage que je ne montrais pas beaucoup d'originalité dans le choix des sujets — « Du Bellay écrit à son ami Ronsard » ou « Racontez l'événement le plus marquant de vos dernières vacances »...

Mais je fus frappée de stupeur en voyant quel étrange parti Laurence avait tiré d'un de mes sujets favoris : « Votre lieu d'élection ». Les autres, je m'en souvenais maintenant, m'avaient parlé de leur maison de week-end ou d'une île déserte ; elle m'avait décrit un cimetière. Et ce cimetière tellement particulier (stèles à l'antique sur fond d'écume, élégies de marbre posées sur le rocher), s'il n'évoquait rien pour moi à l'époque, aujourd'hui je le reconnaissais : c'était le cimetière des Chevaliers, concession à perpétuité des chouans tombés à Sainte-Solène.

Laurence, bien sûr, ne l'avait jamais vu, mais elle avait dû rêver sur les guides touristiques qui le décrivaient. C'était en rêve aussi que, dans sa rédaction, elle s'y promenait ; chemin faisant, elle rencontrait sa tombe... L'épitaphe qu'elle s'inventait sentait encore l'enfantillage, la révolte des biberons, l'âge ingrat — « Née par hasard, morte pour rien », avait-elle écrit. Ironiquement j'avais noté dans la marge, au crayon rouge : « On a fait des révolutions pour moins que ça ! » Maintenant, j'avais honte... Dans les lignes suivantes elle avait dépeint son tombeau avec une précision quasi maniaque : du granit brut que les lichens rongeaient, un nom sans dates, une rangée d'iris.

En lisant et relisant cette copie couverte d'une écriture hâtive et relâchée, encore puérile, il me sembla que si la vie de Laurence avait eu aussi peu de sens que son épitaphe nous l'annonçait, son exil dans l'Aveyron en avait encore moins : elle n'avait jamais connu la région, ni le grand-père auprès duquel on l'avait couchée.

Il est vrai qu'elle n'avait pas connu Sainte-Solène non plus, mais c'était par excès de désir qu'elle l'avait évitée. Elle s'en était fait une idée telle qu'elle craignait de la confronter à la réalité. De la ville, elle pouvait pourtant nommer chaque hôtel, chaque quartier, de la plage peindre chaque galet. Sainte-Solène, elle aurait pu y aller les yeux fermés ! Elle avait préféré y aller les yeux fermés...

Depuis vingt-cinq ans je cherchais la tombe des petits Lacroix : j'avais acheté « le Belvédère » en vain, puisqu'elle ne s'y trouvait pas. On les avait escamotés, cachés dans un coin de terre dont eux-mêmes n'avaient jamais entendu parler, un lieu où ils resteraient étrangers : on leur avait fait cadeau d'une mort d'immigrés.

Je me promis que Laurence, au moins, aurait la tombe qu'elle méritait ; les testaments faits à quinze ans ne sont pas, moins que les autres, dignes de respect. On l'enterrerait à Sainte-Solène ; peut-être pas dans le cimetière des Chevaliers — il y avait deux cents ans qu'il affichait complet —, mais au bord de la mer. Et son corps, enfin, rejoindrait le pays de son âme.

Cimetières. J'avais suivi Christine de cimetière en cimetière.

Le dernier qu'en m'attachant à ses pas il me fallait visiter n'était pas ce cimetière des Chevaliers, si désuet, que je connaissais déjà, mais un charnier d'objets : le cimetière de voitures d'Evreuil-Maingon où travaillait Matteo Mattiole.

J'avais pensé au peintre quelques jours plus tôt en quittant le grand ensemble de la Peupleraie ; j'étais passée devant ses mosaïques, puis devant la petite église qu'il avait décorée, créant un monde là où Garmore avait échoué à créer une ville. Mais je n'avais pu voir les fresques : la chapelle était fermée. J'avais tourné autour, constatant qu'à certaines fenêtres on avait remplacé les bâches en plastique par des vitraux, protégés d'un grillage ; mais le grillage était percé et les vitraux neufs semblaient déjà crevés.

Cependant, le carrefour n'avait pas été élargi et l'église abandonnée tenait toujours le centre du rond-point, dominant un océan de bitume et de détritus.

Bien sûr, si j'avais tenu à découvrir l'œuvre de Mattiole, j'aurais pu m'adresser à la mairie — la commune devait être encore propriétaire de l'édifice —, mais, au fond, je ne le désirais pas vraiment. Les descriptions qu'en donnait Christine m'avaient paru contradictoires, ses jugements hasardeux. Séduite par l'ampleur du projet, l'optimisme de la démarche, je ne voulais pas être déçue : cette peinture controversée, il me suffisait de l'inventer.

D'ailleurs c'était surtout le personnage que j'avais envie de connaître. J'avais lu sa déposition au procès. Elle m'avait plu par ce qu'elle révélait de rugueux : l'homme avait de l'écorce, qualité qui l'élevait loin au-dessus des tiges creuses et des arbrisseaux. Un peu d'épaisseur, de hauteur, d'envergure, voilà précisément ce que je cherchais avec avidité : enquêter dans l'entourage de Christine Valbray, où, à de rares exceptions près, je ne rencontrais que violence sourde et médiocrité — petits calculs, petits trafics, petits profits, petits bonshommes, petits destins — avait fini par me dégoûter. Encore, si j'avais pu transformer ce reportage en plaidoyer, m'éprendre de mon héroïne au point de m'abuser, la croire innocente, injustement sacrifiée ! Mais, au bout du parcours, je la connaissais, elle aussi, trop bien pour me leurrer : je la déchargeais volontiers des péchés qu'elle revendiquait (le KGB, les « parties carrées » ; même l'assassinat de Lefort, si elle l'avait commis, je l'en absolvais), mais comment oublier l'assassinat de Laurence, cette exécution en six mots — « Ton père t'envoie chez sa maîtresse » ?

Certes, à sa décharge, on ne pouvait nier que Fervacques eût une fois de plus manqué d'élégance : ce bel ange, si « fashionable », s'était comporté, dans la circonstance, comme le dernier des goujats ; on aurait dit l'un de ces médiocres coureurs de jupons qui, obligés de garder les marmots pendant que leur femme court au supermarché, emmènent les têtes blondes chez leur maîtresse et, pour ne pas perdre une minute, les plantent devant la télévision et les bourrent de bonbons tandis qu'ils trompent leur mère dans la chambre d'à côté... Il est vrai aussi que Christine avait été prise de court et que sa réaction n'avait pas été préméditée ; vrai, enfin, que si les désarrois de Laurence, ses malheurs de jeunesse, la rendaient touchante, Christine n'avait pas souffert moins qu'elle : plus combative, elle n'était guère moins égarée, et il fallait lui pardonner sa violence si l'on excusait les « kounous ». En vérité, elle n'avait pas tué Laurence : la pauvre avait été atteinte par une balle perdue...

Cependant, je ne supportais pas que, dans le drame final, Madame Valbray se dissimulât sa part de responsabilité. Pire : avec une mauvaise foi étonnante, de coupable elle se faisait victime ; et ses propres fautes, loin de l'accabler, alimentaient sa vindicte, nourrissant l'acte d'accusation qu'elle dressait contre celui qu'elle avait aimé.

D'ailleurs, pourquoi le cacher ? ces derniers mois, je n'éprouvais plus pour mon sujet qu'une sympathie mitigée. Parfois je me le reprochais, me disant que je ne comprenais pas Christine, que nous étions trop différentes, que mon livre serait un non-sens, une vie de la duchesse de Longueville écrite par Madame de Maintenon... Sans doute, comme tant de biographes, moins subtils que les personnages illustres dont ils s'emparent, m'efforçais-je en vain de la ramener à ma taille : une fois passée par ce lit de Procuste, elle me paraissait trop petite, je trouvais qu'il lui manquait quelque chose...

Mais si, lasse de piétiner dans les sentines où elle m'entraînait, j'osais quelquefois la détester, à peine m'étais-je avoué cette répugnance que je me souvenais aussi de l'avoir aimée : je lui trouvais de nouvelles circonstances atténuantes, cent mille attraits, et je savais bien que, si je l'avais revue, j'aurais été reprise par sa chaleur, son insolence et sa vivacité. Cependant plus j'allais, plus ce charme même, sombre, souterrain, tortueux et vénéneux à souhait, m'effrayait : je sentais que cet entrain noir, cette lucidité sans tendresse, me gagnaient peu à peu, que son nihilisme me contaminait, que je me pourrissais. Il m'arrivait de prononcer des phrases qu'elle aurait pu signer, de ne plus savoir si elle ne les avait pas dites, si je ne me bornais pas à les répéter : elle m'envahissait. Je n'étais plus sûre d'avoir trouvé toute seule mes idées, plus sûre de conduire ma vie où je voulais. Et je redoutais, pardessus tout, de me voir telle qu'elle était : en me contant ses échecs et ses souffrances, ne me tendait-elle pas sans cesse un miroir déformant qui me renvoyait de moi-même et de mon temps une image que je refusais ?

Malheureusement, aucun des personnages de ses carnets, lorsque je finissais par les rencontrer, ne me proposait une autre vision des hommes et du monde. Bien sûr, ils s'inscrivaient en faux contre telle affirmation de la « Sans Pareille », corrigeaient une anecdote, un portrait, donnaient une autre version des faits ; dans le détail ils démentaient, mais pour l'essentiel — soit que les plus honnêtes tinssent des propos désabusés, soit qu'au détour d'une phrase les fripouilles révélassent l'étendue de leur friponnerie — ils confirmaient.

Le grand-père Brassard était mort, Kahn-Serval était mort. Morts aussi Gaya, Nieves... De Mattiole seul je pouvais encore attendre un désaveu : avec ses Nativités passionnées et ses Crucifixions heureuses, ce carreleur de choc allait m'expliquer qu'il fallait continuer, avancer, lutter, espérer. Il repeindrait en rose les ténèbres de Christine Valbray.

Le chemin de terre passait au milieu d'un petit bois, le dernier sans doute qui restât dans la vallée du Theil. J'avais laissé ma voiture sur la départementale en bas car il avait plu toute une semaine et je craignais de m'embourber. On m'avait conseillé de prendre des bottes : « Chez le casseur, on ne marche pas sur des tapis d'Aubusson, tu sais ! » On marchait dans la glaise, en effet — une terre grasse imperméable où stagnaient de longues flaques huileuses ; on traversait des bois dénudés, frileux ; mais rien à l'horizon n'annonçait ce cimetière de voitures que je m'étais imaginé bigarré, bariolé de carrosseries multicolores, étincelant de chromes, bref, repérable de loin. M'étais je trompée de route ?

Ce fut l'odeur qui me rassura — la fumée âcre du caoutchouc brûlé —, puis le bruit : ronronnement incessant du « manitou » et fracas de ferraille des carcasses qui retombaient les unes sur les autres. Au virage suivant, plus un arbre ; je me trouvai brusquement devant un immense terrain vague : l'empire de la gadoue.

Peu de couleurs : la boue, la rouille recouvraient tout. Des hectares de sang coagulé.

Les voitures en attente de compressage, salies, ternies par les pluies, mangées par l'oxydation, avaient pris peu à peu la teinte sombre des vieux cargos. Beaucoup avaient échoué là après des accidents, des incendies, et n'offraient au regard que des carcasses calcinées. De certaines, retournées sur le dos, la carrosserie disparaissait complètement sous le bourbier : on ne leur voyait plus, comme aux poissons crevés, qu'un ventre plombé. La plupart enfin avaient perdu tout ce qui brillait : leurs vitres avaient été brisées, leurs pare-chocs ôtés, leurs phares extraits, et leurs enjoliveurs enlevés avec les pneus qu'on s'apprêtait à revendre ou à brûler. Le long des pistes détrempées, ces agonisantes attendaient — sans pattes et sans yeux — que la presse vînt les achever.

J'avançais péniblement dans une boue épaisse qui tenait de la soupe sale et du ragoût de sorcière — non pas une bouillie de terre et d'eau, mais une argile gluante, mêlée de verre pilé, de morceaux de chambres à air, de rivets, d'écrous, et d'éclats de plastique orange arrachés aux feux de position. Dans tous les coins du chantier de grosses machines s'affairaient : les manitous à fourche élevaient les voitures dans les airs avant de les jeter en tas, camionnettes sur le dessus ; hâtivement, les bulldozers remettaient ces pyramides fragiles à l'alignement ; puis la presse mobile s'approchait pour les transformer en lingots d'acier.

Ici et là, couraient des chiens errants ; des tracteurs patinaient ; et de rares clients, à la recherche de la pièce introuvable et du boulon manquant, n'en finissaient pas, comme moi, de s'embourber dans les allées. Enfin, on me désigna la baraque du patron : une cabane en bois, contre laquelle s'empilaient des rondins ; quelques rangs de poireaux, que l'approche de l'hiver jaunissait, s'étiolaient devant sa porte au ras des bûchers de pneus fumants et des piles de voitures concassées. J'ignorais si l'entrepreneur vivait là, ou s'il n'y passait que la journée ; à mon appel il sortit de son antre, mi-bureau, mi-cuisine :

« Matteo Mattiole ? Il travaille à l'autre bout », fit-il en me montrant d'un geste vague un marécage de tôles ondulées, de bidons vides, et de châssis désossés, qui s'en allait mourir au pied des hautes murailles de voitures broyées. La nuit tombait.

« Je vais me perdre...

— Bon, allez, je vous accompagne », fit-il, bon prince, en jetant son mégot.

Nous pataugeâmes de concert entre deux rangées de voitures en attente de pressage : Simcas sans portes, 2 CV sans capot, 604 énucléées — automobiles en état de mort clinique sur lesquelles on prélevait au fur et à mesure les organes que les banlieusards grefferaient sur la « Caroline » bien-aimée qu'ils voulaient prolonger. Sur un monticule d'herbes folles, on avait regroupé quelques-uns de ces greffons pré-sélectionnés : des pare-brise soigneusement empilés, un amas plus confus de sièges d'autos, et un buisson de calandres plantées à la verticale ; de longues bouteilles d'acétylène, utilisées pour la soudure, étaient couchées comme des obus en bordure du bourbier.

Le sentier de boue passa à proximité d'une des grandes presses : le casseur s'arrêta un instant pour regarder son ouvrier opérer ; en quelques secondes, avec une Ford, une Alfa, une estafette et une vieille 4 CV, l'homme fit une compression à la César — un rectangle de quatre-vingts centimètres de haut, aux couleurs tordues comme un écheveau. Avant cet ultime outrage, si la 4 CV semblait au bout de son rouleau, l'Alfa paraissait « encore bonne », presque neuve... Le casseur eut la même pensée : « Quelquefois, ça fait pitié ! »

Il avait commencé comme mécanicien dans un garage : il réparait les voitures, il ne les écrasait pas. « Je me suis élevé aux Trois-Bœufs. Dans les bons principes, question bagnoles. Faut voir, là-bas, comment qu'on les bichonne, nos charrettes !... C'est qu'on les aime, voyez. Une voiture, faut dire qu'on s'y habitue. Y en a pas deux pareilles : chacune son petit caractère... Sans compter la peine qu'on se donne pour ces demoiselles : les laver, les faire briller, protéger leurs housses, changer le tapis de sol, colmater les points de rouille. Et que je te vidange, et que je te change les pneus, et que je te repeins les portières ! Ça attache, tout ce tintouin-là... Et l'essence, alors ? Faut pas leur en promettre, à ces petites nanas : ça boit, c'est goulu ! En un rien de temps, ça vous assèche le porte-monnaie ! Alors quand on a fait tous ces sacrifices, qu'on s'est donné tout ce mal pendant des années pour les nourrir, les soigner, les pomponner, et qu'un soir on les voit qui s'en vont, comme ça, en trois secondes... Ah non, Madame, c'est une chose bien triste, on ne s'y fait pas ! »

Pendant qu'il parlait, sa presse avait glissé de cinq mètres et comprimé d'un même élan deux vieilles guimbardes, une ambulance, et un cabriolet. Le cabriolet, une petite Triumph rouge à la mode d'autrefois, « un bijou », eut, avant de disparaître dans le magma, un soubresaut d'agonie, une plainte coupante d'acier blessé.

Le casseur essuya une larme. Je voulus le tirer de sa mélancolie :

— Et... ça rapporte ?

— Oh, pas des masses... Enfin, on s'en sort : j'expédie les lingots en Italie — on m'en donne sept centimes du kilo —, là-bas ils sont recyclés pour la sidérurgie.

— La vie continue !

Il soupira : « Si on veut... »

Nous étions arrivés en vue du manitou : « Mattiole, eh, Mattiole, descends de là-haut ! Y a quelqu'un qui veut te causer. Une interview... »

Matteo Mattiole ne ressemblait pas exactement aux descriptions que Christine m'en avait faites. Certes, il n'était pas beau — un visage simiesque, un corps contrefait —, mais il s'exprimait mieux et plus volontiers qu'elle ne l'avait prétendu. Et, bien qu'il s'énervât parfois en italien, je ne décelai pas chez lui la moindre trace d'accent ; Dieu sait pourtant si je guettais ses « j » ! Christine avait tendance à exagérer tous les défauts de prononciation, les tics de langage — un déguisement comme un autre finalement, et plutôt bon enfant : masquée, elle aimait coiffer ses amis de chapeaux pointus et leur prêter ses faux nez... Cela dit, le Mattiole qu'elle avait représenté dans ses carnets avait dix ans de moins : depuis, sa pratique du français pouvait s'être améliorée.

L'ancien carreleur fut heureux d'apprendre que j'écrivais une biographie de sa bienfaitrice : il espérait que je la réhabiliterais. Je crus devoir tempérer son enthousiasme : l'argent que Christine lui avait remis pour ses fresques, elle ne le tirait pas de sa poche ; peut-être même n'avait-elle pas fait bénéficier le peintre de toutes les sommes avancées pour lui par ses mécènes occultes... Mattiole s'indigna : « Je ne sais pas qui vous a raconté ces bêtises-là ! Dans la politique, elle avait tellement d'ennemis, poverella ! Mais ici, à Evreuil, tout le monde l'aimait. Et je ne suis pas le premier, ni le seul, qu'elle a aidé, allez ! Toujours prête à glisser un petit billet. En douce, pour ne pas offenser... Qui a payé le loyer de la mère Coq au Gai Logis ? Trois mois d'arriérés ! Et le déménagement de Barthillou ? Et les dernières traites de Paul Lancier pour sa salle à manger que l'huissier voulait saisir ? Et quand un soir la petite Madame Aziz a été flanquée sur le palier avec ses quatre mômes par son type qui était encore saoul, chez qui elle a trouvé à dormir ? Chez Christine Valbray, Madame, chez elle ! Mécène ou pas mécène, on savait que, si on était dans l'ennui, on pouvait aller la trouver ! Aveva cuore ! Seulement, voilà : elle n'aimait pas se vanter ! Une femme trop pudique, ou trop compliquée... »

Pour la générosité, Mattiole avait peut-être raison : en racontant elle-même ses bonnes œuvres et ses largesses, Christine aurait donné l'impression d'une autosatisfaction qui n'était pas son genre... Les beaux gestes dont Mattiole se faisait le héraut, plusieurs témoins « de moralité » — El Kaoui, Beauregard ou Madame Conan — nous en avaient d'ailleurs donné un aperçu au procès. Cependant, comme l'égérie des solidaristes n'avait jamais répugné non plus à puiser dans la poche des autres, je me bornai à conclure qu'elle avait utilement recyclé les fonds du KGB, de la Spear, et des supermarchés : une espèce d'appropriation populaire comme celle dont rêvaient Alain Chaton ou Solange Drouet...

Mattiole, de toute façon, avait beaucoup idéalisé sa « Sans Pareille » ; par exemple il ne voulait pas admettre qu'elle eût trahi : « Une histoire de politique ! Machinazione ! Toutes les semaines, dans ce monde-là, il y a un petit Machiavel qui en accuse un autre d'avoir volé les tours de Notre-Dame ! »

Je ne voulus pas le détromper ; du reste je venais moins pour discuter de Christine Valbray que pour parler de lui et de sa peinture. Il fit la grimace :

« Oh, ma peinture !

— Vous n'en faites plus ?

— Si, si... Enfin, un peu... Dites donc, il fait frisquet : si vous voulez qu'on bavarde, on va s'abriter. »

La nuit était tout à fait tombée, en effet. Une nuit d'hiver, précoce, râpeuse.

« Ça pince, hein ? Et, par-dessus le marché, voilà qu'il repleut ! Che disgrazia ! Des ornières partout ! Manœuvrer des engins là-dedans, giuro che... Vivement le gel ! Attention, ça va passer par-dessus vos bottes ! Il y a des moments où on reste coincé : la glaise vous prend et, pour s'en sortir, un seul moyen : laisser sa godasse au fond ! Entrez : je vais vous faire un petit café pour vous réchauffer... »

Il m'avait amenée jusqu'à un « Algeco », une de ces baraques métalliques de chantier que la Sonacotra montait pour les ouvriers algériens du temps du « Plan de Constantine » ou des Accords d'Evian. Il alluma un camping-gaz, prit une bouteille d'eau minérale, en versa une grande mesure dans une casserole bosselée, attrapa sur une étagère un pot de Nescafé et deux vieilles tasses qui avaient perdu leurs anses. « Prego... Ce n'est pas le Ritz, mais enfin on est bien content d'avoir ce petit confort sur le chantier. W-C chimiques et tout. Le patron est un bon gars... Alors oui, pour la peinture, qu'est-ce que vous voulez savoir ?

— Sur quoi vous travaillez. »

Il me mit sous le nez ses grosses mains crevassées : « Avec ces deux outils-là ? Je perds l'habileté ! J'ai un copain violoniste, quand il a bricolé trois jours, planté des clous, il lui faut une semaine pour retrouver il suo tocco... son toucher. Alors moi ! Bon, le soir, je fais des gouaches, des dessins à l'encre de Chine en regardant la télé, histoire de m'occuper. Pendant que ma femme fait du tricot.

— Vous n'avez jamais vendu de tableaux, intéressé une galerie ?

— Si. Après le procès de Madame Valbray. Le scandale, c'est bon pour la publicité ! Il y a des types qui sont venus de Paris pour voir mes fresques. Certains, ça les faisait rigoler, i cretini ! Mais j'ai décroché un petit contrat avec une galerie. Je leur ai donné des natures mortes, des fleurs, des fruits. Quand on vit ici, c'est ce qu'on a envie de peindre — des fleurs, des fruits, des vierges, des saints... Ils en ont vendu un peu. Pas de quoi nourrir la famiglia ! D'ailleurs, ce que j'ai touché, je l'ai remis dans les vitraux. En 84 j'ai fait faire celui du chœur, et en 85 les deux du transept.

— J'avais cru remarquer, en effet...

— Alors vous avez vu aussi qu'on me les a cassés ?

— Oui. C'est dommage... Mais, d'après ce que je sais, l'église est toujours incluse dans le périmètre d'élargissement du carrefour et on peut la démolir à tout moment : dans ces conditions... Ce qui n'empêche que, pour l'instant, vu les dissensions dans le nouveau Conseil, vous avez l'air d'avoir gagné. En tout cas, vous avez gagné dix ans, et les prochaines années ne se présentent pas mal : votre confiance finira par triompher des bulldozers, vous verrez ! D'ailleurs Christine m'a expliqué que vous peignez surtout pour le plaisir, pour la joie, et qu'au fond vous vous moquez de ce qu'il adviendra de vos fresques : l'avenir est à Dieu...

— J'ai dit ça, moi ? Je ne sais pas... J'étais plus jeune à l'époque... Non, ce qui m'a peiné, vraiment peiné, c'est qu'on ait lancé des cailloux dans mes vitraux. J'avais pourtant mis un grillage... Imbeccile ! J'ai laissé mes économies là-dedans, et, disons... ah là là, c'est un grand mot, mais... des idées sur l'humanité. E mia colpa !

— Pourtant, vous savez bien que, par ici, les enfants...

— Ce ne sont pas des enfants qui me les ont cassés, al diavolo ! Ce sont des adultes. Et des gars que je connais, qui étaient souvent rentrés dans l'église pour visiter... Mes invités, Madame, mes invités ! Allora... Il y a beaucoup de gens que j'aime et qui ne m'aiment pas. Ça me rend triste. »

L'Algeco n'était éclairé que par la lueur bleuâtre du camping-gaz qu'il avait laissé marcher ; engoncé dans sa grosse canadienne, le poil hirsute, il avait, dans la pénombre, l'air d'un homme des cavernes. Mais, intellectuellement, je le trouvais moins fruste, et beaucoup plus explicite, que Christine ne me l'avait dit. Moins enthousiaste aussi. Je sentais déjà qu'il n'allait pas m'apporter ce que j'étais venue chercher.

— Je ne sais plus quel artiste prétendait que les grands hommes construisent leur statue avec les pierres qu'on leur a jetées, avançai-je en plaisantant, pour le consoler.

— Leur statue, non, Signora ! Leur mausolée... C'est très remarquable, onorabilissimo, un mausolée, mais on est mort dessous...

Son amertume me décevait

« L'opinion des autres vous importe tant que ça ?

— La peinture... La peinture, elle n'appartient pas à celui qui la fait, elle est à celui qui la regarde. Elle est donnée. Maintenant je me demande si je n'ai pas trop donné... J'ai lu quelqu'un qui disait que, si on donne trop, les gens croient qu'on donne des choses sans valeur. Cose di nulla ! Des fresques, pour les gens d'Evreuil, c'était trop. Et des fresques gratuites, en plus ! Il aurait fallu leur peindre un petit mur, rien qu'un mur. Et les Parisiens, alors là ! Un timbre-poste leur suffirait... Sta bene ! Il faut se faire rare, mesurer sa générosité pour rester un petit peu en dessous du besoin des yeux : pourquoi les "minimalistes" ils seraient à la mode sans ça ? Ils ont compris, eux, ils se limitent !... Chiedo scusa : vous ne vous attendiez pas à des paroles tristes. Reprenez un peu de café, il refroidit. Et notre gaz va s'éteindre, la bouteille est presque vide, bientôt on n'y verra plus... Le noir marche, Signora, il envahit. Comme dans les tableaux de ces types : Soulages, Klein... Qu'est-ce que vous voulez ? J'ai cinquante ans. Je ne suis plus assez jeune pour être lancé, pas assez jeune non plus pour crever de faim. A mon âge on fait ses comptes : qu'est-ce qu'on a donné ? qu'est-ce qu'on a reçu ? J'ai trop privé mes enfants... Cette histoire de chapelle et de vitraux, una sciocchezza, une bêtise !... Mais, dites-moi, est-

ce que vous, au moins, vous les avez aimées, mes fresques ? Est-ce qu'elles sont belles ?

— Euh... Je n'ai pas pu rentrer.

— Ah, si. Certo... » La flamme du gaz lâchait des petits pouf pouf inquiétants : « Ça y est, notre lumière nous abandonne, constata-t-il en fermant la bonbonne, il faut que je rachète une bouteille demain... »

Sous la pluie nous retraversâmes le chantier, maintenant silencieux.

— Alors vous ne peindrez plus ?

— Oh, j'ai commencé un petit tableau... Un saint Sébastien... encore un saint, oui, c'est ça que vous pensez ? Peut-être que ça vous rassurerait si je lui mettais un reggipetto... comment dites-vous ? Un soutien-gorge, une guêpière ? Comme la Saprich dans « la Folie des Grandeurs » ! Mais, ce genre de conneries, j'ai l'impression de les avoir déjà vues dans toutes les galeries ! Alors, je peins un vrai saint Sébastien. A mon idée. Classique. Ou postmoderne. Comme vous voudrez... Et après, non so. Un grand tableau peut-être, dans les verts : « le Roi de Jérusalem »... Vous voyez de qui je veux parler ? « J'ai été roi de Jérusalem, j'ai vu tout ce qui se fait sous le soleil, et voici : tout est vanité et poursuite du vent »...

— Toujours les grands sujets...

— Les sujets.

Il me plaisait par son intelligence, sa franchise. Son statut équivoque, mi-artiste, mi-ouvrier, en avait fait un personnage inclassable mais séduisant, tantôt Ariel et tantôt Caliban. Mais je redevins mélancolique quand il me dit que, si jamais il peignait ce « Roi de Jérusalem », personne ne le verrait : « Il décorera mon grenier... Mais remarquez, j'arriverai peut-être à m'empêcher de le commencer ! Avec un peu de volonté... »

A la lueur de sa lampe de poche nous étions repassés le long des murailles de voitures compressées, des châssis déchiquetés, des bombes d'acétylène, des bulldozers immobiles, tapis dans l'ombre comme des monstres prêts à surgir et à broyer.

— Dans le genre classique, vous n'avez jamais eu envie de peindre le combat de saint Georges et du dragon, ou celui de saint Michel contre le démon ? Avec tous ces engins aux gueules énormes, aux yeux ronds...

— Tiens, c'est une idée. Oui. Mais j'aurais dû l'avoir il y

a vingt ans ! Maintenant, si je m'y mettais, le dragon bouffe-rait saint Georges...

Un moment j'avais caressé l'espoir que Mattiole, comme beaucoup de créateurs, voulût simplement ramasser des compliments, se faire prier. Maintenant j'en doutais : la pluie détrempait mon moral, le découragement de l'Italien me gagnait et la boue qui me collait aux semelles ralentissait ma marche ; chaque pas demandait un effort surhumain :

— On en a plein les bottes, hein ? fit Mattiole, ironique.

— Vous chantez toujours ? lui demandai-je sans y croire. Du Mistinguett. « Paris, Reine du Monde »...

— Ah ? J'ai chanté ces trucs-là, moi ? Je ne me souviens pas... Non. Non mi ricordo.

Nous longions trois grands autocars voués au chalumeau, qui semblaient attendre encore des voyageurs. Devant nous, la cabane du casseur, où brûlait une loupiote, s'éteignit. Le noir partout...

— Nous sommes les derniers, constata le peintre.

— Tout de même, repris-je en suivant ma pensée, si on vous faisait connaître des gens...

— Des gens, j'en ai bien assez connu ! Beaucoup de malheureux, et beaucoup de méchants !... I ragazzi, les petits gosses dont je me suis occupé, au Gai Logis ou à la Peupleraie... Pas un que j'aie réussi à tirer d'ici ! Ils ont tourné « skins » ou « zoulous » ! Toute leur vie dans la boue, dans la nuit... Disgrazziati ! Ici, c'est trop tard pour sauver les chapelles ! Trop tard... Il faut quitter... Au fond, les seuls gens qui pourraient encore quelque chose pour moi, c'est des patrons du Bâtiment. Ce qui me plairait, voyez, si c'était possible, ce serait de retrouver un boulot de carreleur, carreleur-mosaïste, mon premier métier... Je gagne bien ma vie ici, mais... je regrette l'époque où on construisait. Et puis, carreleur, au fond, j'aimais bien : c'est un métier propre, vous comprenez ? Du ciment, de la colle... De la boue, si volete, mais de la boue propre !

Nous étions revenus à l'entrée du cimetière. Pour chercher la barrière, sa lampe glissa le long d'un camion blanc à demi compressé sur lequel on lisait encore : « La Vache Grosjean, Fromage à tartiner ». A chacun son épitaphe...

— Vous êtes sûre que vous n'aurez pas peur en retraversant le bois, comme ça, toute seule dans la nuit ? Scusi, je vous aurais bien accompagnée, mais il faut d'abord que je range mon manitou... Si au moins j'avais un parapluie à

vous prêter ! En tout cas, merci de vous être dérangée... Grazie mille ! Et surtout, dans votre livre, dites bien que Madame Valbray, c'était quelqu'un ! Le cœur sur la main... Une bienfaitrice pour la région ! Un saint Martin !

Sa dernière chimère. Je n'eus pas le courage de l'en priver. J'avais perdu moi-même assez d'illusions au cours de cette conversation...

En fin de compte, dans la vie de Christine il n'y avait eu aucun phare. Tout juste quelques clignotants. Mattiole était un de ces clignotants. Il venait de s'éteindre.

J'avais décidé de me tuer : cette perspective m'aidait à vivre.

D'autant qu'il me fallait d'abord mettre mes affaires en ordre — ce qui prend du temps. Je voulais, avant tout, régler la question du tombeau de Laurence, lui faire donner la sépulture dont elle rêvait. L'accord de Malou ne fut pas difficile à obtenir : certes, elle aurait préféré laisser sa fille avec son père, mais, en lisant la rédaction de la petite, elle pleura et, bouleversée, accepta une fois de plus que Laurence lui échappât. A jamais sans doute, car la loi interdit de promener les morts deux fois... Du côté de Charles, je ne pensais pas que ma requête pût soulever de grandes difficultés : depuis l'incendie du Bazar de la Charité, les Fervacques avaient un caveau de famille sous la chapelle de l'Espérance, à la pointe de la Dieu-Garde. Etait-il tellement plein qu'on n'y pût trouver une petite place pour Laurence, qui était si maigre, si légère ? Parents et enfants, lorsqu'ils s'aiment, ne se serrent-ils pas à cinq ou six dans le même lit pour faire un câlin ? J'espérais pour Laurence le câlin de ses lointains cousins, cette jeune Marie Pinsart et ce petit Jean de sept ans, qui étaient morts eux aussi avant d'avoir pu goûter à la vie...

En tout cas, chapelle ou pas, je ne craignais guère que « l'Archange » refusât d'accueillir sa fille dans sa circonscription. Au contraire, j'étais sûre qu'il recevrait le cercueil à bras ouverts. Non seulement il n'avait plus, comme autrefois, à redouter que la tenue de son enfant prodigue choquât ses retraités (jeune, elle eût détonné ; morte, elle faisait « couleur locale »), mais je l'imaginais éprouvant pour elle, a posteriori, un certain respect : si, dans les dernières semaines, le politicien ne m'avait pas caché sa lassitude devant les incartades de la droguée, le père ne devait-il pas convenir aujourd'hui que sa fille l'avait surpassé, atteignant seule le but qu'il s'était fixé ? C'était lui, le pilote de rallye, qui, dix ans plus tôt, sur la terrasse de Sainte-Solène, prétendait aimer l'éclat et rechercher le danger, mais c'était elle qui avait pris les risques et terminé la course, elle qui ne s'était pas rangée...

Pourquoi, d'ailleurs, Fervacques m'eût-il privé d'une aussi mince satisfaction que celle que je m'apprêtais à solliciter ? Je le croyais bien disposé à mon endroit par le succès inespéré de sa « Politique autrement » qui figurait sur toutes les listes de best-sellers. Les critiques ne tarissaient pas d'éloges sur cet ouvrage « original et sensible », dont la lecture changeait agréablement du « Démocratie française » de Giscard et du « Projet socialiste ». « Enfin, un homme politique qui sort du prêchi-prêcha électoral ! Un ministre qui n'hésite pas à échanger son maroquin contre un stylo, un vrai, qui fonctionne à l'encre et à la sueur, celui des mémorialistes et des romanciers ! » s'était extasiée Sylvia Jacques dans « le Temps littéraire » ; « car il a de la verve, du panache, de la patte, cet "Archange" ! Ses souvenirs nous parviennent lestés d'émotions, et ses maximes, chargées d'ironie ; ses portraits sont gravés à l'acide, et ses projets, prudemment estompés... Si, l'année prochaine, la politique ne veut pas de Charles de Fervacques, les lettres françaises pourraient en faire leurs beaux jours : de Retz à Chateaubriand en passant par Saint-Simon, on a déjà vu ce genre de transfert — comme disent les footballeurs... »

Bien sûr, s'il y a des gens qu'il ne faut pas prendre au mot, ce sont les écrivains ; d'autant qu'ils n'invitent à venir piétiner leurs plates-bandes que ceux dont ils savent qu'ils ne franchiront pas la porte du jardin. Pourquoi ne pas se donner les gants de la générosité en encensant les hommes politiques, les romancières anglaises et les grands vieillards — tous ceux qui ne courent pas dans la même catégorie, ou n'y courront plus longtemps ?

Ce qui me semblait curieux, tout de même, c'est que les littérateurs, si prompts à dispenser à leurs pairs la « correction fraternelle », fussent sincèrement dupes de notre stratagème : avec une candeur touchante, ils croyaient

Charles l'auteur de son livre... Les hommes politiques, eux, ne s'y trompaient pas ; Edgar Faure me prit à part dans un cocktail pour me dire d'un ton goguenard : « J'ai lu le bouquin de votre ami Fervacques. Saint-Véran a bien du talent ! » et Charles Pasqua, que je surpris à la bibliothèque de l'Assemblée en train de feuilleter « la Politique autrement », me glissa, bon enfant : « Comme tous les lecteurs, je dirai que votre patron a du souffle... mais j'ajouterai qu'il ne manque pas d'air ! »

Le scepticisme des uns n'altéra pourtant pas l'enthousiasme des autres. En vérité, les deux milieux ne se fréquentent guère ; et depuis vingt ans les gens de plume, bluffés par quelques citations de Maurice Scève et la demi-douzaine de toiles commandées à Léonor Fini pour Bois-Hardi, s'entêtaient à prendre Charles pour un esthète, obligé de cacher son jeu pour ne pas troubler l'électeur bas-breton. Ainsi des amis de Thierry, parce que, dans un dîner, ils avaient entendu Fervacques parler avec impertinence « des Duras » (les marquis, auxquels l'une de ses arrière-grands-mères était apparentée), m'avaient assuré qu'il avait brocardé, avec infiniment d'esprit, les romans de la Marguerite du même nom... Sa réputation d'intellectuel reposait sur plusieurs malentendus de ce genre, mais à Paris on ne peut rien contre une réputation. Et ce n'était pas moi, de toute façon, qui irais raconter ce que Charles me répondait quand je l'incitais à mettre en œuvre une politique de création à Sainte-Solène : « Quand j'entends parler de culture, je ne sors pas mon portefeuille... »

On pouvait difficilement pousser plus loin que ce Goebbels de la finance le mépris du savoir désintéressé, des arts non rentables, et de leurs desservants ; mais le mépris est la vertu des guerriers : « l'Archange » avait conquis à la hussarde ces mandarins qu'un politicien plus respectueux aurait fait sourire. Ce fut donc en grand écrivain refoulé que cet auteur à succès fit la « Radioscopie » de Chancel et le « Questionnaire » de Bardé. On parlait même d'un « Apostrophes » et Bodin, qui faisait la pluie et le beau temps dans les colonnes littéraires de « la Presse », alla jusqu'à le qualifier d'« Hugo assassiné » !

Pourquoi Hugo ? Je me le demande. Peut-être à cause de la barbe blanche du prophète de Guernesey et des pages bouleversantes que l'élu du « petit feuillu » avait consacrées à son grand-père ?... Ah, ces pages sur le grand-père !

Elles avaient bien dû lui faire gagner trois points ! Aussi, lorsqu'il en fut à se chercher un emblème (les gaullistes arboraient toujours la croix de Lorraine, les communistes s'accrochaient à leur faucille quitte à recevoir le marteau sur le nez, les socialistes venaient d'inventer la rose, mais les solidaristes hésitaient encore entre la feuille de chêne et le rameau d'olivier), je lui suggérai la canne pliante chère à « La Redoute » et à Saint-Véran. « Ne dites donc pas de sottises ! coupa le grand leader, mécontent. Réfléchissez plutôt à ma dernière idée : une main, une main tendue... Ce serait un beau symbole, non ? »

La suite des événements — qu'à cette époque je fus dans la regrettable nécessité de précipiter — ne lui permit pas de réaliser son projet ; mais l'idée devait être bonne, puisqu'elle fut reprise par d'autres...

Si mon emblème avait déplu, je ne doutais pas, au moins, du succès de mes entreprises funéraires ; mais il me fallait trouver le moment propice pour « vendre » à Charles ce second enterrement.

Or, depuis la mort de Laurence et l'achèvement de notre best-seller, les occasions de rencontre nous faisaient à nouveau défaut : il était pris par le lancement de son chef-d'œuvre, j'étais happée par les remous que continuait de causer mon rapport sur le « Service national ». Dans le tourbillon que j'avais créé, je commençais en effet à perdre pied. Par la faute de Fervacques, justement : quand il m'avait mise en garde contre un excès de « médiatisation », j'avais tout arrêté ; du reste, les soucis de santé d' « Ophélie » (qui rentrait alors des Etats-Unis) m'ôtaient le goût du cirque. Mais j'avais eu tort, car, une fois entré dans la danse des images et la valse aux idées, il ne faut plus laisser au public le temps de penser, ni aux adversaires de contre-attaquer. Il convient d'enchaîner les offensives et les provocations, au besoin les âneries. Tout, plutôt que le silence et l'immobilité ! Parce que je me taisais, des imbéciles conclurent que j'étais moins assurée, affaiblie peut-être, blessée, ou morte, qui sait... Et comme il est tentant de cracher sur les cadavres, des articles, aussi venimeux que les premiers avaient été flatteurs, commencèrent à paraître ici et là : dans « le Figaro » un ancien ministre des Armées souligna que « pour être crédible une armée doit être opérationnelle. Doit-on rappeler à Madame Valbray cette mathématique élémentaire : réduire le Service national, ne serait-ce que de deux mois, revient à diminuer de 20 % la puissance de nos forces ? ». « Le Canard enchaîné », qui d'ordinaire soutenait volontiers les objecteurs de conscience, ironisa sur ma propension à la démagogie ; et « le Monde » ouvrit ses colonnes à un spécialiste de la Défense nationale qui alla jusqu'à se demander si je n'étais pas du genre à déclarer la guerre sans m'en apercevoir. On fustigeait mon étourderie, mon impulsivité, bref ma féminité ; et je voyais grossir, de semaine en semaine, ces bataillons de « vieux de la vieille » qui d'abord m'avaient amusée — certains jeunes même n'hésitaient plus, pour la circonstance, à rejoindre les vétérans...

Derrière cette campagne acharnée, je devinais Berton et ses amis, Chirac aussi peut-être ; mais d'autres, venus d'on ne sait où, accouraient pour leur prêter main forte : je doutais qu'ils eussent une opinion sur l'état de l'armée, mais n'importe, il est dans la nature du charognard de manger du mort...

Se pouvait-il qu'en me recommandant ainsi, au plus chaud de la mêlée, de ne plus bouger, Fervacques n'eût pas prévu les conséquences de ce désarmement unilatéral et inopiné ? Bon gré mal gré, je retournai au combat pour riposter ; mais la défensive n'est pas une bonne position. « L'Archange » m'avait fait perdre le bénéfice de la surprise, et je sentais qu'il me faudrait au plus vite reprendre l'initiative, changer de terrain en jetant plus loin de nouveaux brûlots. Je repris mes armes — discours, tables rondes, interviews ; mais le cœur n'y était plus. Je ne trouvais pas d'idée neuve, je ne savais même plus pour quoi je luttais. L'orgueil seul me soutenait : je ne laisserais pas l'adversaire profiter de mes chagrins d'amour pour transformer, aux yeux des « veaux », un coup de génie en pas de clerc, une brillante percée en recul forcé. Plutôt mourir que de capituler ! Dernière victime du service militaire, je périrais sur l'autel du Service civique.

« Bah, maintenant que vous êtes remontée sur vos grands chevaux, je ne me fais pas de souci pour vous ! me dit Picaud-Ledoin que je croisai un soir au QG des solidaristes. Vous êtes une tueuse...

— Moi, une tueuse ? Tout de même, Picaud, vous ne me prenez pas pour un Hoédic, un Berton, un de ces fauves qui...

— Un fauve, non... Vous êtes une fauvette, ma chère, une fauvette », et il s'éloigna en souriant.

Je ne sus comment prendre le mot : s'agissait-il d'un féminin de fantaisie, ou d'une allusion au charmant oiseau dont les chats font leurs délices ? M'imaginait-il en grand prédateur ou en petite proie ? Pour moi, en toute bonne foi, je me voyais plutôt dévorée que dévorante... Mais peut-être ce lieutenant de Fervacques, amateur de gaudriole, faisait-il seulement allusion à mes liaisons : de même que la tourterelle symbolise la fidélité, la fauvette passe pour un cœur volage.

Quoi qu'il en fût, j'étais fatiguée et de méchante humeur ; et l'attitude de Thierry n'arrangeait rien : peut-être me serais-je accommodée de n'être plus sa maîtresse s'il ne m'avait prise pour sa servante ; mais, pour un oui, pour un non, il ramenait des ribambelles d'amis à la maison, me priait de leur préparer à l'improviste de quoi dîner, et, pris d'une frénésie de réceptions, lançait ses invitations par rafales — trois, quatre dîners par semaine pour lesquels nous étions passés aux vingt couverts dont Laurence m'avait autrefois menacée ; Madame Conan, débordée, envisageait de rendre son tablier. Elle « envisageait » seulement — hypothèse qui me coûtait mille francs...

Un week-end où il me fallut, à minuit, composer avec des restes une salade mexicaine pour trente « intimes », il y eut, entre le président de Beaubourg et le secrétaire d'Etat à la Défense, des mots durs et de la vaisselle cassée.

Depuis quelque temps, je prenais un certain plaisir, en effet, à fracasser des bols sur le carrelage de la cuisine et faire exploser des verres contre la porte du frigidaire : j'aimais ce vertige qui me saisissait au moment où, sanglotante, je m'emparais de l'objet, j'aimais le tenir, j'aimais le lâcher, j'aimais le choc, le bruit, les dégâts, j'aimais les morceaux éparpillés, les éclats glissés jusque sous les plinthes, les aiguilles de verre qui nous coupaient les doigts, nous perçaient les pieds, et puis j'aimais le regret qui me poignait à l'idée qu'une seconde avant, une seconde seulement, j'avais encore une belle tasse, un plat entier...

Ne dramatisons pas, toutefois : je me contrôlais encore et ne cassais que de la porcelaine démarquée ! Mais la violence est une drogue dure : je sentais venir le moment où le verre à moutarde, le bol à trente francs, ne suffiraient plus à m'apaiser. Bientôt j'aurais besoin d'irréparable — il me faudrait non seulement détruire, mais pouvoir pleurer à chaudes larmes sur ce que j'aurais détruit : mes biscuits de Saxe, mes barbotines, mes faïences de Rouen et mes « Compagnie des Indes » risquaient d'y passer...

Le soir de la salade de minuit, après avoir brisé un huilier 1900 assez élégant, j'eus une explication avec Saint-Véran : « Est-il vraiment indispensable que je cuisine pour des retraités du “pop art”, que je fasse des ronds de jambe aux recalés du “High Tech”, à l'instant où je dois me battre sur tous les fronts ? Je ne sais pas si tu comprends bien ma situation : Fervacques, Thierry, Fervacques veut ma peau... Je le sens, je le sais... Oh, si ! Ne dis rien... Si !... Il ne lui suffit pas d'avoir tué sa fille, il essaye de me torpiller... » J'avais pris la pelle et le balai pour ramasser les débris — parce que, en plus, c'était toujours moi qui devais réparer mes sottises, payer pour mes excès ! — mais cette fois je dus renoncer au ménage : je ne voyais plus les bouts de verre, les larmes m'étouffaient. Je m'effondrai : « C'est clair pourtant, clair, je te dis : politiquement, Charles veut me couler...

— Te couler ? Mais pourquoi, Christine ? Il a fait toute ta carrière ! Est-ce que tu serais ministre si...

— C'est une vieille histoire, ça, il s'en fout ! Et puis ma carrière, voilà le problème justement : il ne supporte pas les étoiles montantes ! Je lui fais de l'ombre...

— Une étoile qui fait de l'ombre ? Alors là, tu me permettras de trouver tes métaphores hasardeuses...

— Mais je m'en tape, pauvre con, de mes métaphores ! Tu ne vois pas dans quel monde je vis, non ? Charles me donne des conseils à la noix, je les suis, je coule ; j'essaye de reprendre pied, et Berton s'empresse de me flinguer. Il me hait depuis 68, celui-là, à cause de Kahn-Serval... Et aussitôt, voilà sa bande de copains qui radinent pour la curée : j'ai contre moi la moitié du gouvernement. Qu'est-ce que je dis, la moitié ? Le gouvernement tout entier ! Une moitié prête à me fusiller, l'autre moitié disposée à m'enterrer. Avec des fleurs et des couronnes ! Tous des hypocrites, des salauds ! Là-dessus, j'apprends que Catherine Darc — tu sais comme elle m'aime ! — , Catherine prépare un numéro spécial sur “la Grande Muette” ; elle a décidé de la faire parler, “la Muette” ! Et devine qui lui servira d'interprète ? Le général Lérichaud, l'ancien de la RAF qu'on voyait chez les Chérailles ! Pour un “vieux de la vieille”, celui-là !... Encore un qui m'adore ! Le plan est lumineux, n'est-ce pas ? Elle a décidé d'effacer la bonne impression que j'avais produite au "Défi", de pousser mes propres troupes à me désavouer !

— Encore une vaste conjuration ! Une de plus ! Ma pauvre Christine ! Depuis que je vis avec toi j'ai compris bien des choses, mais toujours pas pourquoi, quand tu te bats, tu veux nous persuader qu'on t'a acculée ! Mords, bon Dieu, mords si ça te fait plaisir, tue, baigne-toi dans le sang, le tien ou celui des autres, mais cesse de nous emmerder avec tes alibis, tes angoisses et tes malheurs... C'est Laurence qui est morte, que je sache, pas toi ! Alors, fiche-nous la paix ! »

Evidemment, ce n'était pas avec des arguments de cette espèce, lancés sur ce ton, qu'il allait me consoler ! Quelques jours plus tard, j'eus l'occasion de le lui faire payer : je ne sais quelle phrase il avait dite, de quelle tâche il m'avait surchargée (une douzaine de sérigraphistes et de critiques d'art prenaient un verre dans mon salon) ; en tout cas, je saisis l'aubaine pour passer du banal bris d'assiette au hurlement strident. Je me revois dans l'escalier de la maison, criant : « Fous le camp ! Du balai ! » et, prise d'une sorte d'étourdissement, je prolongeai la dernière syllabe comme dans ces films policiers où la victime, suspendue au bord du vide, lâche brusquement prise et tombe dans le gouffre en poussant un long cri d'horreur que les parois répercutent et prolongent... Mais sur cette plainte qui me vrillait le tympan, m'arrachait la bouche, je restai plus que le temps d'une chute : l'écho se multipliait, ricochant sur les murs, et je ne pouvais plus m'arrêter. Je n'en finissais pas de basculer ; mon cri, qui dévalait la cage d'escalier, m'entraînait avec lui, je descendais la tête la première, mon gémissement me culbutait, retournait mon corps comme un gant, me jetait les entrailles dehors, et j'avais l'impression d'être une de ces possédées qui, tout à coup, vomissent des serpents.

Thierry s'affolait : « Calme-toi, calme-toi ! », il avait couru chercher un gant mouillé et tentait de me le passer sur le visage, mais je me débattais, et je criais, criais, sans souci du qu'en-dira-t-on, ni des invités d'en bas que ce hurlement devait glacer... J'étais capable, pourtant, de penser à eux, d'imaginer leur effroi, comme j'étais capable, tout en tombant, de me rappeler ce que Sovorov m'avait dit autrefois de la mère de Fervacques, la princesse folle : « Certains soirs on l'entendait brailler jusqu'à l'étage des enfants et, le matin, on ramassait de la porcelaine dans l'escalier... » Maintenant j'étais la mère de Charles comme j'avais été sa fille — je tenais tous les rôles de sa vie, je le cernais autant qu'il m'envahissait ; à la fin il faudrait bien qu'il se rende, celui que sa génitrice, du fond de son asile, traitait déjà de « petit serpent » ! Moi seule pouvais exorciser ce démon, l'expulser, l'étouffer — dussé-je, comme Sophie Variaguine, finir en cendres...

Je me souviens que Thierry, alarmé, appela le médecin du quartier — « Une crise de nerfs... surmenage... elle est à cran depuis quelque temps... » Il parla du décès accidentel de ma meilleure amie, prétendant que je m'en remettais mal ; n'avais-je pas moi-même, autrefois, préféré attribuer la détresse de Laurence à la disparition de Chaton ? On me prescrivit du repos, des calmants.

Je les écoutais parler, les yeux mi-clos, mais c'est à peine si je les entendais : ce cri sauvage m'avait épuisée, j'en restais « vidée », assourdie, les oreilles remplies de ce rugissement infini qui couvrait leurs voix et les battements de mon cœur. Et tandis que je m'endormais, ces hurlements résonnaient encore ; venus du fond des temps, ils se superposaient, se télescopaient : ce n'était plus moi, ni la mère de Charles, mais ma propre mère maintenant qui criait...

Combien de fois, enfant, l'avais-je entendue ainsi vociférer, gémir, se déchirer la gorge comme une bête ? Encore aujourd'hui quand j'allais à Creil... Depuis que j'étais revenue à Evreuil, et que ma grand-mère avait été placée dans une maison de retraite spécialisée, je rendais visite à Malise plus souvent ; parfois même il m'arrivait de relayer Béa pour quelques heures, une soirée, quand la garde-malade s'était absentée. Certains jours ma mère m'accueillait avec des sourires et des friandises, elle me tenait longuement la main, la pétrissait, l'embrassait, m'assurant que j'avais toujours été sa préférée, « hein, ma petite fille, on s'aime toutes les deux, on se comprend... » Elle dégageait une chaleur intense, palpable, son amour irradiait si violemment qu'il brûlait, on avait envie de retirer la main, ses yeux se liquéfiaient... Mais dès le lendemain — quand ce n'était pas la minute d'après ! — elle me lançait des injures, la bouche tordue, cherchait à me pincer, me gifler, crachait comme un chat sauvage, hurlait « Un monstre, voilà ce que tu es !

Un monstre ! », et, rejetant ses couvertures, relevant sa chemise de nuit sur son corps amaigri, commençait à trembler et à crier, crier une haine sans mots, le regard fou, les poings serrés. Je rentrais chaque fois bouleversée. « Pourquoi y retournes-tu ? » me demandait Thierry.

Il avait raison : je restais quelques semaines sans la voir, me bornant à lui téléphoner. Mais au téléphone aussi elle se montrait imprévisible : alors que je la croyais calmée, que je la trouvais primesautière, quasi gaie, brusquement elle m'insultait, ou se mettait à me raconter son passé en termes obscènes, à dire que je n'étais pas sa fille, ou pas celle de mon père, « une buissonnière, une buissonnière du maquis, la fille à tout-le-monde, ah t'en as des papas, va ! Des papas, des papas, des papas », et elle criait, criait si fort que le récepteur vibrait ; j'avais l'impression de recevoir des décharges électriques, je ne pouvais plus tenir l'appareil, et j'allais raccrocher, tétanisée, quand, tout à coup, elle se mettait à pleurer, à supplier : « Viens me voir, ma Christine, viens me voir, tu me manques, je t'aime, ta sœur est une garce, je suis si malheureuse, depuis toujours, les hommes si tu savais, je t'aime, je t'aime, mon bébé, mon beau bébé, ma toute petite... »

« Votre maman, c'est un drôle de corps ! m'avait dit l'infirmière qui la soignait. Si elle était croyante, cette femme-là, elle aurait les stigmates ! » Sans doute, et je connaissais bien le nom de sa maladie ; depuis que j'étais adulte, plusieurs psychiatres l'avaient prononcé : l'hystérie.

« Voilà, pensai-je calmement le soir de mon premier cri dans l'escalier, je deviens hystérique moi aussi. » Et cette pensée effrayante m'apporta un vrai soulagement : enfin, la lutte devenait inutile, l'hérédité me rattrapait, mon destin m'échappait ; je n'étais plus moi, j'étais toutes les autres — les mères, les folles désespérées, toutes ces bouches ouvertes qui hurlaient. Je considérais même avec satisfaction la perspective d'être internée. Etre dessaisie de mes biens et de mes responsabilités, dé-possédée...

Fervacques, en tout cas, n'aurait pas intérêt à me résister. Maintenant que j'avais pris l'habitude de casser et de crier, que je n'avais plus rien à perdre ni à sauver, je me sentais une volonté d'acier, un entrain d'enfer. L'approche de la folie rend invincible : si je jetais ma vie dans la balance, quel parieur suivrait ? « L'Archange » en passerait par où je voulais.

Je l'aborderais doucement, décidée à rester suave, pondérée ; je ferais valoir, sans hausser le ton, que son livre marchait bien et qu'en récompense il m'avait encore une fois lâchée, mais, tant pis, je ne me plaignais pas, je ne demandais rien. Ou si peu : juste une place dont on ne pût être délogée. Que la sans-patrie retrouvât une terre, que la déracinée devînt racine, était-ce trop exiger ?

Faute de « créneau » dans nos emplois du temps, c'est à la réception de Versailles, début septembre, que j'avais décidé de parler à Charles. Il y serait sûrement, puisque toute la classe politique y serait. Il s'agissait de célébrer dans un cadre royal l'une de ces fêtes de la République où sont conviés, autour de quelques chefs d'Etat étrangers, tous nos chefs de parti et les corps constitués. Le prétexte en était cette fois la rencontre entre le président Carter et quelques roitelets africains, rencontre que le Quai d'Orsay avait organisée dans la foulée du « Sommet de Venise » où « les pays industrialisés » s'étaient engagés à réduire leur dépendance à l'égard du pétrole.

Comme Vienne, Venise est l'un de ces lieux délicieusement surannés où aiment à se retrouver les grands du vieux monde : ce pays plat appelle les « sommets ». Mais les sommets, c'est bien connu, attirent la foudre ; et la décision prise par les puissants indignait déjà nos protectorats africains, producteurs de ce pétrole qu'on souhaitait boycotter. Les gens de l'Elysée — soucieux de rassurer le Gabon, l'Algérie et même, à la grande fureur des Anglais, ce Nigeria que la Couronne prétendait régenter — avaient proposé de faire danser tout le monde ensemble, les petits pauvres avec les gros riches. Carter, compréhensif, se prêtait à la manœuvre : avec un concert dans la chapelle de Mansart, un bout d'opéra sous les plafonds dorés de Gabriel, un cocktail dans les « Grands Appartements » et un feu d'artifice dans le parc (sans compter le sourire bienveillant et la poignée de main cordiale du Président américain), on endormirait les plus excités, on calmerait l'appétit des affamés — les Andins ne sucent-ils pas de la coca lorsqu'ils ont faim ? Le rêve vaut tous les rôtis. En traversant la chambre du « Grand Roi » les vieux chefs de tribu se prendraient pour Louis XIV (il y en avait qu'il ne fallait pas pousser beaucoup...), et, sous le dais à plumes de Marie-Antoinette, quelques marquises en boubou se sentiraient l'âme exquise de reines condamnées.

Saint-Véran, qui ne détestait ni le faste ni les décorations (il intriguait depuis plusieurs mois pour obtenir la Légion d'honneur), regrettait de ne pouvoir participer à ces réjouissances : certes, comme président du Centre Pompidou, il était invité, mais, à la même date, il devait présider au Canada un colloque sur les bibliothèques populaires. Il enrageait... D'autres, encore moins chanceux, n'avaient même pas reçu d'invitation : le menu des festivités, publié par la presse, les faisait saliver ; tous les jours mon cabinet devait répondre à tel ou tel des amis de Thierry que, malheureusement, nous n'avions plus de cartons. Sur nos conseils, les opiniâtres commençaient alors une chasse au bristol qui, de bureau du protocole en service de sécurité, d'attaché de presse en chargé de mission, les baladait du Quai d'Orsay au Quai Conti, de l'Hôtel de Lassay au Palais du Luxembourg, et de l'Intérieur à l'Elysée. Et les plus révolutionnaires n'étaient pas toujours les moins acharnés à se faufiler ainsi dans le sillage des princes... Beaucoup me rappelaient ces courtisans qui se pressaient autrefois sur le passage du Roi pour implorer : « Sire, Marly ! Marly, Sire ! », et cet imbécile qui, ayant vu son vœu exaucé après dix ans de placets, se retrouva enfin à Marly en « petit comité » mais sous une pluie battante, et refusa de se couvrir — comme Louis XIV, grand seigneur, l'en priait — en murmurant extasié : « Sire, la pluie de Marly ne mouille pas... »

J'étais de ceux que la pluie de Marly mouillait ; il n'était pas temps encore d'avoir une opinion sur la pluie de Solutré... Devoir courir où tous les autres se ruaient me coupait les jambes, et si je n'y avais été tenue par mes fonctions, je me serais souvent fait excuser.

Qu'il y eût dans ce dédain des honneurs plus d'orgueil que de simplicité, je l'admets. Mais aussi j'avais eu, ces derniers temps, plus que mon content de monarques : je rentrais d'un voyage officiel en Corée du Nord où j'avais entendu célébrer sur tous les tons la gloire du Président Kim II Sung, auteur de neuf cent quatre-vingt-dix-neuf ouvrages (il avait dû se reposer le millième jour) — « Kim II Sung fait mieux briller la lumière, rouler plus vite les bicyclettes, mûrir plus tôt les poires, et battre plus fort les cœurs », chantaient les jeunes pionniers... Même son dauphin — que les cantiques communistes désignaient comme « le Tout-Sachant » — était comparé à une étoile « aux idées d'une beauté inimaginable, au savoir virtuellement sans limites... » A l'aube du troisième millénaire, nous réinventions Néron. Rois des fous, et dieux au rabais : pour avoir fréquenté leurs temples et leurs palais, je plaignais ceux qui les adoraient.

Entre deux haies de gardes républicains on faisait la queue à la porte de la Chapelle royale pour entendre un motet de Marc-Antoine Charpentier.

De loin j'aperçus Nicolas Zaffini, qui avait dû arriver dans les premiers ; il était accompagné de sa jeune femme, dont il semblait on ne peut plus amoureux ; en tout cas, il la tenait par la taille, ce qui ne se fait guère sans nécessité dans ces cérémonies solennelles... En l'occurrence, la nécessité devait avoir quelque chose à voir avec les caméras de TF1 et les flashes des photographes : « Zaffi » jugeait sûrement la fidélité plus écologique que le libertinage, et il « resserrait l'Image », comme disent ces messieurs de la communication. Plus près de moi dans la file des « élus », je distinguai Aliocha Sovorov, que Thierry, par je ne sais quel prodige, avait réussi à faire bénéficier de son carton ; le reporter de poche semblait lancé dans une conversation agitée avec une dame à la stature impressionnante, surmontée d'une capeline imposante — à les voir ensemble, on aurait dit une violette poussée à l'ombre d'un champignon. Je reconnus le champignon : c'était une cousine de Charles, spécialiste de l'Armorial de France, Guillemette de La Vauguyon. En fait de femmes, comme beaucoup d'homosexuels, Aliocha n'aimait que les duchesses...

J'aurais pu me rapprocher d'eux : je détestais me trouver seule dans ce genre d'endroit. Il m'arrivait de penser que, si je survivais (hypothèse improbable), je finirais par me remarier, rien que pour éviter d'affronter seule l'épreuve des galas... Cela dit, l'idée de subir une fois de plus le sabir argotique de Sovorov me découragea. En dépit de ses perpétuelles remontrances et de sa jalousie récurrente, j'avais commencé à m'attacher à lui, mais je le préférais par écrit. De même qu'Olga m'avait, il y a bien longtemps, surprise par le décalage entre le style très classique de ses livres et l'extravagance baroque de ses discours (signe de duplicité dont j'aurais dû me méfier), de même le « père spirituel » de Saint-Véran m'étonnait-il par une écriture dépouillée et presque académique. Tout en observant à bonne distance ses grands moulinets de bras et ses remuements de pieds (tout son corps entrait dans la danse dès qu'il parlait), je me rappelais les dernières lignes qu'il m'avait adressées. C'était à propos de « la Politique autrement » : ayant bien connu les Fervacques lorsqu'il était leur précepteur, il classait notre ouvrage dans la catégorie des « fictions ». « Pour le reste, m'écrivait-il, je constate que ce livre, en tout point charmant, est encore un livre qui nous propose de réformer la société ! Aujourd'hui on dit, en effet, que "la société" a tels vices, tels torts — ce qui suppose qu'on croit "une autre société" possible et souhaitable. Autrefois, on disait que c'était "le monde" qui avait ces mêmes torts, ces mêmes vices — ce qui impliquait qu'on crût "un autre monde" possible et souhaitable. Que cette dernière croyance freinât l'élan rénovateur, j'en conviens ; mais, outre qu'elle donnait plus de grandeur aux fins, elle était moins réductrice quant aux causes. Aussi suis-je convaincu que nous progresserions beaucoup en revenant à l'idée que c'est "le monde" qui est mauvais... Admettons, cependant, que nous y parvenions (à de certains indices, encore peu perceptibles, il me semble que nous en approchons) : qu'adviendra-t-il si nous n'arrivons pas en même temps à nous persuader qu'un "autre monde", "un monde meilleur", peut exister ? Nous n'aurons atteint, à force de clairvoyance, que le fond du désespoir ! Voilà pourquoi celui qui désespère du monde doit garder quelque indulgence pour Dieu : les rêves sont fragiles, ayons pitié du plus beau ! » Si nous avions cru ce pêcheur d'âmes (damnées, de préférence !), je ne sais où nous aurait mené pareil mélange d'aveuglement et de lucidité ! Mais du moins trouvais-je ce genre de propos mieux accordé à la pompe des lieux et au motet de Charpentier que les bisous dans le cou de Zaffi et de sa moitié... Malgré cela, je me gardai bien de rejoindre Alexis ; non seulement il ne parlait pas comme il écrivait, mais je doutais qu'il pût entretenir Madame de La Vauguyon de ses inquiétudes métaphysiques : elle préférait sûrement le Gotha à la théologie. En quoi elle n'avait pas tort : on ignore où l'on va, alors qu'on sait le plus souvent d'où l'on vient...

Derrière moi je vis arriver Jean Hoédic, porte-parole du

Parti Socialiste. Il ne me salua pas. Non parce qu'il était socialiste (encore qu'il fût de la tendance dure, celle qui, au Congrès de Metz, avait écrasé Rocard et Mauroy en fustigeant « l'impérialisme américain » et en rappelant avec vigueur « la prééminence du Plan sur le Marché »), mais parce que, bizarrement, c'était à moi qu'il gardait rancune de l'affaire d'Armezer et de la manière dont mon ex-mari, sous-préfet, l'avait à l'époque écarté (un peu cavalièrement, il est vrai) de la compétition électorale. Depuis lors, dix ans avaient passé, j'avais divorcé, et Frédéric s'était converti au socialisme. N'importe — ou « au contraire » : Hoédic, faute d'oser en vouloir encore à un camarade de la même tendance (ah, s'il avait été d'un autre « courant »...), s'obstinait à me faire la tête.

Au fond, je ne m'en souciais guère : je ne l'aimais pas et ne lui avais jamais pardonné, de mon côté, la manière dont il avait par deux fois (à propos du Cambodge, puis de la Centrale des Eaux) tenté d'« exécuter » Kahn-Serval. Mais il était évident que sa dernière liaison, qui exhibait ce soir une longue robe « zèbre » de Marc Bohan, toute rayée de noir et blanc, n'allait pas améliorer nos rapports : le maire de Trévennec venait de se mettre en ménage avec Cynthia Korsley, la fille de la princesse de Guéménée — la « gauche caviar » (dirait plus tard la droite, qui, chacun le sait, éloigne vertueusement d'elle la tentation du Beluga). « Caviar », d'ailleurs, la petite Korsley ne l'était plus tant que ça : son père avait géré son entreprise de parfums avec tant de flair que sa famille se trouvait à peu près sur la paille ! On pressentait pourtant, au choix de ses nouvelles relations, que le camarade Hoédic n'allait pas tarder à retrouver quelque mérite au « Marché »... Revirement qui se produisit en effet, quatre ans plus tard, et sans qu'il eût à dévier d'un pouce de la ligne du parti : la ligne n'était pas droite, c'est tout.

Ruinée et zébrée, Cynthia ne me fit pas plus d'amitiés que du temps où elle était en minijupe et friquée. Pas toujours en minijupe, du reste : je me rappelais l'époque (Mai 68 forcément) où elle déambulait aux abords de la Sorbonne en tailleur Mao avec casquette assortie, le « Petit Livre rouge » sous le bras... Cependant, notre brouille, déjà ancienne, n'était pas politique, mais privée : elle remontait à l'époque où Mademoiselle Korsley était la fiancée de mon demi-frère ; une malheureuse histoire de slow refusé avait brisé cette romance, si touchante, entre les eaux de Cologne et les presse-purée, et Cynthia m'avait imputé, non sans injustice, la responsabilité de cet échec.

A Versailles donc elle fit mine de ne pas me voir, et je ne la vis pas non plus. Je posai sur la file qui s'allongeait à travers la Cour de Marbre un regard de myope, vague à souhait ; mais je ne pus m'empêcher de soupirer : j'avais décidément beaucoup d'ennemis, ces temps-ci... Et la plus enragée à me perdre, c'était moi, bien entendu ; aujourd'hui, par exemple, je portais une tenue ridicule. Je ne sais pourquoi j'avais opté pour une robe du soir excessivement habillée, à jupe évasée et corsage-bustier, très « Balmain années cinquante » ; elle laissait les épaules découvertes, plongeait dans le dos, et, pour agrémenter un peu la partie supérieure, très dénudée, je l'avais accompagné de longs gants de satin noir qui montaient jusqu'au-dessus du coude — des gants comme personne n'en porte plus depuis trente ans. Gants du soir et bustier à baleines, jupon de tarlatane et rose en soie, où étais-je allée chercher cet attirail-là ? Dans la publicité pour le champagne Dénery, je le crains... Sans même m'en rendre compte, j'avais cherché à ressembler à l'idée que je me faisais de Nadège Fortier. Mais la starlette qui avait posé pour la photo dont le souvenir me poursuivait avait dix-huit ans ; j'en avais le double, et cet accoutrement « rétro » me vieillissait. A la rigueur, si j'avais laissé libres mes cheveux roux, j'aurais ajouté à cette toilette kitsch une touche Hollywood assez émoustillante ; le contraste entre une chevelure opulente et la rigueur du noir aurait conféré à l'ensemble une aura très « Gilda », bombe sexuelle, et cætera ; mais — toujours impressionnée sans doute par la jeune vedette du champagne — j'avais commis l'erreur de relever mes cheveux en chignon. Avec mon satin aile-de-corbeau et mes « gants glacés », ce chignon sévère me donnait l'air d'une douairière : pourquoi pas aussi un corset, un boléro, un casaquin, une voilette, une mantille, un béguin ? Je me sentais d'autant plus mal à l'aise que, ce soir, la plupart des femmes autour de moi semblaient à peine pubères — ultimes épouses de P-DG finissants, arrière-petites-filles de vieux ministres africains, ou starlettes en fleurs dont le Protocole n'omettait jamais d'orner les salons, peu meublés, du château de Versailles. En contemplant toutes ces roses en bouton, j'avais la triste impression d'être venue trop tard dans un monde trop jeune...

Rien à faire, bien sûr, pour alléger ces pesantes années ; tout au plus pouvais-je atténuer ma faute de goût en ôtant ces gants qui plissaient sur mes bras comme une peau de crapaud... Aussi preste et penaude qu'une voleuse, je les glissai dans ma pochette de soirée qui, du coup, refusa de se fermer. Elle me faisait maintenant une grosse bosse sous l'aisselle, on aurait cru que j'avais un sein de plus. Je m'efforçai d'oublier cette mamelle surnuméraire en écoutant discrètement la conversation de mes voisins, Hoédic, Cynthia, l'ambassadeur de Grande-Bretagne — qui, lui, m'avait dit bonjour —, une poignée de sénateurs et quelques hauts fonctionnaires. Dans un roman de la Bibliothèque Rose ou de la Collection Turquoise on aurait dit qu'ils « devisaient gaiement », mais, en vérité, leurs propos, qu'ils voulaient légers, n'avaient rien de gai : ils se plaignaient de la longueur de l'attente (on avait renforcé les contrôles de sécurité, il fallait passer deux barrages successifs) et blâmaient le Protocole qui, pour dégager la route aux chefs d'Etat, convoquait toujours les sans-grade une heure trop tôt ; ils s'indignaient de « la dérive monarchiste du régime » et pestaient contre les pavés de la Cour d'Honneur, fatals aux escarpins contemporains ; ils commentaient les cérémonies précédentes, parlaient de celles — à coup sûr « barbantes » — qui suivraient, et se désignaient mutuellement d'autres invités identifiés dans la foule, en s'étonnant tout de même qu'ils fussent là, « eux aussi » ; ils médisaient des souverains du moment et de leurs camarillas, dont ils s'honoraient de ne pas être ; ils redoutaient le motet de Charpentier, l'acoustique de la chapelle, les courants d'air de la Galerie des Glaces, et décrivaient en termes apocalyptiques les embouteillages probables du retour sur Paris lorsque tout le monde voudrait en même temps rentrer se coucher dans le seizième arrondissement ; ils avaient froid, ils avaient faim, envie de faire pipi, sommeil ou mal aux pieds... Derrière les grilles dorées de la grande cour, les badauds se pressaient, de plus en plus nombreux, tâchant d'apercevoir, au-delà du calot bleu des CRS qui les refoulaient avec fermeté, les sabres de la Garde et les falbalas des dames. Ils nous enviaient, nous croyaient comblés, et la joie qu'ils nous prêtaient rejaillissait sur eux : ils applaudissaient, sautaient en l'air, criaient « bravo ! », aussi heureux de notre bonheur imaginaire que ma mère lorsqu'elle apprenait par « Cinémonde » ou « Point de vue » que « ses » vedettes et « ses » princesses avaient vraiment une vie toute rose... Nous étions leur roman, leur cinéma : ils voyaient les uniformes rutilants des gendarmes à cheval, leurs casques à cimier, leurs fourragères rouges, le ballet des voitures officielles encadrées de motards blancs, le long cortège des smokings noirs et des robes claires, les fenêtres illuminées du château, les gerbes tricolores, les drapeaux ; et, par chance, ce beau film restait muet : ils n'entendaient pas les dialogues et ne percevraient jamais, sous les rires de convention, ce petit bruit « d'illusions sèches et de regrets » qui parasite la bande-son...

Ce fut après avoir franchi le second barrage et justifié de tous mes titres que j'aperçus, au moment où j'allais m'engouffrer dans le couloir qui mène à la chapelle, une porte entrouverte de l'autre côté de la Cour d'Honneur, au bout de l'aile des Ministres. Je me rappelai qu'elle donnait accès au parc. J'y vis le moyen de me sauver — d'échapper aux propos aigres comme aux regards haineux, et de me dérober aux commentaires que risquait de susciter ma robe démodée. Puisque, de toute façon, je n'aurais pas l'occasion de parler à Fervacques avant le cocktail, j'allais « sécher » le motet et l'opéra, et visiter les jardins de Versailles comme jamais Louis XIV n'avait pu les montrer, ni aucun touriste les découvrir : des perspectives désertes ouvertes sur la nuit comme les avenues sans but d'un Chirico, des bassins rêveurs aux eaux mortes, des bosquets dont le silence ne serait plus troublé que par le hululement des chouettes... Du reste, malgré la saison, il faisait frais et je m'attendais qu'il fît encore plus froid dans la chapelle : comme je n'avais pas pris d'étole, j'aimais mieux, tant qu'à me geler, me geler dehors où je pourrais marcher pour me réchauffer. En deux minutes j'atteignis le bassin de Neptune sans qu'on m'en eût empêchée.

En contrebas des grands degrés, le parc entier s'offrait à moi. Il ne faisait pas encore tout à fait nuit, c'était l'heure grise où les ombres s'épaississent, donnant du mystère au moindre fourré, l'instant où les siècles, les lieux se confondent, où l'on n'est plus très sûr de n'avoir pas chouanné dans ces taillis-là, ou aimé des empereurs romains au bord des fontaines : dans la brume légère qui montait, le Grand Canal au loin n'avait-il pas la douceur rousse du Canope à l'automne ? La cloche de la chapelle tinta doucement derrière moi ; là-bas, sans doute, on attaquait les grands morceaux du répertoire liturgique, ici je n'entendais que le frôlement léger de ma jupe sur les marches. J'avançais avec lenteur : parce que les gravillons des allées ne sont pas moins funestes aux talons aiguilles que les pavés de la cour, mais aussi — élevons le débat — parce que la solitude sied aux grands caractères. Elle me rendait peu à peu la dignité des princesses abandonnées : la tête haute et le cœur triste, l'âme poignardée mais le corps corseté, j'emportais vers le canal toutes les peines d'Henriette d'Angleterre et de Louise de La Vallière, tous les exils de Bérénice et de la princesse de Clèves. Entre chien et loup, je me perdais de vue...

A ma gauche, une fougère bougea, un buisson s'ouvrit, un homme apparut, un deuxième surgit, ils se jetèrent sur moi. Plus moyen de se tromper d'époque : ils n'étaient ni des brigands, ni des chouans, ni des « mouches » du Roi, mais deux flics musclés. Ils avaient sorti leur arme et me poussaient sans ménagement vers une charmille obscure : peut-être avaient-ils l'intention de me violer ? Une innocente, bien sûr, se fût défendue, elle eût manifesté sa surprise — « Mais enfin, qu'est-ce que... » —, mais j'avais, moi, tant de raisons de me croire coupable ! La première qui me vint à l'esprit en voyant jaillir les deux pandores, c'est que le contre-espionnage m'avait repérée ; je ne « produisais » plus depuis six mois, il est vrai, mais les enquêtes sont longues, et Olga, dans un accès d'ébriété, pouvait avoir bavardé...

Au détour du sentier je me sentis rassurée en apercevant, dans une clairière, trois longs cars de CRS — soixante hommes au bas mot — et deux patrouilles, avec chiens policiers, qui regagnaient leur poste de commande, mitraillettes en bandoulière : c'eût été tout de même beaucoup de frais pour un seul traître ! L'explication était plus simple : je venais de me faire arrêter par les services chargés de la sécurité des présidents en visite, le comble pour un secrétaire d'Etat en balade ! Je crus, bien sûr, que le malentendu serait vite dissipé ; il me suffirait de présenter mon carton d'invitation et mes papiers d'identité. Je me leurrais.

On me fit entrer dans l'un des cars, à peine éclairé, où

un gradé m'apostropha : « Alors, qu'est-ce qu'on fait comme ça dans les bois ?

— On se promène...

— A d'autres ! »

Je lui tendis mon carton : « Ça, ça s'imite », fit-il, dédaigneux.

Je dus déballer sur une tablette le contenu de ma pochette de satin, heureuse d'y retrouver, sous le mouchoir et les gants, la rédaction de Laurence que je craignais d'avoir perdue dans la mêlée ; l'adjudant s'en empara, en même temps qu'il saisissait mon passeport et ma cocarde tricolore. « Ça s'imite aussi », conclut-il après un examen rapide de ces deux pièces à conviction, qu'il mit de côté. La copie de Laurence qu'il commença ensuite à lire avec attention, le sourcil froncé, le troubla davantage : il cherchait manifestement à découvrir sous les mots de la petite fille un message secret, un ordre codé. Et puis, cette histoire de tombe, c'était suspect. Sans parler de cette épitaphe — « Née par hasard, morte pour rien » —, qui rappelait les mystérieuses annonces de la radio de Londres pendant la guerre : « Les carottes sont cuites, je répète : les carottes sont cuites »...

« Elle n'était pas armée au moins ? » demanda « le juteux » aux policiers qui m'avaient amenée.

« Ecoutez, Monsieur, soyons sérieux, je suis Christine Valbray, secrétaire d'Etat à la Défense... Ministre, quoi !

— Voyez-vous ça ! fit-il en reluquant, goguenard, mon décolleté "Gilda". Pas de chance pour toi, poulette » — il regarda sa montre —, « les ministres en ce moment, ils entrent tous à l'Opéra... Pourquoi tu n'y es pas ?

— J'ai eu envie de... d'aller au Trianon à pied pour... pour voir tomber la nuit. »

D'un point de vue de CRS, tout cela ne tenait pas debout, il faut l'avouer ; je crus préférable de ne pas insister.

— Assieds-toi, conclut l'abruti, magnanime. Le chef verra tout à l'heure ce qu'il veut faire de toi.

A sa façon de s'adresser à moi, je ne savais trop s'il me prenait pour une dangereuse terroriste ou pour une belle de nuit, laquelle aurait confondu, taillis pour taillis, le parc de Versailles avec le bois de Boulogne ; mais je penchai plutôt pour la première hypothèse : les travestis du Bois n'ont pas encore besoin de glisser une fausse cocarde dans leur sac à main... Je fus soulagée tout de même qu'on n'envisageât pas encore de me passer les menottes ; agitées comme ces vaillantes troupes semblaient l'être, toutes les « bavures » devenaient possibles en effet : sans arrêt les appels se succédaient sur la radio intérieure, on dépliait des cartes d'état-major, on déplaçait des punaises multicolores sur de grands plans, des soldats armés jusqu'aux dents accouraient au rapport, des gyrophares jetaient sur les parois sombres de la cabine leurs lueurs bleuâtres, et l'on entendait dehors des crissements de pneus, des cliquetis d'armes, des jurons — bref, il régnait dans la clairière une intense activité. J'avais l'impression d'avoir mis le pied sur une fourmilière :

« Jonquille appelle Nénuphar... Vous me recevez, Nénuphar ?

— Cinq sur cinq. Quadrillons Secteur BX. Rien à signaler...

— Jonquille, Jonquille ? Ici, Muguet. Sommes en C2 » (on aurait dit qu'ils jouaient à la bataille navale). « A côté du grand géant, vous voyez : cette statue qui a l'air écrasé par des rochers... Avec la main qui sort de l'eau... » (« la fontaine de l'Encelade », suggérai-je à l'assistant du radio qui semblait perdu sur sa carte). « Nous avons repéré un suspect. C'est un chien, un chien errant...

— Il est piégé ?

— Non, on l'a bien examiné. Mais il pourrait avoir la rage...

— Coffrez-le ! »

Pendant la longue demi-heure où j'attendis ainsi « le grand chef » qui avait dû aller inspecter son dispositif sur un autre point du front, je parvins, à force d'écouter le haut-parleur du bord, à deviner jusqu'où s'étendait le filet de protection mis en place pour la circonstance : il allait de Saint-Cyr à Marly, avec une particulière concentration de moyens sur la place d'Armes, la Cour d'Honneur, les toits du château, les caves, et le parc. Il y avait un bataillon de CRS derrière chaque buisson. En fait, ils avaient dû m'observer depuis la seconde même où j'avais franchi la poterne qui sépare la cour du jardin ; mais il fallait leur rendre cette justice que, à moins de se trouver brusquement propulsé au cœur des opérations, on ne soupçonnait pas leur présence. Ils avaient su rester discrets : des terrasses du château, on ne distinguait aucun mouvement, on n'entendait aucun bruit — tout se passait sous le couvert.

Quand même, penser que je m'enivrais de ma solitude, que je me grisais du calme des bois, alors que des centaines d'yeux épiaient mes déplacements, qu'autant d'oreilles se suspendaient à mon souffle, et qu'on m'avait constamment filée jusqu'au moment où le piège s'était refermé, oui, penser qu'on pouvait ainsi ne rien sentir de la surveillance dont on était l'objet, ne rien deviner des présences dont l'ombre grouillait, donnait à réfléchir...

Pour le reste, j'étais plus amusée par la situation qu'humiliée. Un peu mortifiée, cependant, que personne ne m'eût identifiée. Ou bien ma popularité, après avoir atteint des sommets, accusait depuis quelques semaines, comme je le craignais, une baisse sensible, et l'on commençait à m'oublier. Ou bien j'étais trop télégénique : en trois dimensions, on ne me reconnaissait pas. Ou bien encore (c'est l'idée consolante à laquelle je m'arrêtai) nos fins limiers, quand j'étais passée « à la télé », n'avaient regardé que mes genoux...

Le chef apparut enfin. Il semblait courtois. Je lui réexposai calmement mon affaire. Il appela sur un talkie-walkie l'équipe en service dans les couloirs de l'Opéra pour faire vérifier que je n'y étais pas. En attendant qu'on lui communiquât le résultat de ce contrôle, il étudia longuement la rédaction de Laurence qui, à l'évidence, le plongeait, lui aussi, dans la perplexité :

— Un peu curieux, ce truc-là, non ? finit-il par suggérer.

— Regardez le nom de l'élève en haut à gauche : Laurence de Fervacques...

— Une parente du ministre ?

— Une de ses filles, oui. Elle est morte accidentellement il y a trois mois... Au début de ma vie professionnelle j'avais été son professeur. J'ai retrouvé ce papier. Je l'ai apporté pour le remettre à son père...

Il eut l'esprit de me croire. Deux minutes plus tard, toutes vérifications effectuées, je n'étais plus une « grosse prise » mais une « regrettable erreur ». Comme il était exclu toutefois qu'on me remît en liberté dans le parc — « Mes hommes vous tomberont dessus à tous les carrefours » —, « le chef » proposa de me reconduire lui-même dans sa voiture jusqu'à l'Opéra.

— Mais je ne peux plus rejoindre ma place sans déranger tout le monde ! Il y a plus d'une demi-heure que le spectacle est commencé...

— Ne vous en faites pas : nous vous glisserons dans un petit coin où personne ne vous verra. Nous aussi, fit-il en riant, nous avons nos loges réservées !

Chemin faisant, il m'expliqua que partout ce soir les effectifs de sécurité avaient été triplés, on prenait un luxe de précautions, pas tant à cause des Africains que des Américains : « On a le FBI sur le dos, vous comprenez ? Ils ne veulent pas qu'on assassine leurs présidents ailleurs que chez eux... Si vous saviez ce qu'ils ont pu nous emmerder ! Surtout pour le feu d'artifice : ils ont exigé de contrôler eux-mêmes les dix-huit mille fusées, une à une, Madame, une à une ! Le parc aussi les inquiète — tous ces arbres, toutes ces statues, toutes ces grottes ! On pourrait en cacher là-dedans, des émissaires des Brigades Rouges, des rescapés de la bande à Baader, des desperados d'Action Directe — attentats et corruption, c'est leur vision de l'Europe, à ces boy-scouts ! Bref, nos huit cents hectares de ténèbres, ils auraient voulu qu'on les éclaire a giorno ! Des projecteurs tous les deux mètres ! Vous imaginez le tintouin ! Nous, on a préféré assurer l'ordre par des moyens plus discrets... A la française ! On est encore chez nous, non ? »

A l'Opéra cet homme aimable me remit entre les mains d'un colonel de gendarmerie qui, après le garde-à-vous de rigueur, m'entraîna par de petits couloirs taillés dans l'épaisseur des murs, et une succession de portes dérobées, jusqu'à une loge grillagée du rez-de-chaussée : un treillis d'or aux mailles serrées permettait de voir la salle sans être vu. Aussi la loge — comme toutes les baignoires voisines sans doute — était-elle exclusivement occupée par des policiers qui tournaient le dos à la scène : jumelles en main, ils observaient les tribunes, les balcons et la corbeille où, en demi-cercle, étaient assis les présidents ; aucun tireur caché ne pourrait échapper au zèle de ces guetteurs car, pour les aider, on avait, contrairement aux usages du théâtre, laissé la salle allumée — Lincoln n'avait-il pas été assassiné au vaudeville ?

Du coup, on ne savait plus très bien où se trouvait le spectacle, où se tenaient les vedettes : sur les planches, ou dans les fauteuils ?

Carter, conscient de ce renversement des rôles, saluait à droite, à gauche, et souriait sans arrêt. Un des agents de la sécurité m'avait gentiment cédé sa place au premier rang et je mis mes lunettes pour mieux voir les chefs d'Etat : puisque, derrière mon moucharabieh, personne ne distinguerait mes traits, je renonçais à sacrifier davantage à la coquetterie. Mais, au moment où je chaussais mes besicles pour admirer notre Giscard dans l'exercice de ses prérogatives royales, la cantatrice, soutenue par des cuivres flamboyants, attaqua le dernier morceau du programme avec tant de vigueur qu'instinctivement je me retournai vers elle : le Protocole, pour ne pas lasser nos Altesses, avait opté en effet, non pour la représentation intégrale d'un opéra, mais pour un pot-pourri d'airs du répertoire XVIIIe, bien accordé au décor de bonbonnière imaginé par l'architecte de Louis XV ; mes collègues avaient entendu successivement du Rameau, du Haendel, du Piccini, et nous en étions à Gluck ; quand j'étais entrée dans la loge, la chanteuse cherchait son Eurydice (« J'ai perdu mon Eurydice, rien n'égale ma douleur », désespoir que démentait la musique, on ne peut plus guillerette) et, pour conclure le concert, la même attaquait maintenant, avec une poignante conviction, le grand air d' « Alceste ».

Dès les premières mesures, j'eus peine à réprimer un fou rire : notre Protocole s'était surpassé ! Car que chantait la « prima donna » de sa voix grave ? « Divinités du Styx, ministres de la Mort » ! Et sur ce « ministres de la Mort », plusieurs fois répété, sa voix descendait dans les catacombes comme pour en chasser les hommes d'Etat, éberlués, qui, une seconde plus tôt, plastronnaient à la corbeille... Vraiment, on pouvait dire que nos « intendants des Menus Plaisirs » n'avaient pas la main heureuse : avoir fait servir, en moins de cinq ans, un « Bacchus », aussi provocant qu'éméché, à un leader soviétique abstinent, le « Divertimento » de Saint-Véran au parterre vieille Europe du Sommet de Vienne, « le Veau d'or est toujours debout » à un Président de la Confédération Helvétique qui tentait de faire oublier le rôle des banques suisses, et terminer aujourd'hui par ces « ministres de la Mort » jetés à la face des « Pays industrialisés » (dont la chanteuse ajoutait, pour faire bon poids, qu'il serait vain d'« invoquer la pitié cruelle »), tout cela tenait de l'exploit... ou de la manipulation. Impossible en tout cas que nos hôtes successifs crussent à des maladresses ! Quant à moi, après avoir pensé à de la légèreté, je commençais à me persuader que notre service des divertissements était infiltré...

Amusée, j'épiais, à l'abri des grilles, les réactions embarrassées des « princes » (Carter, qui ne comprenait pas le français, souriait toujours d'un air niais — il s'entraînait pour sa campagne électorale, qui commencerait la semaine d'après) ; c'est alors que mon regard tomba sur le seul « ministre de la Mort » authentique qu'il y eût dans toute cette assemblée : « l'Archange », que je n'avais pas encore aperçu car il n'était qu'au cinquième rang des puissants — un peu loin, tout de même, compte tenu des fonctions de premier plan qu'il avait exercées pendant quinze ans. Sûrement le Protocole l'avait mieux placé, mais il avait échangé son fauteuil officiel contre un strapontin pour jouir d'une plus grande liberté : fuyant les honneurs, il avait rejoint les dames. Il se trouvait assis entre deux Balmondière, des cousines de Catherine Darc : à sa droite Sibylle, la chasseresse, à sa gauche sa nièce Esclarmonde, une ancienne petite amie de mon frère ; toujours « archangélique », il souriait à l'une, puis à l'autre, parlait à l'une, puis à l'autre, posait affectueusement sa main sur l'épaule de l'une, puis sur le genou de l'autre. « Baiser deux sœurs est un plaisir d'homme raffiné », m'avait-il assuré il y a longtemps ; je suppose qu'il voulait maintenant tester la saveur d'autres liens de parenté... Un instant je me demandai à quel titre ces deux dames figuraient sur la liste des privilégiés, mais je me souvins que le comte, leur oncle et mari, auquel ses dix siècles de chevalerie avaient enseigné l'art et la manière de faire accepter « les petits cadeaux », travaillait dans le bakchich pétrolier — « une espèce de diplomate parallèle », m'avait un jour expliqué Caro qui l'employait ; il avait donc bien sa place dans cette réunion au sommet...

Sur un ultime « ministre de la Mort », plus lugubre encore que les précédents, le concert s'acheva. Encadrée par mes quatre gendarmes, je quittai à regret mon cachot doré : il me fallait réaffronter la foule et assumer, vaille que vaille, ma robe « new-look attardé ». Maintenant que je l'avais repéré, j'espérais bien pourtant retrouver Charles rapidement et m'en aller avant le feu d'artifice. Mais quand je vis les couloirs encombrés par tous ceux qui, au même moment, tentaient de rejoindre les Grands Appartements, le découragement me gagna : à cette vitesse-là, la rédaction de Laurence mettrait trois jours à atteindre son destinataire !

Dans le vestibule on s'étouffait, dans les escaliers on piétinait. Devant moi montait lentement une longue jupe-fourreau rouge fendue sur le côté, qui, à chaque marche, révélait la cuisse bronzée de son espiègle propriétaire. J'étais curieuse de savoir si je connaissais cette audacieuse, elle se retourna pour saluer un tiers, nos regards se croisèrent, et elle me tomba dans les bras : Evelyne Martineau ! Elle devait faire partie de ce bouquet de starlettes interchangeables que le Quai d'Orsay tenait à offrir aux hôtes de marque. Depuis que Maud Avenel avait abandonné la scène et les écrans pour jouer les fermières au Québec, sa doublure avait tenté, en effet, d'exister par elle-même : elle était redevenue blonde et faisait une minuscule carrière à la télévision — comme second rôle dans des téléfilms projetés l'après-midi, assistante du présentateur pour un magazine régional de FR 3, et « voix off » dans une série de documentaires consacrés à la vie des bêtes. Mais elle vivait de son « art », avait pris de l'assurance, noué d'utiles relations, et m'était indéfectiblement reconnaissante des heureuses conséquences de ma mauvaise action : en l'arrachant à mon père pour la pousser dans les coulisses du cinéma, ne lui avais-je pas révélé sa vocation ? Toujours boute-en-train, coupant ses propos d'éclats de rire et de gros bisous, elle m'apprit que s'ouvraient devant elle « des perspectives fabuleuses » : on lui proposait d'être la voix de Dorothy Rooth, la star du polar américain. « Marrant, non ? J'ai commencé comme doublure-image, et je continue dans le doublage-son... » En entrant dans le Salon de la Guerre, elle siffla d'admiration : « Dites donc, c'est chouette ici !

— Oui, plutôt... Vous ne connaissiez pas ?

— Ben non... c'est trop près de Paris : je n'avais jamais pris le temps de visiter, vous savez ce que c'est ! D'ailleurs, moi, les trucs classés !... A part la maison de votre Papa à Vienne, qui me plaisait bien comme genre... Surtout les tableaux. Et puis les poignées de fenêtres, vous vous souvenez des poignées ? Des dames très déshabillées... Un peu porno pour une ambassade, non ?... Mais je suis vachement contente d'être venue ce soir : c'est hyper comme réception ! Bon, peut-être pas très folichon — vous vous rappelez comment je mettais de l'ambiance, moi, à Vienne ? Ah, on peut dire que je les faisais valser vos vieux pingouins ! Vous croyez qu'ici ils ont prévu un orchestre pour danser ? Ah non ? Bien sûr, c'est à cause des parquets, ils sont trop fragiles... Dommage ! N'empêche, quand je serai vieille, ça me fera des souvenirs d'être venue là ce soir. C'est grâce à Farez... Farez, c'est mon ami. Il accompagne la délégation du Gabon. Mais il n'est pas black, lui, non ! Comme nationalité, il serait plutôt moitié Emirats, moitié libanais, enfin c'est compliqué. Mais en tout cas ça fait vingt ans qu'il baigne dans le pétrole. Peut-être que vous le connaissez ? Son vrai nom c'est cheikh Ibn Al-Hamid... »

« Poupougne » ! L'émir de Carole, celui qu'elle avait plaqué pour Alban ! Martineau l'avait récupéré. Et brusquement je compris mon erreur : j'avais toujours senti que cette blondinette avait « l'étoffe d'une doublure », mais je m'étais trompée d'original — ce n'était pas Maud Avenel, trop intellectuelle et torturée, que la comédie du monde la destinait à reproduire, mais Carole Massin. Toute seule, Evelyne avait retrouvé sa voie, elle s'était remise dans le droit chemin : celui des émirs, des promoteurs, des pétroliers et des marchands de canons...

Elle eut encore le temps de m'inviter à dîner (« Je n'oublie pas ce que je vous dois, vous savez, Farez sera sûrement content de vous rencontrer, surtout qu'avec un ministre il y a toujours des choses à discuter ! ») ; puis une bousculade nous sépara.

Je tentai de gagner l'un des buffets ; les serveurs, qu'on avait déguisés en valets à la française — livrée galonnée, perruques et bas blancs —, ne parvenaient pas, tant l'affluence était grande, à porter jusqu'à nous leurs lourds plateaux de canapés. J'avais faim et soif. Un nouveau mouvement de la foule m'entraîna malgré moi vers la Galerie des Glaces, m'éloignant des salons où l'on pouvait boire et manger. Dans la Galerie, on respirait mieux ; des groupes se formaient, et entre les groupes, des vides. On avait de l'air, mais on le payait : la solitude s'y trouvait plus en vue...

A peine en effet eus-je fait trois pas qu'Henri Dormanges fondit sur moi. Comme je le redoutais, le nouveau directeur de « la Presse » me parla de mon rapport sur le service militaire. Je sentis que ses réticences toutes fraîches (« la Presse » avait commencé, en effet, par soutenir mon projet) devaient refléter le récent reflux de l'opinion : « Bien sûr vous avez défendu vos idées — originales d'ailleurs, nous l'avons souligné — avec courage et talent. D'abord, je l'avoue, nous avons tous été impressionnés... Mais en fin de compte, ce rapport, n'était-ce pas un peu imprudent ? »

« Mais si, cher Monsieur, mais si ! avais-je envie de lui lancer, je ne suis qu'une tête brûlée, qu'il faut se dépêcher de faire tomber... » D'un haussement d'épaules, j'esquivai le débat. Il broda un moment autour du Sommet de Venise, parla de la misère des pays africains, de l'indépendance énergétique des nations occidentales, essaya sur moi quelques considérations oiseuses dont il ferait sans doute son éditorial du lendemain, puis, voyant qu'il n'y avait pas moyen d'élever le débat, se rabattit sur des sujets plus terre-à-terre : l'inconfort des fauteuils de l'Opéra Louis XV, la calvitie de Giscard...

— Au fait, il paraît que le grand Fervacques divorce ?

— Ah...

— Vous n'êtes pas au courant ? Il épouse sa décoratrice. Comment s'appelle-t-elle déjà ? Marie Mauvière, c'est cela ?

Je me demandais si les fenêtres de la Galerie des Glaces — les vraies, pas les reflets — s'ouvraient : se jeter en bas sans un mot, sans un cri, ne manquerait pas de grandeur, me semblait-il... Et puis, sur cette robe sombre, le sang ferait un contraste admirable, il redonnerait de la distinction à l'ensemble, de la couleur, de la vie même ! Quel beau cadavre qu'un cadavre rouge et noir...

« Vous savez sûrement, voyons, insistait Dormanges. Marie Mauvière, tout le monde la connaît : une fille pas très distinguée, mais qui a du pep, des idées. Sympathique... Il y a longtemps, de toute façon, que dans les milieux financiers on savait Fervacques au plus mal avec sa Bostonienne » — sa Bostonienne ? —, « la preuve qu'il ne se décide pas sur un coup de tête, et que la décision a été pesée, c'est qu'il ne se remarie pas avec une jeunesse...

— Pas une jeunesse ?

— Non... Quoiqu'un peu boulotte pour mon goût, elle est mignonne, sa Marie, mais elle doit avoir la quarantaine. Quarante, quarante-deux, je dirais... »

Des yeux je cherchai un siège — autant dire, à Versailles, une aiguille dans une botte de foin ! J'aurais pourtant aimé m'asseoir : j'étais « sonnée ». Ainsi, le « grand Fervacques », pour Dormanges c'était Alban (une pierre dans le jardin de Charles, évidemment) ! Cela dit, j'étais encore trop abasourdie par la manière dont le mariage de Caro venait de m'être annoncé pour me réjouir de la nouvelle... « Pas de première jeunesse », disait Dormanges, impitoyable. Elle avait quelques années de plus que moi, il est vrai... Poussée par la vague montante des Martineau aux dents longues, la sage Carole se rangeait, elle faisait une fin ; et quelle fin !

Une dame — pas de première jeunesse, elle non plus, mais encore appétissante et fort parfumée — vint se glisser contre Dormanges :

— Tiens, mon loup, fit-elle en lui présentant une assiette de petits fours, c'est tout ce que j'ai pu agripper !

— Vous connaissez la Princesse ? me demanda Dormanges que la familiarité de la brune personne semblait emplir de vanité.

La dame leva vivement les yeux sur moi, eut un sourire mi-figue mi-raisin, réussit à hocher la tête tout en la détournant (comme pour signifier en même temps que nous nous connaissions très bien, mais qu'elle ne tenait pas à ce que nous nous connaissions davantage), et, aussi vite qu'elle était apparue, elle s'éclipsa en murmurant : « Je vais te chercher un verre... »

— Quelle femme exquise ! s'extasia Dormanges.

Dans le doute, j'acquiesçai ; aussitôt, encouragé, il me quitta pour la rattraper ; manque de chance, il emportait l'assiette...

Cette apparition parfumée m'avait laissée perplexe ; à part son odeur, je n'avais rien distingué d'elle que son sourire ; elle s'était évanouie derrière, s'escamotant aussi prestement que « le chat du Chester » au Pays des Merveilles. Ce sourire suspendu me disait quelque chose pourtant : peut-être la connaissais-je, mais d'où ?

Tout en me rapprochant par petites étapes du buffet du Salon de Mercure que les invités, rassasiés, commençaient à quitter, je resongeais à ce titre de « Princesse » que Dormanges lui avait donné. Sans avoir eu le temps de dévisager l'énigmatique altesse, il me semblait qu'elle était à une vraie princesse ce que nos ambassades dans les Etats neufs sont à celles des vieux pays : même luxe, même superficie, même argenterie, même service, mais, d'un côté, les tapis d'Aubusson, les tables à gibier, les « marines » flamandes, les cabinets Renaissance, les psychés d'acajou, de l'autre, des parvis luminescents, des divans de cuir, des fauteuils

Saarinen, des tables-nénuphars, du « rangement modulable » et du Gae Aulenti. Raffinement pour raffinement, l'un des deux semblait trop récent, moins sûr, moins patiné. Voilà, j'y arrivais ! Cette soi-disant princesse manquait de patine...

« Bon, m'aurait dit Fervacques si je lui avais exposé mes doutes, elle est du Second Empire, c'est tout ! Comme mes cousins Malakoff... Elle doit être princesse de Sébastopol, de Plombières, ou de Solferino ! Encore un ou deux siècles et ça passera très bien ! » Peut-être...

J'avais enfin atteint les dressoirs : les nappes blanches étaient maculées, et il ne restait plus ni caviar, ni saumon, ni pointes d'asperges, ni cochon de lait. Je dus me rabattre, dépitée, sur des canapés au saucisson, déjà rancis, et compléter par quelques « fruits déguisés », aussi durs et caramélisés que ceux qu'à Rome Maria-Nieves offrait malicieusement au « dentier libanais ». Les thés de l'ambassadrice, la pseudo-comtesse du Pape, la maîtresse du consul de Colombie, le faux Ordre de Malte : à la première bouchée du premier petit four la mémoire me revint ! Lydia, mon Dieu... C'était Lydia Pellegrini, « princesse » di Siena !

Ainsi, seize ans après le scandale romain qui avait failli emporter l'honneur de mon père, elle refaisait surface : les escrocs de talent sont comme les grands politiques — la mort seule peut mettre un terme à leur carrière... Je comprenais maintenant qu'elle eût craint de se montrer ! Mais de moi elle n'avait rien à redouter, je ne la dénoncerais jamais, je trouvais bien trop plaisant que Dormanges fût sa dupe. Il avait lui-même tant de fois trompé et trahi, notre ex-« Mandrin » : Kahn-Serval, Maleville, Moreau-Bailly. C'était justice qu'il se ridiculisât aujourd'hui en s'affichant avec une « droit commun », ou, du moins, c'était une chance. Car pour la justice, depuis qu'elle s'incarnait en Lionel Berton, je n'en espérais plus grand-chose.

Précisément, il approchait aussi du buffet, ce vieux crabe, avec sa démarche oblique. Il venait faire remplir son verre. Comme il me présentait son profil gauche — le mauvais —, j'avais l'espoir que son œil, vitreux de ce côté-là, ne me verrait pas. Mais qu'il se tournât seulement de vingt-cinq degrés et il m'attraperait dans son champ de vision droit ! Or, comme le dit le proverbe, il suffit que le méchant regarde l'eau pour que le poisson crève... En tout cas, s'il m'apercevait, ce Garde des Sceaux louvoyant (qui avait « des camarades pour toutes les places, des fournisseurs pour tous les marchés, des décrets pour toutes les affaires ») viendrait sûrement vers moi : il aurait bien une transaction douteuse à me proposer ou un peu de pommade à me passer — l'un de ces baumes empoisonnés qui brûlent après avoir calmé... Car ni son miel, ni ses sourires, ni ses onguents ne pouvaient m'abuser : jamais nous n'avions été en si mauvais termes, lui et moi. Je n'ignorais pas qu'il se répandait en calomnies comme celles que « l'Express » avait rapportées — et qu'il avait démenties, certes, mais en privé... De plus, je venais d'avoir avec lui mon premier conflit ouvert : un mois plus tôt, il avait fait libérer un petit terroriste syrien impliqué dans une affaire d'otages dont je m'étais occupée à l'époque où je travaillais au Quai ; un de nos diplomates en poste en Jordanie avait été enlevé avec ses deux petites-filles, puis « exécuté » — en Libye ou au Liban, on ne savait pas trop, mais il était mort et nous avions dû ensuite négocier longuement la libération des enfants. Peu après la DST avait réussi à piéger en France quelques complices des assassins ; le plus compromis du lot avait récolté quinze ans de prison ; et voilà qu'au bout de dix-huit mois Berton le faisait relâcher ! Avec discrétion, cela va de soi, tant de discrétion que la presse en avait peu parlé (le terrorisme oriental ne faisait pas encore les gros titres de l'actualité), mais j'avais suivi l'affaire de trop près pour que la manœuvre pût m'échapper. A la sortie du Conseil des ministres, j'avais reproché au « Bifront » ce laxisme décourageant pour la police et pour l'armée ; le regard faux, le sourire en biais, le bon apôtre s'était abrité derrière la raison d'Etat, invoquant des ordres reçus du « Château »...

— Vous m'aviez habituée à plus de rigueur, Monsieur Berton ! Quand on se fait de la Justice une idée si haute qu'on ne peut pardonner à un Kahn-Serval d'avoir employé un chauffagiste au noir, on n'accepte pas si aisément la raison d'Etat ! Lorsqu'on reçoit des ordres qui dérangent, on ne se résigne pas : on démissionne ! On peut même mourir... Souvenez-vous d'Antigone !

— Bah, Antigone ! Les grands mots ! Nous faisons de la politique, pas de la tragédie.

— De la politique, dites-vous ? J'appelle ça « de la prostitution » !

Il s'était énervé : « Parler de prostitution ne vous va pas mal, en effet ! s'était-il écrié assez haut pour qu'on pût l'entendre. Vous dont chacun sait que, enfin » — brusquement, sa voix avait faibli —, « comment vous avez... Pour la prostitution, bon... Bref, la morale, on peut se demander... » Il chuchotait, se dégonflant à vue d'œil sans que je puisse en deviner la cause ; n'osant aller jusqu'au bout de l'injure, sa phrase commencée dans l'éclat, il la termina dans un murmure — circonspection tardive qui lui donna, plus que jamais, l'air d'un traître d'opérette : il retirait le poignard avant d'avoir atteint le cœur et se tachait les mains sans profit...

Peut-être avait-il cru, bien à tort, voir se dresser derrière moi la grande ombre protectrice de la « Fervacques and Spear » ? C'était le genre d'homme à penser que, malgré tout, on ne sait jamais, n'est-ce pas ?... Sans attendre la coupe de champagne que j'avais demandée à l'un des valets en livrée, je m'éloignai du buffet pour n'avoir à supporter ni les insultes ni les compliments — encore moins les propositions ! — de ce Mirabeau de rencontre.

Je me réfugiai près d'une fenêtre : la rumeur courait que le feu d'artifice, aux dix-huit mille fusées estampillées FBI-CIA, allait bientôt commencer.

Par malchance, fuyant Berton, je me retrouvai à deux mètres d'Hoédic. Même si je ne pouvais pas deviner que l'un bientôt succéderait à l'autre dans les fonctions de champion de la vertu et de gardien du droit, ni qu'un jour je les aurais tous les deux sur le dos, je pressentais déjà que passer de l'écumeur de droite à l'arnaqueur de gauche, c'était tomber de Charybde en Scylla... Le maire de Trévennec était en conversation avec un jeune homme d'une trentaine d'années ; me renfonçant plus profondément dans mon encoignure, je me tournai vers le mur et fis mine de me repoudrer. Le jeune homme devait être un fils d'aristocrate breton dans la débine ; à Hoédic, qu'il tutoyait, il parlait de la vente de son château familial, cédé à des confectionneurs du Sentier : « Les Moudarian... Des gens qui travaillent dans un deux-pièces rue d'Aboukir, avec des vêtements dans tous les coins, des Turcs qui apportent et remportent des cartons... Elle, je voudrais que tu la voies : la vraie minette du Sentier ! Jupette en vinyle, boots, et un pull angora qui lui arrive au ras du nombril ! Jamais tu ne croirais que ces peigne-culs ont pu racheter la maison de

Papa ! Trois millions cash, sans compter les travaux qu'ils ont faits dedans... Et leur train de vie à Kermadec, c'est quelque chose, je te le dis : le parc allumé toute la nuit, sur dix hectares ! Tandis que là, rue d'Aboukir, la cour sordide, le bureau miteux... N'empêche que je vais peut-être monter des coups avec eux... En ce moment, je suis sur une grosse affaire : un mec de Clignancourt qui a vingt mille jeans de Taiwan à fourguer — coutures jaunes, zips mal placés, mais il n'en demande que vingt balles pièce. Alors, je cherche un soldeur pour les écouler. Les Moudarian vont m'aider. J'aurai ma petite commission — cinq francs par futal. Tu vois le topo : je passe trois coups de fil, et j'empoche dix briques ! Rien qu'en mettant des gens en rapport... N'importe comment, sur une affaire comme ça, on ne peut pas perdre. Bon, peut-être que tu ne gagnes rien, mais tu ne peux pas perdre... Tiens, si je ne trouve pas de soldeur, j'achète les jeans pour moi, je les planque dans un garage, et j'attends ! L'été prochain, je les refile à cent balles sur les plages et les marchés...

— Oui, oui, si les rats ne te les ont pas mangés !

— Tu rigoles !... Non, ce que je cherche, c'est un petit apport pour le préfinancement. Un "joint venture"... Est-ce que tu crois que ça intéresserait Cynthia ?

— Je ne peux pas te dire... Je lui en parlerai.

— Et toi, Jeannot, tu ne serais pas partant ?

— Mon petit Loïc, je t'aime bien, mais tu n'opères pas sur une assez grande échelle... D'ailleurs, je ne comprends pas : un nom comme le tien, ça se monnaye, bon Dieu ! Avec tes petites combines, tes jeans foireux et tes Arméniens louches, tu déroges, c'est tout, tu déroges !

— Pourtant chaque fois qu'on s'est associés, tu ne l'as pas regretté ! Sans compter que, question élections, j'ai toujours été réglo...

— Eh bien, mettons que, maintenant, je travaille avec des intermédiaires d'une autre envergure... Non, je plaisante, mon vieux. Mais dans ma position, tu comprends... Tu n'auras qu'à voir ça avec Cynthia... Et ta petite sœur, au fait, qu'est-ce qu'elle devient ?

— Oh, elle ! Une vraie conne ! Elle trime toute la journée pour trois mille balles par mois ! Tandis que moi, tu vois : la grande vie... »

Cette « fin de race » m'écœurait. Hoédic, Berton, Dormanges, Zaffini — tous me donnaient mal au cœur. Des Le

Veneur, des Le Veneur par milliers... Quand j'avais choisi cette canaille pour sujet de mon mémoire en maîtrise, Yves Le Louarn m'avait reproché de ne pas lui avoir préféré son contemporain, le général Hoche. Mais, à présent, Hoche lui-même me dégoûtait : je me disais seulement qu'il avait eu de la chance de mourir à vingt-cinq ans. Sinon il aurait, comme tous les autres, renié la République pour devenir sénateur d'Empire, et trahi Napoléon pour la pension d'un maréchal de Louis XVIII... Tout se gâtait autour de moi, tout m'affectait, tout m'infectait.

Berton avait raison : quand je l'aurais voulu, j'étais déjà trop pourrie pour faire la morale à qui que ce fût, même à ce « Loïc » à cinq francs de commission. J'avais si longtemps nagé dans les profondeurs croupies de cette société — de ce « monde », aurait dit Sovorov ; et sous la surface trouble du marécage j'avais tout observé, tout pratiqué, grandes et petites trahisons, corruptions infimes et grosses prévarications, péchés véniels et crimes sans rémission... Dans ces eaux corrompues j'avais perdu l'espoir, la vue, mais je gardais encore l'idée de la lumière. Un jour si je remontais, si, incapable de me guider, je n'avais plus la force de marcher, j'aurais au moins, comme Samson aveugle, celle de secouer les colonnes du Temple pour écraser la racaille et périr avec elle.

J'étais revenue dans la Galerie sans avoir rencontré Fervacques ; l'éclat des lustres à variateur baissa brusquement ; une lueur plus douce, rougeoyante comme celle d'un gril, nimbait d'un même rayonnement de braise les pendeloques de cristal et le visage des femmes : sans doute s'apprêtait-on dehors à tirer la première fusée ?

Je n'étais pas curieuse d'un spectacle que je subissais à chaque Quatorze-Juillet. Je préférai m'approcher d'une des grandes torchères récemment replacées dans le palais, mais, au moment où j'envisageais de ressortir mes lunettes pour mieux en distinguer les motifs, je fus repoussée sans ménagement vers l'une des fenêtres : lâchant les plateaux, désertant les buffets, les laquais à la française venaient de former une immense chaîne ; ils se tenaient par les mains et refoulaient l'assistance contre les vitres. « Non, Madame, désolé, me dit l'un de ces valets musclés comme je tentais de me faufiler sous le cordon de leurs bras étendus.

Jusqu'au bouquet final, personne ne doit bouger. » « Interdiction de changer de salon ! » clamait un autre qui avait dû se heurter à un commencement de résistance. Nos domestiques avaient tombé les masques : tous ces prétendus serveurs en bas blancs et perruque poudrée étaient des CRS déguisés — comment, d'ailleurs, n'avais-je pas remarqué qu'aucun d'eux ne mesurait moins d'un mètre quatre-vingts ? On devait craindre qu'un assassin ne profitât de la pétarade en bas pour tirer, en haut, un coup de pistolet... Sur toute la longueur de la Galerie, et dans une demi-douzaine de salons probablement, ils formaient maintenant un rempart infranchissable et, comme dans les pires nouvelles d'Edgar Poe, cette muraille avançait, avançait toujours, réduisant notre espace vital. En trente secondes, tout le public se retrouva parqué dans les embrasures, entassé sur un mètre cinquante de profondeur, plaqué contre les croisées, sans pouvoir circuler d'une fenêtre à l'autre ; on se serait cru dans un wagon à bestiaux...

C'est alors que, levant les yeux, je vis devant moi, flamboyant comme une apparition dans la lueur rouge des rhéostats, ce « ministre de la Mort » que j'avais cherché toute la soirée.

« Confortable, n'est-ce pas ? Participer aux festivités républicaines du sieur Giscard sera bientôt aussi agréable qu'un voyage dans le métro aux heures de pointe... et c'est beaucoup plus dangereux ! Car, CRS ou pas, rien ne pourra empêcher que nous ne finissions tous avec quatre balles dans la peau ! Comme ce pauvre Aldo Moro... » Une fois de plus il s'apitoyait sur les malheurs du politicien italien mais, à mon avis, c'était surtout le destin héroïque de son aîné, Bertrand Junior, qu'il regrettait de ne pouvoir égaler : tout le monde n'a pas le bonheur d'être abattu par l'ennemi, en pleine jeunesse, en toute pureté — avant le Péché... Nous étions serrés l'un contre l'autre au milieu d'Américains que nous ne connaissions pas.

« Bon, lui dis-je, ne soyons pas systématiques dans le dénigrement des cérémonies de la République : le concert m'a paru excellent.

— Hmm... Je l'ai trouvé bien long ! Bien long...

— Tout de même, vous ne nierez pas que cette cantatrice ait une voix admirable ?

— Ecoutez, ma chère Christine, je serai franc : j'aime encore mieux un quart d'heure de mauvaise musique qu'une demi-heure de bonne ! » Il avait encore à la main un verre de whisky plein. « Ils ne m'ont même pas laissé le temps de reposer ce machin-là ! Vous en voulez ?

— Je meurs de soif... »

« Bois dans mon verre, disais-je autrefois à mon frère, tu connaîtras la couleur de mes pensées. » Ayant bu le whisky d'un trait, je ne me sentis pas mieux informée sur les intentions de Monsieur de Fervacques, mais plus au clair sur mes propres sentiments. Pour rien au monde je ne devais céder maintenant à l'attendrissement, le succès de mon plan exigeait la fermeté. Je lui rendis son verre : « Merci, Charles. Moi aussi, j'ai quelque chose à vous donner... »

De la main droite je tâchai d'attraper sous mon bras gauche mon sac du soir bourré à craquer. L'opération s'annonçait délicate : nous étions trop tassés pour qu'un seul de nous pût écarter les coudes !

« Vous avez dévalisé une banque ? » me demanda « l'Archange » ironique, en me voyant faire lentement glisser contre ma poitrine cette pochette trop gonflée. Quant à lui, ne pouvant atteindre les appuis de fenêtre, ni la base d'une colonne, ni même le parquet, il ne s'était pas embarrassé davantage de son verre vide : il l'avait lâché à ses pieds et en écrasait les débris avec méthode, à la stupeur de nos voisins.

— Bravo ! lui dis-je. Très russe ! Mais un peu exagéré...

— Croyez-vous ? C'est une propriété de l'Etat, non ? Eh bien, je traite l'Etat comme il me traite : avec désinvolture ! Œil pour œil, dent pour dent...

« Œil pour œil, dent pour dent, telle est la loi des amants » c'était une des chansons préférées de ma mère dans les années cinquante, un succès de Mouloudji, « la Complainte des Infidèles »... Allègre, Fervacques poursuivait : « D'ailleurs, un homme menacé dans ses œuvres vives peut bien casser quelques verres ! Mon Sainte-Solène fout le camp : j'ai encore perdu un bout de falaise ces jours-ci, figurez-vous ! A la pointe des Fées. Il paraît que le chemin des Douaniers va y passer... »

J'avais enfin réussi à retrouver la rédaction de Laurence entre mes gants inutiles, mon passeport et mon poudrier. Il la prit, étonné, et la lut attentivement : « Tout cela est navrant, murmura-t-il en me la rendant. Ecrire des choses pareilles à quatorze ans ! Vous aviez vu juste : cette enfant était très malade, et depuis longtemps. Sa mère aurait dû la faire soigner dès cette époque, c'est évident ! »

Habilement il commençait à m'éloigner de l'objet de ma démarche avant que j'aie pu l'exposer. J'y revins d'autorité :

« Le cimetière dont Laurence parle dans ce devoir, vous l'avez reconnu, je suppose ?

— Je ne sais pas...

— C'est le cimetière des Chevaliers.

— Vous croyez ? Peut-être...

— On dirait qu'elle espérait y être enterrée, n'est-ce pas ? Certes, je ne vous demande pas d'essayer d'y trouver une place pour elle...

— Une place au cimetière des Chevaliers ? Ah non, certainement pas ! C'est hors de question ! » Il rit comme pour prendre les Américains à témoin de l'énormité de ma suggestion. « Je ne peux déjà plus enterrer mes électeurs dans les cimetières de deuxième catégorie — le Cimetière Neuf, ou celui d'Armezer ! Les morts nous débordent, voyez-vous... Alors, je ne vais pas déménager les chouans de leur avenue Foch pour y installer ma fille ! Vous imaginez l'effet !

— J'en suis consciente. Mais il y a aussi cette chapelle de l'Espérance, à la pointe de la Dieu-Garde, vous savez bien : la chapelle qu'avait construite votre arrière-grand-père, François Pinsart, quand ses enfants sont morts dans l'incendie du Bazar de la Charité. Je crois savoir qu'il y a dans la crypte un très grand caveau, que Pinsart avait prévu des... des rayons, des cases, pour d'autres membres de sa famille. Il doit y rester de la place puisque...

— Il y reste de la place, en effet, mais nous avons renoncé à l'utiliser. La chapelle n'est plus une chapelle privée : en 45, mon père l'a donnée à la commune.

— Tout de même : il y a six ans, on y a transféré le corps de votre mère, la princesse Sophie...

— C'est différent ! Ramener ma mère dans la chapelle de l'Espérance était légitime : elle est morte brûlée...

— Eh bien, justement : Laurence aussi est morte brûlée. »

Haussement d'épaules. Il semblait irrité — ou bien c'était la pétarade du feu d'artifice à l'extérieur qui l'obligeait à élever la voix :

— N'insistez pas ! Vous vous figurez le tollé si j'accueillais chez moi des électeurs de Pierrefonds alors que je suis obligé d'enterrer mes propres électeurs à Pétaouchnok ? Il ne sera pas dit que ma famille bénéficie de passe-droits...

— Vous êtes devenu très moral, dites-moi !

Je lui offris alors de ramener Laurence près de lui dans n'importe quel coin de fosse de la Côte des Fées ; n'importe quel trou ferait l'affaire pourvu qu'il fût proche de la mer, même Armezer, « tenez, à côté de votre brillant Escudier, qui serait allé si loin lui aussi s'il ne s'était pris les pieds dans le tapis... Escudier, il n'était pas du pays, que je sache ? »

Il s'impatientait, le champion de la dérobade, furieux que le cordon de CRS l'empêchât d'échapper à mes instances : « Ecoutez, ma petite Christine, vous êtes bien gentille mais... » (« Bien gentille mais » à une femme qu'on a aimée cinq ans !) « Je ne sais pas ce que vous avez en ce moment... Je vous trouve très exaltée... Bon, j'admets que, politiquement, vous venez de traverser une période un peu mouvementée... Mais vous vous en sortez très bien. Et puis, la vie politique est ainsi : faite de hauts et de bas. Un jour aux nues, le lendemain aux gémonies... Il faut avoir le cœur bien accroché ! Est-ce que vous croyez, par exemple, que le dernier sondage SOFRES m'amuse, moi ? » Chirac avait repris deux points tandis que « l'Archange » en perdait un. « Je trouve cette baisse inexplicable à un moment où mon bouquin se vend si bien ! Je dois souffrir d'une distorsion d'image quelque part... Les gens me voient mieux à l'Académie qu'à l'Elysée.

— Vous ne me le reprochez pas, au moins ?

— Bien sûr que non, Christine, bien sûr que non ! Je me demande seulement si Saint-Véran n'aurait pas — inconsciemment, cela va de soi — tiré cette pseudo-confession vers la mièvrerie, la préciosité : les gens prendraient plaisir à me lire, mais, entre les lignes, ils ne se feraient pas une grande idée de ma virilité...

— Dans le prochain tirage on peut mettre en appendice la liste de vos maîtresses si vous le souhaitez.

— Ah, vous prenez tout de travers aujourd'hui ! » Il soupira, minuscule mouvement de poitrine qui obligea les Américains à se recroqueviller. « Un point de moins, cela n'a rien de significatif, je le sais ! reprit-il, enchanté de pouvoir m'entraîner de nouveau loin du sujet qui m'occupait. Mais ce qui m'ennuie dans ce fléchissement de cote, c'est qu'il m'oblige à différer encore l'annonce de ma candidature... Alors que Rocard va bientôt déclarer la sienne : le mois prochain, d'après ce que je sais.

— Vous n'avez peut-être pas les mêmes impératifs stratégiques ? Allez, Charles, ne vous laissez pas abattre, il vaut mieux perdre un point que perdre sa fille !

— Vous êtes odieuse !

— Oui, mais j'ai été longtemps complaisante... Pour prix de ces complaisances, je ne vous demande qu'une chose : deux mètres carrés à Sainte-Solène. Si vous ne voulez pas exaucer les vœux de Laurence, exaucez les miens : ce n'est plus une petite fille morte qui resurgit du passé pour vous implorer, c'est une femme vivante qui fait un caprice. Les caprices de femme, vous connaissez ? Mieux que les prières de petite fille, sans doute... Alors, passez-moi celui-là.

— Malheureusement, je ne peux pas. Non, je regrette. Non.

— C'est un refus définitif ?

— Définitif.

— Vous avez tort... »

Il hocha la tête, haussa le sourcil, amusé, puis me rit au nez : « Arrêtez, jolie vamp, vous me faites peur ! Que cachez-vous donc d'autre, et de si terrible, dans votre ridicule réticule ? Un Baby-Browning peut-être ? Ah, je tremble, je tremble !... Christine, vous êtes folle à lier... mais ravissante, ce soir. Très femme fatale. Cette robe est exquise. Et ces épaules... » Il posa sur ma clavicule un baiser léger, ayant calculé que, même si le président de la République et le maire de Paris étaient coincés dans l'alvéole d'à côté, l'épaisseur des murs et la fermeté des CRS les empêcheraient de nous surprendre. Ce geste gracieux était, bien sûr, destiné à m'amadouer ; mais de l'espèce d'allant que Charles parvint à y mettre je déduisis que, pour la garde-robe, finalement je ne m'étais pas trompée : c'était bien ce genre de tenue que Nadège aurait portée...

— Au fait, dis-je pour ne pas perdre pied, vous avez assuré au « Point » que vous reverseriez tous les droits d'auteur de « la Politique autrement » à des œuvres de charité... Puis-je vous demander à quelle bonne œuvre précisément ?

— A l'Association des Handicapés francophones.

— Celle-là même qui sous-loue au parti, à prix d'ami, les trois cents mètres carrés du boulevard Saint-Germain ?

— En effet... Quoi de plus naturellement « solidaire » que des handicapés ?

— Bien sûr. Ce qui fait que, de société écran en association bidon, l'argent que vous prétendez donner aux infortunés de la terre retombe dans votre escarcelle...

— Et alors ? Connaîtriez-vous un meilleur emploi ?

— Je ne sais pas, mais il vaut mieux que ce petit détournement ne s'ébruite pas. Non, certes, qu'il soit illégal — cet argent que vous n'avez pas gagné, vous en êtes le propriétaire, et libre d'en faire ce que vous voulez —, mais après vos généreuses déclarations, des esprits chagrins pourraient penser que la morale ne trouve pas toujours son compte dans vos bilans... En définitive, Monsieur le Ministre, il y a beaucoup de choses qu'il est préférable de taire à propos de ce livre : que vous ne l'avez pas écrit, que vous ne l'avez pas offert... Il vous faut des collaborateurs muets comme des carpes et silencieux comme des tombes... Donnez-moi la tombe, je vous promets le silence.

— Vous êtes têtue, ma chère enfant. Bravo ! En politique la ténacité est une qualité. Mais vous pensez bien que de cette qualité, je ne suis pas dépourvu non plus... Je ne ferai donc pas venir Laurence à Sainte-Solène, et de plus, pour me prémunir contre vos manœuvres ou contre mes attendrissements, je vais signifier dès maintenant au maire de la commune où nous l'avons enterrée qu'en tant que père je m'oppose à tout transfert du corps. J'expliquerai à ce brave homme qu'il faut laisser nos morts en paix. Une façon de vous rappeler que nous ne devons pas les mêler à nos guerres... Si Laurence a été, comme vous le prétendez, la victime innocente du conflit qui nous opposait, sa mère et moi, nous n'en ferons pas l'enjeu d'une autre bataille : elle a mérité de se reposer... Ai-je été clair ?

Il me refaisait le coup du directeur des Arts Plastiques : non seulement — comme pour Mattiole — mon intervention n'aboutissait pas, mais elle se retournait contre la cause que je défendais... J'aurais fait un piètre avocat.

— Rassurez-vous, Charles : vous avez été très clair. J'espère m'exprimer avec autant de netteté le jour où je déciderai de parler...

— Mais bien sûr, mon petit chat, bien sûr..., fit-il en me

caressant le menton. Cessez donc de me menacer : cela m'excite !

On entendit au-delà des fenêtres un crépitement intense, suivi d'une détonation plus violente que les précédentes ; un éclair tricolore zébra les plafonds peints : « Bombe de moyenne puissance, interrogea Fervacques, ou bouquet final ? Ah », fit-il quand quelques invités, moins comprimés que nous, parvinrent à applaudir, « ce n'était que le bouquet ! Tant pis : je survivrai... Puisque nos gorilles nous relâchent » (les laquais galonnés venaient, en effet, de rompre la chaîne de leurs mains nouées), « il me reste à vous remercier pour ce charmant tête-à-tête : les meilleures choses ont une fin... Adieu, Christine. » Il s'inclina avec cérémonie pour me baiser la main, et disparut dans la foule qui commençait à redescendre les escaliers.

Naviguant à contre-courant, je tentai encore de trouver dans l'un des salons quelque chose à boire — j'avais besoin d'un petit remontant —, mais les faux valets, pressés de regagner leurs casernes et leurs commissariats, avaient déjà débarrassé les tables.

Je revis Charles, quelques instants plus tard, de loin dans la Cour de Marbre : il attendait sa voiture, j'attendais la mienne. Les chefs d'Etat étaient partis, et la piétaille faisait le pied de grue sous la pluie en pestant contre le service d'ordre qui tardait à rouvrir les grilles pour laisser nos voitures entrer. Avec mes épaules découvertes et mon décolleté plongeant j'avais eu froid toute la soirée ; maintenant j'étais gelée. Un vent glacé, qui venait du parc, s'engouffrait dans la petite cour par les doubles battants et nous poignardait dans le dos.

Faisant fi des préséances, un haut-parleur appelait, dans le plus grand désordre, les chauffeurs stationnés sur la place d'Armes, égrenant lentement titres ou numéros : « La voiture de Monsieur le Président de l'Assemblée nationale », « La voiture de Monsieur l'Ambassadeur du Gabon », « La dix, la dix est demandée », « La voiture de Monsieur Messmer », « Le chauffeur de Monsieur Dupont, s'il vous plaît, le chauffeur de Monsieur Dupont », « La voiture de Monsieur le Ministre de l'Intérieur », « La voiture de Monsieur de Fervacques »...

« L'Archange » s'engouffra dans sa Jaguar noire, et quand le chauffeur claqua les portières, il me sembla que deux jupes rouges disparaissaient avec lui — sans doute les deux Balmondière que le comte, trop occupé à bakchicher dans les coins, avait opportunément abandonnées...

La pluie commençait à mouiller ma pochette de satin : bientôt, la rédaction de Laurence serait tachée, ses mots effacés, ses phrases brouillées.

— L'automne est précoce cette année, observa près de moi l'ambassadrice du Japon qui soufflait sur ses doigts. Nous aurons de beaux chrysanthèmes...

L'officier de police assis à côté de mon chauffeur était désolé de me voir si trempée : « Ce qu'il vous faudrait, Madame le Ministre, c'est un bon grog ! » Il m'offrit son propre imperméable ; je m'y enveloppai avec reconnaissance. « Quel temps pourri ! gémit mon saint Martin, vous deviez être frigorifiés dans cette grande baraque ! Nous au moins, dans la bagnole on avait le chauffage... » J'eus l'idée de récupérer dans ma pochette les longs gants noirs qui m'avaient tellement embarrassée : ils me réchaufferaient les mains. « Au fait, reprit l'officier en saisissant un paquet de lettres sur la plage avant, votre secrétariat m'a remis ça tout à l'heure, avant qu'on quitte le ministère. Je ne sais pas si c'est urgent... »

Sur la première enveloppe, arrivée par la Valise, je reconnus la petite écriture acérée de mon père. J'ouvris : c'était, comme d'habitude, la copie des derniers télégrammes qu'il avait adressés au Quai. Je les parcourus rapidement ; l'un d'eux analysait la position soviétique sur les événements de Pologne — la grève des ouvriers des chantiers navals de Gdansk s'étendait, on parlait d'une démission possible d'Edward Gierek, le Premier secrétaire du parti, il était même question que le syndicat indépendant constitué à Gdansk prît le nom de « Solidarité » (Fervacques pourrait peut-être toucher des droits d'auteur là-dessus aussi ?). Je décachetai la deuxième enveloppe, non sans maladresse car mes gants me gênaient ; il s'agissait du compte rendu d'une réunion tenue trois jours plus tôt à Matignon ; les participants y étaient peu nombreux — le ministre des Affaires étrangères et son directeur de cabinet, le ministre de la Défense et le chef d'Etat-Major des Armées, un conseiller du Premier ministre et un envoyé de l'Elysée ; j'y avais été associée : bien que l'objet de cette réunion intime relevât des relations avec les Etats-Unis, ma présence se justifiait par la négociation de contreparties en Amérique latine, secteur géographique qui rentrait dans mes attributions. Il était question, en effet, d'autoriser l'armée américaine à utiliser, en cas d'urgence, notre base polynésienne d'Hao pour récupérer sa navette spatiale ; au moment où l'on commençait à parler de « guerre des étoiles », ce genre de parking pouvait se louer très cher : la France ne consentirait à laisser s'y garer des amis que si ces amis lui accordaient, en échange, un petit bout de bail commercial ; ils devraient, par exemple, nous permettre de vendre du « matériel sensible » à la Bolivie et au Pérou — nous avions de si jolis Mirages V à placer... La Direction de l'Armement espérait beaucoup de ce marchandage, car « l'Oncle Sam » avait fait sa police au sud du Rio Grande avec tant d'efficacité qu'entre le Tropique du Cancer et le Détroit de Magellan nous n'avions rien pu exporter depuis des années, à part quelques Exocet cédés aux généraux argentins qui allaient en faire aux Malouines, deux ans plus tard, un si piètre usage...

Le procès-verbal que j'avais entre les mains reprenait dans le détail le contenu de ces tractations ; il était évidemment classé « Secret Défense » et portait, en haut et à droite, la mention « Ex. n° 7 » ; comme on ne diffuse jamais plus d'exemplaires de ces documents qu'il n'y a eu de participants, je songeai, mélancolique, qu'en d'autres temps j'aurais été indignée de figurer à la septième position dans une réunion de sept personnes. J'aurais protesté, excipé de ma compétence réservée, ressorti les décrets d'attribution ; bref, pour gagner deux places, j'aurais engagé l'un de ces combats homériques où se consume l'énergie de l'administration. Mais aujourd'hui... Aujourd'hui, je ne me sentais même plus capable d'expédier une note aigre-douce au secrétaire général de la Défense nationale. J'étais si médiocrement intéressée par ce qui m'arrivait, si peu ministre en fait ! A sa manière le rédacteur du compte rendu en avait pris acte...

Je ramassai ma pochette de satin, qui avait beaucoup désenflé depuis que j'en avais retiré mes gants ; j'y glissai la note confidentielle, les télégrammes de mon père, puis reposai les autres enveloppes sur le siège de l'auto : je ne lirais rien de plus ce soir, je ne parvenais pas à me réchauffer et j'avais mal au cœur. Le chauffeur roulait trop vite :

puisque nous ne rentrions pas dans le seizième et n'avions pas, comme tous les autres, à emprunter l'autoroute de l'Ouest, notre route était dégagée. Nanterre, Saint-Denis, Maingon — ce n'était pas un itinéraire pour « privilégiés »...

Les banlieues que nous traversions semblaient encore plus sinistres sous les néons qu'au grand jour. Au bord de la nausée après une série de virages pris trop serrés, j'entrouvris la fenêtre pour respirer : une bouffée d'air glacé, chargée d'une odeur de moisissure et de terre mouillée, pénétra dans l'habitacle ; je ne voyais autour de nous que du bitume et du béton, et pourtant ces cités déshéritées sentaient l'humus — comme si au printemps et à l'automne ces faubourgs sans fleurs, sans âme, se ressouvenaient d'avoir été des campagnes. Me rappelant le jardin de mon grand-père, j'appuyai ma tête contre la banquette et je fermai les yeux. « Vous ne vous sentez pas bien, Madame ? me demanda le policier inquiet.

— Ce n'est rien, Marcel, un peu de migraine... J'ai dû attraper un rhume. »

Pas un chat dans les rues. Le chauffeur, qui avait hâte de retourner dormir chez lui (il habitait Antony et devait avoir l'impression, ce soir, de jouer aux quatre coins), grillait allégrement les feux rouges et dérapait dans chaque tournant. Conduite sportive. Avec un peu de chance nous finirions par nous « payer » un platane. Non, pas un platane d'ailleurs, puisque nos édiles les avaient coupés... Un poteau de l'EDF peut-être.

Mourir m'aurait fait du bien... Mais laisser vivre après moi Fervacques, sa clique, ses émules et ses suiveurs, m'était insupportable. Je ne leur ferais pas le plaisir de partir sur la pointe des pieds, comme Laurence ou Kahn Serval, je ne m'étoufferais pas pour m'empêcher de crier. Les Le Veneur qui nous avaient séduits, pervertis, blessés, allaient payer. J'avais tenu leurs comptes, et l'addition serait salée... Enfant, j'avais rêvé de l'enterrement de Victor Hugo ou de la vengeance de Monte-Cristo — c'était mon côté romantique, ou mégalomane : n'espérant plus faire le mieux dans le bien, je me sentais encore capable du pire dans le mal. Je voulais que ma mort ébranlât la société, je ne me tuerais que pour la tuer. Sans doute ne voyais-je pas comment j'y parviendrais, mais il me semblait clair que l'accident d'auto ne cadrait pas avec ce projet...

— Ralentissez, Patrick ! Ni Marcel ni moi n'avons envie de terminer la soirée à l'hôpital. Ce serait trop bête...

— Oh, moi, vous savez ! grommela l'interpellé, fâché. Si je me dépêche c'est que vous avez l'air fatigué... Est-ce que je prends par Evreuil-Centre ?

Je me rappelai brusquement lui avoir demandé de m'arrêter un moment à ma permanence électorale avant de me ramener au « Belvédère » : la petite dactylo évreuilloise que j'employais à mi-temps pour remplacer Laurence et gérer mes ambitions locales avait insisté pour que je passe signer le courrier du Conseil général qui s'accumulait.

« Merci de m'y faire repenser, dis-je à Patrick désolé. Attendez-moi dans la rue Vaillant-Couturier » (une des rares que mon maire n'eût pas encore débaptisées), « je n'en ai pas pour longtemps... »

A minuit, avec son papier à raies et sa salle d'attente aux fauteuils usés, ma permanence était lugubre à souhait : ce petit deux-pièces avait l'air d'un caveau de douze places.

Il était curieux que, sensible aux décors, je n'eusse jamais pris le temps d'arranger mon « bureau des pleurs ». Comme si j'avais su que je n'aurais guère à m'y attarder... Je m'étais bornée à punaiser sur les murs quelques tracts solidaristes, l'affichette envoyée aux libraires pour la promotion de « la Politique autrement », le grand portrait de Fervacques sur fond de ciel bleu que la Société Giraudy avait diffusé dans la circonscription de Sainte-Solène aux dernières législatives, et les affiches fleuries conçues par l'Agence Roux-Séguéla pour illustrer les slogans « Une France plus solidaire » et « Du bonheur à partager ». Tout cela me rappelait le temps des « Rieux », quand je camouflais les fissures de ma chambre avec des posters du Che et des pensées de Marx ou de Proudhon — « Les ouvriers n'ont pas de patrie »... Pas de patrie, pas de famille, pas de tombeau.

Je m'assis devant le bureau métallique verdâtre où la dactylo avait posé les lettres à signer, chacune prête à partir et déjà glissée dans son enveloppe timbrée. Machinalement je resserrai autour de moi l'imperméable du policier ; ma robe était si humide que j'avais l'impression qu'il pleuvait dans la maison. Il pleuvait sur les chaises en skaï dépareillées, sur les classeurs de fer dont la peinture s'écaillait, sur le linoléum percé de la petite entrée, et sur la vieille machine à écrire mécanique — une Underwood à trois sous que j'avais promis de remplacer par l'ancienne IBM électrique de Saint-Véran, lequel, renonçant aux plumes Sergent-Major aussi brusquement qu'il les avait adoptées, venait de s'acheter un traitement de texte dernier cri. Sans doute voyait-il dans l'écran un outil thérapeutique : « l'angoisse de la feuille blanche » disparaîtrait avec la feuille...

Je me penchai sur mon sac du soir pour attraper mon stylo ; sous les kleenex, les documents confidentiels, la copie de Laurence et les cartons d'invitation, j'eus quelque peine à le retrouver. Tandis que je déballai mon fouillis pour le chercher, je repensai aux moqueries de Fervacques sur ce « ridicule réticule » : ne m'avait-il pas mise au défi d'en tirer un Baby-Browning pour le « flinguer » ? Mais je l'avais sous la main, l'arme du crime, dans cet absurde sac de dame justement ! Et elle était encore plus légère que le plus petit des revolvers : vingt grammes, format 21 x 27. Il suffisait d'un timbre à deux francs pour envoyer « l'Archange » ad patres — jamais il ne serait président de la République, et pas même candidat. Un timbre et je balayais tout, sa carrière et sa brillante maîtresse, sa mairie de Sainte-Solène et sa bonne réputation...

Il ne s'agissait pas, comme il m'avait défié de le faire, de révéler à un quelconque échotier que ses droits d'auteur, soi-disant offerts aux miséreux, finissaient dans son porte-monnaie, ou de remettre un des rois du « journalisme d'investigation » sur la piste de la Financière SRV, du contrat irakien ou de quelques délits d'initiés : broutilles ! Fariboles ! Il s'agissait de l'atteindre à travers moi puisque me serrer dans ses bras était, en fin de compte, le seul vrai risque que ce faux casse-cou eût jamais pris : j'étais, sans qu'il s'en doutât, le défaut de sa cuirasse, son talon d'Achille. Car avoir choisi pour maîtresse une espionne à la solde du KGB pouvait déjà sembler, de la part d'un ministre des Affaires étrangères, assez « fort de café », mais faire nommer la même directeur de son cabinet, puis secrétaire d'Etat à la Défense, battait tous les records ! Enfoncé, John Profumo, ce ministre de la Guerre anglais convaincu d'avoir partagé les faveurs d'une demoiselle avec le conseiller militaire de l'ambassade soviétique (peccadille qui avait tout de même entraîné la chute du cabinet Macmillan et assuré la victoire des travaillistes) ! Ecrasé, le chancelier Brandt, qui avait commis l'imprudence d'engager comme secrétaire particulier un agent de l'Allemagne de l'Est, Günter Guillaume, et payé de son poste cet instant de distraction ! Tous ces messieurs que le scandale avait emportés faisaient figure de petits saints auprès d'un Fervacques si compromis dans l'affaire Valbray (je me voyais déjà médiatisée en « affaire ») qu'on ne pourrait manquer de le soupçonner de complicité...

Pour l'abattre, il me suffisait de me dénoncer à la DST.

Pas directement, bien sûr : des spécialistes de l'intoxication ne m'auraient pas crue, pensant d'abord à la vengeance d'une femme bafouée — « à classer sans suites... » D'ailleurs il m'eût été difficile de leur apporter moi-même des preuves de ma trahison : je n'avais rien fourni ces derniers temps, et, bien qu'assez douée pour le dédoublement de personnalité, je ne m'étais jamais filmée en train de remettre quoi que ce soit à qui que ce fût. Quant à l'argent que j'avais touché, c'était tantôt en liquide, tantôt par des canaux bancaires si détournés qu'établir son origine devenait malaisé ; du reste, la seule idée de devoir chercher mes vieux relevés de banque me rendait malade : j'aspirais à une chute splendide, un deuil éclatant — pas à un contrôle fiscal !

Mais, comme le disent si bien les techniciens du renseignement, l'espionnage est « un crime sans cadavre, dont les traces sont la plupart du temps inexistantes » : quoi de plus difficile, dans ces conditions, que de s'accuser de trahison sans passer pour un fabulateur ?

Une seule personne avait en main — et en tête — de quoi me perdre comme je le souhaitais : Olga. C'est elle qu'en me dénonçant je devais d'abord dénoncer (cette idée, je dois le dire, me souriait assez). Malheureusement, je deviendrais, ce faisant, un « collaborateur bénévole du Service Public » — autant dire un indic — et nos polices ne condamnent jamais leurs informateurs. Au contraire : on me saurait gré d'avoir ramené au grand jour une « taupe » de cette dimension ; non seulement, appliquant l'article 101 du Code Pénal qui déborde d'indulgence pour les repentis, on s'abstiendrait de m'arrêter, mais on me féliciterait. Qui sait, peut-être n'éliminerait-on pas Olga non plus ? On renouvellerait son permis de séjour en souriant, et l'on me supplierait de continuer mes petits trafics avec elle pour mieux renseigner les services français. Je finirais dans la peau d'un agent double, destin banal à pleurer. Adieu scandale, adieu vengeance : Fervacques serait élu ici, là, ou plus haut, avec la bénédiction de la DST, ravie d'avoir sur lui dans ses archives un dossier qu'on pourrait ressortir si l'occasion se présentait — comment un homme d'Etat aussi « mouillé » pourrait-il refuser aux inspecteurs du contre-espionnage telle petite prime supplémentaire qu'ils solliciteraient, tel passe-droit ou telle tête qu'ils exigeraient ? Plus il irait loin, plus le rendement serait élevé...

Et moi là-dedans ? Je serais ce que j'avais toujours été — une bombe à retardement qu'on menacerait d'armer mais qu'on ne déclencherait jamais... Puisque je voulais exploser tout de suite, il ne me restait qu'une solution : donner à nos limiers une chance de se distinguer en me découvrant eux-mêmes. Plus les voies que j'emprunterais seraient détournées, plus vite j'atteindrais mon but : la note confidentielle sur la base d'Hao m'en donnait ce soir la possibilité.

Faut-il préciser qu'en retrouvant cette enveloppe dans mon petit sac auprès de mon stylo je n'avais pas eu besoin de suivre, dans tous ces méandres, le raisonnement que je viens d'exposer ? Depuis que j'avais commencé à travailler pour Olga, je m'étais familiarisée avec les techniques, et surtout les mentalités, des services secrets. Moins d'ailleurs par ce qu'elle m'en avait appris elle-même qu'en lisant des mémoires d'espions retraités, des confessions d'ex-grands patrons du SDECE ou de la CIA : mes officiers me conseillaient des films, des romans — « Celui-là est très sérieux, inspiré d'une histoire vraie, l'auteur était dans le secret des dieux... » Je m'instruisais sur la trahison comme un malade se documente sur sa maladie.

A plusieurs reprises aussi, dans le passé, j'avais été amenée à collaborer avec des gens de la Surveillance du Territoire : quand mon père à Vienne vivait sous la menace d'un attentat, puis lorsque notre ambassadeur à La Haye avait été pris en otage par une bande de révolutionnaires germano-japonais, enfin quand j'avais négocié la restitution des deux enfants enlevés en Jordanie. Je pouvais donc assez facilement, et depuis longtemps, anticiper la réaction des hommes de l'ombre ; je savais par exemple qu'aucune des nombreuses lettres anonymes reçues à la DST n'était mise au panier sans enquête si l'on avait pris soin d'y joindre quelques documents troublants : un professionnel du renseignement sait en effet qu'il doit prouver sur-le-champ sa sincérité, et que cette sincérité se juge au poids. Les vingt grammes de la note de Matignon sur la navette spatiale américaine et sur nos ventes de Mirages pèseraient plus lourd aux yeux des fonctionnaires du renseignement que des tonnes d'organigrammes, de statistiques, de plans d'aérodromes et de notices biographiques — parce que ce rapport n'avait que sept destinataires, et tous placés au sommet de la hiérarchie. Nos chiens policiers, excités, flaireraient l'exception, la rareté — cette rareté qui venait justement de provoquer en moi l'illumination salvatrice : je tenais Fervacques au bout de mes doigts ! Et par chance ces doigts-là étaient gantés : dans la voiture, tout à l'heure, j'avais déjà renfilé mes gants de soirée quand Marcel m'avait passé l'enveloppe en papier bulle qui contenait le procès-verbal du comité. Ce détail avait son prix : si mes empreintes ne figuraient pas sur le papier, les enquêteurs du contre-espionnage mettraient plus longtemps à trouver ma piste. Il fallait que la difficulté les appâte, qu'ils ne puissent progresser dans leur traque que d'étape en étape. J'allais organiser ma dégringolade comme une chasse au trésor.

D'ordinaire, les malins maquillent les meurtres en suicides, j'étais en train de maquiller un suicide en meurtre...

D'abord, je cachai le numéro du document sous une étiquette autocollante. Puis, sur notre petite photocopieuse « Ronéo » — un modèle bon marché qui ne tirait que sur papier glacé —, j'en fis une copie. C'est alors que j'aperçus par terre les télégrammes de mon père que j'avais rangés dans la même enveloppe que le « Secret Défense » : peut-être ne serait-il pas mauvais de charger mon pli ? Ces informations étaient confidentielles, elles aussi, et présentaient l'avantage de venir de Moscou. Si le procès-verbal sur la base d'Hao pouvait intéresser aussi bien la CIA que le KGB, les télégrammes de notre ambassadeur à Moscou ne pouvaient passionner que le second de ces services secrets ; ce qui mettrait aussitôt la DST sur la piste de ses ennemis jurés — nos Goldfinger à nous, nos Rastapopoulos attitrés —, une recherche autrement enivrante qu'une action dirigée contre nos alliés.

Tout en tirant une photocopie des télégrammes, je songeai néanmoins qu'en aiguillant les enquêteurs sur le KGB ces papiers risquaient aussi de les orienter vers les Valbray. Signataire des télégrammes : Jean Valbray ; destinataire du procès-verbal : Christine Valbray ; fâcheuse coïncidence ! Or, tout ce qui me désignerait trop vite comme l'auteur des fuites nuirait à mon projet. L'idée que les télex laisseraient subodorer une autodénonciation me fit d'abord hésiter à joindre les derniers envois de J.V. à la note de la Défense.

Puis il me parut que cette objection ne résistait guère à l'analyse. Parce qu'il n'est pas d'usage qu'un ambassadeur adresse aux membres de sa famille le double de ses télégrammes : les textes décryptés font l'objet de consignes particulières de sécurité, souvent rappelées ; tout le code tomberait, en effet, si un service étranger parvenait à rapprocher un texte en clair du même texte chiffré tel que « les grandes oreilles » l'ont généralement intercepté au moment où il passait sur le téléscripteur ; pas un diplomate expérimenté ne sous-estime ce danger. Or, mon père était un diplomate chevronné, réputé pour sa prudence et sa discrétion, qualités qui, pendant la guerre, lui avaient permis de faire une carrière exceptionnelle dans la clandestinité. Politiquement d'ailleurs, il semblait au-dessus du soupçon : comment supposer que ce fonctionnaire dévoué, chef d'un maquis gaulliste et anticommuniste confirmé, se serait rendu coupable d'une si grave imprudence ? Et dans quel but l'aurait-il fait, dès lors que les vues soviétiques sur les grèves de Gdansk ou l'état de santé de Sakharov ne paraissaient guère susceptibles d'intéresser notre ministère de la Défense ? Si Jean Valbray avait passé outre aux consignes de son administration, ce ne pouvait être au profit de sa fille... Pour en juger autrement, il aurait fallu savoir que, de même que j'étais le talon d'Achille de « l'Archange », j'étais le point faible de notre ambassadeur à Moscou. Depuis l'âge de seize ans, avide de le conquérir, je m'étais montrée si bon public, j'avais écouté avec tant d'intérêt et applaudi avec tant d'enthousiasme les thèses qu'il développait sur la situation internationale, qu'il ne pouvait plus se passer de mon approbation : semaine après semaine, et depuis des années, il cédait au désir de briller... Ce ressort psychologique, surprenant chez un professionnel de son envergure, il faudrait beaucoup de patience aux hommes de la DST pour le découvrir.

Dans un premier temps au contraire, l'adjonction de plusieurs télégrammes des Affaires étrangères à la note

« Secret Défense » aurait le mérite de brouiller les pistes : le Quai d'Orsay n'était-il pas représenté à la fois par son ministre et par son secrétaire général à la réunion qui faisait l'objet du procès-verbal confidentiel ? Si j'avais reçu une copie du document, le Quai en avait deux ; quant aux missives de mon père, il devait en circuler un nombre appréciable de copies au cabinet du ministre... Logiquement, c'est de ce côté-là qu'on chercherait en priorité l'origine des fuites. D'autant qu'il existait entre la Surveillance du Territoire et les Affaires étrangères de lourds contentieux... Egarés sur cette fausse piste, nos James Bond perdraient un mois ou deux. C'est pourquoi, après un court moment d'hésitation, je décidai d'envoyer le tout : on ne pourrait prétendre que j'avais lésiné...

A l'inverse, pour la lettre d'accompagnement j'allais faire court : je ne tapais qu'avec deux doigts, et moins vite encore avec des mains gantés ! Je ne me souviens pas du texte que je dactylographiai péniblement ce soir-là ; mais je me rappelle avoir eu l'impression de l'écrire sous la dictée — comme à Vienne quand Kahn-Serval énonçait lentement les phrases qui m'interdiraient l'entrée des casinos ; cette fois-ci c'était la vie que je m'interdisais de fréquenter, et je ne savais plus qui choisissait mes mots...

Il s'agissait en tout cas d'une dénonciation de Madame Kirchner — les enquêteurs devaient avoir l'impression exaltante de remonter une filière — et d'une dénonciation anonyme, démunie de toute indication de provenance et vierge de toute trace, une dénonciation telle enfin que je ne pusse jamais m'en prévaloir pour obtenir une atténuation de responsabilité. J'écrivis quelque chose comme « Ces documents confidentiels se trouvent actuellement en possession de Madame Olga Kirchner, directrice de la "Galerie du Futur", rue de Seine, et secrétaire générale de l'association Programme d'Action Pour l'Europe, le PAPE. » Cette accusation ne manquait pas de sel si l'on songeait que « la Veuve » ne verrait jamais la couleur de ce procès-verbal, et qu'elle ne savait même pas que je continuais de recevoir à la Défense les télégrammes diplomatiques de mon père ! « Ce ne sont pas, ajoutai-je, les premiers secrets que cette dame se fait communiquer, ni les derniers qu'elle livrera à ses amis. A moins que la DST... »

Au moment où je tapais ces derniers mots, si médiocres d'inspiration que j'aurais pu les signer « une personne qui vous veut du bien », je repensai à Madame Lacroix dans son boudoir du « Belvédère », écrivant à mon père la lettre par laquelle elle dénonçait la liaison de ma mère et du docteur. Une seconde je craignis d'être tombée aussi bas qu'elle dans la délation, mais aussitôt je me rassurai ; car je n'agissais pas par jalousie : je voulais empêcher un démon d'accéder à la magistrature suprême — une œuvre de salut public, en somme...

Il ne restait qu'à inscrire l'adresse sur l'enveloppe : je choisis d'y mettre le nom d'un petit inspecteur que j'avais remarqué à l'occasion d'une des affaires d'otages dont je m'étais occupée — il m'avait paru plus futé que les divisionnaires qui l'entouraient. Tout cela, adresse et lettre, était dactylographié avec une maladresse touchante : irrégularité des interlignes, lettres superposées... Je ne le faisais pas exprès ; mais ces fautes de frappe guideraient naturellement nos subtils policiers vers une « source » possédant une grande pratique de la frappe — une secrétaire, par exemple : espions et contre-espions sont si déformés par le métier qu'ils prennent toujours la vérité pour une feinte. Face à ces habitués du second degré, la ruse suprême consiste à paraître ce que l'on est...

Ma lettre cachetée, je signai en hâte quelques interventions auprès des ministères et les réponses aux électeurs que ma petite Evreuilloise avait préparées ; je les mis dans leurs enveloppes, glissai celle de la DST au milieu du paquet, et emportai le tout.

« La pierre éliminée par les bâtisseurs est devenue la pierre d'angle, une pierre sur laquelle on bute, un rocher qui fait tomber... » Qu'avait été Laurence ? Un grain de sable. Mais sur ce grain de sable Fervacques, le mauvais père, allait chuter, et avec lui Olga Kirchner, si trompeuse « maman », et Jean Valbray, parâtre à éclipses : adieu, faux amours confondus ! Leur effondrement entraînerait Fortier de Leussac, président trop complaisant d'un PAPE plus que suspect, et la belle Nadège, fille d'un traître et maîtresse d'un politicien que le scandale perdrait. Avec eux sombreraient Juan Arroyo, l'âme damnée de « la Veuve », responsable du pseudo-rapport Jones, et Moreau-Bailly, qui l'avait diffusé ; puis Catherine Darc, qui, en tant que copropriétaire de la LM, cautionnait, par jeux électroniques interposés, des ventes de matériel stratégique au bloc de l'Est ; enfin Lionel Berton, qui avait touché des fonds d'Olga pour sa station thermale sans eau et était, depuis le jour où le vieux Raoul avait financé sa première campagne électorale (contre Kahn-Serval), le favori de ces « Rendez-vous » où se tramaient tant de complots... La pierre angulaire, la pierre angulaire ! De cette pierre j'étais heureuse qu'on pût faire tant de coups — venger en même temps ma mère et mon grand-père, la pauvre « Ophélie » et le triste Renaud ; si bien que je ne pensai pas, sur le moment, qu'elle atteindrait aussi quelques lampistes (comme ce brave Rondelle, l'inspecteur des RG qui, au début de ma carrière administrative, avait trop aimablement enquêté sur mon compte) et même deux ou trois innocents : mon frère, Saint-Véran... Y aurais-je songé que je ne m'y serais pas arrêtée : ces innocents n'étaient pas des enfants de chœur, après tout ; seconds rôles ou deuxièmes couteaux, ils tenaient leur partie sur le théâtre du monde...

Quand je remontai dans la voiture, je me sentais plus calme et presque réchauffée. Pourtant, je n'avais pas dû passer plus d'une vingtaine de minutes à mon QG. Du bout de mes doigts gantés je tendis la pile d'enveloppes à mon garde du corps : « Marcel, je viens de m'apercevoir qu'il y a là-dedans du courrier urgent. Il faut qu'il parte ce soir... » Le problème s'était déjà posé, et mon officier de police, assez obligeant pour jouer les facteurs d'occasion, connaissait la solution : « A cette heure-ci, Madame, il n'y a plus que la poste de la rue du Louvre.

— En effet. Patrick, je suis navrée, mais vous allez devoir repasser par Paris. Marcel postera mes lettres. »

Ce n'était pas tant que je voulusse accélérer le processus, m'empêcher de réfléchir, mais je ne voyais pas la DST s'interroger longtemps sur l'expéditeur si la lettre anonyme partait d'Evreuil... Il fallait qu'elle fût timbrée de Paris, et d'une des plus grandes postes, une poste non moins anonyme que le message.

Pour rejoindre plus vite « le Belvédère », le chauffeur prit la rocade et traversa « la vallée des pylônes ». C'était l'ancienne vallée du Theil, qui coupait perpendiculairement celle, plus large, de la Vauvre où passaient toutes les grandes voies de communication vers la capitale — le métro, la nationale, l'autoroute et le chemin de fer. Entre ces quatre tranchées qui déchiraient la ville les maisons s'entassaient comme elles pouvaient, accrochées jusqu'aux flancs des remblais, jusqu'aux bords des entailles, et, pour survivre, la cité jetait d'un tronçon à l'autre des prothèses de béton et d'acier — ponts aux larges tabliers et viaducs métalliques qui enjambaient les brèches pour rattacher des quartiers sectionnés, échangeurs à plusieurs étages qui descendaient en spirale au fond des plaies.

La vallée du Theil, plus étroite, n'avait pu accueillir que le réseau d'alimentation électrique de Paris : aérien, il ne gênait pas la circulation entre « le Bout-Galeux » et « les Petites Cabanes », mais il avait tellement modifié le paysage que les enfants avaient surnommé cette combe étranglée « la vallée des pylônes ». Tous les cent mètres, en effet, EDF, arrachant les arbres et écrêtant les toits, avait planté ses tours et ses plates-formes, par groupes de quatre ou de huit. Les plus anciens piliers, qui reposaient encore sur des pattes en rondins, ressemblaient à des poteaux téléphoniques surdimensionnés ; d'autres, tout en croisillons de fer, avaient l'air de tours Eiffel en réduction ; mais la plupart évoquaient des machines de guerre antiques — hélépoles, catapultes — dressées à l'assaut des nuages, ou des robots-samouraïs écrasant sous leurs pas d'automates une population de Pygmées. Car chaque pylône supportant une dizaine de filins d'acier, chaque « bataillon » tendait à vingt mètres au-dessus des maisons et des jardinets une clôture électrifiée de quatre-vingts câbles que la mort parcourait sans arrêt. Le jour, les résidents de la vallée n'apercevaient le soleil qu'à travers ces barreaux serrés qui émettaient un bourdonnement continu d'abeilles excitées ; la nuit, c'était un peu plus gai : comme les guirlandes d'un sapin de Noël, les fils s'ornaient d'ampoules rouges, destinées à empêcher les avions de Roissy de s'empêtrer dans cet immense filet. Mais ces échafaudages d'acier, auxquels, pour le confort de la capitale, on avait sacrifié l'harmonie des lieux et la sécurité des habitants, ne prenaient un semblant de beauté que par temps d'orage : brusquement, dans une atmosphère de fin du monde, tous les pylônes « flambaient » ; concentrés sur ces paratonnerres géants, les éclairs projetaient leurs arcs-en-ciel à haute tension sur les parois noires de la vallée, la foudre en boule glissait le long des cordages que le vent secouait, les mâts grésillaient, et leur extrémité se couronnait des lueurs du feu Saint-Elme. Alors, tandis qu'à « la Bourbillière » et aux « Petites Cabanes » les mères, affolées, débranchaient le téléphone, la télévision, les lampes, puis fermaient — précaution dérisoire — tous les volets, les enfants inconscients du danger poussaient des cris émerveillés...

Cette « vallée des pylônes », si peu hospitalière, rejoignait celle de la Vauvre à la hauteur des cités de transit — les Grèves, les Marguerites —, et c'est au fond de l'impasse de la Gare que ses câbles survolaient la voie ferrée, juste avant d'obliquer vers Maingon et, rattrapant enfin le grand axe de l'autoroute et du métro, de filer sur Paris.

Maintenant qu'on avait quitté « la vallée des pylônes » et laissé la rocade à droite, les petites rues que la voiture empruntait s'animaient un peu : on approchait des Marguerites, et des ombres solitaires — que la lumière des phares faisait précipitamment rentrer dans des trous — rasaient les murs gris. On aurait dit des loups, mais des loups sans gîte, sans horde : mes frères ! Entre la zone industrielle et la cité de transit, ils hésitaient à traverser à découvert le dernier terrain vague du quartier — un plateau pelé, des chemins défoncés.

Avec étonnement je vis ce soir-là qu'un cirque ambulant s'y était installé : il avait monté dans la boue ses baraques rouge et jaune ; des poneys aux longues crinières étaient attachés à des piquets sous la lumière pâle des réverbères et, plus étrange encore, quatre dromadaires paissaient l'herbe jaune sur fond de grues, d'excavatrices, de silos et de cheminées d'usines. Vision irréelle qui semblait conclure une journée où rien ne m'avait paru vrai. Un des dromadaires, malade ou fatigué, s'était couché le ventre dans l'ornière, les pattes repliées. Il pleuvait. Habitué du désert, il devait avoir bien froid. Allait-il mourir là, entre un grand ensemble et une cité, un pylône et un viaduc, venu de si loin pour succomber au pied d'une tour de banlieue, étranger ? Comme lui, je me sentais exilée, et lasse de marcher : la route avait été longue, la nuit épuisante, mais il suffisait maintenant de fermer les yeux pour entrevoir l'arrivée, l'oasis, les palmiers... Il suffisait de ne plus lutter...

La tête vide, le corps las, aussi faible que si j'avais tenté longtemps de remonter un courant violent, j'éprouvais pourtant la même sensation de soulagement qu'après avoir crié dans l'escalier, la même détente bienfaisante que j'avais ressentie chez les Dormanges, quinze ans auparavant, en cassant à la fin d'un dîner, devant les héritiers de la bourgeoisie médusés et les barons du socialisme déconfits, un vase en cristal de Bohême, « authentique » et « XVIIIe »... Dix lignes seulement, dix lignes et le monde de Fervacques — high society et petit milieu, gentry et marigot — se fracasserait à mes pieds comme le récipient « fuselé à panse aplatie sur piédouche » qui avait fait la fierté des Dormanges ! Je croyais déjà en compter les morceaux...

Mais, si je me souviens d'avoir ainsi rapproché le sort prochain de « l'Archange » de celui du vase brisé, je ne pense pas avoir songé, alors, à m'y comparer moi-même. Il me fallut des mois, peut-être des années, pour comprendre que ce vase éclaté, c'était moi... « Vous ressemblez à une amphore grecque », disait Maria-Nieves à l'époque où elle voulait acheter mon amour et m'éloigner de Béa : de même qu'une amphore ancienne fragilisée par une fêlure invisible, ou une porcelaine neuve qu'un défaut infime a rendue vulnérable, se fendent dès qu'on y verse une eau trop chaude et vous explosent entre les mains en éclaboussant tout, je venais de me mettre en miettes, de me réduire en poussière parce qu'un soir, à Versailles, le ministre de la Mort, prince des Ténèbres, avait eu un mépris de plus, une sécheresse de trop.

— A sept heures demain matin ? demanda Patrick en m'arrêtant devant le perron du « Belvédère ».

— Non, je ne crois pas... Je ne me sens pas bien. Vraiment pas. Marcel, soyez gentil : prévenez le bureau que j'ai pris froid. Faites annuler mes rendez-vous de la journée.

Je savais qu'il me restait du « pain sur la planche » pour effacer les dernières traces de mon crime et le rendre parfait ; demain, je m'y emploierais.

La voiture repartit en emportant ma lettre... La bombe était lâchée. Je dormis bien cette nuit-là.

Je me levai tard, enfin détendue, presque euphorique : j'allais pouvoir me reposer, les jeux étaient faits.

Mais auparavant, pour la crédibilité de l'opération, je devais détruire toute preuve de participation à mon assassinat : je pris dans la cave la vieille IBM électrique de Thierry et une rame de papier neuf, chargeai le tout dans ma voiture personnelle et me rendis à ma permanence que je savais vide ce jour-là — la dactylo que j'avais engagée n'y venait que deux fois par semaine. Je remplaçai son Underwood par l'IBM (il y avait trois mois que nous en parlions) et m'emparai de la petite Ronéo (je lui dirais qu'elle « bourrait », que je l'avais donnée à réparer ; et dans quinze jours, prétendant qu'elle n'était pas récupérable, j'achèterais la « vraie photocopieuse » qu'elle réclamait) ; par acquit de conscience, j'écrémai aussi mes vieux dossiers pour en retirer les doubles des lettres tapées sur l'ancienne machine, puis les photocopies sorties de notre vieil engin. Ensuite je substituai le filigrane de Thierry à notre papier et nos enveloppes. En une heure tout était changé.

J'emportai le « matériel de réforme » dans mon coffre, songeant d'abord à m'en débarrasser dans les conteneurs de la Peupleraie : la force de l'habitude !... Mais je craignis qu'il n'y fût récupéré par les désœuvrés du coin et qu'un enquêteur zélé ne remît la main dessus. Finalement j'allai jeter le tout dans la décharge de Maingon — la DST ne se donnerait pas la peine de fouiller un par un les dépôts d'ordures de la région...

Je fis ce petit ménage assez gaiement. Avec calme, en tout cas. En transportant mes machines au milieu des boîtes de conserve, je me surpris même à fredonner ; c'était la vieille chanson de ma mère : « Cœur pour cœur, dent pour dent, telle est la loi des amants... »

La seule chose qui m'inquiétait, c'est que j'ignorais si la note sur Hao n'avait pas été « piégée » ; il arrivait parfois que, pour des comptes rendus particulièrement « sensibles », on ne se bornât pas à numéroter les exemplaires : chaque document se distinguait de ses doubles par une virgule déplacée, un accent inversé... Ces anomalies, impossibles à déceler lorsqu'on n'avait pas en main l'ensemble des versions, permettaient au contre-espionnage d'identifier « la source » en un temps record. Mais ce luxe de précautions compliquait beaucoup le travail initial — autant de frappes que d'exemplaires —, et l'administration est pauvre en dactylos ; il était donc rare que, même pour le « Secret Défense », on y eût recours sans soupçon préalable.

Pendant quelques minutes ce matin-là, je m'interrogeai aussi sur la possibilité de prévenir Olga. Le soudain apaisement de mes fureurs me rendait plus charitable que la veille : j'étais navrée qu'on dût l'arrêter. La priver de whisky, à son âge, n'était-ce pas la tuer ? Or, si je voulais bien lui rendre, avec intérêts, la monnaie de sa pièce et des avances qu'elle m'avait consenties pour me perdre, je ne désirais pas sa mort physique. J'aurais aimé pouvoir l'avertir, lui donner le temps de s'enfuir... Mais on ne fait pas d'omelette sans casser des œufs ou, comme « la Veuve » l'eût dit plus joliment dans sa sagesse yiddish, « qu'importe que le fils meure pourvu que la bru soit veuve ! » : pour le succès de ma manœuvre, il fallait que ma lettre anonyme la fît suspecter, pister, écouter. Elle seule pouvait mener la police jusqu'à moi puisque, de tous les destinataires du relevé de décisions et des trois télégrammes du Quai, j'étais la seule dont elle fût l'intime. Tant pis pour Olga : les dés étaient jetés ! N'est-ce pas elle d'ailleurs qui, dès 69, m'avait appris à les lancer ? Si, par extraordinaire, elle parvenait un jour à démonter la machination dont elle était victime, elle serait la dernière à pouvoir me faire grief de l'avoir sacrifiée : comment une joueuse, si amie du jeu qu'elle y entraînait ses protégés, reprocherait-elle à son « élève » un aussi joli coup de poker ?

Je vécus quinze jours dans une quiétude proche de la sérénité. Enfant déjà, quand nous jouions aux dames ou à la bataille, je n'aimais vraiment que le « qui perd gagne ». Ne plus avoir à défendre ce qu'on avait conquis, tirer gloire d'abandonner à l'ennemi ses cartes, ses pions, faire de l'étourderie le secret du succès, me procurait une satisfaction si intense que j'accélérais la partie, gaspillant dans l'ivresse et la précipitation des trésors que la règle ordinaire m'eût obligée à sauvegarder. Qu'il fût enfin permis, et même recommandé, de tout gâcher me grisait ! Mon jeu me filait entre les doigts — dévorés les reines, les rois, détruits les noirs, les blancs —, l'hémorragie me devenait sympathique. Je jouais si vite et avec tant d'allégresse, j'avais la désinvolture si aisée que les autres n'avaient jamais le temps de perdre autant que moi. Chaque fois que la victoire passait par la défaite, j'étais imbattable !

Le bien-être que cette abdication me procura dura peu, cependant : après deux ou trois semaines de détente je sentis revenir l'anxiété. Pour savoir si ma lettre avait produit l'effet escompté, et déterminer le moment où les gens du contre-espionnage me prendraient en chasse, j'avais dû renouer en effet avec des habitudes de prudence depuis longtemps abandonnées. Comme au début de ma collaboration avec Olga, je portais une attention particulière à l'emplacement des objets : je ne quittais jamais le ministère sans noter la manière dont j'avais disposé mes dossiers ; je plaçais ma gomme, mon crayon, le rouleau de Scotch ou le capuchon du Bic avec une négligence calculée au millimètre près, et, quand je laissais un tiroir entrouvert, c'était après en avoir mesuré l'entrebâillement... Je guettais les guetteurs, j'épiais les chasseurs. En octobre, j'en eus la certitude, mon bureau était régulièrement visité — la DST m'avait enfin prise dans son collimateur.

Le soir, lorsque je rentrais à la maison, j'interrogeais El Kaoui en feignant la décontraction : « Alors, Ahmed, pas de loubards dans l'impasse, pas de mouvements suspects ? » Je pressais Madame Conan et la petite secrétaire de ma permanence : « Personne n'est venu ? Personne n'a téléphoné ? » Elles devaient me croire amoureuse. Mais aux réponses qu'elles me donnèrent, je ne tardai pas à découvrir que la Compagnie des Eaux et le Gaz de France étaient très actifs ces temps-ci...

Ahmed, d'abord jovial et rassurant, finit lui-même par me faire part de certaines inquiétudes : des types traînaient dans l'impasse « mais pas des petits loubs. Plutôt des caïds. Ils planquent dans des bagnoles, mon Commandant. C'est jamais les mêmes types, jamais les mêmes bagnoles... Ou si quand même : ji remarqué qu'il y a le type du lundi, les deux du mardi... Et quand je vois personne à côté de chez nous, je vais au parking du "Supermag", et ils sont là, recta ! Ça se prépare un casse tout près, mon Commandant, je vous le dis ! Et c'est pas nous qu'on est visés, c'est le supermarché. Un hold-up, voilà ce qui va se passer ! Votre Marcel, qu'il est de la police, il pourrait peut-être prévenir des collègues ? »

« Mon » Marcel, garde du corps fidèle et ancien sergent de parachutistes plus éveillé que d'autres, m'avait lui-même signalé la présence d'individus douteux, « et, deux fois, Madame, j'ai eu l'impression qu'on nous suivait ». Un jour, il en eut si bien la conviction qu'il pria le chauffeur d'accélérer, le guida à toute allure dans un entrelacs de ruelles qu'il connaissait : « Là, Patrick, à droite, maintenant piquez à gauche, virage sur l'aile » ; on se serait cru au cinéma, ils avaient l'air de bien s'amuser tous les deux, ils étaient jeunes, il est vrai... L'auto bondissait, les pneus crissaient — je repensais à la façon dont Charles avait semé autrefois le service de sécurité autrichien dans les vignes du Wienerwald ; Charles conduisait bien, beaucoup mieux que Patrick ; j'aimais quand Charles conduisait, ce profil grave, concentré, ces gestes brefs et pourtant doux, ses mains sur le volant, ses mains... C'était juste quelques jours avant qu'il ne rencontre Nadège.

« Ouais, ça y est ! Madame le Ministre, on les a semés ! Mais je me demande... », et Marcel évoqua les risques d'un attentat terroriste, rappelant qu'un de nos contrôleurs généraux des Armées venait d'être assassiné dans sa voiture alors qu'il regagnait son domicile. Il souhaitait que je demande une escorte pendant quelque temps.

Si la DST faisait réellement suivre ma voiture de fonction, c'était idiot : serais-je allée rencontrer des Soviétiques accompagnée de mon chauffeur et de l'officier de police ? Ou bien Marcel avait des visions, ou bien les jeunes recrues de la « Division de Surveillance » de la rue Cambacérès faisaient du zèle... Et s'ils étaient tous aussi adroits, la traque menaçait d'être longue : Fervacques en serait à son deuxième septennat avant qu'ils n'osent parvenir à une conclusion !

Tous ces incidents me rendaient nerveuse. Pour la vraisemblance j'avais voulu que l'enquête prît du temps ; maintenant la longueur de l'attente me minait. Le Christ, qui connaissait comme moi le sort qui lui était promis, avait trouvé interminable sa nuit au mont des Oliviers — que dire alors de mes quatre mois d'agonie ! Et pourtant je n'avais pas hésité, pour aller plus vite, à me donner moi-même le baiser de Judas...

Je n'y comprenais rien : se pouvait-il qu'un des six autres — ou de leurs proches — fût aussi suspect que moi ? Ayant circonscrit le cercle des coupables potentiels, les enquêteurs avaient dû chercher à mieux connaître chacun de nous, étudier à la loupe nos passés, dresser des portraits psychologiques minutieux et nuancés, bref agir comme le malheureux Rondelle aurait dû le faire sept ans plus tôt. Or, si pour soupçonner Georges Pâques, la fameuse « taupe » de l'OTAN, il avait suffi à la DST d'un fait insignifiant (une discordance entre ses opinions politiques affichées et celles qu'un de ses amis, un seul, lui prêtait), j'apportais, moi, à nos limiers, sur un plateau d'argent, un paquet de présomptions accablant. Jeu d'enfant que de découvrir, par exemple, qu'entre quinze et vingt ans j'avais appartenu aux Jeunesses Communistes, puis au PC. Et si ce fait ne constituait pas une preuve à lui seul, ni même une présomption sérieuse (car la jeunesse est imprudente — Chirac adolescent n'avait-il pas adhéré au stalinien Mouvement de la Paix ?), il y avait mieux : à Compiègne pendant deux ans j'avais partagé l'appartement de la défunte Solange Drouet, que la police considérait comme l'auteur probable de l'attentat de « l'Orée du Bois » et de l'assassinat du ministre Antonelli. Plus beau encore : j'avais travaillé pour ce même Antonelli ! Concours de circonstances qui, à l'époque, m'avait alarmée : je ne devais qu'au silence d'Yves Le Louarn et des militants d'Action lycéenne de n'avoir pas été inquiétée ; mais pourquoi les mêmes auraient-ils protégé aujourd'hui une politicienne giscardienne ? Ajoutons que ces messieurs du contre-espionnage n'avaient eu aucun mal sans doute à établir que j'étais joueuse, puisque, depuis mon interdiction, je me trouvais fichée à la police des Jeux. Pour mes motivations d'éventuel « agent », ils avaient ainsi l'embarras du choix : dérive idéologique ou besoins financiers. Enfin, parmi les sept participants à la réunion de Matignon, qui d'autre que moi avait fréquenté Olga Kirchner et les Chérailles ? Si, avec un pareil curriculum, on ne m'arrêtait pas, c'était à désespérer de la police ! Je leur fournissais en kit le fautif idéal — mauvaises fréquentations, mauvaises mœurs, mauvaises idées ; ils avaient un mobile (et même plusieurs !), et l'arme du crime (sans empreintes, il est vrai). Il leur suffisait de faire tenir ensemble les divers éléments de cette culpabilité prête-à-monter, et ces bricoleurs n'étaient même pas fichus d'en venir à bout !

A mesure que les jours passaient, je sentais ma résolution fléchir ; il est facile de se jeter par la fenêtre, plus dur de transformer son suicide en feuilleton, de mourir par petits bouts, avec une « suite au prochain épisode ». Ma pusillanimité m'effrayait, je vacillais : encore un peu et, à mon tour, je supplierais qu'on éloignât de moi ce calice...

En novembre, reprenant mon courage à deux mains, je parvins pourtant à donner à mes « piqueux » essoufflés un indice supplémentaire : un soir je laissai dans mon bureau quelques télégrammes de mon père, bien en évidence...

Quand je dis « en évidence », entendons-nous : je les avais glissés dans un tiroir fermé à clé — plus de négligence eût paru louche. Mais un tiroir, tout de même, on peut l'ouvrir : devais-je aussi leur fournir le passe ? S'ils doutaient encore, les imbéciles qui me pistaient auraient ainsi la preuve que notre ambassadeur à Moscou m'adressait un double de ses messages au Quai ; que pouvais-je faire de plus, franchement ?

Cette tension perpétuelle me rongeait. Il m'arrivait de ne plus être sûre de haïr Fervacques assez fort pour payer sa chute d'un prix si élevé... Sans cesse, j'étais partagée entre le désir d'être attrapée — à quoi tendaient tous mes actes — et l'envie d'en réchapper. L'attitude des « petits » qui m'entouraient achevait de me plonger dans le remords : quand Ahmed s'inquiétait des « têtes de cons » qu'il croisait dans l'impasse, quand Marcel tâchait, avec une belle conscience professionnelle, de dépister nos suiveurs, quand Madame Conan, informée par Patrick des dangers que je courais, me suppliait d'exiger une voiture blindée, quand tous enfin me voyaient en future victime, en héroïne menacée, j'avais honte de savoir qu'un jour je les décevrais...

N'avais-je pas eu tort, finalement, de croire le monde peuplé de Le Veneur ? La « Cour » et la « Ville » l'étaient, mais ailleurs n'aurais-je pu trouver quelques prochains à aimer ? Peut-être, si j'avais eu plus de force ou moins d'appétit, si j'avais été capable de fuir les puissants, de redescendre marche à marche l'escalier que j'avais monté... Marche à marche — sans me précipiter —, marche à marche — non pas la tête la première —, marche à marche — sans saut, sans culbute, sans cabriole, sans cri, sans éclat... Mon orgueil renâclait.

D'ailleurs, sitôt que je m'étais reproché la hâte de mes jugements et leur manque de charité, je me souvenais qu'au bas de l'échelle ces « humbles » qui me semblaient aujourd'hui si dévoués dépendaient de moi pour leur pitance ou leur avancement : en me protégeant, ils secouraient leurs intérêts ; bien nourri, un chien aussi m'eût léchée...

Mon désabusement ne m'empêchait cependant pas de reprendre goût aux verveines-menthes de Germaine Conan ; je me vautrais avec délices dans mes canapés, j'allumais de grandes flambées dans mes cheminées ;

j'éprouvai même un bonheur d'enfant quand, peu après la Toussaint, tomba la première neige. « Une heure au Paradis, c'est bien aussi... », disait-on dans les ghettos : combien de temps encore ces plaisirs me seraient-ils donnés ? Comme un agonisant qui sait qu'il ne verra pas le printemps, je trouvais à ce long hiver des charmes insoupçonnés... Depuis la disparition de Frédéric Lacroix, j'avais souvent songé qu'on passe, tous les ans, sur la date anniversaire de sa propre mort comme sur une pierre enfoncée sous la mousse, que le pied effleure mais ne sent pas ; je me répétais maintenant que j'étais passée trente-six fois sur la date de mon arrestation : n'y avait-il pas, chaque année, un jour entre novembre et mai (je pensais toujours aux Présidentielles comme à un butoir) où, sans raison, je me sentais plus déprimée, où ma gorge se nouait, où ma respiration s'accélérait ? Je tentai de prédire mon avenir en explorant le passé...

Mais le pire, c'était la tentation — l'idée folle qu'il était peut-être encore temps de reculer... Après tout, il ne tenait qu'à moi de suspendre le cours des choses, ou de recoller, tant bien que mal, les morceaux du vase brisé : si Olga n'était pas prise en flagrant délit, ou n'avouait rien, ne gardais-je pas une chance de m'en tirer ? Bien sûr, j'aurais attiré sur moi tous les soupçons, mais je n'étais pas le premier « grand commis » auquel cette mésaventure arrivait : du temps de De Gaulle déjà, la DST avait eu dans ses dossiers, comme personne ne l'ignorait, les noms de plusieurs ambassadeurs et de quelques ministres dénoncés par des transfuges de l'Est ; de certains, nos services avaient même pu établir qu'ils avaient des contacts réguliers avec le « Résident » du KGB, mais ces rencontres sans échange de documents, qu'on aurait pu imputer au hasard ou à la naïveté, n'avaient pas permis d'entreprendre des poursuites judiciaires. Si les policiers lancés à nos trousses ne parvenaient pas à « coincer » Olga, et si, de mon côté, je ne bougeais plus, je me trouverais dans la même situation que ces taupes honorables : fortement suspectée, je ne jouirais plus, aux yeux des initiés, que d'un crédit entamé, mais je survivrais...

Encore une fois, j'affrontais en rase campagne ma terrible vitalité ! « Pour finir, m'avait un jour assuré Courseul, il faut un cœur d'acier » : comme, en fait d'épreuves, les auteurs ne connaissent guère que celles qui sortent des imprimeries, il ne parlait que de la fermeté nécessaire pour conclure un roman. Il en fallait davantage pour achever sa vie ! Et de quelle persévérance ne devait-on faire preuve pour se déshonorer de propos délibéré !

Prise entre la séduction de la lâcheté et l'ambition de ne pas démentir un caractère bien trempé, écartelée entre deux craintes opposées — la peur de mériter mon mépris si je renonçais, et d'encourir celui des autres si je poursuivais —, tenaillée d'inquiétudes, bourrelée de regrets, tourmentée d'appréhensions, assaillie de malaises aussi confus que variés, je recommençai à casser un peu de vaisselle...

Comme quelques mois plus tôt, la conduite de Thierry me servit de prétexte : n'osait-il pas maintenant, entre deux grands dîners, gémir sur l'insipidité de ses fonctions beaubouresques ! Il se plaignait que son travail l'ennuyait, qu'il n'y employait pas le quart de ses possibilités, qu'il aimait encore mieux signer des livres que des arrêtés de comptes ; bref, il regrettait l'heureux temps où il écrivait... Mis au défi de revenir à ses manuscrits, il se montrait pourtant toujours incapable d'aligner deux phrases de fiction sans remettre le monde en question. Et je ne parle pas de ses tergiversations sous l'édredon ! Toutes ces impuissances, sur lesquelles il aimait à s'attendrir et à disserter, m'exaspéraient : je lui trouvais la déréliction trop complaisante ; quand il se frottait à moi pour me persuader de ses mœurs, il avait quelque chose d'un minet qui miaule pour obtenir un supplément de pâtée. Je m'attendais à chaque instant que, citeur de Bible comme pas deux, il entonnât, pathétique, le psaume 102 : « Je ressemble au pélican du désert, je suis comme le chat-huant des ruines... »

Ce fut justement une querelle métaphysique qui mit un terme à notre fausse union conjugale : constatant une fois de plus qu'il n'arrivait pas à reprendre son grand roman, ni à en commencer un petit, il avait plaidé que Dieu l'abandonnait, « car c'est Dieu, me dit-il sans rire, qui inspire les romanciers.

— Eh bien, j'espère qu'il a mieux à faire ! Un Dieu qui s'occuperait des romanciers ne mériterait pas qu'on le prenne au sérieux ! »

La réplique n'était pas plus sèche que tout ce que je lui avais sorti depuis un an ou deux, mais elle lui déplut. Peut-être Fervacques en me répondant à Versailles comme il l'avait fait n'avait-il pas eu non plus le sentiment qu'il repoussait trop loin les bornes de ma patience ? En quoi avait-il été plus désagréable, plus insolent qu'il n'avait pris l'habitude de l'être avec moi ? Où était la fameuse goutte d'eau qui... ? J'étais sûre que, directement confronté aux conséquences de ses propos, il eût été fort surpris de leur effet et se fût jugé, lui aussi, bien innocent. Mais cette comparaison entre nos duretés respectives ne me consola pas ; car si j'étais pour Fervacques ce que Thierry était pour moi, je ne lui étais pas grand-chose...

Saint-Véran, que l'expérience de mes bris et hurlements avait rendu prudent, se garda de se fâcher ce jour-là, ni même de me dire ce qu'il pensait de moi. Simplement, peu de temps après, vers la mi-novembre, il m'apprit qu'il avait trouvé un studio rue du Temple à deux pas de son bureau, qu'en semaine il y coucherait chaque soir car les trajets le fatiguaient, il ne rentrerait à Evreuil que pour les week-ends, comme au début... Combien de fins ressemblent ainsi à des commencements !

Son départ, qui n'avait pas l'apparence d'une rupture, et que nous fîmes mine, l'un et l'autre, de regarder comme une parenthèse, me soulagea : fin des mondanités artistiques et disparition de ces demi-soldes de la Révolution qui encombraient mon salon en buvant mon whisky et en crachant leurs noyaux d'olives dans mes cache-pot. Je pus me consacrer à Fervacques tout mon saoul : personne ne tiquerait si les hebdomadaires s'ouvraient naturellement à la page qu'on lui consacrait, personne ne me reprocherait — même d'un sourire, d'un regard — d'allumer la télévision à l'heure où il passait...

Et il y passait beaucoup. Dans tous les sondages, il remontait : avait-il jamais vraiment baissé ? A la considérer sur une longue période, sa cote suivait une courbe ascendante régulière. En prévision des fêtes de Noël, son éditeur avait retiré cinquante mille exemplaires de « son » livre ; ils étaient en piles dans toutes les librairies. Les journaux colportaient à l'envi les mots assassins dont il accablait ses rivaux — ainsi, celui que certains ont prêté depuis à Sanguinetti : « Chirac, c'est un cheval qui se prend pour un jockey ! » (variante : « un cheval qui saute les obstacles, même sur terrain plat ») ou, à propos du score éventuel de Giscard dans l'électorat féminin : « Certaines dames aiment les don Juan de lavabos » ; Michel Rocard — qui venait de ravaler son Appel de Conflans après que, le

8 novembre, Mitterrand se fut déclaré candidat à la candidature du PS pour les Présidentielles — était le « Bibi Fricotin de la politique », tandis que de notre Premier ministre, Raymond Barre, il disait que « ce sont les tonneaux vides qui font le plus de bruit ! » ; profitant d'une maladresse du chef du gouvernement que toute la France avait vu observer l'océan depuis la passerelle du « Clemenceau », le visage grave mais les jumelles à l'envers, il ajoutait que « nous aurions du mal à éviter les écueils tant que le capitaine scruterait la mer avec une longue-vue braquée sur le fond de ses yeux ! » Il ménageait de moins en moins la majorité, à laquelle il appartenait. Au vrai, il n'épargnait guère que le Premier secrétaire du Parti Socialiste dont il avait décidé, depuis des mois, qu'il devait sortir vainqueur du combat.

Pour le reste, il continuait de dessiner à petites touches son portrait d'éventuel présidentiable ou de premier-ministrable : je n'avais pas osé, dans ses « confessions », lui faire avouer ses goûts historiques — il n'admirait que des personnages infréquentables, le duc de Morny (son parent par les Troubetskoï) et Charles le Téméraire ; mais pour la presse il s'inventa, dans ces derniers mois de 1980, une passion pour La Fayette (qui fait très consensuel) et Churchill (plus « dur à cuire », mais il en faut pour tous les goûts), dont il laissait traîner les Mémoires sur un coin de son bureau, en cas de photo... Il tâchait aussi, avec succès, de gommer ce qu'il restait en lui d'impétueux, parvenait à substituer peu à peu le « parler doux » au « parler vrai » (à l'exception de ses bons méchants mots qui lui démangeaient la langue), enfin il dispensait avec générosité des faveurs que ses milliards rendaient précieuses : sous prétexte de leur montrer ses réalisations de maire et de député, il invitait à Sainte-Solène des journalistes des deux sexes — plutôt du « deuxième », cependant —, les faisait somptueusement traiter à l'Hôtel d'Angleterre, les conduisait lui-même dans sa voiture, méditait en leur compagnie sur la terrasse de Bois-Hardi et, le jour du départ, les couvrait de cadeaux-souvenirs : les dames recevaient des bols bretons, et des colliers qui n'étaient pas tous de coquillages... En général, il était payé de retour ; on soulignait ses qualités d'homme d'Etat : son « sang-froid inaltérable » (réel, d'ailleurs), sa « nonchalance étudiée » (ici, le substantif tombait mieux que l'adjectif) ; on nous assurait qu'il s'était « longtemps efforcé d'offrir au monde l'image d'un homme léger, l'inverse, exactement, de ce qu'il était » (cette chroniqueuse-là avait dû se voir servir quelques citations japonaises accompagnées d'un doigt d'Apollinaire ou de Maurice Scève), ou que, « si la politique est un métier cruel, où la seule réalité est la conquête d'un territoire sur fond de haine et de mort, Fervacques le dandy, le gentil, Fervacques l'Archange, avait enfin, lui aussi, appris à haïr et à tuer » ; conclusion : il avait bien « la pulsion présidentielle »...

Une jeune rédactrice, étourdie par les attentions dont elle était l'objet, franchit même, dans un journal féminin, les limites du vraisemblable en nous expliquant que le mode de vie des Fervacques restait simple et qu'y prédominait le souci de l'économie : « Ils mangent des potages faits avec les légumes de leur jardin, et des compotes pour récupérer les fruits du verger qui risquent de s'abîmer. Ni plus ni moins, en somme, que les milliers de cheminots qui cultivent des jardinets le long des voies ferrées. Gestion rigoureuse qui s'explique par le nombre de résidences que doit entretenir la famille : Sainte-Solène, Fervacques, Paris... » Eh oui, deux châteaux et un hôtel particulier, tout comme les cheminots ! J'avais été assez longtemps son attachée de presse pour deviner que « l'Archange », quand il lisait des sottises si bien intentionnées, devait s'étouffer de fureur : s'il avait demandé qu'on mît l'accent sur sa simplicité, il n'avait jamais cru le bon peuple assez sot pour confondre son train de vie avec celui d'un smicard ! Il était trop intelligent, si intelligent...

Ce soir-là, après avoir reposé le journal, sursaut de haine ou retour de courage, je me décidai à appeler Olga. Il fallait en finir. Peut-être les gens de la Surveillance du Territoire attendaient-ils qu'il y eût un contact entre Madame Kirchner et moi ? Son téléphone devait être sur écoute, le mien aussi. Les hauts dignitaires de la Sécurité recevraient deux fois l'enregistrement de notre conversation : si cela ne leur suffisait pas... ! Toute la difficulté consistait à lâcher sur la ligne des banalités qui ne risquaient pas d'alerter ma correspondante mais seraient interprétées par les autres comme des signes de connivence, une demande pressante de rendez-vous :

— Olga, enfin ! Comment se fait-il que je n'aie plus de nouvelles ? Je suis morte d'inquiétude !

Elle semblait interloquée de m'avoir au bout du fil : il y avait bien six mois que nous ne nous étions parlé ; on ne rapièce pas une amitié déchirée...

« Merci de vous souvenir de moi, ma petite Christine. Mais je suis trrrès malade, vous savez, trrrès fatiguée. Au téléphone, je ne prends plus les communications » (c'était comme les annonces au bridge : elle venait de me signifier qu'elle se croyait écoutée), « je suis trrrop épuisée pour parler... »

Elle en rajoutait un peu dans les « r » roulés et l'extinction de voix. Brave Olga ! Quel dommage, vraiment, qu'on n'eût jamais pu faire de moi une bonne bridgeuse ! Je ne décodais pas les annonces... Une prolétaire indécrottable, voilà ce que j'étais ! La « patrie du socialisme » aurait mieux fait de s'appuyer sur la bourgeoisie...

— Je suis désolée d'apprendre, ma pauvre Olga, que vous êtes dans un pareil état... Moi qui aurais tellement aimé vous voir ! Bavarder un peu... Vous êtes sûre que nous ne pouvons même pas prendre un pot ? A l'endroit habituel ?

Sur la ligne, je sentais les auditeurs silencieux frémir d'excitation : tout cela n'avait-il pas l'air d'un aveu ? Encore deux minutes, et ils le tiendraient, leur « flag » ! Quant à Olga, mon entêtement à ne pas comprendre la situation commençait à l'embarrasser, et, qui sait ? peut-être à lui paraître bizarre — d'habitude, étais-je aussi stupide ? En tout cas, ce fut sèchement qu'elle me répondit :

— Quel endroit habituel, ma chère amie ? Il y a presque un an que je ne vous ai rencontrée !

— Voyons, Olga, voyons...

Je fis semblant de protester, vaguement : elle croirait que, n'ayant toujours rien compris, je cherchais, par un réflexe mondain, à apaiser son courroux, mais les tiers indiscrets y verraient une dénégation étonnée, une réfutation de son affirmation — pourquoi mon interlocutrice prétendait-elle que nous ne nous étions pas vues depuis si longtemps ? Moi, son fidèle agent, je n'en revenais pas ! Du moins les James Bond penseraient-ils que je n'en revenais pas...

Après ce bref bredouillis, je feignis de saisir enfin l'avertissement qu'elle voulait me donner. Mais je le saisis ostensiblement, car il fallait que des étrangers comprissent que maintenant j'avais peur, que la conversation prenait un tour anormal : « Puisque vous êtes si fatiguée, Olga, je n'insiste pas. Pardonnez-moi. Rétablissez-vous vite », et je raccrochai.

J'avais les mains moites et le front en sueur : il est difficile de jouer en même temps pour les coulisses et pour la salle... Je n'étais d'ailleurs pas sûre, en l'espèce, d'avoir également dupé mes deux publics : Olga devait réfléchir. Pourtant, même si, consciente depuis quelques semaines d'être surveillée, elle ne croyait pas à un simple coup de fil de politesse ou à une sottise d'écervelée, je ne pensais pas qu'elle me crût capable de chercher à la piéger, encore moins de me jeter volontairement dans la gueule du loup : au pire elle s'imaginerait que je m'étais aperçue, moi aussi, qu'on m'épiait, qu'on me suivait, et que j'avais essayé de l'appeler au secours, ou, au contraire, de la prévenir pour la sauver... Et peut-être la sauverais-je en effet ? Car ce coup de téléphone inquiétant pouvait, si elle doutait encore, la pousser à prendre la poudre d'escampette... N'était-ce pas là ce qu'inconsciemment j'avais désiré ? Qu'espérais-je en composant son numéro : me perdre ou la racheter ? Un peu des deux... Et le contraire !

Ne sachant rien des vraies causes de mon acte ni de ses conséquences probables, je me rassurai, avant d'aller me coucher, en me faisant la réponse fataliste qu'avait donnée saint Louis aux messagers qui l'informaient des progrès de l'invasion mongole : « Quant aux Tartares, soit nous parviendrons à les renvoyer dans leurs tartaréennes demeures, soit nous périrons ; mais l'un et l'autre seront également bons ! » J'avais joué à pile ou face... Mais la pièce ne retomba pas.

Le lendemain, le surlendemain, le jour d'après, rien en effet ne se passa. On n'arrêta pas Olga, on ne m'arrêta pas, personne ne prit la fuite, personne ne parla. J'y perdais mon latin : à mon avis, depuis que j'avais prouvé à la DST que je recevais les télégrammes de Jean Valbray, nous ne devions plus être que trois suspects — les deux représentants des Affaires étrangères et moi. Se pouvait-il que les deux autres eussent un cursus aussi mouvementé, un passé aussi chargé que le mien ? Peut-être, après tout : n'avais-je pas entendu dire que le nouveau directeur de cabinet du Quai avait porté la panoplie trotskiste et les armes de la LCR quand c'était la mode ? N'aurait-il pas en 68, alors que mon père et moi déménagions dans la hâte les archives du ministère, lancé dans les couloirs quelques paroles imprudentes ? Mais, tout de même, il restait Olga ! J'avais beau ne prétendre à l'exclusivité d'aucun amour, d'aucune amitié, je doutais qu'il pût connaître Olga aussi bien que moi ! A moins que... Je me souvins brusquement que Saint-Véran m'avait confié que ce jeune directeur était grand amateur de peinture et ne manquait aucune exposition de Beaubourg : peut-être fréquentait-il aussi la galerie de la rue de Seine ? Je jouais de malchance, décidément !

L'ennemi réclamait donc davantage ; il fallait lui sacrifier une livre de chair supplémentaire et trouver la force de mourir encore, de mourir, et mourir et mourir...

Cela devenait urgent. Car Fervacques montait.

Dans l'opinion populaire il avait déjà changé de catégorie, passant des « poids moyens » aux « poids lourds », des politiciens de talent aux chefs d'Etat potentiels. Une espèce d'aura providentielle l'enveloppait — comme une « protection rapprochée ». « Paraît que c'est notre maire, me dit Madame Conan extasiée, qui sera le prochain Président ! Vous, vous devez déjà le savoir, hein ? » Avec tous ces sondages — publics ou secrets, fiables ou truqués — elle devait penser qu'on pourrait aussi bien faire l'économie de l'élection ! A son tour, Ahmed m'informa qu'à la Peupleraie, si les gens avaient pu voter, mon « chef » aurait fait pas mal de voix — moins que les socialistes, bien sûr, mais... « Les femmes, ils le trouvent si beau ! Plus beau que Giscard, parce qu'il a des cheveux... Ah, les femmes, ils ont di petits pois dans la tête ! Mais à nous, ce qui nous plaît, c'est qu'il dit pas des conneries, votre patron, et qu'il écoute les vieux... Puis ça se raconte qu'il va supprimer les impôts des pauvres : c'est lui qu'il paiera tout. C'est un gros richard, mon Commandant, et ça, ci bon pour le peuple ! » J'appris qu'au baptême du dernier fils de Fabien et Estelle d'Aulnay dont « l'Archange » était le parrain (il devait être le père du bébé d'avant), le curé, au lieu de lire l'Evangile, avait lu un extrait de « la Politique autrement »... Le morceau parlait des églises, heureusement (je l'avais rajouté pour « bétonner » l'électorat du Finistère et du Morbihan), mais de là à m'imaginer qu'il pût figurer sur le même feuillet que des cantiques ! Même Louis XIV n'en aurait pas espéré tant !

Ce prétendant n'était donc pas encore sacré monarque que déjà la foule de ses courtisans grossissait ; ce signe-là ne trompe pas : Fervacques serait candidat dans six mois et Président dans sept ans.

Cependant, il ne se déclarait toujours pas. Sans doute, après avoir regretté en septembre de ne pouvoir le faire en même temps que Michel Rocard, avait-il décidé, instruit par les déboires de ce dernier, d'attendre un peu... De toute façon, à part les postulants de principe — Debré, Garaud, Krivine, Laguillier — et les farfelus — Coluche et une vingtaine d'autres rigolos qui ne réuniraient jamais les cinq cents signatures requises —, personne n'était officiellement entré en lice : à gauche, François Mitterrand n'en était encore qu'à briguer les suffrages du congrès extraordinaire du PS qui se réunirait fin janvier (quoique, de ce côté-là, il n'y eût plus de suspense), et les radicaux avaient fait savoir que, pour leur part, ils ne se prononceraient qu'en février ; à droite, Giscard, espérant qu'avec le temps l'éclat des diamants s'estomperait, n'envisageait pas de prendre le départ avant mars, et Chirac se tâtait toujours pour savoir s'il se présenterait : ses conseillers les mieux informés ne croyaient pas qu'il lui fallût moins de huit à dix semaines de réflexion supplémentaires pour annoncer sa décision ; il guettait Fervacques, qui le « marquait » ; et c'était à qui ne sortirait pas de sa tranchée...

A quelques mois de l'élection, tout semblait immobile, paralysé, tout le monde attendait : Mitterrand attendait le pouvoir et Giscard attendait le printemps, Fervacques attendait Chirac, et j'attendais la DST. Je pensais parfois à ce texte de Karl Kraus, qui, à la fin du siècle précédent, désignait Vienne comme « le centre du déclin » : « Tout est arrêté et attend. Les garçons de café, les cochers de fiacre, les hommes de gouvernement, tout le monde attend la fin — je souhaite à Votre Excellence une bonne fin du monde — et réclame encore un pourboire... » Spectateurs impuissants de notre propre destin, nous laissions la marée monter et l'angoisse nous submerger.

Et dire que c'était pour sortir de cette paralysie que je m'étais lancée dans mon dernier combat !

Pour me donner du cœur au ventre j'allai voir ma grand-mère : un être qui se survit offre un triste spectacle, de nature à raffermir dans sa résolution un suicidaire versatile...

Dans la maison de retraite que je payais pour elle (l'Ambassadeur n'ayant pas cru devoir prendre à sa charge une seconde infirme), ma grand-mère ne sortait plus de son lit. Elle parlait encore un peu, et avait, selon les infirmières, bon appétit, mais elle ne se souvenait de rien. Elle ne me reconnut pas.

— Voyons, Mémée, je suis Christine. Christine Brassard, Christine Valbray...

Dans sa conscience endormie le nom parut réveiller quelque chose :

— Ah, Madame, fit-elle soudain en s'emparant affectueusement de ma main, pensez si j'ai le moyen de la connaître, Christine Brassard ! Elle a épousé Monsieur Maleville, Frédéric de son petit nom. Eh bien, ce Monsieur Maleville, il est justement marié avec ma petite-fille ! Mais oui ! Alors, vous voyez...

Je lui disais que j'étais Christine Brassard, elle savait que Christine Brassard avait épousé Frédéric Maleville, se rappelait par ailleurs que Frédéric Maleville était le mari de sa petite-fille, mais elle n'était plus capable d'en déduire que la femme qui se tenait devant elle était forcément cette petite-fille-là, et elle continuait à m'appeler « Madame ». Comme si les informations dont elle disposait encore n'étaient plus connectées, comme si le lien ne se formait plus entre les émotions multiples que ma présence ressuscitait, comme si l'un de ses hémisphères cérébraux ignorait ce que pensait l'autre, comme si l'on avait cassé son intelligence en morceaux... Cette fragmentation de l'être, qui chez elle avait frappé le cerveau, chez moi attaquait le cœur : de même que cette vieille femme au corps affaissé n'avait plus la force de mener un raisonnement au terme de sa logique, je n'étais plus capable d'un sentiment suivi. Aussi incohérente, décousue dans mes passions qu'elle l'était dans ses propos, moi aussi je me survivais.

Ma grand-mère fit promettre à la « Madame » qu'elle reviendrait ; je promis, posai un baiser sur ses cheveux rares, sur son front tavelé (« des marguerites de cimetière », disait-elle autrefois, en riant de ces taches-là) ; je savais déjà que je ne reviendrais jamais...

La journée avait été épuisante : un vin d'honneur à la mairie d'Evreuil pour commencer (j'adore le « vin d'honneur » sur le petit déjeuner), une « première pierre » à poser pour une école d'infirmières militaires à côté du Valde-Grâce (avec discours et ruban), une remise de rosette aux Invalides (avec discours et ruban), deux heures de présence muette, et inutile, au banc du gouvernement pour la séance de questions orales de l'Assemblée, et trois heures passées à attendre le président de la République dans le pavillon d'honneur d'Orly — le protocole exige en effet que notre monarque, chaque fois qu'il s'embarque pour l'étranger ou en revient, soit accueilli au pied de l'échelle (fût-ce à deux heures du matin) par tous les ministres présents à Paris, répartis de part et d'autre du tapis rouge pour la traditionnelle poignée de main... Ce jour-là, l'avion présidentiel avait du retard, et assis au milieu des plantes vertes, nous attendîmes cent quatre-vingts minutes l'honneur de serrer l'auguste main ! Passionnant programme, que je conclus, à la nuit tombante, par cette visite impromptue dans un hospice de Creil, triste et propre, où ma grand-mère, triste et propre, ne me reconnut pas... Ce sont des journées comme celle-là qui permettent de trouver en soi le ressort nécessaire pour aller jusqu'au bout — « Mon Père, s'il n'est pas possible que cette coupe s'éloigne sans que je la boive, que Ta volonté soit faite... »

Je repassai au « Belvédère » prendre un papier — une petite note qu'on m'avait remise dans la matinée à propos d'un exercice amphibie que notre Force d'Action Rapide venait d'effectuer à Dakar avec la marine sénégalaise (j'appris à l'occasion de mon procès que ce document, près de quatre cents personnes l'avaient eu entre les mains : on est bien peu de chose !). Je mis la note sous enveloppe, pris ma voiture personnelle et fonçai vers la Peupleraie. Personne, dans l'impasse, ne démarra derrière moi : « dans la vraie réalité » (comme disait mon fils) les filatures sont tout de même plus discrètes qu'au cinéma...

Il faisait nuit noire, mais, à la Peupleraie, toutes les nuits sont blanches — à cause des lampadaires aux néons blafards et des gamins qui errent du soir au matin dans les rues concaves ou convexes, fument dans les entrées d'immeubles « aux nuances aquatiques », s'asseyent sur les bornes basses « disposées suivant les schémas mathématiques auxquels aboutissait Pythagore », et jouent au bonneteau sur les « placettes couleur de lune et d'eau profonde ». Entre bohémiens, ils tentent encore, faute de mieux, de se dire la bonne aventure, et de partie en partie, de bagarre en bagarre, transforment la nuit en jour, le soir en matin ; autour des bacs à sable sordides que ne fréquentent plus que les chiens, ils tournent, virent, se déchirent et s'ennuient, tapant contre les murs aveugles leurs fronts blêmes aux yeux noyés ou déchirant aux barbelés leurs peaux sombres et leurs crinières roses, mi-rastas mi-albinos — des mutants, mon peuple...

Je marchai droit jusqu'à « l'enclos des Fruits tombés », m'assis sur une borne, et attendis un quart d'heure environ, pendant lequel je consultai trois fois ma montre. Puis, jouant le dépit, je fis encore le tour du « Béguinage », d'où montait un battement léger et régulier : c'était le choc répété d'une drisse qui cognait le long d'un mât vide, planté là au milieu des pavés pour faire rêver les prisonniers aux bateaux qu'ils ne prendraient jamais... De nouveau je regardai ma montre, et, haussant les épaules pour forcer le trait (car la lenteur de l'enquête avait fini par me persuader que, pour être vue de loin, il fallait traiter le personnage en charge), je revins jusqu'à « la place des Poètes ». J'y restai un moment, appuyée contre un mur, puis, profitant d'une seconde où les jeunes barbares en cuir clouté qui rôdent entre Rimbaud et Mallarmé s'éloignaient avec des cutters et des lames de rasoir à la poursuite d'un ivrogne titubant, je glissai prestement l'enveloppe dans le plus proche des conteneurs — ce n'était même pas celui où j'avais quelquefois « posté » des plis ; mais je n'en étais pas moins sûre que mon courrier parviendrait à destination...

Et j'attendis. Un jour, deux jours, trois jours... A la fin de la semaine, Philippe me téléphona :

— As-tu des nouvelles d'Olga ?

— Non. Rien de récent.

Je ne jugeai pas utile de mentionner le bref coup de fil que j'avais passé trois semaines plus tôt.

— Eh bien, je te l'apprends : Olga a disparu ! Ma mère la cherche partout, elle est aux cent coups... Olga devait venir à Senlis dimanche dernier, et elle n'est pas venue. Comme son téléphone ne répond plus, mardi on est allés chez elle : Maman était sûre qu'elle avait eu un malaise... La galerie était fermée, mais les volets de l'appartement sont ouverts ; on a sonné... Rien ! Tu sais qu'elle n'a jamais voulu laisser le double de ses clés à personne, même pas à sa femme de ménage : elle avait trop peur d'être volée ! Mais Maman a réussi à convaincre la concierge d'appeler un serrurier... Je ne sais pas si tu te rends compte, mais, là, j'avais les jetons : on était à la limite de la légalité ! Un directeur d'administration ! Enfin... Maman s'est précipitée dans la chambre : le lit n'était même pas défait. Et aucun cadavre nulle part.

— Elle a dû partir en voyage...

— Ma mère n'y croit pas : toutes ses robes sont dans les placards, et le frigidaire est plein ! Et puis, ces volets ouverts... Quand on craint les cambriolages, on ne part pas en vacances sans fermer ses fenêtres ! Bref, ces dames de Senlis se sont fait tout un cinéma : Olga, éméchée, avait été renversée par une voiture... Mon secrétariat a passé trois jours à appeler tous les hôpitaux et toutes les cliniques de Paris et des environs. J'ai même dû, entre midi et deux heures, foncer à l'Hôtel-Dieu pour voir une vieille pocharde dans le coma qu'ils avaient ramassée sur un passage clouté sans papiers d'identité... Un coup pour rien : même vue de derrière la vitre de la réanimation, et avec des tuyaux plein le nez, cette clocharde n'avait pas grand-chose d'Olga !... Alors maintenant, pour rassurer Maman, je fais le tour des amis : Fortier n'a plus vu notre « Cubaine » depuis quinze jours, les secrétaires du PAPE non plus. Vasquez est à New York, et il y a trois mois qu'il n'a pas reçu de nouvelles de sa protectrice. Quant à Arroyo, je n'arrive pas à le joindre : son téléphone est sur répondeur.

— Il a peut-être fait un saut en Argentine ?

— Probable, oui...

— Si ça se trouve, Olga l'accompagne. Ils sont comme cul et chemise, tous les deux...

— Je vais te dire une chose, Poussinette : la dernière fois que j'ai rencontré Olga, elle n'avait pas l'air en état de passer ses week-ends à Buenos Aires ou Acapulco ! Au début, les inquiétudes de ma mère m'ont fait sourire comme toi, mais maintenant je commence à les partager...

— Vous allez bien finir par recevoir une lettre, une carte postale... Tu as pensé au casino de Monte-Carlo ?

— Oui. Et Deauville. Et Sainte-Solène ! Mais ces volets ? Et les yaourts périmés dans le frigidaire ? Enfin, tu connais la maniaquerie d'Olga ! Quand elle partait pour huit jours elle donnait ses œufs et son beurre à sa concierge plutôt que de risquer d'avaler à son retour des trucs pas frais... Maman voudrait que je prévienne la police. Mais à quel titre ? « Recherche dans l'intérêt des familles », c'est vite dit : de la famille, il y a quarante ans qu'Olga n'en a plus !

Je vais appeler Berton : un Garde des Sceaux doit bien avoir une idée sur la manière de procéder...

Ainsi Olga s'était enfuie ! Et avec elle, Arroyo, son âme damnée... Le PAPE était décapité, le réseau dissous, les agents s'égaillaient : c'était bien la preuve que l'étau de notre contre-espionnage se resserrait. Je me demandais comment Madame Kirchner était parvenue à semer la meute lâchée sur ses talons, mais elle ne manquait pas de métier... Au fond j'étais contente de cette « évasion », contente pour elle et contente pour moi : elle terminerait ses jours au bord de la mer Noire dans un bain de vodka ; d'un autre côté, sa fuite, en confirmant sa culpabilité, servait admirablement mes desseins. Je restais la seule que notre police pût encore atteindre, celle sur qui se polariseraient la recherche et l'instruction ; mieux : personne ne pourrait démentir la version des faits que je choisirais de donner. Le départ d'Olga m'ouvrait de nouveaux horizons : la vérité aurait nui à « l'Archange » de toute façon, mais si j'étais libre de mentir, alors !...

C'était maintenant qu'il ne fallait pas flancher : plus qu'un pas à franchir, qu'une tentation à écarter — celle de me soustraire in extremis, comme « la Cubaine », à la vigilance de la DST.

Si je l'avais voulu, rien n'était plus simple encore : tous les traitants du monde ont indiqué à leurs agents des procédures d'urgence, tous leur ont fixé des « rendez-vous de repêchage ». Il m'aurait suffi de fausser compagnie à mes poursuivants — Marcel et Patrick, ces braves gens, étaient bien capables de m'y aider ! —, puis de me rendre à une certaine adresse, après avoir composé, d'une cabine publique, un certain numéro... L'aventure n'était risquée que si les Russes me soupçonnaient d'avoir été « retournée », s'ils s'imaginaient que j'étais moi-même à l'origine des ennuis d'Olga. Mais j'en doutais : à moins qu'ils n'eussent beaucoup perdu de leur acuité de vision, ils devaient bien savoir que j'étais filée, menacée... Je suis même sûre qu'ils s'attendaient à me récupérer sous peu et maudissaient ma désinvolture, cette insouciance coupable qui, tant de fois, leur avait donné des sueurs froides et allait les obliger, pour le coup, à agir en catastrophe.

Cet ultime désir de fuite, cette dernière tentative du démon pour me détourner du chemin sinueux qui était le mien, j'y résistai vaillamment. Sans trop de mérite d'ailleurs : toute idée de revanche mise à part, la perspective de vivre trente ans dans un palace soviétique ne me souriait guère. Prison pour prison, autant amortir les geôles nationales...

Bourrée de tranquillisants, j'attendis donc de pied ferme la suite des événements... Et rien n'arriva !

Olga était en fuite, mon dossier semblait complet, et pourtant « les flics de l'ombre » ne se montraient toujours pas : tant de laxisme décourageait.

Et tout à coup, j'entrevis le pourquoi de cet immobilisme déprimant : comment n'y avais-je pas pensé plus tôt ? Giscard me protégeait !

On n'appréhende évidemment pas un ministre sans avoir obtenu l'accord du président de la République ; le patron de la DST avait dû faire ces derniers jours le siège de l'Elysée, et on lui avait, tout bonnement, ri au nez !

Quel avantage, en effet, le Président eût-il pu trouver à faire inculper son secrétaire à la Défense d'« intelligence avec une puissance étrangère » ? Abattre Fervacques ? Certes, il aurait été plaisant de voir rouler dans la boue la tête de ce hautain personnage ; mais un prince digne de ce nom fait passer l'agrément après la raison : pour l'heure, en gênant Chirac, Fervacques servait au mieux les intérêts du monarque. Il serait toujours temps d'agir au printemps au cas où, le maire de Paris abandonnant la partie, « l'Archange » deviendrait à droite le seul adversaire dangereux.

En outre, si dans l'immédiat le profit à tirer d'une interpellation semblait douteux, les inconvénients, eux, apparaissaient clairement : il faudrait être fou pour déclencher, à si peu de mois des élections, un nouveau scandale où se trouveraient impliqués non seulement un secrétaire d'Etat mais deux — car Fortier de Leussac, président du PAPE, ferait figure de complice ou, à tout le moins, de benêt. Peut-être même, si les Chérailles étaient mis en cause, serait-on contraint de sacrifier cet aimable Berton, toujours si plein de ressource (on venait d'en faire le trésorier du parti) et prêt, chaque fois qu'on avait besoin d'un voleur, à le décrocher de la potence... Comment éviter les remous, la rumeur, et même — quand on aurait deux ou trois ministres sous les verrous — un remaniement ? Un remaniement ministériel en pleine campagne électorale, avait-on jamais rien vu de tel !

« Grâce à son intelligence, aimait à dire Olga, l'intelligent comprend pourquoi l'imbécile réussit... » Grâce à mon intelligence, j'étais en train de comprendre pourquoi, dans un monde de canailles, mon honnête montage était condamné à échouer. Je voyais le tête-à-tête de l'Elysée comme si j'y étais : le patron de la DST, las de ne boucler que des lampistes, avait plaidé sa cause avec véhémence ; ce n'était pas la première fois que les politiques lui opposaient l'inopportunité des mesures qu'il réclamait et le mettaient en garde contre le risque majeur de son métier : l'espionnite... Aujourd'hui, pourtant, il faisait de mon arrestation une question de principe : un lièvre de cette taille, ses troupes n'en levaient pas tous les jours ; à force, on allait les démotiver.

« Bien sûr, Monsieur le Directeur, bien sûr », avait dû convenir le Président, apaisant. « Mais, en l'espèce, je ne vous cacherai pas que... je chuis cheptique. » Après quoi, il avait enchaîné sur la nécessité de « garder la tête froide » : « Il faut se détourner des conclusions précipitées, des interprétations hasardées... » Puis, il avait rappelé, rassurant, qu'en mai, de toute façon, le gouvernement changerait : on éviterait, bien sûr, d'y reprendre cette jeune femme, « disons, imprudente dans le choix de ses relations... Un peu de patience, Monsieur le Directeur : qu'est-ce que six mois, si cette personne trahissait depuis si longtemps ?... Mais, encore une fois, a-t-elle vraiment trahi ? Plus j'y réfléchis, mon cher ami, moins j'y crois ! Je vous le répète : vous avez toute ma confiance, mais en l'occurrence je reste cheptique sur le fond... Ah, si vous m'aviez apporté un flagrant délit, rien qu'un ! » Appuyant son haut front sur ses longs doigts, il avait redemandé — pour montrer l'intérêt qu'il portait à l'affaire, et à l'action toujours remarquable des hommes de la DST — si l'on avait surpris cette jeune Valbray (« la fille d'un diplomate de toute confiance, dois-je vous le rappeler ? ») remettant un document confidentiel à cette curieuse (oui, curieuse, il en convenait) Madame Kirchner. Le directeur, fatigué, avait dû reconnaître que non, « mais ni Günter Guillaume ni Georges Pâques n'ont été pris en flagrant délit, non plus. Le flagrant délit en matière d'espionnage, c'est rare, Monsieur le Président ! » En l'occurrence, cependant, on avait bien failli prendre la coupable sur le fait : si Olga Kirchner ne s'était pas enfuie... Car il y avait cette note, sur l'exercice franco-sénégalais, jetée dans une poubelle de la Peupleraie — comment expliquer autrement que par l'existence d'une « boîte aux lettres morte » cette initiative aberrante ?

Le Président avait souri : « Allons, Monsieur le Directeur, allons ! Vous ne jetez jamais rien à la poubelle, vous ? » Fin de l'entretien — poignée de main cordiale et promesse de décoration.

Voilà : quatre mois d'efforts pour rien ! J'avais oublié que, si nous avions tout ce qu'il faut de scribes, de pharisiens, de Ponce Pilate et de Judas, nous n'avions plus de centurions...

Dirai-je qu'après ce constat désespérant je repris vie ? J'ai honte de l'avouer, mais, pendant quelques jours, je me trouvai comme une carpe qu'on a tirée d'un étang pour la replonger dans un seau d'eau : je frétillais déjà de me sentir « prolongée »...

C'était, heureusement, compter sans le secours inattendu des alliés invisibles que m'avait donnés cet épuisant combat pour la vertu : si j'hésitais à souhaiter encore un beau procès, si je ne me souciais plus de secouer le panier de crabes, les policiers que j'avais mis sur le coup ne voulurent pas lâcher prise.

La semaine suivante, alors qu'ayant percé à jour le raisonnement probable de Giscard je me demandais si je n'allais pas prendre quelques jours de vacances à la montagne pour rétablir ma santé, « le Canard enchaîné » fit paraître en page deux un petit encadré intitulé : « La fuite et les plombiers ». « Nos barbouzes, plombiers, et autres gens du SDECE et de la DST, ont des états d'âme, écrivait le journaliste. Paraît qu'ils auraient décelé une fuite au sommet de l'Etat : nos petits copains du KGB seraient présentement aussi bien rencardés sur le mouvement de nos troupes que le ministre de la Défense soi-même ! Mais comme l'informateur des Soviétiques serait du gros (et même du très gros) gibier, chut ! Pas de vagues jusqu'aux élections ! Motus et bouche cousue : c'est la consigne de l'Elysée. Si le "Secret Défense" est violé, le secret des fuites sera respecté, lui ! Silence dans les rangs ! Rompez ! »

La même semaine, « Minute » s'étonnait dans un petit écho — « Politique politicienne et raison d'Etat » — qu'un gouvernement pût, pour des motifs opportunistes, « démanteler le dernier rempart de nos libertés : le contre-espionnage ». L'article faisait allusion au découragement de nos plus fins limiers qui « venaient de déterrer une taupe de première grandeur, que l'Elysée préfère laisser filer... » Pour mettre toutes les chances de leur côté, les manœuvriers de la DST avaient apparemment décidé de s'assurer le soutien de la « presse d'investigation » de l'extrême droite à l'extrême gauche, car, sous le titre « De l'eau dans le gaz », « la Lettre » traitait, elle aussi, du malaise dans les rangs de nos policiers, « choqués de voir l'intérêt de la Défense nationale céder devant des préoccupations électoralistes » ; même « la Vérité », y allait de sa petite chronique sur le sujet. Et là, c'était plus savoureux, car, depuis l'assassinat de Lefort, le journal appartenait en sous-main à la Spear, et Fervacques y faisait la pluie et le beau temps : les gens de la DST s'étant, semble-t-il, gardés de lâcher tout de suite le nom de leur suspect et « l'Archange » étant à cent lieues de se douter de ce qui l'attendait, le journal, ravi d'embêter le gouvernement, avait sauté sur l'occasion sans trop se poser de questions... S'il est triste de se savoir perdu, il est réconfortant de voir l'adversaire conspirer à sa ruine — gentiment, par distraction...

Maintenant, la chute ne pouvait plus tarder, le rideau allait tomber. Le message adressé à l'Elysée était clair en effet, et tout recul devenait impossible. Ces fuites sur « la fuite » rendaient le scandale inévitable : ou bien nos « plombiers » continuaient, faute d'un ordre conforme à leurs souhaits, à distiller leur venin et leurs informations jusqu'à livrer, pièce à pièce et lettre après lettre, l'identité des coupables, ou bien ces échos finissaient par m'alerter et à mon tour je parvenais à fuguer, laissant le gouvernement dans l'embarras d'expliquer cette disparition... Scandale pour scandale, mieux valait une « affaire » qui éclate qu'une « affaire » qui couve, conduire l'hallali qu'avoir la meute au train : acculé, le Président allait donner son feu vert, se réservant sans doute, si son mandat était renouvelé, de faire payer cher à sa hiérarchie policière ce manque de fair-play.

Je ne pensais pas disposer désormais de plus de vingt-quatre heures. Mais on était le 31 décembre, et la DST ne travaillait peut-être pas le 1er janvier...

Madame Conan était repartie en Bretagne pour les fêtes ;

Thierry réveillonnait avec des amis à Val-d'Isère. Quant à Philippe, il m'avait transmis une invitation de sa mère à venir dans leur hôtel de la Villa Scheffer célébrer la nouvelle année. Il y avait longtemps que le petit groupe des « Rendez-vous » (maintenant piloté par Catherine Darc) ne m'avait honorée d'une semblable attention, mais la réunion, à en juger par la qualité des participants, tiendrait davantage de la veillée funéraire que du joyeux souper : Anne n'avait invité que des amis ou des protégés de Madame Kirchner — ses petits peintres, ses compagnons de poker, ses « jeunes filles »... Mon frère m'assura que sa mère était, en effet, de plus en plus persuadée du décès d'Olga ; il y avait près de trois semaines qu'on était sans nouvelles d'elle, un jour on retrouverait son cadavre décomposé sur une plage ou dans une forêt : « Moi aussi, me dit-il, je crois qu'on ne la reverra plus. Sa disparition me rappelle celle de mon chat Bilboquet quand j'avais douze ans : on l'emmenait à Evaux-les-Bains quand mon grand-père y faisait des cures ; un soir, il n'est pas rentré ; on a attendu... Les premières heures on ne se sent pas trop inquiet : on croit que le matou court les minettes, ou qu'il chasse le lapin, et qu'il va rentrer. Puis, à mesure que les jours passent, il faut se faire une raison... Il n'est jamais revenu, mon petit Bilboquet, il avait dû être attaqué par un renard dans les fourrés...

— Sans doute. Mais pour Olga, rassure-toi : les renards ne se mangent pas entre eux ! »

Prétextant un travail à terminer avant le prochain Conseil des ministres, j'avais refusé cette aimable et funèbre invitation. Je me voyais mal brûlant un cierge en mémoire de celle que j'avais livrée... J'entrerai seule dans la nouvelle année.

Ahmed était resté dans la maison de gardien : il n'avait pas voulu prendre de congé « un soir qu'il traîne dans les rues tellement de casseurs bourrés et de punks » (il disait « pounques ») « défoncés ! Ci trop dangereux pour vous, mon Commandant ». J'entamai 1981 en finissant une bouteille de champagne Dénery dans mon salon des Masques. Je décrochai des murs quelques marottes, quelques faux nez, que j'essayai devant le grand miroir suspendu au-dessus de la cheminée. « Mon âme est triste jusqu'à la mort. Restez ici et veillez avec moi... » Mais personne ne veillait avec moi, à part cet étranger à l'autre bout du jardin, assis, avec ses pistolets et sa pauvre fidélité, devant une télé qui retransmettait pour le troisième âge le spectacle des Folies-Bergère et, pour les 35-49 ans, les bals et cotillons du Palace...

A minuit le téléphone sonna : mon frère et ses amis me souhaitaient une bonne année. A deux heures du matin, la sonnerie retentit de nouveau : je pensai à un retardataire, quelqu'un qui, de l'autre côté de la terre, aurait oublié de tenir compte du décalage horaire... Olga ?

Ce n'était qu'Ahmed ; il chuchotait : « Le hold-up du supermarché, ci pour cette nuit, mon Commandant ! Y a quatre grosses bagnoles qu'ils viennent d'arriver dans l'impasse, et quatre types dans chaque bagnole. Ils sont avancés sans les phares et maintenant ils restent dans le noir. Est-ce que je préviens les flics ?

— Non... Non, Ahmed, il ne faut pas vous mêler de ça. Surveillez, c'est tout. »

C'était donc celle-là, la date que j'avais tant cherché à deviner ! Le Premier Janvier... Pas étonnant que je sois passée dessus pendant des années sans sentir le moindre choc, la plus petite aspérité : tant de confettis la recouvraient !

Je montai à l'étage : dans les romans policiers, on n'arrête personne avant l'aube. L'une après l'autre, je poussai les portes ; comme une étrangère, une acheteuse éventuelle, je fis le tour de la maison. Je la parcourus de la cave au grenier, visitant chaque recoin, m'attardant sur chaque détail : maintenant, j'avais tout aménagé — même les combles —, il ne manquait plus un tapis de table, plus une applique. « Quand la maison est finie, dit le proverbe oriental, la mort y entre... » Cependant, je contemplai avec satisfaction ce décor neuf auquel j'avais réussi à donner la dou ceur et le poli des siècles ; je revis avec plaisir chaque objet, sachant ce qu'il m'avait coûté : telle « biographie » fournie à Olga, telle note de la Défense, tel télégramme du Quai. Par exemple, trahir la confiance de mon père de 75 à 78 m'avait rapporté les cent cinquante mètres carrés de damas rouge dont j'avais retendu le salon Napoléon III, sans compter une lampe de Gallé et deux petits intérieurs hollandais du meilleur pinceau — le résultat n'en valait-il pas la peine ? Les choses, elles au moins, ne mentent pas : elles peuvent se briser, disparaître, mais elles ne vous veulent aucun mal et, tant qu'un humain, stupide ou malhonnête, ne s'en empare pas, elles vous attendent, immuablement belles et fidèles...

Quand j'eus fini mon inventaire, je revins au premier et ouvris grands les volets de la chambre d'enfant pour voir à quel moment le ciel blanchirait. Un instant, je me demandai si je ne devrais pas préparer un bagage — une chemise de nuit, une brosse à dents. J'ignorais tout des usages de la « garde à vue »... Cependant, je me rappelai à temps qu'avoir sous la main un paquetage prêt paraîtrait suspect : pour tenir jusqu'au bout le rôle que je m'étais donné, il faudrait tout à l'heure que j'aie l'air surprise de ce qui m'arrivait. Pour parfaire la comédie, il n'aurait même pas été mauvais qu'au petit matin, quand ils sonneraient, j'apparaisse en pyjama, sans maquillage, décoiffée... Mais je n'eus pas la force de me déshabiller.

J'attendis dans la chambre blanche et rose que j'avais arrangée avec amour pour un enfant imaginaire. Je caressai ses draps brodés, son vieux lit de cuivre, mis en marche ses boîtes à musique, contemplai les dessins originaux de Béatrix Potter que j'avais patiemment rassemblés — Tom Kitten, Peter Rabbit, Gemina Puddleduck...

Il me semblait maintenant que cette nursery de rêve, je l'avais ornée pour l'enfant que je n'avais pas « gardé » et que, pourtant, je n'avais cessé d'attendre. Mais la fatigue, le champagne, la peur commençaient à rendre confuses mes idées noires : j'avais oublié si cet enfant était celui de Charles ou de Renaud, de Peter Pan ou de Frédéric Lacroix... Pourquoi, au fait, Renaud ne m'avait-il pas aimée ? A part peut-être quelques-uns de ceux que je payais, et ce petit fantôme blanc qui tourbillonnait entre les murs pastel comme un papillon prisonnier, personne ne m'aimait.

De temps à autre mon compagnon imaginaire, lutin de mousseline et de dentelle, venait rafraîchir mes joues brûlantes de ses baisers mouillés ; puis, toujours silencieux et sautillant, ce gentil spectre déplaçait un meuble miniature à l'intérieur de ma maison de poupée, sortait le minuscule chat de céramique de son panier d'osier, ou secouait la neige de ces petits globes de verre remplis d'eau où l'on aperçoit le Mont-Saint-Michel ou la Tour de Londres ; de ses lèvres légères, de ses doigts impalpables, il essuyait la sueur de mon front. Il murmurait : « Plus tard, tu verras, je serai conducteur de métro, conducteur de balcons... »

Mais, vers quatre heures du matin, alors que je regardais tomber la neige sur les jardins de Kensington et la basilique de Lisieux, je ne l'entendis plus bouger. Il ne remuait plus, ni dans mon corps, ni dehors. En me retournant, je crus l'apercevoir couché tout pâle au fond de son lit blanc — enfant perdu, enfant rejeté, enfant malade, enfant mourant... Impuissante, je m'assis sur le couvre-pied imprimé de dauphins joueurs et de petits voiliers, et je le regardai mourir.

A cinq heures, je me souvins que je pourrais encore tenter de m'enfuir par la porte de la cuisine qui donnait sur l'arrière du jardin ; plus loin, dans la haie, il y avait une petite barrière bien dissimulée par laquelle on accédait à un sentier presque invisible, qui, se faufilant entre les ronces et les orties, menait jusqu'à la tranchée du métro ; par là on dégringolait jusqu'aux rails, qu'il suffisait de suivre sur quelques mètres pour gagner l'extrémité du quai : combien de fois dans mon enfance avais-je emprunté cet itinéraire de casse-cou avec Frédéric ! Je n'aurais plus qu'à attendre la première rame...

Mais pourquoi les organisateurs de la souricière n'y auraient-ils pas songé, eux aussi ? Peut-être les quais étaient-ils déjà noirs d'hommes en armes ? On pouvait faire confiance à des fonctionnaires qui n'hésitaient pas à planquer quand tout le monde réveillonnait et sacrifiaient la « trêve des confiseurs » à leurs devoirs d'Etat !

« ... Et sa sueur devint comme des grumeaux de sang, qui tombaient à terre », disent les évangélistes du Christ au mont des Oliviers. Que ce parallèle entre nos deux agonies ait quelque chose de sacrilège, j'en conviens d'autant plus volontiers qu'à l'époque je ne fis pas le rapprochement : avant la prison, je ne connaissais guère de la Bible qu'une dizaine de pages... Cependant, je sentais déjà obscurément que la rédemption passe par le sacrifice, la résurrection par le sang versé. De la mort, du châtiment, j'avais espéré sortir régénérée ; mais la sueur qui coulait sur ma peau semblait maintenant se figer en gros caillots rosés ; elle poissait, elle tachait. Ce n'était pas un flot, mais une vomissure ; et, passant sans cesse de la confiance au désespoir, de la résolution à la consternation, je me vomissais moi-même, ivre de tristesse, sale et fatiguée.

Derrière les vitres de la chambre d'enfant, le ciel s'éclaira enfin.

Sept heures du matin. Ils sonnèrent. Ahmed les accompagnait, ou, plutôt, il les suivait. Derrière les costauds en civil qui se tenaient sur mon perron, je l'entendis crier : « Ci pas des bandits, mon Commandant ! Ils disent que ci la police... »

« Officier de Police Judiciaire. Voulez-vous nous suivre, Madame Valbray ? » fit le chef en me présentant une carte plus ou moins tricolore que je ne regardai même pas.

Cette fois, je ne commis pas la même erreur que dans les jardins de Versailles : l'avantage de n'être pas surpris, c'est qu'on peut songer à feindre l'étonnement...

« Mais que signifie ? balbutiai-je. Qu'est-ce que... Je ne comprends pas...

— Voulez-vous nous suivre ? répéta l'homme avec plus de fermeté, en s'emparant de mon coude sans ménagement particulier.

— Vous pouvez quand même prendre un manteau », me précisa un autre.

Ce devait être le « bon Samaritain » de la bande, l'homme à l'éponge de vinaigre...

— Qu'est-ce qui se passe, mon Commandant, qu'est-ce qui se passe ? gémit El Kaoui, qui, resté au bas des marches, ne voyait rien et s'affolait.

— Je ne sais pas, Ahmed... Mais si ces messieurs sont de la police, il n'y a rien à craindre... Sans doute une enquête sur le supermarché...

J'enfilai mon manteau et quittai « le Belvédère » sans menottes, le front haut, l'air digne, encadrée d'une demi-douzaine d'inspecteurs qui semblaient me faire une garde d'honneur : une vraie sortie de ministre.

Au moment où je montai dans l'une des voitures, Ahmed, malgré tout perplexe, me lança en guise d'adieu : « Si vous êtes pas revenue dans deux heures, moi, Madame, je téléphone à la police ! Ci comme ça ! »

— Madame Valbray, depuis quand travaillez-vous pour le HVA ?

Le commissaire qui m'interrogeait avait un visage calme et carré, une chevelure blanche bien rangée avec une raie sur le côté, et de larges lunettes d'écaille derrière lesquelles on ne distinguait ni sourcils, ni sentiment. Rien d'ému, rien de velu : il était très propre, ne souriait jamais, et parlait avec lenteur, distinctement, en détachant chaque mot — comme un robot.

Malgré cela, je dus lui faire répéter sa question deux fois, et j'aurais aussi bien pu pousser jusqu'à trois, car j'étais abasourdie ; ces initiales étaient si peu celles que j'attendais ! J'avais prévu KGB, GRU même (c'est « leur » branche militaire), mais le HVA... Je n'avais plus à jouer la surprise : je me sentais dépaysée — sans savoir à quel point c'était le mot ! — et je ne comprenais rien.

— Oui, Madame Valbray, le HVA... Vous allez peut-être nous dire que vous ne savez pas ce que c'est...

J'écartai les bras en signe d'impuissance : « En effet. Désolée de vous décevoir, mais je n'en ai pas la moindre idée...

— Je vois, Madame, que vous êtes décidée à nous faire perdre du temps, et je le regrette beaucoup. Je le regrette pour vous... Car, en ce qui nous concerne, nous avons devant nous six jours de garde à vue — c'est le tarif actuel en matière d'atteinte à la sûreté extérieure de l'Etat. Moitié moins qu'il y a quinze ans : tout se relâche... Néanmoins, pour le "client", c'est encore long : six jours sans contact avec la famille, sans nouvelles, sans avocat, et sans brosse à dents... Oh, évidemment, je vous laisserai dormir : nous ne sommes pas des brutes ! Mais nos locaux attendent toujours leurs "trois étoiles", les inspecteurs du Michelin passent si rarement ! Alors, six nuits sur un bat-flanc, avec une seule couverture... Il va de soi que ces petits inconvénients restent supportables quand on peut ramener la "garde" à une ou deux journées. Affaire de coopération. A vous de voir...

— C'est tout vu. J'ignore ce que vous me reprochez, et je vous jure sur » (« sur ma vie », aurait dit Olga), « sur la tête de mon enfant que ce HBA, HVA, je ne sais pas ce que c'est : un virus ? »

Il ne sourit pas, ne s'énerva pas non plus : tout dans son visage resta horizontal, la fente de sa grande bouche sans lèvres, sa mâchoire carrée, et les montures épaisses de ses grosses lunettes — mer étale, calme plat.

— Le HVA est le service de renseignement de l'Allemagne de l'Est.

— De l'Allemagne de l'Est !

« La spontanéité, disait un excellent expert en communication, ça ne sert qu'une fois... » Mais, cette fois-là, elle me servit bien : mieux que toutes les fables que j'avais préparées depuis quatre mois pour disposer mes inquisiteurs à recueillir de lents aveux, cette indignation toute fraîche persuada mes interlocuteurs — habiles à décrypter chaque regard, décoder chaque respiration — que j'étais sincère. Ce fut la plus habile des entrées en matière, la meilleure des recommandations pour tous les contes que je leur débiterais après : en cet instant crucial, même un détecteur de mensonges m'aurait disculpée !

Sur le moment, cependant, je ne songeais pas à l'effet produit : j'essayais seulement de m'y retrouver. Le HVA... Mais c'est petit, c'est mesquin, le HVA ! Je voulais bien avoir travaillé pour le roi de Prusse, mais pas pour le duc de Courlande ! Et puis, l'Allemagne de l'Est a beau être à l'Est, je ne voyais pas ce qu'elle venait fabriquer dans mon histoire : Olga ne m'avait-elle pas toujours parlé du KGB ? A moins qu'elle n'eût employé des mots à double sens, maintenu dans le vague, à dessein, l'identité précise de mes commanditaires, me laissant tirer seule des conclusions erronées. Je m'efforçais de me rappeler notre « scène primitive », cette amusante séance de recrutement dans la serre de Senlis : quels termes exacts avait-elle employés ? J'avais beau m'évertuer, je ne les retrouvais pas. Mais par la suite, tout de même, n'avais-je pas rencontré Pavel, Pavel de l'ambassade ? Si Rudolf était autrichien, celui-là était russe ! Encore que... Il ne m'avait pas montré son passeport, c'est vrai, ni sa lettre d'accréditation. Olga avait bien pu aussi, pour la circonstance, baptiser « Pavel » quelqu'un qui s'appelait « Horst », comme tout le monde...

Le commissaire, impassible, prenait acte de mon désarroi : « Ne me dites pas, Madame Valbray, que vous avez cru travailler pour nos collègues du SDECE ou pour la CIA ? Hmm... Et ne me dites surtout pas, je vous en prie, que vous n'avez jamais renseigné qui que ce soit ! Si vous voulez, nous allons vous aider. Remontons plus haut dans l'enchaînement des faits. Vous ne niez pas avoir connu Madame Kirchner, n'est-ce pas ? »

Connu Madame Kirchner ? Ah si, j'aurais pu le nier ! Car quelle Madame Kirchner avais-je connue, au fait ? Une Cubaine que ses milliards inclinaient au fascisme ? Une Parisienne friande de peintres abstraits et de penseurs dissidents ? Une Roumaine, survivante de la Shoah, qui tâchait d'oublier son martyre dans le whisky sec et la défense des libertés ? Une Autrichienne salariée du KGB ? Une veuve, ou une célibataire ? Juive, ou « goy » ? Riche, ou pauvre ? Gourmande de dames, ou de jeunes messieurs ? Et voilà qu'après ce nouvel avatar je me retrouvais devant un être anonyme, de sexe indéterminé, de nationalité inconnue et d'opinions douteuses, modestement employé par un service de deuxième choix : le HVA.

Le HVA ! Jamais la femme que j'avais cru, non pas connaître sans doute, mais deviner, n'aurait travaillé pour des Allemands, fussent-ils devenus marxistes ou bouddhistes entre-temps : elle restait d'un antigermanisme « primaire », bien explicable si elle avait vécu la guerre où nous le pensions. L'Armée Rouge, les héros de Stalingrad, les vainqueurs du nazisme, les libérateurs des camps : qu'elle se fût ralliée à ceux-là, c'était possible ; sur le plan psychologique, l'hypothèse se tenait. Mais des Allemands... !

Dans l'histoire qu'on me servait aujourd'hui quelque chose clochait. Ou la DST se trompait en prenant pour un officier du HVA la véritable Olga (enfin, disons, mon Olga probable), ou, pour des raisons que je discernais mal, la DST me trompait, moi. Ou bien encore c'était Olga qui m'avait trompée, pas seulement en paroles (ce qui pouvait se défendre), mais jusque dans ses sentiments et mes émotions : elle ne s'était pas bornée à travestir son identité, son passé, elle avait maquillé son âme... Enfermée dans le petit bureau surchauffé de la DST, je prenais conscience qu'après cinq ou six ans d'étroite collaboration et de fausse intimité j'en savais encore moins sur la veuve Kirchner qu'au moment où je l'avais rencontrée : peut-être n'y avait-il de sincère en elle, de solide, que sa terreur des yaourts périmés ? Mais parviendrais-je à redessiner un caractère, ébaucher un destin à partir d'un pot de lait caillé ?

En hâte, tandis que les deux ou trois inspecteurs qui assistaient le commissaire se relayaient pour m'interroger, j'essayai de rassembler les morceaux du puzzle. Mon discours de Moscou, par exemple... Olga en avait eu connaissance presque tout de suite ; or qui pouvait l'informer, sinon les Russes ? Ce qui n'infirmait pas, il est vrai, la thèse de la DST : comme tous les services des Démocraties Populaires, le HVA devait entretenir les meilleures relations avec le KGB... Admettons. Mais les déchaînements de « la Cubaine » contre les Teutons ? Une couverture, évidemment : puisque tout se lit à l'envers dans le monde du renseignement, j'aurais dû déduire de ses violentes sorties contre les Boches et les Frisés qu'elle les adorait...

En face de moi les hommes de la DST commençaient à s'énerver ; pour m'inciter à me « mettre à table », ils abattaient quelques cartes — mon adhésion au PC, les casinos, la Peupleraie —, mais ils me cachaient encore leur atout maître : la note sur la base d'Hao. C'était sans importance d'ailleurs puisque je connaissais leur jeu : j'avais fait la donne... Et, certes, je ne demandais pas mieux, pour le succès de mon plan, que de passer aux aveux ; je savais que, sans flagrant délit, ma confession leur était indispensable pour enclencher la procédure judiciaire. Mais, vu le changement de circonstances, je me demandais quels aveux lâcher : comment rendre un peu de grandeur et de dignité à un scandale qui, si l'on n'y veillait, risquait de s'enliser dans la médiocrité ?

Ce HVA me dérangeait, bouleversait mes combinaisons, bien au-delà de ce que la sympathique Olga, en me mentant, avait pu imaginer ! N'importe quel publicitaire, invité à analyser la situation, aurait été aussi embarrassé que moi : j'allais devoir faire campagne avec un produit inconnu — absence d'image et sigle médiocre ! Cette sous-marque empêcherait qu'on me prît au sérieux — en dehors, bien sûr, de quelques cercles d'initiés. Notre opinion n'est préparée à craindre que le grand méchant loup : le KGB m'eût assuré, d'emblée, le respect des imbéciles et une bonne couverture médiatique ; le HVA paraîtrait anodin, il ferait pauvret — une demi-colonne en page quinze... Or j'avais besoin des gros titres : puisque Fervacques ne serait jamais inculpé, ce n'était pas mon procès qui l'abattrait, mais le bruit. Plus grand serait le tapage, plus rude son châtiment. Il fallait que ma peine fût assez lourde pour peser sur sa réputation : à moi la prison, à lui la honte, à moi le cachot, à lui le pilori. Qu'il terminât sa vie dans le discrédit et l'obscurité, soupçonné de complicité et abandonné de tous comme un pestiféré, c'était le mal que je lui voulais, la damnation que je lui souhaitais...

Dans cette perspective, le HVA m'embarrassait : trop étriqué ! La seule façon de redonner de l'ampleur à la scène consistait à reconnaître que j'avais livré des dossiers aux Allemands en pensant renseigner le KGB... Difficile à faire passer ! Certes, c'était la vérité, mais ce n'est pas une excuse

— c'est même une circonstance aggravante : aux esprits retors rien ne semble plus improbable que le vrai. Tôt ou tard, donc, quelqu'un trouverait l'aveu trop gros, prétendrait que j'avais voulu me « charger », on se demanderait dans quel but, on m'inventerait des mobiles, on me chercherait des excuses, et ma manœuvre ferait long feu !

— Et Juan Arroyo, alias Pedro Ramirez, vous ne le connaissez pas non plus, peut-être ? vociféraient les inquisiteurs. Et à Rome, qui rencontriez-vous ? Hein, à Rome ? Vous y alliez souvent, à Rome ?

Je ne voyais pas pourquoi ils s'excitaient sur mes visites aux boutiques de la Via dei Condotti ; mais j'avais trop à penser pour me laisser troubler par ces détails subalternes : outre que je devais découvrir le moyen de revenir en douceur du HVA au KGB, il me fallait, pour tromper mon monde dans les meilleures conditions, redéfinir ma position à l'égard d'Olga et mon jugement sur elle. La surprise passée, c'était d'ailleurs la déception qui dominait : ainsi, Madame Kirchner s'était, depuis la première minute, défiée de moi au point de ne jamais me révéler pour quels services je travaillais ! D'un autre côté, rétrospectivement, son mépris me blanchissait, je me pardonnais mes offenses en considération des siennes : un tel manque de confiance ne justifiait-il pas ma trahison ? A moins que ce ne fût l'inverse, bien sûr...

Je commençais à m'y perdre : je n'avais pas pris de petit déjeuner, pas de déjeuner non plus, et le harcèlement des policiers qui tournaient autour de moi comme des mouches vertes sur une charogne m'empêchait de me concentrer. Dans le trouble où j'étais, une seule chose me semblait certaine, et je m'y accrochai : au moment où je croyais la « doubler », Olga me trompait, et au moment où elle croyait me tromper, je la « doublais ». Aucun regret à avoir : nous étions faites pour nous rencontrer ! A ce point de mon aventure, j'eus l'impression, satisfaisante, d'avoir bien placé mon estime, sinon mon affection. Je ressentis même un peu de nostalgie à l'idée que je ne pourrais plus jamais trouver quelqu'un d'aussi raffiné pour jouer à des jeux si tordus — l'intelligence (et pas seulement « l'intelligence avec l'ennemi ») allait me manquer...

Ce n'était pas en effet chez les trois ou quatre crétins de permanence ce premier janvier que je découvrirais l'étincelle du génie : ils venaient de me refuser le sandwich que je réclamais ; en m'affamant, ils espéraient me faire craquer ; sans doute, si je n'avais été ministre, m'auraient-ils aussi priée de me déshabiller sous prétexte de me fouiller... Vieilles techniques d'intimidation qu'ils avaient apprises dans les livres et dont ils se montraient incapables de s'écarter. Eh bien, j'allais leur faire plaisir, à ces imbéciles, les conforter dans leur routine, leur prouver que les anciennes méthodes sont toujours les meilleures : je craquerais !

Maintenant que j'avais clarifié la situation et vu de quelle manière rattraper le méchant tour d'Olga, réintégrer son coup de théâtre dans mon scénario, et même tirer parti de la stupéfaction que je n'avais su cacher, je pouvais m'effondrer ; mais m'effondrer avec lenteur, en ménageant mes effets. Puisque par suite des circonstances, et contrairement à mes premières intentions, je m'étais montrée coriace et que, faute de savoir m'expliquer, j'avais opposé pendant six ou sept heures un laconisme irritant aux questions de mes tourmenteurs, je leur distillerais mes aveux. Je ne les lâcherais qu'au compte-gouttes. Du reste, le commissaire aux grandes lunettes était sorti (pour manger, lui), et, par respect pour la hiérarchie, il me semblait convenable d'attendre qu'il revînt pour passer aux confessions...

J'avais déjà admis, entre deux silences, avoir fréquenté Madame Kirchner, Juan Arroyo, et d'autres habitués des « Rendez-vous » : rien de compromettant dans une pareille déclaration, quelques centaines d'intellectuels pouvaient en dire autant... Mais soudain, vers quatre heures de l'après-midi, quand le commissaire eut digéré, je reconnus avoir fourni certains renseignements à Olga. Le plus jeune des inspecteurs — le maillon faible du dispositif adverse — ne put retenir un soupir de soulagement : un interrogatoire est épuisant pour les deux parties. Tout autre que notre officier de quart se fût aussi détendu et, de satisfaction, épongé le front ; mais cet homme d'acier ne suait pas plus qu'il ne souriait... Il n'empêche que je le devinais débarrassé d'un gros souci (à son niveau, on devait avoir eu vent des réticences de l'Elysée et être conscient des risques que le Service prenait) ; ma longue résistance l'avait mis en condition pour absorber maintenant tous les mensonges que je voudrais lui faire avaler.

Le premier consistait à décaler ma culpabilité dans le temps : quand Günter Guillaume, Kim Philby ou Georges

Pâques s'étaient prévalus de trente années de double jeu, ne reconnaître que cinq ans de trahison me semblait miteux !

Qu'on n'y voie pas d'amour-propre mal placé : encore une fois, il fallait que mon péché fût énorme pour que « l'Archange » en prît sa part... Je révélai donc que j'avais commencé à fournir Olga en « petits papiers » dès 1971. Le motif ? Mes pertes au jeu. Le contenu ? Banal, des « notices biographiques » sur quelques parlementaires, des journalistes ou des personnalités que j'avais eu l'occasion de connaître par mon mari, conseiller à Matignon, ou de rencontrer moi-même soit à Senlis, soit comme pigiste à « la Gazette des Arts ». Je livrais aussi à Madame Kirchner quelques indiscrétions et des ragots variés, mais, au début, les cibles étaient rarement de premier plan — à part Charles de Fervacques, notre ministre des Affaires étrangères de l'époque, dont j'avais pu tracer un portrait assez fouillé quand mon mari avait été nommé sous-préfet de sa circonscription ; les failles de cet homme politique de grand avenir étaient d'ailleurs faciles à déceler... Le commissaire me demanda de reconstituer de mémoire cette première grande « biographie » fournie à l'ennemi ; je m'exécutai volontiers, rassemblant en fait tout ce que je n'avais appris qu'après plusieurs années d'intimité — la fortune des Fervacques, les marchés militaires de la Spear, les liaisons de Diane de Rubempré, celles d'Alban, le scandale Weber, les « ex » de « l'Archange », ses parties carrées, et même octogonales. Ces messieurs me firent l'honneur de me trouver bien documentée, et virent sur-le-champ quel profit un service adverse pouvait tirer d'un si riche fichier... Contents de moi, ils me récompensèrent : un croque-monsieur et une Badoit. Je mangeai avec lenteur, en mastiquant bien chaque bouchée, comme une personne qui sait qu'elle doit reprendre des forces pour affronter la suite des événements et donner du fil à retordre à ses persécuteurs.

A peine restaurée, je m'empressai en effet de reculer : certes, j'avais admis que je remettais à Olga, moyennant finances, des analyses psychologiques fouillées des personnes en place, mais aussitôt je m'abritai derrière le PAPE : ne croyais-je pas ces fiches destinées au Programme d'Action Pour l'Europe ? Si j'avais accepté de l'argent, c'est que, sur le plan politique, ce mouvement ne m'était pas très sympathique : je le soupçonnais de visées fascistes...

— Vos opinions personnelles vous portaient davantage vers le communisme ? essaya de conclure, un peu vite, le commissaire à lunettes.

— Non, j'étais de gauche, c'est tout... Je n'appartenais plus au PC, vous le savez sans doute, mais je restais marxiste.

Et les voilà, avec un bel ensemble, qui s'embarquent sur Solange Drouet ! Je ne fis aucune difficulté pour reconnaître que j'avais partagé le studio de la jeune enseignante et ses idées. Mais, lorsqu'ils voulurent me faire dire que j'étais au courant de l'attentat de « l'Orée du Bois », je niai. J'assurai que j'ignorais tout des menées terroristes de Solange, affirmant même qu'après avoir quitté Compiègne je ne l'avais plus revue — je comptais sur ce petit mensonge pour jeter un doute sur la vérité qui le précédait... Le piège fonctionna parfaitement : ils n'eurent aucune peine à me prouver qu'en 69, quand « Sol » avait entrepris une grève de la faim d'inspiration maoïste pour empêcher De Gaulle de rencontrer Nixon, j'avais joué pour elle les attachées de presse (Le Louarn ou Moreau-Bailly avaient dû parler). Poussée dans mes retranchements, et en apparence déroutée, je finis par avouer que, oui, j'avais revu Solange à cette époque, mais par charité ; même, c'est vrai, je l'avais de nouveau rencontrée un peu plus tard, après son opération : j'étais jeune mariée, elle venait me voir à Montparnasse, nous dînions ensemble, elle s'était rapprochée de groupuscules trotskistes et semblait fort agitée, mais j'étais à cent lieues de me douter... J'avais appris l'affaire de « l'Orée du Bois » et la mort d'Antonelli comme un chacun : par les journaux. « Ou plutôt non, attendez... C'est Lionel Berton qui me l'a apprise sur le perron de Matignon. » Là-dessus, j'étais décidée à ne pas déformer la vérité, mais, en niant auparavant des faits plus anodins, j'avais donné corps au soupçon qu'un tel concours de circonstances éveillerait ; et j'espérais que, sans que j'aie à mentir davantage, cette suspicion planerait jusqu'au procès...

« A propos », dit le commissaire, « Antonelli, vous l'aviez connu comment ? »

Ils adoraient sauter du coq à l'âne, passer d'un délit prouvé à un délit éventuel, puis, d'un bond, revenir en arrière, histoire de me faire perdre le fil — une technique séculaire elle aussi...

Je convins qu'Antonelli, c'est par Madame Kirchner que

je l'avais rencontré : ils étaient très liés, elle me répétait qu'il n'avait rien à lui refuser. Elle lui avait demandé de me prendre à son cabinet.

Le commissaire triomphait sous cape : le « réseau » d'en face se précisait... Une nouvelle équipe d'inspecteurs avait remplacé la première autour du chef ; comme la précédente, elle enregistrait sur un magnétophone tous les propos que nous échangions : pour ne pas ralentir le rythme des interrogatoires, des policiers réécouteraient les meilleurs passages pendant la nuit et les rassembleraient dans des procès-verbaux que je devrais signer chaque matin.

Je parlai, avec une certaine volubilité, de mon travail chez « Anto » et de ce que j'avais continué à faire dans le même temps pour Olga : des « biographies » toujours, mais sur des politiciens plus importants, des membres des cabinets — les anecdotes salaces, les hommes en place les confient de meilleure grâce aux jeunes femmes... De toute façon, chez « Anto », je n'étais pas restée longtemps.

— En effet. Dès 73, vous entrez chez Fervacques. Par quel hasard ?

— C'est Antonelli qui m'a recommandée à lui. Charles de Fervacques cherchait un attaché de presse pour remplacer Paul Escudier, qui venait de mourir accidentellement...

— On ne l'aurait pas un peu aidé à faire le grand saut, cet Escudier ?

— Oh ! Tout de même, Monsieur le Commissaire, vous n'allez pas imaginer...

— Je n'imagine rien, Madame, je constate ! Ou plutôt je m'interroge... A l'occasion donc de ce décès subit, Antonelli vous recommande au ministre des Affaires étrangères, lequel se montre aussitôt ravi de vous embaucher puisque, depuis votre séjour à Trévennec, il vous connaît. Mais qui avait soufflé à Antonelli l'idée de vous pousser aux Affaires étrangères ? Madame Kirchner ?

— Je ne sais pas... Oui, peut-être... Je ne me souviens pas précisément... C'est possible.

Dans le procès-verbal ce bafouillis (que le défunt « Tout-m'est-bonheur » ne risquait pas de démentir) deviendrait, par la grâce du résumé : « Sur interrogation, le prévenu déclare : "Si ma mémoire est bonne, c'est Madame Kirchner qui avait suggéré à Monsieur Antonelli, son ami, de me faire engager chez Monsieur de Fervacques"... »

Le commissaire se recoiffa, il aimait à rester lisse. Ce recours au peigne était chez lui, j'avais fini par le comprendre, l'unique signe du contentement. Bien sûr, je n'avais encore rien avoué d'essentiel — nous restions loin des secrets de la Défense nationale ! —, mais nous progressions : pour un premier jour, c'était bien. A onze heures du soir, le chef des contre-espions me permit d'aller dormir.

La cellule où l'on m'enferma pour la nuit ne ressemblait pas à une prison, mais à un bureau — une table, un lampadaire, des classeurs. Contre un mur, toutefois, une banquette de bois, sur laquelle on avait posé un oreiller propre et une couverture. Cette installation rudimentaire évoquait un peu les couchettes de deuxième classe de la SNCF ; une seconde elle me rappela mes amours ferroviaires... Ces souvenirs heureux suffiraient-ils à me bercer ? J'avais supporté sans peine toutes les privations de la journée — privation de nourriture, d'hygiène, d'égards, et de liberté — mais, sitôt franchie la porte du dépôt, la crainte de ne pouvoir me passer de somnifères m'étreignit. Si je n'avais été coupable, j'aurais sur-le-champ échangé mon innocence contre une plaquette de Rohypnol ou une boîte de Noctran... Je m'étendis en soupirant, calai mon oreiller de mon mieux ; et il faut croire qu'après une nuit blanche et une journée chargée j'étais fatiguée (ou que la certitude d'arriver au bout de mes épreuves m'avait rendu la paix), car, moins d'une demi-heure après, je dormais du sommeil du juste.

Le deuxième jour s'annonçait rude ; nous jouerions encore au chat et à la souris, mais la souris, cette fois, abandonnerait un bout de patte au chat : j'étais décidé à me laisser grignoter, et à reconnaître, contrainte et forcée, que ce PAPE, je le savais, camouflait d'autres intérêts...

Je conviendrais de tout cela vers midi. Jusque-là, je devais nier encore pour achever de compromettre Fortier. Les inquisiteurs attribueraient ces dénégations énergiques, ce sursaut d'entêtement, au délicieux petit déjeuner que le planton de service (par erreur ? par bonté ?) m'avait apporté : un café au lait et trois croissants.

— Mais pourquoi, Monsieur le Commissaire, aurais-je pensé que ce PAPE n'était pas ce qu'il paraissait ? Pourquoi me serais-je imaginé qu'il renseignait des agents de l'Est ?

Une association culturelle que notre propre gouvernement subventionnait !

— « Notre gouvernement » dites-vous ? Vous généralisez, Madame Valbray ! Deux ministères seulement ont accordé leur aide au Programme d'Action Pour l'Europe : l'Education nationale et les Affaires étrangères, Antonelli et Fervacques. Les deux fois, c'est vous qui aviez présenté et instruit le dossier !

Là, j'accusai le coup — nettement. Le bien-peigné en aurait pour son argent...

L'air un peu « sonné » — juste ce qu'il fallait —, je poursuivis néanmoins ma résistance : « Certes, j'ai fait aider ces gens, je n'ai aucune raison de m'en cacher. Pourquoi les ai-je soutenus, en effet ? Pas à cause de Madame Kirchner, que je tenais en piètre estime, et dont ni la fortune ni les mœurs ne me plaisaient... Je l'ai fait à cause de Fortier de Leussac, qui en était, qui en est toujours le président. Je voyais souvent Monsieur de Leussac chez les Chérailles, mais il n'est pas nécessaire de le rencontrer pour le connaître : tout le monde le connaît ! Un si grand poète, académicien, bon catholique qui plus est... Un des fondateurs du RPF en 47, défenseur de l'UDR en 68, gaulliste notoire ! Et aujourd'hui un giscardien convaincu, secrétaire d'Etat au surplus... Si l'on doit se défier de ces hommes-là !... »

Excellente contre-attaque ! De toute façon, Fortier ne s'en tirerait pas : je doutais que la Justice pût se borner à l'entendre comme témoin ; il était trop « mouillé ». Quant à moi, j'avais trois bonnes raisons de l'entraîner dans ma chute : la première — ignoble, je l'avoue —, c'est qu'il était « l'heureux papa » de Nadège (elle verrait comme il est plaisant d'avoir un père éclaboussé par le scandale ! Aussi agréable que de voir la carrière de son amant brisée) ; la deuxième raison — déjà meilleure —, c'est qu'en 68 l'illustre académicien avait fait campagne contre Kahn-Serval et pour Berton ; la troisième — encore meilleure —, c'est qu'il était coupable. Ou sot. Ce qui revient au même, à un tel niveau.

Comme prévu je tins sur Fortier jusque vers midi et demi : apparemment, son cas gênait mes interlocuteurs autant qu'il m'avait troublée... A midi et demi, songeant qu'il fallait, pour déjeuner, lâcher quelque chose, je feignis tout à coup la lassitude, et convins qu'en effet j'avais compris dès 73 que l'association si recommandable à laquelle je fournissais notices biographiques et fonds publics — en échange de quelques subsides privés — camouflait d'autres activités... Comment l'avais-je compris ? Parce que Madame Kirchner, profitant de ce que je venais d'entrer aux Affaires étrangères, m'avait demandé une note qui ne pouvait être d'aucune utilité à son PAPE officiel (en gros, l'histoire était vraie, mais, comme précédemment, je l'avançais de quelques années). Choquée par cette exigence incongrue, j'avais refusé. « La Cubaine » avait alors tenté de me faire chanter ; prenant peur, j'avais cédé.

— C'est donc à ce moment-là que vous avez accepté de renseigner le HVA ?

— Mais non... Pas le HVA !

— Alors qui ? D'autres « fascistes » que ceux que vous aviez cru deviner d'abord derrière le PAPE ?

— Non... Non, pour l'idéologie, j'étais plutôt rassurée. Le procédé de Madame Kirchner me révulsait, bien sûr, mais...

— Achevez ! Œuvrer pour la Révolution vous plaisait ? Vous retrouviez vos convictions de petite fille, vous rentriez dans le giron de grand-papa, tante Arlette et les autres ?

— Ce n'est pas si simple, Monsieur le Commissaire... Mais, dès lors que de toute façon je n'avais plus la possibilité de refuser ma collaboration, j'aimais mieux travailler pour un mouvement de gauche que pour le général Pinochet !

— Ce qui ne vous a pas empêchée de continuer à vous faire payer !

— Olga tenait à me rétribuer... Mais à partir du moment où j'ai connu la double face de l'organisation qu'elle animait, je n'ai demandé que des sommes ridicules. A cette époque, j'aurais aussi bien pu travailler gratuitement...

— Par conviction idéologique, sans doute !

— Appelez cela comme vous voudrez...

— A combien estimez-vous les sommes perçues pendant cette période ?

J'avançai un chiffre, faible. Je savais qu'aucune police ne pourrait prouver qu'Olga m'avait versé des émoluments plus coquets : grâce à la roulette, je ne m'étais pas enrichie ; quant aux brusques, mais éphémères, mouvements de hausse qui affectaient parfois mon compte bancaire, je les expliquerais, eux aussi, par le jeu...

Je tenais à conserver cette touche idéologique qui, au procès, ferait plus d'impression que la vénalité : on ne redoute pas sérieusement une Christine Keeler (même si ses coucheries font tomber le gouvernement), on sourit des Mata-Hari (après les avoir fusillées, naturellement) ; sur l'oreiller la haute trahison tourne en basse gaudriole — le duvet, sans doute... Puisque j'étais passée par le lit de Fervacques, il valait mieux que j'y sois entrée sans mollesse, cuirassée d'idéalisme, bardée de certitudes, le couteau entre les cuisses.

— Même s'il s'agissait de sommes modestes vous avez bien dû, Madame Valbray, vous interroger sur la « raison sociale » de votre commanditaire ? Votre amie Olga ne vous a jamais parlé de la RDA ?

— Non... Pas de manière explicite... J'ai bien compris qu'elle recevait une certaine aide de... de l'Est.

— Quelle perspicacité !

Dûment « cuisinée », j'admis tout de même avoir rencontré un certain Pavel et racontai notre entrevue à la gare de Lyon.

— Et Pavel, selon vous, Madame Valbray, c'est un prénom plutôt... américain ? Français ? Espagnol ? Italien ?

— Non... Non, bien sûr...

— Il évoque quelle sorte de pays pour vous ?

— Je ne sais pas, moi... La Bulgarie, peut-être... ou la Russie.

Là, le commissaire éprouva un instant d'intense émotion : il souleva ses lunettes. Je crus même qu'il les ôterait pour les essuyer, mais son émoi n'alla pas jusque-là...

— Voyons, Madame Valbray, seriez-vous en train de m'expliquer que vous ne pensiez pas travailler pour le HVA parce que vous croyiez — en toute innocence, cela va de soi ! — travailler pour le KGB ?

— Non... Vous me faites dire ce que je n'ai pas dit !

— Nous sommes là pour ça ! Bon, reprenons vos affirmations successives : Madame Kirchner vous cache l'identité de vos employeurs. Je veux bien. Aux renseignements qu'elle vous soutire vous comprenez néanmoins qu'il s'agit de la gauche, enfin d'une certaine gauche, celle qui opère à l'Est... Mais la très discrète Cubaine ne mentionne jamais le HVA. Admettons encore. Cependant, elle vous fait rencontrer un dénommé Pavel, lequel vous félicite de ce que vous lui apportez. Et ce prénom de Pavel, vous le reconnaissez vous-même, évoque quoi pour vous ? La Russie. Que dois-je en déduire ? Mettez-vous à ma place, que dois-je en déduire ?

Rien d'autre que ce que je voulais qu'il en déduisît... Sous sa belle chevelure argentée j'entendais fonctionner son petit ordinateur portatif : premièrement, à ne considérer les choses que sur le plan des intentions, j'étais encore plus coupable que la Direction ne l'avait espéré et, en tâchant de me défendre, je m'enfonçais ; deuxièmement, si l'on revenait des intentions à l'action, on devait maintenant envisager qu'Olga Kirchner eût apporté, au début des années soixante-dix, sa collaboration aux services soviétiques... Il fallait au plus vite compléter l'enquête dans cette direction : que l'ombre d'Ivan le Terrible et du Goulag planât sur l'affaire réjouissait déjà nos limiers ! J'y avais compté...

Cependant, dans un premier temps le commissaire se garda d'insister. Fidèle à sa technique d'interrogatoire — deux pas en avant, un pas en arrière —, il revint sur les « biographies », cette peccadille : combien, en dix ans, avais-je fourni de ces petits portraits ?

J'en avouai cent cinquante. En fait, je ne crois pas avoir dépassé la cinquantaine ; mais Pâques, lors de son procès, en avait reconnu plus de deux cents ; une saine émulation me porta à multiplier mes péchés par trois pour rester dans une proportion crédible...

Nous terminâmes cette longue journée en nous attardant sur les informations diplomatiques que j'avais pu passer (au HVA ? au KGB ? Nous ne cherchions même plus à le préciser) dans les premiers mois de mon affectation aux Affaires étrangères comme attachée de presse, puis comme conseiller chargé des actions culturelles à l'étranger. Bribe par bribe, je me laissai arracher des aveux mensongers ; mais, si disposée que je fusse à exagérer ma culpabilité, mes attributions d'alors ne me permettaient pas d'aller loin... Pour réconforter les inspecteurs et les garder en appétit, je reconnus que Madame Kirchner était un peu déçue par le matériel que je lui apportais. « Heureusement, ajoutai-je, je suis devenue plus opérationnelle quand se sont nouées entre Monsieur de Fervacques et moi des... des relations plus intimes. »

A la mine réjouie des bébés policiers, je compris qu'ils

étaient enchantés de me voir confesser cette liaison dont ils avaient entendu parler, sans parvenir à des certitudes.

— Etes-vous devenue la maîtresse de votre ministre de votre plein gré ? interrogea brutalement le commissaire.

C'était la question que j'attendais.

— Monsieur de Fervacques est un très bel homme, aucune femme ne peut éprouver de répugnance à...

— Ce n'est pas ce que je vous demande, Madame Valbray.

— Bon... Il me semble — si c'est ce que vous voulez savoir — que Madame Kirchner m'avait suggéré...

— Suggéré, ou ordonné ?

— Suggéré... avec fermeté. Elle pensait qu'étant donné les mœurs de Monsieur de Fervacques il ne serait pas difficile à une jeune femme de... Ce ne fut pas difficile, en effet.

— A partir de quel moment vos rapports ont-ils changé de nature ?

— A l'occasion d'une conférence Est-Ouest. A Dubrovnik. En Yougoslavie.

L'idée de reporter en arrière, et vers l'Est, le début de notre liaison venait juste de me traverser l'esprit, mais elle me paraissait d'autant meilleure que le voyage en tête à tête que nous avions, Charles et moi, effectué de Dubrovnik à Vienne confirmerait ce mensonge. Aussitôt d'ailleurs, le commissaire mordit à l'hameçon :

— C'est Madame Kirchner aussi qui vous avait « suggéré » le lieu ?

— Oui... Elle pensait que, loin de ses habitudes, Monsieur de Fervacques serait plus accessible. Et puis, nous logerions dans le même hôtel. Enfin, le climat de la côte Dalmate...

— Très bien vu. Sans compter ce détail auquel, certainement, ni Madame Kirchner ni vous n'aviez songé : la Yougoslavie est à l'Est, et une chambre d'hôtel peut y être, comment dire, « équipée »...

— Equipée de quoi, Monsieur le Commissaire ? De micros, de caméras ? C'est ridicule ! Je ne sais pas si vous avez l'intention de me reprocher maintenant d'avoir travaillé pour les services yougoslaves après les services est-allemands, mais je vous répète que je ne connais ni les uns ni les autres.

— Pardon, j'oubliais : vous ne connaissez que le KGB !

Je haussai les épaules :

— Je vous rappelle que la Yougoslavie ne fait même pas partie du Pacte de Varsovie !

— Exact. Mettons donc que si notre ministre des Affaires étrangères est devenu votre amant dans un pays de l'Est, c'est une coïncidence...

Il était comblé. Moi aussi car, lorsque Charles serait entendu, on lui rapporterait mes propos : à la date près, il apprendrait que je n'étais entrée dans son lit que « sur ordre » et qu'il avait pris pour une amoureuse éperdue une espionne en service commandé...

Troisième jour.

Toujours ourdir, toujours tramer, toujours bluffer. Mentir — mais sans s'éloigner de la vérité —, résister — mais en feignant de s'effondrer —, craquer — mais en faisant mine de se défendre : malgré une nuit quasi normale passée sur le bat-flanc d'à côté, cette comédie commençait à me fatiguer. Surtout, je sentais maintenant monter de ma jupe, de mon chemisier, ma propre odeur et elle me dégoûtait : c'était celle d'une personne qui vit le jour dans une pièce trop chauffée et dort la nuit tout habillée, sans avoir pu prendre un seul bain ni changer de linge depuis cinquante heures.

Quand je vis le commissaire, rasé de frais, qui arborait une cravate bleue à paramécies rouges (celle de la veille était rouge à rognons bleus), c'en fut trop : j'exigeai des vêtements propres, qu'on irait chercher chez moi.

— Et puis quoi encore ? ricana un des inspecteurs.

— Mais que craignez-vous ? Que je dissimule un microfilm ou une capsule de cyanure dans l'ourlet de ma jupe, dans la doublure de mon soutien-gorge ? Si vous me les rapportez vous-même, ces habits, vous aurez tout loisir de les passer aux rayons X — et même au laser, si ça vous chante —, alors ?

Alors, ils avaient seulement décidé d'accélérer le processus de ce qu'ils devaient déjà appeler, entre eux, « mon écroulement ». J'étais d'autant plus mécontente que, d'ordinaire, ils cédaient aux caprices des suspects dès qu'ils avaient fait preuve d'un peu de bonne volonté : pour encourager l'un dans la voie des confidences, on finissait par le laisser fumer ; à cet autre on procurait l'alcool qui achèverait de lui délier la langue ; on était même allé un jour jusqu'à réquisitionner un curé, parce qu'un espion avait prétendu qu'il ne pourrait pas parler avant de s'être confessé !

Je veux bien être maltraitée dans l'équité ; mais l'injustice me révolte : j'informai mes tourmenteurs que je ne signerais plus aucun de leurs P-V. Quant à causer... Ils durent se contenter pendant trois heures de « oui » et de « non » laconiques ; et moins d'acquiescements, d'ailleurs, que de dénégations... Vers onze heures, fatigués, ils me laissèrent aller aux toilettes.

« On ne demande pas "les toilettes", Christine, m'avait autrefois expliqué mon frère. "Toilettes" fait petit-bourgeois. "Vécés", "chiottes", "cabinets", "waters", c'est populaire, irrémédiable, mais franc : avec des idées sociales, on peut l'accepter — en se bouchant le nez... "Petit coin" ou "petit endroit", c'est pire : populaire mais distingué, genre papier-cul parfumé... Mais "toilettes", alors là, c'est le comble ! L'euphémisme de la rombière, de l'huissier à rosette, ou du garçon de restaurant qui remplace "amuse-gueule" par "amuse-bouche" et finira par nous parler des "derrières de bouteille" !

— Qu'est-ce qu'il faut que je dise, alors ? "kawa", comme ta Balmondiàre ?

— Tu demandes à te "laver les mains", c'est tout... »

Le souvenir de cette conversation me fit sourire : si j'avais demandé ici à me « laver les mains », on ne m'y aurait certes pas autorisée ! Que je périsse asphyxiée par la saleté, c'était précisément leur projet ! Mais, craignant pour leurs tapis et leurs fauteuils, « les toilettes », ils toléraient avec deux gardes, postés de chaque côté de la porte. D'habitude, ces « gros bras » me conduisaient au fond du couloir, mais cette fois, l'endroit étant occupé, ils m'emmenèrent à l'étage au-dessus ; et là — miracle ! — je découvris que le réduit comportait un lavabo. Vite, j'en profitai pour m'asperger le visage, me laver les bras, puis, mue par une impulsion soudaine, j'ôtai mon slip et mon chemisier, et les frottai sous le robinet avec le peu de savon liquide que je parvins à extorquer à une machine récalcitrante. Après quoi, je sortis avec autant de dignité que mon costume sommaire le permettait : pour le bas, extérieurement rien de changé (j'avais gardé ma jupe), mais, en haut, je ne portais plus que le soutien-gorge. Mes deux gardes écarquillèrent les yeux ; je leur montrai les vêtements trempés que je tenais à la main :

« J'ai fait ma petite lessive...

— Rhabillez-vous ! me jeta sans aménité l'une des brutes.

— Je ne remettrai pas du linge mouillé », dis-je avec le sourire, courtois mais ferme, d'une dame qui n'échangerait pas son baril d'Ariel contre deux Super-Skip, « mais, bien sûr, vous pouvez me rhabiller de force », et du bout des doigts je leur tendis mon slip roulé.

Le manuel du parfait enquêteur ne comportait pas d'instructions pour ce type de situation : les deux automates me ramenèrent dans le bureau du commissaire, où je fis, je dois le dire, une entrée remarquée. « Eh quoi ? » lançai-je aux inspecteurs qui restaient muets (mais pas aveugles), « vous n'avez jamais vu une femme en bikini ? Je suis d'ailleurs plus convenable que les baigneuses des plages, puisque je ne montre même pas mes genoux... », et d'un pas tranquille je marchai jusqu'au radiateur sur lequel, non moins tranquillement, j'étendis mon corsage et ma petite culotte. « Demain, expliquai-je au commissaire avec enjouement, comme mon slip sera sec, je pourrai laver ma jupe... »

J'étais ravie de ce mouvement d'humeur qui conforterait les responsables de la DST dans l'idée que j'étais une « dure à cuire ».

A la seule pensée que je pourrais « enlever le bas », le robot-en-chef céda : il n'était pas question de me « restituer mes effets personnels » (ainsi parlait l'administration), mais on me demanda ma taille ; et une heure plus tard, une inspectrice m'apporta du linge neuf. Pour prouver que j'avais moi aussi des usages, je signai sur-le-champ le dernier procès-verbal :

— Maintenant, je vais répondre aux questions que vous m'avez posées sur les notes diplomatiques fournies à Madame Kirchner. Mais auparavant, quoique je répugne à abuser de votre gentillesse, je souhaiterais que votre commissionnaire aille encore m'acheter un gant de toilette, une savonnette, une brosse à dents, et un flacon d'eau de Cologne. Pour les douches, je n'ose insister, car je suppose que ces bureaux...

— En effet, chère Madame, lança le commissaire ironique, nos locaux ne comportent pas de salle de bains, hélas ! Ni de jacuzzi...

— Je m'en doutais. Ah, le ministère des Finances n'est pas large pour les administrations techniques ! Mais ne vous inquiétez pas ; avec le petit matériel que je viens de vous commander, je me débrouillerai très bien pour me laver en pièces détachées... Chez ma mère, à Evreuil, nous n'avions pas de salle de bains non plus : l'évier me suffisait.

Ainsi la journée se termina-t-elle plus gaiement qu'elle n'avait commencé, d'autant que, dans la soirée, le commissaire aux lunettes carrées fut relevé. Son remplaçant était plus rond, presque jovial. Il ressemblait à ces moines hilares qu'on voit sur les boîtes de camembert, ou à ces curés de campagne patinés par les ans auxquels on a confessé tant de crimes qu'ils éprouvent de l'indulgence pour le pécheur ordinaire — celui qu'on blanchit avec un demi-chapelet. On s'attendait à l'entendre demander, mi-résigné, mi-égrillard : « Combien de fois, ma fille ? » Son prédécesseur tâchait de me réduire par la sévérité, celui-ci m'absolvait avant que j'aie parlé — alternance qui devait aussi faire partie des techniques conseillées... L'ennui, c'est que ce nouveau directeur de conscience m'obligeait à répéter ce que j'avais déjà dit à son collègue, mais je suppose que ce manque de coordination apparent n'était pas involontaire non plus.

Malgré ces multiples retours en arrière, nous avancions à grands pas : à ce confesseur compréhensif, respectueux de ma foi communiste et de mon désintéressement, miséricordieux aux délinquants (« Quand ton cœur te condamne, dit saint Jean, Dieu est plus grand que ton cœur », « Quand la DST te pince, semblait suggérer le nouveau commissaire, la Justice est plus clémente que la DST... »), je ne fis guère de difficultés pour parler des nombreux télégrammes du Quai et des diverses notes de synthèse, ultra-secrètes, que j'avais communiqués au PAPE. Je m'étendis même, avec une certaine fierté, sur le rôle que j'avais joué lors des réunions de la grande Commission Franco-Soviétique, insistant au passage sur le fait que si (comme on me l'affirmait maintenant) mes renseignements transitaient par le service est-allemand, ils atterrissaient sur le bureau de nos interlocuteurs soviétiques ! Puis, je rappelai brièvement ma participation à la Conférence de Vienne sur la sécurité et la manière dont les documents occidentaux passaient à l'Est dans un exemplaire du « National Geographic », avec l'aide d'un certain Rudolf.

— J'ai appris, interrompit le commissaire, amical, que dans votre chambre d'enfant, chez vos grands-parents, vous aviez affiché une pensée de Marx : « Les ouvriers n'ont pas de patrie, on ne peut leur ravir ce qu'ils n'ont pas »...

— Je vois que vous êtes bien renseigné. Qui vous a raconté ça ? Nicolas Zaffini ?

Au palmarès de celui-là il ne manquait plus que d'être un informateur intérimaire de la DST !

— Permettez-moi, dit le rondouillard avec un large sourire, de ne pas vous révéler mes sources... Mais laissez-moi vous proposer mon interprétation : reniée par un père qui appartenait à la bourgeoisie, vous avez continué à croire, même après votre légitimation tardive, que votre seule patrie, à vous, petite-fille d'ouvrier, c'était le communisme. D'une certaine façon, en agissant comme vous le faisiez aux Affaires étrangères, puis à la Défense nationale...

— Mais je n'ai rien reconnu à propos de la Défense nationale !

— Sans doute, Madame Valbray, sans doute : un peu de patience, nous y viendrons... Compte tenu donc de votre situation de famille très particulière, en fournissant à Madame Kirchner les éléments qui venaient à votre connaissance vous n'aviez nullement l'impression de trahir. Au contraire ! Au niveau du sentiment, vous restiez fidèle à vos anciennes convictions. Je me trompe ?

Astucieux, l'arrondi, et psychologue en plus ! C'était un confesseur moderne : il avait lu les psychanalystes et disséquait mes motivations exactement comme j'entendais qu'elles le fussent, « au niveau du sentiment »...

— Vous simplifiez peut-être un peu, Monsieur le Commissaire. Mais en un sens, oui, je crois qu'on pourrait présenter les choses comme vous le faites...

— Ce qui m'étonne, tout de même, compte tenu de l'importance des dossiers dont vous communiquiez la teneur aux... aux « autres », c'est que Monsieur de Fervacques ne se soit jamais senti gêné dans ses négociations, qu'il n'ait jamais soupçonné une fuite.

— Oh si ! Très souvent, fis-je avec une légèreté joyeuse.

— Ah ? Souvent ? reprit Sa Rondeur, intéressé.

— Enfin, une demi-douzaine de fois. Au moins !

— Il s'inquiétait ?

— Je ne sais pas si c'est le bon mot... Quelquefois, il s'agaçait, c'est vrai. Mais le plus souvent, comment dire ? il s'amusait. Il n'a jamais alerté vos services, n'est-ce pas ? En tout cas, s'il a bien envisagé un jour de renvoyer quelques chiffreurs, il ne m'a jamais paru désireux de mêler la police à ces histoires. Je crois qu'au fond... il n'était pas mécontent d'être trahi. C'est difficile à expliquer...

— Essayez.

— J'ignore si vous le savez, mais Fervacques est à moitié russe lui-même...

— Pensez-vous qu'il ait pu avoir certains contacts... ?

— Des contacts, non... Mais une bienveillance diffuse. La nostalgie des balalaïkas. Il ne détestait pas jouer des tours au bloc de l'Est et que l'Est lui en joue. C'était une affaire personnelle, vous comprenez ? Un passe-temps à deux — les Français y auraient été de trop !

— Donc il avait décelé une fuite, mais n'a jamais pris aucune mesure...

— Au contraire ! Pour lui, c'était une manière d'« intéresser la partie »...

— Pensait-il que vous pouviez être à l'origine de ces indiscrétions ?

— Certainement pas ! Quoique... Il y a eu la lettre de Christian Frétillon...

Je racontai comment l'ancien directeur de cabinet de Berton m'avait dénoncée à l'Elysée, non pour mes activités subversives qu'il ignorait, mais pour mes opinions gauchistes ; il prétendait que je jouais double jeu, que j'étais autre que ce que je paraissais, potentiellement dangereuse. La lettre avait été transmise à Fervacques, qui s'était fâché : il avait exigé, et obtenu, de Berton la tête du dénonciateur.

— Sans difficultés ?

— Frétillon a été débarqué le mois suivant. Sans même être recasé.

— En somme, vous vous sentiez protégée par Monsieur de Fervacques ? Vos actions illicites, vous aviez l'impression qu'il les encourageait ? Vous éprouviez l'illusion, je dis bien « l'illusion », d'une certaine... complicité ?

— Non, honnêtement je ne pourrais pas signer un procès-verbal rédigé dans ces termes-là : le mot « complicité » va trop loin. Mais protégée, oui, je l'étais, surtout après l'affaire Frétillon. J'étais sûre que, même si un jour Charles de Fervacques se doutait de quelque chose à mon sujet, jamais il ne me dénoncerait. Mieux : jamais il ne se séparerait de moi.

— Parce qu'il était votre amant ?

— Non. Je ne sais pas si cela comptait beaucoup pour lui : il avait tant de maîtresses ! Toutes, il est vrai, ne supportaient pas ce qu'Olga m'avait conseillé d'accepter, certains jeux, certaines pratiques, dont j'ai parlé avant-hier à votre collègue... Mais le laxisme de mon ministre en matière de renseignement avait, à mon avis, d'autres causes, des causes qui me dépassaient : il existait entre nos adversaires — enfin, mes amis — et lui une espèce de connivence.

— « Connivence », c'est l'expression que vous accepteriez de voir retranscrire ? Pas « complicité », mais « connivence »...

— Oui. A la rigueur...

Pauvre Charles, je le voyais mal parti ! Et la déposition de Frétillon — cette vipère que, sans moi, la DST n'aurait pas retrouvée — n'allait pas, non plus, l'arranger : ceux qui ont la bouche amère ne peuvent pas cracher sucré...

— Je résume donc : bien qu'alerté depuis longtemps par Monsieur Frétillon sur votre véritable personnalité, et conscient que certains documents du Quai d'Orsay passaient régulièrement de l'autre côté, Monsieur de Fervacques n'a pas hésité à suggérer au président de la République de vous faire entrer au gouvernement. Car c'est bien lui, n'est-ce pas, qui a eu l'idée de cette nomination ?

— Oui. En tout cas, c'est ce qu'il m'a affirmé : quittant le gouvernement, il lui fallait trouver un solidariste pour le remplacer. Il a donné mon nom au Président.

— A-t-il aussi fait des suggestions à propos du poste qu'on pourrait vous confier ? La Défense nationale, ce n'est pas le genre d'attributions qu'on abandonne d'ordinaire aux femmes...

Le terme « abandonner » me plut ! Ce flic aumônier, malgré ses grands sourires, était misogyne jusqu'à la moelle, tournure d'esprit aussi répandue dans la police que dans l'Eglise.

— Il est en effet possible, répondis-je, que Monsieur de Fervacques ait fait valoir au Président que me nommer à ce poste-là aurait d'heureuses retombées politiques, que l'initiative plairait aux féministes... Mais je ne sais rien de précis à ce sujet. Sinon que mon ministre m'a annoncé la nouvelle lui-même en sortant de chez le Président : j'étais nommée à la Défense, il en semblait satisfait.

A défaut d'avoir les ailes brisées, « l'Archange » avait déjà les plumes mouillées... J'avais bien employé mes trois premières journées.

Les trois autres nous permirent de compléter le dossier, d'affiner certains aveux. Avec des allers et retours, des réticences qui succédaient à de brusques concessions, je convins peu à peu de tout ce qu'on voulut sur le chapitre de la Défense nationale : les prévisions d'équipement de nos forces, la carte de nos zones radar, le compte rendu de nos exercices militaires, l'estimation de nos services sur le potentiel russe, l'état de nos négociations avec les Américains, j'admis avoir jeté dans les conteneurs de la Peupleraie tout ce que mes interlocuteurs connaissaient déjà (ne le leur avais-je pas soufflé ?), et même un peu plus...

Cependant je soulignai que ces informations, je les avais fournies contre mon gré : l'évolution de la politique soviétique, la révélation de l'ampleur de l'oppression, l'invasion de l'Afghanistan m'avaient progressivement défrisée. Je voulais rompre avec Olga ; mais elle m'avait menacée de représailles physiques, et, quelques jours plus tard, j'avais eu un accident bizarre sur le périphérique... Effrayée, une fois de plus j'avais plié.

— Vraiment ? fit le commissaire, sceptique. Pourtant, jusque dans les dernières semaines, il vous arrivait de relancer votre traitant.

— Moi ? Jamais.

— Madame Valbray, chère Madame Valbray, vous mentez... Nous avons l'enregistrement d'une conversation téléphonique du 24 novembre dans laquelle vous sollicitez d'Olga Kirchner un rendez-vous. Et avec insistance, encore ! C'est d'ailleurs à la manière, fuyante à l'extrême, dont votre traitant a réagi à cette demande que nous avons compris qu'elle se savait écoutée, surveillée. A notre avis, elle cherchait de son côté à vous mettre en garde... Vous ne l'avez pas saisi ? Curieux, une femme dégourdie comme vous... Nous avons tenté d'accélérer le processus, mais l'Autrichienne — une vieille ficelle — nous a faussé compagnie... Seulement, figurez-vous qu'après coup nous avons trouvé votre appel si éclairant que nous nous sommes demandé si, en lui téléphonant, vous ne vous seriez pas, en réalité, efforcée de la prévenir ? N'aviez-vous pas eu conscience d'être repérée, suivie ?

Puisqu'il apprendrait tout par Marcel et Patrick, je fis état des craintes que mon garde du corps avait exprimées ; mais je prétendis n'avoir pensé alors, comme mon « gorille », qu'à la possibilité d'une action menée par un groupuscule extrémiste...

L'aimable père abbé le crut, ou il ne le crut pas ; mais il avait trop à faire maintenant pour s'attarder : il voulait mettre à profit les dernières vingt-quatre heures pour procéder, en hâte, au relevé complet des divers « réseaux » que j'avais fréquentés. La filière gouvernementale, d'abord : comme au foot, Olga passe à Antonelli, qui passe à Fervacques, lequel refile à Giscard ; restait à déterminer leur degré de « connivence » respectif — le juge d'instruction s'en chargerait. Ensuite, le PAPE, considéré en tant que société secrète : éminences grises, Juan Arroyo (selon l'expression consacrée, « déjà connu des services de police »), et Fortier de Leussac (qui gagnerait à en être connu). En troisième lieu, le réseau des « Rendez-vous de Senlis », vivier de recrutement et canal de désinformation : en tête des suspects, Moreau-Bailly qui servait de caisse de résonance au beau Juan (et s'était déjà signalé à l'attention du contre-espionnage avec le faux rapport Jones), et, en queue de peloton, les « suceurs de roue », Catherine Darc et Lionel Berton, qu'il convenait d'avoir à l'œil. Puis venait le cercle plus restreint des professionnels du renseignement, tous couverts sans doute par l'immunité diplomatique, mais qu'il fallait identifier : Pavel, Rudolf, la pseudo-comtesse libanaise... Enfin — et, là, ce fut une trouvaille de dernière minute de mes sympathiques inquisiteurs — les abonnés du réseau terroriste international ; mes fréquents voyages à Rome avaient en effet persuadé la DST que j'étais en contact avec les Brigades Rouges ou quelques-uns de leurs amis... Nos contre-espions ne mettaient plus de bornes à leur imagination ! A leurs yeux, tout se tenait : la bombe qui avait éclaté à Senlis en 68 et pulvérisé un pan de mur capétien (on avait établi ma présence près du lieu de l'explosion — bien sûr, puisque je « nursais » le vieux Chérailles !), Solange Drouet, ma colocataire, qui selon eux, en 73, avait assassiné « sur instructions » le ministre Antonelli, par ailleurs membre d'un des réseaux et peut-être agent double (c'était l'explication que nos Sherlock Holmes avançaient pour justifier cette « liquidation »), enfin mes allées et venues ultérieures entre Paris et l'Italie... J'eus beau protester avec énergie, je ne réussis pas à convaincre ces messieurs que les robes du Centro Storico valaient le déplacement. « Voyons, Commissaire, même pour la vraisemblance vous me chargez trop : agent de renseignement, passe encore, mais terroriste internationale ! » Rien à faire : nous naviguions dans le rocambolesque ; avec leur rage à forcer le trait, ces émules de Ponson du Terrail risquaient de ruiner mon montage.

Je dus m'élever aussi contre l'idée qui leur était venue de me transformer, par-dessus le marché, en championne de la manipulation : ne se figuraient-ils pas que mon rapport sur le Service national — parce qu'il aurait pu entraîner une réduction de nos effectifs armés — m'avait été commandé par Olga ? « Mais non, Messieurs, voyons ! Je ne vous ai pas ménagé ma coopération ; alors, faites-moi confiance ! Je vous assure que ce problème du service militaire se pose réellement, que je ne l'ai pas inventé : interrogez le général Beauregard, mon directeur de cabinet, interrogez l'amiral de Rochetaillade, le général Lafitte... Et les solutions que j'ai proposées, d'autres que moi y avaient déjà songé, d'autres s'y sont associés ! J'ai agi dans cette affaire comme un ministre responsable, et sans que Madame Kirchner y soit mêlée.

— Nous n'avons jamais douté, chère Madame, qu'un agent de votre rang puisse disposer d'une certaine marge d'initiative...

— Mais non, mais non, je vous jure que... Je sais que vous ne me croyez pas, mais j'arrivais parfois à faire mon métier avec probité, j'étais capable de me dissocier. Di-sso-cier ! »

Il était temps que la garde à vue prît fin : un jour de plus, et ils m'auraient accusée de deux ou trois détournements d'avions et d'une demi-douzaine de tremblements de terre, j'aurais couché avec Kadhafi et empoisonné les puits... L'espionne est la version moderne de la sorcière.

Le juge d'instruction auquel on me présenta le septième jour était proche de la retraite : un peu poussiéreux, mais d'un sang-froid rassurant après la surchauffe des dernières heures à la DST. Comme je l'appris plus tard, mon juge avait « fait » vingt ans de Cour de Sûreté de l'Etat — espionnage pour l'Est, espionnage pour l'Ouest, terrorisme breton, terrorisme corse, autonomismes variés et casseurs divers —, il était blasé...

Je lui arrivai les cheveux sales, mais parfumée ; je ferais une prévenue présentable, comme les aiment les magistrats, las d'entendre les inculpés gémir qu'on leur a arraché des aveux sous la torture. Avec reconnaissance et gravité, celui-ci me notifia l'ordre de « mise en mouvement de l'action publique » signé par le Garde des Sceaux, Lionel Berton — qui ne se doutait pas, le cher homme, qu'il jouait à l'arroseur arrosé... Puis il m'exposa en quelques mots les charges retenues contre moi, et m'informa qu'il me plaçait en détention provisoire. Je ne posai aucune question, supposant que je ne pouvais être incarcérée qu'à Fleury.

— Je dois vous informer, ajouta-t-il, que votre famille a fait prévenir Maître Joinisse, qui m'a déjà appelé. Il se tient à votre disposition pour assurer votre défense si vous le souhaitez.

Maître Joinisse était, comme les Indiens Jivaros, un collectionneur de têtes — mais lui collectionnait les têtes sauvées : on ne comptait plus les assassins qu'il avait arrachés au couperet. Si je n'y prenais garde, il était bien capable de me sauver aussi !

Le magistrat perçut mon hésitation : « Bien entendu, vous êtes libre de refuser. Et de me proposer un autre nom. Prenez le temps de la réflexion. »

Je balançai. Un défenseur de la qualité de ce Joinisse saurait peut-être, pour atténuer ma responsabilité, accabler Fervacques et ses féaux ; tour à tour incisif, sournois, caressant, mordant, il ferait oublier mes souillures en traînant « l'establishment » dans la boue. Cependant, quel avocat sensé me soutiendrait encore si j'essayais de compromettre Berton, alors que ce même Berton, dirigeant le Parquet, allait conduire l'accusation ? Un homme aussi averti que Maître Joinisse risquait, au contraire, de se montrer sensible aux arrière-plans politiques et — sous prétexte de me ménager d'éventuels appuis, qu'il négocierait en coulisse — d'adopter une autre ligne de défense : la plaidoirie psychologique. Il insisterait sur mon enfance de bâtarde, étalerait publiquement les désordres mentaux de ma mère, ferait état de mes incertitudes, de mes désarrois ; j'apparaîtrais comme un esprit fragile et comme une victime — victime de mon père et des lois sur les « adultérins », puis de l'infâme Olga qui n'avait pas hésité à alterner manipulations idéologiques et menaces physiques... Bref, le « ténor » nous jouerait « les Deux Orphelines », revues par Le Carré. Tout juste si, dans un procès ainsi mené, Fortier de Leussac ne figurerait pas au nombre des témoins à décharge, et « l'Archange » en témoin de moralité ! Et quand, s'étant placé sur ce terrain, le trop brillant Joinisse m'aurait obtenu les circonstances atténuantes et une condamnation modérée, mon échec serait sans remède : quasi blanchie, je ne pourrais plus rien contre un Fervacques immaculé...

Mieux valait donc que je m'en tienne à ma première idée : choisir un avocat lamentable, que je dominerais, un défenseur si médiocre qu'il laisserait le champ libre au procureur, un bafouilleur enfin dont personne ne s'étonnerait ensuite que, par ses maladresses, il m'eût fait écoper du maximum.

— Monsieur le Juge, je voudrais que vous transmettiez mes remerciements à Maître Joinisse. Mais j'ai déjà pris ma décision : je souhaite qu'on contacte Maître Lebœuf... S'il exerce toujours, bien entendu.

Le magistrat ne put cacher sa surprise : Lebœuf, il ne connaissait pas. D'ordinaire, les prévenus politiques s'entourent des meilleurs éléments du barreau. Inutile qu'ils aient de la fortune ou des partisans : on se dispute l'honneur de les défendre — un procès tapageur est une bonne réclame, et les pires actions font les plus belles causes...

— Lebœuf, dites-vous ? Quelle adresse ?

Je la lui donnai en précisant, pour la vraisemblance, que cet avocat m'avait connue toute jeune, « j'étais encore adolescente... Il me semble que quelqu'un qui m'a fréquentée à cette époque me comprendra mieux. Même s'il n'est plus de première fraîcheur ! »

C'était une maladresse : le juge non plus n'était pas « de première fraîcheur ». Mais il prit la chose avec humour :

— Croyez-en le proverbe, chère Madame : c'est dans les vieux pots qu'on fait les meilleures soupes !

Le finaud devait déjà penser qu'il avait trouvé la vraie raison de mon choix, au premier abord si déconcertant : Maître Lebœuf était membre du Parti, ou, à tout le moins, un « compagnon de route ». Sans doute l'avais-je rencontré quand je militais aux Jeunesses Communistes... En tout cas, il ne serait pas mauvais qu'on le surveillât aussi longtemps que durerait l'instruction.

« J'espère que Maître Joinisse ne se froissera pas », repris-je. Le juge haussa les épaules : un froissement d'avocat !... « Je me demande, d'ailleurs, comment ma famille a pu l'alerter... Depuis six jours, je n'ai eu de contact avec personne. Apparemment, pourtant, quelqu'un a averti mes proches, on les a mis au courant... Qui ? Le Parquet ? Je croyais que pendant cette garde à vue j'étais, en quelque sorte, "au secret"...

— Au secret, chère Madame ! soupira le juge. Mais qu'est-ce qui reste secret de nos jours ? Quand même les fredaines des concierges n'échappent pas aux échotiers, vous pensez bien que l'arrestation d'un ministre !... Ce n'est pas la faute de la police, remarquez : le Parquet général et la Surveillance du Territoire avaient pris les meilleures dispositions — petits effectifs, intervention discrète un jour férié, avec « pont » et réveillon, qui plus est ! On aurait pu espérer quarante-huit heures de tranquillité... Seulement, quand les policiers sont repassés chez vous pour la perquisition, deux ou trois heures à peine après votre interpellation, votre valet...

— Le gardien, peut-être ? Ahmed ? »

Le juge feuilleta ses notes :

« Ahmed, oui. Ahmed El Kaoui. L'ancien harki. Cet idiot avait ameuté la terre entière : des malfrats vous avaient enlevée ! Quand les inspecteurs sont revenus sur les lieux, ils ont trouvé sur le pas de la porte un vrai comité d'accueil : votre garde du corps — Marcel, Marcel May, c'est bien ça ? —, votre frère Philippe, votre directeur de cabinet — le général Beauregard —, et deux ou trois voisins que ce remue-ménage avait tirés de leur lit... A partir de là, Madame, le secret !... Grâce à vous, nos concitoyens ont commencé l'année en beauté : en ces jours de vœux présidentiels ronronnants et de basses eaux journalistiques, vous défrayez la chronique, vous alimentez la polémique, vous faites rêver les amateurs de feuilletons et les lecteurs de romans policiers... Depuis près d'une semaine, la France hivernale vit au rythme d'un thriller : on ne sent plus le froid, on oublie les chocolats — on devrait vous décorer ! Non, trêve de plaisanterie, je suis navré, pour vous et les vôtres, de cette publicité excessive... Bon, maintenant, avant de vous livrer "au bras séculier" », ajouta-t-il en regardant la porte derrière laquelle les gendarmes m'attendaient, « il me reste, à la demande de votre famille, une dernière mission à accomplir... » (Chaque fois qu'il disait « votre famille », je traduisais par « votre frère ».) « On m'a chargé de vous communiquer une mauvaise nouvelle : votre père, l'ambassadeur Valbray, a eu un... un petit accident cardiaque. Il est hospitalisé, à Moscou. Votre demi-frère a sollicité un permis de visite pour vous informer avec précision de son état de santé ; il va de soi qu'étant donné les circonstances je le lui ai accordé : vous le verrez après-demain. D'ici là, je vous souhaite bon courage, Madame. Vous en aurez besoin. »

Il se leva pour signifier que l'entretien était terminé. Je n'osai lui demander ce que mon père avait appris avant cette crise cardiaque, ce que la presse, le Quai d'Orsay lui avaient révélé : seulement mon arrestation ? Ou l'affaire des télégrammes, de ses télégrammes ?

Le vieux juge paraissait pressé. Debout, mais sans quitter son fauteuil, il inclina légèrement le buste pour ne pas avoir à me serrer la main. Cette demi-mesure, qui trahissait la réserve, peut-être le dégoût, me fut sensible.

La porte s'ouvrit, les gendarmes m'encadrèrent, et, avant que j'aie pu comprendre ce qui m'arrivait, l'un d'eux me passa les menottes :

— Mais, fis-je choquée, c'est inutile. Je ne vais pas me sauver, ni me débattre. D'ailleurs, quand les gens de la DST m'ont arrêtée, ils n'ont pas...

— Désolé, Madame, répondit le pandore, c'est le règlement : avant, vous n'étiez qu'interpellée ; maintenant, vous êtes inculpée... Entre la Cour et la maison d'arrêt aucun transfert ne peut être effectué sans menottes.

La porte du bureau, derrière moi, était restée entrouverte ; je revins jusqu'au seuil et lançai vers le juge, qui avait dû entendre la discussion, un regard suppliant.

— Madame, murmura le vieux magistrat gêné, le brigadier a raison. C'est le règlement. Il est rigoureux, mais ne souffre aucune exception.

Trois portes encore, deux couloirs sombres, et soudain,

sur le perron de la cour, une lumière violente qui m'éblouit...

Ce n'était pas le soleil de janvier, mais l'éclat des flashes, des projecteurs — des centaines de flashes, des dizaines de projecteurs ! Machinalement, j'essayai de lever le bras pour me protéger le visage, ce qui eut pour effet de mettre les menottes en évidence. J'étais là immobile en haut des marches, brandissant mes poignets ferrés : les flashes crépitèrent ; « Christine, hou-hou ! », « Christine, regardez par là », criaient les photographes, que mes péchés incitaient à une familiarité dont les policiers s'étaient abstenus ; on se battait pour saisir le meilleur cliché de « l'espionne ». Je fondis en larmes, que je renonçai à essuyer par crainte d'exhiber de nouveau mes bracelets métalliques et leurs chaînes. Il me sembla que j'étouffais, je fermai les yeux... La télévision filma cet effondrement. Il émut quelques âmes sensibles — cette jeune femme, par exemple, dont je devais recevoir la visite quelques semaines plus tard à Fleury et qui devint, au fil des mois et des années, d'une prison l'autre, ma meilleure amie...

Un policier, bouleversé lui aussi, me jeta son blouson sur les bras pour dissimuler mes menottes ; les autres m'entraînèrent aussitôt, en formant autour de moi un bouclier pour me protéger.

Quand je fus installée dans le fourgon, je repris peu à peu mes esprits : je ne m'expliquais pas cette défaillance. La fatigue sans doute, l'annonce de la maladie de mon père, l'horreur d'être enchaînée, mais surtout un passage trop brutal de l'ombre à la lumière : j'avais vécu six jours sous cloche ; à peine tirée de cet abri, je me trouvais jetée en pâture à la meute. Certes, j'avais souhaité déchaîner l'indignation et la curiosité, mais mon succès passait mon espérance...

A y bien songer, d'ailleurs, il n'est pas étonnant que ce déferlement de cameramen et de paparazzi m'ait ébahie : les locaux de la rue Saint-Dominique où était installée la Cour de Sûreté de l'Etat, tribunal d'exception contesté et menacé, étaient d'ordinaire gardés avec la plus grande sévérité. Il n'était pas rare même, comme je le constatai plus tard, qu'on fît surveiller la petite cour d'accès par un détachement de gardes mobiles, équipés de gilets pare-balles et de fusils lance-grenades pointés vers les toits. Si aujourd'hui, malgré le danger, on avait ouvert grand les portes et laissé pénétrer la foule, je devais sûrement cette bonne manière à Lionel Berton...

Ma faiblesse — qui fit la première page des journaux du soir — fut heureusement sans lendemain. Ni dans la suite de l'instruction ni au procès, je ne trahis d'émotions non programmées ; je n'eus même plus, dans le privé, de ces crises de nerfs qui, à Evreuil, les derniers mois, me laissaient exsangue, exténuée. Comme alors, je n'avais pu, dans un premier temps, m'empêcher de pleurer sur le beau plat que je venais de briser. Mais je savais maintenant faire mon deuil des biens superflus et je ne pleurai pas deux fois.

Du reste, j'ai toujours montré plus de force d'âme dans le malheur que dans la contrariété : les soucis m'abattent, les catastrophes me dopent. Non que je sois de ces natures dépressives qui trouvent mieux leurs marques dans les ténèbres, ni de ces âmes romantiques qui s'exaltent au bord des abîmes ; mais je découvris vite dans la multitude des spectateurs qu'on m'imposait — et dont la masse et les appétits m'avaient au premier contact effrayée — une sorte de réconfort. Car nos tragédies nous attirent un public que nous valent rarement nos petits ennuis : objets de l'attention, nous sommes contraints à faire figure — et bonne figure. Ainsi, l'orgueil soutenant mieux que la sagesse, les insensés de mon espèce affrontent-ils avec panache des épreuves dont de plus philosophes sortiraient brisés...

A Fleury, la maison d'arrêt des femmes est toute ronde. Dehors, ni grilles ni barreaux : les grilles sont à l'intérieur (tous les trois mètres, une herse automatique se lève, retombe), et les barreaux sont dans les têtes.

Les cellules font neuf mètres carrés ; elles sont prévues pour deux : lits superposés, armoires doubles, W-C.

On m'avait gâtée : j'étais seule. Je ne savais pas encore que, pour offrir une place à « l'ancien ministre », on avait entassé davantage les autres détenues dans des cellules déjà surpeuplées : trois filles par chambre, et un matelas par terre qu'on enjambe pour atteindre le lavabo.

Au moment où la surveillante en blouse blanche qui accompagnait « la nouvelle » (ainsi dit-on dans les pensionnats et dans les prisons) m'ouvrit la porte numérotée qui donnait accès à mon logis, je lui demandai s'il ne me serait pas possible de prendre une douche ; j'en rêvais depuis une semaine, et la petite trousse « arrivante » qu'on m'avait remise à l'entrée de la Détention — savonnette, peigne, dentifrice, trois doses de shampooing, dix mouchoirs en papier, et trente serviettes hygiéniques — m'avait donné bon espoir. « Pas question », fit « la matonne » d'un ton pincé, « ici les prévenues n'ont droit qu'à trois douches par quinzaine. Ç'aurait été votre tour hier, il reviendra dans quatre jours. »

Je pourrais toujours essayer de me faire un shampooing dans le lavabo...

« Et pour les vêtements, Madame ? Je n'ai rien d'autre que cette robe » (c'était la tenue de rechange offerte par la DST), « j'aimerais qu'on m'apporte une valise de chez moi...

— Ecrivez à l'assistante sociale, elle s'en occupera.

— Ah, je ne pourrais pas moi-même, directement... ? Un coup de téléphone ?

— Il n'y a qu'à la prison de Rennes qu'on autorise un appel par mois. Ici les coups de fil sont interdits... Mais, vu votre ancienne situation — et que vous devez en avoir, des relations ! — vous pouvez essayer d'écrire à la direction pour donner vos raisons, demander une permission exceptionnelle...

— Ecrire ? Ecrire pour téléphoner ! Mais ça prendra un temps fou !

— Le temps, ma pauvre dame, ce n'est pas ce qui va vous manquer, maintenant !

— Et est-ce que... Est-ce que j'ai le droit de fumer ?

— Oui. Si vous avez des cigarettes.

— Justement, je voudrais en acheter.

— Impossible aujourd'hui. Il faut cantiner. Demain on vous donnera le “carnet de cantine” pour commander de la parfumerie, du tabac, des journaux... Vous le remplirez, vous le signerez, on ramasse les liasses le dimanche, on les comptabilise le lundi, et, si votre compte est approvisionné, vous recevrez vos commandes mardi.

— Alors jusqu'à mardi, pas de cigarettes ? Et pour les somnifères, Madame, on peut avoir des somnifères ?

— Oui, si le médecin vous en donne. Dans ce cas je vous remettrai chaque soir votre petite “fiole”. Comme aux autres... Mais à cette heure-ci le cabinet médical est fermé. Et de toute façon, pour voir le médecin, il faut prendre rendez-vous. Ecrivez.

— “Ecrivez”, toujours “écrivez”... Mais je n’ai rien pour écrire, moi ! Il me faudrait au moins un bloc, une feuille...

— Le magasin central vend de la papeterie. Vous n’aurez qu’à commander du papier et des enveloppes quand vous pourrez cantiner...

— Cantiner ? Mais vous m’avez bien dit : pas avant mardi.

— Hé oui, qu’est-ce que j’y peux ? C’est le règlement ! Pour téléphoner il faut écrire, et pour écrire il faut cantiner ! En prison on apprend la patience. La patience, en général, c’est ce qui a manqué à celles qui sont ici... Non, quand même, j’y pense, pour le médecin, vous avez de la chance : vous êtes une arrivante, vous passerez la visite obligatoire demain, prise de sang et cætera... Le toubib vous prescrira des somnifères tout de suite si vous en voulez.

— Donc, j’aurai des somnifères... mais toujours pas de chemise de nuit !

— On ne peut pas tout avoir, ma petite ! »

Epuisée, je m’affalai sur mon lit sans même trouver la force de me déshabiller, ni de me laver les cheveux comme je me l’étais promis : après l’entrevue avec le juge d’instruction, l’assaut de la presse et le transport dans le « panier à salade », les formalités d’écrou avaient achevé de m’épuiser. J’avais dû me dépouiller de mes derniers biens : mon sac à main, mes papiers d’identité, mon argent liquide, et tous mes bijoux ; même le bracelet offert par Charles sept ans plus tôt avait quitté mon bras — on me le rendrait « à la sortie », dans cinq, dix, ou quinze ans... Dommage que je n’aie pas porté, comme Caro, quelques médailles pieuses (Vierge de Lourdes ou « main de Fatma ») ; celles-là, le Code de Procédure pénale m’aurait permis de les garder ! Ensuite, il avait fallu subir la séance de photos : devant l’objectif pas de sourire, mais une planche avec le numéro d’écrou, sur laquelle on appuie le menton. J’avais l’impression d’être une martyre, portant sa tête sur un plat... Mais à qui m’en plaindre, puisque j’étais aussi le bourreau ? Ce que l’homme est capable de se faire à lui-même, dix ennemis ne pourraient pas le lui faire !

La surveillante rouvrit ma porte quelques minutes plus tard et me tendit un morceau de pain et une assiette dans laquelle on avait vidé trois boîtes de maquereaux au citron. « Désolée, dit-elle, les cuisines sont fermées, il ne nous reste rien d'autre... » Je devais apprendre ensuite que, dans les prisons, on dîne vers dix-sept heures trente, comme dans les hôpitaux. Tout, d'ailleurs, avait, à Fleury, un côté « clinique conventionnée » — les murs blancs, les blouses blanches, les néons, les sols plastifiés, le confort sommaire, les repas médiocres, et le silence, troublé par des bruits de ferraille épisodiques (chariots qu'on pousse dans les couloirs, portes qu'on ferme, portes qu'on rouvre).

Je m'endormis. Trois heures plus tard, j'étais réveillée en sursaut par la lumière brusquement rallumée et un claquement métallique — celui de l'œilleton qui retombait. C'était la première ronde ; les surveillantes, pour s'assurer qu'il n'y a eu ni évasion ni suicide, éclairent toutes les cellules et comptent les têtes... Cette incursion policière dans mon premier sommeil me parut aussi agréable que les prises de tension nocturnes que vous infligent à l'hôpital les infirmières sadiques.

J'eus beau me tourner et me retourner, je ne parvins pas à retrouver le sommeil ; d'autant qu'à intervalles réguliers les rondes, avec allumage des plafonniers et chute d'œilletons, recommençaient. Au petit matin je m'assoupis, juste assez longtemps pour être tirée de mes rêves par une sonnerie électrique et une voix anonyme que diffusait un haut-parleur : « Debout, Mesdames, il est sept heures. » Fleury est une prison moderne, tout y est automatisé ; même les ordres n'y sont plus aboyés, mais susurrés dans des micros, genre aéroport, et ce n'est pas « l'œil qui est dans la tombe », mais la caméra...

De toute manière, je n'avais plus qu'à m'y faire. En mettant le feu aux poudres j'avais voulu en finir avec « le vieux monde », celui dont les Canuts de 1830, mes ancêtres, espéraient déjà « tisser le linceul » ; j'avais décidé d'en terminer avec ma période bourgeoise, mon existence d'avant. Une nouvelle vie s'ouvrait devant moi : la vie carcérale...

— Christine Valbray, au parloir !

Au bout de deux jours, j'avais pris, tant bien que mal, le rythme de cette existence où rien ne nous appartenait, ni nos rêves, ni nos actes : devant les portes je ne tendais plus la main vers la poignée — puisqu'il n'y avait pas de poignées ; j'attendais sans impatience qu'on me déposât ici ou là, comme un paquet ; et, entre deux activités obligatoires, j'écrivais aux autorités de l'établissement pour solliciter des permissions — permission de rencontrer l'assistante sociale, permission d'acheter une radio, permission de m'abonner aux journaux, permission de voir le dentiste, permission de m'inscrire au club de gymnastique, ou permission de récupérer ma montre qui m'avait été enlevée par erreur.

On m'avait changée de cellule et transférée, à la demande du juge, dans le quartier d'isolement. Ainsi étais-je certaine qu'on ne m'imposerait aucune compagne de détention, même si le surpeuplement devenait critique. Jusqu'à la promenade que j'effectuais seule dans une cour séparée, pour des raisons de sécurité. Cet arrangement faisait mon affaire : dans les prisons comme dans les couvents, ce n'est pas la solitude qui est à craindre mais la promiscuité ; et comme je ne voyais pas quels secrets d'Etat je risquais d'échanger avec des droguées ou des infanticides, j'interprétais cette mesure de rigueur comme une gentillesse du vieux juge.

Car l'isolement vous dispense au moins d'effectuer en public des actes intimes ; certes, il reste le regard des « matonnes », mais elles sont « de l'autre côté » : transparentes pour nous, comme nous sommes des numéros pour elles. Le quartier de sécurité a, en outre, la réputation d'être calme. Pas de danger de s'y faire racketter par les « caïds » au hasard des déplacements et des ateliers. Avantage appréciable dans mon cas : quelques petites têtes et fortes poitrines n'avaient-elles pas déjà déclaré qu'elles trouveraient drôle de « se farcir » un ancien ministre, qui n'avait pas l'air d'une championne de karaté ? C'est triste à dire mais, malgré ce que racontent les bien-pensants, les individus qu'on trouve en prison ne sont pas nécessairement meilleurs que ceux qui vivent en liberté, et les repris de justice n'ont pas toujours le cœur plus tendre que les honnêtes gens...

C'est avec Philippe que je fis l'apprentissage du parloir : une cabine à peine plus grande que les cabines de déshabillage des radiologues, séparée du couloir où officiait la surveillante par une grande porte vitrée. A l'époque, il n'était pas encore question de « parloirs libres », et les cabines restaient coupées en deux par l'hygiaphone. Derrière cette glace je ne sais sous quel jour j'apparus à mon frère, mais lui me sembla fort défait. Il commença par me donner des nouvelles de J. V. : « l'Ambassadeur » n'allait pas mieux, il allait même très mal ; il n'était pas sorti du coma et les cliniques soviétiques, y compris celles de la nomenklatura, sont si mal équipées qu'on peut tout redouter ; du reste Philippe s'apprêtait à s'envoler pour Moscou en emportant des médicaments inconnus là-bas et, si l'état de J. V. le permettait, il tâcherait de le faire rapatrier par avion sanitaire.

« Hélène n'a pas été capable de se débrouiller toute seule. Compte tenu de la situation, elle se trouve très isolée à l'ambassade. L'atmosphère y est plutôt tendue ! Elle se plaint qu'on l'a mise en quarantaine — du moins le personnel "diploplo", parce que le chauffeur et la femme de chambre se montrent on ne peut plus compatissants, eux... Forcément, hein, puisqu'ils sont du KGB ! Il n'empêche que, pour elle aussi, le choc a été violent : chaque fois que je l'ai au téléphone, elle pleurniche...

— Cet infarctus est arrivé quand ? comment ?

— C'est arrivé quand ton affaire a fait la une, ma petite chérie ! "Son Excellence" a été aussitôt rappelé à Paris, "en consultation" comme on dit... Déjà, la lecture des journaux avait été pour lui une rude épreuve, mais le coup de fil de son ministre l'a achevé. Je ne sais pas ce qu'ils se sont dit, mais il a reposé le combiné, donné des ordres pour son billet d'avion, rassemblé quelques papiers, puis, sous les yeux de sa dactylo éberluée, il s'est écroulé sur son bureau, sans plus de commentaires. »

Compte rendu rapide (la minuterie, derrière nous, nous rappelait sans cesse que nous ne disposions que d'une demi-heure), si rapide qu'il laissait dans l'ombre le seul point qui m'importât : J. V. avait-il appris que j'avais passé ses télégrammes au HVA ? Je ne savais pas ce que la presse avait divulgué, ni ce que le ministre, de son côté, avait pu lui révéler. Pourtant c'était essentiel : si J. V. n'avait rien connu de l'histoire des télégrammes, je me jugeais moins coupable de son malaise... Mais, à dire vrai, il s'agissait autant de mesurer son affection que ma culpabilité : si c'était mon arrestation qui avait bouleversé J. V., je pouvais m'imaginer qu'il avait réagi en père, pris peur pour moi, eu pitié ; si c'était, en revanche, sa propre faute professionnelle qui l'avait accablé, il avait réagi en fonctionnaire, avait tremblé pour lui, ne s'était attendri que sur lui.

Une derrière fois, j'essayais d'éclaircir ses sentiments pour démêler les miens...

Mais mon frère ne put m'être d'aucun secours ; même, il s'étonna que je n'aie pas une idée plus précise de ce qui avait paru sur « l'affaire » :

« En garde à vue, on ne m'informait pas, figure-toi ! Et depuis que je suis ici, je n'en sais pas plus : on n'a pas la télévision en cellule » (elle ne devait être autorisée à Fleury que quatre ans après), « je n'ai pas encore de radio, et pour les journaux je ne pourrai cantiner que la semaine prochaine... Si bien que je reste "dans le bleu" ! Tant pis ! Mais je te remercie pour les vêtements : je suppose que c'est toi qui as demandé à Madame Conan de me déposer un colis ? Je n'aurais pas pu compter sur ma mère pour me rendre ce service-là, et si j'avais dû passer par l'assistante sociale comme on me le suggérait, tu m'aurais vue toute nue ! Il me semble d'ailleurs que ce genre de cabine incite à... Non, tu ne trouves pas ? Tu te souviens de nos strip-teases du Farnèse ?

— Bravo ! Toi au moins, tu gardes le moral ! Après tes sanglots en direct, j'avais peur de te trouver plus atteinte...

— Je prends sur moi, fratello... A propos, pourrais-tu demander à Madame Conan de m'envoyer un ou deux survêtements ? Je vais essayer de faire un peu de gymnastique : on s'ankylose vite entre quatre murs ! »

Il me promit d'appeler ma « nounou » tout de suite, puisqu'il partait dès le lendemain pour Moscou et comptait y rester une semaine :

— Je vais m'occuper du déménagement, aider Hélène à faire les valises, puisque même si J. V. s'en sort, sa carrière diplomatique est terminée : le ministre est obligé de le mettre à la retraite...

— Remarque, ce n'est pas un drame : à un an près... Mais toi, le Quai te laisse t'absenter une semaine entière ? Avec l'entrée de la Grèce dans la CEE, tu dois pourtant avoir du boulot !

— Plus vraiment, non... Je crains, Poussinette, que, pour l'instant, tu ne minimises un peu les retombées de tes actions d'éclat ! A supposer qu'il me reste un avenir, il est ailleurs maintenant : je ne peux pas continuer à servir l'Etat, surtout au Quai d'Orsay ! Depuis une semaine, on ne me communique plus rien — ni notes, ni télex, ni dossiers : tu verrais mon bureau, ma chérie, il est d'une propreté ! Jamais il n'a été si bien rangé ! Le frère de l'espionne, tu penses... Alors, je laisse passer la première vague, j'attends que l'émotion soit momentanément calmée — parce que avec l'instruction et le procès je prévois encore de beaux accès — et, dans un mois, je démissionne en catimini. C'est convenu avec le cabinet.

— Mais où vas-tu aller ?

— Ah, voilà une question que tu aurais bien dû te poser avant d'accepter l'argent d'Olga ! Enfin... Je vais retourner dans le presse-purée, prendre la direction générale des usines Chérailles. Patron de la LM, remarque, il y a des destins plus tragiques ! D'ailleurs ça tombe bien : nos comptes d'exploitation ne sont pas brillants, Catherine parle de vendre l'entreprise en pièces détachées, et ma mère est de moins en moins capable d'assurer le management d'une affaire qui bat de l'aile. Je vais tâcher de redresser la barre : placer des ouvre-boîtes électriques et des essoreuses à salade, c'est aussi exaltant, sûrement, que de rééquilibrer le commerce extérieur de la France ou de négocier l'adhésion du Portugal au Marché commun !

— Comment ta mère prend-elle tout... tout ce qui arrive ?

— Comment veux-tu qu'elle le prenne ? Elle est effondrée ! Toi à la rigueur, elle ferait une croix dessus... Et puis, elle veut bien considérer — parce que je le lui ai répété — que c'est nous qui t'avons jetée dans la gueule du loup, induite en tentation en te présentant des gens dangereux... Mais Olga ! Pense à l'idée qu'elle se faisait d'elle, à leurs vingt-cinq ans d'amitié... Elle n'en revient pas ! Et puis, tout ce qu'on commence à dire et à écrire sur les « Rendez-vous », sur François, sur elle !... Elle n'arrive pas à accommoder, mettre au point, considérer d'un autre œil la moitié de sa vie, bref à en faire « une nouvelle lecture », dirait notre ami Prioux qui, pour l'instant, ne semble pas trop compromis, lui... Un des rares, d'ailleurs, car, pour presque tous les autres, on parle d'auditions par le juge, et même quelquefois d'inculpation : Fortier, surtout, m'a l'air d'être dans le collimateur... Alors, ma mère au milieu de tout ça, c'est barbituriques et tranquillisants, pilules roses et pilules bleues, et tant pis si nous sommes en train de rater un gros marché avec les Monoprix, tant pis s'il y a des menaces de grève dans l'usine de Noyon, tant pis si personne n'est plus capable de définir l'objectif de notre prochaine campagne de pub !... Tu remarqueras quand même que je ne t'ai pas encore demandé ce que tu as fait exactement — je suppose que, dans ce qu'on raconte, il y a beaucoup d'exagération —, mais je voudrais surtout comprendre pourquoi tu...

La sonnerie retentit, me tirant d'embarras : la demi-heure réglementaire était écoulée. Derrière moi, la surveillante ouvrit la porte, Philippe se leva : « Tu n'auras qu'à me communiquer ces petites précisions par lettre, Poussinette. Ecris-moi, lança-t-il en m'envoyant un baiser du bout des doigts.

— Philippe, je ne pourrais pas, eus-je le temps de lui souffler. Tout le courrier des prisonniers est censuré.

— Alors c'est moi qui t'écrirai. De Moscou. Pour te donner des nouvelles de J. V... »

J'attendis ces nouvelles sans angoisse excessive : Philippe ne m'avait pas paru trop inquiet ; j'oubliais qu'il est d'un naturel optimiste...

Ces premières semaines, de toute façon, j'étais fort occupée à aménager ma vie de prisonnière de manière à pouvoir la faire durer : j'avais obtenu l'autorisation d'aller à la bibliothèque, d'emprunter des livres ; on m'avait même permis de garder quelques ouvrages personnels dans ma cellule, à condition qu'il s'agît « de livres nécessaires à la vie spirituelle ». C'est de cette époque que date ma découverte de la Bible et du Coran — j'aurais aussi bien lu les œuvres complètes de l'Eglise de Scientologie ou du Révérend Moon plutôt que de regarder toute la nuit le mur d'en face ! Car, malgré les somnifères que le médecin avait accepté de m'ordonner, et les boules Quiès que j'avais cantinées, je continuais à dormir peu ; je ne m'habituais pas aux rondes. Dans la journée, je ne me sentais guère mieux — rêveuse, inattentive, irritable. Ne pas pouvoir dominer mon emploi du temps m'exaspérait : sans cesse les convocations à Paris du juge d'instruction (avec menottes, fourgon, fenêtres grillagées, et tribunal encombré de gendarmes) dérangeaient mes plans. J'avais dû renoncer au club de gymnastique, auquel il m'était impossible de me rendre régulièrement ; en revanche, on m'obligeait à me promener deux fois par jour sous la neige ou sous la pluie à l'heure où j'aurais aimé faire la sieste...

J'appris la mort de mon père un matin. En principe, le

courrier n'est distribué que dans la soirée ; mais quand une lettre contient une mauvaise nouvelle (ce dont la direction est informée avant nous puisque toute la correspondance est ouverte et lue), on nous la remet dès le matin — à l'heure où le cabinet médical fonctionne encore...

Philippe m'assurait que J. V. n'avait pas souffert : les médicaments étaient arrivés trop tard, et il n'avait pas repris connaissance ; d'ailleurs les médecins russes n'étaient bons à rien, à Paris on l'aurait sauvé, il ne fallait surtout pas que je me croie responsable... Me sentais-je responsable ? Mon père restait dans la mort ce qu'il avait été pour moi dans sa vie : une énigme.

Son cœur s'était-il arrêté parce qu'on avait emprisonné son enfant, ou parce qu'il était compromis ? Avait-il craint pour moi, ou pour lui ? Etait-il mort en altruiste ou en égoïste, de chagrin ou de honte ? Je ne pouvais répondre, et cette incertitude me fut d'abord plus douloureuse que sa perte. Ou plutôt sa perte ne me fut sensible que dans la mesure où elle rendait cette incertitude définitive ; je n'aurais plus d'occasions de l'interroger là-dessus, ni de lui poser ces questions qui m'avaient toujours brûlé les lèvres et que je repoussais, retardant sans cesse le moment de les formuler : « Pourquoi nous as-tu abandonnées ? » Je n'aurais pas, non plus, la moindre chance de lui dire que je l'aimais, au cas où ce sentiment serait devenu vrai... La seule chose qui me semblait certaine, de quelque manière qu'on prît le problème, c'est qu'il était mort pour ne pas avoir fait avorter ma mère en 44, « sur la table de la cuisine, à Saint-Rambert-en-Bugey »...

Cessant un moment de penser à moi, de penser à lui et moi, à nous deux, j'essayai tout de même d'éprouver un peu de chagrin bénévole : je me rappelai qu'il jouait encore au tennis, qu'il n'avait pas de rhumatismes, qu'il ne manquait pas d'allure en smoking, qu'il adorait Mozart, les peignoirs de soie, les éditions rares, les souvenirs du maquis, les tapisseries de Lurçat, les plages de la mer du Nord, le musée des Offices, De Gaulle, la marmelade d'orange, l'accent d'Oxford et les femmes de Renoir, qu'en somme il aimait la vie et aurait pu en espérer quelques années de bonheur supplémentaire. Ainsi, à force de remémorations, parvins-je à me sentir navrée, sinon profondément peinée... « Navrée », comme une mondaine qui vient de renverser sa tasse de thé sur le canapé.

Affliction superficielle qui, elle-même, ne dura guère : je ne pouvais m'empêcher de penser que, même à considérer la situation de son point de vue (à supposer qu'il pût encore la considérer !), la vie de mon père avait été bien employée et qu'il avait su en profiter. On pouvait pleurer la mort d'un Frédéric Lacroix ; celle d'un Jean Valbray rentrait dans l'ordre des choses : comme ceux du sage, « ses jours avaient été pleins », et son lit n'avait jamais été vide non plus... Ce qui m'amena, d'ailleurs, à constater, non sans une pointe d'ironie, que celle qu'il avait présentée partout comme « sa veuve » était bien sa veuve, en effet ; dix ans de plus, et elle aurait couru grand risque de ne pouvoir porter son deuil...

En fait, alors que je tenais toujours entre les mains les tristes consolations de mon frère, c'est vers mon grand-père que revenaient mes pensées. Je ne l'avais pas tué, lui ; pourtant, sa mort seule m'inspirait des remords. De sa disparition j'éprouvais plus qu'un regret lancinant : le sentiment douloureux de ne pas lui avoir dit tout ce qu'il représentait pour moi, alors que, bien avant sa mort, je m'en doutais déjà... De mon grand-père je passai naturellement à ma grand-mère, et ma tristesse s'augmenta. Quelques mois plus tôt, en effet, quand nous avions dû la placer en maison de retraite et que j'avais aidé Béatrice à ranger ses petites affaires, j'avais trouvé dans son armoire un grand sac rouge et bleu de chez « Tati » où, à mesure que sa mémoire la quittait, elle rangeait ses souvenirs. En dehors de sa fille Arlette, dont elle gardait quelques photos floues, c'était surtout moi qu'elle ne voulait pas oublier : elle avait tout conservé — mes chaussons de bébé, mes carnets de notes de la Communale et mes cartes postales de « colo », mon faire-part de mariage, les photos d'Alexandre dans sa couveuse et les articles élogieux parus dans « la Presse » quand j'avais pris la direction du cabinet des Affaires étrangères ; elle avait même découpé dans « Match » un portrait de Fervacques, et recopié de son écriture appliquée les lettres d'adolescente que, de Rome, j'expédiais à ma sœur. Ainsi avais-je découvert avec stupéfaction qu'elle m'aimait depuis toujours, sans oser me le dire, sans pouvoir me le témoigner — par crainte des fureurs de sa fille, par peur du « qu'en-dira-t-on », ou par souci de « bien m'élever »... A mon tour, je m'étais sentie envahie d'un immense amour, d'une infinie pitié, me rappelant ces nuits de veille où elle rallongeait nos robes trop courtes, retricotait nos vieux pulls, ces dimanches passés à mitonner des sauces, à hacher, farcir, réduire, mijoter, bref ce travail incessant, bourru, acharné, par lequel elle avait remplacé les mots tendres et les baisers. Mais, quand j'avais déniché le sac aux trésors, il était trop tard déjà pour l'assurer que je lui rendais l'affection malhabile qu'elle avait tâché de me donner : elle vivait dans un monde où je n'avais plus accès, où elle ne me connaissait plus. Le malentendu ne serait jamais corrigé, et nos disputes passées se poursuivraient dans l'éternité. Vilaine fille, mauvaise petite-fille, sans cœur, ingrate, je ne serais pas rachetée ; mais au moins, dans l'état où se trouvait ma grand-mère, la douleur de me savoir indigne de la fierté que je lui inspirais lui était-elle épargnée...

Puis, je repensai à Laurence : c'est à cause de sa mort que j'avais fait voler le monde en éclats, mais au fil du temps elle m'apparaissait, curieusement, comme l'une des mortes les moins mortes que j'aie connues — diaphane et distraite, elle avait toujours eu l'air d'une âme. Ma grand-mère, forte en gueule et la main leste, résolument terrienne avec ses hanches lourdes et ses bas à varices, ses haricots de mouton et ses gâteaux de « pain perdu », me semblait déjà, à sa manière, beaucoup plus morte que Laurence...

En tout cas, sur mon père je ne pleurai pas davantage. Si j'en avais été tentée, il me suffisait de me rappeler qu'il avait laissé Nieves mourir seule — pour se protéger. Il ne méritait pas plus qu'on s'attendrît sur son sort que je ne m'attends, le jour venu, à être regrettée de mes contemporains. Nous avions vécu, lui et moi, comme nous l'avions voulu, en suivant nos amours et nos fantaisies, sans nous soucier des conséquences ; ma grand-mère avait raison de répéter, quand j'avais six ans, que j'étais le « portrait craché » du père indigne : les seules qualités que je reconnaissais à « l'Ambassadeur » — parce que je les trouvais aussi chez moi —, c'étaient du sang-froid dans les situations extrêmes, une ténacité confinant à la témérité, et un parfait mépris des conventions ; pour le reste, nous n'avions ni l'un ni l'autre volé nos châtiments respectifs...

Philippe vint encore me voir à Fleury cinq ou six fois : ce qui ne lui était pas facile, car il devait souvent attendre deux heures pour trente minutes de visite.

Depuis Senlis il réglait les questions matérielles qui me préoccupaient, licenciant Madame Conan et Ahmed après les avoir indemnisés et vendant les plus beaux meubles du « Belvédère » afin de constituer une rente à ma grand-mère. Quant à ma mère, que la mort de mon père laissait sans ressources — Hélène seule héritait et pouvait prétendre à la pension de reversion —, il tâchait de lui obtenir « l'aide sociale » et « la tierce personne ». La situation financière des deux infirmes que j'abandonnais derrière moi me tracassait : je pressai Philippe de revendre aussi la maison.

— Ce serait idiot, m'assura-t-il. D'abord parce que, compte tenu de son environnement, tu n'en retirerais pas les frais que tu y as faits. Ensuite, mon Poussinet, tu n'es pas encore condamnée ! Je suis même sûr que dans quelques mois tu seras dehors... Alors, en prévision de ta « réinsertion » (tu vois que j'ai déjà pris le langage de la Pénitentiaire !), autant te garder un toit, un lit et un peu de vaisselle. Quant à l'avocat, ne t'inquiète pas : je le paierai. Ses prétentions ne m'ont pas paru exorbitantes ; compte tenu de sa mince notoriété, le contraire m'aurait étonné !... A ce sujet, Christine, es-tu toujours certaine de ne pas vouloir lui adjoindre Maître Joinisse ? J'ai peur que tu ne t'arrêtes à des considérations financières : Joinisse est plus cher, certes, mais lui aussi je le paierai. Ne crois pas d'ailleurs qu'en te proposant cette aide je te fasse une fleur : que tu sois bien défendue, c'est notre intérêt à tous ! Je veux dire : celui des Chérailles et de leurs amis... Il faudrait pouvoir limiter la casse à Olga, Arroyo et quelques diplomates de l'Est, bref les fuyards et les professionnels. Toi, on te taxerait d'imprudence, de nostalgies marxistes : rien de pendable en somme — du genre « deux ans fermes, trois avec sursis ». Joinisse, bien qu'il n'ait pas vu le dossier, pense que c'est plaidable. Et Berton, que j'ai rencontré — à sa demande — dans le plus grand secret (nous avions l'air de deux conspirateurs, je te raconterai la scène plus tard, quand tu seras sortie d'ici), Berton lui-même insiste pour que nous t'offrions un ténor du barreau. Il doit commencer à se douter que, si nous n'arrivons pas à circonscrire l'incendie, tout ce qui touche à Senlis sentira le roussi. Et Dieu sait si notre Lionel y touche, à Senlis ! Non seulement il y touche, mais il y a « touché »... Si bien qu'il se dit prêt, le cas échéant, à rencontrer Joinisse : à mon avis, il ne te veut aucun mal.

— C'est quand Berton vous veut du bien qu'il faut trembler ! Je n'ai pas oublié la manière dont il était venu proposer son assistance à Kahn-Serval pour les législatives de 68 : il lui offrait tout, son affection, son argent, son temps, ses relations ; après quoi, sitôt qu'il a connu son plan de campagne, il s'est déclaré candidat contre lui ! Un ami rare, ce Berton !... Laisse-moi m'en tenir à Lebœuf, qui n'est ni mon ami ni un phénix de la bonne société ! Il n'est pas génial, mais il n'est pas tortueux non plus : ce serait au-dessus de ses moyens !

— Christine, crois-moi : on a toujours tort de se fier à un âne, même bien intentionné. Rien ne vaut les tigres et les chacals, tant qu'on a la clé de leur cage ! J'avais les moyens de tenir Joinisse. Par ma tante Catherine...

— Ta maîtresse, tu veux dire ?

Toujours gamin, il me tira la langue, mais ne protesta pas.

— Bon, puisque tu le prends sur ce ton-là, je n'insiste pas. Mais tu t'en mordras les doigts ! Ne te figure pas que ton innocence — relative, d'ailleurs — suffira à te protéger : tu as trop d'ennemis pour faire l'économie d'un bouclier !

Dans ces premières semaines il me prenait encore, apparemment, pour un bouc émissaire, une petite fille évaporée dont on avait exagéré la culpabilité, presque une victime. Il n'aurait pas fallu le pousser beaucoup pour qu'il vît dans « l'affaire Valbray » une seconde affaire Dreyfus, où les antiféministes auraient remplacé les antisémites...

Il me parut pourtant qu'il changeait d'avis à mesure que l'instruction progressait. Sans doute Berton l'informa-t-il avec plus de précision des charges qui m'accablaient, des aveux que je réitérais ; peut-être fut-il choqué de voir plusieurs fois sa mère et Moreau-Bailly convoqués par le juge, interrogés, bousculés, malmenés par la presse et boudés par le monde. Quoi qu'il en fût, il s'abrita bientôt derrière le manque de temps (le redressement de la LM l'absorbait) pour me délaisser un peu et s'aligner, avec prudence, sur l'Evangile : « Malheur à celui par qui le scandale arrive... »

Comme il gardait toutefois un cœur de mécréant, il continua de me faire expédier des colis de « douceurs » (du miel, du chocolat, des massepains, des confitures), de ces friandises qu'il fallait cantiner et dont il savait bien que, une fois payés la pension de ma grand-mère et quelques produits de première nécessité, il ne me restait pas de quoi me les offrir. Faute, cependant, de connaître l'ordinaire des ménages français, il ne sut pas doser sa générosité : les sucreries qu'il m'envoyait venaient de chez Hédiard ou Fauchon ; directement de la place de la Madeleine à la maison d'arrêt de Fleury... Une surveillante, outrée de constater que sa vertu et son respect des lois ne lui en rapportaient pas autant, en informa « l'extérieur » — ce qui fit un nouveau sujet d'article pour les journaux, les uns (ceux de droite) réenfourchant le vieux dada des « prisons quatre-étoiles », les autres (ceux de gauche) s'indignant contre les privilèges que « ce gouvernement du grand patronat et de la réaction » instaurait au profit des siens : « Sécurité, répression », exigeait-on d'un côté, « Egalité, fraternité », piaillait-on de l'autre.

Cet incident m'amusa, même s'il tarit ma dernière source de gâteries : Philippe, rendu craintif (et, j'imagine, tancé par Catherine pour son imprudence et ses cachotteries), se borna désormais à régler mon avocat et à verser de petites sommes sur mon compte bancaire — juste de quoi acheter des cigarettes et du parfum.

D'une façon générale, il faut dire que les médias ne m'épargnaient pas. Tant que la campagne présidentielle ne fut pas lancée et que les TGV de la politique restèrent à quai, je parus plus rentable aux journalistes en mal de copie que le monstre du Loch Ness : comme lui, je faisais peur (l'espionne n'est-elle pas le serpent par excellence, celle qui passe un pacte avec l'Ennemi, vend son âme au Diable ?), mais, contrairement à l'épisodique reptile écossais, je faisais aussi plaisir à voir : dragon certes, mais dans un corps d'Eve. On me parait de toutes les séductions et de tous les péchés. J'accrochais les fantasmes, je libérais les refoulés...

« La Presse », surtout, se distingua. Dans le style feuilleton pour hiver enneigé, son directeur, Henri Dormanges, ne cessait d'en rajouter, annonçant chaque soir en encadré le rebondissement du lendemain, du genre « Les folles nuits du "Belvédère" » ou « Un ministre dans les bas-fonds »...

Son imagination m'étonna, mais pas son attitude : Dormanges, bien qu'il eût depuis dix ans troqué son uniforme et ses galons contre des manches de lustrine, était resté de ces « viandards » qui font de la chasse à l'homme leur sport favori. Feignant d'écrire sur le papier, il écrivait sur la peau des autres : comme journaliste, la curée l'excitait ; mais plus encore, sans doute, le fait qu'il m'eût fréquentée. De même que les nominations ne nous rendent jaloux que si nous connaissons le promu, de même, quand un « ami » trébuche, s'acharne-t-on plus volontiers sur lui que sur un inconnu : la haine et l'envie poussent mieux dans l'intimité — Dormanges croyait me connaître assez pour pouvoir me détester... Il n'était pas fâché non plus, je le suppose, de profiter de l'aubaine pour se dédouaner politiquement : du temps où sa mère employait ma grand-mère à des travaux d'aiguille dans son trente-pièces d'Enghien, je l'avais connu bourgeois et respectueux de l'ordre établi ; après 68 je l'avais retrouvé socialiste, animant un cercle de réflexion révolutionnaire dans son hôtel particulier ; en 78 (après les élections), se rappelant soudain sa jeunesse dorée, il avait rebasculé à droite pour renverser son protecteur, Moreau-Bailly, et obtenir des nouveaux actionnaires de « la Presse » qu'on le chargeât de réorienter le journal ; mais en février 81, au vu des derniers sondages, il jugeait prudent de se démarquer d'un gouvernement en perdition et rappelait à longueur de colonnes — mais entre les lignes — qu'il avait tenu le CERES sur les fonts baptismaux, présidé l'une des commissions secrètes du PS, et ne s'appelait pas seulement Dormanges mais « Mandrin » (dans la clandestinité). Tout cela n'empêchait pas bien sûr, comme on le verrait en 86, qu'il ne gardât au chaud la possibilité de redécouvrir un jour qu'il était né dans les beaux quartiers et avait soutenu Giscard huit ans plus tôt... Ses actionnaires, abasourdis mais résignés, le suivaient dans toutes ses volte-face et palinodies par peur de ne plus coller d'assez près aux révolutions de leur lectorat ; mieux, dans cette période délicate, ils se félicitaient d'avoir su choisir un directeur qui avait des œufs dans tous les paniers — un as du non-engagement modulable, un champion de l'adhésion simultanée, toujours « partant » mais jamais avec un aller simple.

Du reste, ses revirements avaient de l'allure, ses reniements et ses coups bas gardaient une grâce que même ses victimes admiraient. Personne, par exemple, ne contournait plus habilement le problème de la fidélité en amitié :

en 80, tout le monde savait qu'il avait été, un moment, l'un des proches du Président au point d'avoir ses « petites entrées » à l'Elysée ; il ne le niait pas, c'eût été maladroit. « Monsieur Giscard d'Estaing a été mon ami », écrivait-il, non sans panache, dans l'un de ses derniers « éditos ». « Je lui dois beaucoup, et nous avons eu plus d'une fois des conversations politiques ou économiques qui m'ont éclairé. Cependant, un journaliste n'a pas le droit de céder à la sympathie, pas même à la reconnaissance : il doit la vérité à son public, quoi qu'il lui en coûte ; quand le bien de la Nation l'exige, il faut qu'il sache s'oublier lui-même, dominer ses sentiments. C'est donc aujourd'hui avec une vraie souffrance que je lui crie : "Monsieur le Président, les affaires, ça suffit !", "Sept ans, ça suffit", "La France est lasse, la France est écœurée, la France est affaiblie". L'instant est décisif, le pays ne peut reculer devant aucune thérapeutique, si pénible qu'elle soit à nos goûts personnels, à nos intérêts. A mon corps défendant je le reconnais et je le dis : seuls les socialistes ont un programme aujourd'hui, seuls ils ont une politique — ne laissons pas périr le malade par crainte de lui administrer le remède ! » Ainsi Henri Dormanges avait-il l'art de transformer la trahison en acte de courage politique. Dans un monde où toute valeur s'inversait il semblait le prototype du héros...

Mais si je comprenais que me traîner dans la boue le servait, que faire mousser mon « affaire » l'arrangeait, que l'occasion d'attaquer Fervacques et de lâcher Giscard était trop belle pour la manquer, je me demandais pourquoi il paraissait ménager Fortier. Pourtant, le pseudo-Leussac, balayé par le scandale, venait de démissionner du gouvernement ; mon juge l'avait déjà entendu à deux reprises, et la plupart des chroniqueurs ne lui faisaient plus de cadeaux. Seul Dormanges cherchait encore à l'épargner ; il gommait même l'existence du PAPE ; à lire « la Presse », si j'avais rencontré Olga Kirchner chez les Chérailles tout s'était ensuite passé sans masque ni intermédiaire : le Programme d'Action Pour l'Europe s'évaporait... Tant de mansuétude m'étonnait !

Comment aurais-je pu deviner que Dormanges avait rencontré l'invisible Nadège — laquelle, délaissant Ravello et quittant ce Fervacques dont le contact brûlait, l'avait convaincu d'user de son influence pour tirer son père de l'ornière ? D'où aurais-je su que, rompant lui-même avec sa fausse princesse di Siena, il avait cru trouver dans la blonde demoiselle de Leussac l'authentique princesse de ses rêves, bref que cet arriviste était en train de tomber amoureux, que ce corrupteur s'éprenait de la pureté — une pureté non moins trompeuse, certes, que la noblesse postiche de Lydia, mais quand tout est truqué les hypocrites eux-mêmes finissent par s'abuser. Ce qui est vrai, c'est que la passion subite qu'Henri Dormanges conçut pour la fille d'un homme momentanément déshonoré (« momentanément » puisque dans nos sociétés médiatiques rien ne dure, pas même la mort qui prend, dans ce paysage sans cesse renouvelé, l'allure réconfortante d'un inconvénient passager), cette passion subite me parut, quand je la connus, à porter au crédit du journaliste (dont j'appris d'ailleurs plus tard quelques beaux traits — par exemple, qu'il consacrait une nuit par semaine à SOS-Amitiés, remontant le moral des malades et réconfortant les suicidés)... Si j'avais été son juge, les contradictions de ce « Mandrin » m'auraient embarrassée, mais, par chance, je ne suis que son peintre ! Quant à la doucereuse Nadège, je me sens moins gênée pour juger de ses actes et des mobiles qui les inspiraient : plus ambitieuse qu'amoureuse, « la jeune fille à l'ancienne » changeait en hâte un tocard pour un cheval bien placé. Certes, Dormanges n'avait pas devant lui un avenir à la Fervacques, mais puisque Fervacques n'avait plus d'avenir...

Car, de ce côté-là, les jeux semblaient faits, la ruine de « l'Archange » consommée : ses auditions comme « témoin » se multipliaient, et, bien qu'édulcoré, le récit de ses frasques réjouissait les échotiers — il ne pouvait plus songer à se présenter, plus songer à convoler, plus songer même à rêver ; ses ennemis qui l'avaient autrefois surnommé « Sliming Cobra » ne l'appelaient plus que « Serpent piteux »... Il ne lui restait qu'à se cacher, s'enterrer — à Sainte-Solène, pourquoi pas ? Là où il n'avait pu trouver deux mètres de terrain libre pour sa fille...

Le 3 février, Jacques Chirac déclara sa candidature.

Je n'ose me flatter que dix lignes anonymes envoyées un jour de colère à la DST aient fait, à elles seules, basculer la majorité du pays, mais je crois qu'elles y ont contribué : pour la droite, Chirac n'était pas un aussi bon candidat que Fervacques ; quant à Giscard, cette nouvelle affaire ne pouvait que le mettre en position difficile, surtout s'il s'agissait d'attaquer les socialistes sur l'éventualité d'une participation communiste au gouvernement. « Ah, daubaient les plaisantins, rien ne serait plus dangereux que de placer des ministres communistes à la tête de l'Etat, en effet ! Mieux vaut y mettre des agents du KGB ! »

Insensible en apparence à la violence des remous que chacune de ses convocations provoquait, mon vieux juge de la rue Saint-Dominique poursuivait l'instruction. Il « entendait » Frédéric Maleville, Yves Le Louarn, Nicolas Zaffini — toute ma vie défilait devant lui. Frétillon y vint aussi : dans mes déclarations j'avais un peu exagéré la précision de la mise en garde qu'il avait adressée à Fervacques et à l'Elysée ; j'espérais qu'il n'avait gardé aucun double de sa lettre et que, ravi de me couler, fier d'avoir manifesté tant de perspicacité, il corroborerait mes dires.

Aux réactions du juge dans les jours qui suivirent sa déposition, je compris que je n'avais pas sous-estimé mon bonhomme : il affirmait m'avoir dénoncée non seulement comme gauchiste, mais comme familière de certains cercles para-terroristes... Ce qui ne m'empêcha pas de continuer à nier tout contact avec les Brigades Rouges italiennes ; je fournis avec franchise une profusion de détails sur mes séjours à Rome, parlai des aristocrates décadents que j'y fréquentais, des antiquaires, des couturiers, des croupiers, donnai des adresses, des noms. Le juge sollicita le témoignage des Fornari et de quelques autres propriétaires de palais ruinés — d'où il ressortit qu'apparemment je disais vrai.

Le magistrat avait l'air déçu de renoncer à cette piste prometteuse — d'autant que, du côté de Solange Drouet, il ne parvenait pas non plus à aller au-delà des présomptions. Pour ma part, je maintenais ma position : j'avais connu cette jeune femme au lycée de Compiègne par hasard, et j'avais toujours ignoré ses activités subversives comme son projet d'attentat.

Ne pas souscrire à tout ce qu'on souhaitait aujourd'hui me faire endosser plaidait, à mon avis, en faveur de la sincérité des aveux que j'acceptais de confirmer ; plus je me défendrais d'avoir eu partie liée avec des cinglés, plus je consoliderais ma stature d'agent n° 1 du KGB.

De toute façon, l'instruction me semblait plus reposante que la garde à vue, et j'y jouai mon rôle avec facilité. Maître Lebœuf m'assistait : débordé par l'ampleur de la tâche, il soufflait comme un phoque et s'épongeait le front dans de grands mouchoirs à carreaux. Il était poussif et présomptueux, ignorant, sale et laid — bref, comme avocat d'une cause perdue, je le trouvais parfait...

Jusqu'à la fin mars, le juge avait mené l'instruction tambour battant ; début avril, son zèle tiédit, les convocations s'espacèrent, les poursuites s'alanguirent, les auditions cessèrent : les socialistes avaient toujours annoncé qu'ils supprimeraient la Cour de Sûreté de l'Etat si leur candidat l'emportait ; or les chances de François Mitterrand devenaient de jour en tour meilleures. Si le nouveau Président respectait ses engagements, toutes les procédures seraient annulées, et reprises devant d'autres juridictions ; plutôt que d'accomplir un travail inutile, les magistrats de la Cour firent le gros dos en attendant le résultat des élections.

Près de 52 % des voix se portèrent sur le candidat de la gauche.

Le 10 mai au soir, on vit Dormanges prendre la Bastille chez Bofinger en cherchant furieusement sous la choucroute des têtes à couper. Philippe, qui était allé attendre les résultats au QG giscardien, sortit dès 19 h 55, quand on rendit publique la fourchette de pourcentages qu'indiquaient les ordinateurs ; le chauffeur de la LM, déférent et casquetté, l'attendait dans la rue ; sans un mot d'explication, mon frère le pria de descendre, le fit monter à l'arrière, et, prenant le volant, le ramena dans son HLM d'Aubervilliers : « C'est la révolution, ou ce n'est pas la révolution ? » finit-il par lancer au brave homme éberlué. « Voyez-vous, Gaston, mieux vaut que je m'y fasse tout de suite : à quelle heure dois-je prendre Monsieur demain matin ? » Le 13, le Premier ministre présenta la démission de son gouvernement, et les religieuses chez lesquelles mon fils Alexandre, quittant les Oratoriens, venait d'entrer demandèrent à tous les enfants de « prier pour la France »... Le 16, la voyante de Charles se plaignit dans un journal d'être débordée : du matin au soir, on la consultait sur les meilleures dates pour faire passer de l'argent en Suisse... Le 21, la foule massée sous la pluie place du Panthéon réclama au nouveau Président sur l'air des lampions « Mitterrand, du soleil ! » — autant demander la lune... Mais n'est-ce pas justement ce que leur promettaient les candidats à la députation qui, à partir du 22 (le Parlement ayant été dissous), se mirent en campagne ?

Le même jour, Henri Dormanges fut nommé secrétaire d'Etat à la Communication et Jean Hoédic Garde des Sceaux ; le nouveau Garde annonça aussitôt le dépôt d'un projet de loi « portant suppression de la Cour de Sûreté de l'Etat ». Le lendemain, les solidaristes de Fervacques rejoignaient l'UDF de Giscard et le RPR de Chirac dans « l'Union pour la Nouvelle Majorité », qui présenterait un candidat unique de la droite dans les trois quarts des circonscriptions.

Alliance tardive qui n'empêcha pas les socialistes, déjà installés à l'Elysée, d'investir le Parlement en juin : des urnes sortirent deux cent quatre-vingt-cinq députés de gauche qui débarquèrent au Palais-Bourbon avec des chemises rouges et l'accent de Carcassonne. Dans les premiers temps ils portaient aussi des barbes, taillées sur le modèle Karl Marx, ou hirsutes, à la Fidel Castro, mais bien vite le poil s'éclaircit — l'air de Paris... En quelques mois on passa de la barbe au collier, du collier au bouc, du bouc à la mouche, et de la mouche au menton rasé, certains gardant tout de même, comme preuve de leurs anciennes convictions, une ombre de moustache... Pour l'heure, à ce que rapportaient les journaux, les huissiers de l'Assemblée, déconcertés par cette invasion de poilus, s'affolaient : ignorant que sous la Troisième République on pouvait être à la fois notaire et barbu, ils regrettaient les visages glabres comme l'ultime marque d'une civilisation disparue... Et que dire des cols roulés, qui les jetaient dans la consternation, ou de cette jeune députée qui osait se présenter dans l'hémicycle en pantalon ? C'était bien la révolution !

Parmi les nouveaux élus socialistes dont « le Monde » publiait la liste figurait, non moins barbu que les autres, mon ex-mari. Frédéric Maleville représentait la circonscription d'Etampes : mes ennuis et ses malheurs l'avaient servi ; aux élections il avait joué « la Femme du Boulanger » — en plus blond, plus « cadre sup » et plus sexy ; et le peuple, ému, s'était senti une fois de plus de la sympathie pour « le cocu ».

Du côté des sortants réélus, je vis, avec moins de plaisir, que Fervacques était repassé. Ainsi, malgré le scandale et le raz de marée adverse, son fief avait tenu bon : il avait bien raison de prétendre qu'il restait du chouan chez ses

Bretons — pour eux, un prince demeurait un prince, quoi qu'il fît... Le mouvement solidariste lui-même s'était moins mal comporté dans la tourmente que je ne l'avais espéré : d'Aulnay avait battu le rappel, resserré les rangs, et, mettant à profit l'ampleur de la victoire socialiste aux Présidentielles (et le désarroi des autres leaders de droite), avait négocié au mieux les désistements législatifs réciproques avec le RPR et les giscardiens. Du coup, le « parti » de « l'Archange » retrouvait vingt-cinq députés — pas de quoi, certes, se goberger ni constituer un groupe autonome comme dans les législatures précédentes, mais, s'il ne s'agissait que de trouver ailleurs la poignée d'élus qui leur manquait, j'avais assez souvent vu à l'œuvre Fervacques et sa banque pour savoir que, tôt ou tard, ils y parviendraient. Certains journaux n'affirmaient-ils pas déjà que Fabien d'Aulnay, triomphalement réélu, s'y employait ?

« Méfiez-vous de d'Aulnay, m'avait dit autrefois un rédacteur politique, on le prend pour un bon con, mais il n'est ni bon ni con... » Ce faiseur d'opinion était de ces intellectuels blasés qui aiment à se donner des émotions en renversant les jugements courants : « Michel-Ange, s'écrient-ils un jour, quel prodigieux miniaturiste ! » Pour ce perpétuel ennuyé, ravi de sortir des sentiers battus et de prendre les idées à rebrousse-poil ou à contretemps, « d'Aulnay le Con » cachait un esprit supérieur, machiavélique ; bien entendu, il se trompait. Mais quant à savoir si, chez Fabien, la bonté l'emportait sur la bêtise, ou le contraire, je n'aurais pu me prononcer ; je savais seulement qu'il était fidèle, d'une fidélité d'homme lige, dont Fervacques continuait à abuser. En outre, comme, à l'exception du rédacteur, la terre entière tenait Fabien pour un parangon de vertu, « l'Archange » se retranchait provisoirement derrière cette candeur, et, mettant son vassal en avant, l'utilisait comme prête-nom pour gérer son « fonds de commerce » en attendant le moment où il pourrait en reprendre la direction...

Si bien qu'à regarder les choses de près, en faisant abstraction des injures, du bruit, des lazzis, mes manœuvres n'avaient retardé Fervacques que de sept ans. Je l'avais ramené où je l'avais pris : député solidariste de Sainte-Solène, président du Conseil régional de Bretagne, il intriguait, comme en 74, pour donner à son petit mouvement le statut d'un groupe parlementaire indépendant... Privé de ministère et perdu de réputation, il gardait encore deux citadelles — Sainte-Solène et le solidarisme — dont « l'affaire Valbray » n'avait pu le déloger et d'où, le jour venu (dans un septennat ou deux), il repartirait à la conquête du Pouvoir. Car l'essentiel dans la défaite, c'est de ne pas tout lâcher, de conserver un bout de rocher (l'île d'Elbe pour Napoléon, Saint-Pierre-et-Miquelon pour De Gaulle, ou Chamalières pour Giscard), un titre, un morceau de territoire qui, si petits soient-ils, vous confèrent une légitimité, vous donnent une nouvelle base de départ.

Fervacques avait donc perdu sept ans, mais, jusqu'à maintenant, rien de plus : c'est beaucoup pour un homme politique qui vieillit, c'est peu pour une femme qui a tout sacrifié à sa vengeance. Je devais regarder en face cette cruelle vérité : j'avais réduit « l'Archange », je ne l'avais pas tué. Cependant, pour l'achever, je pouvais encore compter sur mon procès et la publicité désastreuse qui en résulterait.

Malheureusement, il fallait patienter : dans l'immédiat la polémique post-électorale reléguait mon affaire au second plan. Il régnait sur le pays une atmosphère de guerre civile et de Restauration ; on aurait pu dire, comme en 1815, que « les uns établissaient leurs prétentions sur ce qu'ils avaient tout fait, les autres rien depuis vinq-cinq ans »... A chaque coup de balai l'ancienne majorité gémissait : « Nos places, nos places ! » comme un avare pleure sa cassette, tandis que les nouveaux venus, se targuant de leur inexpérience, s'abritant derrière leur ignorance, se faisaient un fort de leurs faibles. On se laissait séduire par leur ingénuité d'émigrés, leur fraîcheur d'exilés de l'intérieur...

Toute cette agitation (qui nous parvenait assourdie par les murs de Fleury), je ne la considérais qu'en fonction de l'objectif que je poursuivais : la nomination d'Hoédic, par exemple, m'avait comblée. Sans doute ne serait-il pas pour moi un ministre de la Justice plus clément que Lionel Berton ; mais, outre que son arrivée rendait ce même Berton vulnérable (sa fonction ne le protégerait plus des poursuites), je pensais que le jeune maire de Trévennec aurait à cœur de compromettre Fervacques autant qu'il se pouvait ; depuis l'affaire d'Armezer, il poursuivait en effet « l'Archange » d'une haine vigilante... La seule ombre au tableau, c'est qu'on disait déjà qu'il ne resterait pas longtemps à la Justice, qu'il allait partir aux Nationalisations pour céder sa place à Robert Badinter, un avocat plus apte que lui à obtenir l'abolition de la peine de mort.

Si Hoédic lâchait les Sceaux, je perdais un atout maître car l'arrivée d'Henri Dormanges au gouvernement était loin de me promettre d'aussi vives satisfactions : chargé de la Communication, lui ferait n'importe quoi, au contraire, pour étouffer l'affaire et protéger Bertrand Fortier. Or, nommant les présidents de chaînes, il contrôlait maintenant la télévision, dont j'aurais besoin pour le retentissement de mon procès. Déjà on sentait sa poigne : à peine arrivé, il avait fait une charrette de tous les P-DG, chefs de rubrique et présentateurs, n'épargnant que quelques dactylos... De mauvais esprits avaient trouvé la purge un peu forte, des voix s'étaient même élevées contre le limogeage du président de Radio-France, Enguerrand de Caylus, notre ancien ambassadeur en Hollande, que mon père estimait beaucoup et dont j'avais eu moi-même l'occasion d'apprécier l'attitude courageuse lors d'une prise d'otages ; placé ensuite à la tête de la Radio nationale, il semblait y avoir donné satisfaction, mais on le renvoyait aujourd'hui « à l'écurie » pour caser un certain Santois, vaguement cousin du petit Dormanges. Qu'on mît en avant ce lien de parenté pour critiquer son choix rendit d'ailleurs le nouveau ministre furieux. « La Presse », dont il n'avait lâché les rênes qu'en y gardant des relais, attaqua aussitôt Caylus avec la dernière violence : non seulement c'était un malpensant, un être dont tout, depuis le jargon Quai d'Orsay jusqu'aux ongles manucurés en passant par l'œillet à la boutonnière, faisait un suppôt de la réaction, un symbole de l'Ancien Régime, non seulement il était incompétent, mais en plus il n'appartenait pas, comme il le laissait croire, à l'illustre famille des Caylus-Caylus : pis qu'un giscardien, c'était un homonyme ! Et « le Matin » de renchérir : « Ce Caylus-là est un Caylus récent, et, si son titre de baron est authentique, il convient de préciser qu'il n'est que baron d'Empire ! » In cauda venenum... Est-ce à dire que, si sa noblesse avait remonté aux Croisades, le gouvernement socialiste l'aurait promu ?

On le voit, si les têtes des vaincus tombaient, les têtes des vainqueurs s'égaraient.

Dormanges, cependant, continuait son petit ménage, et, tout en maniant le balai, n'oubliait pas la brosse à reluire : dans l'espérance de remettre Fortier de Leussac bien en cour avant que ne s'ouvrît ce procès Valbray qui risquait d'être aussi celui de l'académicien, il avait poussé le vieillard à publier au lendemain du 10 mai un article euphorique où, critique avisé, il comparait le style des discours du nouveau Président à César, Claudel, Shakespeare et Chateaubriand... A ce train-là, vu son âge, il risquait quand même de s'essouffler, et devait regretter l'heureux temps de sa jeunesse où, solidement appuyé sur le catholicisme et le vers régulier, ces deux piliers de la société, il pouvait mépriser les emballements politiques et les modes littéraires.

Le 4 août 1981, on supprima la Cour de Sûreté de l'Etat, comme, cent quatre-vingt-douze ans plus tôt, jour pour jour, on avait aboli les privilèges... Je perdis mon juge. Mon affaire fut renvoyée devant le Tribunal Permanent des Forces Armées.

Là, comme je l'avais prévu, on reprit la procédure à zéro. Les magistrats venaient de l'Armée ; militaires, ils siégeaient en uniforme ; seul mon juge d'instruction était un civil, détaché. Mais tout civil qu'il fût, ce jeune homme croyait devoir à sa nouvelle fonction de s'intéresser exclusivement à la protection de la Défense nationale. Aussi m'interrogeait-il à longueur de séances sur les renseignements que j'avais fournis au HVA à l'époque où j'occupais les fonctions de secrétaire d'Etat. Il revint aussi à l'idée — déjà émise par la DST et consignée dans les procès-verbaux à titre de suggestion — que mon rapport sur le Service national avait été téléguidé : adopté, mon projet n'aurait-il pas eu pour effet de réduire notre puissance de feu de cinquante pour cent ?

A chacun sa marotte : mon juge d'avant, impressionné par les bombes bretonnes et les fusillades corses, était bien, lui, un obsédé du terrorisme ! Mais pas plus que je n'avais cédé sur les Brigades Rouges, la « machine infernale » de Senlis, ou Solange Drouet, je ne fléchis sur le chapitre de la désinformation et du service civique : si j'avais écrit des bêtises, elles étaient de mon cru. Puis, avec douceur, j'entrepris de ramener le jouvenceau vers les questions diplomatiques, où j'acceptais de plaider coupable autant — et plus ! — qu'on le souhaitait. Ce qui me paraissait important en effet, c'était de bien orienter l'instruction. Car si, par suite de dérapages successifs, le procès se trouvait ensuite axé sur les seules fuites militaires, le PAPE disparaîtrait du paysage, et la moitié de ceux que je voulais impliquer se retrouveraient à l'écart du soupçon.

Pas Fervacques, de toute façon : de quelque côté qu'on abordât la question — Affaires étrangères ou Défense nationale —, le soutien qu'il m'avait apporté l'accusait. Il semblait d'ailleurs renoncer à nier la plupart des faits que, comme en passant, j'avais mis en évidence dès mes premières dépositions. Comment aurait-il pu ne pas reconnaître qu'il avait nommé sa maîtresse directeur de son cabinet, puis écarté la mise en garde de Frétillon, choisi mon père pour le poste de Moscou, et incité le président de la République à me prendre dans le gouvernement — « A la Défense, pourquoi pas ? Ce serait une idée originale... » Tout au plus pouvait-il plaider l'inconscience, la légèreté ; c'était précisément ce que ses ennemis lui reprochaient : « Compte tenu des idées qui sont les siennes, je ne puis croire Monsieur de Fervacques complice », assurait dans une interview l'ancien Premier ministre, trop souvent victime des bons mots de « l'Archange », « mais je me demande si en politique on n'avait jamais poussé aussi loin l'irréflexion et la désinvolture... »

Fervacques donc restait sur la sellette : la presse mentionnait chacune de ses auditions, et si « notre » affaire ne faisait plus la « une » elle alimentait encore la chronique.

Ainsi signalait-on (entrefilet en page intérieure) que le « petit juge » avait entendu — à titre de témoin — Lionel Berton, qui n'était plus qu'un député de l'opposition, ou « Madame Catherine Darc, en tant que propriétaire de la moitié des parts de l'entreprise LM » (il devait s'agir de la filière bulgare des jeux électroniques). On reparlait aussi — surtout dans « la Presse » (délicate attention de Dormanges !) — d'une éventuelle inculpation de François Moreau-Bailly comme agent de désinformation.

En dépit de ces petits succès, je voyais bien que la Justice n'était plus aussi pressée de boucler l'instruction qu'à l'époque où je relevais de la Cour de Sûreté : le nouveau gouvernement avait sans doute donné des instructions pour faire traîner. Si, un an plus tôt, le scandale était tombé à pic pour empêcher les giscardiens d'attaquer l'Union de la Gauche au nom de la sécurité de l'Etat, maintenant que les communistes siégeaient au gouvernement il devenait inconvenant de rappeler l'omnipotence du KGB... Mais cette lenteur, ces incertitudes, si elles m'agaçaient comme « prévenue », servaient ma vengeance : je me rappelais que Fervacques m'avait confié, à propos de l'affaire Weber, que, pour un homme politique, une instruction interminable, à laquelle son nom se trouve régulièrement mêlé, est la pire des plaies — mieux vaut une condamnation rapide, un apurement des comptes qui permette de repartir sur nouveaux frais, un éclat après lequel les ragots s'apaisent et l'oubli fait son œuvre...

Comble de malchance pour lui, en juillet 1982 le Tribunal Permanent des Forces Armées fut, à son tour, supprimé ; on renvoya mon affaire devant la Chambre d'accusation de Paris, qui me renvoya devant la Cour d'Assises, laquelle nomma un autre juge d'instruction, et l'on trissa dans la bonne humeur convocations, interrogatoires, procès-verbaux, auditions des uns, auditions des autres, et confrontations de tous... Certains de ceux qui, comme moi, furent inculpés dans ces années-là d'« intelligence avec des agents d'une puissance étrangère », et entrèrent au même moment dans cette mécanique judiciaire déréglée, n'attendent-ils pas encore leur jugement ?

De cet allongement imprévu des délais, j'étais contente de penser que « l'Archange » souffrait plus que moi : ce n'était plus une épine au pied qu'il avait, plus même une vilaine blessure qui s'envenime, mais une maladie qui s'installe, devient chronique, et peut-être incurable...

Depuis près de deux ans maintenant, j'étais à Fleury, « en détention préventive ». Ce provisoire durait ; mais j'avais réussi tant bien que mal à aménager ma vie.

Par malice ou par ignorance, mon deuxième juge d'instruction — celui des Forces Armées —, pour lequel je n'éprouvais pas une grande sympathie, m'avait sortie de l'isolement ; je devais donc partager mes promenades et ma cellule. Ma pudeur en fut d'abord mortifiée ; mais le directeur de l'établissement avait bien choisi ma compagne, une greffière inculpée d'escroqueries dénotant autant d'audace que d'imagination ; pour la conversation c'était toujours mieux qu'une prostituée ou une droguée en manque. L'ex-auxiliaire de justice avait aussi une culture juridique qui ne me fut pas inutile, et d'excellentes manières : nous parvînmes vite à nous arranger pour ne pas nous gêner — le matin, quand elle travaillait à l'atelier (où l'on utilisait ses compétences en lui faisant fabriquer des « Kikis » en peluche), j'utilisais le lavabo et les « toilettes », et l'après-midi, lorsqu'elle n'était pas au club d'aérobic ou de peinture sur soie, je débarrassais la cellule pour me rendre aux convocations de mes juges successifs ou aider la bibliothécaire dans ses tâches.

Ce travail était un autre cadeau du directeur, flatté d'avoir une pensionnaire aussi illustre qu'accommodante ; quand l'aide-bibliothécaire précédente, une institutrice charmante qui avait assassiné son mari, fut jugée et envoyée à la centrale de Rennes, il m'attribua sa place, tirant argument de ce que j'avais été professeur...

Mon rôle était simple : mettre une blouse bleue, recevoir nos habituées (dix pour cent de l'effectif), les conseiller, et remplir des fiches ; tâche qui se trouvait encore facilitée par les goûts particuliers des dames de Fleury : celles qui lisent ne lisent guère que des romans d'amour et des romans policiers, avec une prédilection bien naturelle pour la série de Bellemare, « Quand les femmes tuent »... Mais, outre que j'avais plaisir à bavarder avec cette élite des détenues, je pouvais pendant quelques heures lire moi-même tout ce que je voulais : un bonheur qui ne m'était plus que rarement accordé ! Sans doute l'invisible — et bienveillant — directeur y avait-il pensé ; il devait aussi savoir que, pour me meubler l'esprit, je n'avais plus beaucoup de visites ni de courrier.

Philippe n'était pas revenu me voir, et ses lettres se faisaient rares : il devait maintenant être persuadé de ma culpabilité et m'en vouloir de l'avoir dupé. Néanmoins il continuait d'approvisionner mon compte bancaire, le 15 et le 30 de chaque mois : peut-être avait-il donné des ordres à l'un de ses ordinateurs et les avait-il oubliés ?

Saint-Véran ne m'avait jamais rendu visite ; tout juste m'écrivit-il deux ou trois fois, en termes sibyllins, pour me prodiguer de vagues encouragements. Les socialistes lui avaient retiré la présidence de Beaubourg pour y nommer l'ancien directeur des Arts Plastiques, qu'ils croyaient plus proche d'eux ; rendu à la « vie civile », Thierry m'annonçait qu'il travaillait à un nouveau roman — mon arrestation aurait-elle constitué le choc salutaire que Courseul croyait nécessaire à son « ressourcement » ? Il ne me donnait pas de détails...

Sovorov m'écrivait plus souvent que lui, et plus longuement, sans toutefois que je puisse me méprendre sur la nature de sa charité : Alexis adorait se choisir des correspondants de qualité, et envoyait à la terre entière des lettres dont il était en général si satisfait qu'il en gardait des copies ; il les collait dans des albums et, comme un herbier ou une collection de papillons, les faisait volontiers admirer aux tiers. Je ne crois pas, en revanche, lui avoir vu conserver les réponses... Si bien que lorsqu'on recevait l'une de ces missives, tournées tantôt en exercice de style, tantôt en méditation spirituelle, on ne savait jamais à qui elle s'adressait (au destinataire, ou à lui-même ?), ni s'il était indispensable d'y répondre. Ses lettres étaient à une correspondance véritable ce que la masturbation est à l'amour : l'occasion d'un épanchement, pas d'un échange... Cependant, dans l'abandon où je me trouvais, j'étais contente de recevoir ce courrier et j'y répondais avec ponctualité : il m'écrivait pour se faire admirer, je lui écrivais pour m'occuper.

De temps à autre, je recevais aussi un colis. Il venait de Trévennec ou de Sainte-Solène. L'expéditeur était toujours le même : Madame Conan. Le paquet arrivait sans un mot d'accompagnement, et à ce qu'il contenait — de la lingerie un peu coquine, des marrons glacés, le dernier modèle de peigne soufflant pour brushing, ou un flacon de pétales de roses séchées pour embaumer ma cellule — je devinais que, dans ce commerce, Germaine Conan ne servait que d'intermédiaire. J'étais presque sûre que toutes ces bonnes surprises, je les devais à Caro, qui ne s'était jamais manifestée de manière directe. Son silence épistolaire ne m'étonnait pas outre mesure : d'abord, elle restait brouillée avec l'orthographe, ensuite je comprenais que, « fiancée » d'Alban et quasi-belle-sœur de Charles, elle ne pût soutenir une accusée dont les actes s'étaient révélés si dommageables à la famille.

De lettres, de colis, je n'étais donc pas absolument privée, mais les « parloirs » me manquaient. Hormis ceux que la poursuite de l'instruction m'obligeait à accorder une ou deux fois par mois à mon avocat, je ne voyais personne de connaissance ; et nul ne s'inquiétait de mes sentiments, de mes espérances, de ma lassitude... Les rencontres avec

Maître Lebœuf tenaient en effet plus du pensum que du plaisir, et si je me contraignais encore au tête-à-tête avec ce débris du barreau, ce n'était pas pour fignoler ma défense, mais pour avoir des vêtements propres : dans les maisons d'arrêt, à Fresnes, à Fleury, à la Santé, les prisonniers sont logés, nourris, mais pas blanchis ; comme, faute de moyens de séchage, il leur est interdit de faire eux-mêmes leur petite lessive dans le lavabo, ils doivent compter sur leur famille. Ma famille !... Même Béatrice m'avait oubliée ! Par bonheur, moyennant un petit supplément financier, Madame Lebœuf se chargeait de faire laver mon linge à l'extérieur et de me le renvoyer ; l'avocat convoyait les paquets. Facteur : c'était son meilleur rôle...

Les seules vraies visites que je recevais étaient celles de cette jeune femme inconnue qui s'était présentée à mon premier juge comme une de mes familières, et, amie du vieux monsieur, en avait obtenu un permis de visite. A la vérité, je crois qu'elle connaissait un peu mon frère... Pardonnez-moi si, en parlant de vous, je dis « elle », mais à Fleury vous n'étiez encore à mes yeux que cette étrangère énigmatique, cette Françoise J. dont je comprenais mal les motivations, mais qui m'apportait, avec l'air du dehors et les nouvelles du monde, le mélange d'oxygène et de gaz délétères dont je vivais.

D'une certaine manière cette femme était mon dernier contact humain ; et si, à cette époque, nos conversations restaient superficielles, si je ne m'y livrais guère, je sentais qu'au moins elle ne me jugeait pas, je devinais même qu'une fois passé le premier mouvement (où la curiosité le disputait à la pitié) elle commençait à m'aimer.

A elle, et elle seule, j'osai bientôt raconter à travers la vitre du parloir mes petites misères de prisonnière : l'ennui, la privation de sommeil, et les vexations des promenades collectives. Depuis que j'étais sortie de l'isolement en effet, certaines détenues, apprenant que j'avais été ministre, m'injuriaient à chaque tour de cour : « Salope, pouffiasse, c'est le gouvernement qui nous fout en cabane, tu vois comme c'est marrant, hein, pétasse ! On en chie, mais fais-nous confiance : toi aussi, tu vas déguster ! » ; et pour me prouver qu'elles ne parlaient pas en l'air, elles cherchaient à me pincer, me bousculaient, m'avaient même, malgré mes coups de griffe et mes protestations, volé un blouson ;

les surveillantes distraites, ou fâchées elles aussi contre ces gouvernements qui les payaient trop mal, laissaient faire...

Ce que Françoise J. ignorait pourtant, c'est que, dans mon malheur, je gardais quelques satisfactions : ainsi, en novembre 82, appris-je par une petite annonce parue dans le carnet mondain de « la Presse » qu'Henri Dormanges, ministre de la Communication, avait épousé Mademoiselle Nadège de Leussac « dans l'intimité » — un mariage, à mon avis, bien assorti... Ainsi Fervacques avait-il définitivement perdu sa sylphide.

Grâce aux lenteurs de l'instruction, « l'Archange » voyait aussi de jour en jour s'amenuiser ses chances de redémarrer — ce n'était plus sept ans maintenant qu'il avait perdus, mais huit, mais neuf... Il semblait d'ailleurs en avoir pris son parti. Pour le moment il avait renoncé à reconstituer un groupe parlementaire autonome : ni l'honnêteté reconnue de Fabien d'Aulnay ni l'argent de la Spear n'avaient suffi à décider de nouveaux députés à lier leur sort à celui d'un homme aussi menacé — ils attendaient la suite... Ignorant lui-même ce que le procès lui réservait, et l'écho qu'il rencontrerait dans l'opinion, le maire de Sainte-Solène était passé, par prudence, de l'Assemblée nationale au Sénat ; fin 82, l'un des sénateurs de son département ayant, comme par hasard, démissionné (ce qui empêchait son suppléant de le remplacer), Fervacques s'était présenté à ces « partielles » ; si le procès devait connaître un grand retentissement, mieux valait en effet qu'il appartînt à une chambre élue au suffrage indirect (les notables amortissent les chocs) et eût devant lui neuf ans de mandat garantis, au lieu des trois qui lui restaient à courir comme député.

Ainsi voyais-je peu à peu se dessiner sa stratégie : après Sainte-Solène et le mouvement solidariste, il était en train de se faire du Sénat un troisième bastion... Une fois installé au Palais du Luxembourg, sûr d'y occuper une position inexpugnable, il avait d'ailleurs recommencé à lâcher quelques-unes de ces plaisanteries insolentes et gamines qui lui permettraient de figurer dans les pages politiques plutôt qu'à la rubrique judiciaire. De nouveau, on lui était reconnaissant de faire rire. Toute la presse de droite s'était réjouie, par exemple, de l'incident qui l'avait opposé à Pierre Mauroy quand celui-ci était venu au Sénat présenter sa loi sur la décentralisation aux Antilles : Fervacques tentait d'intervenir de son banc pour critiquer les nouvelles dispositions législatives, mais son micro marchait mal ; « Je ne vous entends pas, Monsieur de Fervacques », s'était exclamé le Premier ministre, qui — profitant de la situation délicate dans laquelle mon affaire plaçait son adversaire — avait ironisé à l'intention du public des galeries : « C'est à peine si je vous vois, vous disparaissez derrière vos collègues, on dirait que vous rentrez sous terre, vous vous faites tout petit, là-bas, dans le fond...

— Eh oui, avait lâché l'autre d'une voix de stentor, je me fais tout petit, je préfère ! Parce qu'avec votre manie de nationaliser ce qui est grand !... » Eclat de rire général.

« Monsieur de Fervacques ne sera jamais Premier ministre », avait commenté, aigre-doux, l'un des ministres socialistes en quittant le banc du gouvernement, « mais il peut encore postuler pour l'emploi de bouffon du Roi ! »

Mon procès commença le 18 février 1983 — j'avais fait vingt-six mois de « préventive », comme n'importe quel voleur de pommes...

A l'époque je ne sus pas ce qui avait poussé le gouvernement à renoncer brusquement à ses procédés dilatoires. Mais, depuis un article du « Monde » de 85, je crois le deviner : il s'agit de l'affaire Farewell et de ses retombées. A la suite de bienheureux hasards, notre DST avait en effet bénéficié depuis deux ans de la collaboration régulière d'un des plus hauts responsables du KGB, surnommé « Farewell ». Dans l'espoir de nuire à un régime qu'il abhorrait, cet agent double n'avait pas hésité à faire passer à l'Ouest trois mille documents « Soverchenno Sekretno » émanant de sa Centrale ; documents qui avaient permis d'évaluer l'effort produit par les services d'Andropov pour pénétrer le dispositif occidental, et de dresser une liste de deux cent cinquante « taupes » en activité dans les pays de l'OTAN. Cette découverte était une aubaine pour notre gouvernement : en informant aussitôt les Américains, en leur communiquant même les noms des agents soviétiques qui opéraient outre-Atlantique, les socialistes rassuraient nos alliés et leur prouvaient que la présence de ministres communistes n'altérait pas la détermination française à lutter contre la puissance russe : il ne fallait pas confondre coalitions électorales et intérêts stratégiques. Mon jugement, inopportun tant qu'il risquait de rappeler aux Américains que le PS avait — non moins que les giscardiens — introduit des loups dans la bergerie, devenait urgent au contraire, s'il achevait de rassurer Reagan et sa clique sur la fermeté du nouveau pouvoir.

Deux faits me semblent confirmer a posteriori la pertinence de cette analyse : c'est au moment même où s'ouvrit mon procès que le président de la République donna son feu vert pour l'expulsion de quarante-trois « pseudo-diplomates » soviétiques. En outre, je fus frappée qu'on s'abstînt, pendant les débats, de faire allusion aux télégrammes de Jean Valbray, dont la DST croyait pourtant qu'Olga détenait les doubles. Pourquoi ce silence sur un élément souvent évoqué au cours de l'instruction et que l'accusation aurait dû exploiter contre moi ? Par égard pour la mémoire de mon père ? Sûrement pas ! Mais, depuis les révélations de Farewell, on savait que le télex de notre ambassade à Moscou était piégé ; et si précis qu'eussent été la « lettre anonyme » et mes aveux, le Parquet n'était plus aussi sûr que Madame Kirchner ait obtenu ces papiers par moi...

En me rendant au Palais de Justice, j'ignorais encore ces petits mystères, mais je me sentais heureuse d'en finir, soulagée en tout cas de ne pas avoir à resservir les mêmes couplets à un quatrième juge d'instruction ! Certes, je connaissais mon rôle de mieux en mieux, mais rien n'est plus dangereux que la routine : on se laisse distraire, on risque de « se couper »... J'arrivai au tribunal dans l'état d'esprit d'un étudiant sérieux qui affronte son concours de fin d'année : inquiète, intimidée, incertaine d'amener les examinateurs où je voudrais, mais sûre de n'avoir fait aucune impasse et contente de penser que, dans quelques jours, je serais en vacances.

L'importance de la foule massée devant les grilles, et le déploiement des forces de police autour et à l'intérieur du Palais, me prouvèrent que je faisais de nouveau recette : la politique intérieure semblait « en veilleuse » depuis quelques jours ; ce n'étaient pas les élections régionales à La Réunion, ni celles des chambres d'agriculture, qui pouvaient mobiliser les médias ; au contraire, la récente déclaration de Gromyko rejetant « l'option zéro » (qui impliquait la suppression des euromissiles à l'Est comme à l'Ouest) et le regain de tension autour de l'implantation des SS-20 soviétiques avaient redonné un coup de fraîcheur à mon affaire.

La Cour d'Assises — beaucoup de journaux l'avaient souligné — allait me juger en formation spéciale : pas de jurés populaires, mais un jury exclusivement composé de magistrats professionnels. Par ailleurs, on avait informé les chroniqueurs judiciaires et le public que, lorsqu'il serait question de documents intéressant la sécurité extérieure du pays, les débats auraient lieu à huis clos. Aux journalistes que cette mesure indignait (et qui faisaient remarquer, non sans bon sens, que les secrets en question n'étaient plus des secrets puisqu'ils avaient été communiqués à nos ennemis) le président de la Cour avait répondu, olympien : « Ce n'est pas parce que la baignoire fuit qu'il faut enlever la bonde... »

En entrant dans la salle, j'eus un mouvement de recul : il n'y avait que des hommes — gendarmes, juges, avocats, journalistes —, et en prison j'avais perdu l'habitude de vivre dans un monde masculin.

Même le public (parce que les places étaient « chères » et n'avaient pu être obtenues qu'à l'influence) était, aux quatre cinquièmes, composé de messieurs : ne sont-ils pas les seuls à occuper d'éminentes fonctions ?

Pour ne pas rougir comme une nonne fourvoyée dans un train de permissionnaires, ni trembler comme une conductrice des années trente à qui le moniteur demande, le jour du permis, si elle va pouvoir distinguer la marche arrière de la marche avant, je dus me rappeler que, depuis l'adolescence, je n'avais cessé d'être jugée par des hommes : professeurs de faculté, inspecteurs de l'enseignement, collègues des cabinets, rédacteurs en chef, ministres, policiers, tous ou presque appartenaient au « sexe fort » ; et si j'avais été parfois leur alibi, j'étais toujours restée leur otage, consciente de vivre parmi eux en intruse, de n'être entrée dans leur monde que par effraction ou par erreur. Jusque dans les victoires qu'ils voulaient bien saluer, dans les applaudissements qu'ils me consentaient, je demeurais prisonnière de ce mensonge.

Mais finie l'imposture ! Dans le box des accusés, j'étais maintenant à ma vraie place : eux du bon côté, moi du mauvais, eux en gris, moi en jaune canari. Et la conscience de tenir enfin un emploi (la barbare, la métèque, la coupable) que personne ne me disputerait, de ne plus avoir à craindre d'être dénoncée, rejetée, le sentiment d'être libre, fût-ce entre les quatre murs d'une cellule, me donnaient des forces neuves pour affronter l'adversité.

D'autant que ce ne serait pas la première fois que, arguant de ma faiblesse auprès des puissants, et flattant la forte encolure des mâles régnants, je les conduirais comme il me plairait. Aujourd'hui, il ne s'agissait que d'obtenir qu'ils me condamnent : comment aurais-je pu échouer ?

Un prétoire est un théâtre : aux seigneurs de la presse et aux princes de la robe j'étais décidée à jouer, pendant ces quelques jours d'audience, le personnage qui leur paraîtrait le plus vraisemblable — morale incertaine, mobiles incompréhensibles ou douteux, « continent noir », bref une femme, et de la pire espèce : non pas la bonne épouse, la bonne mère à laquelle on aurait pu trouver des circonstances atténuantes, mais la coureuse, l'envoûteuse, l'empoisonneuse, la traîtresse.

En face de moi, mon meilleur allié : le procureur. Lebœuf me l'avait dépeint comme une terreur, un violent décidé à requérir le maximum. « Attention, il reviendra plusieurs fois sur les mêmes sujets, tâchera de vous embrouiller, n'hésitera pas à enfoncer le clou ! » Avec son menton en galoche et son nez retroussé, il avait en effet l'air d'un marteau. Quant au reste, point ennemi de l'enflure : marchant avec emphase, agitant ses manches avec grandiloquence, la mèche déclamatoire et le geste pompeux. Je sentis, au premier regard, que nous éprouvions une même antipathie l'un pour l'autre, et que je pourrais compter sur lui...

A mes côtés, mon défenseur. Lui non plus ne me ferait pas faux bond. Il serait conforme à ce que j'en attendais : larmoyant et dépassé, bafouilleur et désordonné. Déjà il fourrageait sauvagement dans ses dossiers, égarant ses lunettes, cherchant son mouchoir : « Elle va être bien sage, notre petite accusée, hein ? Elle ne va pas contredire son avocat, ni faire d'esclandre, au moins ? » me glissa-t-il, anxieux, tandis que la Cour prenait place. Dans l'émotion, il recommençait à me parler sur le mode bêtifiant qu'il avait adopté quand j'avais seize ans, et à utiliser cette troisième personne qui semblait s'adresser par-dessus ma tête à un accompagnateur invisible — plus mûr, plus responsable — qui saurait répondre de mon obéissance et se porter garant de la bonne exécution de ses ordonnances... Son haleine empestait l'anis ; il avait dû absorber un petit remontant avant de faire son entrée : comme un comédien débutant auquel on vient de confier un rôle écrasant, il avait le trac.

Je ne rapporterai ici ni le détail des dépositions ni les multiples incidents d'audience qui émaillèrent le procès. Disons seulement que le huis clos ne fut appliqué qu'à trois ou quatre déclarations. Il y eut d'abord celle de l'ancien ministre de la Défense nationale, qui, à la demande du président de la Cour, s'efforça d'évaluer l'ampleur des dégâts que mes indiscrétions avaient pu causer au potentiel militaire français ; après quoi il analysa les tenants et aboutissants de la note sur la base d'Hao. Le patron de la DST vint également, devant la même salle vidée de son public, expliquer comment on m'avait prise en chasse, filée, confondue, mais, en dépit de l'insistance du président, il refusa de livrer le nom de son informateur ; il affirma toutefois que ses services surveillaient Madame Kirchner depuis plusieurs années.

« Pourquoi, si les activités de cette dame vous semblaient suspectes, ne pas l'avoir arrêtée plus tôt ? demanda le président, plus familier des crimes passionnels et des hold-up sanglants que de la guerre des ombres.

— Parce que ce n'est pas si simple, Monsieur le Président ! Il faut des certitudes, des preuves, je dirais même "de la chance" ! L'arrestation d'un officier traitant ne peut être que la résultante d'un ensemble de facteurs : surveillance de la cible certes, mais aussi études de dossiers, recoupements, confessions de transfuges, et surtout maladresses de l'agent lui-même ou de ses "contacts". Parfois, faute de mieux, nous sommes obligés de monter des coups en plaçant à proximité du suspect une "chèvre", un agent d'approche, collaborateur bénévole de nos services, dont les compétences sont susceptibles d'intéresser l'ennemi et de l'amener à faire quelques pas, une proposition... Mais, en général, nous jouons à colin-maillard : nous connaissons les joueurs qui circulent autour de nous, nous les entendons rire, parler ; pourtant nous ne savons jamais, les yeux bandés, lequel nous attraperons en premier... »

Cet homme mentait avec une droiture qui emportait la conviction.

L'inspecteur Rondelle, des RG, qui fut à son tour l'un des bénéficiaires du huis clos, mentit aussi, mais moins bien. Il ne put nier m'avoir interrogée directement lorsqu'on l'avait chargé, en 74, d'enquêter sur mon passé avant de me confier d'importantes fonctions ; mais il jura (« levez la main droite et dites "je le jure" ») qu'il n'était venu me trouver que pour compléter son dossier et après avoir déjà enquêté avec soin sur mon cas — « Seulement, dit-il, sans le faire exprès je ne m'étais adressé qu'à des gens qui aimaient bien Madame Maleville, vous comprenez ? Des personnes qui ignoraient ses vices » (il y allait fort) « et ne connaissaient pas ses attaches communistes... »

J'aurais pu sans peine, en relatant précisément les circonstances de notre entrevue, convaincre de forfaiture ce fonctionnaire médiocre et paresseux ; mais c'était par ailleurs un brave homme, dont je ne me consolais pas qu'il dût subir tant de tracasseries à cause de moi. Au reste, si le jury ne crut pas un mot de ce qu'il disait, nul ne s'acharna sur lui : tout le monde avait pitié du lampiste, même si sa négligence était à l'origine de l'affaire. Car, comme le patron de la DST l'avait expliqué au président qui s'étonnait que le HVA n'eût pas mieux formé, pas mieux protégé un agent de mon niveau, « nos adversaires ont été débordés par leur succès ! Un peu comme pour Günter Guillaume... Vous comprenez, on ne croit pas gagner le gros lot chaque fois qu'on joue au Loto ! Là, nos "amis de l'Est" avaient recruté une petite attachée de presse séduisante et lancée, maîtresse potentielle d'hommes politiques influents, mais ils n'avaient jamais pensé la voir finir dans la peau d'un chef de la diplomatie ou d'un ministre de la Défense ! En 69-70, il leur était impossible d'imaginer que Christine Valbray grimperait si haut, si vite, et sans être dépistée : compte tenu de ses engagements politiques antérieurs, de ses fréquentations, de ses mœurs, dès 74 les contrôles de sécurité auraient dû jouer. En me mettant à la place de Marcus Wolf, le chef du réseau est-allemand, je peux vous assurer que si l'un de nos agents avait atteint de tels sommets, j'aurais éprouvé plus d'angoisse que de joie ! » C'était dire clairement qu'il n'y avait, en dehors de moi, que deux grands coupables : l'humble Monsieur Rondelle et le sémillant Monsieur de Fervacques...

Du reste du procès — dépositions publiques de politiciens variés, banderilles de l'accusation et molles envolées de Lebœuf — je ne me rappelle que peu de choses. Si je devais en fournir un récit circonstancié, j'aimerais mieux me reporter aux comptes rendus quotidiens du « Monde » qu'à mes propres souvenirs...

Plus que les hommes et les discours, c'est la salle, en effet, qui m'est restée en mémoire, sombre du matin au soir : le jour gris de l'hiver n'y pénétrait que par une verrière, et dès trois heures il faisait nuit. Les huissiers allumaient les lampes : au milieu, le lustre hollandais, dont les six ampoules dépolies n'éclairaient que la barre du tribunal, et, sur les tables des magistrats, des abat-jour bruns qui, tous les deux mètres, rabattaient sur la feutrine usée un faible rayon lumineux ; tout le reste, le visage des juges, le public, les plafonds marron, les boiseries, s'enfonçait peu à peu dans l'obscurité. J'avais sommeil.

Malgré moi, je m'absentais, incapable de me passionner pour la lente mécanique de la procédure pénale. Témoignages et interruptions, dialogues et admonestations se succédaient sans suspense ; et, même quand je feignais le trouble, tout me paraissait convenu et conforme à ce que j'avais désiré. Je n'espérais plus être surprise que par un seul : Charles de Fervacques ; et jouant avec mon crayon, gribouillant sur des bouts de papier, j'économisais mes forces pour l'affronter.

Tout juste si je me souviens encore de quelques dépositions qui m'émurent, de celles qui réveillèrent ma colère ou ma compassion.

Par exemple, je revois assez bien Christian Frétillon lorsqu'il se présenta à la barre, suintant le fiel par tous les pores. Non moins désireux que moi d'abattre « l'Archange », il devait croire qu'il improvisait, tandis qu'il jouait avec fougue le rôle que j'avais écrit pour lui. Peut-être aurais-je dû lui être reconnaissante de servir si brillamment mes desseins ? Quand il racontait comment il m'avait percée à jour, et de quelle manière, pour le récompenser de son zèle, on l'avait limogé (« vidé comme un malpropre, Monsieur le Président, parce qu'on tenait à protéger une aventurière ! Pour quelles raisons, je l'ignore, mais je peux vous dire qu'en entrant à l'ENA je m'étais fait une autre idée de l'Etat ! »), la salle frémissait, des « mouvements divers » l'agitaient, et le nom de Fervacques courait de bouche en bouche... Cependant, je n'arrivais pas à considérer le jeu admirable de Frétillon avec le recul nécessaire : il ne savait pas, lui, qu'il n'était qu'un pantin, il s'imaginait qu'il me perdait et prenait un tel plaisir à me nuire que je sentis renaître pour cette marionnette l'aversion qu'il m'inspirait du temps où j'étais victime de sa fourberie et de ses fausses protestations d'amitié. « Si tu peux supporter d'entendre tes paroles travesties par des gueux pour exciter des sots, et d'entendre mentir sur toi leurs bouches folles sans mentir toi-même d'un mot, si tu peux être dur sans jamais être en rage et te sentir haï sans haïr à ton tour, tu seras un homme, mon fils », nous serinait la maîtresse du « cours moyen » de l'école Jules-Ferry. Peine perdue : son Kipling n'avait pas plus réussi à me rendre magnanime qu'à faire de moi un garçon. Puisque je ne serais jamais « un homme, son fils », je pouvais m'abandonner sans remords à la volupté de haïr ce Frétillon qui me haïssait ; et tandis qu'il déposait avec véhémence, travestissant mon caractère et ma vie pour « exciter les sots », je lui souhaitai de bon cœur mille morts avec tortures variées, brodequins, chevalet, estrapade et « petits bouts de bois dans les oreilles » — il faut bien que les dames aient des compensations...

Fortier de Leussac m'apitoya davantage. S'en donnait-il du mal, le pauvre, pour échapper à son sort ! Ne venait-il pas de publier dans « le Matin » un long article où, à la manière d'un « précieux » amoureux, il brossait le portrait du nouveau Président ? Son menton d'abord, « carré, conquérant, solide comme le bronze, non pas un menton mais un roc, pas une mâchoire mais un socle ». Puis la bouche, « fine et ferme, une bouche nerveuse de coursier que la volonté bride comme un mors ». L'œil ensuite, « couleur de châtaigne et de terre de France, un œil prompt à déceler le mérite et la faille, mais qui glisse, rapide, sous la paupière et dérobe son diagnostic à l'observateur : l'œil du Maître » — par un dernier réflexe d'écrivain, « l'œil de Moscou » nous avait tout de même évité « l'œil d'aigle », mais de justesse... Restaient le sourcil, « touffu, broussailleux comme les landes et les taillis que ce méditatif aime à parcourir, impénétrable comme ces maquis où, contre l'Ennemi, veillaient nos héros », et le front enfin, « une tour, un mirador, édifice immense qu'il lui faut porter sans ployer, comme une couronne, haut lieu de mémoire et de ténacité, bastion de résistance, d'expérience, citadelle naturelle, place forte, oppidum... » Malgré ce nouveau « sonnet à Phyllis », une enquête sur les activités du

PAPE, disjointe de ma propre affaire, venait d'être ouverte : elle ne relevait pas du contre-espionnage, seulement de la Cour des Comptes qui s'inquiétait — un peu tard — de savoir quels fonds avaient transité par cet organisme subventionné et à quoi on les employait. N'était-ce pas déjà une simple vérification fiscale qui avait fait tomber Al Capone ? Fortier de Leussac tremblait : si épris qu'il fût de « l'œil du Maître », il restait dans l'œil du cyclone...

Je ne l'avais pas vu depuis trois ans, mais il avait vieilli de cinq fois autant : tout blanc, courbé, il s'appuyait sur une canne pour marcher et s'accrochait à la barre pour ne pas s'effondrer. Spectacle qui m'attrista, car je lui avais beaucoup pardonné depuis que sa fille avait congédié « l'Archange ». Je n'étais pas sûre toutefois qu'il fallût attribuer la dégradation de sa santé aux seuls ennuis que lui causaient la fuite d'Olga et « l'affaire Valbray » : notre grand poète avait l'air fatigué d'un vieux domestique qui a trop souvent changé de patron et de livrée. Ne l'avais-je pas vu en vingt ans passer des chrétiens-progressistes aux gauchistes, puis de l'Odéon révolté à l'Odéon évacué, de De Gaulle vaincu à Pompidou vainqueur, avant de quitter le radeau de Chaban pour sauter dans la barque de Giscard, et d'accrocher enfin sa chaloupe de sauvetage au torpilleur socialiste ? Que d'évolutions, sans pauses ni transitions ! Dans ses moments de lucidité, il devait aspirer à la mort comme au dernier port qui pût l'abriter des tempêtes de la servilité.

Le président du tribunal, touché de son état, et craignant qu'il n'eût un malaise pendant le long interrogatoire que lui infligèrent le procureur et mon avocat, lui fit apporter une chaise. Il acheva sa déposition assis à la barre, tassé, broyé.

Mais, plus que lui, ce furent mes témoins à décharge qui me bouleversèrent. Ce n'étaient pas des témoins de luxe comme ceux qu'avait eus Georges Pâques, le normalien : pour me blanchir on ne vit pas se déranger un ancien Premier ministre, ni un futur chef de l'Etat... Mes fidèles ne se recrutaient pas dans les hautes sphères, à part Beauregard, mon directeur de cabinet, qui, mis à la retraite d'office, s'offrit un baroud d'honneur en défendant une ultime cause perdue, et se battit pour son ministre comme pour le dernier des harkis. D'abord, il s'efforça de me laver du soupçon superflu d'avoir manipulé l'opinion en publiant mon rapport sur le « Service national » ; il n'hésita pas à rappeler que la moitié de l'Etat-Major, dont lui-même, avait approuvé mes propositions et qu'à moins de soupçonner cinquante pour cent de nos officiers supérieurs de travailler pour le KGB on devait permettre que le problème du service militaire fût posé... On sentait son indignation sincère, et d'autant plus vive qu'il se jugeait partie prenante dans le débat ; le public parut ébranlé par tant de fermeté. Après quoi, le vieux général s'étendit sur ma générosité personnelle, mes qualités de cœur, mon sens du social — « Portrait de l'espionne en petite sœur des pauvres », titra le lendemain « Libération », dont le chroniqueur croyait plus à la révolution qu'à la charité pour soulager les malheurs du monde. Pour moi, tandis que Beauregard parlait, j'essayais de regarder ailleurs, gênée d'assister à mon propre éloge funèbre. Morte, un tel panégyrique m'eût ressuscitée ; vive, il me donnait envie d'enjamber la cloison pour l'embrasser...

— Est-ce à dire, mon Général, ironisa le président, que vous ne croyez pas Madame Valbray coupable des trahisons dont elle est accusée ?

— Sur les faits, je ne me permettrais pas de me prononcer, Monsieur le Président. Qui d'entre nous, cependant, peut s'imaginer à l'abri d'un chantage, d'une menace ? Lequel oserait dire « Seigneur, je ne te renierai pas » quand, en une nuit, le premier des fidèles a trahi son dieu trois fois ?... Madame Valbray n'avait sûrement pas la souplesse requise pour réussir en politique ; peut-être n'a-t-elle pas eu non plus la force nécessaire pour résister à certaines pressions ; et sans doute n'a-t-elle pas aujourd'hui les appuis qu'il faut pour échapper aux sanctions... Cela mis à part, Madame Valbray avait l'étoffe d'un grand serviteur de l'Etat, je puis m'en porter garant. Et si d'autres sont là pour juger ses actes, permettez-moi de ne juger que ses intentions : chez un être comme elle, elles ne peuvent avoir été basses...

— Je vous remercie, mon Général, dit le président, pressé d'en finir avec un témoignage si favorable à l'accusée.

— Ne me remerciez pas, reprit Beauregard. On m'a si souvent obligé à mentir dans mon métier que c'est un plaisir pour moi d'être invité à dire la vérité...

Le général avait produit une si forte impression sur la

salle et le jury qu'un instant, comme le président, je craignis qu'il n'emportât l'acquittement. Heureusement qu'il n'était pas mon avocat et que mes autres témoins furent moins brillants !

Matteo Mattiole vint parler des bontés que j'avais eues pour les déshérités d'Evreuil, des actions que j'avais entreprises pour sortir les loups de leurs tanières, tirer les jeunes damnés des cités où ils croupissaient.

— Mais dites-moi, Monsieur Mattiole, intervint le procureur avec un sourire perfide, Madame Valbray n'envisageait-elle pas de présenter sa candidature à Evreuil aux prochaines élections ?

— Ah, je vous vois venir, fit Mattiole, bourru. Vous voulez me faire penser que tutto questo, elle l'a fait par intérêt, pas par gentillesse ?

— C'est vous qui l'avez dit, Monsieur Mattiole...

— Non, je ne l'ai pas dit ! Perche, moi, Monsieur le Djuge, je n'en sais rien. Niente. Ce que je sais, c'est que les disgraziati, Madame Valbray en a aidé beaucoup à Maingon aussi. Et Maingon, il n'est pas dans la circoscrizione d'Evreuil ! Allora, che ? Est-ce qu'à votre idée elle voulait être élue deux fois député ? Pour choisir après ?

La salle rit. Le procureur chercha à reprendre l'avantage en discréditant le témoin.

— Vous-même, Monsieur Mattiole, qui vous montrez un ami si fidèle, un militant solidariste si dévoué, Madame Valbray ne vous a-t-elle pas avancé de l'argent ? Pour des expériences artistiques, je crois...

— Pas pour des expériences artistiques, Monsieur le Djuge. Je ne sais pas ce que c'est ça, des expériences artistiques. Moi, je peins. Madame Valbray m'a donné l'argent pour les peintures, oui. Pour l'électricité, un peu aussi. Et la porte.

— Il faut vous dire, Monsieur le Président, reprit le procureur en se tournant vers le public, que Monsieur Mattiole, conducteur d'engins, a de grandes ambitions picturales : ce n'est pas un peintre du dimanche, qui barbouille des croûtes dans un coin. Que non ! Il lui faut des églises entières. Il peint des murs du haut en bas. Même les plafonds, je crois. Forcément, comme il nous l'explique, c'est coûteux. Et difficile à vendre !

Cette fois, ce fut l'argument de l'accusation que la salle, versatile, approuva d'un grand éclat de rire. Le procureur, charmé, décida de s'acharner sur un témoin qui offrait une si bonne prise :

« Mais peut-être Madame Valbray se faisait-elle votre mécène parce qu'elle aimait sincèrement votre... art ? Vous vous rattachez sans doute à l'école du "Réalisme socialiste" ? » (Nouveaux rires.) « Je dis "sans doute", Monsieur Mattiole, parce que je n'ai pas vu vos peintures — personne, je crois, n'a pu les admirer : votre travail reste tout à fait... confidentiel. »

La salle, hilare, était maintenant persuadée que Mattiole n'était qu'un témoin stipendié. L'Italien vit rouge :

— Sicuro ! Je suis un idiot, Monsieur le Djuge, parce que je suis un ouvrier. Ça, j'ai bien compris. Et mon art, il est idiot aussi, parce qu'il n'est pas un coup médiatique et pas un coup financier. Si, si. Ma, moi je rêve que l'art, il pourrait être gratuit, donné. Donné pour le peuple, donné pour tous, même pour les méchants, et même pour les djuges qu'ils ne connaissent rien à la peinture !

— Intéressante théorie, Monsieur Mattiole ! Permettez-moi donc de vous demander — ce sera ma dernière question — si vous avez été communiste, ou si vous fréquentez des communistes ?

— Je connais beaucoup de communistes, e vero, perche dans l'endroit où j'habite on voit plus de communistes que de procureurs !

Il avait raison ; mais à la barre la colère est mauvaise conseillère : le président menaça de sanctions ce témoin insolent et le pria de sortir. Le peintre, désolé comme s'il avait gaffé, se tourna vers le box des accusés, me jetant un dernier regard, suppliant, navré : il avait pourtant mis son plus beau costume, mon Matteo, il s'était rasé de frais, parfumé... Mais les dés étaient pipés — par d'autres que moi, cette fois.

La déposition d'Ahmed El Kaoui ne produisit pas une meilleure impression. Au contraire : il s'exprimait encore plus maladroitement, et sa dévotion pour son « Commandant » prêtait à sourire. Il venait parler du bien que j'avais fait à « la Peupleraie », « personne, il vient chi nous, à la Peupleraie, tout le monde il a la trouille ; mais la patronne, il a jamais peur. Même la nuit. Et il s'occupe di tout, fissa, les bonnes femmes qu'ils vont accoucher, les gamins, la Sécu, les bus, les égouts... »

Le procureur eut le triomphe facile : « Mais bien sûr qu'à

la Peupleraie Madame Valbray s'occupait de tout ! Même les poubelles y étaient l'objet de sa sollicitude et profitaient de sa générosité ! »

Madame Conan n'eut pas plus de succès. Elle bafouillait, très intimidée par ces grands corbeaux sans tête dont la robe se détachait à peine sur le fond sombre des boiseries. Du reste, elle avait peu de chose à dire ; témoin de moralité, elle se bornait à souligner que j'avais été un bon employeur, une excellente maîtresse de maison, et la maman d'un petit Alexandre adorable...

— Dont Madame Valbray n'a pas eu la garde pourtant ? interrogea mielleusement le procureur qui connaissait déjà la réponse.

Germaine, émue par cette interruption, perdit le fil de son discours, bredouilla quelques mots incompréhensibles, et s'arrêta court, affolée. Le président ne put dissimuler son agacement et la congédia d'une phrase sèche. Je n'en voulais pas à ces magistrats de malmener mes témoins — ils étaient dans leur rôle —, je leur en voulais de les humilier.

Seule de tous ceux que Lebœuf avait rameutés, Malou Weber fut bien traitée. Comme Beauregard, elle appartenait au même milieu que les juges et la presse, et parlait leur langage. Elle raconta en termes sobres, mais émouvants, la lente déchéance de Laurence et tout ce que j'avais tenté pour la sauver. Elle fut écoutée dans un silence religieux. D'abord parce qu'elle faisait le récit d'une tragédie, ensuite parce que, pour le public, cette histoire-là était un « scoop » : on apprenait avec gourmandise que Fervacques avait eu une fille droguée — de quoi alimenter quelques articles et les conversations d'une multitude de dîners. Bien entendu, ce témoignage avait peu de rapport avec les faits qui m'avaient amenée en Cour d'Assises ; cependant il combla mon avocat, qui de son banc me lança deux ou trois coups d'œil égrillards (un peu trop de Pernod, sans doute ?) : une femme « arrivée » qui consacre ses loisirs à une épave, une maîtresse qui s'occupe aussi maternellement de la fille de son amant, ne peut pas être une briseuse de ménages, cet « écueil des familles » que l'accusation aurait aimé faire de moi pour parachever le portrait. KGB ou pas, c'était, aux yeux de Lebœuf, un bon point pour nous.

Mais, si touchante que fût la déposition de Malou, elle ne passionna pas tant les foules que celle de son ex-mari.

C'était celle-là que, comme moi, le public et la Cour avaient attendue, c'est de celle-là que tous se souviennent comme du clou du spectacle, et la modeste contribution de Madame Weber souffrit de la comparaison.

Notre vedette était intervenue, je crois, vers le milieu du procès, après Frétillon, mais avant les témoins de la défense, au moment où il avait fallu faire le tour de mes trahisons diplomatiques.

Ce matin-là, grâce au peigne soufflant, je m'étais coiffée avec plus de soin que de coutume, j'avais mis la plus belle des robes qui me restaient, et je me sentais aussi intimidée qu'une fiancée ; une fiancée biblique bien sûr, une vierge armée, Judith marchant vers le lit d'Holopherne, Tosca vers celui de Scarpia, ou Marie de Verneuil courant vers Montauran, un poignard caché dans son décolleté : je ne voulais séduire « l'Archange » que pour l'assassiner.

Avec inquiétude je me demandais tout de même si je le trouverais aussi changé que Fortier, et, avec curiosité, s'il adopterait un profil bas ou interpréterait la scène de sa disgrâce avec éclat.

En voyant entrer sa femme Elisabeth qui s'assit dans les premiers rangs du public — attirant sur elle tous les regards et tous les commentaires —, puis en le voyant lui-même s'avancer, calme et droit, je compris qu'il avait choisi une autre voie : celle de la provocation. Il marcha vers la barre avec le sang-froid magnifique d'un suicidaire apaisé — du moins est-ce ainsi qu'il m'apparut. Mais le rédacteur du « Monde » n'interpréta pas cet excès d'aplomb comme moi : « Fervacques s'avance d'un pas résolu, écrivit-il. Le regard dur, le menton haut. Il a toute la puissance du vautour, mais sans la sentimentalité bien connue de cet oiseau... »

Le ton de l'interrogatoire fut donné dès que le président, après avoir invité le témoin à rappeler à quel moment et dans quelles circonstances il m'avait engagée au cabinet des Affaires étrangères, insinua, gêné par la présence de Madame de Fervacques : « Finalement, Madame Valbray et vous-même avez été assez vite très... liés ?

— Liés ? fit Fervacques, en haussant le sourcil. Qu'entendez-vous par "liés", Monsieur le Président ? Pour moi, cette expression ne peut désigner qu'une profonde amitié, ou des relations sociales étroites... Il se trouve que Madame Valbray et moi n'appartenons pas au même milieu, que nous n'avons aucun ami commun, et que nous nous connaissions fort peu. Nous n'étions donc aucunement "liés"... Mais si par "liés" vous voulez suggérer, avec un tact qui vous honore, que Madame Valbray était ma maîtresse, je vous répondrai sans périphrases : elle l'était. »

Amenée avec tant d'insolence, la déclaration — qui en soi n'avait rien d'une révélation, puisque depuis deux ans toute la presse avait glosé sur le fait — produisit une vive sensation. Beaucoup se retournèrent vers Elisabeth, impassible. Les yeux allaient de l'épouse à la maîtresse, guettant sur nos visages le frémissement de la colère, la crispation de la jalousie. Personne ne savait que, depuis longtemps, Fervacques avait échappé à l'une et à l'autre, et que, pas plus que je ne détestais Elisabeth, elle ne pouvait éprouver de rancune à mon égard. Peut-être même me vouait-elle aujourd'hui une vague reconnaissance : en écartant Nadège de Leussac, « l'affaire Valbray » avait sauvé sa famille d'un grand péril ! Certes, les perspectives de carrière du « beau Charles » n'étaient plus si prometteuses, mais bien des femmes préfèrent à un fringant cavalier un invalide qu'elles tiendront à leur merci. Qui sait d'ailleurs si, comme beaucoup d'épouses, Elisabeth n'avait pas longtemps rêvé du moment où ce conjoint dévoré d'appétits laisserait tomber la politique... Si c'était la politique qui le lâchait, elle s'en consolerait. De là sa présence, en apparence courageuse, dans ce prétoire où l'on allait consacrer l'échec d'une ambition et le retour au bercail du bouc égaré.

Lui, en revanche, ne semblait pas décidé à regagner sa bergerie sans avoir livré un dernier combat, d'autant plus exaltant sans doute qu'il le jugeait perdu.

Ses premiers mots m'avaient montré qu'il avait fait la part du feu, sacrifié à l'incendie ce qui ne pouvait plus être sauvé, mais qu'il avait non moins fermement déterminé la ligne de défense au-delà de laquelle il attendait l'adversaire la lance au poing : il assumerait avec effronterie les imprudences d'un coureur de jupons (dont les fredaines tirent cependant d'autant moins à conséquence qu'elles sont plus nombreuses), mais, pour le reste, il ne se laisserait pas taxer de complicité.

Amateur de bonnes fortunes, peut-être, mais politique intègre, ennemi résolu de la puissance soviétique, et homme de caractère : sa façon de répondre à la première question — à la fois franche et hautaine — ne plaidait-elle pas déjà en faveur de son sens des responsabilités, et même de sa dignité ? Pas le genre de personnage à nier le Watergate : il l'aurait plutôt revendiqué ! Si on le laissait agir à sa guise, l'animal était bien capable de transformer ce vilain procès en exercice d'école pour hommes d'Etat piégés !

En tout cas, la partie se jouerait serrée : je mentais, mais il mentirait ; je jouais les marxistes, il jouerait les libéraux ; je tâcherais de le confondre, il essaierait de me démasquer ; et ce n'était pas un petit président d'Assises, ni un avocat minable, qui risquaient d'entraver les initiatives d'un favori de la Jet-Society... Nous verrions « the best of the worst » dans toute sa splendeur ; et je ne savais ce qui m'excitait le plus — la perspective de l'achever, ou la possibilité d'admirer une dernière fois son habileté ?

Très vite, le président en vint à la fameuse lettre de Frétillon :

« Pourquoi n'avoir accordé aucun crédit à cette mise en garde ? Pourquoi, surtout, avoir exigé le renvoi d'un fonctionnaire qui ne cherchait qu'à vous rendre service ?

— Je n'aime pas les délateurs.

— Est-ce à dire que vous doutiez de l'exactitude des faits énoncés par Monsieur Frétillon ?

— Nullement. Que Madame Valbray soit passée par l'opposition avant de rejoindre le pouvoir ne me semblait pas invraisemblable. C'est même un parcours banal. Rien de "l'itinéraire vert", du petit sentier mal balisé : l'autoroute !

— Mais elle vous l'avait caché ?

— Je ne lui avais rien demandé.

— En lisant la lettre de Monsieur Frétillon vous avez donc eu la certitude que Madame Valbray, directeur adjoint de votre cabinet, était un "transfuge" du communisme, du gauchisme le plus extrême, bref quelqu'un qui venait de changer de camp. Cependant, vous avez augmenté ses responsabilités, vous lui avez donné de l'avancement !

— C'est l'usage, Monsieur le Président... La fidélité est une valeur sans prix, je vous l'accorde. Mais puisqu'elle n'a pas de prix, on ne saurait la payer ; c'est la trahison qu'on récompense... Ne me dites pas que je fais du mauvais esprit — ou s'il est mauvais, c'est l'esprit du temps : n'avez-vous pas vu depuis deux ans nombre de "transfuges", de “traîtres”, pour employer votre vocabulaire, récompensés pour avoir effectué le même mouvement que Madame Valbray, mais dans le sens opposé — de la droite vers la gauche ? Oh, je sais : vous êtes en train de penser que les hommes politiques n'ont pas de moralité. Croyez-vous ? Nous ne faisons qu'appliquer la règle évangélique : c'est l'ouvrier de la onzième heure que le maître paye dix fois plus cher que les autres, c'est le fils prodigue que son père fête de préférence au fils dévoué, et c'est pour le méchant qui se repent, plutôt que pour les cent justes restés dans le droit chemin, qu'on se réjouit au royaume des Cieux. » (En fin de compte, les prédications de Sovorov avaient porté plus de fruits qu'on n'aurait cru...) « Je laisse d'autres, plus qualifiés que moi, décider de l'opportunité métaphysique de ces principes, en revanche je puis vous assurer de leur efficacité politique : si rien n'est plus choquant que d'embaucher des “ralliés” tardifs et des convertis, rien n'est plus sûr. Le militant de la onzième heure, ou le corrompu repenti, vous les tenez : ils ont intérêt à filer doux. Et ils se montrent, en effet, généralement obéissants, flagorneurs et doux ! Un ami fidèle et sans péché est beaucoup moins accommodant... Je vois à votre visage, Monsieur le Président, que vous me jugez cynique. Je ne le suis pas. Mais je crois qu'un politique responsable a le devoir d'être réaliste : pas plus qu'un bon entraîneur ne doit idéaliser ses chevaux, un ministre ne peut se tromper sur le matériel humain. Cela dit, si je fais, dans mon entourage, une certaine place aux “transfuges” — parce que je suis pragmatique et que je ne suis pas sectaire —, j'en garde une plus grande aux amis de la première heure, les “malcommodes” : ce n'est pas, je pense, Fabien d'Aulnay qui me démentira... La part que je réserve aux gens comme lui est non seulement, dans mes équipes, la plus large, mais c'est la première dans mon cœur. »

Oh, le cœur ! Excellent, le cœur ! Il avait réussi à le caser, et après une tirade qui n'était rien d'autre qu'une apologie du machiavélisme ! Quel métier ! Si je n'avais été dans le box des accusés, j'aurais applaudi...

« Monsieur de Fervacques », reprit le président, bien décidé à ne pas s'en laisser conter, « vos propos ne m'effarouchent pas tant que vous le supposez. Du moins, venant de vous, ne me surprennent-ils pas : chacun sait que vous n'avez pas le culte de la fidélité...

— Comme j'ai déjà répondu pour ce qui est de la politique, je devine, à cette allusion, Monsieur le Président, que vous souhaitez revenir sur le chapitre de mes liaisons... Expédions-le tout de suite, voulez-vous ? » (Il finirait par diriger les débats !) « J'ai eu en effet, outre Madame Valbray, diverses aventures à l'époque où j'étais ministre. Que ces aventures aient été diverses devrait d'ailleurs rassurer tous ceux qui pensent qu'une dame dépêchée par le Mossad, le SDECE, le KGB ou la CIA, aurait pu me mener par le bout du nez ! L'éclectisme de mes goûts n'est-il pas la meilleure garantie de mon indépendance ? Madame Valbray n'a été qu'une passade parmi d'autres, et je ne l'ai jamais aimée », dit-il en me regardant dans les yeux. « Je ne l'ai jamais aimée, pour une raison simple : je n'aime qu'une seule femme, ma femme, Elisabeth. Si elle est aujourd'hui dans cette salle à mes côtés, c'est qu'elle le sait. Nous avons bâti ensemble, elle et moi, une maison, une famille, une tendresse, une complicité : elle pense, comme moi, que c'est la seule fidélité qui compte. Le reste, Monsieur le Président... Peu d'hommes sont naturellement monogames, vous le savez, et un homme politique, dès qu'il a le pouvoir, est soumis à plus de tentations que beaucoup. Pour des raisons que j'ignore, certaines femmes sont fascinées par les hommes du gouvernement. Pas besoin de les courtiser, elles se jettent à notre tête ! Alors, à moins d'être de bois... Mais je rends hommage à l'intelligence de ma femme qui a toujours pris ces caprices pour ce qu'ils étaient : des amusements sans conséquence, des étourderies, des récréations, une tasse de café... Croyez-vous que, sinon, elle m'aurait soutenu comme elle l'a fait depuis deux ans, dans des circonstances difficiles ? La compréhension qu'elle m'a toujours manifestée rend d'ailleurs ridicules certaines des insinuations lancées à mon sujet : pas plus que je ne risquais de devenir le jouet d'une passion amoureuse téléguidée, je ne pouvais être la victime d'un chantage mis en place par je ne sais quel service secret. Si quelques obscurs James Bond m'avaient menacé de révéler à ma femme l'une de ces distractions passagères, j'aurais ri, comme elle aurait ri d'une "révélation" de ce genre-là. Parce que si j'ai eu des liaisons, Monsieur le Président, ma femme n'a jamais été trompée. »

Admirable ! Pouvait-on soupçonner d'atteinte à la sûreté de l'Etat un homme dont le seul crime était l'adultère, et qui d'ailleurs, tout adultère qu'il fût, avait réussi ce prodige de ne jamais tromper sa femme, laquelle venait lui prouver publiquement sa gratitude en siégeant au premier rang de l'assistance ! Le plus fort, c'est qu'il finissait par me convaincre, moi aussi : j'étais en train de me demander s'il n'aurait pas, en effet, mis Elisabeth au courant de notre liaison, et si Madame de Fervacques, dédaignant ces « amours contingentes », ces « Fredaine » et autres « Bagatelle » d'essence transitoire, n'avait pas fermé les yeux, en bonne épouse bourgeoise qu'elle était, soucieuse d'abord de sa progéniture et de la transmission du patrimoine ; ainsi j'aurais été jouée des deux côtés — du côté de l'épouse légitime comme de la dernière favorite...

Le président de la Cour, tout en feignant d'admettre qu'il pouvait être opportun d'accueillir une ancienne gauchiste dans un cabinet giscardien, et en appréciant comme il convenait l'éloge des vertus de Madame de Fervacques, voulut tout de même en savoir plus sur le limogeage de Frétillon. Mais « l'Archange » balaya ses derniers doutes : Frétillon avait menti, il n'avait pas été renvoyé à cause de sa lettre, anodine au fond, mais pour des « raisons de service » — parce qu'il ne cessait de susciter des conflits entre les Affaires étrangères et la Coopération, « deux départements qui, par nature, doivent collaborer. C'est bien avant cette histoire de lettre que nous avions été amenés, Monsieur Berton et moi-même, à envisager d'un commun accord l'éviction de Christian Frétillon... Monsieur Berton, lorsqu'il viendra déposer ici, pourra vous le confirmer ».

Il le confirma, en effet, deux jours plus tard, prouvant de la sorte qu'il y avait un point sur lequel « l'Archange » disait vrai : un ami sans péchés n'eût pas été si accommodant...

« Admettons donc, Monsieur de Fervacques, poursuivit le président, que vous ayez cru à la conversion sincère de Madame Valbray — pardon, Madame Maleville à l'époque —, que vous l'ayez crue revenue de ses errements et capable de défendre la démocratie et le monde libre avec la même ardeur qui l'avait autrefois poussée vers la Grande Révolution Prolétarienne... Cependant, dès 74, à l'occasion de la réunion de la Commission Franco-Soviétique, vous avez eu le sentiment que vos interlocuteurs bénéficiaient d'informations confidentielles, que certaines fuites s'étaient produites au sein même de votre ministère...

— Non.

— Comment, non ? Pendant plusieurs années, le fait s'est reproduit à l'occasion de chacune des réunions de la Grande Commission ! Et en 77, lors de la Conférence de Vienne sur la Sécurité en Europe, vous avez encore observé le même phénomène : vos adversaires lisaient dans votre jeu, disiez-vous, ils faisaient "de la télépathie" — n'était-ce pas votre propre expression ?

— Non.

— Mais enfin, Madame Valbray a déclaré à l'instruction...

— Je me moque de ce que Madame Valbray a déclaré ! Avez-vous la moindre preuve de ce qu'elle avance ? Sur ce point, c'est ma parole contre la sienne. Je jure que je n'ai jamais constaté — ni même soupçonné — la moindre fuite tant que j'ai dirigé le Quai d'Orsay. » (Il mentait effrontément, mais il avait raison puisque je ne pouvais, en effet, rien établir de ce que j'avais avoué — il avait décelé la faille et s'y engouffrait.) « Et je vais vous dire pourquoi je n'ai pas constaté d'indiscrétions, ni aucune disparition de documents : parce que des fuites, il n'y en avait pas ! Je suis persuadé que de 73 à 78, lorsqu'elle était membre de mon cabinet, Madame Valbray ne travaillait pas pour l'Est.

— Comment cela ? ! s'étouffa le président. Nous savons qu'elle avait été recrutée dès 71 !

— Par qui le savez-vous ? Par elle. Ceux qui auraient pu vous confirmer ses dires, Olga Kirchner ou Juan Arroyo, sont en fuite. Cela tombe bien... Comprenez-moi : que, secrétaire d'Etat à la Défense nationale, Madame Valbray ait passé certains renseignements à des agents du HVA, je ne le nie pas puisque la police l'a établi. Je ne nie rien de ce que vous avez prouvé, mais je nie tout ce qu'elle vous a dit ! Et je vais plus loin : on a beaucoup commenté, dans cette enceinte et ailleurs, le rapport d'enquête de l'inspecteur Rondelle ; on a accusé ce policier de négligence, en s'étonnant qu'en 74 il n'eût rien découvert... Mais il n'a rien découvert, le malheureux, parce qu'il n'y avait rien à découvrir — à part quelques enfantillages : un passé d'étudiante gauchiste en 68 (comme la moitié des Français de son âge) et quelques pertes dans les casinos. Des vétilles ! »

Malgré lui, il se tourna légèrement vers moi dans un geste de défi : pour sauver sa peau il bluffait ; il savait que j'étais seule à le savoir, mais seule aussi à comprendre qu'à force de mensonges il approchait de la vérité...

Sur son perchoir le président commençait à s'énerver ; il coupa le numéro de Fervacques d'un contre-interrogatoire : « Madame Valbray, maintenez-vous ce que vous avez déclaré à l'instruction au sujet des conversations que vous auriez eues avec votre ministre, lorsqu'il s'inquiétait de certaines "fuites" repérées dans ses services ?

— Oui, Monsieur le Président. »

Et je rapportai avec une précision de magnétophone les remontrances de « l'Archange », ses fureurs, chaque fois qu'il avait l'intuition que les Russes connaissaient nos cartes ; puis l'amusement qui succédait vite à la colère, et cette espèce de complicité qui, par-dessus les frontières, finissait par le lier à ses adversaires. A titre d'exemple, je parlai du mémorandum secret d'Emmanuel Durosier, chef de notre délégation à Vienne, un mémorandum dont les termes s'étaient retrouvés mot pour mot quelques jours plus tard dans le document soviétique adressé aux participants. Le président se tourna alors vers les magistrats du jury pour confirmer mon propos : la DST avait pu confronter les deux documents, qui présentaient des similitudes troublantes.

— Mais vous, Monsieur de Fervacques, ces similitudes ne vous ont pas frappé ?

— Non. C'était la phraséologie diplomatique habituelle, « esprit de bienveillance », « condamnation de l'agression »... J'ai lu ce papier en diagonale, je n'y ai rien trouvé de marquant.

Le président revint à moi : « Est-ce bien ainsi que Monsieur de Fervacques a réagi à l'époque, Madame Valbray ?

— Non, Monsieur le Président », et je rappelai les différentes mesures de rétorsion, ou de précaution, que Charles avait alors envisagées : renvoi de nos chiffreurs, ou expulsion de la moitié des « diplomates » soviétiques en poste à Paris. Je rapportai notre dialogue avec l'accent de la sincérité — pour une fois que je pouvais dire vrai ! — , sans être sûre pourtant que ces arguments suffiraient à me donner un avantage décisif dans le duel qui m'opposait à « l'Archange ». « En définitive, dis-je, Monsieur de Fervacques a décidé de déplacer notre ambassadeur à Moscou, Monsieur Blondet, qui aurait pu être à l'origine des fuites...

— C'est vous qui lui aviez mis cette idée en tête ?

— Naturellement.

— Et par qui fut remplacé Monsieur Blondet ?

— Par mon père, Jean Valbray... »

Là encore, le fait était connu, mais son rappel n'en causa pas moins une vive émotion dans la salle : n'était-ce pas la preuve que « l'Archange » mentait, et qu'il avait été soit complice, soit « manipulé » ?

Charles, qui n'avait cessé de me dévisager pendant ce contre-interrogatoire, ne put retenir un demi-sourire d'approbation : « touché ! » Il appréciait à sa juste valeur le coup que je venais de lui porter ; mais si je n'avais pas d'autre botte secrète, il devait se croire encore capable de s'en tirer.

« Puis-je vous demander, Monsieur de Fervacques, pour quelle raison — si ce n'est, comme l'affirme Madame Valbray, parce que vous vous inquiétiez de l'ampleur des fuites survenues depuis quelque temps dans votre ministère — vous avez rappelé à Paris Monsieur Blondet ?

— Parce qu'aucun ambassadeur n'est propriétaire de son poste. Monsieur Blondet avait fait merveille à Londres, il réussissait moins bien au-delà du rideau de fer... J'envisageais de le nommer à Tokyo.

— Et pourquoi, parmi tous les ambassadeurs possibles, avoir choisi le père de votre maîtresse pour le remplacer ?

— Avant d'être "le père de ma maîtresse", comme vous dites, Jean Valbray était un diplomate de premier plan. Madame Valbray était encore dans les langes que son père représentait déjà la France à Washington, à Madrid, à Bruxelles, à Prague, à Rome... Bref, c'est un homme qui avait fait une carrière magnifique avant moi et sans moi ; il avait mérité la confiance de tous les gouvernements qu'il avait servis, sous la IVe comme sous la Ve République : Guy Mollet l'appréciait, De Gaulle — dont il avait été l'un des premiers compagnons — l'estimait, Pompidou et Giscard souhaitaient lui voir confier de hautes responsabilités. Si je me suis trompé en choisissant un homme de cette trempe pour un poste de cette importance, convenez que je ne suis pas en mauvaise compagnie ! »

Et, ayant ainsi repris du poil de la bête, paré d'un coup de revers mon coup de pointe, il repartit à l'attaque, en réaffirmant sa conviction que je mentais sur la durée de ma collaboration avec l'Est. Selon lui, c'est à partir du moment où j'avais été nommée à la Défense nationale (en clair : à l'époque où j'avais cessé d'être sous sa responsabilité) que j'avais cédé à un chantage et commencé à trahir.

« Que Christine Valbray ait fait deux ans d'espionnage, je le veux bien, mais sûrement pas dix !

— Vous faites le travail de son avocat, Monsieur de Fervacques, ironisa le président. L'habitude, sans doute...

— Non, Monsieur le Président. Je ne défends que moi. Je ne suis pas assez sot, figurez-vous, pour ne pas voir qu'on aimerait bien me faire porter le chapeau ! Seulement, je n'ai pas la religion de l'aveu, moi : j'ai la religion de la preuve. Or, dans cette affaire, pour tout ce qui est antérieur à 79 et qui touche à Madame Valbray — je ne parle évidemment pas du PAPE et de ses fidèles » (amusant : depuis le mariage de Nadège, il ne se croyait plus tenu de ménager les Fortier !) —, « les preuves nous manquent. Nous n'avons que des aveux. Et des aveux peuvent n'être pas sincères...

— Qu'est-ce qui vous permet de croire qu'ils ne le sont pas ?

— Un détail, mais qui, pour moi, jette un jour différent sur l'ensemble des dépositions de l'accusée. Ce détail a trait à l'époque à laquelle Madame Valbray et moi nous sommes "liés" — pour reprendre votre expression, Monsieur le Président — et à l'endroit où cette... chose s'est passée. Madame Valbray a prétendu, lors de l'instruction, que c'était à Dubrovnik », fit « l'Archange » en pivotant vers moi, « et en novembre 73, à l'occasion de la rencontre CEE-COMECON. Or, je puis vous dire que ce ne fut ni dans ce temps ni dans ce lieu. »

Jolie riposte : botte de Nevers contre coup fourré. Ce fut à mon tour de lui sourire... J'avais commis une erreur en effet. J'avais rencontré un si bon public à la DST que j'en avais rajouté, ne résistant pas au plaisir de fignoler. Personne, d'ailleurs, ne pouvait s'en aviser, que Fervacques. Mais, emportée par la haine, j'avais sous-estimé l'intelligence de ce diable-là, sa capacité de déduction, et son aptitude à tirer parti de la moindre faute de l'adversaire.

— Certes, répétait-il pour le tribunal, je suis seul à savoir que Madame Valbray ment sur ce point, et je me trouve au surplus dans l'incapacité de le prouver — croyez bien qu'elle y a pensé ! En tout cas, ce mensonge, aussi flagrant que superfétatoire, m'a donné beaucoup à penser depuis deux ans. D'abord, pourquoi mentir sur une bêtise pareille, une circonstance insignifiante ? La réponse est claire : pour me compromettre davantage — un ministre qui choisit de commettre ses fredaines à l'Est, quelle inconscience ! Donc, Madame Valbray voulait à tout prix me compromettre : voilà qui valait la peine d'être noté ! A partir de là, tout s'enchaînait : si elle avait ainsi reculé dans le temps l'origine de notre liaison, pourquoi n'aurait-elle pas aussi reculé les commencements de sa collaboration avec le HVA ? J'en suis venu à subodorer un extraordinaire montage, dont j'aurais été la première, mais pas la seule, victime. C'est toute la classe politique française qui est visée !

— Et pourquoi Madame Valbray chercherait-elle à vous nuire ?

— Quand on est compromis, Monsieur le Président, autant « mouiller » le maximum de gens : c'est le meilleur moyen de rester au sec !

— Admettons... Mais pourquoi l'accusée mentirait-elle pour « se charger », et non pour minimiser sa responsabilité ? Car enfin revendiquer neuf ans de délit plutôt que deux, c'est une curieuse façon de se blanchir !

« L'Archange » soupira, renvoya en arrière d'un geste gracieux sa mèche de cheveux, puis, glissant vers moi un regard en coin : « Je crains, Monsieur le Président, dit-il, qu'il n'y ait des gens beaucoup plus compliqués que vous et moi ! »

Le reste de la déposition m'intéressa moins : le tribunal tenta de savoir quelle part Fervacques avait eue dans ma nomination comme secrétaire d'Etat ; le procureur s'excitait là-dessus. Fervacques n'eut pas de peine, en se retranchant derrière les dispositions constitutionnelles, à faire valoir qu'il ne nommait pas les ministres. « Vous devriez interroger le Premier ministre et le Président d'alors... Il me semble, en tout cas, qu'on ne peut pas m'accuser d'avoir influencé dans ses choix un gouvernement que j'avais moi-même quitté !

— C'est entendu, conclut le procureur, vindicatif : quand vous avez fait entrer le loup dans la bergerie, vous n'étiez plus berger... »

Lorsque « l'Archange » (dont la déposition, coupée d'incidents et de questions des deux parties, avait duré trois heures) quitta la salle, le tribunal voulut encore entendre Moreau-Bailly. Je ne parvins pas à fixer mon attention sur ses explications vaseuses : j'étais trop fatiguée, il était trop confus. Sans cesse je repensais au témoignage de Charles : cette longue scène m'avait paru, à plus d'un moment, délicieuse de complicité — une complicité de duellistes, bien sûr, une connivence d'escrimeurs, feintes, voltes et moulinets. De ce corps à corps je me demandais lequel était sorti vainqueur. D'un côté, je me sentais un peu fâchée qu'il n'eût pas cru que j'étais devenue sa maîtresse « sur instructions » ; d'un autre, je n'étais pas mécontente qu'il eût pris la mesure de mes capacités, comme dans ces spectacles d'illusionnisme où l'amateur s'écrie : « S'il n'y a pas de truc c'est fort, mais s'il y en a un c'est encore plus fort »... Fervacques savait désormais qu'il y avait « un truc », mais si bien monté, si bien amené, que lui-même ne convaincrait jamais le public que j'avais triché ! De cette découverte j'étais persuadée que son estime pour moi sortirait renforcée. Quand il serait bien vieux, le soir, à Sainte-Solène, méditant son échec entre une épouse rancie et des petits-fils idiots, quand, vieillard oublié, ex-« grand espoir » aigri, il en serait réduit, pour s'occuper l'esprit, à dédier à son dernier carré d'électeurs une étude comparative des mérites du « broutard » et du « veau sous la mère », il me regretterait...

D'ordinaire, je ne voyais pas les informations télévisées. Prisonnière de confiance, j'avais bien parfois accès aux « communs », une pièce dans chaque division où l'on venait d'installer un poste de télévision, mais je ne pouvais jamais m'y trouver à l'heure du « Journal » puisque, dès dix-huit heures trente, j'étais chaque soir, comme toutes les autres, bouclée dans ma cellule. Pendant mon procès pourtant, je rentrai beaucoup plus tard — les audiences ne s'achevaient que vers dix-neuf ou vingt heures —, et le directeur avait permis que, si j'arrivais à Fleury avant la fin du « JT », on me laissât regarder les nouvelles qui me concernaient. Faveur exceptionnelle dont je ne pus jouir qu'une fois — le jour où Charles déposa. Ce soir-là en effet, je réintégrai ma division juste à temps pour entendre la présentatrice annoncer : « A la Cour d'Assises de Paris, troisième journée du procès Valbray — la foule des grands jours pour entendre l'ancien ministre des Affaires étrangères, Charles de Fervacques. A son habitude, celui que certains journalistes ont surnommé "l'Archange" s'est montré brillant et caustique. A-t-il convaincu ? C'est autre chose ! Il a reconnu que Madame Valbray avait été sa maîtresse, mais il a nié que cette situation ait pu avoir la moindre influence sur la politique extérieure de la France dans les années soixante-dix. Soutenant que "l'affaire Valbray" était, pour partie, un montage, "une manœuvre de basse polémique", l'ancien leader solidariste s'est efforcé de démontrer que Christine Valbray n'avait pu travailler pendant neuf ans pour les services est-allemands, comme le prétend l'accusation : rien, selon lui, ne permettrait de la présenter aujourd'hui comme un agent de première importance... Ce soir, au Palais de Justice, les magistrats ont également entendu François Moreau-Bailly, ancien directeur du journal "la Presse". Demain on attend avec curiosité les dépositions de Madame de Chérailles, propriétaire des usines LM, et de notre éminente et sympathique consœur, Catherine Darc. En somme, un procès qui ressemble de plus en plus à une garden-party du Quatorze-Juillet dans les jardins de l'Elysée ! »

Ainsi, vu de l'extérieur — et avec la simplification et le grossissement propres à la télévision —, Fervacques semblait avoir lié son sort au mien : mauvais pour lui... Les journaux du lendemain étaient plus nuancés : « l'Archange » n'avait cessé de répéter que c'était « sa parole contre la mienne », et manifestement les chroniqueurs ne savaient auquel de nous se fier... Mais à l'ancien ministre on reconnaissait du cran, de l'audace, du punch, de l'habileté — « en fin de compte, concluait un éditorialiste, des qualités d'homme d'Etat », observation tout de même trop flatteuse pour ne pas rester isolée dans un concert plutôt réprobateur. Plutôt seulement...

L'avant-dernier jour du procès, le président m'interrogea encore une fois sur le mobile de mes actes, qui, malgré la multitude des témoignages, continuait de le laisser perplexe : « Pour nous résumer, Madame Valbray, diriez-vous que vous avez agi par conviction ? »

Je me décidai pour une réponse de Normand, qui ne pourrait en aucun cas gêner le procureur, quel que fût le motif qu'il m'attribuerait le lendemain dans son réquisitoire : vénalité, lâcheté, fatalité familiale, ou aveuglement idéologique. En prime ce fut, à quelques détails près, une réponse presque sincère.

« Si j'ai agi par conviction, Monsieur le Président ? Je ne

sais pas... Au début, non : entre ma quinzième et ma vingt-cinquième année, j'avais changé de milieu et mes convictions politiques s'étaient estompées... Quoi qu'insinue Monsieur le Procureur, j'ai bien d'abord été piégée » (petit mensonge). « Mais peu de temps, il est vrai... Parce qu'à mesure que je découvrais la corruption matérielle et morale de ceux qui gouvernent l'opinion, les mensonges et les bassesses de la bonne société, j'aspirais à retrouver chez les amis d'Olga Kirchner un certain idéal, un semblant de pureté. Et j'ai pris, je l'avoue, un plaisir croissant à collaborer à la destruction d'un monde que je méprisais... J'ai travaillé alors presque gratuitement » (deuxième mensonge) « et en allant souvent au-delà de ce qui m'était demandé » (troisième mensonge). « Puis, de nouveau, les choses ont changé : les dernières années, si je restais convaincue que le mal s'incarnait dans des imposteurs, des dépravés comme Charles de Fervacques, je n'étais plus sûre que ceux pour lesquels j'opérais représentaient le bien... Si j'ai continué à faire ce que je faisais » (dernier mensonge), « c'était plus par routine, et par crainte, que par enthousiasme. S'allier avec le Diable pour chasser les démons, c'est un mauvais calcul... Non que je regrette l'alliance elle-même — l'Enfer ne me fait pas peur —, mais je déplore l'inefficacité du procédé. Je sens bien, voyez-vous, que les démons vont triompher : toute cette semaine ils ont paradé à la barre, et ceux qui me jugeront demain sont leurs valets ! »

Visage catastrophé de mon avocat : ainsi je n'avais pu l'éviter, cet esclandre qu'il redoutait !

Certes, on ne pouvait s'étonner qu'une communiste traitât les magistrats capitalistes de « laquais de la bourgeoisie » — l'injure fait partie du répertoire de la subversion —, mais les juges ne goûtent pas l'invective : qui sait si à la liste de mes trop nombreux crimes ils n'allaient pas ajouter maintenant celui d'« outrage à magistrat » ? En tout cas, ces insultes superflues me vaudraient deux ans de plus... Pauvre Lebœuf ! Comment aurait-il pu défendre quelqu'un qui travaillait à sa perte avec tant de constance ! Ah, il aurait voulu les y voir, les autres, les ténors du barreau, les as de la plaidoirie médiatique ! Il sortit son mouchoir à carreaux et se moucha lamentablement, avec des raucités de conque marine, des mugissements de triton triste...

Le réquisitoire du procureur fut impitoyable : j'avais

parlé de corruption, c'était moi l'agent corrupteur ; j'avais parlé de démons, c'était moi la sorcière ! Les bombes, c'était moi (ne m'étais-je pas vantée d'avoir voulu détruire ce monde ? Il restait persuadé que j'avais armé le bras de « l'imbécile Solange Drouet », et dynamité le châtaau de Senlis) ; les Brigades Rouges, c'était moi aussi ; la désinformation, c'était moi ; la manipulation, c'était encore moi (si l'on ne m'avait arrêtée, ne serais-je pas parvenue à réduire de moitié la puissance de notre armée ?) ; le mensonge, le crime, la mort, c'était moi. Dans cette avalanche d'infractions majeures, les « biographies », les télégrammes, les notes diplomatiques et autres rapports « Secret Défense » faisaient très petite figure ! Tout juste si, à la fin du réquisitoire, on ne les avait pas oubliés ! Le procureur-marteau tapait, tapait, un peu trop fort même pour convaincre des juges professionnels, fussent-ils prévenus contre l'accusé ; certains de ses arguments auraient sans doute porté davantage sur un jury populaire... Pour conclure, il réclama un châtiment exemplaire : vingt ans de prison.

Ce fut au tour de Lebœuf d'y aller de ses petits couplets ; dans ses mains, les feuillets tremblaient et, par moments, sa gorge se nouait. Il tâcha de suivre, dans les grandes lignes, le système de défense qu'avait — involontairement ? — suggéré Fervacques : « Tenons-nous-en aux faits établis, dit-il, et laissons de côté certains aveux qui pourraient avoir été extorqués à une personnalité fragile, traumatisée par une jeunesse difficile... » Péroraison : « Songez au petit Alexandre. Ne privez pas un enfant de sa maman. » Il devait croire qu'il plaidait un divorce...

Résultat : quinze ans de condamnation.

Dans le doute, les magistrats m'avaient appliqué le même tarif qu'à Georges Pâques. Lebœuf me serra dans ses bras pour me réconforter, mais au fond il était très satisfait : n'avait-il pas, à son propre étonnement, repris cinq ans au procureur ? Quant à moi, ce verdict me combla ; la condamnation semblait assez lourde pour que « l'Archange » en eût sa part à porter ; le piège que j'avais patiemment monté s'était refermé.

Il me fallut quelques années de plus pour comprendre que je n'y avais pris que moi...

La prison de Rennes est, en France, la seule centrale pour femmes : une fois le jugement prononcé, on y envoie celles auxquelles il reste de longues peines à exécuter. Déduction faite de ses vingt-cinq mois de préventive, Christine devait encore être incarcérée près de treize ans — cinq ou six selon son frère, qui m'avait assuré que « les pires "droit commun" obtiennent cinquante pour cent de remise de peine... »

La « Sans Pareille » partit pour Rennes un jour de mars 83, avec un « convoi » — quatre femmes enchaînées les unes aux autres par des menottes et encadrées de policiers l'arme à la bretelle.

Traverser la gare Montparnasse dans cet appareil, supporter pendant quatre heures le regard, horrifié ou gêné, des voyageurs du wagon, puis défiler encore, dans un silence réprobateur, le long des quais de Rennes, passait pour éprouvant. « Mes condamnées prétendent que, de tout ce qu'elles ont vécu, ce voyage est le plus pénible, m'avait expliqué une vieille visiteuse du Secours Catholique. Elles disent que ça fait mal de voir se détourner toutes les têtes, qu'on voudrait disparaître... »

Pour atténuer le choc de ce transfert dont j'ignorais la date, j'avais, sitôt la sentence prononcée, écrit plusieurs fois à Rennes afin que Christine pût y trouver du courrier à son arrivée. Je lui promettais d'aller la voir dès qu'elle y serait « installée » et de ne jamais l'abandonner.

Au 18 bis de la rue de Châtillon, la centrale de Rennes ne ressemble ni à un hôpital ni à un couvent : c'est une prison qui ressemble à une prison. Autour d'une cour centrale fermée, s'élèvent six bâtiments identiques — trois étages en brique et parpaings de ciment, coupés de six tours-pignons percées de portes. Architecture horizontale rompue de miradors qui rappelle vaguement l'entrée de certains camps allemands et quelques lycées-casernes du début du XIXe siècle : une ordonnance pénitentiaire... A l'intérieur, pas moyen non plus de se bercer d'illusions : des murs peints en beige ou en marron, des escaliers et des sols de béton brut ; et l'odeur partout — une odeur humide et forte de pensionnat mal aéré. Les couloirs, les coursives, les parloirs empestent la moisis-

sure et le ragoût, le tabac froid, l'eau sale et la friture... Bref, cette prison sent le renfermé : dans huit divisions sur neuf la « fenêtre » n'est qu'un vasistas grillagé de quatre-vingts centimètres sur soixante, percé à plus de deux mètres du sol.

Cependant, ce n'est pas la sévérité du cadre, ni la vétusté des lieux, qui me frappa la première fois que je vis la « Sans Pareille » à Rennes après l'avoir si souvent rencontrée à Fleury. Les lourdes clés à l'ancienne que manœuvraient les surveillantes aux longues capes bleues, et le grand nombre de portes en bois qui verrouillaient encore quartiers et paliers, me surprirent moins, en effet, que Christine elle-même quand je l'aperçus de l'autre côté de la vitre des « visites ».

Depuis 75 on avait supprimé « le costume pénal » proprement dit (sabots, résille obligatoire pour retenir les cheveux, et lingerie collective — du 46 pour tous les slips, c'est une moyenne commode : « qui peut le plus peut le moins ») ; mais, en 83, l'uniforme existait encore : jupe grise, pull gris, manteau gris, et deux couleurs au choix pour les chemisiers, le blanc et le bleu. Après avoir connu Fleury où le « jogging » et même le bikini étaient permis, où chaque prévenue portait sa propre garde-robe, et où la coquetterie restait de mise, je reçus un choc en voyant se présenter devant moi une pensionnaire dont la jupe plissée battait les mollets, et qui, vêtue d'un pull informe, le visage livide et les cheveux tirés, semblait grise de la tête aux pieds... A Rennes, m'avait-on dit, vous verrez : les détenues régressent très vite, elles s'infantilisent, se laissent aller. Adipeuses, hommasses, puériles.

Au commencement, pourtant, Christine se félicitait que la règle de l'isolement, appliquée ici à toutes les condamnées, lui eût permis de retrouver une cellule pour elle seule : un royaume de six mètres carrés... En outre, elle se réjouissait que cette « chambre » (à Rennes, il est interdit de parler de « cellules », on dit « chambres », interdit de parler de « détenues », on dit « dames ») fût, par une bénédiction du ciel ou de la direction, située dans la seule division pourvue de fenêtres — quinze petits carreaux dépolis, opaques, mais placés à hauteur humaine ; le carreau central, grillagé, pouvait même s'entrouvrir : le luxe... Enfin, « l'Espionne du siècle » n'était pas mécontente d'apprendre que, pour tenir compte du bon travail qu'elle avait accompli à Fleury, on allait l'affecter à la bibliothèque — une place enviée, réservée à des « détenues de confiance » lourdement condamnées.

Heureuse d'avoir atteint son but en entraînant Fervacques, ses séides et ses affidés, dans sa chute, elle semblait résolue à supporter du mieux possible sa détention. Elle se trouvait encore, si j'ose dire, dans l'euphorie de la condamnation...

La voyant dans d'aussi bonnes dispositions, je trouvai le courage de lui dire que je ne pourrais malheureusement pas la rencontrer aussi souvent qu'à Fleury : pour une demi-heure de visite il me fallait une journée de voyage. « Je sais, admit-elle sans tristesse, les "dames" de Rennes ont peu de visites. Pourquoi des familles de Strasbourg ou Marseille passeraient-elles trois jours dans le train pour bavarder avec des infanticides et des "veuves volontaires" ? »

Elle se contenterait de mes lettres, m'assura-t-elle. C'étaient d'ailleurs les seules qu'elle recevait, avec celles d'Alexis Sovorov : « Non seulement Aliocha est né épistolier et il satisfait son penchant en m'écrivant, mais, en plus, comme il est russe, il croit revivre "Crime et Châtiment" — il me prend pour Raskolnikov et se voit dans le rôle de Sonia, la prostituée rédemptrice... » Elle recevait aussi toujours des colis de Madame Conan, générosité qu'elle continuait d'attribuer à Carole. De son côté, elle écrivait de temps en temps à sa sœur Béatrice, pour prendre des nouvelles de sa mère dont l'état mental s'était aggravé au point qu'on avait dû l'interner.

Que Béa eût à supporter seule le poids moral et financier de sa mère et de sa grand-mère, toutes deux hospitalisées, était toujours ce qui inquiétait le plus la prisonnière. De la vente de son mobilier et de ses tableaux, elle avait tiré, au moment de son arrestation, un petit capital que Philippe gérait ; mais si les revenus, ajoutés aux liquidités qui lui restaient, avaient suffi pendant deux ans à couvrir « le ticket modérateur » de la vieille Madame Brassard, il fallait maintenant entamer ce petit bien. Avant un an, Christine, sans ressources, ne serait plus en mesure d'offrir à sa grand-mère une maison de retraite convenable — ce serait l'hospice. Elle reparlait donc de vendre « le Belvédère ». A sa demande, j'avais de nouveau soumis la question à Philippe, qui s'était fâché.

« Qu'elle garde sa baraque et qu'elle me fiche la paix ! Je réglerai ces affaires-là en temps utile avec les administrations compétentes. Le cas échéant même, j'y pourvoirai bénévolement... Mais, par pitié, Françoise, qu'elle cesse de m'embêter ! Je paierai, je paierai tout, mais je ne veux plus entendre parler de ses états d'âme avant des années !

— Vous lui en voulez ?

— C'est à moi que j'en veux ! C'est moi qui l'ai aimée le premier, qui ai poussé mon père à la reconnaître, qui l'ai amenée à Senlis, fait "adopter" par ma famille, mes amis... Oh, je sais qu'à Senlis il y avait Olga ! Et vous allez me dire que Christine est plus une victime qu'une coupable ! Il y a des jours, figurez-vous, où je me le demande : tous ces aveux, cette déclaration finale au tribunal... Et puis cet avocat ! Quelque chose ne colle pas, quelque chose m'échappe ; mais ce qui ne m'échappe pas, c'est qu'elle a le mauvais œil : elle a tué mon père, détruit ma mère, précipité ce pauvre François dans la sénilité, et déshonoré un nom que mon consentement seul lui avait permis de porter. C'est beaucoup, tout de même !... Non ? Vous me trouvez bourgeois ? Vous connaissez l'histoire du roi d'Ys ? »

Il me conta la légende que lui contait autrefois la vieille comtesse de Chérailles, sa grand mère : le roi d'Ys avait une fille, Dahut, si dépravée qu'elle entraînait tout le pays dans le péché ; un jour, le Ciel lassé décida de noyer Ys sous les eaux. Mais le roi, coupable seulement d'avoir trop chéri sa fille, put avec la permission divine fuir à cheval la mer qui montait. Tandis que l'une après l'autre, dans un fracas d'enfer, les digues cédaient, Dahut, à demi noyée, aperçut l'animal et son cavalier et, se cramponnant à sa crinière, parvint à monter en croupe. Le cheval avait de l'eau jusqu'aux paturons et il galopait, il avait de l'eau jusqu'aux jarrets et il avançait, il avait de l'eau jusqu'au poitrail et tentait encore de nager.

« Roi, tu vas périr si tu ne rejettes le démon qui s'agrippe à toi », dit alors une voix céleste.

« Mon père, mon père, ne m'abandonnez pas », gémit Dahut, accrochée aux épaules du roi.

Le cheval, surchargé, s'enfonçait ; la vague déjà lui caressait l'encolure. « Ma fille, dit le roi, vous pesez plus qu'une statue de plomb », « Mon père, ne me repoussez pas », « Vos mains me brûlent, ma fille... »

« Roi, retourne-toi, reprit la voix d'en haut, et regarde : ces yeux qui flamboient, ces cheveux hérissés, ces mains crochues, ce n'est pas ta fille que tu sauves, c'est une diablesse, un succube qui a pris son corps... Elle te brûle, elle te noie. Chasse-la ! »

« O mon père, gardez-moi ! » pleurait Dahut, cramponnée au col du vieux roi. Le cheval avait de l'eau jusqu'à la crinière, il avait de l'eau jusqu'à la bouche. « Ma fille, dit le

vieillard, vos mains sont deux fers rouges sur ma peau, et vous êtes plus lourde qu'un tombereau... Mais soyez sans crainte, je ne me retournerai pas. »

La mer montait toujours, le cheval avait de l'eau jusqu'aux naseaux ; une dernière fois la voix perça les nuages : « Débarrasse-toi du démon, Roi ! Tue-la ! » Mais le cavalier ne fit pas un geste, pas un mouvement. Et la mer engloutit d'un coup le cheval, le roi, sa fille et le diable.

— Que dois-je en conclure ? demandai-je à Philippe Valbray.

— Que mon père était aveugle et qu'il s'est noyé...

— Mais peut-être, à l'inverse du roi d'Ys, n'était-il pas sans péchés ?

— Je ne sais pas... Mais, moi, je n'ai rien à me reprocher que des bêtises... Alors je lâche la princesse avant que ses fautes ne me submergent !

Pour éviter que Valbray n'eût à subvenir tout de suite aux besoins de sa sœur, je m'entremis pour vendre la collection de masques anciens qu'elle avait conservée et qui restait entreposée dans un garde-meuble d'Evreuil ; je lui rachetai moi-même quelques belles pièces et le reste fut dispersé par mes soins à Drouot, lui rapportant de quoi soutenir encore ses deux invalides pendant une année.

Ce fut à la même époque que, pour l'occuper, je lui suggérai de tenir des carnets où elle me confierait ses souvenirs, ses pensées. Ses lettres, soumises à la censure du courrier, gardaient en effet quelque chose d'emprunté ; je la devinais bridée jusque dans ses confidences, et il me semblait indispensable qu'elle pût se trouver ailleurs un jardin secret. Ne serait-il pas bon, me demandais-je, que dans cet univers de la fouille systématique, de l'œilleton et des illuminations nocturnes, Christine eût quelque chose à cacher ? Une ancienne détenue dont je m'étais occupée après l'avoir connue à Fleury m'avait assuré que « défier l'autorité, ça réconforte ! A Rennes, on ne survit que si on fait des trucs interdits — fabriquer des chandelles en faisant fondre de la croûte de Babybel, voler des cierges à la chapelle pour lire et écrire après l'extinction des feux, passer des petits mots ou des cigarettes aux copines, s'enfermer à deux dans les toilettes, faire entrer de la dope, faire sortir des lettres... »

Comment, au fil des mois, je tirai de Rennes, par petites

liasses, les centaines de pages de ces carnets, je ne puis le révéler. Disons seulement que le courrier adressé par les condamnées à leurs avocats n'est jamais censuré et que Maître Lebœuf, aujourd'hui disparu, était le plus obligeant défenseur que les amis d'un détenu pussent trouver... Pour le reste, certaines « permissionnaires » (celles que le juge d'application des peines autorise à passer de temps en temps un week-end à l'extérieur) sont capables de prodiges : introduire du dehors des vêtements ou des chaussures, sortir des photos et des paquets n'est qu'un jeu pour elles, et qui leur plaît. Si Mesrine, Knobelspiess et quelques autres condamnés aux « Quartiers de Haute Sécurité » avaient réussi à faire parvenir à leurs éditeurs respectifs des livres entiers et à les publier, les difficultés que je rencontrerais pour communiquer avec Christine en marge des circuits officiels ne pouvaient être insurmontables : de fait, elles ne le furent jamais...

Simplement, ces feuillets m'arrivaient en ordre dispersé. Presque jamais dans la présentation chronologique que je leur ai ensuite donnée ; soit que Christine prît plaisir à évoquer tel souvenir récent avant tel autre plus ancien, soit que les paquets confiés à des « services de livraison » différents, mais victimes, les uns et les autres, d'impondérables et de ratés, me fussent remis dans le désordre, la fin avant le début, et le récit du dernier acte avant le lever de rideau. Et je ne mentionne que pour mémoire les disparitions définitives, les destructions forcées, inhérentes à ce type de transport.

Quand je commençai à parcourir ces mémoires un peu décousus, ce fut vite la stupeur qui l'emporta. Sur l'enfance de ma nouvelle amie et sa vie familiale je n'apprenais rien que, dans les grandes lignes, je n'aie su déjà par Lebœuf, Valbray et les dépositions du procès. En revanche, sa liaison avec Fervacques m'apparaissait bien différente de ce qu'elle-même avait révélé à l'instruction, et le personnage de « l'Archange » prenait, dans ces confessions, une tout autre dimension. L'écart le plus sensible, cependant, concernait la culpabilité de la « Sans Pareille » : rien, ni l'époque à laquelle elle avait commencé à travailler pour Madame Kirchner, ni l'esprit dans lequel elle l'avait fait, ni même la nature et l'importance de sa collaboration, ne coïncidait avec ce que les magistrats avaient retenu contre elle.

Grâce à ces carnets, je croyais découvrir enfin la vérité : non seulement je comprenais la « Sans Pareille », mais je l'admirais quand, prétendant qu'elle avait volontairement cédé à

Olga, elle osait revendiquer la responsabilité de sa trahison : quel courage dans un temps où l'Homme était jugé irresponsable par tous les penseurs — philosophes totalitaires qui nous décrétaient complices « objectifs » des crimes que nous n'avions pas commis, psychologues qui, nous effaçant derrière nos pulsions, nous déclaraient innocents des actes que nous avions accomplis !... N'ayant pas alors en main toutes les pièces du dossier, je me figurais que Christine, au procès, n'avait cherché à camoufler sa culpabilité sous le déterminisme idéologique et la contrainte que pour rester intelligible à une société qui niait la liberté. Elle avait, croyais-je, voulu éviter le triste sort du pilote qui avait largué la bombe atomique sur Hiroshima : de retour aux Etats-Unis, c'est en vain qu'il avait confessé sa faute, répétant qu'il vivait dans le remords des milliers de morts qu'il avait provoquées ; tantôt on lui répondait qu'il était un héros dont l'acte avait mis fin à une guerre mondiale, tantôt on lui assurait qu'il n'était qu'un soldat, qui doit obéir aux ordres — dans un cas comme dans l'autre, un homme irréprochable ; et l'on calmait ses scrupules en lui décernant des décorations et en lui prescrivant des tranquillisants. Exténué d'innocence, interdit de péché, désespéré, il avait alors essayé de voler la caisse d'un supermarché pour pouvoir au moins répondre d'un crime, plaider coupable, être jugé, expier... Mais on ne condamne pas un vétéran décoré : l'avocat commis d'office avait fait valoir que le choc d'Hiroshima avait troublé l'esprit de ce soldat d'exception, qui n'était plus responsable de ses actes. Acquitté à l'unanimité (avec les félicitations du jury pour son glorieux passé), le pilote malheureux avait fini par se suicider...

Que Christine Valbray, à laquelle une enfance déséquilibrante aurait pu fournir tant d'excuses et d'échappatoires, insistât dans ses cahiers sur son libre arbitre, qu'elle endossât le mal pour que le bien pût être assumé, comblait mes aspirations morales, quelles qu'aient été ses fautes.

D'ailleurs, plus je la lisais, plus j'avais l'impression qu'en dépit des apparences tout nous rapprochait : nous étions, chacune à notre manière, des filles sans père ; c'était la même quête d'amour et de reconnaissance qui nous animait tandis que, privées d'origine, de racines — pour moi l'histoire, la foi, pour elle le nom, la lignée —, des tentations identiques nous assaillaient : mensonge et dédoublement, nihilisme et barbarie, fuite et repliement. Et si Christine, espionne tueuse, puis recluse, avait cédé successivement à toutes les séduc-

tions d'un siècle malade, n'y avais-je pas moi-même succombé, me bornant seulement à les « sublimer » ? Qu'estce donc qu'un biographe, sinon un « transfuge » lui aussi, un violeur d'âmes, un voleur de destins ? Il m'arrivait à cette époque de ressentir plus d'estime pour la « Sans Pareille », qui était allée jusqu'au bout de ses désirs, que je n'en éprouvais pour ma propre vie, si rangée parce que si timorée.

Aux carnets de Christine qui peignaient la « misère de l'homme sans Dieu », je n'avais rien su répondre ; à son réquisitoire contre la société (« le monde », selon Sovorov), je n'avais rien trouvé à opposer, que la raison ou la lâcheté. Et si je ne l'approuvais pas, je ne voyais pas non plus au nom de quoi la condamner...

Après quelques mois de lecture, je m'aperçus pourtant qu'habituée à fabuler elle me mentait aussi : je relevais parfois des contradictions entre les différentes versions d'un même fait, d'une même scène ; jusqu'à ses sentiments qui, d'une livraison à l'autre, paraissaient inconséquents, désaccordés. Mais c'est à peine si ces incohérences me choquaient. Ma vie avait beau me sembler plus harmonieuse que celle de Christine, ma morale était à peine moins schizophrénique que la sienne : tantôt, pour lui pardonner ses tromperies, je me faisais l'avocat du Diable, me demandant, nouveau Pilate, « qu'est-ce que la vérité ? » ; tantôt je me faisais l'avocat du bon Dieu, me persuadant que, s'il existait une conscience supérieure, elle devait juger Christine comme elle-même se jugeait — de l'intérieur. En tout cas, ce n'était pas à moi qui ne voyais rien du dedans, rien d'en haut, de départager le noir du blanc, ni de séparer, dans les récits de Rennes, le bon grain de l'ivraie...

Du reste, même quand ses « inexactitudes » m'irritaient, il suffisait que je la revoie pour que tout doute fût levé. Mes réserves fondaient. Chaque fois que je la rencontrais en effet, je la retrouvais aussi ardente qu'à Fleury, et — malgré la jupe grise et le pull gris — chatoyante. Quel meilleur adjectif pourrais-je trouver pour la qualifier ? Dans cette courte demi-heure, elle étincelait d'esprit, rayonnait de vivacité, et sans cesse changeait de couleur, de reflet ; elle miroitait, effervescente et diverse, et je la regardais, médusée. Il y avait dans sa présence — même à travers la vitre blindée de l'hygiaphone — quelque chose d'électrisant, d'aveuglant, et, si je regrettais quelquefois, après coup, le caractère excessif de ce qui passait entre nous, j'en sortais chaque fois étourdie, grisée.

Peut-être le temps intérieur n'est-il pas le même pour tous — pour les uns eau courante, pour d'autres étang dormant ? Mes journées semblaient variées, les siennes monotones ; pourtant, de nous deux c'était elle « l'eau courante » : pas une conversation qui ne fût la fraîcheur même, pas un propos qui ne m'y parût neuf. Christine Valbray était une source, un torrent ; en la suivant, on se trouvait en peu d'instants devant un paysage si différent du décor d'origine qu'on croyait avoir changé de rivière ; d'où, peut-être, cette impression qu'elle mentait, alors qu'elle se bornait à décrire le rivage du moment... Rien chez elle de répétitif, de prévisible, de résumable. Jamais, même en prison, de temps mort ou de « il voyagea ». Elle pouvait parler du passé, elle ne vivait qu'au présent : aussi vivait-elle le passé au présent, ne cessant de le renouveler... C'était une raison de plus pour l'aimer.

Comme je me plaignais de la brièveté frustrante de mes visites, Christine me suggéra un jour de proposer à un magazine féminin un reportage sur cette prison de femmes, « unique en France » ; ainsi pourrais-je pendant quelques heures passer de l'autre côté des barreaux et découvrir les lieux où elle vivait : « En principe, ils vous laisseront tout voir, les cuisines, l'infirmerie, la bibliothèque, même les cellules. Peut-être qu'avec un peu de chance vous visiterez la mienne ! Vous verrez, j'en suis contente : j'ai prélevé quelques sous sur la vente de mes masques, et, grâce à ce que j'ai pu cantiner, je suis très bien installée. »

C'est une des particularités de Rennes en effet qu'on y permette aux « dames » d'arranger leurs « chambres » à leur gré : elles ont le droit de les repeindre aux couleurs de leur choix, d'y poser de la moquette, et de les décorer comme elles l'entendent — affiches et portraits, couettes, fleurs en plastique, bibelots, napperons. A cette fin, elles peuvent cantiner aux Trois Suisses, commander sur catalogue l'armoire de toilette « spacieuse en polystyrène avec glace et éclairage incorporé », le rideau de lavabo « couleur ciel, fixable par bandeau adhésif », le jeté de lit doré en dralon ou lurex, le « lustre rustique », les coussins, les tables de nuit, les tapis et même les cache-tinette...

J'obtins sans difficultés qu'on me demandât l'article que

Christine souhaitait ; et c'est ainsi qu'en janvier 84, pendant deux jours, la direction de l'établissement me présenta ce que les « visiteurs de prison » ne voient jamais. Comme on connaissait mon amitié pour Madame Valbray et qu'elle était bien vue des autorités, on me laissa accéder à la division des « Confiances » où on l'avait placée. J'y vis beaucoup de cretonne, des murs roses, et même deux perruches dans une cage et plusieurs poissons rouges : les animaux « qui ne dérangent pas » sont autorisés dans la centrale. Christine (avec qui j'avais déjà pu, grâce à cet habile prétexte, m'entretenir pendant trois heures à la bibliothèque : l'équivalent pour elle de six visites, pour moi de six jours de voyage) me montra fièrement « sa chambre » : une moquette bleue, sur le lit un faux cachemire en polyester à 399 francs, sur les murs une étagère-bibliothèque en faux rotin, et au plafond une suspension boule en papier japonais — la moins chère... Bien sûr, c'était mieux que le béton brut, mais, dans son cas, c'était pathétique : la « Sans Pareille » avait possédé au « Belvédère » des meubles rares, des tableaux de prix ; elle avait su orner sa villa d'Evreuil avec presque autant de faste que Fervacques « Bois-Hardi », faisant de cette bâtisse de meulières avec perron et marquise une espèce de palais fin-de-siècle posé au milieu des bidonvilles. Aujourd'hui, réduite à ce mobilier de série, ces matériaux synthétiques, ces tissus en simili, elle ne semblait ni triste ni gênée. Au contraire : elle paraissait aussi satisfaite de son « petit confort » qu'elle l'était autrefois de ses Majorelle et de ses cabarets Napoléon III, de ses « confidents », ses « indiscrets », ses cabinets d'ébène et d'écaille, son lit « à la polonaise », ses lourdes tentures et ses trumeaux. « C'est chouette, hein ? » répétait-elle avec une apparente sincérité, et, assise au bord du lit, elle caressait avec plaisir son « cachemire de polyester ». Je ne sais qui a dit que la misère est terrible en ce qu'elle ne permet plus de reconnaître la beauté : après quatre ans de prison, Christine Valbray s'était fait la chambre de Malise Brassard...

Ce fut probablement le premier signe qui m'alarma. Mais sur l'instant je ne m'y attardai pas : nous étions toutes deux enchantées de l'espèce de tour que nous venions de jouer aux autorités ; jamais nous ne nous étions tant vues, tant parlé...

Dans les mois qui suivirent, rien d'autre dans son comportement ne m'inquiéta outre mesure, si ce n'est, peut-être, qu'à chaque visite je la trouvais un peu alourdie ; mais la plupart des « pensionnaires » de Rennes m'avaient paru, lors de ma tournée des divisions, éléphantesques (le manque d'exercice, sans doute, et l'absence de regard masculin), si bien que Christine continuait, par comparaison, de me paraître plutôt mince. Du reste, l'uniforme, mal taillé, ne permettait pas de se faire une idée précise de sa silhouette. Je m'aperçus bien aussi que ses cheveux blanchissaient sur les tempes et qu'elle ne les teignait pas — il y avait pourtant un coiffeur dans l'établissement —, mais, après tout, me dis-je, à qui aurait-elle pu chercher à plaire ? Tant qu'elle était enfermée là, mieux valait sans doute qu'elle économisât pour sa grand-mère... C'est aussi pour restreindre ses dépenses qu'elle suspendit quelques-uns des abonnements aux journaux qu'elle avait d'abord cantinés : elle continuait à recevoir « le Monde » et un ou deux hebdomadaires, mais elle ne lisait plus « la Presse », ni « la Lettre ». « Si j'avais de l'argent de reste, m'expliqua-t-elle, j'aimerais mieux m'acheter un petit secrétaire en poirier teinté que j'ai vu dans le dernier catalogue des Trois Suisses... Remarquez, dans mes six mètres carrés, je ne sais pas où je le mettrais ! » Elle avouait de toute façon ne plus éprouver qu'un intérêt limité pour l'actualité ; tant de religieuses cloîtrées expriment le même sentiment que je ne songeai pas à m'en tracasser.

L'essentiel était qu'elle conservât une bonne santé ; et sur ce point ses nouvelles restaient bonnes, si l'on excepte un curieux incident qui se produisit au printemps 84 et auquel je n'attachai pas, dans l'instant, une grande importance : elle m'écrivit un jour qu'elle ne voyait presque plus de l'œil gauche ; elle craignait une cataracte ; le médecin de la prison avait prescrit des examens. L'ophtalmologue ne trouva rien, on fit un scanner au centre hospitalier de la ville — examen négatif lui aussi ; et, brusquement, avant d'avoir eu le temps de se tourmenter davantage, la prisonnière recouvra le vue : « Revenue au bout de trois semaines, aussi vite qu'elle était partie ! » m'annonça-t-elle dans une lettre très gaie ; les médecins avaient conclu à des troubles psychosomatiques — c'est le diagnostic des ignorants...

La vie de Christine, telle qu'elle m'apparaissait dans les lettres confiées à l'administration de la prison, se réduisait donc désormais à des analyses de sang — excellentes — et des prises de tension ; à ses lectures aussi. A la bibliothèque elle reprenait les classiques et me communiquait ses impressions (la direction ne censurait pas la critique littéraire) : elle disait préférer finalement Balzac à Flaubert ; « “ l'ermite de Croisset”, si lucide et acharné, me paraît un grand romancier d'intention ; pour le reste, c'est Balzac, l'imbécile, qui rafle la mise. » Elle faisait aussi l'éloge de Verlaine, au détriment de Rimbaud : « Oui, bien sûr, c'est étonnant, “le Bateau ivre”, à seize ans... Mais on finit toujours par parler de Rimbaud comme de Minou Drouet, et par trouver que c'était bien pour son âge ! La vérité, c'est qu'il force sa voix, notre jeune homme ! Tandis que Verlaine, comme Tchékhov, reste simple, discret, au point qu'il n'a l'air de rien. Mais il est tout... » Ainsi appris-je, en passant, qu'elle relisait Tchékhov : était-ce bien par hasard ? Alarmée, je crus voir se profiler une fois de plus l'ombre de son « Breton russe » : l'aimait-elle encore ? Pouvait-elle encore l'aimer ? D'un autre côté, il n'y a personne qui comprenne mieux un prisonnier, un malade ou un malheureux, que Tchékhov et Verlaine...

En tout cas je m'attendais que cette série de confrontations littéraires, genre « Vies parallèles », débouchât maintenant sur une comparaison des derniers romans de Courseul et de Saint-Véran, « le Double Jeu » et « Profil perdu », qui, tous deux, l'avaient choisie pour héroïne : les romanciers sont comme les enfants affamés et les jeunes gens amoureux — tout fait ventre. Pour des auteurs à court d'inspiration, l'aventure de Christine (qu'ils avaient fréquentée de près) était une bénédiction.

« Profil perdu » parut fin 83 ; Saint-Véran, renvoyé par les socialistes à ses méditations esthétiques, avait retrouvé sa voix. Il s'était remis à lire autre chose que le catalogue des Trois Suisses (c'était Christine maintenant qui le lisait !), et de nouveau il écrivait. « Profil perdu », qu'il donnait avec coquetterie pour du faux vrai — « librement inspiré par les événements que l'on sait » —, était, en dix courts chapitres, l'histoire d'une passion : un certain James Holdson (Anglais) aimait à la folie une mystérieuse Eva (Anglaise) dont il partageait la vie, mais pas les secrets. Sans cesse Eva lui échappait, se réfugiant derrière des mensonges inexplicables, des désespoirs incompréhensibles, dérobades qui la rendaient d'autant plus chère à James. C'était, en somme, ni plus ni moins que le « Climats » d'André Maurois, « rewrité » dans le style nerveux à la mode ; car, cette fois, c'était Sylvia Jacques que Saint-Véran avait pastichée. Jaloux de l'audiovisuel, complexé par les médias, il avait laissé contaminer ses écrits par l'image : son récit, brillant, tressautait sans arrêt ;

dès qu'il risquait de devenir grave en effet, l'auteur zappait pour éviter le « dossier spécial » et l'« article de fond » ; son livre n'était qu'une succession de plans rapides, alternés sans transitions ni fondu, une suite de notations hâtives qui ressemblaient à ces « brèves » de magazines qu'on lit sans effort, mais dont on ne se souvient plus dix minutes après. Sitôt qu'il voyait se profiler l'émotion, s'amorcer la réflexion, le romancier les fuyait pour surfer sur les mots ; des mots qui n'étaient plus eux-mêmes que des images puisque, influencé par Sylvia, Saint-Véran venait de décider que la métaphore est le nec plus ultra du style, le sommet de l'art romanesque ; il confondait, sans doute, avec la publicité...

Tel quel pourtant, son roman restait attachant — quoique de pure imagination : il avait certainement éprouvé pour Christine de l'amitié, de l'affection, de la tendresse, peut-être même du désir, mais de la passion, non ! Dans les interviews qu'il donnait, il en convenait, d'ailleurs : « Tout le monde sait que j'ai vécu, ces dernières années, une aventure peu banale avec un personnage d'exception. J'en suis resté profondément meurtri ; c'est à peine si je commence aujourd'hui à surmonter la stupeur, la douleur, que cette "affaire" m'a causées... Pour autant, que mon lecteur ne s'y trompe pas : James Holdson, ce n'est pas moi ; Eva, ce n'est pas elle. Je suis d'abord un romancier. » Habile plaidoyer qui lui assurait en même temps le beurre et l'argent du beurre : la vérité saignante du « document », si facile à promouvoir, et l'aura artistique du roman... Je me souvenais du temps où, selon Christine, il affirmait à Tanguy qu'« on n'écrit bien qu'avec ses rêves, pas avec sa vie ! A moins d'être Papillon... Et encore : ça ne sert qu'une fois ! »

Cette chance unique, lui du moins ne l'avait pas ratée : dans le prolongement du procès, on s'arrachait son livre, dont le succès devait plus au voyeurisme qu'au talent (par ailleurs indéniable) de son auteur. Les tirages dépassèrent ceux de « la Vie de Giton ».

Réussite qui nuisit à la vente du gros livre, plus délicat, plus retenu, que Gilles Courseul consacra aux mêmes faits : d'abord Courseul, gêné par les responsabilités qu'il exerçait encore à l'INA, avait publié un mois plus tard, handicap quasi insurmontable quand la durée moyenne d'un livre en librairie n'excède guère six semaines ; ensuite, s'il se vantait d'avoir été, dans les derniers temps, l'un des intimes de Chris-

tine Valbray, il ne pouvait se flatter qu'elle l'eût admis dans son lit. Deux buts à zéro en faveur de Saint-Véran...

C'était dommage, car le long roman de Courseul — dans la mesure où le personnage de Christine (désignée ici par une simple initiale, « L ») n'apparaissait qu'au second plan, dans une semi-pénombre — me semblait supérieur humainement, et même littérairement, à l'ouvrage de Saint-Véran. Dire de quelqu'un qu'il est énigmatique, c'est encore le définir : sur Christine, Courseul, sorti de ses phrases brèves, mais nébuleux à souhait, prisonnier de sa petite musique et de son écriture voilée, était loin de se montrer si explicite ! Pourtant on avait l'impression, à le lire, de cerner d'autant mieux la « Sans Pareille » qu'il ne la cherchait pas, et que l'architecture de son récit semblait moins rigoureuse, moins dominée que la construction de Saint-Véran, son style plus étouffé : son projet même se défaisait à mesure qu'il avançait. On aurait dit que, parti pour la gloire (ou, du moins, pour les pages « Notre époque » ou « Jours d'aujourd'hui » des revues et périodiques), il se perdait en route. On le lui reprocha d'ailleurs : « Mais enfin où veut-il en venir ? » s'écriaient, après cinquante pages, les lecteurs pressés. Pour approcher la vérité d'une égarée, Courseul n'allait nulle part en effet. Lui-même s'effaçait... Mais ce n'est pas la signature du peintre qui garantit l'authenticité du tableau, c'est le tableau qui prouve l'authenticité du peintre ; et je trouvais dans cette peinture inachevée et maladroite la sincérité qui est la signature du véritable artiste. Pour le reste, il y avait entre le « Profil perdu » de Saint-Véran et « le Double Jeu » de Courseul la même différence qu'entre un roman français et un roman russe, un Paul Morand et un Dostoïevski : l'un parlait du cœur, l'autre de l'âme ; l'un, clair et spirituel, disséquait en deux cents pages son objet, l'autre, obscur et touffu, ne faisait, en deux mille pages, que l'effleurer. Car l'âme, malheureusement, résiste à l'autopsie...

Quant aux aspects historiques de « l'affaire », aucun des deux auteurs n'épuisait le sujet, pour la bonne raison qu'ils ignoraient l'essentiel : ils n'avaient jamais eu sous les yeux les confidences et les révélations dont Christine m'honorait.

Début 84, ils passèrent ensemble à « Apostrophes », en compagnie de Georges Coblentz qui venait d'écrire la préface d'un album de photographies de Mata-Hari, et de Sylvia Jacques, qui avait lâché Courseul pour un juré du Goncourt et publiait la biographie imaginaire d'un espion bisexué, le chevalier d'Eon. La conversation roula sur le renseignement, mais, bien vite, dévia vers d'autres sujets. A un moment, je ne sais pourquoi, Bernard Pivot demanda aux participants s'ils avaient des enfants ; aucun, ils étaient heureux de le dire, ne s'était mis dans un cas si délicat ; même Saint-Véran, qui, selon Christine, avait un temps professé d'autres théories, se félicitait aujourd'hui de n'avoir pas procréé. Création et procréation ne faisaient pas bon ménage, certifièrent-ils de concert, et ils n'avaient pas fabriqué d'enfants pour pouvoir accoucher de leurs livres. « Eh bien, dit mon mari en éteignant le poste, quand on lit les livres qu'ils écrivent, on regrette les enfants qu'ils n'ont pas faits ! » Il n'était pas un grand admirateur de la littérature de Coblentz...

Christine, elle, ne fit aucun commentaire, ni sur cette émission, qu'elle n'avait pas vue, ni sur les deux livres inspirés de sa vie : peut-être n'avait-on pas de crédits, à la bibliothèque de Rennes, pour acquérir des « nouveautés » ? Mais, par les journaux qu'elle lisait encore, elle devait au moins connaître l'existence de ces ouvrages... Elle ne m'en parla jamais, ne manifesta pas à leur sujet la moindre curiosité ; comme si ce qui se passait dehors avait cessé de l'intéresser.

Je ne sais pas non plus si elle apprit le remariage d'Alban de Fervacques avec « Marie Mauvière ». L'annonce s'en fit avec discrétion : la nouvelle n'intéressait vraiment que les Américains, et je n'en fus moi-même informée que par un entrefilet de « la Vérité », auquel, à dire vrai, j'attachai moins d'importance qu'à cette enquête parue la même semaine dans « le Monde », et qui montrait que les adolescents ne comprenaient plus le sens des mots « contemplation » ni « intégrité »...

83, 84, 85 : la « Sans Pareille », vêtue comme deux cents de ses semblables d'un uniforme gris, s'enfonçait peu à peu dans l'obscurité tandis que, plus que jamais, la politique occupait les esprits.

Depuis quelques années, il y avait en gros deux sortes de politiques : celle qui se prêtait aux sondages, et celle pour laquelle on ne sondait pas. Politique étrangère et « choix de société », on ne sondait pas ; petites phrases, popularité des ministres, on sondait.

Je me souviens, par exemple, qu'il y eut chez nous en 83 des attentats tous les mois et dans tous les coins : l'Armée

Secrète Arménienne frappa une agence de voyages en plein Paris (plusieurs morts, plusieurs blessés), puis, encouragée par ce succès, s'attaqua à l'aéroport d'Orly-Sud (encore plus de morts et plus de blessés) ; pendant ce temps les militants nationalistes basques fusillaient des touristes et des gendarmes, et le Front de Libération de la Corse, après avoir dynamité quelques dizaines de villas, tuait un sous-préfet ; l'Alliance Révolutionnaire Caraïbe posa des bombes à la Guadeloupe et en Martinique, et la Fraction Armée Rouge, à moins que ce ne fût Action Directe, fit sauter la gare Saint-Charles à Marseille et le même jour un TGV (l'année d'avant, c'était le Capitole que des amis de « Carlos » avaient fait exploser).

Je tâchai de m'amuser en me rappelant le réquisitoire du procureur au procès Valbray : n'avait-il pas prétendu voir en Christine l'une des responsables européennes de la subversion ? Apparemment, il n'avait pas suffi de la mettre sous les verrous pour guérir le mal... De toute façon, pas plus que la politique étrangère, la multiplication des attentats — qui faisaient, Dieu merci, d'excellentes photos — n'offrait matière à consultation du peuple souverain.

En revanche, quand en mars le Premier ministre, Pierre Mauroy, constituait son troisième gouvernement en intervertissant quelques ministres, on sondait ; quand en septembre, aux sénatoriales, l'opposition obtenait soixante-quinze des quatre-vingt-dix-huit sièges à pourvoir, on sondait ; quand en octobre le président des radicaux du MRG lançait un appel à la « constitution d'un large centre gauche », on sondait.

Et ces sondages montraient que la cote des socialistes, d'abord portés aux nues, fléchissait : Mauroy n'obtenait plus que 30 % de « satisfaits ». A l'inverse la popularité des dirigeants de l'opposition ne cessait de monter : si Giscard restait assez bas, Chirac et Barre étaient, eux, de mieux en mieux placés. Dans ce sondage, réalisé fin 83, le nom de Fervacques ne figurait pas ; j'interrogeai le chef des sondeurs avec qui j'eus l'occasion de dîner : « Fervacques ? Ah oui, fit-il en se tapant sur les cuisses, nous avons bien pensé à l'oublier ! »

Peut-être avait-il tort de s'esclaffer ? A la mi-84, le nom de « l'Archange » réapparut dans certains tableaux, en bas de liste d'abord, puis avec des scores qui s'amélioraient. Les solidaristes, en effet, répondaient à l'appel du MRG : si aux pro-

chaines législatives, les socialistes ayant perdu des voix et la droite en ayant regagné, la majorité sortie des urnes apparaissait instable, le « centre gauche » redeviendrait une position d'avenir.

Ce qui semblait certain, c'est que des tractations discrètes étaient en cours entre « Progrès et Solidarité » et le gouvernement Fabius ; ces négociations passaient, assurait-on, par les deux frères d'Aulnay — « d'Aulnay le Con », qui dirigeait toujours officiellement le mouvement dont Fervacques n'était plus qu'un membre éminent, et « d'Aulnay le Crack », qui venait d'être nommé ministre de l'Equipement. Eliminé par erreur, on s'en souvient, du premier gouvernement giscardien, Guillaume d'Aulnay, la « grosse tête » de la famille, avait fait de cette erreur une vertu : il racontait partout que c'étaient ses opinions, quasi « gauchistes » à l'époque, qui avaient déplu ; certes, en 78, il avait accepté un secrétariat d'Etat à la Recherche scientifique dans le gouvernement Barre, mais c'était « dans l'intérêt des chercheurs », expliquait-il, « et mandaté par les syndicats ». Peut-être...

Pas plus que les véritables opinions de Guillaume d'Aulnay, je n'aurais pu définir celles de Julien Santois, cet ancien camarade d'études qu'Henri Dormanges avait nommé à la tête d'une des chaînes de télévision. En 81, au moment de sa nomination, « la Presse » avait publié un portrait de ce jeune fonctionnaire, qui démarrait sur les chapeaux de roues : « On l'appelait Saint-Just, écrivait le journaliste. A la Fac, en 68, ce surnom lui allait comme un gant, car Santois, contestataire intransigeant, avait passé le fameux mois de mai sans dormir, dressant des barricades et haranguant les foules... »

A cette époque, je me trouvais à la Fac, moi aussi, et il me semblait que rien de ce que rapportait ce papier n'était arrivé : du prétendu Saint-Just, je ne gardais que le souvenir d'un jeune homme bien mis, dont les convictions, aux moments décisifs, restaient aussi molles que la poignée de main...

Troublée tout de même par la lecture de ces pages, j'avais commencé par me défier de ma mémoire. Après la lecture du journal, j'avais cherché à contrôler mes souvenirs auprès de Philippe Valbray dont je me rappelais qu'il avait connu le supposé révolutionnaire au service militaire :

« Julien, surnommé "Saint-Just" ? Vous plaisantez ! Aux EOR, ses bonnes joues nous l'avaient fait baptiser "Poupette"...

— Et il était de gauche ? Enfin, avant que le pouvoir soit de gauche...

— Pensez-vous ! Il nous rebattait les oreilles des exploits de son grand frère, chauffeur de Lagaillarde au moment du putsch ! Mais je ne suis pas surpris de sa réussite : il a une belle voix dans les graves, et c'est important pour une carrière... »

Je lui avais montré l'article de « la Presse ». Aussitôt il avait improvisé la biographie que « Minute » publierait lorsqu'un gouvernement de droite aurait propulsé notre « Poupette » un étage plus haut : « On l'appelait Charlotte Corday. Dans la promotion 68, ce surnom lui allait comme un gant. Libéral dans une pépinière de marxistes, Santois avait passé le mois de mai à tenter de raisonner ses camarades "enragés"... »

Historienne, je ne réussissais pas à m'amuser comme lui de ces mensonges tirés à des millions d'exemplaires qui auraient un jour la force de la vérité : si l'on avait chargé quelqu'un d'écrire ma vie, n'aurait-il pas fallu, pour restituer l'atmosphère de mes années d'études, qu'il recourût aux sources écrites dont on disposait — l'article de « la Presse » par exemple, et les inventions de Julien Santois ? Si « Saint-Just » était une réalité, j'étais une légende...

Grâce aux contacts étroits noués entre solidaristes et socialistes, et aux liens que Picaud-Ledoin maintenait par ailleurs avec Lecanuet et Giscard d'Estaing, Charles de Fervacques fut élu, début 85, vice-président du Sénat, avec un paquet de voix UDF et un apport de voix radicales. Le poste, par lui-même, est de peu d'importance : les fonctions ne sont qu'honorifiques ; mais qu'on pût songer à honorer « l'Archange » quatre ans après l'arrestation de Christine aurait dû me faire réfléchir.

Cependant je ne réfléchis pas : j'étais convaincue que Christine avait gagné, qu'elle ne s'était pas sacrifiée en vain, et que Fervacques (sur lequel les carnets m'avaient appris tant de choses qui, bien qu'avouées à la DST, n'avaient pas été évoquées lors du procès) était un homme fini : peut-être lui confierait-on encore de petites missions, de petits emplois, rien d'essentiel toutefois — d'un drap de lit on peut faire un bonnet, mais d'un bonnet on ne fait pas un drap de lit...

Surtout, j'avais d'autres soucis en tête que les perfor-

mances du maire de Sainte-Solène. La santé de Christine commençait à se dégrader.

En novembre 84, elle m'écrivit qu'elle souffrait d'une paralysie de la main gauche : elle s'était réveillée un matin avec une « main de bois », disait-elle. Le médecin de la prison parla encore de problèmes psychosomatiques, de dépression nerveuse (il est vrai qu'avec son assentiment elle prenait toujours des « fioles » chargées en somnifères et en tranquillisants) ; mais au bout d'un mois elle n'avait pas recouvré la mobilité de ses doigts, et la paralysie semblait s'être étendue à l'avant-bras ; on l'hospitalisa : nouveau scanner et ponction lombaire. Le neurologue consulté prescrivit même un examen supplémentaire, qu'elle appelait dans ses lettres une « résonance magnétique nucléaire » — « Impressionnant, n'est-ce pas ? On ne lésine pas sur les dépenses médicales ici ! L'administration pénitentiaire n'a qu'une crainte : que ses "longues peines" meurent en prison... Par chance, c'est le bras gauche qui est atteint : je ne serai pas empêchée d'écrire mon testament ! Comme l'empereur Alexandre son empire, je léguerai mon Belvédère "au plus digne" — croyez-vous qu'il puisse y avoir beaucoup de prétendants ? »

Encore une fois, les médecins ne trouvèrent rien (« Je suis une malade imaginaire qui s'ignore », commentait-elle), et elle réintégra sa cellule avec un traitement anti-inflammatoire ; peut-être fut-il efficace puisque, en février, elle put de nouveau remuer le bras et la main, à l'exception de deux doigts ; mais, m'assura-t-elle, « du moment que je ne joue pas de piano et que je ne tape pas à la machine, je m'arrange de cette perte-là ». Lui rendant visite à Rennes, je lui trouvai pourtant l'air bien fatigué.

En avril, revenant de la bibliothèque où elle travaillait chaque après-midi, elle tomba dans l'escalier qui menait à sa division : un vertige. Dans les jours qui suivirent, elle prétendit plusieurs fois ne pas pouvoir quitter son lit : tout tournait. L'infirmière de la prison lui trouva une tension normale ; mais quand elle avoua qu'elle ressentait aussi des fourmillements dans la main droite (« la crampe de l'écrivain », parvint-elle encore à plaisanter dans un court billet), on la réexpédia au CHU de Pontchaillou. La ronde des examens reprit ; elle prétendait garder un moral d'acier car elle ne souffrait pas, « et du moment qu'ils sont sûrs que je n'ai pas de tumeur au cerveau, je me débrouillerai du reste... »

C'est un jeune neurologue, nommé depuis peu au centre

hospitalier, qui, le premier, posa le diagnostic : il qualifia la baisse passagère d'acuité visuelle qui l'avait frappée un an plus tôt de « névrite optique » et la relia à la paralysie de la main, aux vertiges, aux fourmillements dans les doigts ; ensuite il interrogea sa patiente sur sa jeunesse — n'avait-elle jamais auparavant été frappée de paralysies transitoires ? Ah, si, justement, mais elle n'y pensait plus : il lui était arrivé trois ou quatre fois entre dix-huit et trente ans de ne plus pouvoir marcher, ou de croire qu'elle ne le pouvait plus — la dernière fois c'était à Rengen, en Autriche, fin 75 ; mais les médecins lui avaient assuré qu'il s'agissait de troubles nerveux, pour ne pas dire psychologiques. Sa mère elle-même, que les psychiatres considéraient comme une « hystérique », avait souffert de dérèglements similaires ; et, à y bien songer, il lui semblait que ces paralysies ne survenaient jamais, en effet, sans qu'elle eût d'abord commis une faute, éprouvé un sentiment de culpabilité.

— Sottises ! dit le jeune neurologue, vos médecins sont passés à côté des premières poussées...

— De quelle maladie ?

— Ecoutez, je ne voudrais pas... Je ne suis pas encore sûr de moi... Le diagnostic est difficile, et l'évolution capricieuse. Je constate certains signes cliniques mais, pour l'instant, il n'y a aucun écho électronique ni magnétique. J'aime mieux attendre.

— Je ne vous demande pas de vous prononcer, Docteur, je vous demande de me glisser dans le tuyau de l'oreille le nom auquel vous pensez.

— Vous pourriez mal l'interpréter...

— Dois-je à mon tour vous passer au scanner pour lire ce que vous avez dans l'esprit ?

— Non, bon, vous êtes une femme intelligente et solide : je pense à une inflammation du système nerveux, une variété de myélite...

— Mais encore ?

— Une multiloculaire. MS, disent les Anglais. « Multi-Sclerosis »... Cela posé, je peux me tromper. Je vais vous donner un traitement, des corticoïdes, et puis on verra dans quelque temps.

De nouveau, Christine regagna la prison : elle regrettait toujours l'hôpital où elle pouvait regarder la télévision et où, pendant quelques jours, elle retrouvait l'illusion d'une vie normale, enfin la vie normale d'un anormal ordinaire — un malade...

Quand elle me rapporta sa conversation avec le spécialiste, elle me précisa qu'en dépit de ce que semblait supposer le jeune médecin il y avait d'excellents dictionnaires à la bibliothèque de la centrale : vérification faite, en français « multisclerosis » se prononçait « sclérose en plaques »... On lui injectait du Synacthène, on lui donnait des comprimés ; pour le surplus on s'était borné à lui recommander d'éviter le soleil et les bains chauds, ce qui l'amusait : « Le soleil ! Ces messieurs oublient qu'on m'a mise "à l'ombre" ! Quant aux bains chauds, qu'ils se rassurent : les lavabos de nos chambres ne distribuent que de l'eau froide... »

Quand je la revis en juin, elle avait le visage bouffi, soufflé, et un teint curieusement bronzé pour quelqu'un qui ne voyait pas le jour — « effets secondaires de la cortisone », m'expliqua-t-elle. Elle se voulait rassurante : « Je vais mieux. Plus de fourmillements, plus de vertiges. Juste à gauche, deux doigts engourdis, et une certaine insensibilité des extrémités, à droite. Mais tant que je ne fais pas la cuisine, je ne risque pas de me brûler sans m'en apercevoir ! » Elle riait encore, mais il n'y avait plus rien en elle de chatoyant : elle était comme ces poissons aux écailles brillantes qui perdent leurs couleurs en mourant.

J'avais appelé dans les derniers jours plusieurs médecins de mon entourage : ils trouvaient le diagnostic du jeune vacataire de la Pénitentiaire plutôt pertinent ; la pathologie que présentait la prisonnière semblait correspondre à ce qu'on savait de la maladie — pour autant qu'on en sût quelque chose... Ses causes ? Inconnues, peut-être un virus lent qui ne commençait à se manifester qu'après dix ou quinze ans. Son évolution ? Imprévisible : on pouvait être emporté en un an, ou survivre trente ans et mourir d'autre chose. Les traitements ? Expérimentaux : il y avait plusieurs écoles, certains spécialistes traitant entre les poussées, d'autres s'abstenant ; en général en période de crise on prescrivait des anti-inflammatoires, mais quelques-uns y associaient des antibiotiques et des antipaludéens ; aux paraplégiques, on donnait de l'Interféron ; bref un peu de tout, à part la bave de crapaud et le jus de mandragore qu'on avait abandonnés depuis deux ou trois siècles...

« Quelquefois, la nature fait bien les choses », m'assura un grand « patron » de la Salpêtrière qui, plus attendri par le mal

que par les malades, ajouta avec une véhémence réprobatrice : « C'est une affection qui a plus mauvaise réputation qu'elle ne le mérite, vous savez ! On la calomnie... » Un autre m'expliqua doctement qu'on distinguait trois grandes formes de sclérose en plaques : « la sclérose en plaques possible », « la sclérose en plaques probable », et « la sclérose en plaques certaine »... C'était la médecine de Molière ! Plusieurs, néanmoins, tombèrent d'accord sur le fait que le stress pouvait constituer un facteur aggravant, et, en entraînant certains déséquilibres endocriniens (fut-ce leur mot ? Je n'en suis pas sûre, mais c'était l'idée), favoriser les poussées de la maladie, laquelle, de toute façon, ne progressait que par à-coups.

« Votre amie est-elle heureuse en prison ? » s'enquit avec naïveté l'un de ces « pontes » de la neurologie. Celui-là connaissait peut-être la chimie du cerveau, mais ni les ressorts de la psyché, ni la vie des cachots : sans microscope, il était myope...

Ces entretiens m'avaient toutefois permis d'arrêter une ligne de conduite : lors de ma visite suivante à Rennes (où je trouvai Christine de plus en plus lasse et terne), je m'arrangeai pour rencontrer, à l'insu de la détenue, le jeune médecin qui la suivait. Après m'être excusée de forcer sa porte, je lui dis ce que je savais déjà ; tenu par le secret médical, il ne me confirma pas son diagnostic en termes positifs : « On ne constate pas encore de lésions cérébrales ou médullaires », marmonna-t-il. Puis, touché de mon inquiétude et de ma timidité : « Ecoutez, reconnut-il soudain, je vais être franc avec vous : ce genre d'affections, on en pose toujours le diagnostic le plus tard possible puisqu'on n'a pas de traitement ! A quoi bon savoir qu'on ne sait pas ? Ce qui m'inquiète un peu dans le cas de Madame Valbray, c'est la fréquence des rechutes. En dix-huit mois, elles se sont rapprochées. Il est vrai que, jusqu'à présent, elles ont laissé peu de séquelles, mais...

— Docteur, je n'attends pas de vous que vous trahissiez le secret professionnel en prononçant le moindre mot : si vous le voulez, c'est moi qui parlerai. Madame Valbray semble atteinte, selon la classification de mon neurologue parisien, d'une sclérose en plaques de stade 2, la "sclérose probable", mais, vu l'accélération des poussées, l'évolution risque d'être rapide... A partir de là, une seule question : cette maladie est-elle compatible avec la vie carcérale ?

— Sauf dans les formes ultimes de l'affection, oui. Je vous

dirais même, si je ne craignais de faire du mauvais esprit, que personne ne peut être moins gêné dans un pénitencier qu'un paralytique ! C'est une prison dans une prison...

— Pour ne pas céder aux délices de l'humour noir, Docteur, je poserai le problème à l'envers : pensez-vous que si le stress, le spleen, la dépression — appelez-le comme vous voudrez — sont susceptibles d'aggraver l'état du malade, une libération anticipée qui permettrait à Madame Valbray de mener à l'extérieur une vie plus heureuse, plus équilibrée, pourrait ralentir la progression de son mal ?

— Le dossier serait plaidable, en effet.

— Alors, je le plaiderai. »

Quand il me vit décidée à déposer un recours en grâce pour obtenir que Christine fût relâchée dans les meilleurs délais, le jeune médecin accepta de fournir à la Chancellerie le dossier médical et les attestations dont j'aurais besoin.

Ancien magistrat moi-même, je connaissais bien la procédure des grâces, qui, reliquat d'un droit ancien, reste très informelle : la demande peut être seulement verbale, et il n'est même pas nécessaire qu'elle soit présentée par l'intéressé, n'importe qui — parent, ami, avocat — pouvant agir pour le condamné et sans qu'il le sache.

Ce détail, généralement ignoré du public, était à mes yeux la clé du succès : entêtée dans sa volonté de perdre Fervacques, trop obstinée pour admettre qu'elle avait fait fausse route, Christine aurait sûrement — par rancune et par crânerie — refusé d'en appeler à la générosité du Président. Mais, mon tour joué, plus moyen qu'elle se dérobât : aucun condamné n'est autorisé à refuser sa grâce ; on la mettrait dehors de force, s'il le fallait...

Ainsi résolue à la sauver malgré elle (comme déjà, cinq ans plus tôt, je m'étais introduite « en fraude » dans sa prison et dans son amitié), je n'eus pas de peine à faire entrer Maître Lebœuf dans mon jeu. Il signa le recours avec moi ; les contacts et la présentation des arguments, je m'en chargerais seule.

En l'espèce, les « moyens », comme disent les juristes, ne manquaient pas ; car, si les décrets de grâce pris par le Président n'ont pas à être motivés, les raisons que les requérants peuvent invoquer pour demander l'élargissement du prisonnier sont variées : raisons de droit, raisons de fait, prétextes familiaux, état de santé, comparaison avec des cas similaires, changement dans les circonstances politiques, évolution de l'opinion, impératifs moraux, intellectuels, ou même financiers — tout est admis dans ce genre de « placets ». Dans le cas de Christine, j'avais l'embarras du choix. Certes, j'allais axer ma requête sur la grave maladie qui la frappait et sur le pronostic réservé des médecins, mais je ferais aussi valoir que sa grand-mère, récemment victime d'un arrêt respiratoire, risquait de ne jamais revoir sa petite-fille ; j'ajouterais que, si on ne la graciait pas maintenant, l'automaticité des réductions de peine lui assurerait — compte tenu des « gages sérieux de réinsertion morale » qu'elle présentait — une libération conditionnelle d'ici un an : il ne s'agissait, en somme, que de lui faire gagner ces douze mois, les derniers peut-être qui lui restaient à vivre... Enfin, je comparerais son sort à celui de Georges Pâques, condamné à la même peine pour des faits similaires et gracié, lui aussi, à mi-parcours parce qu'un normalien était devenu Président.

Telle était l'argumentation que je comptais développer dans le dossier adressé au Bureau des grâces du ministère et à l'Elysée. Verbalement, j'attirerais l'attention de mes interlocuteurs sur d'autres aspects de la question : avec tact et discrétion, je soulignerais par exemple que les raisons qui, au moment du changement de « régime », avaient pu pousser le Parquet à requérir contre Madame Valbray une peine sévère avaient peut-être disparu — maintenant que les ministres communistes avaient quitté le gouvernement, les socialistes n'étaient plus obligés de prouver avec autant d'éclat leur fermeté à l'égard du KGB...

Je connaissais bien le directeur des Affaires criminelles du ministère, je connaissais aussi, à l'Elysée, le « chargé de mission pour les affaires judiciaires », ils m'écouteraient, ils m'appuieraient, mais il fallait faire vite : je n'étais pas sûre, après les élections de mars 86, de les trouver encore à la même place ou dans les mêmes idées...

Depuis que nous avions, sans le dire, adapté à la Fonction publique française le système américain « des dépouilles », à chaque changement de majorité le personnel administratif valsait ou basculait — on épargnait encore les cantonniers, mais cette mansuétude étonnait. Or, on vivait de nouveau l'une de ces périodes pré-électorales propices aux retournements : quatre ans plus tôt j'avais déjà vu courir d'un bord à l'autre, au risque de faire chavirer le bateau, ceux que je voyais aujourd'hui se propulser en hâte du côté opposé. Tout était réversible ou renversable...

Ainsi, comme Philippe me l'avait prédit, Santois se proclamait-il depuis six mois un farouche partisan de la conservation ; et il prouvait la force de sa nouvelle conviction en publiant, sous l'égide du Club de l'Horloge, un très mince essai sur Joseph de Maistre.

Son « patron », Henri Dormanges, après la victoire éclatante de l'opposition de droite aux élections cantonales, s'était soudain rappelé, lui aussi, qu'il était l'arrière-petit-fils d'un maître de forges, le petit-fils d'un banquier et le fils d'une dame qui avait un bien beau château... Faisant jouer la « clause de conscience », il avait bruyamment démissionné et repris sa liberté pour préparer les législatives au mieux de ses intérêts. Son hôtel particulier accueillait des dîners « d'étude et de liaison » simili-centristes ; Nadège les présidait.

Lionel Berton, dont le visage était à lui seul une réclame pour « l'entre-deux », avait déjà pris de son côté quelques options sur la « cohabitation ». Quant au petit Zaffini, quittant la direction du futur Opéra-Bastille que la gauche lui avait confiée, il mobilisait ce qui lui restait de troupes pour protester contre la construction d'une réplique de Disneyland dans la vallée de la Marne ; préconisant l'abstention aux prochaines élections sur le fondement d'une intransigeance doctrinale retrouvée, il faisait, avec une fausse ingénuité, le jeu de l'opposition qui lui en était reconnaissante. « Je me sens beaucoup plus proche de Nicolas Zaffini et des écologistes que vous ne l'imaginez », confiait un jeune leader UDF auquel ses shorts avaient assuré une grande réputation de sincérité, « nous sommes de la même génération, nous partageons les mêmes préoccupations... Zaffi, d'une certaine façon, je n'ai pas honte de le dire, c'est mon pote ! » Ainsi s'acheminait-on, en petites foulées, vers la politique de l'indifférenciation cellulaire et de l'âge des artères... Ne chuchotait-on pas qu'en cas de victoire des « libéraux » le jeune et chevelu leader des Verts pourrait sacrifier quelques boucles et accepter une ambassade ?

Les « looks » politiques se succédaient avec une grande rapidité ; vêtements, sports, spectacles, tout était noté, connoté. Même la musique y passait : j'avais connu, en 81, le moment où les dîners de jeunes cadres s'achevaient sur fond de « Neuvième Symphonie » parce que le nouveau Pré-

sident en avait fait un hymne à sa victoire et qu'il fallait montrer aux invités qu'on « pensait bien » ; engouement qui me rappelait l'époque où ma mère, croyant me tromper, diluait mon huile de foie de morue dans une cuillerée de confiture de fraise — j'en avais conçu un dégoût définitif pour la confiture de fraise...

Maintenant, à l'heure des orangeades et du café, je devais applaudir le retour en force de « la Petite Musique de Nuit » chez les plus giscardiens des beethovéniens de la veille et absorber Madonna au dessert chez les nouveaux chiraquiens... Je tâchais de prendre avec philosophie ces bigoteries de prosélytes : une seule chose, en dînant chez les uns et chez les autres, m'importait — faire libérer Christine Valbray.

Le pari n'était pas gagné : d'ordinaire, l'instruction des demandes par le « Bureau des grâces et des libérations conditionnelles » est lente ; on prend l'avis du Procureur général du lieu de la condamnation, on vérifie les motifs invoqués à l'appui de la requête ; puis on rédige un rapport, que le chef de bureau transmet au directeur, qui le transmet au ministre, qui le transmet au Président... Je devais, arguant de l'état de santé de la prisonnière, aller plus vite. Pressée par le temps et les événements, je me résolus même à effectuer une démarche auprès d'Hoédic, qui avait depuis longtemps laissé les Sceaux à Badinter pour prendre le ministère des Nationalisations, mais n'en gardait pas moins une bonne connaissance de « la Maison » et d'utiles relations.

J'avais connu Jean Hoédic dans les années soixante : j'étudiais le Droit, il faisait Sciences Po ; personne, à part moi, ne se souvenait d'ailleurs qu'il était passé par là ; lui-même tenait beaucoup à le faire oublier, affectant, à l'occasion, de parler comme un charretier et posant pour les photographes avec une belle casquette de marin breton...

Mais dans le temps — un temps bien antérieur à celui où Christine l'avait rencontré à Trévennec et Armezer — il s'essayait sagement au costume trois-pièces, cirait ses porte-documents (et les « pompes » des majors de promotions), offrait aux filles, en rougissant, un diabolo-menthe ou un café... Bref, je croyais me rappeler qu'à dix-sept ans il m'avait courtisée. En tout cas, je le tutoyais, et, chaque fois que, depuis son ascension, je l'avais rencontré dans un cocktail, il s'était montré amical. Je n'avais jamais eu le moindre service à lui demander, mais je me rappelais lui en avoir rendu :

ne lui avais-je pas passé, à la veille d'un de ses examens, tous mes « plans d'exposés » ?

Ce souvenir m'incitait aujourd'hui à surmonter mes pudeurs et à entreprendre une démarche que je n'aurais osé accomplir pour aucun des miens, tant elle me coûtait... Mais j'en fus pour mes frais : je n'avais plus dix-sept ans ; et, de fonctionnaire devenue biographe, je ne pouvais être d'aucune utilité au ministre. Il me fit languir trois heures dans son antichambre... Bien entendu, j'avais rendez-vous ; et aucun autre visiteur n'entra dans son bureau, ni n'en sortit. Peut-être le jeune politicien lisait-il le journal, ou écrivait-il un poème à sa bien-aimée ? Au temps qu'il me faisait ainsi perdre, avec une application ostentatoire, le petit Breton m'obligeait à mesurer le chemin qu'il avait parcouru...

Songeant à la « multi-sclerosis » de mon dossier, je m'exhortai à la patience, décidée seulement à traiter ce révolutionnaire arrogant non comme je l'avais connu, mais comme Christine me l'avait dépeint : en cynique.

Je savais qu'il n'aimait pas l'ex-Madame Maleville, mais qu'il aimait encore moins Fervacques, son rival au Conseil régional de Bretagne : j'allais le prendre par son bon côté — la haine.

D'emblée, il me vouvoya (encore une nouveauté) : « Alors, ma chère Françoise, vous voulez que j'intervienne pour cette cinglée de Valbray ? »

Je lui exposai que cette « cinglée » serait peut-être morte, ou paralysée, avant la nouvelle année, et qu'il ne s'agissait que d'avancer sa sortie, « puisque, en 87, elle pourrait, en tout état de cause, bénéficier d'une libération conditionnelle...

— Ah, ce n'est pas la même chose ! » Et pour faire peuple et même grossier (son style post-Sciences Po) il ajouta, gouailleur : « Faudrait pas, ma belle, confondre trou du cul avec pain tendre ! »

Après quoi je dus subir un cours (superflu) sur la différence qu'il y a entre la grâce présidentielle, qui vous rend une liberté pleine et entière, et la « conditionnelle », qui, placée sous le contrôle du juge de l'application des peines avec surveillance de la réinsertion, permet à tout moment de réincarcérer le bénéficiaire.

— Vous comprenez, conclut-il, on aurait plus de garanties si on obligeait votre cinoque à attendre sa « conditionnelle ». Parce qu'en cas de rechute...

— Rechute ? Quelle rechute ? Pour une prostituée, une voleuse, une droguée, je ne dis pas, mon petit Jean, mais là, vous craignez quoi ? Qu'elle redevienne ministre de la Défense ?

Il n'insista pas ; et quand, à mots couverts et non sans gaucherie (je ne suis pas une spécialiste du sous-entendu politique et de l'extorsion de faveurs), je lui eus fait miroiter la possibilité de gêner Fervacques en remettant en liberté son ex-maîtresse — qui pourrait, sait-on ? parler un peu, publier des mémoires, en tout cas rentrer, morte ou vive, dans « le circuit » —, il promit de m'aider. Je suppose qu'il tint parole : en février 86, le décret de grâce fut signé. Après soixante-deux mois de prison, Christine Valbray recouvrait le droit de marcher sans être accompagnée, d'ouvrir elle-même une porte, d'allumer le gaz, de se laver en privé, et d'avoir un porte-monnaie.

J'étais allée l'attendre à sa sortie. Depuis quelques semaines déjà, elle avait compris quel combat je livrais pour elle, mais, au lieu de s'en irriter comme je l'avais craint, elle m'avait remerciée : elle se sentait si abattue, si fragile... Elle n'avait pas complètement récupéré l'usage de sa main gauche ; et maintenant, pour comble, elle était aphone : « Ce n'est rien, me dit-elle, un kyste sur une corde vocale, qui n'a, paraît-il, aucun rapport avec ma maladie : en prison, j'ai dû trop chanter ! Dehors, je déchanterai et ça me passera... »

Elle n'était plus capable de traverser une rue : l'espace, la vitesse, tout l'affolait. J'avais décidé de la ramener chez moi, le temps de faire remettre au « Belvédère » l'eau et l'électricité. « Ensuite, on vous soignera : à Paris, je suis sûre qu'on a de meilleurs spécialistes qu'à Pontchaillou ! » Elle n'avait plus dans l'immédiat trop de soucis financiers ; comme sa grand-mère — dont j'avais tant espéré qu'elle la reverrait — était morte en janvier, ses charges se trouvaient allégées. En outre, ses recettes s'amélioraient un peu : au petit pécule qu'on lui avait remis à sa sortie s'ajoutaient une mensualité que Philippe Valbray m'avait promis de lui verser tant qu'elle n'aurait pas retrouvé de travail, et le prix qu'elle comptait tirer de la vente du bracelet de Fervacques (l'administration pénitentiaire venait de le lui rendre, en même temps que le sac à main qu'elle portait cinq ans plus tôt, le jour de son entrée). Au moment où elle montait dans ma voiture, un homme que nous n'avions pas vu se précipita sur nous : « Madame Valbray, ça vous fait quel effet la liberté ? », « A quoi attribuez-vous votre grâce, Madame Valbray ? » Un deuxième larron, sorti de derrière un camion, essaya de la photographier à travers les vitres de l'auto. Par miracle (c'est le genre de circonstances où je suis sûre de caler !), je parvins à démarrer ; un feu rouge opportun empêcha les indiscrets de franchir le carrefour après nous.

Mais j'étais surprise : en dépit de ce que j'avais suggéré à Hoédic, je ne croyais pas que Christine pût encore intéresser la presse. Si l'on excepte l'engouement passager pour « Profil perdu », on n'avait plus beaucoup parlé d'elle depuis son procès. Du reste, on accorde chaque année des centaines de grâces comme celle dont elle bénéficiait. Enfin, les événements politiques se précipitaient (avant un mois nous aurions rechangé de majorité) et mobilisaient l'attention des médias. En y réfléchissant mieux toutefois, je me dis qu'il devait s'agir de représentants de la presse locale : que la ci-devant « Sans Pareille », l'autrefois-fameuse Christine Valbray, quittât Rennes était peut-être une grande affaire pour les pages intérieures du « Télégramme de Paimpont » ou du « Petit Bleu des Côtes-du-Nord »...

Nous fîmes la route tranquillement. Je n'avais pas grande envie de bavarder : tout le mal que je m'étais donné depuis six mois pour arracher cette libération, l'agitation dans laquelle j'avais vécu, m'avaient harassée ; c'était trop d'action pour une méditative... Quant à Christine, son extinction de voix la gênait pour parler. En approchant de Paris, elle exprima pourtant le désir de passer par Evreuil : « Je voudrais revoir la maison, Françoise, juste cinq minutes, pour voir si... si je pourrais m'y réinstaller. J'en profiterai pour y laisser quelques vieux habits dans lesquels je ne peux plus entrer. » La nuit tombait, et passer par la banlieue nord n'était pas vraiment le chemin le plus direct pour regagner le douzième arrondissement... De plus, je connaissais mal ces faubourgs ; je me perdis. Christine essayait de m'aider, mais, en cinq ans, beaucoup de sens interdits et d'embranchements avaient changé : de palissades en pistes boueuses, toute la banlieue semblait en chantier.

Enfin, je m'arrêtai devant « le Belvédère », que je n'avais pas revu moi-même depuis des années.

Lentement, nous traversâmes le jardin dépouillé par l'hiver. Il pleuvait. Les troncs noirs ruisselaient, et le chemin détrempé où la succession des saisons avait creusé des fondrières, de ces creux d'eau stagnante qu'on nomme dans ma campagne des « mouillères », ralentissait notre marche. L'air brumeux sentait le chlore — Bourjois avait déménagé depuis longtemps, et c'étaient maintenant les usines Souvré, dont on apercevait les hautes cheminées au-dessus des arbres, qui embaumaient la région. Les gouttelettes que la bruine déposait sur nos manteaux avaient quelque chose de visqueux, et les ornières où achevaient de pourrir les feuilles mortes du dernier automne se couvraient elles-mêmes d'une mince pellicule huileuse, bleutée ; on aurait dit une solution de mercure où les branchages noirs se reflétaient comme dans un miroir piqué.

Je soutenais Christine, que sa fatigue et le manque d'exercice rendaient malhabile ; je craignais à chaque pas de la voir glisser dans une flaque. Au loin derrière nous, dans l'impasse, une portière claqua. Je songeai machinalement que je n'avais pas refermé la grille de l'entrée ; je n'y étais pas arrivée. C'est à peine déjà si j'avais pu ouvrir le cadenas de la chaîne qui attachait les deux battants : cinq ans de prison, cinq ans d'abandon, et tout dans la maison, jusqu'aux lents mouvements de sa propriétaire, paraissait rouillé, grippé, paralysé...

Une seconde portière claqua. Christine sursauta. A Rennes, elle était devenue très sensible aux bruits : en prison, le silence est roi, les bruits sont rares et monotones — les pas des gardiens, le cliquetis des clés, l'œilleton qui retombe ; depuis qu'elle était dehors, les rumeurs de la liberté l'épuisaient. Elle souffrait physiquement des éclats de voix, des vrombissements de moteurs, des déchaînements de klaxons. Même les conversations l'étourdissaient : en remontant vers Paris, nous nous étions arrêtées une heure dans un bar pour déjeuner ; elle n'avait cessé de jeter sur les consommateurs des regards effarés. « Ils parlent trop fort et ils rient tout le temps ; nous en prison, nous faisions attention à tout ce qui se murmure », et elle m'avait demandé de repartir avant le dessert, tant elle se sentait épuisée par le hurlement du juke-box et le vacarme des flippers.

A l'autre bout de l'allée, la grille grinça ; cette fois, Christine se retourna : « Ah, dit-elle dans un souffle, encore des photographes ! »

Deux silhouettes sautillantes, en imperméable gris, enjambaient les flaques et rebondissaient de motte en motte, courant vers nous. Christine voulut presser le pas, trébucha, et je ne la rattrapai qu'en lâchant sa valise. J'entendis le crépitement d'un flash derrière moi. Déjà Christine, sans se retourner, avait pris la course, nous étions au bas du perron, j'avais sorti de ma poche la clé qu'elle m'avait donnée, la grosse porte céda sous notre double poussée, et j'eus le temps de tirer le verrou avant de voir, derrière les volutes de fer forgé qui doublaient le battant, le visage du premier des paparazzi collé au vitrail rouge de l'entrée. Je reculai vivement dans l'ombre du hall ; Christine avait déjà disparu. Je la retrouvai, haletante, dans l'une des chambres du premier. En bas, les journalistes tapaient à grands coups de poing contre la porte fermée.

« Elle est solide », dit Christine d'une voix rauque, en s'efforçant de reprendre sa respiration, « ils auront du mal à la forcer. »

Je fis mine de prendre l'aventure à la plaisanterie : « J'ai bien failli laisser une chaussure dans la boue du sentier... Et j'y ai abandonné votre valise, je suis désolée... Mais j'ai toujours votre décret de grâce en poche, et votre dossier médical dans mon fourre-tout : la paperasse, c'est l'essentiel, n'est-ce pas ? »

Partout, les volets étaient fermés, les pièces plongées dans l'obscurité. Je m'approchai d'une fenêtre et vis, à travers les lamelles des persiennes, les deux photographes qui redescendaient les marches du perron tandis que trois hommes en blouson, l'appareil-photo en bandoulière, arrivaient à leur tour au pas de course par la grande allée. L'un d'eux s'arrêta devant la valise, dont il finit par s'emparer. Les deux groupes se rejoignirent. Il y eut des poignées de main, des présentations, puis, toujours sous la pluie, un assez long conciliabule au milieu de ce qui avait dû être autrefois un massif de rosiers. Enfin les cinq, emportant la valise, allèrent s'abriter un peu plus loin, dans le kiosque à musique à demi effondré qui jouxtait la hêtraie. Ensemble, ils disparurent dans le minuscule pavillon, à l'exception d'un seul qu'ils laissèrent pour faire le guet. « Eh bien, ma pauvre Christine, vous n'aurez pas joui longtemps de votre liberté... Nous revoilà bouclées !

— Ils finiront par se lasser. Mais peut-être pas avant que le soir soit tombé... Non, surtout n'ouvrez pas les volets ! Ils peuvent avoir un téléobjectif... Et puis, si nous ne bougeons

plus, ils croiront que nous nous sommes enfuies par une autre issue. »

Même si je n'envisageais pas de gaieté de cœur un campement forcé dans la maison vide, je comprenais la répugnance de Christine à se laisser photographier : quand les plus belles stars se lassent qu'on leur dérobe sans cesse leur visage, comment ne pas sympathiser avec la répugnance instinctive d'une malade, dont la faiblesse, ajoutée aux délabrements de la captivité, aurait rendu l'image pitoyable ? Christine avait toujours eu un souci extrême de son apparence. Or, en prison, ces deux dernières années, elle avait grossi ; à sa sortie, elle portait des vêtements démodés (on rend aux prisonniers les vêtements qu'ils avaient le jour de leur entrée) ; elle n'était pas coiffée ; et, comme depuis quelques mois elle ne se maquillait plus, il semblait qu'on lût sa défaite sur son visage...

Bientôt, d'ailleurs, elle aurait quarante-deux ans ; mais, si sa beauté chavirait, on ne pouvait pas dire qu'elle parût son âge : elle paraissait en même temps plus et moins — comme si elle avait appliqué sur des traits encore aigus, sur une peau toujours lisse, un tulle léger qui leur ôtait toute précision, toute fermeté, une moisissure invisible qui en dévorait la ligne, en grignotait le modelé, un grimage un peu chargé de jeune première soudain appelée à jouer les mères. Elle me faisait penser à cette actrice de seize printemps choisie pour incarner la Vierge Marie à l'écran et qu'on avait admirablement maquillée dans le courant du film pour rendre vraisemblable son apparition en Pietà au pied de la croix : on ne s'était pas borné à lui blanchir les sourcils et les cheveux, on avait ridé son front, creusé ses orbites, alourdi sa bouche et ses paupières. Le spectateur était contraint d'admirer le tour de force, mais, tandis qu'il s'extasiait sur les fausses poches de paraffine qu'on avait accrochées sous les yeux de la jeune comédienne, les bajoues de coton qu'on avait glissées contre sa mâchoire inférieure, et les « mèches » grises qu'on lui avait faites, il n'oubliait pas une seconde qu'il s'agissait là d'un maquillage. En sortant, il s'écriait : « Champion ! Ah oui, champion, la façon dont ils ont vieilli Marie ! », et non pas : « Ce qu'elle m'a fait pitié, bon sang, cette pauvre vieille, quand elle porte le cadavre de son fils dans ses bras ! » De même, quand on constatait sur Christine les ravages du temps, ne parvenait-on à le considérer que comme un habile maquilleur... C'était au point que, loin de ne paraître jeune qu'à distance ou de dos, comme les personnes qui ont atteint l'âge mûr, à certaines heures elle paraissait plus vieille de loin que de près.

Affaire de vêtements, peut-être : l'uniforme d'abord ; et maintenant cette vieille robe, trop courte, trop serrée... Affaire de délais aussi : si l'on admettait que le visage de Christine s'effritait moins sous l'effet de l'usure que d'un choc — la souffrance physique et morale de ces derniers mois —, que son vieillissement n'avait pas été naturel, mais accéléré, forcé (comme on dit des plantes de serre), elle n'avait pas encore eu le temps de patiner sa première décrépitude. Il était probable enfin que, lorsqu'on la voyait longtemps face à face, on s'habituait à ces yeux battus, cette bouche lasse, et ce teint pâle qu'elle portait comme un masque : d'instinct, on reconstituait son ancien visage sous la mince pellicule du nouveau.

Quoi qu'il en fût, il était clair que ce vieillissement — naturel, hâtif ou postiche — n'aurait pas permis à l'ancienne « Sans Pareille » de faire bonne figure devant un objectif...

Je jetai vers elle un regard de biais ; dans l'ombre des volets clos, je ne distinguais pas précisément l'expression de son visage : se remettait-elle de cette fin de voyage mouvementée ? Elle s'était assise sur une caisse dans le fond de la pièce, aussi loin que possible des fenêtres. Je songeai que les médicaments qu'elle devait prendre étaient au fond de sa valise ; parviendrions-nous à les récupérer avant la nuit ? Du reste, dans la maison fermée depuis plus de cinq ans, l'eau, l'électricité, le téléphone, tout était coupé. Pas moyen d'appeler un médecin en cas de besoin...

Ses pensées avaient dû suivre le même cours que les miennes : « Rassurez-vous : je peux me passer de médicaments pendant vingt-quatre heures, et même davantage ! Je ne suis pas en période de "poussée". Je suis juste éreintée par le voyage, l'agitation... Mais je vais pouvoir me reposer : j'avais demandé à Philippe de laisser dans ma chambre quelques meubles sans valeur, j'imagine qu'il a bien dû me garder un sommier... En principe, il devrait rester aussi un peu de vaisselle dans les placards de la cuisine. Et quelques bouteilles de vin et de cidre à la cave... Nous allons tâcher de nous installer : vous verrez, Françoise, que ces messieurs se lasseront avant nous ! »

La laissant reprendre haleine sur sa caisse, je partis en exploration à travers les pièces vides.

A la demande de la prisonnière, le mobilier avait été vendu après son arrestation pour couvrir ses besoins d'argent les plus pressants, et parce qu'elle craignait que tout fût cambriolé sitôt qu'on saurait la maison vide.

Ce soin n'avait pas empêché que la villa ne fût « visitée », comme je m'en rendis compte en poussant les portes. Empêchés par les précautions de Christine de s'adonner aux joies du pillage, les envahisseurs s'étaient livrés à celles du vandalisme : la chambre dont la « Sans Pareille » avait prié qu'on la laissât meublée — un lit, un chevet, une chaise et une commode, trop neufs pour intéresser les brocanteurs — ressemblait à une fabrique d'allumettes : les meubles en pin et contre-plaqué avaient été méthodiquement brisés et réduits à l'état de bûchettes ; entre ces tas de petit bois, le matelas, éventré, répandait sa bourre comme un soldat blessé ses intestins. Dans les autres pièces, où des rideaux restaient accrochés aux fenêtres, chaque voilage, chaque tenture, avait été lacéré avec application, quand on n'y avait pas tout simplement mis le feu ; ici et là, enfin, on avait déchiré le papier des murs, écrit sur les peintures, et cassé la plupart des carreaux, si bien qu'on marchait partout sur du verre pilé.

Sauf dans la cuisine, où c'était de la faïence qu'on piétinait : faute d'avoir trouvé dans les placards de quoi manger, les « visiteurs » avaient mis la vaisselle en miettes ; lancer des assiettes contre un mur permet à la jeunesse de se défouler tout en pratiquant un sport complet — l'ampleur de geste du discobole et la précision du ball-trap... Je réussis tout de même à découvrir sous l'évier quelques verres à pied qui avaient échappé aux sportifs déchaînés. A la cave, à en juger par les « cadavres » qui jonchaient le sol, le vin avait été apprécié ; par miracle, le cidre ne semblait pas avoir suscité le même engouement, et il n'avait pas été, non plus, répandu sur la terre battue pour le seul plaisir de l'entendre glouglouter : il en restait une douzaine de bouteilles, bien bouchées, dans un coin du cellier. En remontant vers Christine avec mon butin, je m'aperçus qu'un des soupiraux de l'escalier avait été remplacé par des planches clouées — sans doute celui que les intrus avaient forcé, mais un inconnu (Ahmed peut-être ?) l'avait rebouché, et les paparazzi ne pourraient pénétrer par où les voleurs étaient passés.

Du sous-sol au grenier, je refis, par prudence, une inspection complète des issues : nous étions convenablement barricadées. L'un des photographes, que je surpris en train de s'escrimer sur le loquet d'un volet avec une branche brisée, venait d'arriver à la même conclusion...

Assise sur sa caisse dans l'ancien bureau de Saint-Véran, Christine n'avait pas bougé. J'usai de ménagements pour lui annoncer qu'il n'y avait plus, dans toute sa maison, un seul endroit où elle pût s'étendre ou se reposer, pas une pièce qu'il ne fallût repeindre ou retapisser. Quand elle comprit que le dernier décor de sa vie avait sombré, au lieu de s'affliger elle en rit comme d'une bonne plaisanterie et leva son verre de cidre à ma santé ; moi que bouleverse le moindre bris d'objet, la moindre atteinte aux endroits aimés, qui pleure devant chaque arbre sacrifié, chaque rue changée, j'admirai qu'elle fût capable de se débarrasser du passé comme d'une peau morte — ou qu'elle eût assez de cran pour faire semblant...

Il est vrai qu'elle marqua aussitôt que ce n'était pas en faveur du lendemain qu'elle se désintéressait de la veille : « Pourquoi voudriez-vous que je m'inquiète de mes matelas et de mes plats quand il ne me reste, peut-être, que peu de temps pour dormir et pour manger ? Qui vous dit même que je ne suis pas contente qu'on m'aide à ne rien laisser derrière moi ? Sans compter, ma chère, que lorsqu'on a déjà vu démolir sa maison d'enfance, on est "blindée"... Ah mais », fit-elle en soulevant le couvercle du cageot sur lequel elle s'était installée, « nous n'avons pas regardé s'il restait quelque chose dans cette caisse-là ? »

Sous un tas de journaux froissés qui avaient dû abuser les pilleurs de tombes, nous découvrîmes trois ou quatre masques vénitiens de la collection qu'elle avait constituée : j'avais revendu les plus anciens pour l'aider ; mais les antiquaires avaient refusé les reproductions banales, celles qu'on trouve en abondance aux abords de la place Saint-Marc ; c'étaient elles qui reposaient au fond de la caisse oubliée — pulcinellas verts ou bruns, marottes blanches qu'on tient devant son visage au moyen d'un long bâton, comme un face-à-main.

Cette découverte mit Christine en humeur de me raconter ses derniers séjours italiens, de me reparler des palais qu'elle avait fréquentés, des robes qu'elle avait portées. Qu'elle s'attardât à décrire ces robes somptueuses me parut cocasse car, comme nous commencions à trembler de froid dans la grande villa, j'avais arraché d'une fenêtre un grand rideau de velours rouge à demi déchiqueté, et le lui avais jeté sur les épaules ; ainsi parée et posée sur sa caisse, son verre de cidre à la main et les pieds emmitouflés dans la bourre de son matelas, elle ressemblait plus à une clocharde, ou au fantôme d'un roi mage en visite dans une étable, qu'à une élégante de la Via dei Condotti !

La nuit tombait ; nous n'avions rien mangé, je soufflais sur mes doigts pour éviter l'onglée. Mais les journalistes, qui ne devaient pas être plus réchauffés que nous, n'avaient pas désarmé.

D'abord, ils avaient photographié la maison sous tous les angles ; puis, maintenant que l'obscurité avait envahi le jardin, par intervalles ils revenaient avec des outils empruntés à la cabane du jardinier — des binettes, de vieilles pelles — et s'acharnaient sur les portes et les persiennes. Leur entêtement me rappelait celui des loubards amateurs d'autographes qui avaient, bien des années plus tôt, encerclé la maison dans les mêmes conditions. A un moment, j'entendis glisser les tuiles de la tourelle qui flanquait la chambre de Christine au premier : l'un d'eux se risquait sur les toits... Nous les entendions se quereller : « A mon avis, elles se sont barrées, disait une grosse voix. Il doit y avoir un souterrain, ou une porte qu'on ne connaît pas... En tout cas, il n'y a plus personne dans la carrée ! Foutons le camp, vieux. On caille ! » Mais un autre, une voix flûtée qui n'abandonnait pas tout espoir, se remettait à crier : « Allez, Christine ! Montrez-vous ! Soyez sympa ! On ne vous mangera pas ! Rien qu'un petit cliché ! », et, déçu de n'obtenir aucune réponse, il lançait, en jurant, de grands coups de pied dans la porte d'entrée : « Faudra bien que tu sortes quand même, salope ! On a tes médicaments. Et puisqu'il paraît que tu es près de clamser... »

Bouleversée, je me retournai vers Christine. Elle riait : « Ah, clamser, non, pas sûr ! murmura-t-elle. Pas sûr ! La sclérose, c'est une loterie, et quelquefois j'ai de la chance au jeu ! Ils m'amusent, ces gens-là... » Elle riait toujours ; mais le rire de quelqu'un qui n'a plus de voix ressemble à un étouffement : il déchire ceux qui l'entendent.

Profitant d'un instant où nos assiégeants s'étaient éloignés, j'avais réussi à trouver une chandelle dans l'un des tiroirs de la cuisine dévastée. Pour que la lueur ne nous signalât pas (il me semblait que l'incertitude sur notre présence dans les lieux divisait utilement la horde), j'avais repoussé sur la bougie la porte d'un placard creusé à même le mur ; et c'est dans le clair-obscur de la lumière filtrant par les rainures que

Christine poursuivit, tout bas, ses récits de jeunesse et d'enfance. Elle me parlait de son grand-père, de sa grand-mère, et ce brusque retour aux sources de sa vie me persuadait, plus encore que son apparence, qu'elle n'allait pas bien ; sous son grand manteau de velours rouge galonné d'or, ses oripeaux excentriques de reine déchue, elle n'avait déjà plus l'air d'appartenir au siècle et rejoignait soudain, par-delà les années, l'image qu'à la même lueur tremblée d'une bougie j'avais eue d'elle le premier soir, au Palais-Royal : « J'ai séjourné parmi les habitants de Cédar, et j'étais étrangère au milieu d'eux... »

Elle parlait, parlait, pour se réchauffer. Un chuchotis ininterrompu de ruisselet : Malise, Béa, Nicolas... De sa voix cassée, fatiguée, elle m'expliquait par exemple qu'elle avait toujours chéri sa grand-mère, et que, même lorsqu'elle se moquait de son jargon, elle ne le faisait pas à la manière de ces auteurs de boulevard qui raillent le parler pittoresque de leur femme de ménage espagnole pour amuser le spectateur. Parce qu'Henriette Brassard n'était pas sa servante mais sa grand-mère, et qu'à chacune de ses erreurs de langage, elle, Christine, souffrait dans sa fierté. « Pourtant, d'une certaine façon, ma grand-mère parlait mieux que ne parlent aujourd'hui les jeunes de cette banlieue, elle avait plus de vocabulaire : entre deux scories du genre "la belle argent", "la belle accordéon" ou "je l'ai mis sous le lévier", elle glissait des expressions archaïques qui me faisaient rêver. Comme si elle laissait son vrai langage remonter, celui d'avant l'exil, d'avant la "déplantation" comme elle disait. J'aimais bien par exemple quand elle employait l'expression "si tant" — "elle est si tant belle" — comme dans les vieilles chansons, ou qu'elle m'expliquait que son patron était "en grand parlement", pour dire "en pourparlers". Comme dans Montaigne, vous vous souvenez : "l'heure des parlements dangereuse" ? »

Dans notre situation, franchement, je n'avais pas grande envie de parler de Montaigne. J'aurais voulu pouvoir téléphoner, prévenir mes enfants, mon mari, qui devaient s'inquiéter de ne pas me voir rentrer. Malgré ma bonne volonté, j'en avais assez : on gelait, j'avais faim, et, à certains soupirs que Christine poussait entre deux souvenirs d'enfance, je devinais que, bien qu'elle ne voulût pas me l'avouer, elle se sentait mal.

— Vous souffrez ?

— Mais non, Françoise, mais non ! C'est une maladie où l'on ne souffre jamais. Le rêve, en fait !

Il y eut un long silence. Il avait recommencé à pleuvoir. Il faisait nuit noire.

— Ecoutez, Christine, je suis sûre qu'ils sont partis. Si nous tentions une sortie ?

J'avais à peine posé ma question que, pour m'infliger un démenti, des flashes percèrent la nuit. Je reculai, effrayée, m'imaginant que nos assiégeants, perchés sur des échelles, tentaient de nous photographier à travers les persiennes de la chambre. Puis je compris ce qui se passait : les éclairs venaient du kiosque à musique. Faute de pouvoir violer Christine, ils violaient sa valise : les soutiens-gorge de la nouvelle Mata-Hari, « c'est vendeur ». Flashes sur les petites culottes.

« Vraiment », lançai-je, outrée, en regardant les éclairs successifs qui illuminaient le jardin autour du « Belvédère », « il y a des moments où on voudrait les tuer !

— Oui, murmura derrière moi la voix blessée, et c'est pourquoi je ne regrette pas de l'avoir fait. »

Je me retournai, saisie : « D'avoir fait quoi ? » demandai-je.

Les coudes sur les genoux, le menton dans les mains, elle cachait à demi son visage dans ses doigts. Quand enfin elle répondit à ma question, sa voix, si rauque, si voilée, me parut encore plus lointaine et détimbrée : « Vous m'avez bien comprise, murmura-t-elle, j'ai tué Pierre Lefort. »

J'étais restée appuyée à la fenêtre fermée. A quoi aurait servi, d'ailleurs, de me rapprocher ? Christine continuait de me cacher son visage, elle appuyait ses doigts sur ses paupières comme on fait quand on a la migraine, qu'on n'y voit plus clair, qu'on est à bout de forces : je n'aurais même pas pu saisir l'expression de son regard. Etait-elle seulement là ? Elle remuait à peine. La bougie, qui jetait sur les plis de son manteau-rideau des ombres fantastiques, donnait seule l'apparence de la vie à cette silhouette de vieux velours élimé, ce drapé rouge et or qui semblait posé sur une armature d'osier. Craignant de rompre le sortilège, et trop gênée pour parler, je ne posai aucune question au masque qui me contait, ce soir, une autre histoire de masques.

Car ce fut cette nuit-là, dans la maison assiégée, qu'elle me donna sa propre version de la mort de Pierre Lefort et revendiqua un crime pour lequel elle n'avait pas été condamnée.

Elle chuchotait, certains mots m'échappaient ; plus elle forçait sa voix pour parler en effet, plus le son faiblissait ; on aurait dit qu'elle s'éteignait...

Son histoire terminée, je ne fis aucun commentaire, ne posai aucune question. Je n'ignorais pas que Christine était capable, emportée par un sentiment violent ou guidée par son propre sens de l'esthétique, de fabuler ; je mis donc ce récit dérangeant sur le compte d'une imagination que la prison, la maladie, les traitements peut-être, et notre présente réclusion, avaient exacerbée : sous l'effet des médicaments qu'on lui donnait pour le guérir d'une pneumonie, l'un de mes oncles n'avait-il pas assuré à la famille que ses infirmiers l'attachaient parfois au sommet de la tour Eiffel ? Cependant, j'avais beau douter de ce que je venais d'entendre, je trouvais à cette nuit glacée — dans laquelle une autre nuit, plus terrible encore, venait de s'emboîter — la même saveur âpre qu'à un conte d'Edgar Poe ; tout, la chandelle, le délabrement de la maison, les oripeaux du conteur, concourait à donner à cette étrange confession un caractère onirique, et je sentais qu'à ma réprobation morale se mêlait, malgré moi, un plaisir de poète...

Après la dernière phrase de Christine, il y eut un silence pesant ; puis, relevant la tête, elle me lança : « Est-ce que vous trouveriez mauvais, vous, qu'un de ces types paye de temps en temps pour toute la clique ? » Cette forme interrogative, et la généralité du propos, me frappèrent par leur circonspection, après le débordement d'aveux qui les avait précédés. Du reste, elle changea aussitôt de sujet : « Bon, maintenant que ces messieurs ont déballé mes petites affaires, photographié mes fioles, mes cachets et ma lingerie, reprit-elle, pragmatique, je crois qu'ils vont abandonner la partie : il fait trop froid. »

Au bruit de moteur qui venait parfois de l'impasse, nous avions compris que les paparazzi allaient à tour de rôle s'enfermer dans leurs voitures et brancher le chauffage pour se dégourdir les mains et les pieds. « Je suis comme eux, gémit Christine, je ne sens plus mes doigts. C'est drôle à dire d'ailleurs, puisqu'il y en a deux que depuis un an je ne sens jamais ! Seulement là, en plus, j'ai mal au dos. Si au moins je pouvais m'allonger ! Mais courage, Françoise : il est minuit, et je ne donne pas à cette vermine plus de deux heures pour craquer ! C'est maintenant qu'il faut tenir, parce que c'est maintenant qu'ils vont lâcher. Un monsieur qui s'y connaissait disait que "les gens faibles ne plient jamais quand ils devraient" : nos journaleux vont plier au moment où, s'ils se raidissaient, ils auraient les meilleures chances de me mettre à genoux... Au pire, ils laisseront un de leurs types en faction, par acquit de conscience. Mais comme ce guetteur ne pourra pas surveiller toutes les issues à la fois, nous sortirons par la porte de derrière en profitant du plus noir de la nuit. Nous gagnerons le fond du jardin : il y a un trou dans la clôture du supermarché, et par les parkings nous arriverons au remblai du métro, que je connais comme ma poche. De là, nous atteindrons la gare et nous rentrerons à Paris par le premier train. Vous viendrez récupérer votre auto plus tard... »

C'était déjà le programme auquel elle avait songé quand elle se proposait, in extremis, d'échapper à la DST ; et du moins puis-je assurer que sur l'existence de cette « sortie de secours » elle n'avait pas menti ; car nous l'empruntâmes, et parvînmes à Paris par le métro de six heures. Curieusement, Christine supporta mieux cette nouvelle expédition que son état de santé ne me le laissait redouter : une fois encore, l'amour du jeu la soutenait...

Mais il n'était plus question, dans l'immédiat, de la réinstaller au « Belvédère » ni même de la garder chez moi : si une nuée de paparazzi devait s'attacher à ses pas, il fallait la cacher au plus tôt dans un endroit discret, une campagne reculée.

Je croyais comprendre maintenant ce qui avait motivé le regain d'intérêt de certains journaux pour la « Sans Pareille » : par un malencontreux hasard, le décret de grâce avait été signé la semaine même où les Américains expulsaient de Washington cinquante-cinq diplomates soviétiques et quinze jours avant que la France, à son tour, ne se vît contrainte de compléter le grand balayage de 83 par le renvoi de quatre conseillers de l'ambassade russe, déclarés « persona non grata » — un avertissement au président Gorbatchev qui venait de succéder à Tchernenko, et dont l'Occident ne savait trop s'il devait prendre ses aimables déclarations d'intention pour « du lard ou du cochon »... Tout cela, bien sûr, avait redonné à l'affaire de Christine un vernis d'actualité, mais il ne tarderait pas à s'effriter.

Si je mettais tout de suite Christine à l'abri, je devrais néan-

moins, par prudence, l'y maintenir au-delà des élections. la constitution du nouveau gouvernement, les querelles inévitables entre le Premier ministre et le Président, et les bons mots de Fervacques, occuperaient les organes d'information jusqu'aux grandes vacances et risquaient, par ricochet, de ramener l'attention sur la « Sans Pareille ». A partir de juillet, en revanche, les journaux ne s'intéresseraient plus qu'aux stars allongées au bord des piscines, la télévision repasserait ses vieilles « séries », ses feuilletons usés, et sur les six chaînes la météo ferait les meilleurs taux d'écoute : c'est alors que Christine pourrait quitter son trou sans que personne s'inquiétât d'elle...

D'ici là, je savais comment l'escamoter : il me suffisait de l'installer dans la propriété de ma famille, aux confins du Massif central. Le premier voisin était à six kilomètres (à vol d'oiseau !) ; et de la maison, installée comme un fortin au sommet d'une colline, on voyait jusqu'à quarante kilomètres alentour : impossible de ne pas repérer de loin une « colonne » d'étrangers, et facile alors de s'enfoncer dans les forêts, si drues derrière la maison que, l'hiver, on croyait y entendre hurler les loups.

Moins attirant que le Sahara pour les journalistes en quête de sujet, le « désert français » semblait, aux Parisiens, plus inaccessible que les Galapagos ou les Kerguelen — un endroit introuvable. Même si quelque fin limier doutait, par ne sais quel prodige, que Christine Valbray pouvait s'y être réfugiée, il craindrait d'affronter de si terribles solitudes ! D'ailleurs, comment fût-il parvenu à bon port sans boussole : « Aubusson, La Courtine, Egletons, Uzerche, c'est où ? »

Le pays, pourtant, était civilisé : on y trouvait un excellent généraliste (au chef-lieu de canton, à dix kilomètres), un peu plus loin un Centre Hospitalier Universitaire avec un bon service de neurologie, et, partout, des pharmaciens, des épiciers ; comme, en outre, la maison était équipée du téléphone et que nous y laissions toujours une vieille R5, Christine ne risquait pas, en s'y installant pour quelques mois, de compromettre ses traitements et sa santé.

Elle agréa tout de suite mon plan : la nuée de journalistes l'avait affolée, d'autant que cinq ans de prison l'avait déshabituée du tapage. Elle fut d'accord pour ne passer que vingt-quatre heures dans mon appartement — le temps que j'aille lui acheter quelques vêtements et une perruque brune (elle avait toujours adoré se déguiser) afin qu'elle pût sortir de chez moi sans danger. Elle profita aussi de cette courte pause pour appeler son frère et le charger de vendre « le Belvédère » : vu l'état des lieux, sa décision était irrévocable. En une heure elle mit au point, avec le directeur du contentieux de la LM, le texte exact du mandat qu'elle expédia le soir même à Philippe et son notaire, qui se chargeraient légalement de l'opération, verseraient l'argent sur son compte, « et qu'on ne me parle plus de cette baraque pourrie dans une banlieue pourrie ! » Il n'y eut pas moyen de la faire revenir sur ce mouvement d'humeur ; d'ailleurs, à quoi bon ?

« J'espère que nous ne partons pas par la SNCF ? » me demanda-t-elle, ironique, en me voyant boucler mon sac de voyage. Elle découvrait, non sans amusement, que le monde extérieur était moins sûr que la prison, et que les terroristes, autochtones ou importés, s'en prenaient de plus en plus volontiers aux gares, aux trains, et aux grands magasins : 3 février 86, bombe dans la galerie du Claridge, 4 février, bombe à la librairie Gibert, 5 février, bombe à la FNAC des Halles, 23 février, bombe chez Marks and Spencer ; puis, explosion dans le TGV Paris-Lyon et bombe aux Champs-Elysées ; bombe à la Préfecture de police et bombe à l'Hôtel de Ville de Paris ; bombe dans un centre commercial de La Défense, re-bombe à la Préfecture de police, bombe chez Tati, bombe à Provins, assassinat du P-DG de Renault, etc. « Et quand je pense, disait Christine, qu'on m'a cherché tant d'histoires pour la pétoire de Solange Drouet ! On n'arrête pas le progrès ! »

Pendant les quelques heures qu'elle avait passées chez moi, elle avait aperçu mes enfants, s'était montrée avec eux aimable mais distante, indifférente au fond et nullement gênée de m'accaparer à leur détriment : sans cesse elle me mobilisait — pour téléphoner (elle avait perdu l'habitude de composer un numéro), pour se faire chauffer du café (elle n'osait plus approcher une allumette d'un brûleur), pour se tirer un bain (la baignoire se vidait à mesure qu'elle la remplissait, parce qu'elle avait oublié qu'il fallait la boucher), pour prendre ses médicaments (elle s'était accoutumée aux « fioles » toutes dosées, toutes prêtes, et n'arrivait plus à déchiffrer une prescription).

Pendant le voyage, qui m'avait obligée à annuler deux rendez-vous professionnels importants, elle ne parut pas davantage s'inquiéter de moi, ni de ma famille ; quand elle parlait — peu, d'ailleurs, car, toujours aphone, elle éprouvait les plus grandes difficultés à couvrir le bruit du moteur —, elle ne parlait que d'elle ; plus exactement, de son passé. Cet égoïsme ne me scandalisait pas : « Quand on a longtemps souffert, on ne se souvient que de soi. »

Une fois, tout de même, elle fit allusion à son avenir, un avenir qui ne dépassait pas l'horizon du prochain été : « Faut-il que je vous aime, Françoise, et faut-il que vous m'aimiez pour que j'aille m'enterrer quatre mois à la campagne ! Je suis une fille de l'asphalte, moi : le vert m'effraie !

— Soyez tranquille. En cette saison, à part le tronc des sapins, tout est blanc ! Et puis vous verrez, le pays vous plaira : il est parfaitement païen — fourmillement de la matière, débordements de l'instinct, innocence et cruauté dans tous les fourrés... Vous vous y sentirez très bien ! »

Elle admira en effet le charme et le confort de ma maison natale, s'attendrit avec gentillesse sur quelques dessins d'enfants et de vieilles photos encadrées ; je lui fus reconnaissante de cet effort, car je voyais bien qu'elle continuait au fond de ne penser qu'à elle, et qu'en dépit des apparences elle n'y pensait pas gaiement : « Si je meurs ici, m'interrogea-t-elle en entrant dans le salon, est-ce qu'on arrêtera le balancier de l'horloge ? J'ai lu des choses comme ça dans les romans paysans... Et le grand miroir du palier, est-ce qu'on le voilerait ? » Dans la chambre d'amis, elle regarda le titre des cassettes que j'avais posées sur une étagère : « "Leçons de Ténèbres", "Requiem", "Miserere"... Dites donc, vous les avez choisies pour moi ! Non, allez, Fran, ne soyez pas gênée ! Je sais bien qu'à vos moments perdus vous pensez à Dieu, et que vous aimeriez que j'y pense, surtout dans les circonstances présentes ! Mais, que voulez-vous, ma courte expérience politique m'a donné une idée trop précise de ce que doivent être les conflits de compétence et les querelles de préséance entre les Trônes et les Dominations ! Je ne peux plus rêver du Paradis ! Du moins d'un Paradis collectif. A la rigueur, je m'arrangerais d'un petit Paradis privé... »

En deux jours, toujours coiffée de sa perruque par précaution, elle découvrit avec moi les environs et repéra les principaux commerces ; je l'emmenai même chez le médecin, auquel elle remit quelques pièces du dossier que le neurologue de Rennes avait constitué pour son recours en grâce : « Bien sûr, dit le vieux généraliste, ces attestations ne me suffiront pas : il me faudrait aussi, pour plus de sûreté, toutes vos radios, vos analyses de ponctions, vos IRM...

— Je vais les faire demander à l'administration pénitentiaire et au CHU. Mais ça risque d'être long... Jusque-là, et tant que j'irai à peu près bien, le plus simple est que vous renouveliez mes ordonnances. »

Je regagnai Paris à la fin de la semaine, après m'être engagée à lui écrire toutes les semaines. Elle aussi m'écrirait. En revanche, elle refusait que je lui téléphone : « Je vais débrancher, me dit-elle, je ne répondrai pas. C'est préférable, au cas où des journalistes tenteraient une petite vérification depuis Paris... Et puis, parler au téléphone me fatigue trop, avec ma voix. On est obligé de forcer, bien plus que dans un tête-à-tête. » Me souvenant de mes dernières laryngites, je savais qu'elle disait vrai. « C'est moi, ajouta-t-elle, qui vous appellerai de temps en temps. Quand je me sentirai en forme...

— Christine, promettez-moi que, s'il se passe quoi que ce soit, vous n'hésiterez pas à me faire signe. En principe, je ne redescendrai pas ici avant le pont de l'Ascension » (je sortais un livre sur « les Amazones de la Fronde » en mars, j'emmenais mes enfants à la montagne en avril, « et de toute façon, tu ne peux pas consacrer chaque instant de ta vie à Christine Valbray ! » observait mon mari), « mais au cas où vous auriez besoin de moi, je ferais un saut sur-le-champ, cela va de soi.

— Mais non, ne vous tourmentez pas : je suis très adaptable ! Et puis, avec votre vieux médecin, je me sens dans de bonnes mains... Simplement, je vais prendre quelques mesures préventives pour ne pas exciter les curiosités : dès la semaine prochaine, je me teindrai moi-même en brune ou en blonde — d'ailleurs, ça cachera mes premiers cheveux blancs ! Et puis je garderai toujours les volets fermés, à part ceux de ma chambre et de la cuisine : il vaut mieux que votre maison n'ait pas l'air trop habitée... Ah, dernière précaution : à part le médecin, inutile d'alerter les gens du pays sur mon identité ; ne mettez pas "Madame Valbray" sur les lettres que vous m'écrirez ; du moment qu'il y a votre adresse, elles arriveront. Vous n'aurez qu'à les libeller au nom de, mettons, Jeanine Massin... C'est un patronyme en déshérence, n'importe qui peut le récupérer ! »

Je trouvai cette défiance un peu exagérée : on n'est ni indiscret ni bavard dans mon pays. Ce raffinement de ruse, j'y voyais une déformation d'agent secret. Mais, après tout, je ne savais pas ce que souffraient ceux qui avaient été la proie des médias ; et de ce côté-là, j'en convenais, Christine avait été servie...

Le premier mois, je reçus et envoyai plusieurs lettres : tout allait pour le mieux, Christine aimait la neige, les vallons, les grands bois — n'ayant jamais remis les pieds dans le Bugey où elle était née, elle ignorait à quel point mon pays natal ressemblait au sien... En tout cas, elle me félicitait de mon initiative. « Vous avez très bien fait de m'expédier aux confins du monde connu » (elle affectait, par taquinerie, de se prendre pour Ovide exilé chez les Scythes). « D'abord, si j'en juge par les quelques journaux que reçoit la brave dame qui tient la librairie du chef-lieu (librairie, c'est un grand mot !), on ne parle déjà plus de moi, à Paris... Ensuite, avec ses étendues désertées et son immense silence, votre province, qui tient le milieu entre la ville et la prison, la Cour et le couvent, offre à une ancienne détenue l'étape intermédiaire qui s'imposait... J'accomplis ici, aux marges de la société, un salutaire exercice de réadaptation. Même si je ne mange encore que des tartines de confiture (je ne sais plus faire la cuisine) ! Malgré tout, j'ai minci, et en prime (est-ce la confiture ? Est-ce le froid ? Le bonheur de marcher au grand air, ou votre vieux médecin ?), j'ai retrouvé la sensibilité de ma main droite ! Plus que deux doigts paralysés à gauche : je garde bon espoir ! »

Au bout de trois semaines ou d'un mois, elle me téléphona. Sa voix était plus ferme, plus sonore. « Forcément, dit-elle, comme je ne fais pas la conversation aux écureuils, je repose mes cordes vocales ! » Elle ironisa sur la nomination de Lionel Berton comme ministre de l'Education (il était rentré dans les fourgons de Chirac, redevenu Premier ministre) : « Prévenez vos enfants — avec Berton, on va remettre la morale aux programmes des écoles ! Et comment ! »

Il me semble que c'est vers la fin mars que je cessai de recevoir ses lettres ; mais je continuais de lui écrire et elle me téléphonait plus souvent — deux ou trois fois par semaine ; pour Pâques elle m'appela même aux sports d'hiver : « Est-ce que la neige a commencé à fondre chez nous ? lui demandai-je. Et la région, comment trouvez-vous la région au printemps ?

— Magnifique, me répondit-elle. D'ailleurs, votre pays est beau en toute saison... Vous comptez toujours venir à la mi-mai ? »

Vers le 10 mai, je reçus un coup de fil de la postière du chef-

lieu (nous n'avions plus de bureau de poste au village depuis longtemps) :

— Je m'excuse de vous déranger, Madame Françoise, mais c'est à cause du facteur. A « la Malcôte », c'est bien des lettres de vous qu'il porte ? Il m'a dit que vous mettiez votre nom derrière les enveloppes... Alors, voilà le problème : vos lettres, il n'arrive plus à les glisser. Ça bloque derrière. Il croit qu'il en a trop mis et qu'à force elles sont coincées entre la porte et le paillasson : en tas... On ne peut pourtant pas les laisser sur le perron, avec cette pluie ! Qu'est-ce qu'on fait ? Si vous voulez, je peux vous réexpédier la dernière, une que vous avez envoyée à Madame Massin...

— Je ne comprends rien à ce que vous me racontez, Antoinette : « il en a trop mis », « à force », « ça bloque »... Madame Massin ne ramasse donc pas son courrier ?

— Attendez, Jean-Pierre vient justement de rentrer de sa tournée, je vous le passe, il vous expliquera.

L'explication était simple : depuis deux mois, selon le facteur, la maison était inoccupée — volets fermés, portes closes — et personne ne prenait le courrier. Il avait même cessé de sonner. Oui, en février, début mars encore, il avait bien aperçu une dame qui passait des vacances dans la propriété ; elle lui avait même donné plusieurs fois des lettres à poster — ça lui évitait de descendre jusqu'au Grand-Bourg, la route était encore verglacée, dangereuse pour « des étrangers ». Après, il avait pensé qu'elle était partie mais, comme elle recevait toujours du courrier — qu'il glissait sous la porte —, il croyait qu'elle allait revenir. Seulement maintenant, il s'inquiétait : est-ce que je me souvenais de l'histoire du Puy-Jarot, ce petit château qui se trouve six ou sept kilomètres plus bas que « la Malcôte », après le pont sur le Thaurion, en pleine forêt ? Eh bien, c'est lui qui avait prévenu les gendarmes : le journal n'entrait plus dans la boîte. Et quand le commandant avait ouvert la porte avec le serrurier — et avec lui, Jean-Pierre, sacoche en bandoulière, qui les accompagnait — « l'odeur était terrible, Madame Françoise ça faisait au moins quinze jours que la vieille dame était défunctée, là, au pied de son escalier...

— Ne vous affolez pas, Jean-Pierre : Madame Massin m'a téléphoné il y a huit jours. Si elle est morte, c'est du récent ! Je vais partir ce soir avec les clés, je serai là-bas demain matin. J'éclaircirai le mystère. »

Les volets fermés, l'absence apparente de mouvement, ne

m'inquiétaient pas : Christine m'avait prévenue. Pour les lettres « bloquées », je supposais que Jean-Pierre exagérait — deux ou trois missives ou paquets mal glissés suffisaient à créer un « embouteillage » ; sans l'affaire du Puy-Jarot, il ne se serait même pas alarmé...

Non certes qu'il fût impossible que, depuis son dernier coup de fil, Christine eût été victime d'un malaise ; mais il semblait plus probable qu'elle eût profité du dégel, de l'apparition des bourgeons, des premiers crocus dans les prés, des premiers « coucous » dans les bois, pour prendre la R5 et la clé des champs, et visiter enfin ce plateau des « Millesources » où le printemps fait jaillir en trois jours l'eau, les fleurs, les papillons, les abeilles, comme des broderies naïves sur la laine verte d'une tapisserie... Quant aux deux dernières hypothèses, les plus troublantes — qu'elle eût été enlevée (mais par qui ? quand ? comment ?), ou qu'elle m'eût trompée pendant des semaines —, j'aimais mieux ne pas les envisager avant d'y être obligée.

Je ne parvins pas à ouvrir la porte principale ; quelque chose, en effet, empêchait de la pousser ; je dus passer par la grange et l'entrée de service.

Dans le vestibule, un monceau de lettres non décachetées submergeait le tapis-brosse, bloquant l'embrasure : je me penchai pour les ramasser ; elles venaient de Paris et de la Savoie, portaient des cachets de mai, d'avril... Je m'obligeai à les reclasser en fonction des dates d'expédition : il y avait là toutes mes lettres depuis le 16 mars.

La dernière que Christine avait lue, puisqu'elle ne figurait pas dans le paquet, devait remonter au 10 ou 11. Donc, elle avait quitté « la Malcôte » entre le 11 et le 16 mars — depuis deux mois... Son dernier coup de téléphone datait du 1er mai : elle m'avait souhaité, selon l'usage, beaucoup de bonheur, dit qu'elle regrettait que le muguet ne fût pas encore fleuri dans mon jardin, sinon elle m'en aurait envoyé un brin ; mais n'était-ce pas l'intention qui comptait ?... Par acquit de conscience, je fis un tour complet de la maison et des communs ; mais je ne m'attendais pas à y trouver son corps. Le frigidaire était vide et propre, la chambre bien rangée, le téléphone toujours débranché, et je fus étonnée de découvrir plusieurs de ses robes dans mon placard : sans doute en avait-elle acheté d'autres, à moins qu'elle eût pensé ne plus avoir besoin de vêtements où elle allait...

J'avais exclu, tout de suite, l'hypothèse d'un enlèvement : non seulement la maison était en ordre, mais elle avait replacé dans sa cachette (sous l'auge de l'ancienne étable) le trousseau de clés que je lui avais confié — un kidnappeur n'y aurait pas songé. Par conséquent, elle était partie de son plein gré, et non pas la semaine dernière mais depuis deux mois... Voilà pourquoi à la même époque elle avait cessé de m'écrire (le tampon de la poste l'aurait trahie) et préféré téléphoner : elle me donnait des nouvelles de « la Malcôte », de la tempête, de la glace, des renards, des corbeaux — tout en m'appelant, peut-être, des Bahamas ou du Kenya...

Restait à savoir si elle s'était enfuie seule, ou accompagnée. La R5 n'ayant pas bougé du garage, j'appelai tous les taxis à vingt kilomètres à la ronde : personne n'avait chargé de jeune femme (brune ? blonde ?) à « la Malcôte ». Mais si elle avait décidé de prendre un train à Limoges ou à Clermont, elle avait pu, pour le même prix, faire venir un chauffeur de là-bas ; je n'avais pas les moyens d'enquêter dans toutes les villes desservies par la SNCF... Un instant, j'imaginai aussi qu'elle était partie à pied — si elle avait décidé, par exemple, de se suicider dans la forêt... Cette idée m'avait effleurée quand j'avais trouvé ses robes pendues sur les cintres ; mais je l'écartai : ce n'est pas d'une clairière qu'elle me téléphonait ! D'ailleurs, elle avait emporté sa trousse de toilette et son sac à main, accessoires bien inutiles à une suicidaire !

Pourtant, je croyais encore que c'était pour mourir en paix, se cacher comme une bête blessée, qu'elle m'avait trompée, qu'elle m'avait quittée. Je me souvenais qu'à sa sortie de Rennes (et dans les dernières lettres adressées de « la Malcôte ») elle m'avait parlé à plusieurs reprises de la mort de cette petite Colombienne de douze ans, Omayra, prise dans un tremblement de terre et dont les jambes étaient restées coincées dans les décombres de sa maison : la rivière sortie de son lit montait, et l'enfant, immobilisée sous une poutre, avait lutté pendant des heures pour garder la tête hors de l'eau — le cou, le menton, la bouche, le nez ; toutes les télévisions du monde, tous les photographes, avaient filmé en direct cette lente agonie, cadrant au plus près les yeux creux, cernés, le nez pincé, enregistrant les soupirs, les plaintes. Catherine Darc, que « l'affaire Valbray » n'avait pas gênée dans sa carrière (à juste titre au fond, car elle n'y était pour rien), s'était particulièrement illustrée dans la mise en scène de cette « mort en direct » — éditions spéciales toutes les heures, avec gros plans sur le visage de la mourante, et commentaires haletants du genre « la pompe qui permettrait de la sauver arrivera-t-elle à temps ? Tiendra-t-elle jusque-là ? Elle n'a pas dormi depuis deux jours, il suffirait que les muscles de son cou se relâchent un instant pour que... » Record d'audience. Un mois plus tard, c'était la navette américaine Challenger qui avait explosé devant les caméras au moment de son lancement : contre la volonté des familles des astronautes pulvérisés dans l'accident, un juge local avait condamné la NASA à « donner au public » les derniers mots, ou derniers cris, lancés par les sept occupants de la fusée à l'instant où ils mouraient ; tout devait être publié, car, disait-il, « l'Amérique n'a rien à cacher »... Christine avait été bouleversée par ces deux histoires : « Jamais on n'a tant parlé des droits de l'homme, mais l'homme n'est même plus propriétaire de sa mort. Tous ces types qui ont filmé la fin d'Omayra sans bouger le petit doigt (que pour l'appuyer sur le déclencheur !), j'aimerais leur faire laper l'eau qui l'a engloutie ! Jusqu'à la dernière goutte ! » Qu'elle eût craint de ne pouvoir dérober sa propre souffrance aux voyeurs, préféré, si elle se sentait plus mal, mettre entre elle et eux des milliers de kilomètres, me paraissait presque plausible. Car, si elle me mentait sur le lieu d'où elle m'appelait, pourquoi ne m'aurait-elle pas aussi menti sur son état ? Loin de s'améliorer pendant ces deux mois, sa santé s'était peut-être dégradée...

Pour en avoir le cœur net, je rendis visite au vieux généraliste du canton : « Votre amie Valbray ? Oui, je m'en souviens très bien, mais, depuis le jour où vous me l'avez présentée, je ne l'ai plus revue. Je n'ai jamais reçu non plus les papiers et les radios qu'elle devait me faire envoyer de Rennes. J'ai supposé qu'elle avait regagné Paris plus tôt que prévu... »

Christine allait-elle moins bien ? Allait-elle mieux ? Avait-elle simplement décidé de ne plus se soigner, puisque personne ne pouvait la guérir ?

Ce que je ne comprenais pas, toutefois, c'est qu'elle ne m'eût pas laissé quelque part — sur la table de la cuisine, sur le secrétaire de ma chambre, sur le coffre de l'entrée — un mot d'explication ; dix lignes pour me remercier et me dire qu'elle aimait mieux s'en aller, sur la pointe des pieds, sans déranger...

Il est vrai que, l'hiver, la maison inhabitée se peuplait de loirs et de souris ; en deux mois, ils avaient eu le temps de dévorer ce bout de papier... Sans doute. Mais ils n'avaient pas mangé mes lettres.

Je restai trois ou quatre jours sur place, fouillant commodes et armoires pour mettre la main sur le billet qu'elle m'avait forcément laissé, interrogeant les commerçants qui vont de porte en porte dans les villages, cherchant partout sa trace, mais en vain. Et c'est ainsi que je manquai ma dernière chance de la retrouver : le surlendemain de mon départ précipité pour le Massif central, une dame avait appelé chez moi à Paris et demandé à me parler.

— Maman n'est pas là, avait répondu mon fils aîné.

— Et quand rentre-t-elle ?

— Je ne sais pas. Elle est partie dans la maison de notre Mamie, à « la Malcôte »...

« Alors, me raconta le petit, la dame, qui avait un peu la même voix abîmée que Madame Valbray, a juste fait : Ah bon ? Eh bien, tant pis !

— Elle n'a pas dit qu'elle rappellerait ?

— Non, maman. Elle n'a pas dit qu'elle rappellerait. Tu n'as pas son numéro ? »

Bien sûr, elle avait supposé que je ne descendrais pas avant l'Ascension, qu'elle pourrait m'abuser jusque-là, et elle m'appelait, comme chaque semaine, pour me rassurer... Mais pourquoi avoir cherché à gagner ces deux mois ? Dix ou quinze jours, je ne dis pas (le temps d'organiser un départ, de retenir des billets), mais deux mois ? Si seulement, après avoir constaté sa disparition, j'étais remontée tout de suite, j'aurais pu la prendre au téléphone et la faire parler, l'amener en douceur à se confesser. Maintenant, c'était trop tard : elle savait que je savais, et n'avait « pas dit qu'elle rappellerait »...

Dans les semaines suivantes je mis pourtant tout en branle pour la rejoindre, l'aider, lui faire savoir que, même sa fuite, même son mensonge, je pouvais encore les comprendre. « Mais dites seulement une parole... »

J'appelai sa sœur, Béatrice : elle n'avait aucune nouvelle, et ne se souciait pas d'en avoir ; je n'en fus guère surprise.

J'appelai Philippe :

— Je suis très soucieuse, je l'avoue. On ne disparaît pas aussi brusquement sans motifs sérieux, sans justification !

En plus, je suis quasi certaine qu'on est venu la chercher... Quelqu'un qui l'a peut-être obligée ensuite à m'appeler pendant deux mois pour que je ne donne pas l'alerte trop tôt, vous saisissez ? Enfin, Philippe, vous savez bien comment agissent certains services secrets, comment ils récupèrent, de gré ou de force, leurs agents importants ! Souvenez-vous de ce type que le Mossad a trimbalé dans une malle : qui nous dit que le HVA... ? Vous devriez demander une recherche dans l'intérêt des familles.

— Etes-vous sûre qu'il soit de l'intérêt de sa famille de la retrouver ?

Il voulut bien tout de même m'apprendre que « le Belvédère » avait été vendu, début avril, à la mairie d'Evreuil qui allait le démolir pour construire une piscine et une salle omnisports.

— J'en ai tiré une plus grosse somme que je n'espérais. C'est le parc qui les intéressait. Neuf mille mètres carrés près de la gare, vous pensez ! La même histoire que pour « les Rieux », finalement... A part qu'entre-temps les prix ont plutôt monté !

— Et l'argent ?

— Versé à son compte, comme convenu. Elle a dû le toucher début mai.

— Mais alors, Philippe, c'est enfantin : il n'y a qu'à demander à sa banque si son compte a été débité récemment, si des chèques ont été tirés, au profit de qui, où...

— Calmez-vous, calmez-vous : personne ne peut obtenir des renseignements de cet ordre-là, à part le fisc et la police... Le fisc, pour l'instant Christine ne lui doit rien — en tant que mandataire, j'ai réglé ses droits d'enregistrement et prélevé la taxe sur les plus-values. Quant à la police, je vous l'ai dit : je ne la mettrai pas dans le coup. Mon espiègle petite sœur nous a obligés à rencontrer assez de flics et de juges depuis cinq ans pour nous ôter l'envie de recommencer !

Sans me décourager, je pris contact avec la mairie de Saint-Rambert-en-Bugey : si Christine Valbray était morte quelque part, l'Etat Civil de son lieu de naissance devait avoir enregistré son acte de décès. Mais la charmante personne qui me renseigna n'en trouva aucune mention.

Là-dessus, j'allai rendre visite à un ancien commissaire de police, un « as » des années cinquante, que j'avais eu comme professeur à l'Institut de Criminologie : « Une disparition ? Vous savez combien il disparaît chaque année de personnes adultes en France ? Dix-huit mille, ma chère amie ! Et, croyez-moi, il n'y en a pas beaucoup, dans le lot, qu'on a enlevées ou assassinées ! En principe, tant qu'il n'y a pas plainte ou délit, nous ne les cherchons pas : tout adulte a le droit de changer de vie, de changer de peau, de partir sans laisser d'adresse, d'aller "s'acheter des cigarettes"...

— Oui, mais, là, tout de même, c'est une ancienne condamnée...

— Et alors ? Elle a eu sa grâce, oui ou non ? Elle ne serait qu'en liberté conditionnelle, la Pénitentiaire la ferait poursuivre, bien sûr : votre Christine serait tenue de se présenter dans certains services à intervalles réguliers, ou, sinon, gare ! Mais une grâce, ma chère... Elle est libre comme l'air, votre vedette ! Vous craignez qu'elle soit partie se faire soigner en RDA ? Et pourquoi pas ? Elle a un passeport comme vous et moi, et n'a de comptes à rendre à personne... Mais, à mon avis, vous vous montez la tête, ma petite fille : la dame a tout bonnement préféré qu'on l'oublie. Un moment de déprime, ou un instant de lucidité ! A sa place, après tout ce bruit, cette boue qu'on a remuée, qu'est-ce que vous auriez fait ? »

La même chose, peut-être, mais pas sans me laisser un mot...

Je téléphonai à Madame Conan, je rencontrai Ahmed : ils ne savaient rien ; je m'en doutais.

Puis j'eus l'idée de constater Frédéric Maleville. La démarche était délicate ; mais, en dehors de Philippe et Béatrice — qui ne voulaient pas agir et, selon mon commissaire, ne l'auraient pas pu —, une seule personne gardait la faculté d'engager une procédure d'enquête : le fils mineur de Christine, dont Maleville avait la garde.

Le jeune député me reçut dans son bureau de l'Assemblée. Il me désarçonna de prime abord par un « Alors, vous venez voir le cocu ? "Madame Bovary, c'est elle" ? »

A l'évidence, il restait meurtri par l'échec de son mariage et l'étalage sur la place publique de ses déboires conjugaux. Cependant, il se montra capable de parler de Christine avec pondération, d'analyser son caractère et ses actes sans humeur, sans rancœur : « Contrairement à ce que vous avez pu entendre dire ici ou là... Non, Madame, ne m'interrompez pas, je ne me fais aucune illusion sur ce qu'on raconte : comme disait Clemenceau, "je déjeune souvent de crapauds vivants"... Donc, contrairement à ce que vous avez pu entendre dire, je ne suis pas un mari à la Charles Bovary : je n'ai été ni trompé, ni complaisant. J'ai aimé, c'est tout. Trop peut-être, mais sans aveuglement... Oh, je me doute bien que dans une biographie de Christine je n'aurais pas le beau rôle ! Encore moins dans une autobiographie ! J'ignore ce qu'elle a pu vous raconter sur moi, sur nous — on accuse volontiers pour se défendre —, je suis d'ailleurs prêt moi-même à plaider coupable, à reconnaître que j'ai mérité d'être abandonné. Abandonné, mais pas déshonoré. Voyez-vous, c'est une histoire banale : j'étais jaloux. A vingt ans, Christine était si ardente, si folle ! Je la persécutais de mes soupçons, de mes doutes, de mes questions, vous l'a-t-elle dit ? A Senlis, à Paris, à Trévennec, je ne la laissais jamais en repos, la suppliant de m'avouer des aventures que, sans doute, à l'époque elle n'avait pas. Je m'imaginais par exemple qu'avec Saint-Véran... Depuis, j'ai lu son roman et compris qu'à ce moment-là, non, sûrement pas... Même avec son frère je... Enfin, vous savez comment ces choses se passent : le jaloux prétend toujours que ce n'est pas le partage, mais le mensonge qui le fait souffrir... Evidemment, c'est faux, la moindre parcelle de vérité le rend fou ! Il faudrait mentir à un jaloux jusqu'à la mort, et ce serait facile : il n'y a pas plus crédule qu'un méfiant ! Si je harcelais Christine, je ne demandais qu'à la croire... Un jour pourtant, fatiguée de mes scènes, elle a cessé de me mentir : je voulais la vérité, je l'ai eue, et je ne l'ai pas supportée. En me voyant si abattu, ma famille, qui n'avait jamais accepté mon mariage, m'a poussé au divorce — ce fut ma première erreur. Ma mère a voulu que j'obtienne la garde d'Alexandre pour punir l'épouse coupable — seconde erreur. Car si j'étais resté près de ma femme, si Alexandre, surtout, avait vécu avec sa maman, elle ne serait pas tombée aussi totalement sous la coupe de ce Fervacques, que je tiens, toute rivalité mise à part, pour une parfaite ordure ! Et notre vie à tous aurait été changée. »

Si j'en jugeais par les carnets de Christine, il se faisait quelques illusions... Pourtant, la suite de son discours, qui, au contraire de l'affirmation précédente, rejoignait ce que la « Sans Pareille » m'avait confié, me prouva que, sur d'autres points, il ne manquait pas de perspicacité : « Je sais bien qu'on a dit au procès que Christine était joueuse dès notre mariage, que déjà en 69 elle fréquentait assidûment les casinos, où elle avait fait de si grosses pertes que, dès 71, elle avait dû travailler pour le PAPE de Kirchner et Fortier... Je n'y crois pas du tout ! Je gérais les comptes du ménage à cette époque-

là ; Christine aurait pu me dissimuler des petites dettes, mais pas un gouffre financier ! Ma conviction est qu'elle n'a commencé à jouer gros jeu — avec les conséquences qu'on sait — qu'après notre divorce, parce qu'elle se trouvait déstabilisée, privée de son enfant, et que son "Archange" ne la rendait pas heureuse... J'en mettrais ma main au feu. Mais je ne peux pas le prouver. J'ai même entendu, comme tout le monde, Christine soutenir le contraire à son procès, et je suis bien incapable de vous expliquer pourquoi ! Ce n'est pas la première fois que ma femme m'échappe, au propre et au figuré !... Alors aujourd'hui, vous venez me dire qu'elle vous a glissé entre les doigts, à vous aussi ? Comment en serais-je surpris ? Vous n'avez connu Christine que cinq ans, moi dix-sept : mettons que j'ai une longueur d'avance. Je peux donc vous faire gagner du temps. La seule conclusion sûre à laquelle je sois parvenu, je vous la donne : Christine est un être de fuite. Sans doute parce qu'elle ne sait pas où se poser... Vous ne la trouverez jamais si vous la cherchez. Ne commettez pas la même bêtise que moi : n'essayez pas de la traquer, de l'attacher. N'enquêtez même pas : attendez-la. Et gardez-lui votre amitié comme j'aurais dû lui garder mon amour. »

Il se peut que, « si délicat que l'on soit en amour, on y pardonne plus de fautes qu'en amitié » ; car je n'étais pas sûre de pouvoir rester aussi contente que ce mari après avoir été aussi trompée !

Cependant, la générosité de Maleville, son indulgence, me séduisaient. L'homme m'apparaissait différent de celui — ni très jaloux, ni très clairvoyant — que Christine m'avait dépeint : non seulement il ne portait plus la barbe, mais il ne portait plus d'œillères... Je le trouvai intelligent et chevaleresque rien du médiocre chaleureux, du « jeune cadre » timoré, qu'elle m'avait décrit. Il avait très bien vieilli.

Il me fallut une grande heure de conversation (sur un ton de liberté que je lui étais reconnaissante d'adopter avec une presque inconnue) pour comprendre ce que Christine lui reprochait, et ce qui, plus encore que sa liaison avec Fervacques, les avait séparés : si l'on exceptait son amour intrépide pour la « Sans Pareille », le charmant Maleville était en tous points prévisible. Ses goûts, ses façons étaient conformes à une norme imposée. Par exemple, il parlait comme le Premier secrétaire de son parti — les mots, la diction, la voix même ; certes, en politique, en art, tout le monde imite quelqu'un, les petits imitent les puissants (les ministres le Président, les prix Goncourt le prix Nobel), mais les grands imitent des morts : on sentait que Maleville, qui singeait Jospin, ne se prendrait jamais pour Napoléon.

En quatre lignes aussi j'aurais pu faire son portrait musical : si c'était Ravel, ce serait le « Boléro », si c'était Verdi, le chœur de « Nabucco », si c'était Albinoni, l'« Adagio »... J'aurais juré qu'il plairait longtemps à des électeurs qu'il déconcerterait rarement. Au demeurant, brave homme et bon père : il refusa au nom de son fils Alexandre, âgé maintenant de quinze ans, la démarche que je lui suggérais d'effectuer pour retrouver Christine.

« Alexandre a été trop perturbé par tout ce qu'il a vécu, notre divorce d'abord, le scandale ensuite : savoir sa mère en prison, et savoir que tous vos petits copains le savent, ce n'est pas facile à vivre... Je ne souhaite pas le mêler de nouveau à une enquête, je ne veux plus qu'il voie un képi. Laissons-le retrouver sa tranquillité, avec ou sans Christine Valbray...

— Elle ne lui a jamais écrit de Rennes ou de Fleury ?

— Si. Assez souvent. Il lui répondait parfois, je crois. Mais je n'ai jamais voulu qu'il la rencontre là-bas : les grilles, les verrous, c'est traumatisant pour un enfant. Du reste, il n'a jamais demandé à y aller...

— Et depuis sa libération, pensez-vous qu'elle se soit manifestée ? A l'époque où elle était à "la Malcôte"... Ou depuis ?

— Une ou deux fois, peut-être... Je n'en suis pas certain, et je ne lui poserai pas la question. Nous ne parlons jamais de ces choses-là : ses rapports avec sa mère, c'est son jardin secret. Et ce jardin-là tient moins de l'Eden que de la friche ! Entre nous, il ne lui est pas très attaché. A tort ou à raison, il s'est cru abandonné... Alexandre est aujourd'hui ce qu'on appelle un adolescent "à problèmes". Voilà, je ne vous ai rien caché. »

Je ne voulus pas le presser davantage ; du reste j'appris peu après, par des amis communs, que le garçon avait en effet les plus grandes peines à surmonter ses angoisses : il était presque obèse, parlait peu, mangeait toute la journée, et semblait, en s'empiffrant sans joie, vouloir se perdre dans sa graisse. Où était le petit Hercule bouclé de Sainte-Solène, le poète blond, le « conducteur de balcons » ? Pourquoi fallait-il toujours que les enfants martyrs devinssent des parents bourreaux, pourquoi Christine avait-elle infligé à son fils de plus grands chagrins que ceux qu'on lui avait causés ? Je ne me sentais pas aussi encline que Maleville au pardon et à la charité...

Sans doute parce que, pour ma part, je refusais encore d'admettre que la « Sans Pareille » m'eût trompée : je n'étais pas retournée à « la Malcôte » pour l'Ascension, ni pour les grandes vacances ; en me décrivant au téléphone la chambre, le parc, les bois comme si elle y était, en utilisant l'amour que je leur portais pour mieux me leurrer, il me semblait que Christine les avait souillés. Tant que je ne saurais pas ce qu'elle était devenue, tant que je ne lui aurais pas trouvé d'excuses, je me croirais volée : ma maison, mes arbres, ne m'appartenaient plus ; elle les avait enrôlés ; ils étaient ses complices.

D'ailleurs, quand, lasse de retourner le problème en tous sens, je songeais à ce que j'avais fait pour elle et à ce qu'elle avait fait pour moi, j'étais surprise de la disproportion : elle n'avait rien fait pour moi, que m'étonner et m'enchanter...

La nuit parfois, dans un demi-sommeil, je la voyais seule, malade dans une chambre inconnue, incapable d'appeler au secours avec sa voix brisée, ou bien tombée sous un buisson, dans un fossé, brusquement paralysée, et mourant là de faim, de soif, sans pouvoir remuer, ses yeux gris grands ouverts et peu à peu voilés d'une taie — comme dans ce cauchemar de l'accident, de l'hémorragie, qu'elle m'avait tant de fois raconté. Je m'éveillais en sueur, ne parvenant à me rassurer qu'en constatant que je ne dormais plus pour mon compte : c'étaient ses rêves que je faisais...

La savoir si gravement atteinte était cependant, en même temps que mon remords, ma consolation. D'un côté, ne pas m'assurer qu'elle ne manquait de rien relevait de la « non-assistance à personne en danger » ; d'un autre, je pouvais imputer à la maladie son brusque départ et la comédie qu'elle m'avait jouée, comme déjà j'attribuais à des atteintes psychiques, des lésions cérébrales, le singulier récit de l'assassinat de Pierre Lefort. En fin de compte, me disais-je, ce n'est pas moi qu'elle a fuie, mais la mort qui la poursuivait ; elle ne me trahissait pas, elle était trahie... Je le crus ainsi jusqu'en octobre ou novembre de cette même année.

Ce fut alors qu'un soir, en lisant « le Monde » ou « la Presse », je restai frappée par un petit article en bas de page : un médecin de Nancy, vacataire de l'administration péniten-

tiaire, venait d'être inculpé pour avoir délivré de fausses attestations médicales, dans le but de précipiter la libération de certains détenus ; je ne sais quels experts avaient découvert le « pot aux roses », mais, par chance, aucune remise en liberté, appuyée sur ces certificats de complaisance, n'avait été prononcée ; le médecin n'était donc passible que d'un an d'emprisonnement.

Une très petite affaire comme on voit, mais qui me remit en mémoire un plus grand scandale, survenu en 81, à Marseille : plusieurs médecins, dont le médecin-chef de la prison des Baumettes et le chef de service de l'hôpital des prisons de Fresnes, avaient été impliqués dans un trafic de « grâces médicales » qui avait permis de faire relâcher quelques dangereux truands. En 73, déjà, je m'en souvenais maintenant, un même trafic d'influences avait coûté la vie à un médecin-inspecteur de la Pénitentiaire, trop curieux sans doute car un colis piégé l'avait déchiqueté. Corruptions et connivences : le mal semblait récurrent dans les prisons françaises.

Mais si aujourd'hui il se manifestait à Nancy, pourquoi pas hier à Rennes ? En lisant l'entrefilet du journal, je sentis naître un nouveau soupçon : et si Christine n'avait jamais été malade ? Si, d'accord avec deux ou trois médecins du cru, elle m'avait mystifiée pour mieux duper le ministère et l'Elysée ?

Bien sûr, elle m'avait paru fragile, changée, mais rien n'était plus facile à jouer : on ne se teint plus les cheveux, on cesse de se maquiller, on se laisse grossir un peu, on parle d'une voix morne, on prend l'air accablé... Quant à l'affection dont elle prétendait souffrir, dans l'hypothèse d'un « coup monté » c'était une trouvaille ! Quoi de plus aisé en effet que de feindre les symptômes d'une maladie dont le diagnostic est incertain, et dont les signes cliniques sont, dans un premier temps, moins vérifiables que racontables : elle se plaignait de fourmillements, de vertiges, d'une insensibilité des extrémités — était-ce contrôlable ? Elle tombait parfois dans le couloir, dans l'escalier — certes, mais toujours sans se blesser !

Même une brève atteinte oculaire pouvait être simulée : ne pourrais-je me faire passer pour myope si je ne déchiffrais que quelques lettres du bas du tableau ? Quant à la paralysie temporaire, si des hystériques pouvaient l'imiter, une bonne comédienne devait la contrefaire sans difficulté, à condition d'avoir choisi le membre atteint de manière à n'être pas trop gênée — la main gauche chez Christine, comme par hasard ! Au pire d'ailleurs, si l'on se trouvait surpris à utiliser l'organe paralysé, on prétendrait que la « poussée » venait miraculeusement de cesser, que la maladie régressait...

Restait le problème des médicaments que la prison lui distribuait, que je lui avais moi-même vu prendre : des placebos, si le médecin était son complice ; sinon, peut-être de la cortisone, qu'on devait pouvoir ingurgiter pendant quelques mois sans mettre sa vie (sinon sa ligne) en danger... En tout cas, ce n'était pas avec un bon vieux cancer, classique, répertorié, qu'elle aurait pu nous faire le même numéro : opérations, amputations, coutures, chimiothérapie, chute de cheveux, difficile de tromper son monde avec cet arsenal-là ! Mais la sclérose en plaques « possible », « probable »... Quelle admirable inspiration !

J'avais beau savoir qu'en droit il n'existe pas, à vrai dire, de « grâce médicale », qu'il n'y a que la « grâce » tout court, libre de toute raison, de toute motivation, j'avais beau me répéter que, dans le cas de Christine Valbray, bien d'autres éléments que son état de santé étaient entrés en ligne de compte pour justifier sa libération anticipée, je ne pouvais me dissimuler que c'était sa maladie qui m'avait personnellement déterminée à agir, et que, sans mon intervention, sans les arguments de toute nature, même politiques, que j'avais développés, sans les divers appuis que j'avais sollicités la prisonnière ne serait jamais sortie de Rennes en 86... L'imposture de « la Malcôte », le manque de confiance qu'elle révélait m'avaient déjà blessée, mais l'idée que Christine pût aussi avoir triché pour m'inspirer de la pitié me fut insupportable.

Je fonçai à Rennes, décidée à affronter le jeune neurologue, à lui faire part de mes doutes, à l'effrayer s'il le fallait... Moi, effrayer qui que ce soit !

A peine, d'ailleurs, fus-je entrée dans le cabinet du médecin que je me sentis désarmée ; comme par le passé, je trouvai ce garçon trop sympathique ; une fois de plus, ce fut lui qui me mit à l'aise : « Je comprends, reconnut-il sans finasser. A cause de l'histoire de Nancy, vous vous demandez si j'avais glissé dans le dossier médical destiné à la Chancellerie autre chose que ce que je vous avais dit ou montré. Non. J'indiquais qu'il existait, en l'espèce, de fortes présomptions de "multiloculaire" évoluant par poussées, que la progression semblait rapide, mais l'état de la détenue pas encore alarmant ni "incompatible avec la détention" ; ce qui n'interdisait évi-

demment pas de penser qu'une mise en liberté contribuerait à l'amélioration de son moral et de sa santé. Je crois que c'était un diagnostic honnête et un pronostic prudent. Je n'ai nulle part présenté votre amie comme une moribonde ; je l'ai présentée comme une malade, examinée en période de récidive. Du reste, comme vous ne l'ignorez pas, le dossier a fait l'objet d'une contre-expertise à la Salpêtrière...

— Le dossier. Pas la personne.

— En effet. Voulez-vous dire qu'au cas où vous me tiendriez finalement pour un médecin honnête vous me considéreriez comme un praticien incompétent ? » (Il souriait avec bonne humeur ; je devais vraiment avoir l'air d'un enfant de chœur !) « Insinueriez-vous par exemple que Madame Valbray aurait pu m'abuser, mimer les symptômes de la maladie que j'allais déceler ? Eh bien, dites donc, pour une technicienne de la politique, elle en savait un bout sur la sclérose en plaques, cette dame-là !

— Il y avait des encyclopédies à la bibliothèque de la centrale...

— Oh oui, et le Grand Larousse Médical aussi ! » Il riait maintenant. « Madame, quand vous apprendriez par cœur tous les articles consacrés au sujet, je doute que vous pourriez bluffer un clinicien, surtout s'il vous garde sous la main pendant des semaines, en quatre hospitalisations successives ! Si ignares que nous soyons, nous disposons tout de même de quelques tests... Non : Madame Valbray ne m'a pas trompé, et je n'ai pas cherché à tromper le ministère. Je ne suis ni un gogo ni un complice. Il est possible en revanche, c'est toujours possible, que je me sois trompé et que votre amie souffre d'autre chose ; il se peut enfin — j'avais examiné cette éventualité dès notre première entrevue, souvenez-vous — qu'elle ne souffre plus de rien, que sa maladie ait cessé d'évoluer... Je pense que c'est ce qui se produit en ce moment, qu'elle éprouve un mieux, et qu'elle a envie de profiter de sa liberté. Ne croyez-vous pas qu'assiégée par la presse, entourée par vous d'une trop grande sollicitude, d'une affection peut-être un peu... pointilleuse, excessive, elle se sentait encore prisonnière ? »

Mon affection ne serait plus jamais excessive, je me le promettais ; mais la presse, si je n'y avais pris garde, aurait bien recommencé à pourchasser la fugitive. Quelques jours après ma visite à Rennes, je reçus l'appel d'une journaliste de « la Lettre » :

— Alors, Christine Valbray a disparu ?

— Ah ? Et depuis quand ?

— Depuis qu'elle n'est plus chez vous, à la campagne... Car elle n'est plus chez vous, n'est-ce pas ?

— C'est un fait.

— Merci de ne pas me raconter d'histoires. Parce que j'ai appris par sa sœur que vous la cherchiez... C'est bien grâce à vous qu'elle a bénéficié d'une grâce médicale en février ?

— Chère Madame, juridiquement la grâce médicale n'existe pas. Christine Valbray a bénéficié de la grâce présidentielle, pour un ensemble de raisons qui n'étaient pas toutes médicales et qui ne nous regardent pas.

— Mais elle est toujours malade ?

— Elle va mieux...

— C'est en général l'effet de la grâce, non ? Plus efficace que l'eau de Lourdes ! Sitôt que le décret touche le détenu agonisant, il ressuscite. Vous vous souvenez de Kéchichian en 81 : mourant le 9 juillet, le 10 il s'enfuyait à l'étranger...

— Madame Valbray n'est pas à l'étranger.

— Parce que maintenant vous savez où elle se trouve ?

— Certes.

— Vous pouvez me le dire ?

— Non.

— Et vous voudriez que je vous croie !

— Vous n'y êtes pas obligée... Ecoutez, je sais que vous faites votre métier, mais votre journal a déjà publié au début de l'année une colonne entière d'informations sur la santé de Madame Valbray : ne croyez-vous pas qu'elle a droit maintenant à un peu de repos, un peu d'oubli ?

— Bon, bon, on n'est pas des chiens ! S'il n'y a rien de nouveau...

— Il n'y a rien de nouveau, je vous en donne ma parole. Je ne pense pas commettre d'indiscrétion en vous disant que notre Christine s'est offert au mois de mai, en catimini, une petite escapade en Italie, qui est, pour ainsi dire, le pays de son enfance. Compte tenu du pronostic réservé des médecins elle voulait une dernière fois... Enfin, vous comprenez... Depuis, elle a vendu sa maison d'Evreuil et s'est retirée en province, dans une ville que je ne nommerai pas mais où elle est suivie par les meilleurs spécialistes ; d'après ce qu'elle m'en dit elle-même, son état s'est plutôt amélioré... Voilà tout ce que je sais et que vous pouvez communiquer à vos lecteurs si vous y tenez.

Je m'apercevais, avec une surprise mêlée d'amusement, qu'entraînée dans le sillage de Christine je pouvais mentir avec autant d'aplomb qu'elle. J'avais même pensé à glisser dans ce tissu de fables le détail concret facile à vérifier — la vente du « Belvédère » —, qui donnerait de la force au reste.

— OK, fit la journaliste à demi convaincue. Mais j'aurais quand même bien aimé avoir de ses nouvelles plus directement, lui téléphoner...

— Je voudrais bien vous aider, mais j'ai des ordres...

— Croyez-vous que Charles de Fervacques, lui, pourrait me renseigner ?

— Ah, fis-je en riant, cela m'étonnerait !

Mais cela m'eût-il tellement étonnée ? Depuis que Christine s'était évaporée, j'avais souvent resongé à l'étrange complicité qu'elle disait avoir senti renaître entre eux au moment du procès... Il aurait fallu cependant que Fervacques, même intrigué, fût bien fou pour venir se brûler deux fois au même feu ! Du reste, Christine n'était plus si jeune ni appétissante ; et les hommes détestent les femmes malades... Quant à elle, si sa dernière confession d'Evreuil n'était pas une invention, comment aurait-elle absous un homme pour qui elle avait tué avant d'être abandonnée ? La passion ne meurt pas du rejet, elle meurt de ses excès : un jour, après avoir fait le tour du monde, on se découvre trop las pour marcher...

Malgré tout, il fallait bien qu'en mars quelqu'un eût enlevé Christine de « la Malcôte » avec son consentement ? Philippe ? Je ne le croyais pas ; son agacement me paraissait franc. Maleville ? Ah, celui-là sans doute, elle l'aurait encore fait tourner autour de son petit doigt ! Mais, derrière lui, veillait sa famille étampoise ; et ne murmurait-on pas qu'il allait se remarier avec son assistante parlementaire, une jeune femme douce et apeurée que j'avais entrevue à l'Assemblée ? Restait Carole...

Carole — Marie de Fervacques désormais — semblait assez riche pour offrir à son amie quelques complicités médicales (je raisonnais maintenant comme Christine : en partie double, suivant toujours l'histoire sur deux plans, celui où chacun eût été sincère, innocent, et celui où le même eût été fourbe et coupable — y compris le sympathique et persuasif neurologue de Rennes). Et si, à l'inverse, Christine était vraiment malade, menacée, Carole — à défaut de médecins complaisants — pouvait encore lui offrir les plus beaux hôtels, les voyages sous les palmiers, les robes de prix, les casinos ;

bref, le rire, le luxe, la légèreté, tout autre chose, pour une fleur de banlieue, une « fille de l'asphalte », que l'austère réclusion de « la Malcôte » et la sévérité de mes Requiem...

Carole, du reste, ne s'était jamais désintéressée du sort de la prisonnière de Rennes : ne lui expédiait-elle pas régulièrement, par l'entremise de Madame Conan, des petits colis de gâteries ? Du moins Christine se disait-elle certaine que ces paquets, en provenance de Trévennec, arrivaient d'Amérique... Et elle en était reconnaissante à son ancienne amie au point de se faire adresser ses lettres au nom de « Jeanine Massin » !

Ce détail, en apparence anodin et auquel je n'avais pas sur le moment prêté une grande attention, ne constituait-il pas la preuve des liens que, par-delà les mers et les murs, les deux femmes avaient gardés ? Quand cette coïncidence me frappa, je demeurai un moment aussi abattue qu'un amant berné : Christine restait fidèle à Carole, et elle me trompait... Je sentais combien il aurait été ridicule d'éprouver de la jalousie, de comparer les bontés de « Marie Mauvière » à mon propre dévouement. Néanmoins, je ne pouvais m'en empêcher. Qu'avait donné Carole ? Un peu de l'argent d'Alban. Tandis que, depuis cinq ans, j'avais consacré à la « Sans Pareille » une part croissante de mon énergie, de mon temps, de mes élans... Et voilà que, sitôt ouverte la porte de son cachot — dont je lui avais moi-même tendu la clé —, elle s'enfuyait pour rejoindre l'ancienne prostituée, tellement plus drôle et plus accordée que moi aux vices de son siècle. Je pouvais comprendre, je comprenais... Mais je gardais l'impression confuse d'avoir été trahie et peut-être, jusqu'à un point que je ne soupçonnais pas encore, manipulée.

D'un naturel plus mélancolique que violent, je ne me révoltais pas pourtant : j'étais seulement affligée, affligée au point de n'avoir plus envie, certains matins, de me lever. Je me sentais triste comme une maison vide où sont restés accrochés les pitons des cadres et les tringles à rideaux, triste comme un quai de gare l'hiver, un tram de banlieue... Dès que je cessais d'accuser Christine en effet, j'éprouvais le sentiment obscur et pesant d'être coupable — mais de quoi ? De lui avoir paru envahissante, indiscrète, de l'avoir trop aimée, comme l'insinuait le médecin de Rennes ? Si elle ne voulait plus de moi, devais-je m'entêter à vouloir d'elle ? Une seconde, je songeai à détruire sa correspondance, ses confessions...

C'est alors que me vint au contraire l'idée du livre : pour renouer, malgré elle, le fil de notre amitié, j'allais écrire une vie de Christine Valbray ; non pas une fantaisie romancée, comme Courseul et Saint-Véran, mais la vérité.

Avec ses lettres, ses carnets, nos conversations en tête à tête, je disposais d'une matière première de choix. Il me suffirait de compléter cette documentation en enquêtant auprès des quelques témoins que je n'avais pas encore rencontrés.

Biographe, j'avais toujours travaillé sur des morts, pour une fois je disséquerais des vivants. Exercice périlleux bien sûr, et qui m'angoissait un peu : les turpitudes du présent plaisent moins que les crimes passés, et la noirceur passe mieux dissimulée sous des robes à paniers. Combien de fois avais-je constaté qu'avec le recul « les Liaisons dangereuses » prenaient des airs de bluette, qu'on confondait Laclos avec Marivaux ! Des crimes du Régent on ne retient que les rubans, de la Révolution que « les Jupons »... Mais une pécheresse en jeans et son entourage de « branchés », chacun risquait de se reconnaître en eux, de se croire dénoncé ! Je dérangerais. Peut-être, par-dessus le marché, m'attirerais-je quelques procès...

Ce fut la première crainte que je m'efforçais de dominer : sur ce point-là, n'étais-je pas à couvert ? Christine ne m'avait-elle pas autorisée par avance à effectuer cette démarche singulière quand, de Rennes, elle m'écrivait « Tout ce que je vous livre est à vous, vous en ferez l'usage qu'il vous plaira ; même si, après ma mort, vous décidiez de publier, je n'en serais pas fâchée » ? Une autre fois, dans un billet que j'avais conservé, elle m'assurait que si elle disparaissait (elle ne parlait plus de mourir, et a posteriori le choix de ce mot « disparition » me frappa), elle me confiait « le soin — en tant qu'historienne et ancien juge, doublement éprise du vrai — de faire connaître les dessous de cette société infiltrée par l'égoïsme et le mensonge », tels qu'elle me les avait révélés. Aujourd'hui n'avait-elle pas « disparu » ? Et n'étais-je pas tenue de lui obéir ?

Mais il y avait mieux encore : une lettre où elle m'invitait à ne pas considérer ses carnets comme une correspondance — dont la divulgation suppose l'accord des deux parties — mais comme des mémoires qu'elle me remettait « en toute propriété, et dont vous pourrez disposer sans mon accord quand bon vous semblera ». J'avais les coudées franches.

A l'époque où elle m'écrivait ces lignes dont je me prévaudrais, je m'étais tout de même interrogée sur les raisons qui la poussaient à envisager ainsi un prolongement public à des confidences intimes, et à me répéter sans cesse que, bien que je fusse son unique lecteur, je pouvais laisser les autres regarder par-dessus mon épaule... Maintenant, je croyais avoir compris : au cas où « l'affaire » et le procès n'auraient pas suffi à abattre ceux qu'elle visait, elle préparait une seconde salve. Ses carnets, ou toute biographie qui s'en inspirerait, dévoileraient des ignominies dont il n'avait pas été question lors du procès : Fervacques, par exemple, dont on n'avait révélé que l'adultère et la légèreté, et suggéré la complicité, apparaîtrait dans toutes ses débauches (parties fines, docteur Wasp et maisons de rendez-vous) et ces corruptions qui avaient porté le filoutage dans le ministère — associations bidon, affaires irakiennes, ou délits d'initiés ; de nouveaux scandales s'ensuivraient, qui achèveraient les blessés...

Mais l'arme que la « Sans Pareille » avait ainsi mise de côté, j'allais la retourner contre elle ; sans cruauté bien sûr, juste pour l'inquiéter. Car si je me proposais de raconter enfin sa vraie vie — celle que ni Saint-Véran, ni le procureur, ni Lebœuf n'avaient entrevue ni pressentie —, ce n'était pas seulement pour le plaisir de partager encore ses aventures, de la poursuivre et de la posséder, ni même parce que, avec ses désespoirs et ses ambiguïtés, je la tenais pour une figure emblématique de ce siècle : c'était d'abord pour la faire sortir du bois.

Supposons, en effet, qu'elle ait été recueillie par Carole. Quand elle apprendrait que j'enquêtais (elle l'apprendrait, car je verrais du monde) et qu'elle saurait que je m'apprêtais à faire paraître ses carnets, ébruitant ainsi, entre autres, le passé peu reluisant de la toute neuve « Marie de Fervacques », il faudrait bien qu'elle se manifeste pour m'empêcher de tout dire. Elle devrait me supplier de taire certaines choses ; alors, je l'obligerais à m'expliquer pourquoi elle était partie, pourquoi elle m'avait dupée.

Et ce qui valait pour Carole valait pour d'autres : imaginons que son aimable receleur, son bienfaiteur caché, fût Philippe ; cette fois, c'était l'évocation de « la nuit de Rotterdam » qui la gênerait... Et ainsi de suite pour chacun des anciens amis avec lesquels elle pouvait n'être pas tout à fait brouillée.

Sans parler du HVA ! Les patrons du service est-allemand,

même s'ils étaient plus entichés de références cyrilliques que de culture latine, savaient peut-être que la roche Tarpéienne est près du Capitole, mais ils ignoraient que c'est parfois la victime elle-même qui décide de gravir les marches qui mènent au supplice ; s'ils apprenaient que Christine avait livré son réseau, que, pour « brûler » les autres, elle s'était sacrifiée, l'explication serait délicate ! Tout en me félicitant d'un projet qui surprendrait ma « Sans Pareille », je ne cessais de fredonner une petite comptine que mes enfants adoraient : « Ah, tu sortiras, Biquette, Biquette, tu sortiras de ce chou-là ! »

« En somme, conclut mon mari quand je lui eus exposé mon plan, ce n'est pas une enquête que tu entreprends : c'est un chantage.

— Mais non ! Je veux seulement lui faire peur, la contraindre à réagir...

— C'est bien ce que je disais : tu finis par employer des méthodes à la Christine Valbray ! En prime, comme tu n'es pas méchante, tu perds ton temps. Car je suppose que, pour "enquêter", tu vas délaisser tes manuscrits du Moyen Age » (dans le droit fil d'une série d'articles sur la Grande Peste, je venais de commencer des recherches sur un sympathique soudard du XIVᵉ siècle), « et au bout du compte, scrupules ou pressions, tu renonceras quand même à les publier, tes documents explosifs !

— Non. Je les publierai. De deux choses l'une : ou bien Christine réapparaît et me renouvelle les autorisations qu'elle m'a données — qu'a-t-elle à y perdre ? Ne serait-elle pas plus sympathique au public en amoureuse déçue qu'en espionne éhontée ? Donc, je sors le livre, mais après avoir trié avec elle ce que je peux livrer aujourd'hui sans la mettre en difficulté... Ou bien, malgré mes démarches et contremarches, elle ne se manifeste toujours pas ; j'en déduis qu'elle est morte, inaccessible ou inattaquable, et je déballe tout. Sauf les faits controuvés, les allégations mensongères, et les anecdotes douteuses sur des personnages que j'aime trop. Son frère, par exemple... »

Mon mari haussa les épaules :

— Fais comme tu veux. Je constate seulement que Christine va de nouveau dévorer ton temps, ta vie : combien d'années te faudra-t-il pour tout vérifier, tout réécrire ? Un an, deux ans, trois ans ? Jusqu'à l'an 2000 peut-être ? Cette

fille mange ton avenir ! Prends garde qu'elle ne finisse aussi par te bouffer l'âme !

Un autre jour, comme il me voyait occupée à confronter « les carnets de Rennes » aux témoignages que Stuart Michels et Milton Friedman m'avaient adressés sur les premiers « Rendez-vous » de Senlis, il s'exclama que je n'étais pas faite « pour le journalisme d'investigation, les biographies à l'américaine, le style Confidential ! Je suis navré de te voir engluée dans le présent alors que j'espérais de toi un livre intemporel, immortel...

— Il n'y a rien d'immortel, mon trésor ! A part la cellule cancéreuse... Placée dans des conditions optimales, la cellule cancéreuse est immortelle. Amusant, non, ce triomphe de la mort sur la vie ? »

Tout le monde, heureusement, ne me décourageait pas : Emmanuel Durosier, ambassadeur au Liban maintenant, approuvait mon entreprise, dont il attendait une réhabilitation de cette « Sans Pareille » qu'il regardait encore avec tendresse, et même avec estime. « L'affaire, je vous l'avoue, m'a déconcerté, m'écrivit-il. Non seulement le réquisitoire du procureur était ridicule, mais je suis certain que nous ne savons pas tout. Je soupçonne un dessous-de-cartes, une machination dont Christine aurait été la victime. Elle a payé pour d'autres, servi de bouc émissaire... Voyez-vous, ce n'était pas une cynique, ni même une délurée, mais, malgré les airs qu'elle se donnait, une petite fille vulnérable, éperdue, perdue, abandonnée... Peut-être ne vous intéressez-vous pas à la photographie, mais vous devriez tâcher de vous procurer un très beau cliché de Jan Saudek, une œuvre de 69 intitulée "Sur la route" : on y voit, au milieu d'un terrain vague, une large route boueuse qui s'enfuit vers un horizon sans arbres, et, minuscule sur cette route immense, la silhouette indistincte d'un enfant qui porte un cartable. Un petit enfant de quatre ou cinq ans qui marche à la nuit tombante vers l'horizon vide et le ciel assombri, seul, tout seul... Cet enfant brave et terrifié qui suit la route, voilà pour moi Christine Valbray. » Il m'avait aussi proposé sa propre interprétation de la disparition de notre amie, disparition que je lui avais révélée alors qu'à tant d'autres je prétendais encore agir à l'instigation de l'ancienne maîtresse de Fervacques, écrire avec sa collaboration : « Il est impossible, m'assura Durosier, que Christine ait voulu vous berner. Elle était peut-être frivole en politique et volage en amour, mais je n'ai jamais connu personne qui fût plus fidèle en amitié. Si vous saviez tous les services qu'elle m'a rendus ! Et vous a-t-elle raconté ce qu'elle avait fait pour Kahn-Serval quand tout le monde s'en détournait ? Si Christine vous a aimée, ce ne peut être pour vous peiner qu'elle s'est éloignée, c'est pour vous soulager : elle connaissait vos charges de travail, vos obligations de famille ; elle avait abusé de votre temps, de votre bonté ; elle est allée mourir ailleurs... Pourquoi sans un mot ? me demanderez-vous. Je pense, moi, qu'elle vous a écrit, mais que vous n'avez pas reçu sa lettre. Souvenez-vous : au début de l'année dernière, il y a eu une interminable grève des Postes — huit semaines d'affilée. Certes, en mars, le service avait repris, mais n'importe quel directeur du ministère vous expliquera qu'il faut deux ou trois mois pour effacer les conséquences d'une grève de cette ampleur, résorber "l'arriéré". Ajoutons que quelques postiers ont une manière bien à eux de pratiquer le rattrapage : pour aller plus vite ils jettent les vieilles lettres dans le caniveau, ou brûlent quelques sacs postaux ! Bref, au lendemain des grandes grèves des PTT, on voit beaucoup de courrier s'égarer dans les centres de tri... Moi-même, c'est à peine si j'ai reçu alors la moitié de ce qu'on m'avait adressé ! Christine, dont j'ai bien peur qu'elle soit morte désormais, peut-être dans un pays étranger, Christine est partie en vous croyant tout à fait rassurée. » Et, comme Maleville huit mois plus tôt, il m'invita, dans le doute, à conserver mon amitié à « une femme qui, en venant au monde comme en le quittant, aura trouvé si peu de gens pour l'aimer... Elle vivait dans une solitude absolue, vous savez. Absolue. »

Courseul aussi parut content d'apprendre que je travaillais sur la « Sans Pareille ». Son « Double Jeu » ne s'était pas assez vendu pour qu'il craignît la concurrence ; du reste, il comprenait bien que l'optique de nos deux livres n'était pas la même. Sans tout dévoiler, je lui dis que ni les mobiles qui avaient poussé Christine à agir, ni les raisons qui avaient amené son arrestation, n'étaient à ma connaissance ceux qu'on avait mis en avant au procès : « Je n'en suis pas étonné, me dit-il, j'ai toujours senti qu'il y avait dans cette affaire un double fond. D'où le titre de mon roman... Vous a-t-il plu ? »

Je pus l'en assurer sans lui mentir. A son tour, soit reconnaissance, soit civilité, il se montra très excité à l'idée qu'on pût percer le mystère de Christine Valbray : « Quel dommage que je ne sois pas un auteur de romans policiers ! » Pour le reste, il savait peu de chose et se borna à me confirmer, dans les grandes lignes, ce que Christine disait des « dîners littéraires » et des rencontres artistiques du « Belvédère ». Il en profita pour dénigrer un peu Saint-Véran ; vu la situation, cela me parut tout naturel et à peine malveillant — « Entre littérateurs, écrivait déjà Jules Renard, on peut s'aimer tout en se débinant... »

Saint-Véran, lui, me sembla moins enchanté de mon projet. Je profitai d'une « foire aux livres » pour quitter ma table et l'approcher. J'hésitai d'abord à le déranger : il venait de renouer avec une veine populiste en tâtant du style Tanguy, et signait goulûment son dernier ouvrage, encore un roman, « la Course en tête ». En choisissant un titre si provocant (en fait, il avait donné pour cadre à son intrigue le Tour de France et élu pour héros un ancien « maillot jaune »), il avait l'air de viser les premières places du hit-parade — du moins ses confrères l'avaient-ils entendu ainsi ; de là les critiques acerbes qui avaient accueilli l'ouvrage, d'autant plus virulentes qu'on s'ébahissait de le voir publier maintenant tous les dix-huit mois, enchaînant « docudrama », essai, fiction, après une période de stérilité aussi longue et aussi appréciée... En tout cas, il « vendait ».

Quand, profitant d'un temps mort, j'osai enfin l'aborder et solliciter sa coopération pour approfondir mon enquête, il se renfrogna : « Croyez-vous, me demanda-t-il, qu'une biographie exhaustive puisse intéresser le public ? J'ai dit l'essentiel dans mon roman... Quand paraissez-vous ?

— Pas tout de suite. J'ai au moins deux ans de travail devant moi.

— Ah, bon ! » (Soupir de soulagement.) « Parce que "Profil perdu" sort en poche dans trois mois... »

Satisfait d'apprendre que mon livre ne nuirait pas à la dernière édition du sien, il essaya pourtant encore de me dissuader de l'écrire : « Vous comprenez, ce qui passionnait les lecteurs dans "l'affaire Valbray", ce n'est pas Christine, c'est l'espionne, la duplicité. Sa petite enfance, ses amours de jeunesse, ou sa carrière, tout le monde s'en fout !

— Et si, sur l'affaire d'espionnage elle-même, j'avais des révélations à faire ?

— Qui vous renseignerait ?

— Elle.

— Vous la voyez toujours ?

— Bien sûr... »

Du coup, il m'emmena prendre un verre au bar, m'interrogea sur la santé de son ex-maîtresse, m'assura qu'elle n'avait pas toujours été facile à vivre, puis — comme tout auteur qu'on a éloigné cinq minutes de sa dernière couvée et que ses pensées y ramènent malgré lui — il revint sur les critiques injustes que « la Course en tête » venait d'essuyer : « Songez qu'on m'a reproché d'avoir reproduit certaines déclarations du "maillot jaune" de l'an dernier, ou utilisé des interviews du directeur de la course... Mais enfin, Proust emprunte à Saint-Simon, à Madame de Boigne, et à tous ses amis ! Il reprend leurs paroles, sans y changer une virgule ! Et Zola ? Il écrit "l'Assommoir" en piquant des phrases entières dans le rapport Villermé ! Les grands romanciers d'autrefois faisaient un roman comme on fait un nid, volant une herbe ici, ajoutant une brindille là, dérobant une paille au pailler, une plume à la basse-cour, un peu de sa laine au mouton, et mêlant le tout à leur propre duvet pour maçonner plus compact, plus serré, bâtir plus solide et plus grand ! »

Comme il n'avait pas tout à fait tort, je lui donnai entièrement raison. Rayonnant, il se montra de plus en plus courtois, mais toujours, sur le chapitre Valbray, fort décourageant.

— C'était sur le coup qu'il fallait l'écrire, votre bouquin ! Aujourd'hui l'intérêt est retombé, cette histoire sentira le réchauffé...

— Vous, pourtant, vous ressortez « Profil perdu » ?

— Oh, bien sûr ! Et je le vendrai quand même, porté par mes autres titres, par cette « Course en tête » qui vient de paraître... D'ailleurs, j'ai un public. Et puis c'est un roman : j'y parle d'une « Eva », éternelle puisque inventée... Tandis que vous, ma pauvre, vous risquez le flop : « Christine Valbray, qui c'est ? »

Après ces paroles réconfortantes, il essaya d'autres arguments. « Dans cette aventure vous allez perdre votre réputation, distordre votre image d'historienne, à juste titre excellente... Si Christine tient tant à publier ses mémoires, comme la Keeler l'a fait il y a vingt-cinq ans, ne l'en empêchez pas — du reste, ajouta-t-il en riant, avec son caractère vous ne pourriez pas ! —, mais ne vous mêlez pas de ce truc-là ! Vous vous saliriez dans des histoires qui prendront inévitablement des airs de règlements de comptes, et, pour comble, ne se vendront pas ! »

La démonstration ne manquait pas de pertinence... Saint-Véran était-il bon, était-il méchant, auteur de génie ou suiveur habile, homme ou femme ? Quelle était en lui la part de boue, la part de ciel ? Je le quittai sans être fixée, certaine seulement qu'il ne m'aiderait pas.

Au contraire même : quelques jours après notre rencontre, il m'envoya Sovorov, lequel, prétendant être venu de sa propre initiative, m'exposa qu'en mettant au jour les prétendues révélations de la « Sans Pareille », j'allais lier mon nom et mon sort à celui d'un démon (j'ignorais encore s'il parlait de Christine ou de Fervacques).

« Croyez-vous ? » fis-je, décidée à résister tout en restant dans le vague, « je le trouve tout de même très sympathique, ce démon !

— Sympathique ? Mais comment donc ! » lança-t-il en me menaçant de l'index. « Comment donc qu'il est sympathique, le démon ! Ah, je vous crois que le prince des Ténèbres est bon prince ! Il ne sent pas mauvais, il n'a pas les pieds fourchus, oh non, "c'est un ange, ma chère, un ange !" Et avec ça, pas bêcheur pour deux ronds ! Sinon, est-ce qu'il réussirait ? Mais ce que je peux vous garantir, moi qui les ai connus tous les deux de près, c'est que le Fervacques et la Valbray, c'étaient les deux faces d'un même diable, incube et succube : ils faisaient bien la paire ! »

Je ne lui demandai pas de corroborer les propos que Christine lui avait prêtés dans son récit de la fête Dassault-Spear, donnée en 75 au château de Fervacques : le ton prophétique qu'il avait adopté d'emblée, ses obsessions mystiques, son penchant pour la démonologie, tout me garantissait la véracité, ou la vraisemblance, des discours qu'elle lui faisait tenir. En revanche, en le voyant si déchaîné contre « la sorcière », je ne pus me défendre de le taquiner :

— Mais ce démon femelle n'était pas mauvais au point que vous n'espériez le convertir ? Puisque vous lui écriviez dans sa prison...

— Moi, lui écrire ? Jamais !

Il me sembla, sur le moment, voir son nez s'allonger ; puis je me dis que c'était peut-être elle qui mentait...

Quand quelqu'un contredisait ainsi formellement une affirmation de Christine, ou quand je constatais une discordance sensible entre le personnage qu'elle m'avait peint et celui qui se tenait devant moi, je ne savais qui croire : mes yeux, ou mes oreilles ? « Les carnets », ou le démenti qu'on leur infligeait ? Dans un monde où tant d'habiles avaient intérêt à tromper, à quel trompeur se fier ?

Carole par exemple — Madame Alban de Fervacques — me déçut beaucoup. A lire Christine, je m'étais formé d'elle une certaine idée, je la voyais plantureuse et gaie, spontanée, bavarde, méridionale, en tout cas facile d'accès... Etait-ce l'effet de l'ascension sociale ou celui des années, une question de regard ou une affaire d'intimité ? Me suis-je méprise, ou Christine s'était-elle abusée ? Toujours est-il que je me trouvai un soir — au Ritz où elle descendait — devant une femme qui avait peu à voir avec celle dont ma correspondante m'avait parlé : une dame proche de la cinquantaine, encore belle, à peine « enveloppée » (elle devait suivre le régime de la Mayo Clinic), qui portait un tailleur strict et de grosses lunettes, et m'apparut plutôt froide, concrète, presque dure : très Américaine et très femme d'affaires. Pas d'humeur à batifoler ; pas d'humeur, non plus, à se répandre — pendant l'entretien elle regarda plusieurs fois sa montre ; elle avait le geste net, le débit rapide, la hanche précise et la poitrine coupante.

On disait, il est vrai, qu'elle prenait une part croissante dans la gestion de la holding, et qu'Alban, converti depuis sa guérison à la philosophie californienne du « New Age », lui laissait de plus en plus volontiers les rênes du pouvoir, préférant aux arbitrages financiers la poterie transcendantale et la télépathie expérimentale. Dans une grande maison qu'il avait bâtie à Miami, il attendait avec confiance l'an 2000 et « l'Ere du Verseau », pratiquant intensément le « chanelling », une variante moderne du spiritisme qui permettait de faire un brin de causette avec les « entités de l'au-delà ». Il croyait à la réincarnation, à la loi du Karma, tout cela mêlé d'astrologie, de pentecôtisme, de gnose, d'écologie, et entrecoupé de visites à Shirley Maclaine et de lectures de Teilhard de Chardin... Pendant ce temps, Carole-Marie vendait des tanks et des fusils, ouvrait des crédits à de gros planteurs colombiens, commanditait des casinos italiens, lançait à Wall Street des émissions de junk-bonds et patronnait des raiders aux dents longues ; elle venait souvent à Paris demander conseil à son beau-frère, qu'elle associait davantage à ses affaires, et se choisir de jeunes amants qu'elle prenait, disait-

on, comme on prend un vêtement — elle avait des amours de huit jours.

Dès que j'abordai avec elle la question des colis, elle se raidit, et, en deux phrases sèches, m'affirma n'avoir jamais rien adressé à Christine Valbray, ni lettre ni paquet. Depuis que j'avais revu Madame Conan, j'étais mieux préparée à la croire ; la vieille Bretonne m'avait assuré que les colis qu'elle réexpédiait à la prison de Rennes ne venaient pas d'Amérique, mais de Paris :

« Il n'y avait pas de nom d'expéditeur ? avais-je insisté auprès de la brave femme qui commençait à perdre la mémoire.

— Juste des initiales, et puis des numéros, comme pour une société ; en plus, une adresse, des fois dans le quinzième, des fois dans le huitième... Laquelle ? Ça, ma foi, je l'ai pas retenue ! A l'intérieur du paquet, que je devais y défaire tout son emballage pour le réexpédier, ça arrivait aussi que je trouve un bout de mot gentil, pas signé, ou un gros billet pour le dérangement...

— Evidemment, vous n'avez gardé aucun de ces papiers ?

— Ben non...

— Vous ne vous êtes jamais demandé pour qui vous faisiez ce trafic ?

— Cette question ! C'était pour Madame Valbray !

— Non, je veux dire : qui vous chargeait de ce drôle de travail ? Vous ne vous êtes pas méfiée ? Ç'aurait pu être des colis piégés !

— Oh, Madame, qui c'est qui voudrait faire sauter un pauvre prisonnier qui a déjà tant de malheurs ? ! Surtout qu'à Rennes ils ouvrent tous les paquets, ils ont des engins spéciaux pour détecter... Ah, la pauvre dame, on peut dire qu'elle était bien gardée, ça oui, allez ! Mais, à mon idée, ceux qui lui envoyaient ces bonnes "surprises", c'étaient Monsieur Maleville et mon petit Alexandre. Il est si doux, si gentil, cet enfant. Et puis, une maman, même qu'elle est condamnée, ça reste une maman, hein ? »

L'hypothèse de Madame Conan n'était pas absurde. Comme bienfaiteur anonyme, je pensais aussi à Emmanuel Durosier, si attendri par le charme de « la sorcière » ; mais Christine m'avait dit qu'elle trouvait parfois de la lingerie dans le colis, et je pensais que notre ambassadeur au Liban, timide et bien élevé, ne se fût jamais permis pareille familiarité... Malgré tout, je n'avais pas encore rayé Carole de ma liste de donateurs possibles : elle n'avait pas besoin d'envoyer ses cadeaux d'Amérique, puisqu'elle venait souvent à Paris.

Plus que ses dénégations, ce fut son visage hostile, son ton agressif, qui me persuadèrent qu'elle n'avait joué aucun rôle dans cette affaire de colis. Car elle ne mentionnait jamais Christine qu'en la désignant comme « cette personne », et, dès qu'on évoquait son sort, montait sur ses grands chevaux, employait de grands mots, du genre « a trahi notre confiance... failli déshonorer notre famille... » Sa famille ! Bientôt elle dirait : « Bertrand de Fervacques, mon grand-père » ou « Anne-Marie de Normanville, mon aïeule »... C'est tout juste si elle accepta de me répondre sur sa période compiégnoise ; bien sûr, je n'avais fait aucune allusion aux « michetons » et autres « petits Mickeys », pas la moindre non plus à l'Agence Cléopâtre et à ses travaux d'hôtesse. Mais elle ne me parla que brièvement de son premier emploi aux Nouvelles Galeries, de Solange Drouet, de ses débuts dans la décoration, de sa rencontre avec Christine, et des circonstances dans lesquelles elle avait connu Alban ; ces précisions succinctes concordaient néanmoins avec « les carnets ». Quant au reste, je renonçai vite à l'interroger : elle était trop pressée (devant moi, elle répondit deux ou trois fois au téléphone dans un anglais parfait), et me fit remarquer à plusieurs reprises qu'il lui était pénible d'évoquer une femme qui n'avait cessé de la duper, dont l'amitié même lui apparaissait a posteriori comme une fourberie — sentiments que je croyais comprendre pour les avoir éprouvés. « La reine des tricheuses, oui ! conclut-elle. Je ne comprends pas », ajouta-t-elle en me serrant la main d'une poigne énergique, « non, je ne comprends pas comment qu'on peut pigeonner son monde à ce point-là ! » Je faillis lui sauter au cou : ce « pigeonner », et surtout ce « comment que », dont Christine regrettait que son ex-roommate n'eût jamais réussi à l'éliminer de sa syntaxe, me rendaient soudain, sous les lustres du Ritz, l'ancienne « Caro »...

Et, tout à coup, je me demandai si le tailleur strict, les grosses lunettes, l'absence de maquillage, les deux peignes d'écaille qui retenaient simplement les cheveux, enfin tout ce style business-woman et « wondergirl » au cœur sec, n'étaient pas un déguisement... Ils l'étaient sans doute — ce qui ne prouvait pas, pour autant, que « Marie de Fervacques » m'eût bernée en exprimant ses rancœurs et en s'applaudissant d'avoir « coupé les ponts » avec une simula-

trice plus dangereuse qu'elle. Cependant, on ne pouvait exclure non plus que, pour détourner les soupçons et protéger Christine si elle l'avait recueillie, elle m'eût joué ce numéro de la dignité offensée, avec la complicité narquoise de « la disparue »...

Toujours douter, soupçonner la fraude, subodorer l'imposture, et souvent se faire rejeter par des gens auprès desquels Christine Valbray n'était pas la meilleure recommandation... D'Aulnay, par exemple, me reçut comme un chien dans un jeu de quilles.

Je reconnais que je vins le voir à un mauvais moment : ma traque obsessionnelle de la « Sans Pareille » m'avait fait non seulement abandonner les brigands du XIVe siècle, mais perdre de vue les événements politiques contemporains qui se précipitaient : fin 86, les populations massées dans les provinces sur le passage du Président lui criaient « Mitterrand, fous le camp ! » (« rime pauvre », ironisait-il) ; mais fin 87 les mêmes populations l'acclamaient, et les esprits prédisaient, pour mai 88, un retour possible de la gauche et un nouveau changement de majorité. Les solidaristes, qui avaient profité en 86 du succès de la coalition de droite à laquelle ils participaient, venaient enfin de reconstituer, au Sénat et à l'Assemblée, un groupe parlementaire indépendant. Cependant, comme Jacques Chirac, redevenu Premier ministre, continuait de haïr « l'Archange » (qui le lui rendait bien), aucune des têtes pensantes du petit mouvement n'avait été appelée au gouvernement. Ce qui permettait maintenant à d'Aulnay, toujours « drivé » par le jockey de Sainte-Solène, de glisser vers le MRG (qui lui faisait depuis longtemps des appels du pied) et de renouer avec le grand projet centriste du « Mouvement des Démocrates » et de « la Politique autrement », formulé cinq ans auparavant : « sept ans », me répétait Christine lucide, au lendemain de sa libération, « je lui aurai fait perdre sept ans, mais pas une minute de plus ! » Ainsi, tout en votant pour le gouvernement RPR, les solidaristes avançaient-ils de deux ou trois pas en direction des socialistes, de manière à avoir un pied dans chaque camp et à prendre position sur la balance au plus près du fléau, pour basculer in extremis du côté où il pencherait.

Charles de Fervacques, dont les convictions politiques avaient toujours tenu le milieu entre la chèvre et le chou, et qui pouvait se placer partout puisqu'il n'était nulle part, pre-

nait ses marques pour la prochaine course. Les initiés le tenaient pour le politicien le mieux adapté à des majorités fluctuantes ; ses amis le présentaient comme « le leader incontournable » des cinq prochaines années — président du Sénat pour commencer, pourquoi pas ? Le chef de « Progrès et Solidarité » avait déjà été reçu trois fois à l'Elysée...

On conçoit que, dans ces circonstances, l'idée qu'une imbécile pût sortir une biographie de la « Sans Pareille » et réveiller des souvenirs presque effacés ne souriait pas précisément à Fabien d'Aulnay ! Sur ses années de collaboration politique avec Christine, il se montra laconique, évasif, s'étonnant que je puisse m'intéresser à une si vieille histoire, mineure d'ailleurs — « Valbray, c'était du menu fretin, comme Pierre-Charles Pathé ! On a monté l'incident en épingle pour des raisons politiques, alors qu'il y a eu, depuis, des affaires d'espionnage bien plus graves : tenez, vous avez vu l'année dernière, ces cinquante-cinq diplomates expulsés par des Américains ? Vous n'allez pas leur consacrer cinquante-cinq biographies, tout de même ! »

Il ne se détendit un peu que lorsque, abandonnant toute référence à Christine, je lui laissai aborder — en le couvant d'un regard admiratif — les questions de technique politique. Flatté de mon intérêt, il m'expliqua dans le détail comment il menait son petit groupe parlementaire, avec aménité mais sans mollesse. « Un manuel de l'homme d'Etat, un guide du politique, voilà plutôt ce que vous devriez rédiger ! Les hommes de terrain comme moi, les types du métier, finissent par avoir des trucs, des ficelles, si vous voulez... Les connaître aiderait certains débutants à gagner du temps : il faut penser à la relève, après tout ! Place aux jeunes ! Enfin, c'est ce que je proclamais il y a trente ans ! » corrigea-t-il goguenard. « N'empêche, je ne vois pas pourquoi on cacherait nos petits secrets de fabrication : avant d'être une carrière, la politique c'est un artisanat...

— Mieux, lui dis-je, c'est un métier d'art ! »

Il acquiesça, ravi, et me fournit, avec une autosatisfaction sympathique, les grandes lignes de ce « vade-mecum de l'apprenti député » auquel il songeait. Par exemple dans les discussions de groupe, de bureau ou de comité, quand on mettait son propre projet aux voix, il fallait faire voter à main levée (en prétendant que cela gagne du temps) et « les contre d'abord... Ne comptez jamais vos amis, mon petit, obligez vos ennemis à se déclarer. Neuf fois sur dix, vous n'aurez pas à le regretter : quand on parie sur la lâcheté, on gagne toujours ! »

C'était « la voix de son maître » : il n'empruntait pas seulement les inflexions de « l'Archange », mais reproduisait ses expressions, ses pensées. Je doutais qu'il fût lui-même aussi féroce qu'il voulait le paraître, mais pour copier Fervacques il n'hésitait pas à farcir ses lieux communs d'impudents paradoxes sur les promesses qui n'engagent que ceux qui les reçoivent, la nécessité de ne faire du bien qu'à ceux dont on craint du mal, « l'équité de ce qui prospère, l'iniquité de ce qui souffre »...

Réticent au commencement de l'entretien, il me quitta enchanté de lui-même, et assuré d'ailleurs que j'abandonnerai ce projet de biographie où toujours les preuves, les certitudes, me manqueraient.

On m'accueillit mieux à Matignon. C'est peu dire qu'on m'y accueillit : on m'y invita ; une vieille connaissance qui venait d'entrer au cabinet du Premier ministre : Julien Santois... Sous couvert de m'offrir un petit poste à la Direction du Livre, on l'avait chargé de savoir ce que j'avais « dans le ventre ». Et ce qu'il y trouva lui plut :

— Quelle recherche passionnante ! Voulez-vous que je vous mette en contact avec des gens de la DST ?

— C'est en cours...

— Très bien, très bien. Sachez, de toute façon, que nous restons à votre disposition... Dans la conjoncture actuelle, il ne serait pas mauvais que quelqu'un ait le courage de rappeler les soupçons qui pesaient sur Fervacques il n'y a pas si longtemps... L'argent ne devrait pas permettre d'étouffer n'importe quoi, n'est-ce pas ? C'est une question de moralité !

— Je n'ignore pas, en effet, qu'entre « l'Archange » et le Premier ministre ce n'est pas le grand amour !

— Ecoutez, vous me connaissez depuis vingt ans, Françoise : je ne suis pas du genre à épouser systématiquement les querelles de mes patrons...

— Oh non...

— Je n'ai même pas la carte du RPR, c'est dire ! Et j'ai eu autrefois des sympathies...

— Oui.

— Seulement, cet « Archange » est un homme épouvantable ! Regardez comme, depuis que les sondages nous sont moins favorables, il fait le jeu de la gauche. Elu avec nous il

y a un an et demi, il va se faire réélire avec les autres dans six mois.

— C'est trop rapide, en effet... Il aurait fallu deux ans de plus.

— Ici, c'est simple : nous n'appelons plus ce salaud que « manque pas d'R » ! Parce que le grand chef trouve tous les jours un nouveau qualificatif en R à lui coller sur le dos : racoleur, receleur, renégat, roué, ruffian, rapace, renard, requin...

— En somme, il n'y a guère que l'adjectif « résigné » que vous ne puissiez lui appliquer !

Ces plaisantins cherchaient à m'embaucher... Ils n'étaient pas les seuls : à mesure qu'on entendait dire que je menais une véritable enquête sur « l'affaire Valbray », et que la rumeur gagnait les milieux spécialisés, certains me fuyaient, mais d'autres cherchaient à m'approcher. Hoédic par exemple, qui me convia à déjeuner.

— Alors il paraît que tu travailles sur les mémoires de Christine Valbray ?

Ce re-tutoiement me charma : il est vrai qu'il n'était plus ministre. Il n'était même plus député : Fervacques avait réussi à faire repasser à droite la circonscription de Trévennec, qu'Hoédic, toujours porte-parole du Parti, espérait bien reconquérir l'année d'après si les Présidentielles se révélaient favorables à son clan.

— Comment ça se passe avec elle ? insista-t-il. Tu lui sers de nègre ?

— Non. Je ne suis pas un auteur à gros tirages, mais je gagne assez pour ne pas louer ma plume. Madame Valbray me fait des confidences, je les vérifie, c'est tout. Je n'en garderai que ce que je jugerai utile, et dans un livre à la troisième personne naturellement, comme toutes les biographies...

— Tu enregistres ce qu'elle te dit ?

— Elle me le met par écrit.

— Ah, c'est prudent, ça. Sur le plan juridique, souligna l'ancien Garde des Sceaux, admiratif, c'est même très fort. Là, tu es parée. Sinon on pourrait contester, tu risquerais des ennuis, des procès... A propos, elle a dû te raconter les démêlés que j'avais eus il y a seize ans avec son ex-mari ?

— Oui. Quand il servait le « Grand Capital » et toi la Révolution...

— Bon, c'est vieux : maintenant c'est un copain, tu vois. Alors, ça m'embêterait que...

— Bien sûr. Je n'aurai peut-être pas besoin d'en parler.

— Sur Fervacques, en revanche, je peux compléter tes informations ! Il y a sûrement des saloperies qu'elle ignore. Je peux t'en raconter long... Quand tu voudras.

— Merci, Jean. Mais je dois te dire, de toute façon, que mon livre ne sera pas prêt avant les prochaines élections...

Je n'avais pas supporté d'être abusée par Christine Valbray ; mais me laisser suborner par son entourage, enrôler dans les manœuvres des uns ou des autres, manipuler comme un pion sur un échiquier, ne me tentait pas davantage. Je ne méprisais même pas assez Fervacques pour chercher à le piéger, lui faire ce que la presse d'outre-Atlantique avait fait au « présidentiable » Gary Hart, ou à Bork, candidat à la Cour Suprême, dont on avait fouillé les poubelles et inventorié les cassettes vidéo dans l'espérance d'y trouver des titres « porno »...

Plus je m'enfonçais dans la jungle où Christine avait vécu, moins je me sentais à l'aise : tout me fuyait — principes et certitudes... Malgré ce que j'avais prétendu à Hoédic (maintenant je mentais à tout le monde, moi aussi), j'avais résolu de ne pas écrire une vraie biographie : je conserverais dans le livre de larges extraits des « carnets » — dont si peu d'éléments me semblaient vérifiables —, et je me bornerais à les commenter dans les marges, à les resituer dans une perspective plus large, à leur donner l'air qui leur manquait. Mais en étais-je encore capable ?

Si j'avais été agréablement surprise par quelques-uns de ceux que j'avais rencontrés — Maleville ou Durosier —, j'étais déçue par la plupart des autres, que je trouvais semblables à ce que Christine m'en disait, ou pires... Les meilleurs, comme Mattiole, semblaient désespérés. Où puiser la force qu'il m'aurait fallu pour éclaircir le fond du tableau, y peindre un arc-en-ciel ?

Au retour d'une conférence à Montpellier, je fis un détour par l'Aveyron pour me rendre sur la tombe de Laurence de Fervacques ; j'avais envie d'y poser un bouquet et de voir cette statue (une petite fille aux longs cheveux portant une croix) que Christine avait trouvée dans une brocante, et fait placer là-bas parce qu'elle lui rappelait une berceuse que chantait sa grand-mère : « Le petit Jésus allait à l'école, en portant sa croix dessus son épaule... »

Mais la statuette avait disparu. Deux ronds pâles sur le granit moussu montraient qu'on avait aussi enlevé les vasques. Il ne restait qu'une couronne de céramique. Le cimetière n'avait pas de gardien ; j'interrogeai un paysan qui passait : « Ah, ma pauvre dame, faut pas vous étonner ! Y en a qui viennent de la ville, la nuit, pour tout voler : les vases qu'on a oublié de sceller, les corbeilles en fonte, les petits anges, les statues, tout ce qui peut se revendre, quoi ! Encore heureux qu'ils nous laissent nos crucifix : paraît que les croix, ça se vend mal ! Les gens, ils aiment pas trop ça. »

Ainsi la statuette découverte chez un antiquaire, et qui provenait sans doute d'un autre pillage, était retournée dans le circuit...

Le même soir, en rentrant, je trouvai mon deuxième fils couché sur la moquette, en train de manger un yaourt en regardant le journal télévisé ; il ne se précipita pas pour m'embrasser, mais m'annonça d'une voix grave et sans préliminaires : « Je voudrais être juif. »

Il est dur pour une mère de famille de devoir s'engager dans un débat de fond avant d'avoir défait sa valise... Mais je posai mon bagage, m'assis sur le canapé et attendis. « Tu te souviens, reprit-il, de ce que tu nous as raconté sur les religions ? » Depuis deux ou trois ans en effet, je leur lisais parfois la Bible, les emmenais à la messe de temps en temps, les envoyais au catéchisme ; moins par goût du pari que par dégoût de la facilité. « Tu nous as bien dit que les chrétiens pensent que Jésus est venu pour nous sauver ? » reprit mon enfant brun aux yeux sombres ; et à propos des juifs qui, eux, attendent toujours la venue du Sauveur et espèrent « qu'un jour un Messie, enfin quelqu'un de gentil, viendra », il me refit le cours que je lui avais fait : mes enfants adorent m'apprendre ce que je leur ai appris... « Eh bien », conclut-il brusquement en me montrant le poste où les guerres succédaient aux assassinats, et les rapts d'enfants aux massacres d'éléphants, « moi, je suis juif. Parce que tu vois ça, hein : Tu le vois ? Si Dieu est déjà passé, on n'a plus qu'à se suicider, maman ! Moi, je vais lui dire au curé, que je ne crois plus en Jésus, tant pis ! Tant pis si ça l'embête ! Je suis juif, moi : je préfère attendre », dit-il en tournant vers moi son petit visage dur, fermé comme un poing, « j'attends... »

Je trouvais, comme lui, que Dieu, s'il existait, se comportait trop volontiers en monarque constitutionnel — qui règne, mais ne gouverne pas.

Sans doute n'avais-je pas « la grâce » : « Ne cherche pas l'eau, cherche la soif », recommandait je ne sais qui. Pour la soif, j'avais été bien partagée... J'aurais pu faire plus d'efforts certes, tâcher de croire, m'évertuer, y parvenir peut-être, à la rigueur, non sans fatigue ; je me contentais d'aimer Dieu de loin, comme on aimerait un amant indifférent — avec assez de discrétion pour ne pas le déranger, de prudence pour ne pas m'engager... Et puis il y avait des jours, de plus en plus fréquents, où je ne l'aimais pas du tout.

« Ce n'est pas le chemin qui est difficile, c'est la difficulté qui est le chemin » : en ce cas, j'avais choisi la voie royale, car, plus j'avançais à la poursuite de Christine Valbray, plus la pente me semblait rude, la route semée d'embûches, l'entreprise ardue ; je finissais par perdre de vue le but, l'issue.

Je crois bien que, dans la déroute où j'étais, le coup de grâce me fut donné par un des grands patrons de la DST qui avait accepté de répondre à mes questions. Maintenant que les services secrets se dotaient, eux aussi, de relations publiques, un refus prolongé de leur part, ou de simples réticences, auraient paru suspects et contraires au respect des libertés.

Nous avions donc parlé avec franchise. Quand j'avais émis des doutes sur la version de l'arrestation de Christine que le Service avait donnée à son procès, mon interlocuteur, séduisant et disert, me rassura :

« Nous étions sur l'affaire depuis longtemps. Un informateur nous avait, depuis des mois, livré le nom d'Olga Kirchner et un paquet de documents compromettants.

— Des mois, dites-vous ? Il me semble qu'au procès votre directeur a dit "des années" ?

— Des mois, des années... Vous ne voulez tout de même pas que nous vous donnions la date, et le nom de notre indicateur en prime ?

— Mais ce nom, vous le connaissez ?

— Bien entendu.

— Puis-je vous demander s'il s'agit d'un proche d'une des deux femmes ? » Je ne sais pourquoi je songeais à Saint-Véran : les écrivains sont des voyeurs, quelquefois des voyants... « Ou bien si, d'une manière plus classique, vous avez bénéficié des confidences d'un défecteur étranger, un

monsieur du HVA ou du KGB qui serait passé à l'Ouest avec sa petite valise de papiers ?

— Vous pouvez me le demander, mais je ne peux pas vous répondre. »

Bon, tout cela n'infirmait nullement la thèse que Christine avait développée tout au long de ses carnets : puisque mon vis-à-vis restait sur ses positions, opportunément enveloppées d'un épais brouillard, j'abattis mon jeu. Je lui dis à quelle date ses services avaient reçu la lettre qui les informait de la trahison d'Olga Kirchner, d'où l'enveloppe était timbrée et ce qu'elle contenait. Aussi impassible que le premier commissaire que Christine avait affronté (c'était peut-être le même, au fait ?), l'homme de la DST, sans dire ni oui ni non, répondit à mon affirmation par une question :

— Et qui vous a dit cela ?

— Christine Valbray.

C'était ma carte maîtresse, et il ne put, cette fois, dissimuler sa surprise. « Oui, poursuivis-je, votre informateur anonyme — car il était anonyme, n'est-ce pas, et c'est pour cela que vous n'êtes pas pressés de livrer son identité, si secrète que vous l'ignorez ! —, votre informateur anonyme, c'était Madame Valbray, l'espionne elle-même ! », et, assez contente de mon effet, je continuai en démontant la machination mise au point par Christine pour perdre Fervacques et d'autres carnassiers. Je parlai une dizaine de minutes sans qu'il m'interrompît, lui remontrant, point par point, comment leur inculpée s'était jouée d'eux, en les utilisant pour satisfaire une vengeance personnelle.

Quand j'eus terminé, il repoussa un peu sa chaise, déplia ses longues jambes, s'étira, et, confortablement étalé, me regarda avec une commisération appuyée :

— Alors, elle vous a raconté ça ? Et vous l'avez avalé ! Ma chère dame, vous avez été manipulée !

— Et pour quelle raison l'aurais-je été, s'il vous plaît ?

— Pour quelle raison ? Vous ne voyez pas ? Alors répondez-moi : si vous aviez été convaincue que la jeune femme à laquelle vous vous intéressiez avait agi pour un motif médiocre (celui que nous rencontrons le plus souvent chez les agents que nous pinçons : la vénalité, qui, chez Christine Valbray, n'excluait peut-être pas, d'ailleurs, une passion sincère pour le Goulag et les chars soviétiques), si vous aviez pensé qu'elle avait été repérée dans des conditions banales elles aussi — parce que son traitant alcoolique avait com-

mis des imprudences —, vous seriez-vous démenée pour elle comme vous l'avez fait ? Comprenez-moi, je ne doute pas un instant que, naturellement serviable, vous ne vous seriez laissé toucher par la compassion, même dans l'hypothèse où Madame Valbray aurait été une coupable ordinaire : vous lui auriez écrit, rendu des visites... En auriez-vous, toutefois, fait votre amie ? Auriez-vous trouvé en vous-même assez de flamme, d'énergie, de puissance de conviction, pour la sortir du trou plus tôt que prévu ? Seriez-vous allée jusqu'à tout mettre en œuvre, remuer le ciel, la terre et « le Château », comme vous l'avez fait, pour que, condamnée à quinze ans de prison, Christine Valbray n'en fasse même pas sept ?

— Je ne sais pas...

— Nous y voilà ! Madame Valbray vous a joué le personnage le plus propre à vous bouleverser — un procédé courant dans les services de renseignement... Pour réduire sa peine au minimum, sur qui d'autre pouvait-elle agir ? Vous, vous lui tombiez du ciel ! Une juriste pourvue de relations, bien placée politiquement, et remplie de bonne volonté... Quelle bénédiction pour un agent chevronné ! Comment en est-elle arrivée à penser que cette histoire de revanche sociale doublée d'une vengeance amoureuse serait susceptible de vous ébranler, je l'ignore. Vous seule pourriez répondre. Cherchez dans votre propre passé ce qui fait que ce thème, si romanesque, vous trouble. Demandez-vous pourquoi vous préférez « le Rouge et le Noir » à « la Chartreuse de Parme », ou « les Illusions perdues » au « Lys dans la vallée »... Vous voyez que nous lisons un peu, nous aussi, dans les services secrets ! J'ai même parcouru votre dernier ouvrage, « les Amazones de la Fronde », et je l'ai trouvé plein d'intérêt...

— Christine Valbray ne s'est donc jamais dénoncée ?

— Madame, encore une fois, c'est un conte à dormir debout ! Si nous avions su qu'elle vous montait cet énorme « bateau », qu'elle inventait cette histoire d'arrestation suicide, nous vous aurions mise en garde, fourni même, au besoin, quelques preuves de notre honnêteté... Mais vous avez préféré jouer les cachottières, faire sortir des manuscrits par des voies interdites... Avouez que vous en êtes bien punie aujourd'hui ! Nous savons en effet que Madame Valbray n'a pas répondu à votre dévouement comme vous le méritiez, et que, quoi qu'en pense le monde politique, vous avez perdu sa trace... Ne vous le reprochez pas : c'est sans importance, car où qu'elle aille elle est « grillée »...

— Vous savez où elle se trouve ?

— Je vous le répète : c'est sans importance...

Je sortis de cet entretien assommée. Pour la première fois de ma vie, j'entrai dans un bar et commandai un cognac. Je me rappelai ce proverbe d'Olga, que Christine aimait : « Si tu donnes un poil au Diable, il veut toute la barbe. » Etape par étape, je découvrais l'étendue toujours plus vaste de ma déception, le goût toujours plus amer de la trahison ; je n'avais pas, comme je l'avais d'abord supposé, été trompée sur la fin — quand Christine s'était « évadée » de « la Malcôte », ou, quelques mois plus tôt, quand elle avait imité (ou éprouvé ?) les premiers symptômes de la sclérose en plaques ; j'avais été trompée dès le commencement : tout son récit — depuis sa naissance, ses premiers émois, ses premiers engagements — était une fable, un conte bleu destiné à m'amadouer, à me séduire, et à me faire agir au mieux de ses intérêts ! Il y avait de quoi désespérer de toute amitié, de toute pitié, maudire l'humanité...

Par bonheur, le cognac me remit les idées en place. Imaginons que Christine n'ait pas menti, qu'elle ne m'ait pas « manipulée » : alors bien sûr, le dindon de la farce, c'était la DST... Que demain je publie les carnets de la prisonnière, et nos super-flics, à moins de pouvoir donner leur source (que la presse exigerait avec plus de vigueur que le tribunal), apparaîtraient comme des imbéciles qu'on avait manœuvrés. Dans le tapage qui s'ensuivrait, on découvrirait même qu'ils avaient trompé les juges en jurant qu'ils connaissaient leur informateur et surveillaient Olga depuis des années. Car ils avaient bien dit « des années »... Avertis que je détenais la clé de l'énigme, convaincus maintenant de leur imprudence et craignant de passer pour des parjures et des idiots, ils avaient tout intérêt à me persuader que la « Sans Pareille » mentait. Sans doute avais-je bien été « manipulée », mais pas nécessairement autrefois, ni par Christine Valbray : peut-être aujourd'hui et par la DST ?

Ce soir-là, je louai un coffre en banlieue et y transportai tous mes dossiers : un vol est si vite arrivé...

Mais, dans ce monde de tricheurs, ma détermination à poursuivre mon enquête et à la publier fléchissait ; je me perdais dans le dédale de personnages qui m'échappaient ; je frôlais dans l'ombre des supercheries que je ne pouvais ni définir ni déjouer ; je sentais qu'on me faisait marcher, qu'on me bernait, mais je ne savais plus qui, ni quand. Où commen-

çait le montage, où finissait-il ? « Tout le monde ment », nous serinait sur les ondes un chanteur de tubes qu'inspirait le sophisme grec, « tout le monde ment, et même celui qui dit qu'il ment, il ment... »

Il n'y avait plus qu'à attendre ce « jour de vérité » que l'inventeur du chemin de Damas, expert lui aussi en conversions et en retournements, nous avait promis : « Aujourd'hui nous voyons comme dans un miroir, en reflets obscurs, mais un jour nous verrons face à face ; à présent nous ne connaissons qu'imparfaitement, mais un jour nous connaîtrons d'une vision aussi claire que nous sommes nous-mêmes connus. » De ce monde et des hommes, pour l'instant je ne connaissais rien en effet, je ne comprenais rien, je ne voyais rien — pas même « en reflets obscurs ». Avais-je seulement été capable de ramener Christine Valbray ? Non. Elle savait que j'allais utiliser ses carnets, mais elle ne se montrait pas, ne me donnait aucun signe de vie... Peut-être était-elle vraiment morte, après tout ?

« Ne t'occupe plus d'elle, je t'en prie », me suppliait mon mari en me voyant si déprimée. « Elle vole ta vie, ton âme ! Reviens à quelque chose de stable, de sûr, reviens à l'Histoire... »

L'Histoire ? Mais pas plus que l'art pour l'art ou l'amour désintéressé, « l'Histoire pure » n'existait. Il y avait toujours quelqu'un qui l'écrivait, pour un public donné, et dans l'espoir, même inconscient, de transmettre sa vision, son enseignement, bref de « manipuler ». Le passé, comme l'avenir, était affaire d'éclairage. Et les biographies nous en apprenaient moins sur les personnages étudiés que sur les époques où on les avait rédigées : plus que le héros, importait celui qui l'avait choisi ; plus que le temps du sujet, celui de son historiographe ; et plus que la philosophie du personnage, celle que son biographe dégageait des circonstances de sa vie. Jamais une vraie recherche ; des solutions, conformes à nos désirs ; jamais la Vérité : des vérités, éphémères et malléables...

« Peut-être, peut-être, gémissait mon mari, mais tu n'es pas faite pour ce siècle-ci... Bon, tant pis : si le passé te dégoûte aussi, regarde l'actualité, mais plus du côté de Christine Valbray, par pitié ! Il y a d'autres choses à voir, je ne sais pas, moi : le commandant Cousteau, l'abbé Pierre, un sauveur de baleines, un médecin des pauvres... »

L'actualité ? On se trouvait de nouveau dans une période

de remous électoraux — divertissante, en principe ; mais si j'avais compté sur ces transformations de décors, changements de rôles et de costumes pour me consoler de mes récents chagrins, je m'étais fourvoyée : le spectacle des « chrysalides qui avaient, entre deux printemps, dépouillé et revêtu, quitté et repris la peau du légitimiste et du révolutionnaire », de ces « croix passées de la poitrine du chevalier à la queue de cheval, et de la queue de cheval à la poitrine du chevalier », tous ces maquillages de comédie et débarbouillages de théâtre me laissèrent, cette fois, l'âme aussi bariolée que si j'avais moi-même roulé dans la peinture...

Certes, on « ne saurait tenir pour vertu l'obstination à servir de mauvaises causes ou de mauvais maîtres », mais il me semblait, en voyant se contorsionner Dormanges, Santois ou Berton, qu'abjurer une hérésie pour le plaisir d'y retomber quelques mois après, afin de pouvoir bientôt réabjurer, jetait tout de même un doute sur la valeur des conversions. Du reste, si lâcher le parti des vainqueurs requiert plus que du courage — de la témérité ! —, déserter le parti des vaincus ne demande pas d'héroïsme particulier... Sur un tel fond de grenouillages et de reniements, « l'Archange », bien sûr, apparaissait en majesté — de face et « au-dessus du panier ».

Ce come-back de Charles de Fervacques, Philippe me l'avait annoncé trois ans plus tôt sans m'en persuader tout à fait, mais j'étais surprise aujourd'hui de mon incrédulité tant ce retour en première ligne me paraissait aller de soi : avec l'accélération de l'Histoire et la prolifération de l'information, c'eût été merveille qu'un grand scandale pût laisser des traces huit ans après ! Plus personne ne se souvenait maintenant du rôle exact qu'avait joué Fervacques dans un procès lui-même oublié du grand public — sinon de quelques « sources bien informées » qui convenaient, quant à elles, que « " l'affaire Valbray", après tout, ce n'est pas Chappaquidick : personne n'en est mort ! » ou rappelaient que « les photos de Pierrette Le Pen posant nue dans "Play-Boy" n'ont pas fait perdre une seule voix à son mari »... Si par hasard, au détour d'un meeting, un électeur têtu faisait allusion à la malheureuse liaison de « l'Archange », il s'attirait aussitôt cette réplique désinvolte des amis du grand homme : « Bah, que voulez-vous, le démon de midi !... Mais Charles s'est bien rangé depuis. »

« L'Archange » venait, en effet, de pulvériser les indices d'écoute en se produisant avec sa femme et ses enfants dans

l'émission « Comme à la maison » qui montrait les célébrités dans leur intimité : on y avait vu le père de famille faire réciter à sa benjamine — commentaire édifiant à l'appui — une leçon sur Saint Louis, jouer au tennis avec la cadette et caresser tendrement la longue chevelure de l'aînée, Solène, assise à ses pieds. Tout au long de l'émission, il avait, avec bonhomie, dévoilé au public la vie secrète d'un milliardaire — dans le genre « mon existence n'est pas celle du vulgaire, mais mon essence reste humaine ». On avait visité les étalons de son nouveau haras de Chantilly, admiré son bureau Riesener à Paris — « C'est un meuble de famille, s'était excusé Elisabeth de Fervacques avec un sourire contraint, on le trouve toujours un peu encombrant mais on n'ose pas s'en débarrasser » ; on avait tâté l'eau de sa piscine en Bretagne et les reliures de sa bibliothèque en Normandie, mais, comme il l'avait dit lui-même avec un accent de sincérité qui avait touché : « On ne mange pas deux beefsteaks par repas, vous savez ! »

Grâce à Christine et quelques publicitaires, il avait fait d'énormes progrès dans l'art de la communication.

Certes, il vieillissait ; à une jeune journaliste qui osait lui en faire la remarque, il avait répliqué en riant que « c'est bien connu, le pouvoir fatigue... Surtout quand on ne l'a pas ! » Sa blonde chevelure s'argentait, et ses rides d'expressions étaient devenues de vraies rides : comme des vaguelettes de sable restées sur la plage quand la mer s'en va, elles ne se détendaient plus quand son visage se figeait ; mais il se figeait rarement car « l'Archange » arborait en toutes circonstances le doux sourire d'un bodhisattva. Et comme il gardait une silhouette bondissante de sportif qui produisait de loin une aimable impression de juvénilité, il gagnait une fois de plus sur tous les tableaux : les rides rassurantes de l'expérience (indispensables à un éventuel président du Sénat) et l'enthousiasme fringant du jeune homme (nécessaire à un « présidentiable » qui devrait attendre sept ans de plus...). Du reste, pour mettre un terme au débat sur son âge, il reprenait volontiers la formule de François Mauriac, « la jeunesse ne débouche sur rien ! », sous les vifs applaudissements de son électorat mûrissant, gentiment qualifié par lui de « génération inoxydable ».

Bref, comme l'avait écrit au lendemain de « Comme à la maison » une éditorialiste fameuse, réputée pour traduire le point de vue de l'électorat féminin : « Fervacques, c'est l'ex-gendre idéal, ou le veuf rêvé pour un mariage tardif... »

Il n'avait même plus à dissimuler sa fortune personnelle, comme à l'époque de Malou et de ses premières législatives ; les temps avaient changé et, le capital étant fort à la mode, cette fortune demesurée lui conférait une aura exotique d'aristocrate éclairé, d'aventurier méritant — style « la légende de Tarzan » —, celle même qui primait maintenant sur les plateaux de variétés comme dans les émissions littéraires d'actualité : après tout, le chef des solidaristes avait-il commis d'autre péché que de faire, lui aussi, « Contre Bonne fortune » joli cœur ? Mais « on ne consomme pas dix starlettes par nuit, vous savez », et la frugalité conjugale du milliardaire édifiait aujourd'hui les chaumières : « Beau, riche et célèbre : un couple aussi charmant que fitzgéraldien », telle était, à propos de Charles et d'Elisabeth, la légende qui courait sous les photos de magazines où ils apparaissaient en tenue de soirée, surpris au sortir d'un gala de bienfaisance ou d'une première à l'Opéra.

Jusqu'à la mise à l'écart forcée du ministre qui a posteriori se révélait un atout ! Fervacques, que « l'affaire Valbray » avait contraint à prendre ses distances dès 80, pouvait se prévaloir, en effet, de n'avoir été ni vainqueur ni vaincu en 81 ; dans l'opinion des gens, il était « d'avant » — ce qui l'autorisait assurément à être « d'après ». Mais si, comme disait Rivarol, « n'avoir rien fait est un grand mérite », Fervacques était bien décidé à ne pas en abuser et à battre le fer électoral tant qu'il était chaud. « En 88, aucune combinaison politique ne sera possible sans lui », affirmait « le Monde », et, après une conférence de presse très remarquée (un « sans faute » selon ses conseillers, la bienséance ayant empêché les journalistes de rappeler « l'affaire » en présence des trois filles de l'ancien ministre assises au premier rang de la salle), « la Presse » titrait : « Tous les doutes sont levés : Charles de Fervacques est virtuellement candidat à la présidence du Sénat, et, pourquoi pas, à Matignon ? »

Moi-même, en dépit de tout ce que j'avais appris sur lui par les mémoires de Christine, je devenais sensible à sa diction posée, sa limpidité blanc-blond et ses brusques accès de timidité — si l'on avait pu apprendre à rougir, nul doute qu'il l'aurait fait pour donner plus d'humanité à son personnage dans ces instants où son grand regard brun semblait quêter l'approbation du public et le prendre à témoin de sa vulnéra-

bilité... J'avais beau me défendre contre ces séductions de baladin, je me sentais touchée par la grâce de geisha que déployait « le beau Charles » vieillissant ; j'aurais presque pu — au nom de l'esthétique — décider un jour de voter pour « l'Archange », si mon mari ne m'avait accablée de ses quolibets : « Grâce de geisha ? Tu as déjà regardé un chat qui guette une souris ? »

Il avait raison ; à force de vouloir épouser mon siècle pour mieux comprendre Christine Valbray, je commençais à me prendre au piège des apparences : comme ces aphasiques qui déchiffrent avec peine des mots dont ils ne saisissent plus la portée, je lisais ma vie et celle de mes contemporains lettre à lettre, image après image, sans tenter de rétablir, au-delà des signes, un sens qui me fuyait. Je cultivais les formes pour elles-mêmes : j'aurais pu élire Fervacques pour sa virtuosité...

Sans doute, dans les derniers mois de cette vie parisienne et de l'enquête que, cahin-caha, je m'efforçais toujours de faire avancer, me prenait-il encore de loin en loin des révoltes ou des accablements qui me tiraient de cette passivité résignée, de cette déliquescence béate. Mais si je me sentais alors envahie par de violentes bouffées de rage, elles me laissaient ensuite aussi désespérée que ces cancéreux drogués, brusquement réveillés entre deux songes par une douleur qui leur rappelle qu'ils sont perdus, et, comme eux, je n'avais qu'une hâte : replonger.

Un dîner avec Fervacques avait été l'occasion d'un de ces sursauts angoissés, suivi d'une rechute brutale.

Boiseries sombres, cuir havane, kilomètres d'étagères et de reliures foncées : une fois par mois une association discrète, ignorée du grand public et des médias, réunissait là, le temps d'un repas, l'élite du Pouvoir — une poignée de « décideurs » de tous bords, cooptés dans le monde de la politique, des affaires et de l'administration ; deux cents hommes en gris qui dînaient gravement, sous de grands lustres, avec quatre femmes en noir.

En prenant à l'entrée la liste des participants, j'avais vu que j'allais me trouver à la table présidée par Charles de Fervacques ; je ne l'avais jamais rencontré et si, deux ou trois fois, il m'avait fait représenter par d'autres l'étourderie de ma démarche et la vanité de mes entreprises, il ne m'avait ni reçue ni approchée. Aussi me sentis-je intimidée par cette proximité inopinée, qui, je le pressentais, devait peu au hasard : il voulait me parler...

Machinalement, je contrôlai dans les glaces de l'antichambre la bonne tenue de mon brushing et le brillant de mon rouge à lèvres ; j'arrangeai le col de mon chemisier, redressai le buste, tirai sur mon collier et, malgré tous ces soins, je dus constater — une fois de plus — que, moi aussi, je vieillissais. Sans doute n'appartenais-je pas à la « génération inoxydable » car je m'oxydais... Je n'aurais pas, en vérité, attaché à cet enlaidissement une importance excessive si je ne m'étais jugée trahie par le visage et la silhouette que le temps m'imposait. J'avais longtemps cru — parce qu'on me l'avait répété — qu'on prenait en vieillissant la figure qu'on méritait, qu'au fil des années la chair s'élimait comme un tissu usé qui laisse deviner l'âme en transparence, qu'on se déformait par exagération, en caricaturant ses grimaces, en outrant ses faiblesses. Je m'étais donc attendue à me trouver, un jour, la bouche amère et baudelairienne que vaut aux mélancoliques leur hypocondrie, mais — au caractère âpre que je me connaissais, à ce goût du spirituel que j'avais senti croître en moi tout au long de ma vie — je ne doutais pas de gagner en même temps quelques angles saillants, une acuité de traits, une sécheresse d'allure, une hauteur, enfin, qui m'exprimeraient mieux que le velouté de la jeunesse : je serais de ces vieilles maigres et pointues qui ne s'effondrent pas et finissent par casser.

Or, voici qu'au lieu du dessèchement escompté je constatais, depuis quelques années, d'étonnantes bouffissures ; je ramollissais, je m'avachissais, je dégringolais : en un mot je me défaisais comme un soufflé trop cuit, un paquet mal noué. Même les yeux, censés représenter les sentiments et que j'avais eus très grands, rapetissaient alors que — pour autant que j'en fusse consciente — mon cœur n'avait pas rétréci.

Aussi ne pouvais-je m'empêcher de trouver injuste l'image que me renvoyaient les vitrines des grands magasins, les carreaux sales du métro, les glaces des cafés, et les trumeaux du club : une petite dame un peu ronde, au visage empâté de viveuse, aux yeux gonflés et au menton trop lourd pour ne pas faire soupçonner de très terrestres appétits. Avec un physique comme celui-là, pas moyen, en tout cas, de rivaliser avec Christine Valbray, telle qu'elle nous restait connue par les photos prises au temps de sa splendeur ! La Garbo du double jeu nous avait habilement lâchés avant que ses tissus ne la lâchent : « Sans Pareille » dans la mémoire des hommes, elle resterait belle pour l'éternité...

Après avoir échangé quelques propos aimables avec son voisin de gauche (l'une des conventions du club était qu'on n'y faisait jamais de présentations : une liste distribuée avant l'apéritif permettait à chacun d'y découvrir, ou d'y retrouver, le curriculum vitae de ses commensaux et de feindre ensuite la familiarité), Fervacques se pencha vers moi et me demanda sans préambule, comme si nous nous étions toujours connus et à peine perdus de vue, si je préparais « quelque chose de nouveau ».

— Oui, lui dis-je. Et vous ?

C'était une réplique à la Christine Valbray, dont l'insolence m'étonna moi-même. Fervacques, que ma réputation n'y avait pas non plus préparé, parut interloqué ; mais pour me répondre il retrouva vite son registre naturel — ce cynisme bon enfant qu'il n'avait abandonné que pour élargir son électorat :

« Vous vous souvenez de ce que répondait mon arrière-grand-oncle, le duc de Morny, à la charmante personne qui, à la veille du Deux-Décembre, l'interrogeait sur ce qui se préparait ? Non ? Notre historienne donne sa langue au chat ? Eh bien, avec sa franchise coutumière, mon grand-oncle a répondu à la dame qu'il se préparait un grand coup de balai, "mais, rassurez-vous, avait-il ajouté, quoi qu'il advienne je tâcherai de me mettre du côté du manche..." Bon, je vous embête avec mes citations : il paraît que vous ne vous intéressez plus à l'Histoire ?

— Il est vrai qu'en ce moment j'ai laissé tomber les dames du Temps Jadis pour m'intéresser à mes contemporains. Mais c'est encore de l'histoire. A mes yeux, le passé s'arrête hier soir : au présent je ne donne pas plus de vingt-quatre heures.

— Une conception qui nous permet — si je vous comprends bien — de dîner aujourd'hui "off the record" ? Que de confidences nous pourrions nous faire ! » reprit-il en souriant. « Que de choses qui échapperaient aux mémorialistes, aux scribouillards, aux comptables... Ne plus être obligé de peser mes mots, de balancer mes propositions : mon rêve ! »

Je m'agitai un peu sur ma chaise dans l'attente de ce qui allait suivre ; ma serviette glissa par terre ; Fervacques la ramassa, puis remplit obligeamment mon verre. Si je conti-

nuais à puiser ainsi du courage dans le bordeaux, je n'allais pas tarder à mériter le double menton qui m'affligeait : je me contraignis à avaler une rasade d'eau minérale, sans d'ailleurs espérer que les miroirs m'en sauraient gré.

La situation, affrontée sans dopage, avait le mérite de la clarté : l'ancien ministre était peut-être sur des charbons ardents mais il l'était à sa manière, si assurée, souveraine, et dédaigneuse, que je me trouvais de loin la plus gênée des deux.

Jusqu'au moment où nous avions commencé à bavarder, j'avais pu espérer que nous nous entretiendrions de la pluie et du beau temps et ferions, en somme, « comme si de rien n'était » ; en me contraignant d'entrée de jeu à lui parler de mon travail, Fervacques m'avait coupé la retraite : que ferais-je si tout à l'heure il me menaçait d'un procès ? A moins qu'avec humilité il ne me suppliât de renoncer à publier — en invoquant l'avenir de ses enfants ?

Une intervention du publicitaire placé à la gauche du ministre me dispensa provisoirement d'avoir à me prononcer : on interrogeait Fervacques sur la polémique qui s'était engagée entre les partis de l'actuelle majorité à propos du montant de la dette extérieure de la France ; « l'Archange » ramenait la querelle à de justes proportions :

« Vous savez que mon ami Chirac a toujours été un peu brouillé avec les chiffres... D'ordinaire, il a la sagesse d'adopter mes prévisions. Surtout quand je réévalue en hausse le nombre probable de ses députés à l'Assemblée nationale... C'est pour l'instant, je dois le dire, sa principale contribution à la théorie économique ! Et je crois qu'il ne devrait pas pousser au-delà sans s'entourer de conseils : comme il vient malencontreusement de nous le prouver, les équilibres économiques de la France sont plus complexes que les finances de la Ville de Paris... »

J'admirai la manière dont il « savonnait la pente » de celui qui, en théorie, était encore son allié... Puis, il fut question des « noyaux durs » des entreprises privatisées en 86, et de la possibilité qu'elles fussent renationalisées dans six mois : le leader solidariste prononça quelques phrases apaisantes et légères qui ménageaient les diverses « sensibilités ». Après quoi il réussit, je ne sais comment, à parler des vertus paysannes et de l'identité française (peut-être venait-on d'aborder le sujet, épineux, du Code de la Nationalité ?), couplet qu'il contrebalança aussitôt par une mise en garde contre les dangers de la xénophobie et un éloge de la poésie japonaise...

Je ne l'écoutai qu'à moitié : mon attention venait d'être attirée par mon vis-à-vis, un jeune homme qui ne paraissait guère plus de vingt-cinq ans. A l'évidence il ne pouvait s'agir d'un vrai « décideur », membre du club ; c'était sans doute l'un de ces invités épisodiques — designer, acteur ou poète — que le secrétaire général de l'association mêlait, de temps à autre, aux groupes habituels pour en varier les plaisirs, en relever l'intérêt : le grain de poivre sans lequel les plus fortes sauces courraient le risque de rester fades. Mais, ce soir, coincé entre le président d'une grande banque et le titulaire d'une chaire de macro-économie à l'Ecole Polytechnique, le condiment s'ennuyait dans le potage...

Il demeurait silencieux en effet, jetant à droite et à gauche des coups d'œil rapides qui ne ramenaient rien dans leurs filets. On eût dit un jeune sauvage égaré à Roland-Garros et dont l'ample regard, accoutumé à suivre la dérive des albatros et le vol des cormorans, ne parvenait même pas à percevoir les élans rompus de la balle, ses rebonds secs, ses brèves ascensions ; trop de mouvements, inutiles ou brisés, trop de rumeurs, de bruits divers, trop de couleurs mêlées, sur ce court ; notre Iroquois, désemparé, avait fini par se résigner : au-delà des projectiles et des champions, il fixait le vide... Je le trouvai beau. Penché sur son assiette, son ovale enfantin semblait plus pur, la grande mèche d'or qui tombait sur son front, plus pâle, et ses yeux aux éclats presque verts, que l'inclinaison du visage étirait vers les tempes, plus mystérieux ; il avait la peau unie des jeunes filles et une fossette au coin de la bouche. Ce satiné, ce poli, cette douceur lisse et muette, lui donnaient l'air d'un coquillage de nacre ; il ressemblait à mon dernier enfant, si clair lui aussi qu'il ne me paraissait pas vrai. Mais le petit garçon saurait-il garder jusqu'à l'âge d'homme cette pudeur câline, cette candeur fragile, sans apprendre à les imiter ? Comment préserver un charme dont l'ingénuité faisait tout le prix ?

Tandis qu'immobile sous les grands lustres du club je m'abîmais ainsi dans des songeries qui me ramenaient, comme toujours, à la nursery et que, m'efforçant de garder l'air pénétré d'un « décideur » passionné par le tour que prenait l'actualité, je ne pensais qu'à ces enfants dont la vie de Paris m'éloignait, ces trois petits que je n'avais « point encore embrassés d'aujourd'hui », Fervacques à mon côté conti-

nuait à parler d'audiovisuel et de privatisations avec la voix mâle et l'autorité que confèrent aux hommes un titre important, un passé prestigieux, et un brillant avenir de gérontocrate.

C'était ce discours-là — et non pas le silence du jeune inconnu assis à l'autre bout de la table, largué sur l'autre rive du dîner — que Christine Valbray aurait écouté. Amusée, je songeai tout à coup que, bien que par l'âge nous fussions jumelles à quelques mois près, je me trouvais toujours des fils là où, invariablement, elle se cherchait des pères... Antigone, Andromaque.

De part et d'autre du miroir, comme deux morceaux d'un rêve brisé, deux fragments d'une même entité, qu'il ne suffirait pas de réunir pour retrouver l'être premier, deux pièces symétriques d'un puzzle incomplet. Dépouillée de son identité, emmurée dans le passé d'un autre, Antigone se condamnait à une éternelle enfance. Voilée de la tête aux pieds, alourdie de deuils et de responsabilités, perpétuelle exilée, Andromaque se vouait à une vieillesse prématurée. Antigone, Andromaque, la vierge et la veuve — comme les deux extrémités d'une chaîne dont le milieu manquerait...

Fervacques me tira de ma rêverie ; il en avait terminé avec la privatisation de la télévision, et le fait qu'au mépris des conventions il revînt froidement au sujet précédent, au lieu de filer sur un terrain neuf où il eût pu trouver de meilleures occasions de briller, montrait combien, malgré sa nonchalance étudiée, il restait préoccupé : « A propos, chère Madame, vous ne m'avez toujours pas dit quand nous aurions le plaisir de vous lire... »

J'aurais pu le laisser dans l'incertitude ; il me suffisait de me dérober derrière deux ou trois effronteries comme Christine l'eût fait... Cependant, l'émouvante beauté de mon jeune vis-à-vis avait réveillé en moi une tendresse maternelle qui me rendit à mon naturel : avant d'avoir compris ce qui se passait, je me trouvai en train de rassurer le chef des solidaristes.

— A la vérité, Monsieur le Ministre, je crains qu'on ne me lise pas avant un certain temps. J'ai encore plusieurs mois de travail devant moi, sans doute plus d'un an...

Un an pour un homme politique, c'est le bout du monde, la Saint-Jamais. Pour celui-là en tout cas, c'était la certitude de pouvoir franchir sans encombre le cap des prochaines élections... D'ici un an tant de choses se seraient passées que, sincèrement reconnaissant, Charles de Fervacques redoubla d'amabilité.

Nous aurions pu en rester là et rejoindre la conversation des autres, qui circulait entre le futur Disneyland de Marne-la-Vallée et la dernière exposition, « post-moderne », d'Alfonso Vasquez ; avant de m'y mêler, je me demandai, un court instant, comment on pouvait être « post-moderne », mais je me souvins à temps que Coblentz avait organisé, quelques mois plus tôt, un grand débat à Beaubourg sur la « post-Histoire », supposée, si je me rappelais bien, représenter « le basculement de la conscience dans un nouvel espace-temps où l'émergence du parlé dans le discursif, traquant les glissements homologiques à travers les cloisonnements statiques, aboutirait à une dynamique d'infléchissement du sujet ». C'était clair ! Mais pour le cas où l'on n'aurait pas pleinement saisi la portée de son propos, Coblentz précisait, sur les invitations qu'il avait envoyées, qu'« on pourrait, dans les interludes de ce travail en devenir, admirer dans les vitrines du Centre des objets post-historiques de tous les temps » qu'il avait lui-même rassemblés « depuis trois ans ».

Ces « objets post-historiques de tous les temps » m'avaient fait rêver ; je regrettais de n'avoir pas trouvé une heure pour voir l'allure qu'ils avaient ; mais peut-être, en me dérangeant, me serais-je exposée à la même déconvenue que les villageois de mon enfance lorsqu'ils entraient dans la baraque foraine qui leur proposait, les jours de marché, de découvrir, moyennant finance, la « serpent-buffet » ; au lieu du monstre fabuleux qu'ils avaient espéré, ils ne trouvaient, après avoir payé, qu'une grande armoire au fond de laquelle gisait une serpette : la « serpe-en-buffet »... Le rire sardonique, et pré-lacanien, du propriétaire de l'établissement saluait leur désappointement, mais, la honte d'avoir été jouées poussant les victimes à faire partager leur ridicule à de nouvelles dupes, l'escroquerie allait prospérant. Que de théories depuis — dont les plus désenchantés n'étaient pas les propagandistes les moins zélés — m'ont remis en mémoire l'avatar de la « serpent-buffet » !

A propos de « post-modernité », Charles de Fervacques — toujours en veine d'amabilité et qui souhaitait me faire valoir à proportion de l'oubli dans lequel j'avais promis de le laisser — me demanda, pour me donner à mon tour la possibilité d'étaler mes avantages, si j'avais lu la dernière œuvre, « admirable », de Georges Coblentz. J'eus le tort de dire la vérité : que je n'avais pas lu Coblentz et qu'occupée en ce moment à lire « les Confessions » de saint Augustin je remettais le déchiffrage de l'inventeur de la « post-Histoire » à plus tard...

— Saint Augustin, tiens, tiens ? Mais c'est passionnant, ça ! Je suis sûr que vous allez nous en apprendre des choses à son sujet !

Je m'attendais qu'il me conseillât — comme Philippe Valbray quelques années plus tôt — de regarder aussi, tant que j'y étais, du côté de saint Cyprien et de Sidoine Apollinaire : déclin pour déclin, n'est-ce pas, celui des Romains avait au moins le mérite d'être loin... Mais je compris vite que Christine ne m'avait pas menti quand elle m'avait parlé de la « culture à trous » de notre ancien ministre des Affaires étrangères ; à l'évidence, « l'Archange » n'était pas certain que saint Augustin n'eût pas été un épigone de saint Thomas d'Aquin... En tout cas, il avait plus de mal à situer l'évêque d'Hippone dans l'histoire qu'Edgar Faure et Henri Dormanges sur l'échiquier politique — encore que la localisation de ces deux derniers ne fût pas toujours aisée.

Une seconde fois je me crus obligée de l'aider : avec discrétion, je remis les choses au point en m'étonnant tout haut que saint Augustin, « ce citoyen du Bas-Empire, ce contemporain de la chute de Rome et du sac de la ville par les barbares d'Alaric » (je surpris enfin une lueur d'intelligence dans le regard de mon voisin), n'eût aucunement témoigné sur la décadence de la civilisation à laquelle il appartenait ; ses « Confessions » ressemblaient — à la métaphysique près — à n'importe laquelle de nos autobiographies. Un long récit d'amours et d'amitiés, d'ambitions, de voyages, de polémiques et de débauches, où rien — pas même l'inévitable « complexe d'Œdipe » — ne manquait. Comme si, à travers les deuils, les viols et les apostasies, la vie continuait, pareille à ce qu'elle aurait pu être dans les époques de certitude et de tranquillité, comme si le ruban n'était jamais coupé, le fil cassé, comme si aucun signe, aucun bruit, aucune vision n'annonçaient sûrement l'usure et l'imminence de la rupture.

— Mais d'ailleurs, déclara Fervacques très enjoué, pourquoi voulez-vous que les catastrophes publiques aient affecté votre écrivain ? Après tout, il prenait peut-être un certain plaisir à vivre au milieu des débris... C'est délicieux, la décadence, quand on y regarde de près !

— C'est délicieux en effet, fis-je avec un sourire forcé, mais

il faut se dépêcher d'en profiter : ça ne dure jamais longtemps...

Et voici que, sans que j'aie compris moi-même quel mouvement mes paroles avaient déclenché, toute la table se trouva violemment lancée sur la pente du déclin, bousculant les préjugés, choquant les verres et les idées, comme dans ces séances de spiritisme où le guéridon grimpe, dit-on, à l'assaut des murs du salon en dépit des efforts qu'on fait pour le ralentir ou le détourner...

Le banquier, qu'un accident avait réduit à boiter et qui devait sentir quelque consolation à ne promener sa « petite colonne brisée qu'au milieu d'une grande voirie de ruine », assura, d'emblée, qu'il trouvait lui aussi de la grâce — « et même de la force, oui, j'ose le dire, de la force » — aux décombres, que la déchéance, à y bien penser, était le nec plus ultra d'une société, une espèce d'apogée décalé, de zénith écrasé, de sommet inversé. « La défaite, dit-il solennel, c'est ce que l'homme fait de mieux, la grandeur de l'espèce. »

Un conseiller du Premier ministre, que ses fonctions avaient amené à s'interroger sur les causes et les effets de notre affaissement démographique, nous fit savoir qu'il avait été bien content de ne prendre aucune mesure pour enrayer un processus si heureux et que, pour sa part, il renonçait de bon cœur à procréer : il y avait tant de gens sur l'autre rive de la Méditerranée ! Il fallait être « world-conscious », concluait-il plein de gaieté, et savoir s'effacer : « Laissons la place à d'autres... »

« Mais au moins vidons la maison avant de la quitter ! » répliqua en riant le professeur d'économie, jovial. « Avouez que, déclin ou pas, jamais il n'a été aussi facile d'être heureux ! Depuis le début de la crise notre consommation nationale a encore augmenté d'un tiers ! Et regardez les Américains : toute leur économie vit à crédit ! "Y aura que la fin de triste", d'accord, mais pourvu qu'on soit parti avant la fin... Jusque-là, nous, les Européens, n'avons d'autre peine à nous donner que "de tordre et s'avaler" comme disait ma grand-mère ! A condition, bien sûr, qu'on nous foute la paix ! J'espère », précisa-t-il, en se tournant vers le conseiller de Matignon, « que, dans toutes ces histoires de fusées, de petite guerre par étoiles interposées, de "poudrière" moyen-orientale et de "volcan" sud-américain, vous saurez préserver notre neutralité... Moi, en tout cas, pourvu que la politique me laisse digérer, je vous prie de croire que je n'ai pas l'intention

de me priver ! Ah non, par exemple ! Avant le dépôt de bilan, je veux m'en fourrer jusque-là », chantonna-t-il sur l'air de « la Vie parisienne » en accompagnant sa chanson du geste adéquat, « jusque-là ! »

« Il est vrai », reprit rêveusement le publicitaire dont je ne remarquai qu'à cet instant la fine moustache à la Rhett Butler, « qu'il y a au moins autant d'argent à tirer des civilisations qui se défont que des empires qui se bâtissent. »

Fervacques hochait la tête d'un air entendu. Il devait avoir quelques idées « de famille » sur le sujet ; ne disait-on pas que sa nouvelle belle-sœur, Marie, passait partout de merveilleux contrats militaires et des marchés plus discrets, quoique non moins mirifiques, sur la culture du pavot et de cet arbrisseau des Andes, véritable don des cieux, qui procure aux masses laborieuses à la fois l'ombrage et l'oubli : la coca...

Ce ne fut pas, pourtant, l'actionnaire de la « Fervacques and Spear » mais le maire de Sainte-Solène qui prit la parole pour approuver ce que disait l'homme à la moustache :

« Monsieur a raison. Prenez, par exemple, le problème de l'insécurité... Personne ne peut se réjouir que, depuis quelques années, le taux de criminalité ait fait un bond dans ce pays. Vous savez d'ailleurs que rendre toute sa vigueur à la loi est l'un de nos premiers objectifs, à nous, solidaristes ! J'ai, du reste, d'excellentes raisons de croire que l'actuel président de la République est acquis à cette idée... Néanmoins, puisque nous sommes entre nous, il faut remarquer que l'insécurité a favorisé l'apparition de nouveaux marchés extrêmement porteurs. Considérez la prospérité des serruriers, la résurrection des concierges, la multiplication des sociétés de vigiles... Jusqu'aux armureries, qui redeviennent joliment achalandées ! Quelques années de plus, et on sauvait les "Armes et Cycles de Saint-Etienne" ! Bien sûr, je ne dis pas que le développement du gardiennage suffira, à lui seul, à résorber le chômage, mais enfin... »

Fervacques parlait de ces problèmes en connaisseur : la nature particulière de la population de sa commune, après avoir passionné les sociologues, avait fini par intéresser les délinquants. La réponse des Solenais avait d'abord été conforme aux convictions libérales de son maire et purement privée : blindage des portes et verrous cinq points. Mais après l'assassinat de deux ou trois vieilles dames, « l'Archange » avait été obligé de prendre les choses en main : aujourd'hui toute la ville était ceinturée d'un grillage de cinq mètres de haut ; le jour, les voies d'accès à la cité étaient contrôlées par des équipes de vigiles municipaux, accompagnées de chiens policiers ; le soir elles étaient fermées de barrières qu'on ne levait que sur présentation d'un certificat de résidence ; vingt-quatre heures sur vingt-quatre, des projecteurs, si puissants qu'ils ne laissaient dans l'ombre aucun recoin, éclairaient chaque rue ; et, comme dans certaines « gérontopolis » américaines, on envisageait de planter, tous les deux cents mètres, des miradors qui permettraient aux sentinelles postées au sommet de plonger leur regard dans les bosquets, ou de surveiller la mer, libre et donc dangereuse. Le temps viendrait, je l'aurais parié, où la grande plage elle-même serait gardée par des patrouilles d'hommes-grenouilles, et les petites criques semées de frises de barbelés destinées à empêcher un débarquement inopiné de cambrioleurs plaisanciers...

Certes, un tel luxe de protection coûtait cher : les impôts locaux avaient beaucoup augmenté ; malgré cela, un nombre croissant de personnes âgées cherchaient à s'installer dans la cité, réputée maintenant « la ville la plus sûre de France ».

Fervacques, qui avait compris le parti qu'il pouvait tirer de ce changement d'image, venait de confier à une nouvelle agence de publicité le soin de promouvoir sa station : les placards qu'il faisait insérer dans les journaux ne vantaient plus le micro-climat ni la beauté des sites — beauté d'ailleurs fort entamée par ce déploiement de fils de fer, de barreaux, de pièges à feu et de tessons de bouteilles. Sous le titre « le Troisième Age dans la joie », les encarts-couleurs montraient des photographies de jeunes retraités jouant au golf à l'ombre des postes de guet, des policiers « sympas » qui posaient le revolver sur la table pour partager la partie de cartes, et des bergers allemands portant dans leur large gueule le cabas des grands-mères fatiguées...

Ce renforcement de la sécurité, s'il avait encore accru la popularité de la station auprès de la clientèle à laquelle elle était destinée et, par voie de conséquence, celle de l'ancien ministre auprès de ses administrés, avait eu, en outre d'excellentes retombées économiques sur l'ensemble de la région ; une proportion croissante des valides d'Armezer et de Trévennec étant occupée à garder les invalides de Sainte-Solène, l'arrondissement de la Côte des Fées avait provisoirement retrouvé une situation de plein emploi...

Au club des « décideurs », ce soir-là, les convives, tous au fait de l'exploit réalisé par le gestionnaire municipal, firent fête aux propos du futur président du Sénat. On se félicita à qui mieux mieux de la douceur du déclin, on glosa sur les agréments de l'arrière-saison et les avantages d'un automne qui, après tout, était aussi le temps des fruits... Jamais les jours n'avaient été plus tièdes qu'en septembre, les couleurs plus riches qu'en octobre. Qui sait d'ailleurs si, ayant bien joui de ces fins d'après-midi paresseuses, de ces couchers de soleil alanguis, et du parfum de confiture qu'exhalent au crépuscule les fruits trop mûrs, nous ne pourrions quand même pas — grâce au « confort thermorégulé » et au progrès des systèmes d'alarme — réussir à passer la nuit ?

Tel le cerveau d'un mourant, l'assemblée des dîneurs sécrétait des endorphines, ces hormones de l'agonie qui rendent insensible le passage de la vie au trépas en l'accompagnant d'une intense, et mensongère, sensation de chaleur et de lumière...

Fervacques, par son attitude, ne contribuait pas peu à cette exaspération des optimismes, à cette exaltation des lendemains qui déchantent : constamment rassurant, il arrêtait d'un mot, d'une anecdote, d'un trait d'esprit, toute velléité d'interrogation, toute ébauche d'objection.

« Pourquoi nous mettre en peine de l'avenir ? Pour moi, quand je vois quels progrès notre société a faits sur tous les plans depuis cent ans, je suis parfaitement confiant », assurait-il, tout sourire, au banquier — lequel, voyant s'enfuir les bonheurs de l'apocalypse promise, semblait, par son expression douloureuse, supplier qu'on rapprochât de lui ce calice. « Même la révolution, nous parvenons aujourd'hui à la faire à l'économie. N'est-ce pas, cher ami ? » demanda-t-il, ironique, en se tournant vers le publicitaire qui avait eu son heure de gauchisme. « Dix mille morts pendant la Commune, et pas un seul en 68 : je trouve cela admirable, vraiment. Depuis quelques décennies du reste, l'homo occidentalis ne cesse de s'améliorer. Prenez, par exemple, l'hypocrisie... L'hypocrisie a disparu de nos sociétés. Nous sommes parvenus à une franchise totale, aussi bien dans le couple que dans les rapports parents-enfants. Même nos chefs d'entreprise ont compris qu'il n'était plus nécessaire de cacher leurs profits comme des maladies honteuses.

— C'est vrai, lui fis-je remarquer à mi-voix, mais si l'hypocrisie est "un hommage que le vice rend à la vertu", il se pourrait qu'il n'y eût plus d'hypocrisie parce qu'il n'y a plus de vertu... »

Fervacques rit, et me dit qu'il me laissait la responsabilité de ce mot de « vertu » qu'on n'était pas surpris de trouver dans la bouche d'une personne que son métier d'historienne contraignait à cultiver les archaïsmes...

J'aurais souhaité qu'on changeât de conversation mais, malgré tous mes efforts pour amener d'autres sujets, je dus me rendre à l'évidence : contrairement à ce que j'avais d'abord supposé, ce n'était pas moi qui avais — en parlant de saint Augustin — fourni l'occasion de cet échange d'auto-satisfactions ; l'évocation de l'évêque d'Hippone n'avait exercé qu'une attraction limitée sur la nature de la discussion ; ce soir, le vrai médium, celui que les perspectives funèbres réjouissaient et poussaient à transformer chaque grimace en sourire et chaque sourire en rictus, chaque vivant en cadavre et chaque cadavre en zombie, c'était Charles de Fervacques qui — de visions idylliques en critiques lénifiantes, de promesses lointaines en proches tentations —, raillant, argumentant et bouffonnant avec un entrain endiablé, menait allégrement la table sur la pente des fatalités.

De peur d'être obligée d'en dire trop si je laissais libre cours à mes indignations, je pris le parti de me taire. Du reste, je n'étais pas sûre que mon embonpoint naissant s'assortît bien à ma colère : il y a quelque chose de dérisoire dans le spectacle d'une personne d'apparence repue qui s'agite pour des idées... Ajoutons qu'un esprit logique aurait trouvé paradoxale la hiérarchie de mes appréhensions : j'étais née l'année où avait explosé la première bombe atomique, j'avais toujours vécu sous sa menace ; pourtant le péril nucléaire ne m'inquiétait guère. Qu'incapables de créer de la matière nous eussions mis toute notre énergie à découvrir le moyen de la détruire, et que la dissociation d'un seul atome, infime négation de la vie, minuscule inversion du processus de la création, suffît à nous ouvrir toutes grandes les portes de la Mort, voilà qui, à considérer les choses en philosophe, me semblait satisfaisant ! Ensuite, si l'homme, en disparaissant de l'univers, ne laissait que le Tout ou le Rien, c'était encore deux entités plus vastes qu'il n'avait lui-même été : la perfection de l'anéantissement pouvait nous consoler de sa proximité...

Curieusement, l'écroulement des sociétés m'attristait davantage. J'aurais voulu faire remarquer qu'il était rare qu'une civilisation fatiguée eût cédé la place à une culture plus avancée et que des peuples affaiblis se fussent effacés devant des peuples bienveillants : dans un premier temps, ce n'était jamais pour le mieux qu'une société s'effondrait... Ne jugeant pas, d'ailleurs, que nos nations d'Europe aient démérité de l'humanité au point de devoir en être écartées, je regrettais — pour l'harmonie des cultures et la polyphonie des mondes — la voix qui peu à peu s'éteignait, cette voix ample et sévère, unique dans ses imperfections mêmes, et dont j'avais peine à croire qu'elle n'eût pas encore quelque chose à nous chanter...

Un vieux journaliste, qu'on m'avait longtemps donné pour un « compagnon de route » du PC, m'ôta cette illusion. Fatigué de « post-modernité » et tout dolent des regrets du passé, il se tourna vers moi et me confessa qu'en dépit de ce qu'il savait maintenant des exactions de Staline il ne pouvait s'empêcher de regretter la simplicité bonasse des années cinquante : « Autrefois, voyez-vous, on était plus altruiste. Assez, en tout cas, pour penser que, si les autres ne partageaient pas vos idées, ce n'était pas par perversion mais par manque d'instruction. On tâchait de les éclairer, de les rééduquer. Bon, de cette utopie sont nées d'affreuses déviations, je vous l'accorde. Mais il y avait dans cette démarche, dans cette attention vigilante portée à l'autre, une forme réelle de bonté. Et même — jusque dans le stalinisme — une sorte de... oui, de tendresse. Les jeunes comme vous » (ce « comme vous » me flatta) « ont peut-être du mal à l'imaginer, mais il y avait une tendresse authentique dans le stalinisme. Une chaleur, une pitié sans lesquelles il devient dur d'exister... » Et au souvenir de cet âge d'or ses yeux s'embuèrent.

Fervacques, qui l'avait entendu, ricana : « "Cependant qu'une voix crie au monde confus : Pan, le grand Pan est mort, et les dieux ne sont plus !" Guillaume Apollinaire, je cite mes sources... Eh oui, le dieu Staline est mort. Nous ne le regretterons pas : c'était une contrefaçon ! Et les originaux ont du plomb dans l'aile ? Tant pis ! Nous apprendrons à vivre sans parapluie. Rien au-dessus, et un jour, pfuit, rien en dessous non plus. Libres comme l'air ! Plus d'idoles, plus d'ancêtres, plus d'enfants. Rien devant, rien derrière. Vous n'allez pas me dire, Messieurs, que cette liberté vous effraie ? »

Non, elle ne les effrayait pas ; au contraire, ils s'en réjouissaient ; ce soir tout leur faisait plaisir — passé d'amnésiques, avenir de condamnés : bercés par la sirène qu'on avait placée à mon côté, ils entr'oubliaient leurs faillites, applaudis-

saient leurs échecs, et se chantaient l'Histoire comme des marins en bordée se chantent des chansons à boire...

Dans l'impatience où m'avaient jetée l'intervention du vieux stalinien, puis l'apostrophe de « l'Archange », je croisai et décroisai nerveusement les jambes, et, pour la seconde fois, ma serviette glissa sur le parquet. Pour la seconde fois aussi, Fervacques se pencha et, en me rendant l'objet, il me glissa de manière à n'être entendu que de moi : « Tous des cons, n'est-ce pas ? Et le stalinien, c'est le pompon ! Voulez-vous que je pousse encore ces guignols pour qu'on s'amuse franchement ? » Il eut un large sourire et, toujours entre ses dents : « Oh, je sais ce que vous pensez : qu'à part Apollinaire je suis ignare. Saint Augustin, je sais, je sais, poursuivit-il, les saints ne sont pas "ma tasse de thé" ! D'ailleurs, il faut vivre avec son temps. L'éternel lamento sur la dégénérescence des mœurs, ça me rase, moi ! Parce que la sénescence, la mort, j'adore ! Et puis, on exagère, on exagère beaucoup : même chez Platon, on doit déjà pouvoir trouver quelques couplets bien sentis sur les éboulis, les fissures, l'imminence du désastre !

— Et alors ? Platon se trompait ? Pensez-vous que la civilisation grecque n'ait pas disparu ?

— Bon, bon, tout ignorant que je sois, je suis moins bête que vous ne croyez...

— C'est ce qu'on a déjà essayé de m'expliquer.

— Ah... Remarquez que, d'un autre côté, et sur un plan, comment dire, plus général, vous n'êtes pas non plus forcée de croire tout ce qu'on vous a raconté...

— En ce qui vous concerne, j'ai le sentiment qu'on ne m'a pas trompée... Mais dites-moi, Monsieur le Ministre, pourquoi faites-vous tout ça ? » lui demandai-je en désignant du menton la tablée déchaînée, saoule d'abdications, dégoulinante de complaisance, ivre de sa propre abjection.

Il posa légèrement la main sur mon bras, en homme sincère qui s'apprête à aller jusqu'au bout de sa pensée : « Parce qu'au fond, chère Madame, j'aime le gâchis... »

La première chose dont je me persuadai en considérant l'état de mon âme après ce dîner avec Fervacques et ses amis, c'est que mon mari avait raison : la fréquentation trop rapprochée de mon propre siècle ne me réussissait pas.

Aussi, reprenant l'ouvrage interrompu dix-huit mois plus

tôt, tentai-je de me replonger dans les calamités du XIVe *siècle : elles me reposeraient des petits malheurs du mien. A condition de ne pas demander à l'Histoire plus qu'elle ne pouvait donner, et d'y chercher l'exotisme plutôt que la vérité, la guerre de Cent Ans, les Grandes Compagnies, les rats pesteux et les bubons noircis dépaysaient si plaisamment un Parisien d'aujourd'hui que je repris goût à la vie.*

M'immergeant aussi résolument dans le passé qu'autrefois dans ces noyades, qui, remplissant mes parents d'effroi, me remplissaient de joie, je n'avais plus — comme alors au fond des eaux — d'oreilles que pour des cris étouffés, d'yeux que pour des couleurs décolorées, des chairs décomposées, passions mortes depuis si longtemps qu'elles ne pouvaient plus me blesser. Comme alors, je trouvais de l'apaisement à cesser, pendant quelque temps, d'être à moi-même cette « terre de difficultés et d'excessives sueurs » dont le resserrement et l'aridité m'avaient attristée sitôt que j'avais su marcher. L'Histoire, comme l'eau, m'emportait ; elle me portait, et la recherche me faisait éprouver toutes les facilités de l'apesanteur...

J'avais abandonné mon soudard pour ne me consacrer qu'à la peste ; à la suite de ma série d'articles sur « les grandes peurs de "la maladie noire" », un éditeur, s'avisant que le sujet n'était pas souvent traité, m'avait suggéré de lui donner sur ce thème un ouvrage d'ensemble. Passant mes journées sous la grande verrière de la Bibliothèque nationale, je me penchais sur des livres jaunis, des destins abolis qu'éclairaient avec parcimonie des abat-jour verts. Le silence avait des épaisseurs de monastère ; on n'entendait que le murmure froissé des feuillets et la toux sèche des emphysémateux. Ce recueillement, plus proche du sommeil que de l'extase, n'était rompu que deux fois le jour — à seize heures, puis à dix-neuf heures trente — par le tintement grêle d'une cloche qui appelait, dans un premier temps, les lecteurs à limiter leurs appétits en renonçant aux ouvrages qu'on ne leur avait pas encore communiqués, puis, les ayant accoutumés à borner leurs espérances, leur enjoignait, dans un second temps, d'évacuer le Paradis par la rue de Richelieu...

Cet apprentissage progressif du dépouillement m'aidait, croyais-je, à accepter les frustrations en vraie grandeur que la vie m'imposait — d'autant que la leçon m'était donnée avec douceur, et dans un cadre où je trouvais, à la fois, la tranquillité qu'on espère des lieux écartés et l'occasion de m'en évader autant que je le voulais en empruntant l'âme des autres ; j'éprouvais, dans ces murs, les plaisirs contradictoires du risque et de la clôture, du couvent et de l'imposture — ceux mêmes que j'avais toujours cherchés dans l'écriture.

La fréquentation des vieux livres me permettait aussi de me persuader que, même si l'Histoire ne se répétait jamais tout à fait, « le vent qui se dirige au sud, et tourne vers le nord avant de tourner encore, finira par reprendre le même chemin »...

Ainsi parvenais-je à apprivoiser mes angoisses quand, remontant au XIIe *siècle, je tombais par exemple sur des pages consacrées au « Vieux de la Montagne » : « Quand le Vieux chevauchait », écrivait un moine disparu depuis huit cents ans, « il avait un crieur devant lui qui hurlait : "Otez-vous de devant celui qui porte la mort entre ses mains..." » Ce vieux chef d'une secte chiite entretenait autour de lui des jeunes gens « enlevés tout enfants et initiés à une doctrine secrète », dont il faisait des « hommes-poignards » qu'il dirigeait à sa volonté et nommait « ses dévoués ». De temps à autre, un sultan, un émir, un roi, coupables d'avoir déplu au Vieux, tombaient sous les coups des « dévoués », heureux de se laisser prendre et torturer sur l'ordre du cheikh El-Djebel...*

Cependant, m'apprenait un vieux franciscain débusqué au hasard d'un autre grimoire, dès le milieu du XIIIe *siècle le pouvoir du « Maître des Assassins » et de ses successeurs faiblissait : « La terreur qu'ils avaient fait régner, quelque cent cinquante ans auparavant, au travers de leurs "fidawis" commençait à diminuer. »*

Sous la coupole verdâtre de la Bibliothèque, les voyageurs de l'Histoire m'étaient d'un grand soutien ; les monstres ne semblaient plus si monstrueux lorsqu'ils avaient été précédés, et leur empire cessait de paraître redoutable quand on espérait pouvoir s'en défaire par cent cinquante ans de longanimité : il suffisait de prendre le crime en patience...

Protégée par les murs de la salle de lecture, et penchée sur des livres où le passé ressemblait aux légendes dont on berce les enfants, avec leurs ogres, leurs princes et leurs fées, je me sentais plutôt encline à relativiser, je reprenais confiance.

Mais, sitôt qu'en sortant je retrouvais l'air du temps, je doutais que le sang froid de nos sages vînt à bout des maux du siècle et des dernières incarnations du « Maître » : la kalachnikoff et le Semtex avaient remplacé le poignard ; et les forfaits dont le XIIe *siècle bornait la connaissance aux rois et aux chancelleries étaient maintenant jetés à la face de millions de spectateurs désarmés. En projetant à l'heure des repas les films tournés par les bourreaux, nous invitions les assassins à nos tables ; les larmes des victimes mouillaient nos torchons, les éclats des bombes criblaient nos rôtis, le sang débordait des verres et des pichets ; aujourd'hui qu'en posant un revolver sur la tempe d'un seul on pouvait prendre en otage toute une nation, il eût fallu au dernier des citoyens la force d'âme d'un grand souverain, et que nous fussions capables de rester d'autant plus maîtres de nous que nous l'étions chaque jour moins de l'univers : c'était beaucoup demander...*

Moi-même, je doutais de trouver ailleurs que dans la fuite et l'oubli la constance féroce que ce siècle exigeait ; j'eus, peu de temps après, la confirmation que je ne m'étais pas surestimée.

Je venais de passer une agréable journée en compagnie des pestiférés d'Avignon et m'étais divertie au récit des forfaits des brigands « Tard-Venus » — pendaisons, chauffements de pieds, égorgements —, francs et vulgaires jusqu'au comique quand on les considère avec cette supériorité dans le meurtre que donne le progrès. Après la fermeture de la Bibliothèque, je remontai la rue de Richelieu jusqu'au boulevard des Italiens et m'apprêtais à suivre mon chemin jusqu'à l'Opéra (dans l'espérance, illusoire, de rencontrer un taxi) lorsque — en arrivant à l'angle de la rue Halévy — je vis, du côté du boulevard Haussmann, un grand rassemblement et une vive agitation. Des cars de police barraient les rues, des voitures de pompiers et des ambulances du SAMU tentaient, à coups de sirènes et de gyrophares, de se frayer un chemin au milieu des automobiles paralysées, et des badauds — qu'une compagnie de gardes mobiles, le mousqueton à l'épaule, essayait vainement d'obliger à circuler — s'attroupaient sur les trottoirs de la rue des Mathurins, le nez en l'air. Je voulus rejoindre le métro, mais on ne laissait aucun piéton emprunter le boulevard Haussmann, embouteillé à perte de vue par des automobilistes furieux. Une vieille dame que j'interrogeais me dit qu'on ne savait pas très bien ce qui se passait mais que, d'après ce qu'elle avait entendu dire, « ce serait les grands magasins qui brûleraient »...

Je finis par redescendre — toujours à pied — jusqu'au Palais-Royal, un peu troublée, vaguement intriguée ; le lendemain un reste de curiosité me poussa à allumer la télévision. J'appris que le gigantesque engorgement auquel j'avais assisté la veille était provoqué par une accumulation de cadavres imprévus, dont l'évacuation avait perturbé le bon écoulement de notre circulation : un bouchon dans nos artères, une cochonnerie dans nos tuyaux — une demi-douzaine de corps au « Printemps » et aux « Galeries », déchiquetés par l'explosion de deux bombes subtilement placées, en ce mercredi, jour de congé des écoliers, au rayon des jouets. Le même jour — manque de chance — un autre engin avait réduit en charpie un wagon du Bordeaux-Paris ; des valises crevées répandaient leurs entrailles sur le sol ; celles des hommes, on les avait enlevées, mais la caméra s'attardait avec complaisance sur leurs déchets : gros plan sur une mare de sang, au milieu de laquelle gisait un sac de plastique où l'on pouvait lire encore le traditionnel « Joyeuses Pâques ».

Ces attentats n'ayant pas encore été revendiqués, on ignorait si « le Vieux de la Montagne » était dans le coup, ou si c'étaient des Libyens, des Corses, des Arméniens, des Caraïbes, des Libanais, ou un Strasbourgeois souhaitant rattacher l'Alsace à l'Allemagne, un Poitevin qui voulait voir Poitiers restitué aux Anglais, un Niçois qui rêvait de rendre Nice aux Piémontais... Mais, déjà, de toute façon, nos politiques, se succédant sur l'écran, nous expliquaient qu'il n'y avait pas lieu de s'inquiéter et qu'il fallait « en tout état de cause » — grave hochement de tête — « raison garder » : ils semblaient persuadés qu'en inversant ainsi l'ordre du verbe et du complément, « à l'ancienne », ils exprimaient une pensée romaine...

Quand on a remis le doigt dans l'engrenage de l'actualité, il devient difficile de ne pas y passer tout entier : je sortis acheter le journal pour voir quelles suppositions faisaient les esprits éclairés. Je tombai, en première page du « Monde », sur un grand article de Catherine Darc : après avoir envisagé, et exclu, toutes les hypothèses internationales, elle concluait, sur le mode prêcheur qu'elle avait adopté en vieillissant, qu'il s'agissait probablement « d'un de ces actes de désespoir meurtrier commis par ceux qui ne supportent plus l'agressif étalage de richesses offert en concentré par des magasins et des moyens de transport trop luxueux, devenus les symboles de nos sociétés occidentales. On ne peut exclure que Paris, comme d'autres villes d'Europe à l'opulence très exposée, ait, après les suicides des nuits de Noël et les dépressions nerveuses du Premier Janvier, connu ce mercredi, boulevard Haussmann et dans "l'Aquitaine" (train à supplément), les attentats de la solitude et de la misère ».

Grâce à Catherine Darc, le travail de la police était aux trois quarts fait ; il n'y avait pas à chercher les criminels bien loin : les coupables, c'étaient les victimes. Indiscutablement, il y avait de la provocation à aller chercher avec son enfant un ours au rayon des jouets, et que dire de la cruauté — « implicite », « intrinsèque » — que révélait l'usage du train ou du métro quand tant de peuples vont à pied ! La mort, pour prix d'une agression aussi délibérée, c'était encore peu payer ; quant au justicier, qui avait hésité entre le suicide et la dépression nerveuse avant de se résoudre, le cœur en berne, à massacrer les bambins qui passaient, il nous faisait justement pitié. Dommage que ce malheureux n'eût pas laissé son adresse : Madame Darc se fût précipitée pour le consoler...

Aussi — comme beaucoup d'admirateurs de la grande journaliste — éprouvai-je un profond chagrin à voir cette analyse, si courageuse et si brillante, démentie dès le lendemain par les faits : « le Vieux » avait revendiqué son crime ; mais il n'y eut pas dans « le Monde » d'autres articles de Catherine Darc pour faire part au public des nouvelles réflexions que l'événement lui inspirait ; elle regardait la vérité avec mépris, comme un génie regarde une niaiserie.

Ce furent les malheurs du XIVe siècle qui me fournirent un prétexte pour m'éloigner : les meilleures études sur la Grande Peste avaient été faites à partir des archives municipales d'Orvieto en Italie, et je savais qu'il y avait encore à la bibliothèque de Padoue et dans certaines archives privées de la cité des Doges des manuscrits inédits sur les villages de Vénétie — quatre ou cinq semaines de recherches en perspective pendant lesquelles, échappant à l'époque où le hasard m'avait placée, je me soustrairais à mon propre destin.

Je pris mes enfants sous mon bras ; il ne leur restait que trois mois d'école et je pouvais leur servir de professeur ; d'ailleurs, nous visiterions au passage Florence et Rome qui valaient bien une leçon de littérature ; pour les « divisions euclidiennes » et les « diagrammes sagittaux », ce serait peut-être plus difficile, mais la politique italienne offrait tout de même d'assez bonnes illustrations des « sous-ensembles vides », « relations d'équivalence » et autres « partitions » de classe et « classes de partitions »...

A la gare, le jour du départ, nous eûmes de la peine à nous frayer un chemin au milieu des CRS et des gendarmes mobiles : il y avait eu un attentat la veille, ou on en attendait un pour le lendemain, je ne sais plus — quoi qu'il en fût, on jugeait prudent de montrer les dents.

A Rome, j'errai autour du Farnèse : maintenant, c'était moins l'ambassade que j'aurais aimé voir que l'ambassadeur.

En 86, le Premier ministre avait, en effet, nommé à ce poste de prestige un jeune politique de grand avenir : Nicolas Zaffini. J'admettais qu'il était temps pour Zaffi de se ranger : malgré ses boucles et son vocabulaire « branché », il approchait des cinquante ans et tournait à l'adolescent andropausé. L'aide qu'il avait apportée à la nouvelle coalition gouvernementale lui avait fourni l'occasion de ce tournant décisif ; mais le plus étonnant, c'était qu'il eût pris ce virage sans paraître renier ses convictions. Zaffi, en effet, ne changeait jamais de parti : il changeait son parti. Ses « Verts », cornaqués avec fermeté de congrès en congrès et d'évictions en exclusions, étaient passés du ton « épinard » à la douce teinte « amande » sans, pour autant, cesser de se réclamer de la verdure : seul le Vert était grand, et Zaffini était son prophète...

J'essayais d'imaginer l'ancien communiste d'Evreuil dans le palais des Cardinaux, commandant humblement la troupe des quinze valets et posant modestement une fesse contestataire sur un fauteuil Louis XIV. Pour le surplus, le compagnon d'enfance de Christine Valbray n'était sans doute pas plus mauvais diplomate qu'un autre, et lui, au moins, parlait l'italien...

Pour distraire mes enfants, que mes contacts avec l'attaché culturel n'amusaient guère, je voulus les emmener jouer sur la plage d'Ostie. J'avais gardé un souvenir délicieux de l'Ostia Antica, qui sentait la menthe sauvage et la noisette... Par malchance, l'Ostie moderne, elle, tenait le milieu entre le bidonville et le camp de réfugiés : une autoroute longeait le front de mer occupé par des cabanes en béton — barbelés, tôle ondulée, douches collectives, snack-bars déserts ou fermés. La plage, de sable noir, était inaccessible, et les flots gris n'apparaissaient qu'au bout d'étroits couloirs ménagés entre les cabines « en dur » et les restaurants — le Beach, le Sporting — aux volets tirés et cadenassés. Des voitures, pleines de garçons en blouson de cuir, passaient, repassaient, traînaient, attendaient... Je me souvins que c'était à Ostie que Pasolini avait été assassiné. La mer au loin, aperçue à travers les brèches, semblait un rêve inabordable, un mirage de pureté...

Déçue, mais résolue à rester hors de la ville, je conduisis les trois petits à la Villa Adriana, et, tandis qu'ils se poursuivaient en riant dans les herbes folles des allées, j'allai revoir le Canope dont les eaux mortes avaient toujours ému Christine et me touchaient par sympathie... Au bout du bassin millénaire, subsistaient les restes d'une bâtisse à demi écroulée : longtemps on y avait vu un temple dédié par l'Empereur à Antinoüs, son favori mort noyé, mais un récent article d'« Archeologia » prouvait qu'il s'agissait, tout bêtement, d'une salle à manger. On croyait qu'Hadrien pleurait, il digérait... « Qu'est-ce que la Vérité ? »

Nous quittâmes Rome, qui n'avait plus rien à nous apporter.

A Padoue, dans l'hôtel, les enfants recommencèrent à s'ennuyer : la Bibliothèque Padovane ne présentait pas à leurs yeux les mêmes attraits qu'aux miens. Je proposai une excursion au bout de la ligne de chemin de fer : Venise. Je n'étais pas fâchée de retrouver une Italie qui ne fût pas celle de Christine... Mais s'agissait-il encore d'Italie ? Venise est à la sortie — non pas exactement entre Trévise et Ferrare, mais au dernier chapitre d'un roman autrichien de la fin de l'Empire, à la dernière page d'un Hofmannsthal décadent, la dernière ligne d'un « Lord Chandos » désespéré...

Hors saison, néanmoins, le Grand Canal a ses charmes, même au premier degré ; et je fus déçue que les garçons, dont je me doutais qu'ils se moqueraient de Thomas Mann autant que du Tintoret, ne fussent pas plus touchés par la beauté étrange des rios et des palais : la ville leur parut vieille, sale, et abîmée. Je dus faire un retour sur moi-même pour me rappeler mes propres impressions de jeunesse : à ma première visite, n'avais-je pas, moi aussi, éprouvé ce sentiment de mélancolie, de dégoût et d'irritation que je ne ressentais plus maintenant ? Je trouvais la ville bien comme elle était : ordures flottant sur les canaux, portes pourries, volets clos. Sans doute m'étais-je habituée... Je savais que ce délabrement, qui faisait partie du paysage, n'empêchait pas la bonne santé, un peu comme chez ces personnes de piètre mine et de petit appétit auxquelles on ne cesse de prédire une mort prématurée mais qui finissent centenaires.

J'en étais encore plus persuadée depuis que j'avais découvert les mêmes rides, les mêmes crevasses, les mêmes ferrures rouillées, les mêmes crépis rongés dans les Guardi et les Canaletto des musées, peints dans les derniers temps de la splendeur de la cité, avant que, faisant de nécessité raison, elle ne formulât vertueusement à la face du monde cette théorie de la « Neutralité désarmée » qui avait donné à ses voisins, résolus et fortifiés, le signal de la curée... Même chez les Carpaccio de l'apogée, j'avais réussi à repérer ces marches moussues, ces couleurs passées, et des orties, des ronces, des statues décapitées. Jusqu'où faudrait-il donc remonter pour dénicher du neuf ? J'imaginais qu'au bord de la lagune les villages lacustres du VIe siècle devaient déjà paraître bien usés...

Bref, s'il était vrai qu'à mon premier voyage j'avais cru la ville sur le point d'expirer, j'étais convaincue maintenant que cette grande valétudinaire m'enterrerait.

D'un autre côté, il se pouvait qu'il y eût eu, en vingt ans, quelques progrès dans la restauration des lieux les plus abandonnés. J'étais frappée de voir partout, sur les quais, des sacs de ciment, des échafaudages, et sur les rives du Grand Canal les bâches plastifiées des maisons en réparation : l'argent de l'UNESCO et des fondations américaines, empruntant des chenaux aussi complexes que ceux qui parcouraient la lagune, avait tout de même fini par arriver à quelques-uns des monuments qui en avaient besoin... Même l'industrie renaissait : le regain de popularité du masque, et la reprise du Carnaval, avaient créé deux mille emplois ; le commerce prospérait. Le soir, la vie — réfugiée pendant la journée aux étages supérieurs des immeubles — débordait sur les places et, au Campo San Bartolomeo, des amoureux, amateurs de « paseo », s'embrassaient à pleine bouche sous la statue de Goldoni.

Décadence lente, ou lent progrès ? De toute façon, je ne vivrais pas assez longtemps pour trancher...

Les bibliothèques, privées et publiques, de Venise étaient riches en informations sur l'épidémie de 1348 ; je décidai d'y prendre mes quartiers. Mais au bout d'une semaine, les enfants commençaient à détester la Merceria, l'Academia, la Giudecca — « tous ces trucs en a » : trop de rues sans arbres, trop de maisons, trop de musées, trop de touristes, trop de pigeons. « Y a encore moins d'herbe qu'à Paris », disait le petit. Quand ils avaient joué trois fois aux « Sept Familles » et testé les ressorts de tous les lits de la chambre d'hôtel, il ne leur restait plus qu'à évoquer avec émotion leurs amis de classe et les chaleureuses bagarres des cours de récréation...

L'hôtelier, qui en venait à craindre pour l'état de ses polochons, me dit que, si nous voulions rester plus longtemps, il connaissait, dans une île peu touristique de la lagune, une maison à louer : il y avait un grand jardin, des hectares de marécages et de taillis à explorer, et un semblant de plage où l'on pouvait se baigner l'été. « Je ne vous dis pas que l'île est belle. Ce n'est pas Burano, ni Torcello... Plutôt une sorte de banlieue, comme Vignole ou San Erasmo. Mais la location ne vous coûtera pas aussi cher qu'un appartement en ville ou au Lido... La baraque n'est d'ailleurs pas vraiment confortable. Le propriétaire devrait bien y faire quelques travaux. Mais telle quelle, à mon avis, c'est une occasion à saisir... »

Un journal français, acheté sur le Rialto, m'apprit qu'après la récente victoire de la gauche aux Présidentielles les chances pour Fervacques d'accéder à la présidence du Sénat — et peut-être (mais c'était plus douteux) à Matignon — se renforçaient. Pour en avoir le fin mot, il ne restait qu'à attendre le résultat des législatives de juin : si Christine s'était sacrifiée, elle s'était sacrifiée pour rien...

« Une occasion à saisir, m'avait dit l'hôtelier. Une maison loin de la ville, loin du village même. C'est son principal défaut : trop isolée. »

Un défaut ? Une qualité ! En deux jours nous fîmes affaire. Je quittai cette fin de siècle sans regrets...

LA LAGUNE

Même quand il faisait beau, le ciel restait gris. L'air était trop humide, chargé de vapeurs tièdes et de brouillards légers, et la lumière liquide qui filtrait à travers des voiles de brumes superposés gardait jusqu'au soir la fragilité d'une aube.

Au-dessus des eaux s'étiraient de lents nuages, effilés comme ces bancs de sable qui affleuraient à la surface de la lagune, et le vent les ridait de vagues pareilles à celles que le bateau poussait jusqu'aux roseaux. Parfois, l'après-midi, quand le soleil déjà bas sur l'horizon caressait la pointe des cyprès, ces archipels célestes se teintaient de rose et d'argent, et, sur le point de basculer dans l'océan, éclaboussaient les yeux d'un dernier scintillement. Le sillage qu'ils avaient laissé traînait encore longtemps au ras des flots, mince et lumineux comme un filet d'aurore entre deux volets clos ; puis tout sombrait dans un vertige aqueux, et le jour s'achevait sans qu'à aucun moment on eût vu dans les cieux une nuance de bleu.

L'hiver, l'étroite palette de couleurs dont disposait la lagune se resserrait encore : on passait du blanc au blanc, et du livide au transparent. Le vapeur cheminait lentement dans des chenaux mal tracés, entre la boue des marais et les berges incertaines des îlots ; des nappes d'eau se perdaient dans la vase miroitante, et la buée sur les vitres dessinait des presqu'îles nébuleuses, des falaises de dentelle qu'on effaçait du bout du doigt. A perte de vue s'étalait une mer grise, aussi lisse que le miroir d'un étang, où frissonnait, tels des paquets d'algues, la chevelure flottante des broussailles quand le bateau approchait d'une de ces taches obscures qui annon-

çaient la terre, ses joncs, ses canaux, ses roselières et ses sentiers.

A cent mètres, rien — à part ces touffes hirsutes, qui à la proue du rivage semblaient jouer les poissons pilotes — ne laissait encore deviner ces îles rampantes, si basses sur les flots qu'on ne savait jamais si elles émergeaient ou si elles coulaient ; de près, nous n'en devinions guère plus, incertains du contour des grèves et de leur étendue : on discernait bien, au premier plan, des digues éboulées et d'anciennes portes à claire-voie dont le bas mangé par la vague se couvrait de pourriture verte ; on voyait les fils de fer rouillés des jardins, les herbes folles, et les quais abandonnés où s'entassaient des morceaux de madriers, des sacs de plastique déchirés, des bouteilles vides, des papiers ; mais de la masse de l'île, rongée au cœur par la lèpre blanche de l'hiver, on ne parvenait pas à décider si le pourtour plus foncé, les bordures moins délavées, révélaient un rocher, une ville avec ses maisons, ou le bouillonnement incontrôlé de la végétation poursuivant dans l'humidité du marais ses chimères de forêt vierge.

Triste et floue, la lagune des peintres ressemblait à un barbouillage de myope, et seuls les campaniles, les pylônes et les châteaux d'eau qui montaient au-dessus des arbres morts et du « sfumato » nous permettaient de ne pas nous perdre tout à fait.

Le plus souvent, à l'arrêt du bateau, nous devions abandonner l'espoir de déchiffrer, à travers la vitre mouillée, la plaque de fer écaillée qui pendait à l'entrée du débarcadère ; nous nous contentions d'écouter, entre deux accélérations du vaporetto, le clapotis de la pluie et le froissement des roseaux — murmures si semblables d'un village à l'autre, et d'une île à celle qui suivait, que nous renoncions presque à savoir si nous étions arrivés.

De l'été c'étaient alors surtout les crépuscules qui nous manquaient, avec leurs rêves d'atolls, leurs lagons mauves, leurs palmiers, et ces pirogues chavirées que le vent chassait à travers l'océan des nuées... On s'habituait au froid, à la pluie noire des chenaux, et à l'étrange odeur de papier d'Arménie qui dérivait sur la lagune toute la nuit, mais on ne s'habituait jamais à cette blancheur uniforme du ciel de janvier ; car le ciel était tout le paysage de la lagune : ni la terre — si plate et nue qu'à vue d'œil elle fondait dans l'eau — ni la mer, trop calme, ne composaient un décor ; tout au mieux pouvaient-ils, rectilignes et sombres, former la base du tableau, l'emplanture du mât, la piste d'envol vers l'infini des cieux.

Sans ciel la lagune n'était qu'un désert ; l'hiver, nous avions l'impression d'habiter la lune.

Le vapore longea languissamment les anciennes manufactures construites sur l'île la plus proche de la ville ; au passage, le soleil alluma une à une les hautes fenêtres et, sous les toits percés, on put croire un instant qu'on avait ranimé les feux des verriers.

Souvent les derniers jours d'automne nous offraient de ces surprises d'incendiaire, de ces bonheurs d'orpailleur. On n'était pas encore entré dans les mois les plus décolorés — décembre, janvier, février —, que mes enfants avaient baptisés « la grande saison du blanc » : en novembre le soleil couchant retrouvait de loin en loin la force d'étonner, faisant monter du fond des eaux, pour une ultime parade, ces mosquées bariolées, ces Cyclades de lumière qui glissaient d'une rive à l'autre en moins de temps qu'il n'en fallait au vapeur pour aller de la ville jusqu'au premier îlot.

En avançant, le bateau laissa à droite les îles de Saint-Jacques-du-Marais et de la Madonna del Monte qui avaient abrité, dès le Xᵉ siècle, d'illustres couvents de la chrétienté ; au XVIIIᵉ on les avait transformés en poudrières ; le XXᵉ siècle les ignorait. Au-dessus des laisses de sable mouillé elles formaient une longue traînée d'écume verte.

A distance la végétation de ces poudrières semblait déborder : on imaginait des côtes plantées de pins, de chênes ou de lauriers, comme dans les « îles riches » de la lagune qu'investissaient les milliardaires milanais. Mais, sitôt qu'on en approchait, le paysage changeait : à Saint-Jacques on ne trouvait qu'acacias maigres et ormes séchés, aux troncs couverts de lierre ; c'était cette toison maligne qui, grimpant à l'assaut des bâtiments ruinés, balançant ses lianes au large des charpentes sans toit et plongeant ses racines dans les décombres du mur d'enceinte parmi les coquilles de moules et les tuiles brisées, nourrissaient l'illusion du touriste pressé.

Des anciennes constructions ne subsistaient ici et là que des bouts de bois croisés, solive maîtresse ou poutre faîtière, que les toitures arrachées découvraient : dans le brouillard de l'hiver et l'incandescence des étés on pourrait croire encore longtemps qu'on apercevait sous la feuille du lierre la croix des moines ou la potence des soldats — emblèmes inutiles d'une vocation sans objet...

Puis un jour ces îles elles-mêmes se dissoudraient, comme l'avaient fait l'Isola delle Donne ou cette mystérieuse Ammania dont certains plongeurs prétendaient apercevoir, sous la vase des fonds, les statues mutilées.

Comme nous passions la pointe de San Giacomo et nous engagions dans l'étroit passage qui mène à l'île de Mazzorbo, le ciel changea : le camaïeu des gris commença à s'enflammer, le drap d'argent s'alourdit de franges mordorées. Puis, lentement, cette lisière immergée déteignit vers le haut ; des bavures jaunâtres montèrent jusqu'à la tête des nuées ; une sueur ocre éclaboussa les cirrus blancs ; et, pour la dernière fois de l'année, le soleil déversa sur les mares et les tourbières les sucs dorés qu'il semblait tirer des plantes empoisonnées poussées sur les îles que les hommes renvoyaient à l'oubli. Bouée après bouée, le bateau avançait dans un mélange d'exhalaisons vénéneuses et de brouillards safran qui nous dissimulait également le début du voyage et son arrivée. Mais, depuis deux ans que je vivais sur l'île, ces traversées que les buées privaient d'origine et de projet avaient cessé de m'angoisser. Avec patience j'attendais la fin bornant mon intérêt au trajet.

De la plate-forme où j'étais montée, je vis sans émotion se former au centre du tourbillon un amas de teintes plus compactes, de pigments coagulés, sanglants, épais : je savais qu'ils n'annonçaient pas une tempête, mais un mirage.

Et, tandis que nous pénétrions dans le réseau chevelu des canaux de Mazzorbo, la force qui fermentait au creux du paysage commença en effet à se dilater ; de retouches en repeints, de dérives en reprises, quelque chose tirait la pâte vers le haut, l'étalait, l'allongeait. On voyait au-dessus des canaux s'élever des colonnes ondulantes, des piliers mouvants, tomber du ciel des arcatures d'écume, et jaillir de l'océan des charpentes esquissées qui gardaient la grâce des jets d'eau et se dissolvaient en gouttelettes diaprées ; des grottes marines succédaient à des dômes aériens, des alignements de pilastres menaient à des volutes soufflées — architectures impalpables qui déferlaient les unes sur les autres sans solution de continuité. Le ciel testait les formes comme il m'arrive de tester les mots : parcourant en hâte la gamme des possibilités, il lançait au hasard des arcs brisés, des arcs bombés, des arcs rampants et outrepassés, ne s'arrêtant ni à la vraisemblance ni au bon goût : des frontons antiques glissaient sur des pagodes d'ivoire, et des minarets noirs escaladaient des pyramides roses, sans autre projet que de monter plus haut et d'occuper, vague après vague, rêve après rêve, tout l'espace qui restait. « Ne vous souvenez pas des premiers commencements, ne vous rappelez pas les jours d'autrefois, semblait-il dire comme le prophète, voici que je fais une création nouvelle, ne la sentez-vous pas qui surgit déjà ? »

En voyant au large une pointe acérée percer le dernier étage de nuages, une flèche fragile s'élancer vers la cime des cieux — tandis que, de part et d'autre de la lagune, de Treporti à San Erasmo et de Marghera à Malamocco, retombaient en plis glauques les contreforts immatériels d'une immense falaise creusée d'arches —, je compris que les tentatives maladroites auxquelles je venais d'assister préludaient, en effet, à une œuvre plus ambitieuse : avant de nous quitter, le ciel d'automne nous bâtissait une cathédrale de nuées.

Précisant à droite le dessin d'une corniche, soulignant à gauche la découpe d'une ogive, rehaussant d'un pinceau violet une clé de voûte ou la cimaise d'un cintre, la lagune nous proposait une cathédrale idéale, ou l'idée d'une cathédrale où je croyais reconnaître en même temps — dans le tournoiement tremblant de la pluie et du vent — le porche verdi de Saint-Loup-de-Naud, le grand vitrail de Vaumarie, les nervures flamboyantes de Senlis, la coupole de Sainte-Solène, l'ange noir de Saint-Michel de Vienne et les fresques d'Evreuil. J'avais sous les yeux la quintessence de tous les sanctuaires rencontrés dans ma quête d'un Dieu caché et d'une héroïne fugitive, et l'âme de toutes les églises que, sans les connaître, j'avais imaginées — la basilique « presque persane » de Balbec, et celle de Vézelay, la chapelle végétale de Carqueville et la folle Sainte-Famille de Gaudi —, un collage fantaisiste de motifs agrandis que les remous du ciel propageaient à l'infini, une architecture d'illusions dans laquelle je n'entrerais jamais et qu'un peu de vent suffirait à dissiper...

Déjà, d'ailleurs, l'apparition commençait à s'effondrer, le mirage à s'évaporer ; les murailles se ramassaient sur elles-mêmes, la façade se tassait comme une « naine blanche ».

De ce qui avait été une tour ou un clocher restait un gréement déchiqueté, et des sculptures du tympan une figure de proue dévorée ; ce n'était plus un temple, mais une étrave, tremblante et mouvante comme un reflet, qui se dressait maintenant devant notre vapore. Une épave halée par des cordages de brume, que remorquait le vol bas des goélands. Un bâtiment ruiné qui offrait aux vents ses focs déchirés.

En menant au naufrage, toutes voiles dehors et toutes amarres larguées, sa cathédrale de fumées — promesses consumées, espérances effilochées, que la houle d'automne balançait —, le ciel des marais nous avouait sa vérité : il désarmait, expédiant ses féeries à la casse et nos rêves par le fond...

Je n'aimais pas cette façon de nous rejeter dans le néants : depuis que je vivais sur l'île, j'adorais mes visions pour leur fausseté, ne cherchant plus, derrière l'apparence, un sens qui la justifierait. Dans ces façades évanescentes que la lagune dressait, j'avais appris à me contenter des yeux pour toucher les portes d'écume qui ne s'ouvriraient jamais ; je n'essayais pas d'entrer, je voulais seulement prolonger l'illusion aussi longtemps que je pourrais feindre d'être trompée.

Car, plus que les songes du crépuscule et les chimères de l'automne, aujourd'hui c'était le blanc des hivers que je craignais, et ce moment prochain où il n'y aurait plus sur la terre aveugle de soirs ni de matins, plus de commencement ni de fin, mais partout, et tout le temps, l'impression confuse d'un malaise, d'une fièvre lente qui gagnerait comme une pourriture de marécage, un paludisme des bourbiers — le sentiment vague de s'être levé trop tard dans un pays où les montres sont arrêtées, où la vie, faute de pente, a cessé de s'écouler...

Poussés par le vent, qui courbait par rafales les tiges des jonchaies et ridait à perte de vue l'étendue grise des vasières, les débris de coupoles disloquées abordèrent en même temps que notre bateau aux rives de Mazzorbo.

Dès que le canot fut attaché et que le contrôleur eut fait glisser le garde-corps, deux grosses femmes sautèrent sur le quai, les bras encombrés de paquets. Dans les sacs en plastique des supermarchés qu'elles avaient dévalisés s'entassaient en vrac — comme après le pillage d'un cargo — denrées alimentaires et gilets, chaussures, journaux, aspirine et savonnettes...

Comme elles, une fois par semaine j'allais à la ville chercher ce que l'unique café-épicerie de mon île ne pouvait me procurer. Je partais pour la journée car, bien que la lagune n'eût pas plus de quarante kilomètres d'étendue d'un bout à l'autre du cordon littoral, atteindre la ville et en revenir était une expédition : la rareté des vaporetti nous obligeait à planifier nos déplacements sur le continent ; et l'ensablement des chenaux, la fréquence des arrêts, l'entremêlement des terres enfouies et des alluvions émergées, qui contraignaient les bateaux à des tâtonnements prudents, rendaient le voyage maritime plus long et hasardeux qu'une traversée de Douvres à Calais.

En montant un moment sur la passerelle j'avais laissé mes emplettes contre la banquette de bois à l'intérieur de la cabine surchauffée ; revenue m'asseoir auprès de ces colis mal ficelés qui me donnaient l'air d'une Yougoslave immigrée, je regardai à la dérobée les femmes qui, à l'extrémité du compartiment, discutaient avec volubilité dans ce dialecte zézayant que je n'arrivais toujours pas à parler couramment. Elles avaient des peaux rugueuses, des teints rougeauds, des mains larges ; et quand je les voyais si solides, je m'amusais des réflexions de mes amis parisiens qui me reprochaient d'avoir condamné mes enfants à végéter avec moi dans « une espèce d'Ouessant italien, à l'évidence malsain... »

Cependant on ne pouvait nier que le climat, sans être mauvais, n'eût à la longue une influence étrange sur le physique des autochtones. Cette population amphibie qui vivait la tête au soleil et les pieds dans l'eau avait fini par ressembler aux plantes de ses îles. Sur les visages, la végétation proliférait : au-dessus des yeux — aussi sombres que les mares glacées où venaient parfois s'abîmer une mouette épuisée, une sarcelle blessée — les sourcils s'allongeaient, s'épaississaient comme des haies de roseaux au bord des chenaux, rectilignes, sévères et beaux ; les hommes, quand ils portaient la barbe, la portaient vivace, grimpante, envahissante ; et chez les femmes les cheveux drus, sauvages, rappelaient les fourrés qui prospéraient sur les bancs de sable où l'homme n'avait pu aborder ; les élégantes de la lagune avaient beau tenter d'emprisonner cette broussaille sous de petits foulards roses ou violets qu'elles nouaient serré sur la nuque, on sentait que la forêt, mal contenue, soulevait déjà le tissu et que des pousses nouvelles n'allaient pas tarder à lancer vers les épaules un rameau frémissant, une liane souple qui descendrait en se balançant jusqu'au milieu du dos.

Quant aux vieux, ils ne se desséchaient pas comme ceux des villes ; ils semblaient, au contraire, succomber à l'excès d'humidité. Leurs figures se ridaient, non à la manière des pommes dans les greniers ou des fleurs fanées, mais comme le bout des doigts qu'on a laissés tremper dans l'eau ; les marbrures grisâtres qui gagnaient peu à peu leurs pommettes faisaient penser aux moisissures des caves, aux lichens qui s'incrustent dans le crépi des maisons, tandis qu'aux commissures de leurs lèvres affaissées, creusées de fondrières, apparaissaient des traces de mouillure, aussi brillantes que la salive des grèves sous la lune...

Deux jeunes et trois vieilles rassemblèrent à leur tour leurs paquets et s'avancèrent d'un pas ferme sur la plate forme pour descendre au prochain arrêt : de leur île (où les façades, peintes en jaune d'or, vert mousse, ou rouge sang pour lutter contre la grisaille de l'hiver, rappelaient les villages perdus du Zuydersee et les archipels de la Frise) on apercevait déjà au-dessus du brouillard le clocher penché, incliné comme la rame-gouvernail que le pêcheur enfonce dans la vase pour virer. L'île au campanile oblique semblait toujours prête à godiller, et l'on cherchait des yeux le gondolier géant qui remuait cet immense aviron pour mener sa terre au large des maisons.

J'avais d'ailleurs d'autant plus de peine à ne pas prendre pour un bateau cette masse à la dérive que je ne parvenais jamais à me persuader que, en dépit des apparences, les îles sont des montagnes sous l'eau. Je ne pouvais pas imaginer qu'elles tenaient aux fosses marines par le pied et qu'on y vivait sur des sommets. Je les sentais flottantes, détachées ; au point que j'avais du mal à croire qu'on pût trouver de l'eau douce sur ces radeaux ; il me semblait qu'en perçant leur croûte mince et fragile on allait puiser directement dans l'océan, et, chaque fois que j'apercevais, sur les places herbues de la lagune, une de ces citernes de pierre que surmonte une poulie rouillée, un de ces puits ronds et sculptés aux allures de fonts baptismaux qui alimentent les villages en eau, je le croyais ouvert sur le fond des mers, comme un œil écarquillé. L'hiver, par les nuits de tempête, quand le vent hurlait autour de la maison et jetait des paquets de mer contre mes hublots, que mon lit prenait de la gîte et que ma chambre faisait eau, j'avais peur de voir nos îles sombrer...

Sitôt passé le petit port des dentellières où les cinq voyageuses étaient descendues, on apercevait l'île suivante : précédée de deux îlots pelés, dont le sable dévorait les herbes maigres, elle se détachait sur le ciel brouillé où traînaient encore des buées mauves et les débris nébuleux d'une cathédrale fantôme.

Le pilote ralentit sa vitesse. Déjà on voyait les masures disséminées au bord des mares endormies et le corps de l'ancienne basilique qui, avec son pignon aveugle et ses murailles de briques, ressemblait à une usine abandonnée. Une jetée, formée de moellons épais, la précédait. L'été, cette basilique qui avait été fondée treize siècles plus tôt attirait quelques visiteurs ; mais hors saison il était rare qu'on se pressât à l'embarcadère : ce soir-là personne ne monta.

L'île, peuplée dès le VI*e siècle, avait abrité longtemps la capitale de la lagune et on évaluait encore à plus de vingt mille habitants sa population vers 1400 ; mais, depuis, elle avait tellement décliné que c'était à peine si, en comptant le gardien de l'ancien évêché et les tenanciers saisonniers de trattorias, on y aurait trouvé cinquante résidents.*

Il était d'ailleurs probable que la superficie des terres émergées s'était réduite ; on faisait le tour de l'île — de ses canaux, de ses vergers, de ses deux bars où les tonnelles dénudées attendaient le retour de l'été, et de ses grèves étroites — en moins d'une demi-heure.

Le niveau de l'eau dans la lagune avait, il est vrai, beaucoup monté ces dernières années, cassant ici une île en deux, submergeant ailleurs la berge d'un marais et dévorant partout les côtes basses, les rives trop lisses, les chaumes spongieux. Cet ennemi extérieur trouvait à l'intérieur des alliés nouveaux : dans les champs, au-delà des chenaux, apparaissaient des flaques noirâtres et des étangs salés qui devenaient aussitôt le refuge des canards sauvages et des poules d'eau ; chacune de leur côté, l'eau vive et l'eau dormante grignotaient au fil des saisons l'arête de limon qui les séparait, et un beau jour, le cordon rompu, la mer avalait l'étang complice, étendant d'un coup son empire jusqu'aux portes des maisons.

Aussi l'île était-elle imprégnée de cette mélancolie mouillée qui parle de départ, d'exil et d'abandon : des épines envahissaient les sentiers, le lierre assaillait les vergers, et les cyprès, attaqués par la rouille, achevaient d'agoniser ; au fond des jardins, des baraques en planches — qui abritaient des montagnes de cageots vides et de vieilles barques renversées — pourrissaient au milieu d'un fouillis de sacs poubelle et de fils à linge où pendaient des serpillières déchirées. Comme si l'ordre, faute de spectateurs, avait cessé d'être nécessaire, un désordre de terrain vague, de faubourg lépreux, une débâcle de chiffonniers, prenait possession du village et des étiers.

Chaque fois — quand le vapore pris aux Fondamente Nuove n'allait pas plus loin que cette île-là et qu'il me fallait descendre et attendre la correspondance en parcourant la petite route qui va de l'embarcadère à la basilique — je me demandais, en contemplant la boue grise des canaux mal récurés, les grillages traversés de ronces et les crépis effrités, pourquoi ce paysage ingrat me semblait si beau.

Et chaque fois, j'avais l'impression que c'était d'abord l'air que j'aimais, ce gris impalpable qui noyait les grèves et les clochers, ces brouillards tièdes et roses qui me rappelaient Vollendam et Scheveningen en plus subtil, plus déprimé, et cette lente vapeur d'or « qui flottait sur la décomposition végétale et semblait atteindre aussi les pierres, les murailles, les maisons et les défaire comme les feuilles ». On disait que les peintres de la ville avaient été les premiers à ne pas aller de la forme à la couleur mais de la couleur à la forme, les premiers à peindre par transparence en apposant sur un fond sombre des taches plus claires ; et il était vrai qu'il n'y avait pas de formes dans la lagune mais seulement des veines de lumière, elles-mêmes très décolorées... Jusqu'à la mer qui ne paraissait ici ni verte ni mouvementée : l'eau des fossés et la nappe des chenaux étaient également sombres, presque noires, et me faisaient songer à ces miroirs ternis qu'on voyait, dans les anciens palais de la ville, renvoyer l'image d'affleurements incertains, de silhouettes douteuses aux contours bruns, d'éclaboussures rousses, d'opacités indécises, de reliefs stagnants. L'harmonie des contraires, si marqués dans ces régions — plates formes rases et campaniles trop hauts, tiges raides des roseaux et troncs torturés des vergers, épaisseur des jours et limpidité des nuits —, s'obtenait par la fusion miraculeuse des teintes, la dilution des lignes, l'amollissement, la noyade...

Pourtant, quand le bateau repartit et qu'au loin d'autres îles rampèrent sur l'eau, que des forêts s'avancèrent jusqu'au milieu des flots et que des landes hirsutes, qui plongeaient, au ras des terres, leurs racines dans la mer, glissèrent sur l'horizon, je me dis qu'il ne fallait pas chercher dans l'esthétique la raison de ma passion pour ce pays : j'aimais la lagune pour sa capacité à durer.

Ces étendues confuses où, entre deux déluges, la vie s'accrochait — sans qu'on sache si c'était une force qui levait ou un souffle qui expirait —, cet entêtement aveugle à persister dans l'environnement le moins adapté, faisaient des îles, de Chioggia à Treporti, nos dernières arches de Noé. Ces joncs pâles, ces herbes salées, ces algues molles, ces croûtes fragiles qui jaillissaient des plaines marines comme d'une « soupe primitive », d'un chaudron de sorcière, d'un creuset d'alchimiste, étaient-ils les germes d'un monde nouveau ou les débris d'un monde englouti ? Rien à cette heure, dans la grisaille, ne permettait de distinguer le rameau qui surgit de l'écorce qui surnage, pas plus qu'on ne pouvait déterminer si la poignée d'habitants qui s'obstinait dans les marais était (comme ces Romains du VIe siècle qui avaient fui la barbarie pour bâtir au cœur du marécage la ville qu'on admirait aujourd'hui) la tête de pont d'une civilisation qui naît, ou, telles ces garnisons éloignées qu'on a oublié d'avertir qu'elles devaient évacuer, l'arrière-garde d'un empire naufragé.

On côtoyait maintenant de vraies îles de pêcheurs. Trop peu peuplées pour que le vapore eût intérêt à s'y arrêter, elles se signalaient par les longs filets qui séchaient au bord des chenaux, et par les barques étroites et plates que deux hommes debout manœuvraient en piroguiers, imprimant à l'embarcation, du bout de leurs perches de bois, un curieux mouvement de balancier.

Le bateau s'était vidé peu à peu comme un train de banlieue qui approche du terminus. Un homme et une femme descendirent encore à la station de l'asile psychiatrique, une petite île enclose de murs ocre percés de tunnels sombres. Ces tunnels avaient donné naissance à une inquiétante légende : on prétendait que l'île était parcourue de souterrains et qu'on voyait parfois au pied de la digue, près des herses qui barraient ces passages voûtés, des crânes humains. « En tout cas, m'avait assuré une infirmière venue du continent, être enfermé entre les quatre murs de cette île et ne rien entendre que le bruit des vagues et de la pluie suffirait à rendre fous des gens sains d'esprit ! »

Quand on vivait dans la lagune on s'habituait vite pourtant à ces îles interdites ; forteresses dont les murailles ne laissaient apercevoir que le sommet d'un pin, la flamme d'un cyprès, le toupet d'un palmier : îles-couvents, îles-prisons, îles-hôpitaux, îles-cimetières et léproseries variées, dont la famille des internés pouvait seule franchir le rempart et tirer, pour quelques heures, les verrous.

Nous n'étions plus que trois sur le bateau. Le brouillard, comme un rideau, était retombé sur nous ; des tentacules violâtres, des larves glauques, se pourchassaient à la surface des eaux ; on percevait contre la coque des raclements étouffés, des frôlements discrets que j'interprétais comme des rumeurs d'accostage, promesses de débarquement imminent : on parvenait au bout de la ligne, le voyage était terminé ; il n'y avait plus rien après. Je ramassai mes paquets.

En revenant sur le pont, je me penchai par-dessus le bastingage dans l'espoir de voir briller les lumières dont on marquait, au crépuscule, les bornes du canal d'accès à notre débarcadère, mais je n'aperçus qu'une grande gabare montée par quatre hommes noirs ; de mon île, que j'avais crue si proche, on ne distinguait même pas les côtes. Comme les brouillards du Styx, la brume happa les quatre pêcheurs silencieux, et le vapeur poursuivit sa route du même mouvement traînant, laissant derrière lui le sillage luisant d'un escargot.

C'était l'un des inconvénients des voyages dans la lagunes : on ne savait jamais quand on arriverait. La durée du trajet dépendait de l'humeur du pilote et du temps qu'il faisait ; parfois, les jours de brouillard, on devait attendre pendant des heures l'unique passage du bateau-radar ou l'apparition d'une de ces barques pirates qui exigeaient de fortes rançons des voyageurs en perdition.

Résignée à la lenteur de la traversée, je ne voyais pourtant pas sans inquiétude les aiguilles tourner : quand je laissais mes fils dehors trop longtemps, j'avais du mal à les récupérer. Ils s'ébrouaient comme de jeunes bêtes libérées, se grisant d'odeurs et de racines, de vagues et d'oiseaux ; ils s'ensauvageaient et ne m'entendaient pas les rappeler. Dans la journée encore, je finissais par les repérer et les ramener à la maison bon gré mal gré ; mais quand je rentrais à la nuit tombée, je courais le risque de ne pas les retrouver avant qu'ils meurent de faim...

Dans un ultime emballement de moteur, le paquebot stoppa.

Les deux hommes qui descendirent en même temps que moi avaient laissé leurs vélos contre l'abri de la gare maritime ; après un rapide bonsoir, ils disparurent au bout du sentier qui longeait le quai. Ce n'était pas la route que j'empruntais : il me fallait d'abord traverser l'île dans toute sa largeur en suivant le chemin pavé qui menait au village. J'arrimai mon paquetage de manière à le porter plus aisément. A l'instant de charger sur mon épaule mon dernier sac à provisions, je m'arrêtai pour humer l'air.

Le bateau nous privait toujours de l'odeur et du bruit du vent : la cabine sentait le fuel et, sauf aux arrêts, le ronronnement de la machine couvrait le souffle des tempêtes ; tant qu'on restait à bord, on ne savait pas si le temps était calme ou agité, si le brouillard s'installait pour la journée ou s'il céderait à la première rafale. Aussi fus-je contente, en débarquant, de sentir sur ma peau la saveur salée d'une brise légère et d'entendre monter des canaux, derrière le voile de brume, le bruit froissé des mais. Bientôt la bourrasque qui se levait allait chasser les filaments cotonneux qui nous dissimulaient le village et les limites de l'île ; avant la nuit elle nous rendrait un ciel lavé et, qui sait ? le miroitement du soleil couchant.

Des mouettes qu'on ne voyait pas encore restituaient déjà, par leurs cris, sa profondeur au paysage et je m'étonnais une fois de plus de la niaiserie des touristes qui se laissaient photographier sur la grande place de la ville au milieu des pigeons : comme si la lagune, même quand elle disparaissait sous les maisons, les rues et les ponts, n'était pas d'abord vouée aux oiseaux de mer et aux voiliers !

Tout, dans nos îles et dans la cité, me paraissait résolument maritime : ces lustres de verre filé qui ornaient les palais et, avec leurs branches souples et onduleuses, ressemblaient aux poulpes blancs des océans ; ces colliers de perles anciennes qu'on proposait dans les vitrines et qu'on aurait cru roulés dans l'écume des mers ; même ce lion qui avait servi d'emblème à la République et qui, dans ses figurations romanes — avec ses quatre pattes de face rattachées à une tête aplatie —, rappelait trait pour trait le crabe dont on l'avait tiré...

Le village se trouvait à un quart d'heure de marche de l'embarcadère. La route longeait le principal canal de l'île, le seul en tout cas qui fût maçonné ; la plupart des autres, mal dessinés, mal récurés, avaient l'air de tranchées bourbeuses où, dans une vase épaisse, coulait un filet d'eau ; l'été, ils répandaient une odeur soufrée, que les rafales d'hiver balayaient.

Sur la rive opposée au quai, je commençais à découvrir — au-delà de la bordure de roseaux et des haies d'ormeaux que les tempêtes répétées avaient tordus, ratatinés — les grandes feuilles sèches de ces maïs que le vent faisait chanter. Le maïs était, avec les pêches des vergers, la principale culture de l'île, mais j'avais été étonnée, en m'installant, de constater que les gens du pays ne le coupaient jamais : ils cueillaient les épis et laissaient les tiges pourrir sur pied ; on m'avait expliqué que, n'ayant sur les îles aucun bétail à qui ces chaumes auraient pu servir de litière ou de fourrage, les insulaires s'épargnaient la peine d'effectuer un travail que le temps finissait par faire pour eux...

Cette économie d'efforts, qui s'accordait bien au désordre environnant — villas de parpaings qu'on ne s'épuisait pas à crépir, ormes morts qu'on n'abattait jamais, linge qu'on laissait, d'averse en averse, rouiller sur les fils, cartons et gravats qu'on regardait s'entasser au pied des digues (où ils faisaient le bonheur des rats et celui des chats qu'on ne s'était pas décidé à tuer) —, cette sagesse nonchalante, enfin, des êtres qui ont su renoncer à l'inessentiel pour survivre, me rappelaient le laisser-aller des habitants de mon pays natal.

N'était-ce pas là-bas, du reste, qu'à l'époque où je songeais encore à écrire sur Christine Valbray j'avais pensé chercher l'isolement qu'il me fallait pour terminer mon livre ?

J'avais un moment songé, en effet, à me retirer dans notre maison de famille, en lisière de ce plateau sévère et désolé que seuls quelques touristes hollandais s'aventurent à visiter... A « la Malcôte », dont la forêt proche envahissait sans cesse le jardin comme la mer regagne peu à peu le terrain sur les polders vénitiens, je n'aurais pas été moins isolée qu'au bord de la lagune. Travaillant jusqu'au matin dans la chambre d'en haut, n'avais je pas eu souvent dans le passé le sentiment que ma fenêtre éclairée — dont les automobilistes de la vallée devaient apercevoir la clarté d'aussi loin que je les entendais monter — veillait sur la sécurité des voyageurs et le sommeil lointain des villageois comme un phare au bout d'une jetée ?

C'était le souvenir de Christine qui, depuis trois ans, m'empêchait d'y retourner. Si peu qu'elle eût habité notre maison, elle l'avait habitée ; je la revoyais, quand je l'avais installée, marchant à petits pas sous la charmille, silencieuse, murée ; je me la rappelais sur le palier, au moment où, désignant le grand miroir, elle me disait qu'il faudrait, si elle mourait, le voiler selon la coutume et que ce serait comme un rideau tiré sur notre amitié... La chambre où j'avais l'habitude de travailler, c'était celle où elle avait dormi, les livres que j'y lisais, ceux qu'elle avait parcourus, le paysage que je veillais de ma fenêtre, celui dont elle s'était gaiement moquée : « Que de neige, que de neige ! On rêve d'une pointe de sang pour relever ce tableau... »

La trace qu'elle avait laissée dans ces pièces et ces allées — et la mémoire de sa dernière trahison — m'interdisait aujourd'hui de revenir dans ma maison.

Dépossédée de moi-même, je savais que, pour me délivrer, il m'aurait fallu achever la biographie de Christine, la publier. Sortir la « Sans Pareille » de ma vie, de mes cahiers. La supprimer.

Mais je ne voulais plus me battre avec elle, ni contre le monde qu'elle dénonçait. Je savais qu'empêtrée dans ses mensonges, ses justifications, ses échappatoires, je n'avais pas découvert la vérité de Christine Valbray : peut-être m'aurait-il fallu recueillir encore plus de témoignages, voir d'autres gens... Seulement je ne voulais plus rencontrer ceux qui l'avaient entourée. Je les voyais maintenant comme elle les voyait. Elle m'avait ouvert les yeux, et j'étais fatiguée de leurs manœuvres et de leurs lâchetés. A défaut de clarté, je rêvais de vacances ; à défaut d'absolu, de silence.

De rafale en rafale le brouillard s'éclaircissait ; chaque fois que, pendant quelques secondes, le vent s'arrêtait et que les ailes froissées du maïs cessaient leur crissement d'élytres, j'entendais le bourdonnement lointain du vaporetto et le grignotement de la mer dans les canaux. L'eau surgissait de partout : maintenant que la brume se dissipait j'apercevais, au-delà des palissades édentées, les ruisseaux jaunâtres dont la tranchée boueuse coupait les herbes des vergers, les étangs — rêveurs comme de grands yeux glacés — qui n'attendaient, tapis dans l'ombre, que le moment de nous noyer, et le chapelet sombre des marigots d'eau salée qui, parallèlement à la côte, s'étendaient d'un bout à l'autre de l'îlot, souvenirs des raz de marée passés ou jalons d'une prochaine invasion... A intervalles réguliers, des petits ponts en dos d'âne aussi gracieux que des ponts romains franchissaient le grand canal tandis que, sur les chenaux annexes, des passerelles de bois plus légères facilitaient le passage ; à l'abri de ces arches fragiles se balançaient des barques amarrées. Quand on approchait du village elles se multipliaient sur le grand canal, stationnant « en épi » comme des voitures sur un parking ; mais, même en bordure de l'île et jusqu'au fond des taillis, on trouvait de ces canots étroits aux allures de berceaux : ensablés dans les vasières, ou attachés en chiens fidèles au bout des rangées de choux, ils étaient aussi familiers dans les îles que les vélos en Hollande, ou en Inde les vaches sacrées. Parfois un motoscafo — signe extérieur de richesse — éblouissait le voisinage de sa coque d'acier incongrue comme une boîte de conserve sur une verdure flamande ; mais bien vite le vent de la mer et la négligence de son propriétaire lui conféraient cette belle couleur rouillée qui l'harmonisait avec les carènes de bois rongées par le sel, les flotteurs de liège cousus aux filets, les crépis pourris, les ombelles et les épiniers : le hors-bord était naturalisé...

L'air s'allégeait : une odeur de mousse et d'iode montait des fossés. La fin de l'après-midi serait tiède et transparente. On attachait la plus grande importance, dans l'île, aux variations climatiques, et je m'apercevais qu'à force de vivre au milieu des marais et de ne parler avec mes voisins que de la pluie et du beau temps j'y devenais moi-même plus attentive. Le bonheur dans la lagune était à prendre entre deux averses : c'était une tache de lune sur la mer, le vol d'une mouette, une odeur de terre mouillée ; c'était un bouquet de marguerites dans un pot en grès, le grincement d'une barque à l'ancre, la caresse du vent salé, et la joue fraîche d'un enfant resté dehors trop longtemps... Une succession de plaisirs courts, qui s'enfuyaient dès qu'on les recherchait, s'évaporaient sitôt qu'on prenait trop vivement conscience de les goûter.

Un chat traversa la route : promesse confirmée d'un retour du beau temps, car les matous insulaires n'aimaient pas l'humidité...

Ces chats, mi-sauvages, mi-domestiques, étaient, avec les poules, les seules bêtes de l'île : des poules il y avait peu à dire, mais les chats sortaient de l'ordinaire. L'isolement avait en effet favorisé l'apparition d'une race spécifique : se reproduisant en circuit fermé, ces chats rigoureusement semblables — au point de donner l'impression, quand on en croisait plusieurs, qu'on avait la berlue — étaient tigrés de brun sur fond d'or, avec des yeux d'un vert intense. Beaucoup plus grands que les chats parisiens, ils avaient la démarche pataude des bébés tigres et se nourrissaient en alternance de rats des grèves et de polenta... Leur coup de patte manquait de douceur, leur coup de dents laissait des marques cuisantes ; mais mon plus jeune enfant savait les apprivoiser comme il savait parler aux crapauds, attraper les mouettes, charmer les lézards et dresser les passereaux ; aussi avions-nous toujours une maison pleine de chats éclopés, de chatons abandonnés, de chattes grosses et de nourrices avec portée...

Mes paquets commençaient à me peser, mais j'avais déjà passé « la maison du docteur » — une grande villa aux volets fermés, sur laquelle était apposée, depuis la mort du vieux médecin, une plaque rappelant la mémoire du « bienfaiteur des îles » ; dans les communs et le jardin, que le bon dottore avait légués à la municipalité, on avait installé la petite école à classe unique qui accueillait chaque matin une trentaine d'enfants venus, pour la plupart, des îles voisines. La jeune institutrice — une continentale que la solitude des îles attristait — venait chez moi trois soirs par semaine faire étudier les mathématiques aux garçons. Le plus souvent, la leçon tournait court : l'aîné, transformant un cours théorique sur les nombres premiers en exercice appliqué de comptabilité, tentait de revendre à la maîtresse un vieux magazine du mois passé — « avec un petit pourcentage puisque ma mère est allée en ville pour l'acheter, mais je ne vous compte que 10 % du prix de son billet » — ou de lui échanger une paire d'espadrilles usées contre une épuisette abîmée, qu'il pourrait troquer contre les bottes presque neuves du fils de l'épicier ; le cadet agrémentait rêveusement de tours d'angles, de demi-lunes, de bastions et de fossés les rectangles et les carrés de son livre de géométrie et construisait des citadelles en marge de ses corrigés ; le petit, plus discret, sortait de sa poche, sans se faire remarquer, une poignée de vermisseaux apprivoisés qu'on retrouvait plus tard glissés, tels des signets, entre les pages de ses cahiers, ou un hanneton dressé qui promenait son ombre sur la « feuille d'opérations » comme la retenue surnuméraire d'une soustraction ou la virgule oubliée d'une addition.

Tous trois, du reste, entretenaient avec l'arithmétique une relation qui les révélait : quand l'institutrice avait voulu les initier au langage binaire des ordinateurs, leurs réactions avaient été vives mais opposées. « Un et un, deux », protestait avec vigueur « l'enfant du milieu ». « Il n'y a pas trente-six façons de compter, et je ne comprends rien à ces histoires de "base trois" ou de "base six" : c'est des conneries ! Un et un, deux. Ça, j'en suis sûr ! Et je ne vais quand même pas mentir pour vous faire plaisir... » « C'est vrai que moi, en principe, on m'avait appris dans les petites classes qu'un et un, ça faisait deux... Mais bon, s'il y en a qui ont une autre idée, on peut discuter », avançait prudemment l'aîné qui ne pouvait se défendre de traitailler, même dans les affaires qui se prêtent le moins au marchandage ; « si vraiment les profs d'ici préfèrent que ça fasse trois, ou même cinq, je tâcherai de m'arranger. On ne va pas se battre pour un chiffre, hein ? En affaire on se débrouille toujours... » « Je me demande ce que ça fait, deux et deux », murmurait, songeur, le plus jeune. « Je ne sais déjà pas bien si deux égale deux... Parce qu'un "deux" n'est jamais pareil qu'un autre "deux", à mon avis... Il faudrait que tu m'expliques d'abord duquel "deux" la maîtresse veut parler : la sorte de "deux" qui nous sert pour payer le pain ? ou celui que tu prends pour compter tes enfants ? », et il m'expliquait, docte et câlin, qu'il y avait un tas de choses cachées derrière les « deux », « plein de choses cachées partout, qu'on ne voyait jamais, mais qui pouvaient changer le résultat... »

Ces « choses cachées » commençaient peut-être à se dévoiler : les vapeurs blanchâtres qui, dix minutes plus tôt, traînaient encore au ras des roseaux s'étaient dispersées. Les petits ponts de briques qui enjambaient le canal fermaient maintenant leur anneau en se reflétant dans le miroir sombre des eaux. On voyait, à droite et à gauche, les espaliers des vergers se rapprocher du village en cercles de plus en plus serrés et cerner les maisons de leurs cordons de fruitiers, courts et torturés comme une forêt de bonsaïs. Peu d'arbres de la lagune réussissaient à dépasser la taille d'un homme, les vents, qu'aucun relief n'arrêtait, couchaient les boqueteaux et les haies avant qu'ils aient poussé, et les vergers ne pouvaient se déployer qu'en largeur, étendant à un mètre du sol leurs branches entrelacées, calleuses et nouées. Seules quelques espèces avaient réussi à résister, et, sur cette île également dépourvue de phare, de campanile et de clocher, leurs silhouettes élancées servaient de points de repère aux étrangers. Il y avait ainsi les quatre ou cinq pins qui, Dieu sait pourquoi, s'étaient accrochés derrière la station maritime, le cyprès bleu qui s'obstinait au bout de la cour des « vigiles municipaux », et — à l'extrême pointe de l'île —, précis comme un dessin à l'encre de Chine, le bouquet d'ifs du cimetière.

Comme San Michele, le cimetière de l'île était fermé de hauts murs de briques rouges dont les fondations trempaient dans l'eau. A l'intérieur, où, du fait de la diminution de la population des îles, on se serait attendu à trouver quantité de tombes abandonnées, l'extrême propreté des allées et le bon entretien des caveaux frappaient : chaque pierre était ornée d'une photo du défunt et couverte de fleurs fraîches, rouges en été et jaunes quand l'automne venait. Nulle part on ne voyait, comme en France, de ces couronnes en céramique, de ces bouquets plastifiés qui dispensent de se déranger ; sous leurs brassées de fleurs régulièrement renouvelées, les morts avaient tous l'air de morts très frais et, tels des disparus de la veille, donnaient au passant l'idée flatteuse qu'ils obsédaient à chaque instant la pensée des survivants, même ceux qui, comme ces bébés mort-nés dans leur quartier réservé, n'avaient pas eu le temps de laisser de vrais regrets... A l'évidence, les insulaires n'auraient pas supporté d'abandonner aux orties la moindre parcelle de cette terre consacrée ; ils négligeaient plus volontiers leurs jardins que leurs cimetières, leurs maisons que leurs tombeaux ; et j'imagine que, pour empêcher les défunts orphelins de déparer les lieux, les îliens survivants se chargeaient des morts des autres...

« C'est beau quand même, un petit cimetière », m'avait confié mon blondinet en déposant avec précaution un scarabée roux sur le marbre d'une croix. « C'est dommage que, nous, on n'a pas de tombe pour mettre des fleurs dessus... » Ses frères avaient approuvé.

Comment leur faire comprendre qu'on porte ses morts

dans son cœur et qu'ils nous suivent au bout du monde ? D'ailleurs, était-ce bien ce qui les préoccupait ? La vérité est qu'on manquait de divertissement dans les îles : le moindre enterrement y prenait des proportions d'événement, la plus banale nécropole des allures de monument. Résignée, j'avais permis aux enfants d'élire un caveau que nous viendrions fleurir de temps en temps. Dans un coin du cimetière ils avaient déniché une sépulture propre, mais sans bouquet ; puisque c'était la seule, son choix s'imposait. Je ne pus m'empêcher de penser que, pour être aussi dépouillée, cette tombe devait abriter un individu honni de ses concitoyens, une brute, peut-être un assassin... Mais les enfants s'en moquaient : comme les autres gamins de l'île, ils avaient enfin « leur mort » à visiter.

Une fois par mois, à la nuit tombée, nous allions en famille porter un bouquet au délaissé. Le plus jeune des enfants avait toujours une offrande personnelle à y ajouter — coquille d'escargot, boîte d'allumettes bourrée de chardons, moule ramassée sur un pieu du chenal, ou enveloppe de « malabar » soigneusement dépliée : « Il va être content, m'annonçait-il ravi, je lui ai préparé une surprise... » Le bâtisseur de forteresses, qui dépassait maintenant son benjamin d'une tête, fixait ses yeux sombres sur le pied du tombeau et, raide comme un piquet d'honneur face au Soldat inconnu, finissait par enchaîner une dizaine de signes de croix précipités, convaincu que la quantité rattraperait la qualité ; « carrément » était, en effet, depuis deux ans son adverbe préféré, et « quand il serait grand » nous savions tous qu'il aurait un éléphant dans son appartement... Quant à l'aîné, que les cérémonies ennuyaient, il traînait dans les allées ; je le surveillais du coin de l'œil, craignant qu'il ne s'empare en catimini d'un bouquet encore appétissant, d'un crucifix démontable ou d'un portrait sculpté, pour les revendre ou les échanger : la vie des îles avait beaucoup développé chez lui un sens du commerce dont la précocité m'alarmait déjà quand nous étions à Paris...

Un jour que, dans notre cimetière, je rappelais prudemment ce grand financier à mes côtés parce qu'il lorgnait de trop près un buste de Jean XXIII en aggloméré : « Au fait, maman, tu as décidé que c'était qui, le type là-dessous ? me lança-t-il d'un ton détaché, en poussant un caillou du pied.

— Comment ça, "j'ai décidé" ? Tu sais parfaitement que j'ignore qui c'est...

— Evidemment, "Zacharia Bertoldi" je me doute que tu ne l'as pas connu ! D'un autre côté, tu vas sûrement prétendre que tu viens ici pour amuser mes frères. Peut-être que c'est vrai... Seulement, je me demande si c'est aussi pour leur faire plaisir que tu as l'air si triste, quelquefois, dans ce cimetière ? Enfin, pas vraiment triste, mais heureuse qu'il soit normal d'avoir l'air un peu malheureux. Explique-moi, maman. Parle. »

Il avait noué ses deux bras autour de ma taille et appuyé sa tête contre ma poitrine ; comme chaque fois qu'il voulait obtenir de moi ce qu'il pressentait que je ne lui refuserais pas, il calait son front contre mon cou, frottait son nez entre mes seins, et se caressait à moi comme un petit chat ; il y avait du miaulement dans ses tendresses, du patte-de-velours dans ses provocations.

— Allez, petite maman, dis-moi tout ! Maman chérie, raconte : cette tombe, en réalité, elle te fait penser à qui ?

Il était inutile de se dérober : rien de ce qui agite le cœur des autres n'échappe à un commerçant avisé. Je le serrai un peu plus fort contre moi :

— A un de nos amis, à papa et à moi. Un ami mort juste avant qu'on ne quitte Paris. Un accident... Je t'avais parlé de lui quelquefois. Il s'appelait Philippe Valbray.

C'était dans le métro en lisant le journal, un jour de février 88, que j'avais appris la mort de Philippe. « Accidentellement », disait l'annonce. Il y avait à ce moment-là trois ou quatre mois que je ne voyais plus le frère de Christine : trop de travail des deux côtés ; et puis, j'avais momentanément abandonné mes recherches sur la « Sans Pareille » pour me remettre aux palimpsestes du XVIe siècle.

En parlant de Valbray, au cimetière, j'avais dit à mon fils « un de nos amis », mais, en comptant bien, combien de fois avais-je rencontré Philippe ? Du temps où il n'était encore qu'une relation de mon mari, une dizaine peut-être, dans des cocktails de l'Inspection des Finances ou des dîners ; puis, à partir de l'incarcération de Christine, quinze ou vingt fois d'une manière plus intime, plus chaleureuse, avec cette liberté dans les propos et ce consentement mutuel à l'ironie qui nous autorisent à présenter comme de « vieux amis » des complices de fraîche date dont nous ne connaissons ni le passé ni les secrets.

Je me reprochais parfois de ne pratiquer l'amitié qu'à la manière des fourmis, qui courent en tous sens, stoppent au hasard devant une congénère, lui tâtent fébrilement les antennes, et repartent aussitôt, affolées par le temps perdu — coupables de s'être arrêtées et coupables de déguerpir. J'avais si souvent, ces dernières années, débranché le téléphone, et certaines de ces amitiés qui, nous détournant de nous-même, nous détournent d'écrire... La mort d'un ami ? Un numéro que je n'aurais plus le remords de n'avoir pas appelé, une adresse à rayer sur un carnet trop chargé...

Parce que je savais peu de chose de cet allié qu'était devenu Philippe Valbray, je n'étais même pas parvenue à déterminer ce que la version officielle de sa mort pouvait cacher. A trois heures du matin, sur une route du Midi, en pleine ligne droite, sa BMW avait quitté la route. Bien sûr, il conduisait toujours de façon désinvolte ; et à trois heures du matin, il avait pu s'endormir au volant ; la thèse de l'accident n'avait donc rien d'invraisemblable. Pour quelle raison avais-je songé à un suicide ?

Après huit ans, pourtant, Philippe paraissait avoir surmonté le choc de l'arrestation de Christine et le scandale de ce procès dont on avait fait, indirectement, celui du milieu Chérailles. Depuis quelque temps il semblait même qu'il eût dominé les difficultés financières du groupe LM et, malgré les rumeurs persistantes de cessation d'activité des usines de Picardie ou de revente de l'entreprise à telle ou telle multinationale, mes amis banquiers m'assuraient que le redressement de l'affaire était en bonne voie : en liquidant certains actifs le jeune P-DG avait rééquilibré les postes du bilan, et en lançant auprès des consommateurs de nouveaux produits à des prix « très étudiés » — comme disait sa publicité —, il venait d'augmenter sa part de marché, rendant à l'entreprise une marge bénéficiaire que ses concurrents lui enviaient. La libération anticipée de Christine, puis sa disparition, auraient pu menacer cet équilibre à peine reconquis ; mais, parce qu'il refusait de s'attarder sur le sujet, Philippe m'avait paru moins affecté par ces péripéties que je ne l'étais moi-même — à moins que cette indifférence ne dissimulât quelque dépit amoureux : « J'ai payé son avocat, vous le savez, et pendant six ans je lui ai envoyé de l'argent, des colis, des lettres. Plus tard, j'ai accepté d'être son mandataire, de vendre sa maison, de payer ses dettes... Vis-à-vis de ma tante, de ma mère, de François, bref de tous les gens que cette his-

toire avait éclaboussés, ça n'a jamais été facile, croyez-le ! Et je ne vous parle pas de mon père, qui n'était peut-être pas un petit saint, mais que les folies de sa fille ont bel et bien tué ! Passons... Mais qu'après tout cela nous nous retrouvions encore, vous et moi, blousés, et obligés de nous demander : où est-elle, que fait-elle, que veut-elle ? Ah non, on s'en lasse ! Qu'elle soit morte ou en vie, pour moi c'est fini. Je lui pardonne volontiers le mal que nous nous sommes fait, ses péchés, les miens, et tous ceux de la parentèle, mais je ne veux plus la défendre, plus la protéger. Je vous l'ai dit : je ne veux même plus m'inquiéter, j'ai tiré un trait. »

J'étais la seule, pensais-je, qui pût l'obliger à revenir sur ce passé qu'il voulait oublier, à parcourir une fois de plus la page qu'il croyait tournée. Jamais, pourtant, il ne m'avait clairement demandé de ne pas publier. « Non seulement, me disait-il mi-figue mi-raisin, Christine vous obsède, mais vous êtes possédée.... Son âme s'est emparée de la vôtre : fouiller la vase, salir sous prétexte de nettoyer, c'est exactement ce qu'elle aurait fait ! »

A l'époque, je m'indignais et attribuais la violence de ses propos aux craintes qu'il pouvait garder sur certaines insinuations des « petits carnets » (que, lui vivant, je n'aurais pas reproduites, cependant). Après sa mort, resongeant à ce que mon mari m'avait lui aussi tant de fois reproché, je recommençais à m'interroger ; n'était-il pas vrai, en effet, qu'en m'obligeant à la suivre pas à pas, en me découvrant des intrigues auxquelles je n'aurais pas songé, Christine m'avait éduquée, qu'elle m'avait formée, peut-être gauchie, dévorée ? En vivant à travers elle je m'étais initiée ; et, désabusée par procuration, blessée par anticipation, je ne parvenais plus à me détacher de sa vision.

Philippe n'avait tort que sur un point : lorsqu'il prétendait qu'avec ce livre-miroir, ce livre-réquisitoire, je cherchais à faire ce que la « Sans Pareille » aurait fait. Comment, toute morale mise à part, aurais-je ignoré que sa sœur, quoi qu'elle fût devenue, avait échoué ? Même sa vengeance avait raté. Il ne suffisait pas de hurler avec les loups : il fallait une mâchoire de carnassier. En dépit des apparences, Christine était trop tendre, les fauves ne s'y étaient pas trompés ; et, plus fragile qu'elle, plus vulnérable, j'avais encore moins de chances de m'en tirer... Aussi ne songeais-je ni à jouer le jeu du monde pour gagner, ni à dénoncer les vainqueurs ; tout juste, au cours de mon enquête, avais-je, comme elle, un peu menti, un peu truqué, mais, pour l'essentiel, depuis que Christine était entrée dans ma vie, je me contentais de souffrir : je souffrais comme le rat de laboratoire auquel on envoie des décharges électriques sans qu'il puisse mordre ni s'enfuir ; et, de plus en plus souvent, il m'arrivait de me demander si Philippe, lui aussi, ne s'était pas fatigué de vivre sur un plancher piégé. Alors, bien sûr, si la porte de nos cages s'entrouvrait, si au détour d'un virage l'occasion s'offrait de s'éclipser, de s'échapper entre deux rendez-vous, deux déceptions, deux corvées...

« Mais voyons, il n'y a aucune raison de penser que notre ami Valbray s'est suicidé ! me répétait mon mari. Ce n'était pas du tout son genre. Ne prends pas tes désirs pour ses réalités !... Quant à sa sœur, tu ne m'ôteras pas de l'idée qu'il savait ce qu'elle était devenue ; simplement, il n'a pas jugé utile de t'en informer. Après tout, vous n'étiez pas si intimes !... Admettons même que je me trompe, ce dont je peux au moins t'assurer, moi qui ai connu Valbray avant toi, c'est qu'il n'avait pas envie de mourir : ce n'était pas un mélancolique ! Sensible, oui, pessimiste peut-être, mais enjoué, facile, bref doué pour le bonheur. Rien à voir avec Kahn-Serval ! »

Peut-être les confondais-je à tort, en effet. Philippe avait été pour moi ce que Renaud était pour Christine — un contraire fascinant, qui resterait hors de portée : quoi de plus étranger à mon tempérament qu'un être comme lui — lucide mais gai, cynique mais tendre, de cette tendresse sacrifiée que les Eglises appelaient « la charité » et que cet homme sans principes pratiquait naturellement, comme une politesse de l'esprit, une ultime marque de courtoisie...

Au moment de sa mort, je n'avais plus vu le frère de Christine depuis quelques mois, et tant qu'il s'était trouvé à portée de mon téléphone, je n'avais pas cru qu'il me manquait ; mais, quand je cessai de pouvoir me dire que je le verrais dès que l'envie m'en prendrait, tout — le quartier qu'il habitait, les restaurants qu'il fréquentait, les auteurs qu'il lisait — me parut insupportable et ajouta au chagrin que j'éprouvais à voir le monde s'assombrir autour de moi ; pendant les dernières semaines de ma vie à Paris, je promenais partout un cœur trop lourd, dont j'étais encombrée, et ce fut avec un sentiment d'étonnement et de gratitude mêlés que, réfugiée dans l'île, je déposai parfois mes peines sur la tombe de Zacharia Bertoldi, au pied de l'unique bouquet d'ifs de la lagune...

Aussi élancé que les trois arbres du cimetière qu'on n'avait jamais taillés, le cyprès bleu de la gendarmerie, autre point culminant de l'archipel, était planté en plein cœur du bourg ; lisse comme un mât de cocagne, il grimpait derrière la première maison du village, là où la cour, encombrée de caisses et de tonneaux, joignait l'arrière de l'enclos des vigiles municipaux.

Cette première maison, bâtie à l'endroit même où le canal s'interrompait, n'était pas habitée ; l'été, elle servait de trattoria : un gros cuisinier au coutelas brandi était peint sur le mur-pignon, et la façade, le long du chenal, prolongée d'une pergola de bois où s'enroulait une vigne vierge ; sous cette pergola, des tables en fer rectangulaires avaient été scellées dans le ciment du quai ; au mois de mai on y ajoutait des chaises en plastique.

*La deuxième maison du village — rose buvard aux volets verts — était aussi la première à ne plus avoir les pieds dans l'eau. Moins d'humidité, moins de moisissures : elle avait meilleure mine que sa voisine. Avec sa haute cheminée, qui partait de la façade et dépassait le toit de six ou sept mètres en s'élargissant au sommet pour former une sorte d'échauguette, elle évoquait les châteaux forts ou certains minarets d'Orient ; mais comme on était en Europe et au XX*e *siècle, le « minaret » jouxtait un transformateur électrique et une cabine téléphonique...*

On jouissait, en effet, de « tout le confort moderne » dans les îles : pour ratisser les nuages et ramener entre leurs dents les malheurs du monde, les antennes de télévision grimpaient aussi haut que les cheminées ; le courrier était distribué trois fois par semaine ; et, en cas d'urgence, un hélicoptère atterrissait dans un champ derrière la maison des vigiles pour emmener les malades jusqu'à l'île-hôpital, de l'autre côté de la lagune.

Entre la trattoria, à une extrémité, et le café-épicerie, sur le bord opposé, le village alignait une cinquantaine de maisons — les unes anciennes et crépies de couleurs vives selon l'usage, d'autres, plus récentes, bâties en parpaings qu'on n'avait pas enduits, et regroupées vers le fond de la place.

Le long rectangle de ce « campo » méritait bien son nom

car il avait l'air d'un pré. Le pavage du chemin s'arrêtait en effet en même temps que le canal : la place était couverte d'une herbe drue et plantée de platanes bas. Ce vaste pâturage faisait penser au béguinage de Bruges. Mais le campo était moins bien tenu et souffrait du laisser-aller propre à la lagune : les boîtes de conserve rouillaient dans l'herbe, un ballon de foot pourrissait dans le canal avec quelques épluchures d'orange, et je remarquai qu'à six heures du soir, dans la plupart des maisons, les fenêtres du premier étage, grandes ouvertes, dégorgeaient encore la literie qu'on y avait exposée dès le matin « pour aérer » — les draps, ici, étaient si généreusement aérés même par temps de pluie, que, toute paresse mise à part, j'imaginais que les insulaires devaient prendre un certain plaisir à se glisser dans des lits mouillés ; peut-être les femmes y retrouvaient-elles des âmes de sirènes, et les hommes la vigueur des tritons...

La place entière, située à bonne distance des côtes, baignait dans un air calme, reposé : le village était, au cœur de l'île, le lieu géométrique où les vents s'annulaient. Mais sitôt qu'on s'éloignait du « campo », soit vers la pointe nord que j'habitais, soit en direction du sud où s'élevaient une dizaine de maisons neuves aux formes tarabiscotées et aux étranges crépis pistache et lilas — une cité ouvrière construite par le Provincia et qui ressemblait, en plus petit, aux sucres d'orge qu'Emile Aillaud avait offerts à La Défense —, le vent reprenait, humide et salé, et avec lui le bruit d'éventail des maïs froissés.

On en trouvait un champ juste derrière l'épicerie, en bordure d'un ancien couvent qui avait appartenu à des bénédictins. Mais les moines étaient partis depuis plusieurs centaines d'années : la population de l'île avait commencé à décroître dès le XIIIe *siècle quand les ateliers de carénage s'étaient déplacés ; depuis, la décadence, lentement approfondie, était devenue une si longue habitude qu'elle prenait l'air simple et naturel d'un mode de vie... Plus tard, comme les poudrières, le couvent délaissé avait été transformé en caserne, puis, la caserne, abandonnée. Maintenant dans ses murs vivaient deux jeunes femmes, dont j'avais cru comprendre à certaines plaisanteries qu'on les tenait pour des « dames de mauvaise vie » ; et si cette « mauvaise vie » suffisait à les faire vivre, c'est ce que je ne pouvais déterminer... En tout cas, leur logement, bien qu'il eût encore d'assez beaux blasons et que le cloître avec ses colonnettes et son puits sculpté fût intact, manquait d'attrait : de vieilles lessiveuses et des seaux de toilette traînaient sous la colonnade, des barques retournées séchaient dans le déambulatoire ; de temps en temps, dans ce lieu désolé, l'un des paons que ces dames élevaient — pour imiter, pensai-je, les courtisanes haut de gamme de Carpaccio — faisait entendre son cri puéril et désespéré.*

Ces oiseaux de luxe qui paradaient au milieu des décombres me faisaient toujours penser à Catherine Darc. Elle aussi ne déployait jamais plus largement ses plumes multicolores et son chatoyant talent que sur fond de catastrophes, de faillites et d'abdications. Ne s'était-elle pas rendue célèbre à la fin des années soixante en commençant l'une de ses interviews à la télévision par un pathétique : « La France a peur », sous prétexte que les cours de la sidérurgie venaient de baisser à la Bourse de Paris ? Depuis, l'actualité s'y prêtant mieux, elle avait beaucoup progressé : dans les journaux son style sévère, à la radio sa voix grave, se superposaient à tous les tremblements de terre, toutes les guerres, tous les rapts, tous les attentats ; elle n'avait pas sa pareille pour vous mitonner la mort à petit feu, vous l'arranger à toutes les sauces et vous la servir à point, avec une pincée de « conscience malheureuse » pour faire passer l'arrière-goût de faisandé des préparations auxquelles elle se livrait... Comme on l'avait vu dans une affaire récente — le tabassage, par des skinheads de Champigny, d'un petit colporteur soudanais —, elle n'hésitait même plus, aujourd'hui, lorsque le drame lui manquait, à susciter l'événement pour pouvoir le commenter.

Quand j'étais allée faire une visite de condoléances à Anne de Chérailles (je ne pouvais me borner à lui écrire car, à la demande de son fils, elle m'avait accueillie trois ou quatre fois dans son hôtel particulier de la Villa Scheffer afin de me parler de Christine et d'Olga), Catherine s'était arrangée pour être présente à l'entretien. En sa triple qualité de tante, de belle-sœur, et de charognarde...

Les deux femmes m'avaient reçue ensemble dans le grand salon de la villa, toutes deux également en noir, mais inégalement affligées.

En entrant, je remarquai que l'hôtel — une petite construction 1880 avec fenêtres ogivales et faux mâchicoulis, que j'avais connue entourée d'un grand jardin — était maintenant cerné par des immeubles de dix étages dont les fenêtres plongeaient à travers les voilages du salon : on avait l'impression d'être en vitrine. Il ne restait que cinq mètres de platesbandes de chaque côté de la maison ; le surplus, abandonné aux promoteurs, devait sans doute faire partie de ces « actifs immobiliers » que Philippe avait réalisés au cours des dernières années pour alimenter le fonds de roulement de « La Ménagère ». Dans un réflexe de marchand de biens, je me dis que ce petit hôtel encagé, aux pièces assombries et au jardin tronqué, serait difficile à vendre — comme si je savais déjà que tout serait vendu...

Sous le regard curieux des voisins qui, malgré la saison, prenaient le frais aux balcons, Anne me serra la main, droite et pâle dans une robe de deuil bien coupée. Curieusement, elle me parut plus jeune que lorsque je l'avais rencontrée au début de mon enquête ; plus jeune que Catherine Darc, dont le corps s'était alourdi ; plus jeune même que son propre fils : les soucis avaient vieilli Philippe ces derniers temps, agrandissant le cerne bleu sous ses yeux et mêlant des fils blancs à ses boucles cuivrées.

Anne au contraire gardait, malgré son chagrin, un visage lisse et reposé, un regard enfantin et des traits si fermes qu'on l'aurait prise pour une jeune compagne de Marie-Antoinette qui aurait poudré sa chevelure de gris pour suivre la mode.

Elle s'assit avec moi sur un petit canapé, tandis que Catherine, qui voulait sans doute montrer que la conversation ne devait pas se prolonger, restait debout à nos côtés. Madame de Chérailles me parla de son fils prudemment, en petites phrases légères, superficielles, inachevées. Elle parlait comme marchent les aveugles : les bras tendus, en tâtant le vide devant elle pour ne pas tomber ; elle se ménageait, faisant de longs détours pour s'assurer une route plus lisse, une pente moins raide... Si j'avais redouté des larmes qui feraient couler les miennes, un effondrement qui me laisserait sans mots, je fus rassurée dès la première minute : j'avais devant moi une femme capable de se contrôler. Seuls, de temps à autre, un présent qui échappait à sa vigilance, une difficulté persistante à user de l'imparfait pour désigner ce fils dont les photographies ornaient le piano, la bibliothèque, le secrétaire, révélaient qu'elle n'avait pas encore accepté. « Il est beau, n'est-ce pas ? me dit-elle en montrant sur le mur un portrait de Philippe à quinze ans. C'est Alfonso Vasquez qui l'a peint... Du temps où Vasquez faisait encore des portraits... »

Elle tenait ses mains croisées sur son giron, les bras arrondis en berceau. Et, tout à coup, devant cette résignation polie que démentait le geste des bras qui semblaient appeler un nouveau-né et envelopper dans leur anneau un corps inachevé, face surtout à la jeunesse insolite, presque choquante, de cette mère qui pleurait un fils de quarante-sept ans, je compris que celle qui se tenait assise auprès de moi, sans larmes et sans rides, était une authentique Pietà pareille à cette Vierge de Michel-Ange aux traits d'adolescente qui porte son fils mort comme elle portait son bébé endormi, et à ces « Descentes de Croix » de Cosme Tura où Marie presse contre son ventre un cadavre si court, chétif et recroquevillé, qu'il paraît redevenu fœtus.

L'instinct du génie avait fait retrouver au peintre et au sculpteur ce que les femmes savent d'expérience : que tous les fils malades, tous les fils blessés, tous les fils morts redeviennent des nouveau-nés, que toutes les mères dont l'enfant agonise sont de jeunes accouchées ; qu'un fils qui meurt à quarante-sept ans était né d'hier, tout-petit qu'on n'avait pas fini de mettre au monde, de mettre bas ; que nos enfants ne tombent jamais de nos bras... A la douleur commune de la séparation s'ajoutait pour la mère le remords de n'avoir pu protéger, jusqu'au bout de sa vie, la vie qu'elle avait donnée. Et cette brusque intuition du deuil maternel, se mêlant à mon propre chagrin d'amie, réveilla en moi d'obscures appréhensions : j'éprouvai le besoin soudain de tenir mes fils contre moi, de les tâter, les compter, les bercer, les rassembler pour ne plus les lâcher. Comme la Clémentine de « l'Arrache-Cœur », j'aurais voulu, dans ces moments de folie, enfermer mes trois garçons à l'intérieur d'une chambre sans fenêtres ni meubles, tapissée d'ouate et de caoutchouc, où rien ne pût arriver... Une larme, que je versais peut-être moins sur Philippe que sur moi, et moins sur le passé que sur un avenir qui m'échappait, glissa le long de ma joue.

« Ne pleurez pas, me dit Anne. Je ne pleure pas, moi. Je crois que peut-être... peut-être je le retrouverai... La seule chose qui m'ennuierait », ajouta-t-elle avec une petite grimace d'excuse qui la faisait ressembler au garçonnet du portrait, « ce serait de le retrouver amélioré, sanctifié : ceux que nous avons aimés, nous voudrions les revoir avec tous leurs défauts, toutes leurs passions, toute leur chair, n'est-ce

pas ? » Il y eut un court silence, qu'elle rompit d'un sourire forcé : « Bon », fit-elle, prouvant qu'elle dominait assez son émotion pour ne pas me gêner, « bon, les philosophes nous expliqueraient sans doute qu'il ne faut pas confondre l'immortalité de l'âme avec l'immortalité du moi... Que n'ai-je appris à philosopher ! » Machinalement, elle se leva, avança de quelques pas dans la direction du tableau où Vasquez avait représenté Philippe adolescent, comme si, malgré elle, la lumière de ce visage continuait à la guider, à l'aspirer ; mais, de nouveau, elle se reprit, s'arrêta net, puis, détournant les yeux vers les fenêtres des immeubles qui l'observaient : « Pourquoi, dit-elle d'une voix sourde, faut-il que nous nous obstinions à espérer des morts qu'ils nous ouvrent leur cœur dans un lieu où ils n'ont plus de cœur, qu'ils nous tendent les bras au moment où ils n'ont plus de bras ? »

Crispée sur mon propre chagrin, raidie au bord du canapé, je ne parvins pas à retenir une seconde larme, noircie de rimmel, qui tomba droit de mes cils sur mon chemisier ; j'eus honte de cette émotion déplacée face à une mère qui, dans sa tristesse, gardait sa dignité.

Catherine Darc, que notre dialogue commençait à fatiguer, me lâcha, pour conclure la scène, quelques phrases de circonstance ; mais le ton manquait aux paroles... Imposante comme une Némésis de marbre noir, c'est en vain qu'elle tentait d'envelopper sa satisfaction dans les crêpes du deuil et de dissimuler, sous des propos convenus, une joie qui éclatait malgré elle dans ses mouvements décidés, ses regards impérieux, sa démarche pressée ; bien qu'elle s'efforçât à la gravité, tout trahissait en elle un frémissement d'aise, un trémoussement intérieur, une impatience qui, sitôt qu'elle bougeait, lui donnait l'air de sautiller... Ce n'était pas seulement l'amateur de cadavres mais la fiancée bafouée, la belle-sœur mal aimée, l'héritière contrariée, qui triomphaient : la mort de Philippe lui laissait le champ libre. Elle avait quinze ans de moins que sa belle-sœur et un solide appétit ; d'Anne — qui n'avait plus pour la défendre ni père ni fils, ni amant ni amie — elle ne ferait qu'une bouchée...

Deux mois après, la presse nous apprit, en effet, que l'empire du vieux Raoul était démembré : à la « Singapour Limited », filiale de la « Fervacques and Spear », les lecteurs de compacts et les magnétoscopes ; à la « Corean Electric » les deux unités d'électroménager qui, grâce aux soins de Philippe, avaient recommencé à faire des bénéfices ; les brevets à des Japonais, les bureaux de Paris à des Saoudiens, et l'hôtel du Trocadéro — déjà hypothéqué — aux Parfums Worsley, qu'un riche Philippin venait de racheter ; la maison de Senlis, provisoirement maintenue dans l'indivision, avait été fermée, le parc et la roseraie abandonnés ; tout le reste — les usines déficitaires, les entrepôts de Saint-Quentin et le siège social de Doullens — était liquidé au prix de la pierre, et les employés licenciés : « Quarante ans de maison, j'avais quarante ans de maison », gémissait une vieille ouvrière devant les caméras de télévision, tandis qu'on apercevait en fond les bulldozers qui s'attaquaient à la vieille usine de Noyon — la fabrique de presse-purée aux murs de brique et aux verrières démodées d'où était partie, en 1925, la fortune des Chérailles...

En sortant de la place de l'île par l'angle du café (où l'on apercevait, derrière les vitres sales, quelques autochtones pressés sous la lampe pour déguster le vin blanc et les oignons confits dont ils faisaient une consommation immodérée), je longeai l'unique rue du village : une vingtaine de maisons basses ; des vergers où des filets de pêche séchaient à cheval sur les espaliers, tandis que des nasses de bois retournées servaient de poulaillers ; des potagers mal clos où les artichauts, les carottes, les choux se dissimulaient sous la carapace annelée de serres aussi souples et étirées que ces « cogoli » de tulle que les braconniers accrochaient aux pieux des chenaux pour y prendre les oiseaux.

En voyant ces planches de légumes emballés, je me demandai d'ailleurs d'où venait aux villageois cette hâte à tout empaqueter alors qu'il n'avait pas encore gelé et qu'il ne faisait pas vraiment froid : les portes restaient entrouvertes sur la ruelle, laissant deviner des escaliers de bois, décolorés à force d'être lavés à grande eau comme le pont des bateaux, et des cuisines sombres où, entre le réchaud à gaz et le poste de télévision, s'affairaient de grosses femmes en savates ; les gamins blonds, aux joues brunes, qui jouaient dehors sortaient encore sans manteau, et un bébé roulé dans un châle dormait paisiblement au grand vent dans son couffin posé sur les pavés tel un canot sur les flots.

Les enfants étaient rois dans les îles ; peut-être parce qu'ils y étaient peu nombreux. Un « Centre d'Aide pour la Vie » qui apposait des affiches dans tous les vaporetti s'efforçait, appa-

remment sans beaucoup de succès, de susciter des vocations parentales : « Fammi nascere, suppliait un nouveau-né tout rose, ama la vita che c'e in te. Se hai problemi, risolviamoli insieme »...

A l'extrémité de cette unique venelle, qui sentait la cendre, le goémon et la soupe de poisson, se dressait l'église. Fondée au VIIe siècle, et reconstruite au XVIe par Palladio, elle offrait la particularité d'être la seule bâtisse en pierre de toute l'île. Dans le crépuscule naissant elle se levait au bout du village comme un fantôme blanc.

Quatre colonnes à chapiteaux corinthiens qui soutenaient un fronton ; deux niches vides qui avaient dû, à l'origine, abriter des statues de saints ; un dôme de briques presque plat ; et trois portes, toutes les trois fermées : l'église était désaffectée. La rosace au-dessus du fronton avait été bouchée par des planches qui pourrissaient ; et on avait fermé les fenêtres latérales par des barreaux de fer qui, à chaque averse, répandaient sur la façade de longues coulées sanglantes. En dépit de ce cadenassage rigoureux, tous les chats de l'île et tous les enfants savaient comment entrer dans le monument : il y avait sur le côté un œil-de-bœuf dont le barreaudage avait été arraché, et, à condition de n'être ni trop lourd ni trop épais, on pouvait se faufiler à l'intérieur.

Pendant près d'un an, mes enfants, auxquels leurs amis du village montraient le chemin, avaient insisté pour me faire découvrir les merveilles que cachaient ces murs épais, ces grilles scellées : « Il y a du marbre là-dedans, et même des tableaux, c'est super ! » Ils n'allaient jamais si volontiers dans les églises que lorsqu'on tentait de les en empêcher...

Je refusais de les accompagner : « C'est défendu. » J'ai toujours eu horreur de transgresser les interdits, d'enfreindre les règlements, de violer les lois et de tourner les difficultés ; « You're a law abiding ass », m'assurait Philippe Valbray chaque fois que je lui reprochais de couper les sens giratoires et de stationner sur les bateaux.

« Ce n'est pas permis », répétais-je, péremptoire, aux trois garçons que leur vie dans l'île rendait de plus en plus imperméables à ce genre d'arguments.

— Pas permis ? Mais pourquoi ? Par qui ? D'ailleurs, y a pas de gendarmes ici...

« J'ajoute », reprenait l'aîné d'un ton qu'il voulait à la fois doctoral et détaché, dans le style « souci de l'intérêt général » tel que le concevrait un honnête élu local, « j'ajoute que tout *moisit dans ce bâtiment et que les grands tableaux, par exemple, il vaudrait beaucoup mieux les vendre maintenant...*

— Ah non, par exemple ! Tu ne t'en occupes pas ! Ils ne sont pas à toi, ces tableaux ! Tu m'entends : tu ne t'en occupes pas !

— Oh, tu sais, moi, ce que j'en disais, c'était surtout pour les propriétaires... Au fait, une église, c'est qui, le propriétaire ? »

A la fin, mue par la curiosité, j'avais accepté de me hisser jusqu'à la lucarne. A l'intérieur, ma lampe de poche avait éclairé une série de tableaux verdâtres. Le faisceau lumineux promenait à la surface des toiles, exagérément vernies, des reflets aveuglants. J'éteignis la lampe. Quand mes yeux se furent habitués à l'obscurité, je distinguai une suite, qui représentait divers épisodes de la vie d'une même femme : on la voyait d'abord au milieu d'une cour brillante ; puis dans une barque, avec des hommes malintentionnés ; plus loin, une douzaine de méchants flagellaient la malheureuse, qu'on retrouvait — au dernier chapitre — enchaînée aux grilles d'une prison où des anges, si transparents qu'on ne distinguait pas leurs traits, venaient la visiter. La première des toiles, avec ses courtisans chamarrés, me rappelait quelque chose... Tout à coup je me souvins d'avoir vu, bien des années auparavant, ces quatre mêmes peintures — mieux exécutées et mieux conservées — dans un des musées de la ville : une suite de Véronèse, dont les tableautins de l'église devaient être la copie. Il s'agissait, bien entendu, de la vie d'une sainte, dont j'hésitai d'abord à me rappeler le nom, tant il me paraissait extraordinaire : sainte Christine, « la Légende de sainte Christine ».

Cette sainte, dont il me revenait maintenant que, malgré sa popularité en Suède, elle n'était pas d'origine nordique mais italienne, avait en effet, après bien des aventures, achevé sa vie dans une prison où seuls les anges se donnaient encore la peine de la nourrir... Dieu, ayant eu pitié de la malheureuse, avait permis qu'une flèche vînt abréger son agonie.

Supplice et sainteté mis à part, la plupart des péripéties de la légende incitaient à établir un parallèle entre les deux vies, celles de la mystique et de l'espionne : même la transparence de ces célestes visiteurs de prison — auxquels ma modestie ne m'interdisait pas de m'assimiler —, l'impossibilité où l'on se trouvait de reconnaître leurs traits, leurs silhouettes immatérielles et presque effacées, semblaient avoir eu leur pendant dans la vie de Christine Valbray et dans la manière dont j'avais pensé construire le livre que je voulais lui consacrer.

Bien entendu, je ne vis pas, dans cette coïncidence amusante, la moindre incitation à persévérer : je croyais avoir définitivement renoncé à publier.

Après l'église de Palladio, l'herbe envahissait la ruelle qui reprenait peu à peu des libertés de sentier : malgré son « mobilier urbain » — des réverbères plantés tous les vingt mètres —, elle serpentait entre des champs de pommes de terre et des rangées de cardons gris qui ressemblaient à des cultures d'épluchures. A mesure qu'on s'éloignait du village la terre s'amollissait, s'enfonçant ici et là avec de petits bruits de succion, des soupirs de déglutition ; et les grands oiseaux de mer, en s'envolant des roseaux, révélaient sous leur plumage des phosphorescences d'écailles et une fraîche odeur de marée.

Dès qu'on avait passé le campa, qu'on était sorti du labyrinthe des arrière-cours, l'île — si plate que je croyais, d'un seul regard, pouvoir l'embrasser tout entière, d'une rive à l'autre — reprenait la forme d'un nénuphar dont la racine aurait été tranchée et dont la feuille dériverait sur la mare des océans au gré des courants.

En atteignant le bord opposé à celui où j'avais débarqué, le chemin se divisait : à gauche il redescendait vers les HLM mauves du hameau neuf ; à droite il montait vers le nord en suivant la berge et longeait tour à tour le mur du cimetière, l'enceinte d'un palais ruiné récemment acquis par un Piémontais, et l'arrière de quelques baraques de pêcheurs bâties sur pilotis au milieu des marais. Le sentier épousait la côte comme une route de corniche, encore qu'il n'y eût ici, à proprement parler, ni route ni corniche mais du sable, tantôt sec et tantôt mouillé, une digue incertaine, à demi noyée, une succession de flaques et pointillés d'où émergeaient, de loin en loin, les pieux du chenal et les réverbères en fer forgé.

Le vent avait tout à fait chassé la brume et les maisons éloignées avaient ce contour trop précis qui annonce la pluie ou l'imminence de la nuit. La lumière se retirait peu à peu du dôme, glissant vers le fond des eaux.

Les lampadaires s'allumèrent ; leurs cônes jaunâtres, tom-

bant sur les vapeurs tapies au creux des fossés, firent lever des fantômes d'or sur les talus spongieux, simulacres qui s'évanouissaient lorsque j'en approchais mais se reformaient aussitôt dans mon dos, fugitifs et caressants. C'était l'heure où, baignant dans la tiédeur, la nature se mettait à fermenter : des bulles crevaient la surface de la vase ; de lentes ondulations venaient mourir à la lisière des joncs ; des respirations, des fourmillements, des fumées montaient des ronces et des fourrés.

Le paysage de la lagune, en apparence si lisse et stagnant, n'était pas plus immobile que ne le sont, la nuit, les forêts ; on le sentait parcouru de tressaillements imperceptibles, agité de mouvements convulsifs mais étouffés, aussi discrets que le battement de paupières d'un enfant qui garde les yeux clos pour vous persuader qu'il dort ; il fallait cesser soi-même de remuer et fixer longuement les objets pour comprendre que le pays bougeait.

Au moment où je m'engageai entre la clôture du cimetière et la falaise du vieux palais, je crus entendre derrière moi un piétinement léger ; je me retournai et il me sembla apercevoir, entre les murailles de briques et les branchages mouvants des jardins, sous un réverbère jaune, le coin d'une robe qui fuyait. Je restai quelques secondes à scruter la pénombre et à écouter le murmure des eaux avant de comprendre que mon esprit, exalté par la rumeur confuse qui montait des marais et les formes indécises qui flottaient sous les lampes venait de projeter sur la lagune la scène d'un tableau vu à Paris à la dernière exposition de Delvaux : il ne s'agissait plus, comme dans « le Miroir », de deux personnages assis face à face, mais de deux femmes qui se croisaient sur une étroite allée dans la clarté lunaire d'un bec de gaz et s'éloignaient l'une de l'autre à grands pas, sans regarder derrière elles ; de celle qui s'avançait on voyait maintenant distinctement les traits, de l'autre, à peine encore le frémissement d'une jupe, le frisson d'une chevelure, l'ombre d'une ombre...

Ainsi aurais-je dû m'éloigner peu à peu de Christine Valbray, me déprendre d'elle comme on se délivre d'une tentation, comme on se libère d'un rêve mauvais : sa vie n'était pas ma vie, ses choix n'étaient pas mes choix — d'ailleurs avait-elle choisi ?

Un jour ou l'autre, ce qu'elle m'avait appris s'effacerait : elle tournerait l'angle de la rue et ne reviendrait plus. Ce jour-

là, je n'aurais plus besoin de mentor ni d'alibi : spectateur et sujet du tableau, je marcherais vers moi.

Une salve d'aboiements interrompit ma rêverie : le riche Piémontais qui avait racheté le palais construit sur cette langue de terre isolée venait de redresser la muraille qui séparait sa propriété du reste de l'île ; ce travail fait, il avait peuplé le parc, encore à l'abandon, d'énormes chiens gris qui y vivaient en liberté, patrouillant le long des grèves et se jetant avec fureur contre la clôture de briques dès que quelqu'un passait sur le sentier. Comme la maison n'était plus habitable et que le nouvel acquéreur n'y mettait pas les pieds, les bêtes ne connaissaient aucun maître ; un homme de l'île était chargé de leur porter, tous les deux jours, leur ration de viande ; il arrivait en barque et, sans aborder, jetait les quartiers sur la dernière marche d'un escalier qui conduisait à la mer.

Personne dans l'île n'avait compris ce que le Piémontais craignait : on ne se plaignait guère de vols au village, tout au plus de médiocres chapardages, et l'on n'aurait de toute façon pas trouvé grand-chose à voler dans ce palais ruiné — peut-être quelques balustres, des frontons, rien en tout cas qui valût la peine qu'on se serait donnée pour le transporter...

Mais si les gens du pays se demandaient encore ce que les molosses du vieux étaient censés garder, ils savaient parfaitement ce qu'ils devaient en redouter : un pêcheur, mi-gondolier, mi-braconnier, qui s'était approché imprudemment de la chaussée du palais, avait été laissé à moitié mort par la meute. Comme le cerf forcé, il n'avait dû son salut qu'aux marais : se jetant dans l'eau tout ensanglanté, il avait nagé jusqu'au point où les bêtes, perdant la piste, avaient renoncé.

Depuis, au café du village, on racontait d'interminables histoires de loups. On rappelait l'époque où les fauves des Dolomites, chassés par l'hiver, descendaient jusqu'à la lagune. En mer tout le monde faisait un large détour pour éviter « la pointe du Piémontais » ; et, malgré l'épaisseur de la paroi qui séparait le parc du sentier, personne ne passait plus sur le chemin sans trembler. Certaines nuits de tempête, les hurlements des bêtes effrayées, portés par le vent jusqu'au cœur des maisons, donnaient le frisson à toute la population.

Périodiquement, on parlait de lancer dans le jardin des boulettes empoisonnées : « Ces chiens sont devenus trop dangereux, assurait l'épicier, et ce n'est pas parce que les Milanais ont de l'argent que les Vénitiens doivent se laisser dévorer... » Alors, les habitués du café jetaient de longs regards au cantonnier payé pour approvisionner le chenil — lequel, caressant sa moustache d'un revers de main distrait, faisait mine de ne pas comprendre ce que ses compatriotes souhaitaient. Il était le seul dans l'île à ne pas vouloir la mort des chiens — ou plutôt l'un des deux seuls, car mon dernier enfant s'était lui aussi scandalisé le jour où ses frères, à table, avaient fait allusion à la possibilité d'une expédition punitive dans la propriété du Piémontais : « Pietro dit qu'ils vont y aller en bateau. A trois ou quatre. Avec des carabines. Juste après que Nino leur aura porté à manger. Comme ça, ils pourront viser les chiens de loin pendant qu'ils seront occupés à bouffer...

— Salauds ! Salauds ! s'était écrié le plus petit, rouge d'indignation. Même les loups ne sont pas méchants. Il suffit de leur parler. Personne ne leur a dit, à ces chiens, qu'il ne fallait pas faire ce qu'ils faisaient. Et voilà pourquoi il y a des problèmes ! Voilà ! »

Connaissant la faiblesse de mon benjamin pour les animaux, je n'avais pas prêté à cet éclat plus d'attention qu'il n'en méritait. Mais, quelques semaines plus tard, le petit était revenu sur le sujet — d'une manière qui m'avait stupéfiée.

Je venais de m'asseoir sur son lit pour lui dire bonsoir ; pour gagner un peu de temps sur la nuit, il avait entamé la conversation :

— Tu sais, maman, que les ours polaires et les pandas sont « en voie de disparition » ? C'est écrit dans « Wapiti ». Et tu comprends ce que ça veut dire ? Ça veut dire qu'il n'y en a plus beaucoup... Il faut les sauver... Est-ce que tu pourrais m'acheter un ours polaire, s'il te plaît ?

— Ecoute, je ne voudrais pas te décevoir, mais... j'ai peur qu'il ne s'habitue pas au climat.

— Bon. Alors est-ce que tu peux m'acheter une harpe ?

— Une harpe ? Pour quoi faire, une harpe ?

— Pour en jouer ! C'est facile, parce qu'il n'y a que sept notes...

— C'est idiot, ce que tu dis, mon minet... Les pianos aussi n'ont que sept notes !

— Ah, bon ? Alors, tu peux m'acheter un piano demain ?

— Demain ? C'est peut-être un peu court... Et puis, un

piano, c'est gros... Avant de s'emballer, mon chéri, il vaudrait mieux qu'on réfléchisse, toi et moi, tu ne crois pas ?

Il soupira, puis tira de dessous son couvre-pied un paquet de journaux :

— Regarde ce que j'ai préparé pour le monsieur du cimetière.

C'était un collier de moules percées de trous et enfilées sur une ficelle.

« Ah oui », fis-je sans examiner l'objet parce qu'il était tard et que je le savais capable de prolonger indéfiniment la discussion pour me retenir au pied de son lit, « c'est gentil. Ça fera sûrement très bien sur sa tombe...

— Tu ne l'as même pas regardé », dit avec tristesse le petit garçon ; et il détourna la tête dans un geste de dépit, mêlé, comme toujours chez lui, d'un peu de coquetterie : son profil est si joli...

Déjà, lorsque, penché sur ses cahiers, il relevait sa frange d'une main lente ou que, surpris à courir derrière un pigeon au jardin ou à ramasser des algues sur la plage, il s'arrêtait pour me dédier un grand sourire d'instantané, je croyais surprendre dans ses yeux une complaisance fugitive, un pressentiment fugace de sa propre séduction, qui m'alarmaient ; en m'abandonnant sans réserve au plaisir de l'admirer, je craignais de solidifier cette grâce fluide et d'en faire ce que notre époque fait de toute beauté : un objet.

C'était seulement quand il somnolait, malade et fiévreux, au fond de son lit, que j'osais savourer le modelé de ses lèvres — avancées pour un baiser qui tenait moins de la caresse que de la tétée —, la douceur pervenche de ses pupilles d'où le regard s'était absenté, et la finesse de ses mains posées sur mes joues pour s'y rafraîchir plutôt que pour m'enjôler. Alors, lissant sur son front ses mèches blondes et mouillées, effleurant son menton rond à la naissance de son cou, à cet endroit où la peau a des luisances de soie, je m'abandonnais à la joie de célébrer sa beauté : « Que tu es beau, mon petit prince, que tu es beau... »

Ce soir-là pourtant, comme il avait l'air très éveillé — et on ne peut plus conscient de ses pouvoirs — je ne lui fis ni câlin ni compliment sur sa grâce :

« C'est drôle, quand même, reprit-il en cachant dans l'oreiller le visage qui ne m'avait pas attendrie, je fais plein d'efforts pour aider les autres, pour qu'ils soient toujours

contents — plus d'efforts que mes frères, je crois —, et personne ne voit la différence, personne... A part mes chiens. »

J'achevai de reborder sa couverture :

« Tes chiens ? Quels chiens ?

— Mes chiens-du-Piémontais... », murmura-t-il en jetant soudain ses bras autour de mon cou comme chaque fois qu'il avait fait une bêtise et espérait se faire pardonner.

« Tu ne vas pas me dire que tu connais les chiens du Piémontais ! » Je pris mon air le plus sévère : « Ils te mangeraient tout cru, les chiens du Piémontais, si tu t'en approchais !

— Oh, pas du tout ! » Il s'était rassis et souriait. « La première fois que je suis entré dans leur jardin, c'était pour leur dire de se méfier de Pietro... De près, c'est vrai qu'on dirait des loups », confia-t-il en baissant la voix, « et ça fait peur... Mais ils avaient l'air heureux qu'un petit garçon vienne leur parler. » Il reprit de l'assurance : « En tout cas, ils ne m'ont pas avalé ! La deuxième fois, j'avais encore peur, mais j'étais obligé d'y retourner pour leur dire d'arrêter de mordre les gentils. Je leur ai juste permis de mordre Pietro puisque lui, ce n'est pas pareil, il veut les tuer... Tout le temps que je leur expliquais ce qu'il ne fallait pas faire, ils avaient plutôt envie de me manger, mais je les regardais bien dans les yeux, alors ils n'osaient pas... A mon avis, même pour un loup, c'est difficile de mordre quelqu'un qui lui fait confiance. Moi, je leur faisais confiance comme s'ils étaient tout petits... Tiens, petits comme des fourmis ! Les fourmis aussi, elles ont besoin de moi pour qu'on ne les écrase pas... » Il rit, amusé de sa propre audace : « Quand on pense que ces gros chiens, ils pourraient m'avaler d'une seule bouchée s'ils se fâchaient ! "Comme des ogres", ils disent mes frères... Ils croient ça, mais ils exagèrent : tu en as déjà vu, toi, des ogres qui se laissent caresser ? Oui, ils se laissent caresser, je te le promets... Tu sais, j'ai remarqué que toutes les choses vivantes aiment les caresses. Même les escargots, ça, je l'ai remarqué ! Surtout les escargots ! »

Caresser les chiens du Piémontais ? J'avais d'abord cru à une plaisanterie, puis je crus à un mensonge, une vantardise.

L'enfant me proposa tout naturellement de me montrer comment il s'entendait avec les monstres ; furieuse qu'il ait pu espérer me tromper, je le pris au mot et le rhabillai.

Pourtant, quand une demi-heure après je le vis s'élever le long de la muraille de briques aussi vite qu'un petit singe, en prenant appui du bout des ongles et de la pointe du pied dans les interstices de la maçonnerie (mes fils avaient acquis depuis qu'ils vivaient dans l'île, une agilité et une sûreté de mouvements qui me surprenaient), je commençai à penser qu'il y avait dans son histoire une part de vérité... Il faisait nuit noire ; de gros nuages cachaient la lune. De l'autre côté du mur, les chiens se mirent à aboyer ; on entendait des craquements de branches brisées et de longs grognements qui éclataient par saccades en jappements aigus.

Le petit était arrivé au sommet du rempart ; il s'installa à califourchon sur l'arête ; il me regardait.

« Si tu n'es pas vraiment habitué », lui dis-je d'une voix blanche — en tâchant de rester aussi calme que le jour où je l'avais surpris, chez sa grand-mère, à cheval sur le balcon du sixième —, « si tu n'es pas habitué à entrer dans ce jardin il vaut mieux que tu redescendes », et je lui tendis les bras.

Il secoua la tête : « Mais non, ne t'inquiète pas, je suis très habitué !

— Bon, je t'en prie, ça suffit, mon chéri. Je te crois maintenant. Je te crois. Reviens... »

Mais déjà, sans m'écouter, il se laissait glisser de l'autre côté ; je vis encore, une seconde, ses deux mains suspendues à la crête du mur ; puis, plus rien. Le grondement des bêtes s'amplifia...

Je restai pétrifiée, incapable de le suivre, incapable de l'appeler. Je revoyais une scène survenue quelques années plus tôt ; il devait avoir trois ans ; j'étais en train de changer de souliers lorsqu'il s'était précipité :

— Où tu vas ?

— Mais... nulle part.

Il s'était élancé vers son manteau :

— Je veux aller nulle part avec toi.

Aucun amoureux ne m'avait rien dit d'aussi beau. Et même si cette déclaration devait autant à la méconnaissance de la langue qu'à la profondeur des sentiments, je ne pouvais m'empêcher d'y penser avec gratitude. Avec angoisse aussi, car un amour sans bornes donne à celui qui en est l'objet une responsabilité illimitée... Voilà cependant que, profitant de la confiance de cet enfant, je l'envoyais « nulle part pour-de-vrai », et nulle part sans moi : dans ce jardin invisible où poussaient la ronce et l'ortie, où rôdaient la cruauté, la mort, l'oubli. Je l'avais abandonné. Pire : par manque de foi, je l'avais moi-même jeté dans une aventure dont, plus raisonnable que lui, j'aurais dû le dissuader ; je l'avais provoqué quand j'aurais dû le mettre en garde et lui apprendre que le monde est mauvais.

Depuis quelque temps je ne me reconnaissais plus : moi qui, de l'avis de toutes mes amies, avais exagérément protégé mes fils à Paris, je tolérais ici, entre les sables mouvants, les chiens-loups et les tempêtes, des dangers qu'aucune mère digne de ce nom n'aurait vus sans appréhension ; il m'arrivait même de pousser mes enfants à prendre des risques inutiles — comme si j'avais admis que ces défis faisaient désormais partie de leur vie, au même titre que la polenta et les vaporetti, comme si, surtout, ce qu'ils avaient de « naturel » les rendait moins redoutables que les menaces des villes. En Europe et aux Etats-Unis, la mode était aux « expériences de survie » : notre vie dans l'île — de plus en plus sauvage et relâchée — s'apparentait peut-être à ces tentatives un peu puériles de retour aux sources, d'apprentissage du dénuement, de redécouverte de la barbarie... Je ne pouvais croire, en tout cas, qu'il s'agît d'un test d'espérance — « Regardez les oiseaux du ciel, regardez les lys des champs » — car je n'étais pas plus capable de vivre comme un bleuet que de confondre un loup et une fourmi. Quant à regarder des tueurs dans le blanc des yeux pour les apitoyer, ou à embrasser des ogres pour mieux les charmer... ! Je sentis mes yeux s'embuer à l'idée d'une si généreuse naïveté.

Les nuages s'écartèrent et découvrirent une lune ronde, dont les rayons projetèrent jusqu'au bord du sentier l'ombre des ifs du cimetière. Les aboiements s'étaient calmés ; je n'avais pas entendu le petit crier ; si j'avais pu être rassurée, ce silence m'aurait semblé de bon augure. Sauf, bien sûr, si les fauves lui avaient sauté à la gorge sans lui laisser le temps d'appeler... Peu à peu, la paix revenait sur le chemin — une paix faite de soupirs et de chuchotis, que couvraient, de plus en plus violents, les battements de mon cœur.

J'aurais voulu chercher du secours, mais je n'osais laisser l'enfant plus seul qu'il n'était ; j'avais envie de l'appeler, mais je craignais d'exciter les chiens ou de le faire repérer. Les yeux fixés sur le haut du mur, à l'endroit où mon fils s'était accroché avant de disparaître sous les feuilles, j'évitais de respirer — pour ne pas troubler le silence, ou ne pas sentir l'odeur du sang... Au-dessus de moi le vent agitait des branches d'où de larges gouttes tombaient sur mon visage. L'ombre, le long de la clôture, restait humide et lourde. De loin en loin je reprenais mon souffle, comme un noyé.

Et tout à coup je crus voir au faîte du rempart un rayon de lune se matérialiser — un reflet fugitif, un éclair, un feu follet qui courait au bord du vide, laissant une trace dorée dans l'obscurité : c'était sa mèche blonde, qui flottait dans la nuit. Sous cette boucle mouvante, le petit elfe s'immobilisa un instant, posa un doigt sur ses lèvres, puis en une seconde il dégringola la muraille plus vite encore qu'il n'avait grimpé, et vint se serrer contre moi. Quand je pus enfin parler « J'ai eu si peur », lui dis-je en gardant son corps embrassé.

Il eut un rire confiant : « Oh, il ne fallait pas ! Ces pauvres loups, maman, ils sont tellement malheureux. Si tu les voyais ! Ce n'est pas amusant d'être méchant... J'espère que tu ne vas pas te fâcher : j'ai promis de revenir après-demain. »

Accroupie devant lui, je tâtais ses jambes, ses bras : il était entier. On me l'avait rendu comme je l'avais fait — aussi blond, aussi rayonnant : ses cheveux, ses yeux, son sourire m'illuminaient. De l'autre côté, les molosses recommencèrent à hurler.

— Et les ténèbres n'ont pu arrêter la lumière, murmurai-je dans un baiser.

— C'est quoi, les ténèbres ?

— Quelque chose que tu ne connais pas...

Je reculai d'un pas pour mieux voir son visage, si clair et serein : « Je te trouve merveilleux...

— C'est quoi, merveilleux ?

— Euh, gentil. Magique...

— Eh oui, magique, reprit-il alors sans rougir. Je suis une fontaine magique ! Tu comprends, j'ai plein de joie en moi. C'est normal qu'elle déborde... »

Et il est vrai qu'en cet instant elle débordait sur moi. Sous sa frange ambrée il m'apparaissait comme le petit pâtre du Neusiedlersee qui, le premier, avait annoncé, sans être cru, que l'eau revenait dans le lac desséché. Peut-être mon enfant fragile, mon enfant rêveur, était-il porteur, lui aussi, d'une nouvelle dont le sens lui échappait ? Peut-être nous livrait-il une vérité qui le dépassait, une promesse à laquelle nous n'osions nous fier ?

Plus tard, j'essayai de trouver à l'événement des explications plus rationnelles : et si mon fils s'était joué de ma crédulité en ne descendant pas l'autre face du mur... ? Ne lui suf-

fisait-il pas de rester cramponné à un piton ou assis sur une sculpture en saillie tandis que les fauves guettaient en bas ? A moins que ce ne fût une question d'odeur : ce petit-là ne sentait pas la viande, il sentait les plantes, le rameau, la sève ; les chiens l'avaient pris pour une fleur ou un champignon... J'avais peine à admettre, en tout cas, que ce pût être affaire d'espérance : même après une expérience si troublante, je n'aurais conseillé à personne d'affronter les loups à mains nues.

Peut-être était-ce précisément pour ne pas rester sans défense qu'à Paris, avant notre départ, je m'étais intéressée aux armureries... A quel moment avais-je pris l'habitude de ralentir devant les vitrines où s'entassaient pistolets, carabines et cartouchières ? Quand Christine, en 86, m'avait parlé de l'assassinat de Lefort, qu'elle m'avait confié sa fascination pour les petits revolvers à crosse brune, les automatiques à chargeur discret ? Ou plus tard, après l'article de Catherine Darc sur l'attentat des grands magasins ? Il y avait eu aussi, quelques mois après, ce hold-up au bout de ma rue, où ma voisine d'immeuble avait été blessée...

A quelle époque avais-je remarqué ces devantures sombres, modestes, presque effacées, où l'on présentait quelques 6,35 neufs entre deux bouquets de vieilles cannes-épées ? Le jour où l'on m'avait appris que le « braquage » de mon quartier avait été organisé par des policiers égarés, ou quand les jurés chargés de se prononcer sur le sort des terroristes arrêtés après l'explosion des grands magasins s'étaient dérobés, l'un après l'autre, derrière de faux certificats médicaux ? J'avais l'impression que les procès faits au nom de la société s'arrêteraient bientôt, faute de société.

L'autodéfense devenait à la mode : je m'arrêtais de plus en plus souvent devant les vitrines d'armuriers, considérant, rêveuse, les canons des fusils et les goupilles des grenades, aussi jolies que des bracelets... Dans les premiers temps, je restais à l'extérieur. Peu à peu, je m'étais familiarisée ; un jour, j'étais entrée.

Les vendeurs, très aimables, m'avaient donné les renseignements que je sollicitais ; mais, comme ce n'était pas une bombe lacrymogène ni un pistolet à grenaille qu'il me fallait, je savais qu'ils exigeraient un permis de détention d'armes si je manifestais l'intention d'acheter. Ce permis, survivance d'époques plus paisibles, le commissariat me l'aurait sans doute délivré — une femme qui, les trois quarts du temps, vit seule avec ses enfants, un ancien magistrat qui plus est ! —, mais j'hésitais à le demander.

Je me souvenais d'ailleurs que « l'Archange » m'avait annoncé ce grand succès des armureries — il y avait si longtemps que sa holding vivait des ventes de canons qu'il devait en savoir long sur la question ; c'étaient surtout ses dernières paroles, à la sortie du club discret où nous avions dîné, que je me rappelais en contemplant les mitraillettes et les brownings étincelants des vitrines : « Quelque prix qu'on attribue à la vérité et au désintéressement, il se pourrait qu'on dût attacher à l'égoïsme et à la volonté de tromper une valeur plus haute et plus fondamentale pour toute société... Chère Madame, ne me faites pas ces yeux-là ! Ce n'est pas du Fervacques, c'est du Nietzsche... Je vous souhaite une bonne nuit. Et, surtout, de beaux rêves ! »

Si j'étais armée, sur qui en viendrais-je à tirer ? Etait-ce lui que je devrais abattre un jour pour me sauver ! Lui, un autre, ou quelqu'un que tous reflétaient ?

Longtemps j'avais cherché Dieu ; dans les cahiers de Christine j'avais rencontré le diable. Du jour où elle me l'avait dépeint j'avais cru le reconnaître partout, sous les mille visages qu'il empruntait, et, éprouvant une peine croissante à m'abuser, je me sentais moins encline à lui tendre la joue gauche que le poing... Heureusement, pour « la poudre et les balles », il me faudrait d'abord un permis de port d'armes : je n'étais pas encore assez égarée pour ne pas me réjouir que, dans la débâcle générale, on eût conservé cette barrière-là ; j'avais beau me croire clairvoyante aujourd'hui, je craignais de me tromper d'adversaire dans l'affolement du combat, d'éprouver, à l'instant d'appuyer sur la gâchette, des doutes ou des regrets — étais-je si sûre, au fond, que ce diable ne fût pas mon prochain ? Ne me souvenais-je pas, surtout, que le dieu de mon enfance n'avait jamais dit « Tuez pour moi », mais « Je meurs pour vous » ?

On m'avait mal préparée pour un monde de violence et d'obscurité...

En passant sous l'un des réverbères de l'île, je vis briller sur le chemin un caillou cristallin. Je me penchai pour le ramas-

ser. Mon deuxième fils faisait collection de pierres. Lui-même, lisse et fermé, ressemblait à un galet.

De chacun de ses voyages son père lui rapportait des fragments de roches étranges, colorées ; moi-même, dès que, dans mes promenades, je trouvais des graviers un peu curieux, polis ou striés, je les lui mettais de côté. Au début, il se contentait de les admirer, faisant jouer la lumière au travers des aigues-marines, collant son œil aux micaschistes, frottant sa joue aux pierres ponces, caressant les granits. Puis, un jour, il s'était mis à tailler les quartz ; il s'installait sur le sentier et, se servant d'un silex comme outil, frappait les roches jusqu'à en tirer de longs éclats tranchants, des éclisses transparentes qui coupaient les doigts : « Mes lances, disait-il, mes javelots... »

Il avait avec les minéraux la même familiarité que son jeune frère avec les animaux. C'était lui qui bâtissait interminablement des châteaux sur le sable, espérant chaque fois que leurs remparts tiendraient, lui qui, fourrant les talus de branchages, avait réinventé à sa manière « la terre armée », lui encore qui, avec des moellons arrachés aux grèves, construisait des barrages monumentaux sur toutes les rigoles, tous les canaux. « Je vais refaire la Grande Muraille de Chine, m'expliquait-il sans trop d'humilité. Parce qu'elle est indestructible... » Il ne rêvait que sabres, sagaies, fortifications, et mangeait des bouillies très épaisses dans l'espoir d'avoir « des muscles comme du béton ».

Quand, certains soirs d'été, je le voyais occupé sur le rivage à construire une digue de roc et de boue pour défendre ses châteaux contre les eaux, tandis qu'à une encablure de là son grand frère, allongé sur un canot, cabotait avec négligence d'un bord à l'autre en cueillant sur les « pali » les moules grises qu'il revendrait en ville, je me disais qu'il y avait deux manières de traiter l'océan : lui faire barrage, ou le domestiquer ; entre les risques de l'effondrement et les périls de la dérive il fallait choisir. Mon petit soldat brun avait choisi : jamais il ne s'adapterait comme son aîné, il maintiendrait ; jamais il n'enchanterait comme le benjamin, il vaincrait. « Et si tes loups s'approchent de moi, je te préviens que je les tue avec mes cailloux... C'est la meilleure façon de parler aux loups ! » Le blondinet haussait les épaules, il ne se formalisait pas de la violence du tailleur de pierre, il souriait — « tout vous est aquilon, tout me semble zéphyr... »

Quand mon porteur de menhir avait fabriqué sa première

fronde — il se servait aussi habilement de ses mains que le grand se servait des mots, et le petit des regards —, et qu'il avait ensuite amélioré le modèle jusqu'à disposer d'une mini-catapulte, j'aurais peut-être dû le décourager. Mais depuis quelque temps, j'avais renoncé à élever mes enfants contre leur naturel : je les laissais suivre leur pente, me bornant tout au plus à freiner le mouvement. Du reste, si je me méfiais parfois des combinaisons du plus grand et redoutais les séductions du petit, j'avais une confiance absolue dans la droiture de celui-ci, aussi incapable de louvoyer que de changer de cap. J'alimentai donc son lance-pierres géant en ramassant pour lui les plus beaux cailloux ; j'en remplissais ses poches, il en bourrait sa « réserve » — un grand coffre d'osier qu'il avait tressé lui-même. Je savais qu'un jour viendrait où il comprendrait combien ses armes étaient dérisoires dans un monde « civilisé » ; mais je ne me sentais pas pressée de le désabuser. Moi aussi, j'avais glané des graviers au long des allées à l'époque où, petite fille, je songeais, comme Christine, à ces enfants de Hongrie qui n'avaient, pour arrêter les tanks aux canons braqués, que les pavés qu'ils ramassaient sur la chaussée. En rentrant de l'école, je cherchais des yeux, le long des caniveaux, des feuilles d'automne rouge et jaune ; mais c'étaient toujours des pierres que je finissais par ramasser et, refermant mon poing sur leur forme ronde, je regardais mes doigts serrés.

Puis, à mesure que les années passaient et que la radio, la télévision, les journaux nous livraient jour après jour leur contingent de révoltes écrasées au nom de la liberté, de femmes lapidées pour la plus grande gloire de Dieu, et d'enfants napalmés sous prétexte de révolution ou de charité, j'avais compris que tout était réversible, le juste et l'injuste, le bien et le mal, qu'on pouvait échanger le ciel et l'enfer, intervertir le noir et le blanc, et qu'il était naturel aux libérateurs d'opprimer, aux héros d'assassiner, aux témoins de détourner les yeux et aux juges de se récuser... J'avais progressivement cessé d'enrichir ma collection d'armes de jet. Un jour, je l'avais vidée dans la poubelle pour faire de la place à mes disques et mes cahiers : les tanks pouvaient passer ; je renonçais même aujourd'hui à solliciter des autorités la permission d'acheter un fusil...

Non que je sois devenue indifférente à la persécution des innocents, non même que je me sois résignée à mon impuissance, mais avec le temps j'avais fini par admettre, comme on me le répétait, qu'on ne peut pas plus se fonder sur son propre jugement que sur des sables mouvants. Il était vrai en effet qu'il y avait de l'ombre dans la lumière, que l'ennemi, même identifié, ne cessait de se dérober, que la cible s'évanouissait... Quand, pour entrevoir le diable, il suffit certains soirs de se regarder dans son miroir comment condamner le péché ? D'ailleurs, si nous redoutions moins désormais les cataclysmes naturels que la bombe atomique — péril tout intérieur, catastrophe tout humaine —, n'était-ce pas que nous avions cessé d'ignorer que les démons siègent en nous ?

« Votre problème, ma pauvre amie, c'est que vous êtes un dinosaure », m'avait expliqué un apôtre du « doux déclin » auquel j'exposai mes inquiétudes, mes doutes, mes regrets. « Essayez d'évoluer, de vous adapter... »

Dinosaure, peut-être. Herbivore sûrement, puisque je n'avais pas le goût du sang. Or, pour les grands mangeurs de foin du Secondaire, pacifiques et bornés, l'histoire avait plutôt mal tourné... Mais parce qu'une espèce était menacée, ne devait-on rien tenter pour la prolonger ? A défaut d'apprendre à tuer, je pouvais au moins, momentanément, mettre ma race à l'abri. J'avais fui.

Lorsqu'au terme de nos pérégrinations italiennes je louai, sur les conseils de mon hôtelier vénitien, la maison de l'île, je n'imaginais pourtant pas qu'elle pût être, pour moi et les miens, le refuge que je cherchais.

Je n'avais signé que pour un mois — le temps de terminer les recherches que j'avais entreprises dans les archives de la ville. C'est en voyant avec quelle rapidité les enfants s'initiaient à la vie des marais, la joie qu'ils éprouvaient à découvrir avec des camarades de leur âge le braconnage dans les canaux, et la manière dont ils s'étaient mis en peu de jours au dialecte de la lagune, que j'avais décidé de rester tout l'été.

Le confort de la maison était sommaire, mais la vie quotidienne dans les îles paraissait bien organisée : nous avions le téléphone, et, deux fois par semaine, de grandes barges s'arrêtaient au pied du ponton pour ramasser les sacs gris où nous enfermions les déchets ménagers.

Mon mari était venu de Paris passer le mois d'août avec nous — des vacances semblables à celles que nous prenions chaque année en Bretagne : baignades, excursions, parties de pêche... Ces divertissements avaient un peu retardé l'achève-

ment de mes travaux sur la grande peste, d'autant que les bibliothèques de la ville affichaient en cette saison des horaires fantaisistes et que les déplacements dans la lagune étaient très incommodes. A la fin d'août, je compris qu'il me faudrait un mois de plus pour terminer les dépouillements entrepris ; j'étais désolée de laisser les enfants repartir sans moi ; j'avais envie de les garder quelques jours de plus à l'ombre des campaniles, dans leur berceau de roseaux. Dès ce moment-là sans doute, je commençai à ressentir la trompeuse impression de sécurité que la lagune donne aux étrangers : comme à l'abri d'un ventre maternel, je me trouvais baignée d'une espèce de lassitude heureuse, et de cette certitude — après laquelle j'avais tant couru — que nous avions atteint ensemble le terme du voyage, l'endroit où rien ne pourrait plus nous arriver.

Je me lançai dans de laborieuses négociations avec les écoles de Paris pour obtenir un report de délai, et, m'étant assurée qu'on reprendrait mes fils aussitôt qu'ils rentreraient, je les inscrivis, la conscience en paix, à des cours par correspondance. Avec l'assentiment de mon mari, j'avais résolu de rester jusqu'à Noël, en apportant à la maison les menues transformations qui nous rendraient la vie plus facile à la mauvaise saison. Les mois de septembre et d'octobre nous virent occupés à rajeunir les vieux murs : aidée des enfants, je repeignis deux ou trois pièces, changeai la place des meubles, achetai l'équipement ménager qui manquait, et posai quelques radiateurs électriques dans les chambres ; je me lançai même dans l'installation d'une douche dont il semblait difficile que nous nous passions plus longtemps, malgré les protestations des garçons — « Pour quoi faire, une douche ? On est déjà dans l'eau toute la journée... »

Le « château » redevint habitable. C'était, au bout de l'île, une vaste construction de la fin du XVIIIe siècle, dont la peinture craquelée révélait le défaut d'entretien ; mais elle gardait une belle allure, presque noble, qu'elle devait surtout à son jardin ; celui-ci avait été loué, juste après la guerre, par un antiquaire qui en utilisait les dépendances, et avait fini, faute de place, par disposer le long des allées les statues qu'il achetait, les unes anciennes, les autres neuves, qu'il mettait à vieillir en les exposant aux intempéries de la lagune... Quand il avait été arrêté pour recel, quelques années plus tard, les sculptures étaient restées ; leurs silhouettes verdies donnaient aux tonnelles dépouillées et aux sentiers d'herbes folles l'air d'un Versailles abandonné. Tous ces « Héros, Nymphes, Déesses, Heures et Saisons, avec leurs arcs, leurs flèches, leurs guirlandes, leurs cornes d'abondance, leurs torches, avec tous les emblèmes de la puissance, de la richesse et du plaisir, maintenant exilés des fontaines, des grottes, des labyrinthes, des berceaux et des portiques », évoquaient aussi les villas délaissées de la Brenta que d'Annunzio avait célébrées. On croyait qu'au-delà des statues s'élevait un palais ; on n'y trouvait que notre « location », qui, lorsqu'on en considérait l'intérieur — avec ses murs tachés d'humidité et ses dallages irréguliers —, ne répondait guère aux promesses des allées et semblait, pour le moins, disproportionnée aux ambitions du jardin...

Cependant, si fatiguée qu'elle fût, la maison nous plaisait. Dans les combles abandonnés les enfants avaient toute la place qu'ils voulaient ; et, pour moi, une fois installée dans une chambre avec quelques livres, je me jugeai en aussi bonne compagnie que j'aurais pu l'être dans le désert... Certes, je ne me cachais pas qu'on aurait pu encore améliorer le confort domestique à peu de frais, mais je m'accommodais des imperfections du logis en songeant que nous n'étions que de passage. Je n'avais même pas terminé l'installation de la salle d'eau, ni accroché les voilages achetés pour la salle à manger ; quant à la cuisine, je n'en avais repeint qu'un mur parce que la peinture m'avait manqué et que j'avais oublié d'en racheter... Il faut dire que novembre était arrivé, et qu'il était reparti, sans que j'aie beaucoup avancé dans l'historiographie du XIVe *siècle : entre les travaux ménagers, les leçons aux enfants, les courses en ville, et les conversations des pêcheurs, les journées passaient vite ; pour m'en consoler, je me disais qu'un peu d'oisiveté est propice à la réflexion et que je rentrerais à Paris avec une foule d'idées.*

En décembre, laissant la maison en chantier, je m'astreignis tout de même à passer trois après-midi par semaine aux Archives ; malheureusement, la neige se mit à tomber avant que je sois parvenue à dépouiller la première série de registres paroissiaux. Avec les rafales de grésil vint la tempête et, pendant quelques jours, l'île fut coupée du continent.

Nous vécûmes l'approche de Noël dans un paysage de carte de vœux, givré d'argent. Le ciel était blanc, comme la mer et les champs, feutrés, moisis, d'où seules émergeaient les haies, mousseuses et fourrées. Les ormes du chemin, dont les branches minces paraissaient réduites de moitié, se détachaient sur le ciel comme les nervures d'une grande feuille dont un enfant aurait, pour s'amuser, arraché le limbe. Le soir, quand la réverbération jetait sur les maisons un éclat violent de clair de lune, de petits moineaux gris chassés des taillis se réfugiaient sur les bordures des fenêtres et seules les mouettes, affolées, continuaient d'errer dans ces étendues lactées où un peintre aurait préféré, pour le contraste, mettre deux ou trois corbeaux... Mais aucun oiseau, aucun chat, aucun pelage jaune, aucune pèlerine noire, ne se fût risqué à faire supporter son poids à la couche épaisse qui noyait les marais : faute de savoir où l'on mettait les pieds, on ne pouvait plus s'écarter du chemin pavé qui s'avançait au-dessus des terres comme une digue en pleine mer. L'île entière, qu'on aurait cru voir à travers un rideau de guipure ou sous une pluie de confettis, semblait submergée, envahie, débordée : il n'y avait plus, entre la houle laiteuse et les prairies inondées de blanc, la moindre solution de continuité ; et le pays dévoré par la neige comme par un raz de marée faisait table rase de sa mémoire et des vestiges du passé.

Mon fils aîné s'était approché de la fenêtre du premier étage d'où je contemplais ce tableau vide et éblouissant, cette toile vierge sans lignes et sans taches qui rappelait la dernière manière d'Alfonso Vasquez : « C'est beau, hein, finit-il par demander. Beau comme un papier où on pourrait dessiner ce qu'on voudrait, écrire avec un alphabet qu'on inventerait... Au fond, maman, qu'est-ce qui nous oblige à partir ? Puisqu'on est bien là... D'ailleurs, comme papa est toujours à l'étranger pour son travail, ça ne changerait rien qu'il vienne de temps en temps dans l'île plutôt qu'à Paris... Et puis souviens-toi : tu n'as pas fini tes recherches ! A Paris tu nous disais toujours qu'il faut aller jusqu'au bout de ce qu'on a entrepris. Est-ce que ça ne serait plus vrai ici ? »

C'était en décidant de rester — et de rester jusqu'à une date indéterminée — que nous avions commencé à nous installer dans le présent. Il semblait, chaque matin, qu'on n'avait qu'à ouvrir les yeux pour être heureux. Plus besoin de remuer : comme le remarquait déjà cent ans plus tôt un voyageur français, on sentait qu'on « aurait pu passer ici des années dans le bonheur du fumeur d'opium... »

Certes, je continuais à fréquenter de loin en loin les biblio-

thèques de Venise et de Padoue ; et, si je ne comptais pas me replonger dans « l'affaire Valbray », j'avais tout de même demandé à mon mari de me rapporter de Paris, à l'occasion d'un de ses week-ends dans l'île, tous mes dossiers sur Christine, qu'aucun insulaire ne risquait de me voler. De leur côté, les garçons avaient des devoirs à envoyer, des leçons à apprendre, des choses à faire. Cependant, nous ne faisions rien — que jouir du vent, de la pluie, des heures qui s'écoulent, de la dérive des saisons, et d'une paresse provisoire qui tournait à l'enlisement définitif.

Les enfants avaient été les premiers à se détacher. La poste italienne était indolente et distraite : certains cours n'arrivaient jamais, et nos propres paquets parvenaient irrégulièrement à destination ; la scolarité — obligatoire, civilisée — avait été la première amarre que, d'un commun accord, nous ayons larguée : je faisais moi-même la classe chaque fois que l'envie m'en prenait et nous gardions le temps de nous parler — sans horaires fixes — de sujets « hors programme ». Sans doute, dans un ultime sursaut de responsabilité, avais-je demandé à l'institutrice du village de donner à mes fils les leçons de mathématiques qui passaient mes compétences, mais le résultat ne me semblait pas à la hauteur des efforts que cette jeune femme déployait ; était-il vrai, d'ailleurs, qu'elle se donnât autant de mal qu'elle le prétendait ? On aurait dit qu'elle aussi commençait à être atteinte par le virus du pays : elle aimait mieux disserter à l'infini sur les variations du temps — dont notre vie quotidienne dépendait — ou sur le changement de programme du cinéma de San Erasmo (un événement qui ne se produisait qu'une fois par quinzaine) que de traiter de la « masse volumique » ou du « crible d'Eratosthène » ; elle arrivait en retard aux rendez-vous, riait des pitreries de ses élèves, et semblait avoir abandonné tous les projets de carrière et de concours dont elle m'avait parlé au début du séjour. Tant pis ! Si les inspecteurs parisiens jugeaient à notre retour — à la prochaine rentrée ? à la rentrée suivante ? — que les petits devaient redoubler, ils redoubleraient. Qu'importait un diplôme de plus, un parchemin de moins... J'avais, sur cette façon de voir, l'approbation des sages : « Avec tout le mal que nous nous donnons, où prétendons-nous parvenir ? demandait saint Augustin. Que cherchons-nous ? En vue de quoi servons-nous ? Qu'espérons-nous ? Etre un jour, au palais, les amis du Prince ? Que de périls à traverser pour en venir à des périls plus grands encore ! » Et Pascal renchérissait en nous assurant que « toute la philosophie ne vaut pas une seule heure de peine ». Que valaient dans ce cas une biographie de Christine Valbray ou un ouvrage sur la grande peste qui, avant vingt ans, serait dépassé ? A fortiori ce baccalauréat, déjà si dévalué, auquel nous préparions nos enfants ?

Ici du moins, mes fils auraient appris l'italien et beaucoup grandi. Le climat leur réussissait : ils poussaient comme ces bambous qu'on voit, dit-on, prendre dix centimètres en une journée ; ils se développaient à vue d'œil, de semaine en semaine plus hâlés, plus forts, plus touffus. Le plus jeune portait déjà les vêtements qu'avait l'aîné à son arrivée. Heureusement, dans l'île, un enfant ne coûtait pas cher à habiller ; je n'avais plus comme autrefois à me soucier de leur élégance, à courir les magasins pour découvrir au meilleur prix le vêtement qui leur permettrait d'être aussi beaux que le voisin : il suffisait d'une paire de bottes, d'un jean usé et d'un de ces gros pulls de laine que je leur tricotais — et qu'en barbotant dans les marais, en pataugeant dans les jonchées, en patouillant dans la vase à la recherche des œufs de sarcelles et des nids de vipères, ils me rapportaient tachés, déchirés, la toison hérissée de pointes d'épines et de fanes séchées, à la façon des moutons. Je ne les grondais pas : s'ils se moquaient de porter des vêtements lacérés et maculés, était-ce à moi de m'en soucier ? Tannée, déformée, couleur de lichen et de boue, leur garde-robe finissait par ressembler aux tenues de camouflage d'une armée en campagne.

La coiffure en casque que je leur faisais s'accordait d'ailleurs parfaitement à cet uniforme de combattants. Il m'avait toujours semblé que leurs cheveux et leurs ongles s'allongeaient plus vite que ceux des « grandes personnes » ; mais depuis qu'ils vivaient les pieds dans l'eau en se laissant arroser par toutes les averses qui passaient, leur crinière s'était encore épaissie, leurs griffes durcissaient. Comme il fallait une demi-journée de navigation pour aller chez un coiffeur et en revenir, je taillais moi-même cette ramure envahissante ; j'éclaircissais, j'élaguais, j'émondais les algues et les ronces parasites qui restaient prises dans ces chevelures trop longues où — comme dans les mailles des chandails — ces brindilles formaient des nœuds...

Leur odeur même avait changé. Peut-être parce qu'ils se lavaient moins — ou parce que les effluves sauvages qui imprégnaient leur peau résistaient au savon —, ils sentaient le varech, le sel, la laine mouillée, le suint. De loin, avec leurs jeans verdis et leurs couronnes de feuilles, ils se fondaient dans le paysage, se dissolvaient au cœur des espaces liquides ; de près, ils laissaient une trace olfactive mi-animale mi-végétale où le parfum du goémon et de l'aneth se mêlait à celui des vieilles barques, des oiseaux de mer et du gibier. D'instinct, avec un naturel de bêtes pourchassées, ils dépistaient le limier... D'où leur facilité à s'échapper dès qu'il s'agissait de faire une dictée ou de subir un shampooing !

Mais fallait-il les obliger à apprendre l'accord des participes alors que chacun d'eux, à sa manière, se révélait déjà capable de se nourrir sans moi ? Le plus grand échangeait à l'épicier des fruits — peut-être chapardés — contre des paquets de chewing-gum, qui constitueraient les lots d'une tombola dont il courait vendre les billets à son profit. L'argent gagné lui servait à acheter un lot de canisses qu'il exportait en ville, avec un bénéfice qu'il replaçait promptement dans une affaire d'« horoscopes-surprise » à écouler pendant l'été auprès des touristes de passage. Ces fructueuses transactions lui avaient même permis d'acheter un vieux canot qui devait selon lui, faciliter l'extension de ses activités aux îles voisines : « J'investis », m'expliquait-il avec un sérieux d'armateur.

Depuis longtemps déjà, il était le principal acquéreur des produits de la chasse et de la pêche de son cadet, qu'il revendait à Burano sur le marché. Mon deuxième fils, qui n'avait pas son pareil, en effet, pour fabriquer appeaux et collets, prendre le lièvre au lacet, surprendre la seiche ou retourner le poulpe, regardait avec condescendance les activités commerciales de son aîné : « Je n'ai pas besoin d'argent, moi. En me servant de mes armes j'ai tout ce qu'il faut pour manger », et il passait de longues journées silencieuses à perfectionner ses pièges, ses frondes et ses filets. Il nourrissait aussi le projet d'une « tour-fusée », ouvrage mixte d'évasion et d'attaque, dont il dessinait interminablement les plans à la veillée — j'avais profité de la circonstance pour le convaincre, sous prétexte de balistique et de mécanique, de se remettre aux mesures de longueur et aux conversions ; il commençait même à s'intéresser aux lois de la gravitation et bûchait des articles d'encyclopédie trop difficiles pour lui. Il serrait les dents, l'air buté : « J'y arriverai, de toute façon... Et quand je l'aurais, ma fusée, les salauds feront mieux de se garer ! »

Le benjamin n'avait pas ces soucis : il vivait de fleurs sauvages, de serments d'amour, de baisers, ou des dons que ses frères lui faisaient en échange de pratiques magiques — à base d'incantations et d'herbes brûlées — dont il avait retrouvé le secret.

Tous trois grandissaient dans l'insouciance des sauvageons dont le temps n'est plus rythmé que par le changement des saisons. J'avais bien essayé de leur conserver dans la semaine quelques points de repère « à l'ancienne » : une grande toilette bihebdomadaire et la messe dominicale. Mais, comme nous ne savions jamais quel jour on était, il y avait beaucoup de douches omises ou reportées. Quant à la messe, j'y avais moi-même renoncé : il n'y avait plus d'église dans l'île, et si un prêtre itinérant desservait occasionnellement certaines chapelles sur d'autres îlots, il était difficile d'en connaître les dates à l'avance, et plus difficile encore, du fait des horaires de bateaux, d'y assister sans partir la veille ou revenir le lendemain. De toute manière, je ne croyais plus très nécessaire la participation de mes fils à ces cérémonies.

Après ma visite des églises de l'Ile-de-France, quatre ans plus tôt, je m'étais obligée à redire avec eux des prières oubliées et à les accompagner dans des offices qui avaient peu de sens pour moi. Sans doute espérais-je, à cette époque, rendre un semblant de vie à ces lieux, ces phrases dont l'abandon me touchait... Je voulais aussi offrir à mes enfants la possibilité de s'ancrer ; je tremblais de les voir dériver à la manière de Christine Valbray et pensais qu'il y avait urgence à leur faire embrasser une espérance qui ne serait bientôt plus proposée : à la Fac, me disait-on, Dieu ne faisait déjà plus partie des « questions à option », et l'on réussissait ce prodige d'enseigner toute l'histoire de la philosophie sans lui...

J'étais consciente néanmoins qu'on ne peut refaire la route à l'envers, et que le retour à d'anciennes pratiques, qui ne pouvait guère être une solution collective, n'était pas non plus forcément la meilleure solution pour moi. Longtemps, malgré tout, j'avais espéré la grâce, l'illumination, un peu comme Christine attendait cette reconnaissance paternelle qui, en lui rendant une origine, une identité, la légitimerait. Puis, peu à peu, j'étais retournée à mon premier état — la perplexité — et, si je ne m'y trouvais pas heureuse, je ne m'y sentais plus malheureuse : j'étais habituée.

Bâtarde de la spiritualité comme Christine était restée une bâtarde dans la société, je m'accommodais tant bien que mal d'une situation fausse, d'un statut médiocre, d'une indétermination provisoire contre laquelle je ne pouvais plus lutter.

L'île, de toute façon, m'avait délivrée de bien des inquiétudes. J'avais cessé de me demander quelles valeurs transmettre, quel guide proposer : la nature, dans la lagune, me semblait aussi bonne philosophe que maîtresse d'école, riche en certitudes et prodigue en promesses, elle élevait l'âme aussi bien qu'elle formait le corps... Des religions d'autrefois nous n'avions gardé que le culte des morts, ces visites mensuelles à la tombe de Zacharia Bertoldi qui restaient notre seule liturgie, comme la Toussaint est le dernier acte sacré de nos sociétés, une fête aussi populaire — et joyeusement meurtrière — que le Premier Mai. A mes deux aînés ce rite intermittent et limité suffisait. C'était sans doute moins vrai pour le petit : il était dans cet âge où le sens métaphysique est aussi naturel aux enfants que la « marche automatique » aux nouveau-nés, aptitudes instinctives qu'on perd en grandissant pour ne les retrouver qu'après. Mais, alors que tous, sauf les invalides, finissent par récupérer la faculté de marcher, la plupart ne retrouvent jamais l'agilité philosophique de leurs sept ans. Cette tournure d'esprit particulière, cette intelligence naturelle du mystère qu'aucun de ses frères n'avait gardée, mon plus jeune fils la possédait encore et je voyais que, livré à lui-même, il se cherchait sans cesse de nouveaux objets de vénération et bâtissait des temples à sa façon. Le dernier en date était dédié au « schtroumpf Cupidon ». C'était un minuscule personnage de caoutchouc bleu que la fantaisie du fabricant avait doté d'une paire d'ailes, d'un carquois, et qui tenait à la main un cœur rouge percé d'une flèche. Le petit avait joué quelque temps avec ce « Cupidon », au milieu des « schtroumpfs grognon », « rêveur » ou « bricoleur » ; puis, un jour, il avait regardé les ailes et le cœur de plus près :

— Dis, maman, est-ce qu'un ange peut tomber amoureux ?

Il me fallut un instant pour comprendre qu'abusé par les plumes mon blondinet prenait Eros pour un séraphin. Comme j'étais dans la cuisine, et très occupée, je ne pris pas la peine de le détromper.

Il insista : « Un ange, dis, ça peut être amoureux ? »

Des amours des Puissances et des Chérubins je ne savais rien, sinon les plaisanteries habituelles sur le sexe des anges ; comme elles n'étaient pas de l'âge du « dompteur de loups », ni du meilleur goût, je les gardai pour moi : « Ecoute, honnêtement, mon chéri, je ne sais pas. Et puis il faut que je fasse une mayonnaise pour les scampi... » Je croyais qu'il allait se satisfaire de cet aveu d'incompétence ; mais il s'installa sur un tabouret et considéra son « schtroumpf » en hochant la tête, pensivement. Et tout à coup son visage s'illumina : « Mais si ! Bien sûr que ça peut tomber amoureux, un ange ! Un ange, maman, c'est amoureux de Dieu ! »

Quoique je n'aie jamais beaucoup cru aux anges, je restai saisie par la clarté de cette réponse que de meilleurs docteurs n'auraient pas trouvée... Mon visionnaire installa son Cupidon dans une niche au-dessus de son lit et lui fit, de temps à autre, l'offrande de quelques têtes de pissenlits... Ses croyances, de toute façon, n'étaient pas très orthodoxes : il mêlait, à son insu, des théories bouddhiques à des concepts platoniciens, saupoudrait la morale évangélique d'une pincée de métempsycose, et — englobant dans une même idolâtrie les animaux, les plantes et les éléments — flirtait à toute heure avec l'animisme ou coudoyait l'occultisme. Mais, après tout, les plus grands théologiens avaient commencé comme lui ; et ce saint Augustin, dont, depuis mon dîner avec Fervacques, j'avais fait par bravade l'un de mes auteurs favoris, avait lui-même longuement tâté de l'astrologie et des manichéens avant de se résoudre au commerce des chrétiens. C'était d'ailleurs ce trait que je regardais dans son récit comme la marque la plus certaine du crépuscule impérial, de cette décadence irrémédiable qu'il mentionnait si peu qu'on aurait pu croire qu'il ne s'en était pas avisé : cette course fiévreuse d'une secte à l'autre, cette quête angoissée, n'étaient-elles pas le symptôme même d'une société épuisée ? Il y avait maintenant en France, me disait-on, cinquante mille voyants patentés, et le chiffre doublait tous les cinq ans ; quant à la philosophie « New Age » d'Alban, après avoir envahi les Etats-Unis, elle gagnait Londres et Paris : à cette prolifération de « Christs inférieurs », de gourous des « obscures espérances », on reconnaissait le déclin, aussi sûrement qu'au grouillement de la vermine, la charogne.

Pour l'heure, avec mon jeune philosophe, nous en étions à tâter de la déification de l'océan et de la canonisation du scarabée — dont il prétendait porter la représentation, tatouée au crayon feutre, à même la peau... En le lavant énergiquement de ses barbouillages rituels, je m'étais aperçue qu'il n'avait plus sa médaille de baptême : des trois, il était celui qui l'avait gardée le plus longtemps... Pressé de questions, il m'avoua enfin qu'il l'avait donnée à une petite fille du village « qui avait envie d'un collier, parce que sa sœur en avait plusieurs, avec des perles, mais qu'elle, elle n'en avait pas... »

— Mais on ne donne pas sa chaîne de baptême, tout de même !

— Pourquoi ? Est-ce qu'on en a besoin pour entrer au Paradis ?

— Non... Sûrement non, mais... Bon, de toute façon, vous voilà maintenant à égalité, tes frères et toi !

Mon deuxième fils avait depuis longtemps cassé sa chaîne en effet, en se livrant à une escalade trop périlleuse ; brisée en quatre, elle semblait difficile à réparer ; comme il en paraissait attristé — il aime « conserver » — je m'étais promis de la porter à un bijoutier pour voir ce qu'on pourrait tenter ; mais il y avait plus d'un an qu'elle attendait ce diagnostic dans un tiroir de ma table de nuit ; on devenait négligent dans les îles... Fallait-il d'ailleurs faire réparer sa chaîne puisque l'aîné avait définitivement perdu la sienne ? Il disait qu'elle avait dû se décrocher pendant qu'il était en mer, et tomber au fond des eaux ; je m'étais demandé s'il ne l'avait pas vendue. Pour « investir »... Il avait bien cédé un jour, à un brocanteur de la ville, une des statues du jardin — un petit renard en pierre, aisément transportable, qu'il avait chargé avec un copain sur une de ces brouettes longues, sans ridelles, qui servent de fardiers dans les îles... J'avais grondé, puni : « Non seulement, avec tes combines, tu deviens un vrai grippe-sous, mais tu es fou ! Est-ce que tu te rends compte, au moins, que cette statue n'était pas à nous ?

— Ah... Elle était à qui ? »

Oui, à qui était-elle au fait ? A l'antiquaire qui l'avait volée ? Au propriétaire de la maison qui en avait hérité par hasard et ne s'en était jamais soucié ? Les solutions du Droit n'étaient pas forcément, j'en convenais, celles de la Justice... Désarmée, je modérai ma colère.

Que ce fût sur la sexualité des anges ou le droit de propriété, mes fils posaient toujours des questions auxquelles je ne trouvais plus de réponses... Sans catéchisme ni catalogue, sans grammaire ni Code, je renonçais à trancher, admettant peu à peu que le sentiment moral s'effaçât devant le sentiment de la nature, comme une gaze fragile, une vapeur froide, une buée molle... Même les bagarres qui survenaient parfois entre les garçons, j'avais maintenant du mal à les arbitrer. D'ordinaire, quand un différend les opposait, le « moyen » frappait sec (au visage de préférence, mais les tibias pouvaient faire l'affaire), le « grand » rusait, abusait, taquinait, se dérobait ou négociait, et le « petit » se laissait gifler — ce qui ne prouvait pas qu'il n'eût pas « commencé » : « Non, je ne l'avais pas beaucoup cherché », protestait-il, les yeux baissés.

Autrefois je serais intervenue au nom de l'équité : j'aurais séparé les combattants, écouté les plaignants, consolé les perdants... Aujourd'hui je ne savais plus s'il fallait leur apprendre à compter sur la protection de la loi ou les inciter à se défendre eux-mêmes, sans jérémiades. J'avais encore assez d'autorité pour leur imposer mes règlements ; mais de quoi serais-je plus coupable : de les habituer à vivre dans l'ordre, ou de leur permettre de survivre au désordre ? Dans le doute, j'affichais à chaque conflit une indifférence souriante, résolument distraite, la même impassibilité que j'opposais désormais aux nouvelles de Paris — constante progression de Fervacques dans les sondages, assassinat dûment « revendiqué » d'Emmanuel Durosier — et à celles de la Ville : l'usage des drogues se développait (la Sérénissime se shootait), le sida se répandait ; bientôt ils atteindraient nos îles...

Pour parler comme notre précédent ministre de l'Enseignement, Lionel Berton, l'aurait fait, je n'avais plus de « projet éducatif »... Les garçons, d'ailleurs, ne s'en plaignaient pas : dans cette jungle ils prospéraient — de plus en plus forts, fougueux, indomptés.

« Tes fils vont à vau-l'eau », constatait mon mari avec irritation quand il nous rejoignait pour quelques jours et s'apercevait que personne ne distinguait plus le complément d'agent du complément d'objet (mais l'un connaissait les lois de la gravitation, et l'autre celles de l'économie de marché), que les horaires n'étaient pas respectés (mais ils n'avaient jamais si bien mangé), et que les disputes dégénéraient. Je contemplai au milieu des roseaux ces trois enfants sauvages qui jouaient avec le canot : « A vau-l'eau peut-être, mais comme Moïse dans son berceau... »

J'étais arrivée au bout du chemin : après le cimetière et le palais ruiné du Piémontais le sentier faisait encore un ou deux tours dans les marais, puis attaquait la dernière ligne droite avant de s'achever brutalement face à la mer, en impasse. La maison était là, à la limite de cette voie sans issue, à la pointe de cette « blind alley » — route aveugle, comme disent les Anglais. Parvenu à cette extrémité, on n'avait plus qu'à faire demi-tour ou à sauter...

Déjà j'apercevais la haute cheminée, la toiture, les arbres nains du jardin ; je devinais sous l'enchevêtrement des racines, dans la pénombre des fourrés, l'odeur des garçons, omniprésents mais cachés : c'était, à droite et à gauche du chemin, comme un piétinement de terre lourde, un ruissellement de feuilles humides, un parfum de fleurs froissées ; des mouvements imperceptibles agitaient le sommet des ajoncs, et, entre les taillis d'osier et les blocs de pierre limés par le vent, on distinguait dans la vase des passées d'oiseaux et d'enfants, que la mer effacerait en montant. Ils étaient là, courant avec la marée, flottant avec les feux follets, jouant avec des reflets ; et il ne serait pas facile de les faire rentrer.

Il fallait pourtant se dépêcher : avec la nuit, le brouillard, un moment dissipé par le vent, recommençait à s'épaissir, dessinant sur l'horizon une procession de fantômes, un cortège de suaires pressés. Le froid, que je n'avais pas senti dans le village, me mordait les doigts. La pluie menaçait. Au-delà des cônes orangés des réverbères, le paysage tout entier virait au blanc.

Heureusement, pour arracher mes fils aux sortilèges de la lagune, j'avais la façon : je les piégeais avec de la verroterie, comme des primitifs ; à chacun je rapportais de mes excursions un petit cadeau. Ce soir, dans mon sac j'avais pour le plus petit une carte postale de chats miauleurs, pour le moyen trois cailloux ronds, et pour le grand un livre de cuisine : il envisageait de monter l'été suivant un « fastfood » à proximité de la gare maritime — « J'aurai la clientèle des estivants, mais je ne travaillerai qu'avec des sandwiches et des hamburgers pour ne pas gêner la trattoria... De toute façon, je pense intéresser le patron à mes bénéfices pour qu'il ne me dénonce pas à la police : vu que je n'aurai pas une grosse marge, je ne veux pas payer d'impôts... Et puis je n'ai sûrement pas l'âge pour obtenir une vraie autorisation. Alors il vaut mieux que je m'entende avec mes concurrents, n'est-ce pas, maman ? Dis, tu crois que je peux leur proposer combien ? »

« Combien », « comment », étaient ses questions habituelles. Il cherchait toujours des recettes — et pas seulement pour préparer un bon-petit-plat-vite-fait, mais comment plaire, comment convaincre, à qui s'adresser, combien payer, où déposer le dossier, comment gagner... C'était un garçon moderne, l'as du procédé, le champion du « know-how ». Le « know-why » ne l'inquiétait jamais : de toute façon, il « s'en sortirait » ; sur quoi cette « sortie » débouchait, il ne semblait pas s'en soucier...

Tel quel, pourtant, il formait avec ses frères une société équilibrée ; à eux trois — le pêcheur en eaux troubles, le nageur de combat et le navigateur au long cours —, les mers leur appartenaient. Au bout de la lagune, au bord du trou, ils rebâtissaient une communauté structurée à la manière des premières tribus, des anciennes collectivités : comme dans les villages lacustres du VIe siècle que les fuyards avaient établis parmi les tourbières et les herbes mortes, il y avait le guerrier, le prêtre et le marchand. Le prêtre était un peu poète (ces missions allaient de pair autrefois), le marchand fin diplomate (mais les deux rôles s'étaient longtemps confondus), et le guerrier ingénieur — l'ingénieur n'était-il pas d'abord l'homme du Génie, celui qui invente les machines de guerre qu'on essaiera sur l'ennemi ?

J'avais parfois l'impression, en les regardant jouer, d'assister à la naissance d'une nouvelle société, et je ne me lassais pas d'admirer les mécanismes de ces institutions embryonnaires, de cette civilisation fœtale, comme on s'extasie sur ces photographies in utero où l'on voit apparaître l'esquisse d'une main, la courbe d'un pied et la ligne obstinée du front. D'ailleurs, si je m'étais trompée, si mes enfants n'étaient pas le ferment de renaissance que j'espérais, les mots nouveaux qui s'écrivent d'eux-mêmes sur la page arrachée, si un jour tout s'effaçait, ils m'auraient au moins, le temps d'un trajet, réconfortée comme ces allumettes que brûle la petite marchande d'Andersen pour se réchauffer. L'un après l'autre, je les frottais à la vie, faisant naître, tout au long de mon chemin, des visions colorées. Chacun d'eux était un univers complet, qui me donnait en se consumant un sentiment de bonheur anticipé ; ils nourrissaient mes rêves, projetaient sur mes écrans vides des images dorées, ils m'éclairaient — illu-

sions d'amour aussi douces qu'un sapin illuminé. Il fallait seulement avoir assez d'allumettes, ou de chance, pour mourir avant d'avoir tout usé...

Les voir disparaître avant moi, c'était la crainte que je tentais d'apprivoiser en permettant à mes fils de plonger, de grimper, de se battre et de se déchirer.

Ce soir-là pourtant, un cri perçant, parti de la grille d'entrée, vint brutalement réveiller mes appréhensions. Comme chaque fois que j'entendais un hurlement, la sirène d'un SAMU, ou un enfant apeuré appeler une « maman ! » non identifiée, je sentis mon cœur se serrer. Et ce fut avec une gratitude incrédule que je vis soudain émerger du brouillard — comme un chanteur punk des fumigènes d'un vidéoclip — le paon des « courtisanes » avec son aigrette bleue, son plastron rose, et sa longue traîne, façon Boy George, qui essuyait le pavé : rassurée par sa présence, je crus avoir confondu son cri avec un appel au secours déchirant.

Levant les yeux vers le premier étage de la maison, au-dessus du canal, j'aperçus des mouettes qui dansaient : mon « enfant aux loups » devait être rentré ; chaque fois qu'une bête valsait ainsi sur elle-même, ou se couchait soudain sur le flanc comme ivre ou ensorcelée, c'est que l'enchanteur était tout près. A la fenêtre d'une des chambres je vis en effet sa mèche blonde, qui accrochait le soleil même quand le soleil était caché, et donnait au soir la transparence du matin. Je songeai aux vers de Jean de la Croix : « Il en est de l'âme comme d'un cristal que frappe la lumière. Si la lumière reçue est surabondante, le cristal lui-même se confondra avec elle ; on ne discernera plus de rayons, car il absorbera leur clarté et paraîtra tout entier être devenu lumière... »

Pour l'heure, penché sur la rambarde, mon « cristal » se substituait à la providence et nourrissait les oiseaux du ciel avec les miettes de la journée : des quatre coins de l'horizon les mouettes accouraient, plongeant en piqué sur les morceaux de pain que l'enfant lançait et qu'elles attrapaient au vol avant même qu'ils aient touché l'eau. Debout dans l'embrasure, avec sa silhouette éclatante et ses gestes clairs, mon petit garçon avait l'air d'une lampe-tempête posée à la croisée.

La maison était en désordre. Je ne sais pas pourquoi j'en fus frappée, puisqu'elle n'était, pour ainsi dire, jamais ran-

gée. Moi qui, à Paris, passais pour une ménagère maniaque et ne trouvais pas le repos tant qu'il restait un mouton sous un lit, j'avais pris les habitudes des indigènes : un balayage irrégulier, des vêtements posés sur toutes les chaises, des lessives qui attendaient le repassage, des lits défaits qu'on ne retapait qu'au moment d'aller se coucher. Peut-être parce que la maison ne m'appartenait pas et que je m'y savais en visite, ou parce que les travaux d'aménagement jamais terminés lui donnaient l'air d'un bivouac, je m'étais installée dans un provisoire domestique qui m'étonnait... Quant à mes travaux intellectuels, ils n'avançaient plus.

Certes, pendant quelques mois, j'avais continué à m'accrocher aux archives de Padoue et de la Ca'Fabriano, apportant à l'étude de mes vieux papiers une minutie de moine copiste, affirmant haut et ferme (mais un peu plus que je ne croyais) que l'époque m'enthousiasmait, que j'en viendrais à bout, qu'avant un an j'aurais publié : je me remontais le moral — avec un treuil...

C'est après avoir reçu de France le dernier best-seller que j'avais cessé de m'appliquer ; il s'agissait de la biographie d'un guerrier du Grand Siècle, ami d'une dame à laquelle j'avais consacré, quelques années plus tôt, cinq cents pages romancées. L'éminent sorbonnard qui signait l'ouvrage situait la première rencontre de son héros et de mon personnage dans un vieil hôtel du Marais. Je me souvenais d'avoir moi-même longuement et vainement cherché ce détail à travers les mémoires du temps. J'éprouvai aussitôt une vive admiration pour l'homme de métier : il avait mis la main sur un texte inédit... Je feuilletai les notes de fin de volume pour trouver sa référence. Rien. Je revins à la page où la scène était relatée, cherchant dans le récit même une indication d'origine, un renvoi quelconque, qui vînt étayer son affirmation. Rien non plus... Et tout à coup, avec effarement j'entrevis l'explication : ce « renseignement », l'historien l'avait trouvé chez moi ! Pourtant, quand, en désespoir de cause, j'avais placé cette entrevue dans un hôtel de la Place Royale, je n'avais pas présenté l'affaire comme authentique ; ce détail inventé en toute ingénuité, dans un livre tiré vers le roman, l'historien patenté — en le reprenant à son compte, avec l'autorité qui s'attachait à son nom — lui donnait la force de la vérité. Des générations d'érudits iraient le répétant, sans chercher à le vérifier ; et si l'un d'entre eux tentait tout de même, sur le tard, de remonter aux sources, il supposerait que l'original du document avait disparu et compte tenu de la réputation de sérieux du spécialiste, conclurait qu'on pouvait tenir le fait pour prouvé...

Bien sûr, depuis des années déjà je me doutais des distorsions qu'introduit dans la réalité la subjectivité des commentateurs, j'avais soupçonné qu'avec ses correspondances apocryphes, ses dénombrements truqués, ses photos retouchées et ses ouvrages de seconde main qui répètent, en les déformant, les erreurs des premiers témoins, l'Histoire pourrait bien n'être, au bout du compte, qu'un vaste échafaudage de mensonges... Mais j'ignorais, alors, que j'avais moi-même donné la main à cette entreprise de falsification et collaboré, avec mon hôtel du Marais, au travestissement des faits ; je ne savais pas encore que j'étais — malgré moi — un autre Julien Santois... Affligée, je laissai progressivement tomber Orvieto, le bacille de Yersin et la grande pandémie du XIVe siècle : j'aimais autant ne plus coopérer au gauchissement de la vérité, ne pas donner de nouvelles armes à l'ennemi. Finie, l'exploration du passé ; je trouverais d'autres sujets. Mais où ? Dans quel présent, dans quel futur ?

Me souvenant que mon mari m'avait rapporté de Paris les lettres de Christine Valbray, déjà classées et découpées, les notes rassemblées pendant mon enquête, les réflexions que j'avais ébauchées, je commençai, par désœuvrement, à relire ce livre inachevé. Si j'avais eu le courage de « rentrer dans le siècle », le travail entrepris trois ans plus tôt aurait été vite bouclé : mon avant-propos était rédigé, la deuxième partie terminée, et je disposais, ici et là, d'assez grands morceaux de carnets qu'il suffirait de rabouter. Pendant quatre ou cinq semaines, pour ne pas rester inactive, je me remis à brasser ces manuscrits avec l'énergie du désespoir, qui est d'ordinaire ma meilleure source de vitalité.

Puis, de nouveau, je m'arrêtai : j'avais trop changé. Je n'étais plus celle qui, dans l'espoir de comprendre le monde où elle vivait — ou celui, plus fragile encore, de susciter un geste, de renouer un contact —, avait entrepris cette biographie de Madame Valbray. A présent, cette ultime tentative de dialogue avec Christine, par-delà les continents, les trahisons et les années, me paraissait dépourvue d'objet ; à mesure que le temps passait, j'avais renoncé à attendre d'elle un signe quelconque. Il me semblait même que, si ce signe survenait, il me dérangerait ; j'étais si bien installée dans l'insularité... Au fond, je craignais d'être déçue, une fois de plus, et que la réponse ne fût pas à la hauteur de mes espérances. A cette « disparue », que j'avais aimée d'un amour intermittent et secret qui ne laissait guère de place à la réciprocité et se nourrissait mieux de ses propres interrogations que d'une réplique qui pourrait l'embarrasser, j'aurais pu appliquer ce que le croyant disait de son dieu : « J'aime mieux vous trouver en ne vous trouvant pas, que de ne pas vous trouver en vous trouvant... »

Quant à l'analyse de la société que Christine avait traversée, elle avait cessé de m'intéresser. Outre que son milieu, Paris, l'actualité, me déplaisaient, je m'étonnais d'avoir cru qu'en dédoublant ses récits pour leur donner la perspective qui leur manquait, en les annotant, en les complétant, je parviendrais à l'objectivité. Malgré les années de travail, non seulement je ne savais rien de solide sur les personnages qu'elle avait côtoyés, mais je n'arrivais pas à décider ce qui caractérisait notre époque, ce que la postérité en retiendrait : j'y étais moi-même trop engagée. Je m'étais flattée d'être un regard : je n'étais qu'un élément du paysage ; j'avais cru tout expliquer du dehors : j'étais un morceau de l'explication. Quelle que soit la forme que je lui donnerais, ce « miroir promené le long du chemin » ne refléterait que la silhouette fatiguée du promeneur...

Puisque je n'avais pas de promesse à communiquer, que je ne voyais aucun sens à donner aux mots que j'écrivais, que je ne parvenais même pas à tirer la moindre leçon de la vie de Christine Valbray, j'aimais mieux me taire, m'éloigner, fermer mes cahiers. Loin d'ailleurs d'être accablée par la conscience de cet échec, j'éprouvai, dès que j'eus rangé mes stylos, un grand bonheur à m'installer, avec mes enfants, dans le présent. On oubliait tout au bord de la lagune, on n'était occupé qu'à vivre, tranquille et résigné, attendant que la vague nous submerge ou qu'elle se retire ; on s'appliquait à durer, excellent programme provisoire...

Enfermée dans l'instant, je ressentais, jusque dans mon corps, un bien-être comparable à celui que procurent l'ivresse et la drogue, la griserie de ces moments où le temps, faute d'action, se dilate à l'infini — épais et chaud comme une fin d'après-midi autour d'une table non desservie, un dimanche à Paris. Dans notre île, c'était tous les jours dimanche...

« On ne peut plus, disait Flaubert, écrire quand on ne s'estime plus. » Plus grave et plus vrai : quand on ne se fait plus d'idée de soi-même ni d'illusions sur les autres, on ne

peut plus laver son linge ou ses carreaux... Pourquoi nettoyer les vitres, en effet ? Et pourquoi répondre au courrier ? Les meubles auraient eu besoin d'être cirés, la mauvaise herbe qui envahissait le verger aurait dû être arrachée, les haies taillées. Comme on disait dans mon pays, « ça se ferait bien », et si « ça » ne se faisait pas — pas tout seul en tout cas, ou pas sans mal — on s'en passerait... Les papiers que je ne classais plus s'éparpillaient sur les planchers, les mouches mortes s'accumulaient dans les rideaux, et la vaisselle s'attardait dans l'évier ; aucun de nous n'en était plus malheureux...

« Je me demande, disait parfois mon mari en considérant ce désordre d'un œil inquiet, si toute cette aventure n'est pas, bêtement, l'histoire d'une dépression. »

Mais la lagune même était une dépression, une vacance, une solution de continuité...

En passant dans l'entrée, je raccrochai deux ou trois blousons qui traînaient ; dans la salle à manger, je ramassai l'arc du guerrier et le Monopoly de l'aîné. Comme je m'apprêtais à fermer la fenêtre — qui était restée ouverte depuis mon départ sans que, malgré le brouillard et l'humidité, aucun des garçons ne se fût soucié de la fermer — j'entendis de nouveau le cri poignant qui m'avait arrêtée dans le sentier, avant que la présence du paon ne m'eût rassurée. Je prêtai l'oreille. Si : c'était bien un cri d'enfant, mais d'un enfant beaucoup plus jeune que les miens ; peut-être un nouveau-né...

Tout à coup je me rappelai qu'Angela devait être rentrée de la maternité. Angela était une « simplette » d'une trentaine d'années qui habitait seule une petite maison de bois à la lisière du jardin ; elle touchait une pension, ne travaillait pas, et passait le plus clair de ses journées avec mes trois sauvageons qu'elle adorait. Angela aussi avait eu trois enfants, « dans le temps » comme elle disait, mais, l'un après l'autre, on les lui avait retirés. Les choses se passaient toujours à peu près bien tant qu'elle les allaitait ; mais dès qu'il fallait leur préparer à manger et surveiller leurs premiers pas, Angela était débordée et l'Administration sévissait. Pourtant Angela ne se décourageait pas : elle recommençait. Evidemment, les commères du village se perdaient en conjectures sur « les pères » ; mais, comme la malheureuse ne quittait guère son île, il ne fallait pas chercher ces mystérieux géniteurs plus loin que ceux des chatons jaunes qui peuplaient le rivage : les insulaires — hommes ou bêtes — se reproduisaient entre eux. « N'empêche », disaient les bonnes femmes du pays, très morales pour les autres, « dans sa situation, on devrait l'obliger à avorter... »

En entendant crier ce nouveau bébé, je me dis qu'il serait bon d'aller voir comment Angela s'en sortait. Une accouchée avait toujours besoin d'aide, et celle-ci, plus que les autres. Je n'avais pas enfilé de brassières depuis longtemps, mais je ne pensais pas avoir perdu la main... Des souvenirs me revenaient en foule, que j'avais crus oubliés : les bruits de tétée dont les nourrissons accompagnent, au fond de leurs berceaux, leurs minuscules mouvements de reptation, l'odeur tiède de leurs lèvres où le goût du lait suri se mêle à la crème de toilette pour bébés, et toutes ces nuits où, entre deux biberons, j'allais sur la pointe des pieds guetter près du berceau une respiration si légère qu'elle semblait constamment menacée... En me laissant gagner par l'émotion je me demandais, amusée, pourquoi nous trouvions gracieux ces êtres si laids avec leur bouche en accent circonflexe, leur nez écrasé, leur teint rougeâtre, leurs sourcils clairsemés et leur menton fuyant. Où ces esquisses d'hommes à peine dégrossies, si mal proportionnées, prenaient-elles ce qui, à nos yeux, leur donnait tant de beauté ? Qu'avaient-elles en propre que ne possédaient pas le David de Michel-Ange, la Vénus de Canova ? La fragilité peut-être, et cet abandon auquel elle les contraignait ? Une tête qui ballotte, une main qui pend, des lèvres ouvertes à tous les viols, des paupières transparentes qui ne peuvent rien cacher — c'est tout le corps du nouveau-né qui revêt, dans son sommeil, la splendeur d'un Magnificat, c'est son visage entier qui consent qu'il lui soit fait « selon la parole » de l'inconnu auquel il est livré et qu'il change, par la force de sa crédulité, en dieu de bonté : qui ne céderait au bonheur de se voir pour quelques heures, au miroir de cette confiance, meilleur qu'il n'est ?

J'avais entendu dire qu'autrefois les Hébreux se levaient devant chaque femme enceinte, non par galanterie mais parce que chacune, si démunie qu'elle soit, pouvait porter le Messie : ainsi m'imaginais-je l'enfant d'Angela — un élan imprévisible, un pari insensé, une espérance hors de portée. Telles ces femmes accablées et rêveuses qu'on voit — dans « le Nouveau-né » de La Tour ou sur les fresques d'Evreuil peintes par Matteo Mattiole — réchauffer leurs mains à la lueur rougeoyante d'un nourrisson qui dort, j'avais envie de rallumer mon cœur à la flamme d'une chair sans défense, d'une âme vierge, d'une foi désarmée... Dès que mon dîner cuirait, j'irais à la cabane d'Angela.

Le plus jeune de mes garçons s'encadra soudain dans la porte de la cuisine. On ne l'entendait jamais approcher ; il apparaissait et disparaissait comme s'il jaillissait des planchers.

— Tu en as fini avec tes mouettes ?

Il ne répondit pas. Il me tendait la main dans un geste d'offrande. Je distinguai sur sa paume une masse noirâtre.

« Mon crapaud est mort, dit-il d'un ton morne.

— Oh, c'est dégoûtant ! Jette ça !

— Tu dis "dégoûtant" parce qu'un crapaud, c'est laid, soupira-t-il. Mais tu ne sais pas que les choses laides, maman, c'est comme la peine : on fait de la joie avec ! Par exemple, moi, sur la mort de mon petit crapaud, je pourrais faire une chanson triste plus tard, quand je serai chanteur — parce que, si tu m'achètes une harpe, je serai peut-être chanteur, on verra... Et ma chanson triste sur mon crapaud laid, elle sera tellement belle que, je te promets, tout le monde va être content de pleurer... Bon, enfin, de toute façon, ne t'inquiète pas pour moi » (petit sourire résigné), « je ne suis pas trop malheureux pour mon crapaud : son âme est déjà passée dans le bébé d'Angela...

— Tiens, voilà du nouveau ! Ecoute, mon minet, j'aimerais bien que tu cesses de dire des bêtises comme ça... »

Mais il était déjà reparti, laissant derrière lui un parfum de lentisque et d'anis. Je restai vaguement troublée par l'image de cette main tendue où gisait un crapaud ; il me semblait avoir déjà vu ce geste, déjà vécu cette scène, sans que je parvienne à les resituer dans le passé. Je montai à l'étage refaire les lits.

Celui de l'aîné était bordé au carré, il avait même préparé, avec des duvets et des oreillers, deux couchages pour ses frères sur le plancher. Je me rappelai que nous étions un « soir d'hôtellerie » : une fois par semaine le grand invitait les petits à dormir chez lui ; à l'entrée de sa chambre, les clients étaient priés d'opter entre la catégorie « luxe » (avec oreiller) et la catégorie « demi-luxe » (sans oreiller), l'apprenti logeur ayant depuis longtemps compris qu'une catégorie « ordinaire » rebuterait la clientèle... Mais cette auberge improvisée avait cessé de m'amuser quand je m'étais aper-

çue que, pour avoir l'honneur de passer la nuit dans la chambre de leur frère, les petits devaient payer — trois sous sans doute, mais de vraie monnaie, qu'ils sortaient de leur tirelire... Avec effarement je m'étais demandé s'il n'était pas trop tard déjà quand j'avais retiré cet enfant du monde. A moins, bien sûr, que je ne doive me féliciter de le voir si merveilleusement bâti pour lui survivre...

Les « clients » avaient eux-mêmes apaisé la colère qui montait : « Ne le gronde pas, maman » m'avait supplié « le guerrier » en glissant ses doigts sous les anneaux de mon bracelet-semaine dans l'un de ses rares mouvements câlins de bébé, « ce n'est pas de sa faute : il ne peut pas s'empêcher d'arnaquer. Mais nous, ça nous amuse de lui faire croire qu'il nous roule... Comme ça, tout le monde gruge, mais c'est pour de rire, et, pour de vrai, tout le monde s'aime ! »

Vaincue, j'avais laissé se perpétuer ce commerce de tendresses contre argent. Il était vrai d'ailleurs que les trois frères s'aimaient, et que le grand rendait aux deux petits, en services et menus cadeaux, bien plus qu'il ne leur soutirait ; même, il n'avait pas hésité à faire un rempart de son corps au plus jeune le jour où des gamins d'une île voisine l'avaient attaqué, et il gardait de ce combat désespéré — lui, le champion de la négociation — une jolie cicatrice au front... Pourquoi se mêler de cette mini-société puisqu'elle fonctionnait ? « Les soirs d'hôtellerie », les petits étaient ravis et, si le bonheur est une fin, si — comme le prétendent nos pédagogues — une bonne éducation n'a d'autre objet que d'y préparer nos enfants, il fallait bien constater que, sans éducation, ce but était admirablement atteint...

Je m'approchai de la fenêtre pour fermer les volets : les grands focs roses et les bancs de sable violets, les dômes, les châteaux, les forêts qu'on voyait dans le ciel trois heures plus tôt avaient définitivement sombré ; il pleuvait sur la lagune — une averse salée comme un déluge de larmes, un chagrin où tout semblait noyé. On ne percevait plus au premier plan qu'une touffe de roseaux, un bouquet de joncs mouillés, qui frissonnait sur un fond opaque au-delà duquel plus rien ne pouvait être distingué, identifié ni nommé, pas même la limite du ciel et de la terre. Dans ce crépuscule hivernal, si pâle qu'on aurait dit l'aurore, l'air, le sable et l'eau se retrouvaient mêlés comme au commencement du monde —

lorsque les éléments n'étaient pas dissociés, que la lumière ne se séparait pas des ténèbres et que la vie, insoucieuse de son début et de sa fin, inconsciente d'elle-même, se mouvait doucement dans un abîme sans surface et sans fond.

Je ne pus me décider à tirer les persiennes : ce paysage laiteux, cette friche suspendue au bord du naufrage, ce no man's land désolé, si bien assortis à mon état d'esprit, ne manquaient pas de charme. Peut-être finirais-je même par désirer cette blancheur, ce vide des hivers lagunaires ? Les paroles d'une chanson, à la mode quand j'avais quitté Paris, me revenaient en mémoire : « Ce soir, je me sens au milieu de nulle part... »

Mais soudain, comme je les prononçais, resurgit l'image du crapaud immobile, posé dans une main ouverte, qui, de nouveau, me causa une vive sensation de malaise. Pour quelle raison revenais-je à cette vision, qui me semblait désagréable ? Est-ce parce que les vers, les serpents, les lézards avaient, les premiers, occupé les espaces liquides qui s'étendaient sous mes yeux ? Parce que la lagune, en dépit de son calme apparent, sécrétait le reptile aussi naturellement que l'ombre le mensonge ? Ou parce que j'avais raconté aux enfants, peu de temps avant, la triste histoire de la « reine des grenouilles » ? En tout cas, je ne parvenais plus à détacher ma pensée de cette forme sombre tapie au creux d'une main claire.

Et tout à coup je compris pourquoi — dans ce souvenir confus et flottant que je n'arrivais pas à replacer dans le temps — le crapaud restait immobile, et la main, inerte : je ne les avais vus qu'en photographie, dix ans plus tôt. C'était l'un des clichés qu'emportait la sonde « Voyageur », lancée par les Américains.

Après avoir exploré les environs de Saturne, la fusée, qu'on avait conçue pour durer des milliers d'années, devait quitter le système solaire et s'enfoncer droit à travers le désert cosmique ; sa mission achevée, la machine était condamnée en effet à se perdre dans l'infini comme un emballage vide, une épluchure, un vulgaire déchet.

Un jour, pourtant, dans sa course, elle passerait à proximité d'une étoile, l'une des deux cents milliards que comptait notre galaxie : une boule de gaz que les catalogues stellaires avaient baptisée « Proxima Centauri ». Peut-être même traverserait-elle le système planétaire de ce lointain soleil — à supposer qu'il en eût un ? Sans doute ce rendez-vous, un peu incertain, aléatoire pour le moins, n'était-il prévu que dans soixante mille ans ; et sans doute, s'il était manqué, la fusée se trouverait-elle rejetée dans le vide pour un autre cycle de plusieurs dizaines de milliers d'années jusqu'à ce que sa trajectoire croisât de nouveau, par hasard, celle d'un astre parmi ces immensités dépeuplées qui, elles-mêmes, glissaient et s'enfuyaient au sein d'un univers en expansion, d'un monde en perpétuelle évasion... Mais peu importaient aux savants ces calculs d'improbabilité : comme des lecteurs de « space Opera », des émules de Georg Lukacs, ils s'étaient mis à rêver.

Dans la nacelle du « Voyageur » les responsables du lancement avaient décidé de placer un vidéodisque de cuivre et d'or, sur lequel on graverait des images et des sons représentatifs de la planète où nous vivions. Quelles images ? Quels sons ? La place était limitée, il fallait choisir : « Dans mon corbillon qu'y met-on ? »

On y mit la photographie d'une feuille de framboisier à l'aurore avec ses gouttes de rosée, le gros plan d'un arbre en fleur et celui d'un flocon de neige, des clichés où des femmes de toutes les couleurs serraient des enfants dans leurs bras, où des hommes de toutes les races dansaient et s'embrassaient ; on y mit l'aéroport de Toronto, un champion olympique, un vieillard de Turquie, et la photo d'un crapaud noir sur une main tendue...

A ces images on ajouta quelques sons : des mots — de Baudelaire à Martinson —, des harmonies — de Bach, Beethoven ou Stravinsky —, des bruits — le vent, la pluie, les vagues, le crépitement d'un feu, le martèlement d'un cœur, l'aboiement d'un chien, le rire d'un enfant, le chant d'un oiseau... Tout, évidemment, se trouvait sur le même plan : Beethoven et le cri des baleines, Baudelaire et le framboisier. Mais cette confusion même garantissait la fidélité de la représentation : si, comme l'affirmaient les responsables de l'expédition, le but était de « lancer dans le Cosmos les pensées et les émotions d'un être humain parmi les autres, un jour de juin 1977, sur la planète Terre » et de « raconter à un inconnu ce qui nous paraissait unique à propos de nous-mêmes », une feuille de framboisier mouillée de rosée pouvait avoir procuré plus de plaisir, et à plus d'hommes, qu'un vers de Baudelaire.

En revanche, l'idée que ces sons et ces clichés donnaient de notre valeur morale me semblait moins sincère. La Terre s'était mise sur son trente et un, elle avait arrangé ses bouclettes et posé en habits du dimanche : pas une image de guerre ni de famine, pas un bruit de bottes... Mais de cela aussi, les savants s'étaient expliqués : s'il existait d'autres êtres dans l'univers, « qu'allaient-ils penser de nous ? »

« Nous tentons de nous dépasser pour vous », avouait au destinataire inconnu le président des Etats-Unis dans le discours qu'il avait enregistré sur le disque. L'ensemble du message de « Voyageur » baignait ainsi dans la bonne volonté, la concorde, et cette espèce de bienveillance universelle que les philosophes, optimistes, appellent « l'humanité » ; « qui que vous soyez », assurions-nous en latin à la conscience supérieure qui intercepterait la fusée, « qui que vous soyez, nous sommes animés de bonne volonté à votre égard et portons la paix à travers les astres » : « pacem per astra ferimus » — peut-être parce qu'en 77 il nous fallait encore quelques années pour inventer « la guerre des étoiles »...

A l'évidence ce n'était pas leur portrait, seulement leurs rêves, que, dans un élan d'espoir, les hommes avaient envoyés à travers l'océan stellaire, comme le baiser que les enfants, le soir, avant de s'endormir, posent sur le bout de leurs doigts et lancent vers le ciel dans un grand geste maladroit, à l'intention des anges gardiens et des bonnes fées... Mais le baiser des hommes leur survivrait : le disque où nous avions tenté de mettre le meilleur de nous-mêmes était fabriqué pour résister aux poussières spatiales pendant un milliard d'années.

Un milliard d'années, c'était plus que n'en comptait l'histoire des hommes depuis ses origines, plus que, selon toute apparence, elle n'en comporterait jamais... Ce message d'amour lancé dans l'immensité, et dont — aux dires mêmes des initiateurs de l'opération — les chances d'être décrypté semblaient « quasiment nulles », était tout ce qui resterait un jour de la pensée des hommes quand les hommes auraient disparu, que la terre aurait cessé d'exister, que le soleil aurait fondu. Longtemps encore, son combustible épuisé, ses émetteurs détruits, la fusée têtue continuerait d'avancer, et lorsque enfin elle se désintégrerait, le disque libéré poursuivrait sa course, roulant de-ci de-là, bousculé par les comètes, ébréché par les météores. De nébuleuse en nébuleuse, le message survivrait au messager... Alors, quand notre monde aurait sombré, il apparaîtrait que nous n'avions vécu, grandi et progressé, que pour atteindre cet objectif étrangement limité :

pouvoir dire nos splendeurs mortes et nos espérances déçues à une conscience inconnue, improbable, et silencieuse.

Face à cette lagune des premiers âges, où formes, couleurs, saveurs, fondues les unes dans les autres, semblaient déjà s'effacer, je croyais entendre monter vers les constellations la prière que les hommes de science adressaient aux hypothétiques « petits hommes verts » de l'univers, aussi pathétique et dérisoire que le culte du Cargo chez les Papous, les plans de la tour-fusée que mon petit garçon s'acharnait à dessiner, ou l'ultime appel lancé à son robot favori par l'enfant italien que nous avions vu mourir, en direct sur nos écrans, au fond du puits où il était tombé et d'où les pompiers n'avaient pu le tirer : « Goldorak, sauve-moi ! »

En livrant de la sorte sa survie à la carapace fragile d'une fusée ou au courage d'un automate de dessin animé, l'humanité ne montrait-elle pas, de la manière la plus poignante, qu'elle avait renoncé à l'attendre d'elle-même, qu'elle était — comme l'aurait dit la grand-mère de Christine Valbray — « au gré » ? La science même, dont nous avions pris l'habitude de tout attendre et de tout espérer, admettait son insignifiance : les astronomes chargés du « Voyageur » n'avouaient-ils pas avoir renoncé à graver sur le disque des informations scientifiques « parce qu'une civilisation capable d'arrêter le cours d'un engin dont les émetteurs se seraient tus depuis longtemps aurait des connaissances infiniment supérieures aux nôtres » ? Notre savoir nous permettait de construire des fusées, mais c'était pour envoyer dans l'espace un flocon de neige et une goutte de rosée...

J'étais moins frappée, cependant, par la vanité de cette démarche que par sa noblesse, moins par l'impuissance des hommes que par leur patience. Les églises pouvaient s'effondrer, les chapelles s'écrouler : nous avions cessé de croire, nous n'avions pas cessé d'appeler. Comme dans ce « De profundis clamavi » qu'on chantait à la Messe des Morts, nos cris obstinés montaient des profondeurs de la nuit et, de génération en génération, nous attendions « plus ardemment qu'un veilleur ne guette l'aurore... »

Au creux de l'ornière, le bonheur de la lagune, enlisé, boueux, ne pouvait être un vrai bonheur. J'avais cru mes enfants heureux parce qu'ils étaient beaux et qu'ils s'amusaient, mais leur gaieté cachait mal l'angoisse qui les ron-

geait. Les armes de l'un, les recettes de l'autre, les grigris du troisième : autant de réponses esquissées à une question qu'ils n'osaient pas formuler. Et si tous trois poussaient bien, c'était à la manière des rosiers abandonnés d'Anne de Chérailles, dont les espèces les plus robustes luttaient pour étouffer les autres et s'adapter — à une terre toujours plus pauvre, des insectes plus nombreux, des froids plus rigoureux —, arbustes sans jardinier, qui, malgré leur vigueur croissante, perdaient graduellement leur parfum, ne fleurissaient plus faute d'avoir été taillés, et périraient un jour asphyxiés par leur propre fumier.

Et moi ? N'avais-je pas gardé aussi, sous le détachement que j'affichais, un sentiment d'insatisfaction ? A Paris quand je n'avais pas bien dormi, et que je me levais pour surveiller la toilette des enfants ou préparer leur déjeuner, je conservais toujours dans mon esprit un « coin de sommeil » que je retrouvais — sitôt mes fils partis — en regagnant mon lit ; de même ici, malgré ma détermination à vivre sans illusions, avais-je entretenu au plus secret de mon âme « un coin de confiance », une petite flamme vive, inaltérée, une veilleuse qu'il suffirait d'un rien pour rallumer... Qui sait si je n'escomptais pas qu'au fond du désespoir l'espérance me surprendrait, comme au bout de l'office des Ténèbres nous saisit la lumière de Pâques ?

En m'éloignant d'un monde que je n'aimais pas et que je me croyais impuissante à changer, j'avais cru revenir vers moi : je comprenais maintenant qu'au bout de nous-mêmes il y avait quelqu'un d'autre. Le meilleur de l'homme réside dans ce qui lui demeure étranger. La lagune ne pouvait être le terme du voyage ; et quand, parvenus au fond de l'impasse, nous ne pouvions rebrousser chemin, il nous restait à nous jeter dans l'inconnu, à sortir par-devant, à sortir par « le blanc » — un saut aussi volontaire et audacieux, nécessaire et insensé, que le lancement d'une fusée.

« Le message que nous envoyons dans l'immensité restera probablement indéchiffré, disait le concepteur du "Voyageur", cependant, nous le transmettons parce qu'il importe d'essayer. » A l'instant où je compris que, pour moi aussi, il valait la peine d'essayer, que là où la route s'achevait il fallait sauter, et qu'à cette sorte d'espérance par défaut, ce pari forcé, on avait tout à gagner — sinon dans le « monde meilleur » qu'un Pascal nous promettait, du moins dans celui-ci —, je sentis s'apaiser cette « ardente querelle que je

m'étais cherchée ». Je sus qu'en vertu d'un choix déraisonnable j'allais devenir raisonnable : rentrer à Paris, terminer ce livre, ces enfants, cette vie, que j'avais entrepris...

L'île n'était si rase et désolée que pour permettre aux insulaires de s'envoler ; elle avait l'air d'un radeau mais sa plateforme dissimulait une base de lancement, un Cap Kennedy des marais ; déjà — comme on voit, en s'éloignant dans l'espace, s'estomper le désordre des maisons, des arbres, des buissons, et se dessiner, de plus en plus nettement, la ligne des continents, la forme du globe et le mouvement des astres — il me semblait que tout s'organisait, que l'air lui-même s'éclaircissait.

Vers le Paris menteur des Fervacques et des Fortier, des Zaffini, des Dormanges, des Frétillon, vers cette Europe vieillie, désâmée, qui se ruait en servitude et courtisait furieusement sa mort, vers le Mal, je reviendrais sans arme, mais non plus sans objectif ni plan de vol — puisque j'avais maintenant une étoile en vue, quelque part à des milliards de kilomètres, une étoile que je n'atteindrais jamais, qui n'existait peut-être pas, peut-être plus, sinon par le besoin que j'avais d'elle, souvenir d'étoile, désir d'étoile dont je ne me laisserais pas détourner.

Mes fils, je les élèverais, non comme s'ils allaient mourir bientôt, mais comme s'ils devaient vivre un trillion d'années ; je leur enseignerais un idéal déjà vieux, peut-être périmé, avec la même passion que si les valeurs de ce monde où tout nous fuit, même les galaxies, avaient été inventées pour durer ; et, quand je les aurais chargés de tendresse et de générosité, lestés de rigueur et de fidélité, je les lancerais — petits disques compacts, denses, serrés, confiés à la marée des nuées.

Quant au livre, je savais désormais qu'expédier dans l'inconnu « ce qui nous paraissait unique à propos de nous-mêmes, les pensées et les émotions d'un humain parmi les autres », était le mieux que nous puissions espérer. J'avais découvert qu'une simple fleur de pêcher valait, à sa manière, tous les vers, pourvu qu'elle fût ce qu'elle était ; et que la meilleure justification d'une œuvre, son sens, sa beauté, ne se trouve pas dans la réponse qu'elle apporte mais dans les questions qu'elle pose, non dans ce qui nous sera rendu mais dans ce que nous aurons donné. Comme la foi du charbonnier, un livre était un cadeau qu'on fait aux étoiles, quelque chose qu'on tire de soi et qui vous sort de vous.

Peu importait que je sois impuissante à me cerner moi-même, à donner à mes croyances une apparence cohérente, à peindre le monde avec fidélité : je pourrais dire mes ignorances et mes hésitations, donner une forme à l'informe, fabriquer du neuf avec mes ruines, du bonheur avec mes inquiétudes, comme un petit garçon au cœur blond, incapable de définir la beauté, en fabriquait jour après jour avec un schtroumpf bleu et des crapauds laids — entre le bien et le mal, la vie et la mort, c'est la vie qu'il choisissait.

Risque pour risque, marais pour marais, mieux valait agir, en effet, que ne pas agir, aimer que ne pas aimer, croire que se défier. Autour de Christine Valbray — flocon de neige, goutte de rosée — je construirais, comme les lanceurs de « Voyageur », un vaisseau où tout entrerait : la France de ces dernières années, les lagunes de l'Europe, la solitude des hommes, et l'indulgence obstinée d'un enfant qui parle aux loups. Puis, à mon tour, j'expédierais vers les étoiles, telle une prière, cet instantané des misères et des merveilles d'un individu quelconque, d'une saison ordinaire dans l'histoire de la terre : la feuille fragile du framboisier.

Debout sous la pluie grise de la lagune, devant la fenêtre où s'encadrait cette île noyée qui semblait célébrer les noces du ciel et de l'eau, je prêtais l'oreille aux bruits indécis qui glissaient derrière le rideau des gouttes, rampaient sous le crépitement de l'ondée ; était-ce le murmure de la mer, les pleurs du bébé d'Angela, le gémissement des mouettes ou brusquement amplifiée par le silence, la pulsation de mon sang sous la peau ?

Je restais là, perdue au centre d'un brouillard obscur où les chuchotements venus de nulle part ne s'adressaient plus à personne, écoutant sans bouger ce concert anonyme et multiple, qui, au même instant, porté à des millions de kilomètres au-dessus de la lagune et des océans, par-delà les nébuleuses et les amas d'étoiles, dans le froid et le vide absolus, montait vers l'invisible d'un mouvement mécanique irrésistible, comme une longue supplique sans mots, un poème sans dédicataire, un hymne de métal, un cantique d'électrons.

Inscrits dans le cuivre et l'or pour un milliard d'années, les soupirs des vagues, la plainte du vent, le battement d'un cœur, le cri d'un enfant — premiers sons que les hommes aient connus, ultimes notes que leur planète émettrait — s'éloignaient à travers l'espace, élevant au confluent des sphères la dernière des cathédrales, le plus fou des gloria.

[illegible]

[illegible]

[illegible]

[illegible]

[illegible]

LISTE DES PRINCIPAUX NOMS PROPRES CITÉS DANS LES PREMIER ET DEUXIÈME VOLUMES

Alexis, Aliocha : voir Sovorov (Alexis).

Ambassadeur (l') : voir Valbray (Jean).

Anne : voir Chérailles (Anne de).

Antonelli (dit « Anto » et « Tout-m'est-bonheur ») : ami d'Olga Kirchner, d'Anne de Chérailles et de Gerges Pompidou, cet ancien rédacteur au « Figaro » devient directeur de « Paris-Match », député du VIIIe arrondissement, puis ministre de l'Education nationale à la suite d'une série de hasards heureux (d'où son surnom). Il meurt, fin 73, dans un attentat survenu à « l'Orée du Bois » et apparemment dirigé contre « la Pétanque Aveyronnaise » — un hasard encore, mais malheureux. Dans l'intervalle, il a pendant dix-huit mois, en 72 et 73, employé Christine Valbray (alors Madame Maleville) comme attachée de presse à son cabinet. Cf. « Leçons de Ténèbres », T. I.

Archange (l') : voir Fervacques (Charles de).

Armezer : grosse commune bretonne, située dans la circonscription de Sainte-Solène dont Charles de Fervacques est le député. Cette commune est, en 71, le théâtre de violents affrontements entre les partisans de « l'Archange » et les écologistes au moment où Fervacques prétend y installer, outre un dépôt d'ordures régional, un cimetière neuf pour ses administrés trop à l'étroit sur le territoire de sa propre commune, « la perle de la Côte des Fées ». Guerre des morts qui fait un blessé : Jean Hoédic, jeune socialiste d'avenir, que Frédéric Maleville, alors sous-préfet de l'arrondissement, parvient, par une manœuvre de dernière minute, à empêcher de se présenter aux municipales contre le maire sortant, ami de « l'Archange ». Le nouveau cimetière est brillamment inauguré en mai 73 avec l'enterrement de Paul Escudier, membre du cabinet des Affaires étrangères. Cf. « Leçons de Ténèbres », T. I.

Arroyo (Juan) : peut-être argentin, peut-être ancien ministre dans ces contrées lointaines. Devenu fonctionnaire à l'UNESCO, il entre dans le cercle des « Rendez-vous » grâce à l'amitié d'Olga Kirchner. Là, il fait bénéficier François Moreau-Bailly, alors directeur de « la Presse », d'informations de politique étrangère confidentielles. C'est ainsi qu'en 73 il lui remet un rapport sur le Moyen-Orient, attribué au général américain Jones ; Moreau-Bailly, sûr de sa source, publie ce document exclusif, déclenchant dans le monde entier une vague d'incidents diplomatiques et de manifestations anti-américaines, avant qu'on ne découvre que ce prétendu rapport est un faux... Arroyo n'en demeure pas moins l'un des piliers des « Rendez-vous ». Cf. « Leçons de Ténèbres », T. I.

Aulnay (Fabien d', dit « d'Aulnay le Con ») : quatrième fils d'une mère imposante (ancienne égérie d'Albert Lebrun) et tête de Turc de ses frères aînés. Habitué à tout supporter, il devient, dès l'enfance, le souffre-douleur et l'ami privilégié de son jeune voisin de campagne, Charles de Fervacques. Châtelain ruiné, il est contraint pour vivre de marier des touristes japonais dans la chapelle privée de son château et de leur servir le petit déjeuner jusqu'au moment où, grâce à Fervacques, il trouve sa voie, et retrouve sa dignité, dans la politique. Député du Perche, cofondateur du mouvement « Progrès et Solidarité », puis président du groupe solidariste à l'Assemblée, il devient en 74 (par erreur, car c'est son frère, « d'Aulnay le Crack », que le Président souhaitait nommer) ministre des Anciens Combattants — où il ne fait pas grand-chose aussi bien qu'un autre... Son renvoi en 78 sert de prétexte à Charles de Fervacques pour quitter lui-même le gouvernement et se mettre « en réserve de la République » en attendant les Présidentielles. Cf. « Leçons de Ténèbres », T. II.

Aulnay (Guillaume d', dit « d'Aulnay le Crack ») : ancien élève de Joliot-Curie et remarquable physicien, il est nommé délégué à l'Energie Atomique dans les années soixante, puis patron du CNRS dans les années soixante-dix. En 1978, il devient ministre de la Recherche Scientifique au moment où son frère Fabien, « remercié » par Giscard d'Estaing, abandonne son portefeuille (ou en est abandonné...). Cf. « Leçons de Ténèbres », T. II.

Avenel (Maud) : célèbre actrice des années soixante. D'abord pensionnaire à la Comédie-Française, où elle s'illustre dans les rôles d'amoureuse (Bérénice, Prouhèze), elle passe ensuite au cinéma où la « Nouvelle Vague » assure son triomphe. Introduite chez les Chérailles à Senlis par le père Prioux, jésuite et metteur en scène, elle y fait la connaissance du jeune député socialiste Renaud Kahn-Serval qu'elle épouse en juillet 1968. Elle l'aime sans doute, mais le trompe probablement. Après avoir encore brillé dans trois grandes productions (« le Misanthrope » et « la Double Inconstance » au théâtre, « le Hussard sur le Toit » au cinéma), elle voit, l'âge venant, pâlir son étoile. Un ou deux ans après le suicide de Kahn-Serval, en 77, elle rompt avec la France, la politique et les milieux du spectacle, et « s'exile » au Québec. Cf. « Leçons de Ténèbres », T. I et II.

Balmondière (comte de) : cousin de Catherine Darc, mari de Sibylle et oncle d'Esclarmonde, il fréquente les Chérailles à Senlis et des émirs au Moyen-Orient. Officiellement directeur d'une agence de relations publiques, il bakchiche des fonctionnaires français pour le compte d'entreprises allemandes, et des « correspondants » arabes et africains pour le compte d'entreprises françaises. Personne ne fait l'entremetteur plus élégamment que lui : dix siècles de chevalerie... En 1975 il s'associe à certaines des affaires montées par Ibn Al-Hamid et Carole Massin. Cf. « Leçons de Ténèbres », T. II.

Balmondière (Esclarmonde de) : nièce « à la mode de Bretagne » (et un peu déclassée) du comte et de la comtesse du même nom, elle a été un moment, en 75-76, la « petite amie » officielle de Philippe Valbray. Cf. « Leçons de Ténèbres », T. II.

Balmondière (Sibylle de) : comtesse et chasseresse. Avant le « choc pétrolier », chasse plutôt le cerf, et, après, plutôt les cheikhs des Emirats. En 75, c'est elle qui présente Carole Massin à Alban de Fervacques. Cf. « Leçons de Ténèbres », T. I et II.

Béa, Béatrice : voir Brassard (Béatrice).

Belvédère (le) : ancienne villa du docteur Lacroix, située à Evreuil, dans la même impasse que « les Rieux », la maison d'enfance de Christine Valbray. « Le Belvédère », où ont vécu Frédéric et Clotilde Lacroix, est resté inhabité depuis 1959, date à laquelle — trois ans après la mort de leurs deux enfants — le médecin et sa femme ont quitté la région parisienne pour l'Alsace. Cf. « Leçons de Ténèbres », T. I.

Berton (Lionel, dit « le Bifront », « l'Un-et-l'Autre », « le Biface ») : ce polytechnicien intelligent a mérité ses surnoms par son visage double : un accident de voiture, qui lui a laissé de « beaux restes » à droite, a défiguré la moitié gauche de son visage. Très tôt, pour ne présenter aux tiers que son « bon profil », il prend l'habitude des déplacements obliques ; sa morale s'en ressent. Fondé de pouvoir, puis directeur de l'entreprise Chérailles, la LM, il entre en politique après les « événements » de Mai 68 : venu pour aider le socialiste Kahn-Serval dans sa campagne électorale, il vire de bord en moins d'une semaine et se présente contre lui au nom de l'UDR (avec le soutien discret, mais efficace, de la LM) ; élu député de Besançon à la place de son adversaire, il abandonne dès 73 cette circonscription instable pour un « bourg pourri » des Alpes-Maritimes, Ussan-la-Poterie, dont il devient le représentant au Parlement. Nommé ministre de la Coopération en 74, il continue néanmoins à faire « des affaires » — plutôt dans l'immobilier que dans le sous-développement, mais aussi dans le thermalisme : Ussan-la-Poterie, devenue Ussan-les-Bains, est la dernière-née des stations ensoleillées de la « chaîne de la Santé ». Fin 76, rallié à l'UDF giscardienne, il passe au ministère de la Justice, et se montre à l'égard de Kahn-Serval, un moment compromis dans l'affaire de « la Jurassienne des Fluides », un Garde des Sceaux particulièrement rigoureux : le respect de la loi est sa moitié droite, le sens des affaires sa moitié gauche. A Anne de Chérailles, dont il est devenu à Senlis l'un des favoris, c'est plutôt le second profil qu'il présente. Cf. « Leçons de Ténèbres », T. I et II.

Blondet : diplomate sorti d'une des premières promotions de l'ENA. Gaulliste d'abord, il est « troublé » en Mai 68... Bien que le vieux Thomas, membre du cabinet de Couve de Murville, l'ait accusé alors de travailler pour la CGT et le KGB, il est nommé ambassadeur à Londres en septembre de la même année. En 1973, il devient ambassadeur à Moscou, d'où Christine Valbray, profitant des inquiétudes de Fervacques sur les fuites survenues au sein du ministère, réussira, en reprenant à son compte l'accusation de Thomas, à l'évincer pour faire place à son père, Jean Valbray. Cf. « Leçons de Ténèbres », T. I et II.

Bois-Hardi : « folie » Second Empire construite — face à la Dieu-Garde de Sainte-Solène — par François Pinsart, dit « de Fervacques », le célèbre vaudevilliste. Le « château », faussement gothique avec ses tourelles et ses vitraux, a été restauré dans le goût viscontien par Charles de Fervacques, devenu maire de Sainte-Solène. Pour encourager les beaux-arts, il y a aussi fait exécuter quelques plafonds, quelques frises, quelques tableaux par Chagall et Leonor Fini. Cependant la bâtisse, accrochée au-dessus des flots, reste menacée par l'éboulement de la falaise qui a déjà emporté, en 76 et 86, un bout de parc et un morceau de la grande terrasse. Cf. « Leçons de Ténèbres », T. I et II.

Borel (Yann) : chantre de la fougère bretonne, sur fond de harpe celtique. A été invité à quelques « Rendez-vous » de Senlis quand le Front de Libération de la Bretagne (FLB) était à la mode. Cf. « Leçons de Ténèbres », T. I.

Brassard (Arlette) : fille aînée d'Henri et Germaine Brassard, et sœur de Malise. Communiste, résistante, et maquisarde de la première heure. Devenue la maîtresse de Jean Valbray — délégué militaire de la France Libre auprès des maquis de la Saône et de l'Ain —, elle est prise et fusillée par les Allemands à Nantua en 1944. Cf. « Leçons de Ténèbres », T. I.

Brassard (Béatrice) : née à Evreuil en juin 1946, fille naturelle de Lise Brassard et de Jean Valbray, sœur cadette de Christine. Moins belle et moins brillante que son aînée, elle n'est pas reconnue par Jean Valbray lorsque, enfin divorcé, il adopte en novembre 1969 sa fille aînée. Devenue infirmière dans une clinique de Creil où ses grands-parents se sont installés, Béatrice, féministe zélée, reste fidèle au nom de sa mère en même temps qu'au Parti Communiste, auquel sa sœur l'a fait adhérer en 62. Cf. « Leçons de Ténèbres », T. I et II.

Brassard (Christine) : voir Valbray (Christine).

Brassard (Germaine) : épouse d'Henri Brassard, mère d'Arlette et Lise, grand-mère de Christine et Béatrice. Elle travaille d'abord comme femme de service à l'école de Saint-Rambert-en-Bugey, puis comme ouvrière aux usines Bourjois à Evreuil, enfin comme couturière chez un tapissier d'Origny. Elle n'aime pas la politique, fait bouillir la marmite, déteste Jean Valbray, mais élève ses enfants. Cf. « Leçons de Ténèbres », T. I et II.

Brassard (Henri) : grand-père de Christine Valbray. Ouvrier, puis contremaître au « Textile Moderne » de Saint-Rambert-en-Bugey, il adhère au Parti Communiste dès le Congrès de Tours, en 1920. Maquisard FTP, il s'éloigne du PC à la suite de certaines « bavures » commises à la Libération. Mis en invalidité après une grave tuberculose contractée pendant la guerre, il s'installe à Evreuil pour s'occuper de sa fille Malise, élever ses petites-filles et « cultiver son jardin ». Peu après la démolition de la maison des « Rieux », revendue par Jean Valbray à un supermarché, il meurt d'un cancer du poumon, sans avoir revu Christine qui joue les « sous-préfetes » en Bretagne. Cf. « Leçons de Ténèbres », T. I.

Brassard (Lise, dite « Malise ») : « Malise est malade »... C'est son programme, sa raison d'être. Seconde fille d'Henri et Germaine Brassard, devenue après sa sœur — et dans le même maquis — la très jeune maîtresse du séduisant « Valmy » (nom de guerre de Jean Valbray), elle réussit, après lui avoir donné deux enfants (Christine et Béatrice), à s'en faire épouser, mais tombe malade en

1950 lorsqu'il l'abandonne. Progressivement paralysée, elle ne quitte plus son lit. Incapable de s'occuper de ses filles — qui seront élevées par leurs grands-parents —, n'aimant guère Christine qui ressemble au mari volage et réussira en 1969 à lui extorquer un consentement au divorce qu'elle refusait depuis dix-sept ans, elle s'abandonne peu à peu à la folie, dorlotée par sa mère Germaine, et par sa seconde fille Béatrice. Cf. « Leçons de Ténèbres », T. I et II.

Caro, Carole : voir Massin (Carole).

Caylus (Enguerrand de) : ambassadeur de France. Pris en otage par des terroristes en 74 alors qu'il se trouve en poste à La Haye, il « sauve l'honneur du Quai » en refusant de paraître devant les photographes les mains en l'air — courage protocolaire qui impressionne ses bourreaux. Rescapé, il est nommé à la présidence d'une chaîne de télévision. Cf. « Leçons de Ténèbres », T. II.

Centrale des Eaux (la) : voir Kahn Serval.

Chaton (Alain) : membre de la section PSU de Compiègne en 66 et 67, c'est à cette époque qu'il fait la connaissance de Christine Valbray (alors Brassard), de Solange Drouet et de Laurence de Fervacques. Durement traité par les autres militants que sa confusion mentale et son exaltation fatiguent, il est pris en pitié par Christine. En 68, il passe du PSU au maoïsme, puis, déçu par l'échec de « la révolution de Mai », s'installe en 69 dans les Cévennes avec Solange Drouet pour y élever des brebis. Rebuté par son expérience de berger, il rentre à Paris en 71 pour y fonder un journal anarchiste, dont il est le seul rédacteur et l'unique lecteur ; il partage alors l'appartement — et peut-être le lit ? — de Laurence de Fervacques, mal remise de sa rupture avec Zaffini. Après quelques « casses prolétariens » dans des supermarchés, il se détourne de la politique, quête pour la secte des « Enfants de Dieu », puis rentre avec Laurence dans une communauté Krishna du Berry. Il y reste encore quelque temps lorsque, en 74, lassée du riz et de l'encens, Laurence revient à Paris. Cf. « Leçons de Ténèbres », T. I et II.

Charles : voir Fervacques (Charles de).

Chérailles (Anne de) : fille du comte Raoul de Chérailles et de Frédérika von Gleiwitz, héritière d'un grand nom et d'une grosse fortune, elle se prend en 1935 d'une amitié passionnée pour une vendeuse de Schiaparelli, Olga Kirchner ; ses parents sont rassurés quand en 1938 elle accepte d'épouser un jeune diplomate, Jean Valbray. Séparée de lui, géographiquement comme politiquement, dès 1940 (après la naissance, en août de la même année, d'un fils, Philippe), elle divorce en 1946. Mais c'est grâce à Jean Valbray qu'elle parvient à sauver quelques débris de l'empire industriel des Chérailles, compromis dans la collaboration. Ainsi réussit-elle à éviter la confiscation de « La Ménagère », petite usine de presse-purée, qui deviendra bientôt, sous sa direction éclairée (et celle, occulte, de son père), la LM, géant de l'électroménager. « Femme patron » célèbre, elle publie deux ou trois livres, s'affiche bientôt avec François Moreau-Bailly, jeune journaliste des « Echos » devenu directeur de « la Presse », mais son cœur ne bat que pour Olga Kirchner, retrouvée par hasard en 1956. Quand Raoul de Chérailles, relevé de « l'indignité nationale » en 1957, peut reprendre en main le gouvernement de son entreprise, elle se consacre à « la Gazette des Arts », une petite revue dont elle vient d'hériter, et à ses « Rendez-vous », week-ends politico-artistiques organisés dans son vieil hôtel de Senlis. Elle ne reprend « du service » à la tête de la LM que dans les années soixante-dix, après le départ de Lionel Berton et les attaques d'hémiplégie successives qui frappent le vieux Raoul ; mais la conjoncture a changé, et la « jeune patronne » des années cinquante a bien du mal à tenir la barre d'une entreprise en difficulté. Trop absorbée par ses campagnes de promotion et ses présentations de bilans, engagée parfois dans des affaires douteuses, accablée par les soucis qu'éprouve de son côté son amant « in partibus », elle laisse à Olga le soin d'organiser les « Rendez-vous » qui l'ont rendue célèbre chez les célébrités. Cf. « Leçons de Ténèbres », T. I et II.

Chérailles (Catherine de) : voir Darc (Catherine).

Chérailles (Frédérika de, née von Gleiwitz) : bien avant sa fille Anne, Frédérika, épouse de Raoul de Chérailles, et cousine de Ribbentrop, avait tenu à Paris, dans les dernières années de la Troisième République, un « salon » très couru. Mais, très diminuée — sur le plan moral et financier — par la guerre, elle ne s'intéresse plus, dans la deuxième partie de sa vie, qu'aux marrons glacés et à sa vieille amie Madeleine de Rubempré. Son terrible époux a beau la secouer, l'injurier : elle s'endort... Elle meurt en 1973 à Senlis. Cf. « Leçons de Ténèbres », T. I.

Chérailles (Hugues de) : fils de Raoul, et frère d'Anne. Surprotégé par « maman », il passe dans sa famille pour un imbécile, particulièrement aux yeux de son père. Bien qu'il ait été élu député de Senlis en 58 (avec, dit-on, les voix des couvents), il ne brille pas à l'Assemblée nationale. Aussi est-il le premier surpris de séduire, la cinquantaine venue, une brillante journaliste, Catherine Darc, qui, en 1975, épouse la moitié de la LM en sa personne... Un bonheur n'arrivant jamais seul, il est nommé secrétaire d'Etat à la Consommation en 76 et enterre son père en 78. Cf. « Leçons de Ténèbres », T. I et II.

Chérailles (Raoul de) : noblesse certaine, génie probable — le génie de l'ingénieur. Dès 1919 il applique son talent à l'aéronautique et fonde les usines Chérailles-Lauter, qui, entre 40 et 44, travaillent avec Messerschmidt et sont nationalisées à la Libération. Privé de ses droits civiques (il avait aussi créé un journal collaborationniste, « l'Européen »), Raoul de Chérailles se reconvertit — par fille interposée — dans l'électroménager. Qui peut le plus peut le moins : il fabriquait des moteurs d'avion, il fabriquera des moteurs de moulinettes, de sèche-cheveux et d'aspirateurs ; en dix ans il bâtit un nouvel empire, la LM, auquel n'échappe aucune ménagère française. Victime d'une première atteinte cérébrale en 65, il reste hémiplégique et ne se déplace plus qu'en fauteuil roulant, ce qui ne l'empêche ni de terroriser sa famille ni de se prendre d'une passion jalouse pour la jeune demi-sœur de son petit-fils, Christine Valbray ; il subit une nouvelle attaque en 73, devient presque aveugle ; en 76, un dernier accident vasculaire le laisse grabataire et aphasique ; il meurt en novembre 78, âgé de quatre-vingt-huit ans. Cf. « Leçons de Ténèbres », T. I et II.

Christine : voir Valbray (Christine).

Coblentz (Georges) : romancier à la mode. A Senlis il promène son « look » — houppelande noire et écharpe blanche — parmi les invités des « Rendez-vous ». Ravi de passer pour un auteur difficile, il s'est fait le champion d'une « littérature de la dilution » en 1962 et du « discours du silence » en 67 : il vend chaque roman avec le supplément d'un scandale ou d'une théorie. En 69, il fait sensation en redécouvrant la ponctuation, et, en 75, en publiant « Ava », un roman entièrement écrit à l'envers, illisible de la dernière ligne à la première. Cf. « Leçons de Ténèbres », T. I et II.

Cognard (Maurice) : assistant du directeur de Radio-France Internationale, chroniqueur sans chronique, il fait, dès 62, la connaissance de « l'Archange » dans les studios, puis devient son « fan » sur les plateaux. Quand, en 66, Fervacques passe du secrétariat d'Etat aux Affaires étrangères au ministère du Commerce extérieur, il l'embauche comme conseiller à la communication dans son cabinet. En 69, Cognard suit Fervacques qui revient au Quai d'Orsay comme ministre, et il devient son directeur de cabinet en 72. Mais, alcoolique (et incontrôlable à partir de midi), il est éliminé en 74 par Christine Valbray au profit d'un collègue, Blaise, elle-même étant alors nommée directeur adjoint du cabinet. Désintoxiqué mais aigri, il est récupéré à la télévision par Catherine Darc, qui souhaite marier ses rancunes aux siennes... En 78, il coproduit des émissions politiques à succès. Cf. « Leçons de Ténèbres », T. I et II.

Conan (Germaine) : employée de maison, cuisinière plutôt que ménagère. Christine Valbray fait sa connaissance en 70 lorsque, avec son mari, elle s'installe à la sous-préfecture de Trévennec : Madame Conan, originaire de Sainte-Solène, y assure « l'intendance » avec efficacité ; elle s'occupera aussi du petit Alexandre Maleville, né l'année suivante, et que sa mère délaisse pour courir derrière sa carrière et son « Archange ». Cf. « Leçons de Ténèbres », T. I.

Courseul (Gilles) : romancier ami de Saint-Véran. « Petite musique » et style voilé. Aussi discret que Coblentz est voyant. Cf. « Leçons de Ténèbres », T. I.

Cubaine (la) : voir Kirchner (Olga).

Darc (Catherine) : fille d'un célèbre publicitaire et d'une mère née Balmondière, divorcée successivement d'un médecin et d'un professeur d'université, elle entre dans le journalisme à la fin des années cinquante. Correspondante à Paris du « Herald Tribune », puis de la chaîne CBS, elle s'impose vite par sa plume acide et sa vision cynique du milieu. Devenue la meilleure spécialiste des questions parlementaires, elle fait (comme bien d'autres) un détour par la couche de « l'Archange », mais s'entiche, la quarantaine venue, de l'héritier des Chérailles, plus jeune qu'elle d'une dizaine d'années. Christine met un terme à leur liaison en jetant Carole Massin dans les bras de son demi-frère. Catherine Darc ne lui pardonnera pas cette humiliation et, à son tour, brisera la passion de Christine pour Fervacques, en lui jetant dans les pattes la jeune Nadège de Leussac. Reprenant par ailleurs sa stratégie de conquête de la LM et d'encerclement du fiancé infidèle, Catherine épouse, fin 75, l'oncle de Philippe, Hugues de Chérailles, dont elle réussit à faire un secrétaire d'Etat. Passée à la télévision, elle excelle dans la production et l'animation des grandes émissions politiques, tout en continuant à publier dans « le Monde » ou « la Presse » des tribunes libres remarquées. Cf. « Leçons de Ténèbres », T. I et II.

Diane : voir Rubempré (Diane de).

Dimenschtein (Olga) : voir Kirchner (Olga).

Dormanges (Henri, dit « Mandrin ») : fils de Madame (voir ci-dessous) et d'un financier spécialisé dans l'import-export. Polytechnicien comme Lionel Berton, il entre dans l'Armée. Après 71 il adhère au PS et, sous le pseudonyme de Mandrin, prend en charge la « Commission-Défense » du parti, organisant chez lui de nombreux dîners politiques. C'est là qu'un soir Christine (alors mariée à Frédéric Maleville) casse un vase de prix, afin, dit-elle, de préparer ce grand bourgeois à la suppression de l'héritage que réclame la gauche de son parti. Attaché militaire au Cambodge, Dormanges devient correspondant de guerre pour « le Monde » et « la Presse » et s'illustre dans l'approbation des exactions commises par les Khmers rouges au moment de la « libération » de Phnom Penh ; une querelle violente l'oppose alors à Kahn-Serval au sein du parti. Grâce à Moreau-Bailly, il peut en 76 abandonner définitivement l'Armée pour le journalisme : son patron fait de lui, en quelques mois, l'éditorialiste-vedette de « la Presse ». En 78, mettant à profit un changement dans l'actionnariat et une erreur de son protecteur, il prend la direction du journal, jusqu'alors plutôt à gauche, pour le réorienter vers le « libéralisme ». Cf. « Leçons de Ténèbres », T. I et II.

Dormanges (Madame) : mère d'Henri Dormanges. Possède à Enghien, au bord du lac, un « château » dont elle est fière. Germaine Brassard, employée chez un tapissier d'Origny, en a fait tous les rideaux, cousu tous les dessus-de-lit, sans qu'on lui ait jamais offert un verre d'eau. Les Aubusson et les Baccarat de Madame Dormanges, proposés avec complaisance à l'admiration des visiteurs et des domestiques, pousseront Christine à s'inscrire, à quinze ans, aux Jeunesses Communistes. Cf. « Leçons de Ténèbres », T. I.

Drouet (Solange) : maîtresse auxiliaire au lycée de Compiègne où elle enseigne les mathématiques, elle se laisse vite dévorer par la révolution. PSU d'abord, elle dérive bientôt vers le maoïsme, crée en 67 un « Comité Vietnam de base » et en 68 un « Comité d'Action Lycéen ». En 69, réfugiée dans les Cévennes, elle entame une grève de la faim pour empêcher de Gaulle de rencontrer Nixon. Son échec et la maladie (on l'opère en 70 d'une tumeur de l'utérus) la rejettent vers le trotskisme et quelques groupuscules extrémistes. Fin 73, elle meurt, en même temps qu'Antonelli dans un attentat commis à « l'Orée du Bois » : l'enquête conclura qu'elle transportait elle-même l'engin, qui a explosé prématurément par suite d'une erreur de manipulation. Elle n'avait jamais été douée pour le bricolage... Cf. « Leçons de Ténèbres », T. I.

Dupont-Maleville (Madame) : mère de Frédéric Maleville. Possessive, bourgeoise et « province ». Elle ne supporte pas sa jeune belle-fille, Christine Valbray, et contribuera, dans toute la mesure de ses moyens, à l'échec du couple. Cf. « Leçons de Ténèbres », T. I.

Durosier (Emmanuel) : jeune diplomate dont Christine Valbray fait la connaissance en 1971 à « Bois-Hardi », lors de sa première réception chez les Fervacques ; elle le retrouve en 73 au cabinet des Affaires étrangères et se lie avec lui d'une amitié sincère. Nommé ambassadeur à Haïti, puis chargé de représenter la France à la Conférence de Vienne en 77, Durosier est, peu après, envoyé en mission au Liban. Cf. « Leçons de Ténèbres », T. I et II.

Escudier (Paul) : attaché de presse de Charles de Fervacques. Avait les dents longues, mais eut la vie brève. Mort d'un accident de chasse à Rambouillet en 73, il est enterré, par une belle après-midi de printemps, dans le tout nouveau cimetière d'Armezer. Le même jour, Fervacques offre son poste à Christine Valbray. Cf. « Leçons de Ténèbres », T. I.

Evreuil : cité-dortoir de la banlieue nord de Paris, où Christine Valbray a vécu depuis l'âge de six mois jusqu'à l'âge de vingt-quatre ans. En 69, la maison qu'y occupaient, près de la gare, sa mère et ses grands-parents est détruite pour faire place à un parking et un supermarché. Cf. « Leçons de Ténèbres », T. I.

Fervacques (Alban de) : né en 1931. Dernier fils d'Henri de Fervacques et Sophie Variaguine, il se trouve contraint d'entrer dans les affaires de son père quand son frère aîné, Bertrand « Junior », meurt prématurément et que le puîné, Charles, plus attiré par la politique que par la finance, et par la France que par l'Amérique, refuse de s'intéresser au sort de la holding. Devenu P-DG de la « Spear » et de la « Banque Française d'Extrême-Orient » à la mort de son père en 1963, marié à une Bostonienne qui l'ennuie, il rencontre Carole Massin en 75 et en fait sa maîtresse ; elle prend une plus grande importance dans sa vie lorsqu'en 77 il est atteint d'un cancer et hospitalisé à Washington, où elle s'installe. Cf. « Leçons de Ténèbres », T. I et II.

Fervacques (Bérangère de) : deuxième fille du second mariage de Charles de Fervacques (avec Elisabeth de Sévigné). Cf. « Leçons de Ténèbres », T. II.

Fervacques (Bertrand de) : né en 1873. Grand-père de Charles de Fervacques, il assied solidement la fortune de la famille (héritée de François Pinsart et des Persigny) en misant sur l'aventure coloniale — création de la Banque Française d'Extrême-Orient, du Consortium des Hévéas et de la Compagnie minière de Fort-Gouraud —, puis en épousant une milliardaire américaine, Gladys Mellon. C'est d'ailleurs aux Etats-Unis qu'avec des associés américains il fonde en 1921 une nouvelle banque, « la Fervacques and Spear ». Il meurt à New York en 1939 en laissant à ses quatre enfants une fortune mobile et cosmopolite. Cf. « Leçons de Ténèbres », T. I.

Fervacques (Bertrand de, dit « Junior ») : né en 1922. Fils aîné d'Henri de Fervacques et Sophie Variaguine, frère d'Alban et Charles. Considéré comme le « dauphin », il pousse le perfectionnisme jusqu'à s'engager dans les troupes alliées et meurt en 1944, brûlé vif dans son char. Cf. « Leçons de Ténèbres », T. I et II.

Fervacques (Charles de, dit « l'Archange ») : deuxième fils d'Henri de Fervacques et Sophie Variaguine, né en 1929 à Fervacques, château récemment acquis par sa famille qui en avait usurpé le nom trente ans plus tôt. Elevé aux Etats-Unis à partir de l'âge de dix ans (où il a pour précepteur Alexis Sovorov, qu'il fera chasser en 1942 pour quelques gestes « déplacés »), il est, à douze ans, séparé de sa mère, qu'on interne dans un hôpital psychiatrique. A la mort de son frère aîné, Bertrand « Junior », il a quinze ans et s'oppose à son père, Henri, qui, après l'avoir éduqué en « frère du Roi » — à la fois trop gâté et trop négligé —, veut brusquement en faire son dauphin et l'obliger à prendre des responsabilités. A sa majorité, il revient seul en France, redécouvre Sainte-Solène et « Bois-Hardi », la maison de son arrière-grand-père, qu'il entreprend de restaurer. Il fait la connaissance de Malou Weber, la fille de Marceau Weber, un ancien chef de gare devenu sénateur, puis président du Sénat, et l'épouse en 1951 (malgré la réprobation de sa famille, qui tient cette mésalliance pour une provocation). En 1953, il conquiert la mairie de Sainte-Solène et devient en 54, à l'occasion de législatives partielles, le plus jeune député de France. Surnommé « l'Archange » pour ses boucles blondes et son sourire charmeur, il divorce de

Malou Weber en 57 à la suite du scandale des « ballets bleus » dans lequel est compromis son beau-père. En 56, il perd son siège sous la poussée poujadiste, mais, passé du MRP au gaullisme, le retrouve dès 58. En 1960, il épouse en secondes noces Elisabeth de Sévigné, qui lui donne trois filles (de son mariage avec Malou Weber il avait déjà une fille, Laurence). En 1962 il est nommé secrétaire d'Etat aux Affaires étrangères, en 1966 ministre du Commerce extérieur, mais en 1967, grièvement blessé dans un accident de rallye (la course automobile est son « hobby »), il se trouve contraint d'abandonner momentanément la politique — ce qui lui évite d'avoir à prendre position en 68... En 69, il devient ministre des Affaires étrangères de Georges Pompidou. En 74, rallié à Giscard d'Estaing, il conserve les mêmes fonctions. C'est alors qu'il transforme en groupe parlementaire autonome le « mouvement de réflexion », Progrès et Solidarité, qu'il avait créé quelques années plus tôt avec Fabien d'Aulnay. Deux autres « solidaristes » entrent en 76 au gouvernement, que Fervacques quitte en novembre 78, pour prendre « du champ ». Afin de ne pas rompre en visière avec les giscardiens, alors qu'il est déjà au plus mal avec les chiraquiens, il laisse en gage, dans le gouvernement Barre, Christine Valbray, qui, devenue son attachée de presse en 73 et sa maîtresse en 74, avait été nommée directeur adjoint de son cabinet en 75, puis directeur en 77. Faire de cette jeune femme brillante un secrétaire d'Etat est, en quelque sorte, son cadeau de rupture ; il est en effet, depuis dix-huit mois, très épris de Nadège Fortier de Leussac, qu'il n'exclut pas d'épouser dans l'hypothèse où il devrait repousser de sept ans ses aspirations à la « magistrature suprême ». Cf. « Leçons de Ténèbres », T. I et II.

Fervacques (Elisabeth de, née Sévigné) : fille d'un gouverneur de la Banque de France et seconde épouse, plutôt effacée, de Charles de Fervacques. Elle lui a donné trois enfants, qu'elle élève au château de Fervacques en Normandie. On la voit rarement dans la maison de « Bois-Hardi » à Sainte-Solène, plus rarement encore à Paris. Elle laisse son mari vivre sa vie... Cf. « Leçons de Ténèbres », T. I et II.

Fervacques (François Pinsart, dit « de Fervacques ») : cet ancien clerc de notaire, devenu l'un des plus célèbres vaudevillistes du Second Empire, l'ami intime de Morny, Mérimée et Halévy, est le fondateur de la dynastie. Après avoir hérité de sa première femme, Jeanne Fialin-Persigny, il épouse une jeune fille noble mais désargentée, Anne-Marie de Normanville, dont il a sept enfants. D'origine bretonne, il lance, à la fin du Second Empire, la station de Sainte-Solène, où il fait construire par Viollet-le-Duc la maison de « Bois-Hardi ». Mais il n'est admis par le Faubourg Saint-Germain qu'après l'incendie du Bazar de la Charité, où meurent deux de ses enfants. Président du comité constitué pour l'édification à Paris du monument dédié aux victimes, « Notre-Dame de la Consolation », il édifie aussi à Sainte-Solène, en face de « Bois-Hardi », la chapelle de l'Espérance où sont transférés les corps des deux petits morts et quelques débris de la noblesse. En 1899 le Conseil d'Etat l'autorise à joindre légalement à son nom de Pinsart le pseudonyme de « de Fervacques », qu'il avait pris quarante ans plus tôt en passant près du château : la vraie famille « de Fervacques » étant éteinte depuis le début du XVIIe siècle, il n'y a pas d'opposition. François Pinsart de Fervacques meurt en 1901 après avoir brillamment marié ses enfants survivants. Cf. « Leçons de Ténèbres », T. I.

Fervacques (Henri de) : fils aîné de Bertrand de Fervacques et de Gladys Mellon ; père de Charles et Alban ; marié en 1921 à une princesse russe, Sophie Variaguine, qu'il trompe avec une actrice d'Hollywood. C'est lui qui rachète le château de Fervacques en Normandie, mais il s'installe aux Etats-Unis en 1939, à la mort de son père. Il meurt lui-même en 1963, en ayant sensiblement augmenté la puissance financière de la « Spear ». Cf. « Leçons de Ténèbres », T. I et II.

Fervacques (Isabelle de) : troisième fille du second mariage de Charles de Fervacques (avec Elisabeth de Sévigné). Cf. « Leçons de Ténèbres », T. II.

Fervacques (Laurence de) : fille de Charles de Fervacques et de Malou Weber. Née en 1952, elle vit seule à Pierrefonds avec sa mère depuis 1957 — date du divorce de Malou et de « l'Archange ». Elève du lycée de Compiègne, elle y fait en 1966 la connaissance de Christine Brassard (Valbray), qui est son professeur de français. Touchées par ses difficultés scolaires et familiales, Christine et Solange Drouet lui donnent des leçons particulières et Christine va jusqu'à écrire à « l'Archange », qu'elle ne connaît pas, pour le supplier de reprendre contact avec sa fille. Entraînée par ses professeurs dans le militantisme politique, Laurence fait la connaissance d'Alain Chaton, puis de Nicolas Zaffini, jeune leader trotskiste qu'en 68 elle prend pour un héros, et dont elle tombe amoureuse. Elle devient sa maîtresse, mais il l'abandonne bientôt ; ne désespérant pas de le reconquérir par la jalousie, elle se met en ménage avec Alain Chaton, l'accompagne dans ses délires politiques, puis religieux. Abandonnant les Beaux-Arts et le dessin pour lequel elle semblait douée, elle suit Chaton chez les Krishnas, dans le Berry. En 74, dégoûtée du riz, elle revient seule à Paris, s'installe dans un squatt de Montparnasse, et vit de petits métiers, de petits trafics, et de l'argent qu'elle soutire à Christine, toujours émue par sa détresse. En 75, Zaffini, passé du trotskisme à l'écologie, renoue brièvement avec elle ; elle espère le retenir si son père, alors ministre des Affaires étrangères, lui fait obtenir le poste d'« attaché culturel à l'étranger » qu'il ambitionne. Christine s'entremet, mais l'affaire échoue devant l'opposition résolue de Fervacques. Deux ans plus tard, Zaffini épouse une jeune fille du « meilleur monde » et sa situation politique s'améliore, tandis que Laurence, instable et de plus en plus éthérée, continue de dériver. Cf. « Leçons de Ténèbres », T. I et II.

Fervacques (Solène de) : fille aînée du second mariage de Charles de Fervacques (avec Elisabeth de Sévigné). La préférée de « l'Archange », qui pose volontiers en sa compagnie pour « Match » ou « Jours de France ». Cf. « Leçons de Ténèbres », T. II.

Fervacques (Sophie de, née Variaguine) : princesse russe, dont la famille, ruinée par la Révolution, n'a pu garder qu'une seule maison en France, à Sainte-Solène, où elle fait la connaissance d'Henri de Fervacques, petit-fils du fondateur de la station. Elle l'épouse en 1921. Mère de Bertrand « Junior », de Charles (le plus proche de sa mère et le plus russe de la famille) et d'Alban. Internée pour troubles mentaux en 1941, elle meurt peu après dans l'incendie de sa clinique psychiatrique. Cf. « Leçons de Ténèbres », T. I et II.

Fornari (Cécilia, Orlando, et autres) : princes romains décadents et ruinés. Moins ruinés, cependant, que décadents, car si leur palais du Palatin prend l'eau, il leur reste quelques Goya. Christine a connu cette honorable famille en 1963, par son demi-frère : sous leurs plafonds écaillés, les Fornari donnaient d'élégants bals masqués et organisaient des orgies très « Dolce Vita ». Au milieu des années soixante-dix, leurs fêtes, assombries par le terrorisme urbain des Brigades Rouges et des « années de plomb », sont nettement moins gaies. Cf. « Leçons de Ténèbres », T. I et II.

Fortier de Leussac (Bertrand, né Fortier, dit « de Leussac ») : poète, mais ambitieux. Né avec le siècle, ou peu après, il a commencé sa carrière dans le catholicisme et le vers régulier ; on le considère alors comme l'héritier de Charles Péguy et le concurrent de Daniel-Rops. Quand il se met à fréquenter les Chérailles et leurs « Rendez-vous » — dont il est l'un des plus beaux fleurons —, il a déjà beaucoup évolué : il vit davantage de ses critiques, très lues, que des revenus de sa poésie, et, impressionné par le Nouveau Roman et quelques autres écoles littéraires auxquelles il n'appartiendra jamais, il n'encense que des auteurs jeunes et « difficiles », comme Coblentz. Déconcerté en Mai 68, il se souvient en juin (quand l'essence revient) qu'il avait été l'un des fondateurs du RPF et participe à la création de l'UDR, soutenant notamment Lionel Berton, qu'il a connu à Senlis, contre Kahn-Serval. Chantre officiel du régime, il entre à l'Académie, prend la direction de Radio-France, et accepte de présider le PAPE (Programme d'Action Pour l'Europe) que lance au même moment Olga Kirchner. Plus tard, rallié à l'UDF de Valéry Giscard d'Estaing, il obtient un petit secrétariat d'Etat para-culturel.... Bien que dans ses poèmes il chante l'amour comme personne, il n'est guère fidèle à sa femme, mais il adore, en géniteur tardif, sa fille Nadège, qui pourrait être sa petite-fille. Cf. « Leçons de Ténèbres », T. I et II.

Fortier de Leussac (Madame) : admiratrice inconditionnelle de son mari et de sa fille unique, Nadège, « enfant du miracle », née alors qu'elle avait déjà la quarantaine. Cf. « Leçons de Ténèbres », T. I et II.

Fortier de Leussac (Nadège) : plus jeune que Christine Valbray d'une dizaine d'années, elle est l'enfant prodige du stylisme. Encouragée par son père (l'académicien Bertrand Fortier de Leussac), elle s'impose, dès l'âge de vingt ans, dans des domaines aussi divers que la création de costumes de scène, la décoration de théâtre, le « design » de meubles et de luminaires. Egalement douée pour les affaires, elle s'assure l'exclusivité mondiale de la diffusion de Stuart Michels et de Vasquez. Présentée à Fervacques par Catherine Darc, elle devient sa maîtresse en 77 et le pousse à la rupture avec Christine en 78. « Jeune fille à l'ancienne », retranchée derrière ses scrupules et ses principes, elle espère bien se faire épouser par « l'Archange ». Par l'entremise d'Alban de Fervacques, elle reprend en 77 la direction de « Marie Mauvière », l'entreprise de décoration créée quelques années plus tôt par Carole Massin, et elle en transfère le siège en Italie. Cf. « Leçons de Ténèbres », T. I et II.

Françoise : biographe de Christine Valbray, elle s'efface derrière son héroïne et l'on sait peu de choses d'elle. Mariée, trois enfants, elle approche de la quarantaine ; il semble qu'elle ait d'abord appartenu à la magistrature avant de se consacrer à la recherche historique et à l'écriture ; elle publie régulièrement des biographies et des ouvrages de vulgarisation. Par son mari cependant — ou du fait de ses anciennes fonctions ? — elle fréquente de loin les cercles du pouvoir, les cocktails des grands corps de l'Etat, les réceptions officielles. C'est ainsi qu'elle a eu l'occasion d'apercevoir Christine Valbray avant « l'affaire », et qu'elle connaît (un peu) son frère Philippe, auquel elle s'attache davantage à mesure qu'avance son enquête. Dès 1981, elle devient « visiteuse de prison » pour pouvoir rencontrer Christine à Fleury-Mérogis et l'aider ; c'est pour elle que Christine, prisonnière, écrit ses mémoires. Cf. « Leçons de Ténèbres », T. I et II.

« **Fredaine** » (« Amusette », « Bagatelle » et autres) : c'est ainsi qu'on désigne au Quai d'Orsay le personnel féminin de la maison avec lequel « l'Archange », tant qu'il est ministre, entretient des liaisons rapides et furtives. Cf. « Leçons de Ténèbres », T. II.

Frédéric : voir Maleville (Frédéric).

Frétillon (Christian) : ce jeune énarque, camarade de promotion de Philippe Valbray, est d'abord conseiller de Chaban-Delmas à Matignon, où, profitant d'une étourderie de Frédéric Maleville, il parvient à élargir ses attributions aux dépens du jeune mari de Christine, puis à l'évincer. Trois ans plus tard, Christine le retrouve chez Antonelli, le ministre de l'Education nationale dont il dirige le cabinet — elle lui est alors subordonnée. Encore trois ans, et voilà que, devenue directeur adjoint du cabinet de Fervacques aux Affaires étrangères tandis que Frétillon dirige le cabinet de Berton à la Coopération, elle est devenue son égale. Tout en feignant l'amitié, il supporte mal cette rivalité et, fin 75, envoie à l'Elysée une lettre où il dénonce le comportement de Christine Valbray et son dangereux passé de gauchiste. Informée par d'Aulnay, Christine exige de Fervacques, alors son amant, « la tête de Frétillon ». Berton, qui n'a rien à refuser à la « Fervacques and Spear » (qui finance certaines de ses affaires), limoge sur-le-champ son directeur. Cf. « Leçons de Ténèbres », T. I et II.

Gaya : vieil ami de Raoul de Chérailles, que Christine a connu à Senlis. Fils d'un peintre post-impressionniste, Gaya a consacré sa vie à la musique. Jeune compositeur talentueux — et d'abord encensé comme le « septième du Groupe des Six » —, il s'éloigne peu à peu des derniers courants musicaux, et renie même ses essais dodécaphoniques. De moins en moins joué, de plus en plus dédaigné (même par Anne de Chérailles, qui ne le garde dans son salon que comme on garde une cousine pauvre), il n'en continue pas moins, « vieillard fou de la musique », d'écrire, douze heures par jour, des opéras, des oratorios, des Requiem et des Te Deum que personne n'écoute jamais. Cf. « Leçons de Ténèbres », T. II.

« ***Gazette des Arts*** » (la) : revue mensuelle dont Anne de Chérailles a hérité d'une cousine en 1952. Malgré des tirages confidentiels, le journal exerce une certaine influence dans les milieux artistiques ; Olga Kirchner y tient plusieurs rubriques, et en 1970-1971 Christine Valbray y fait quelques piges. Cf. « Leçons de Ténèbres », T. I.

Gleiwitz (Frédérika von) : voir Chérailles (Frédérika de).

Guéménée (princesse de) : voir Worsley (Florence).

Hélène : voir Valbray (Hélène).

Hoédic (Jean) : Christine Valbray fait sa connaissance en 71 lorsque, jeune militant socialiste du CERES, il prend, après de viles manœuvres d'apparatchik, la tête des manifestations écologistes contre le projet de cimetière d'Armezer (voir ce nom). Frédéric Maleville assure alors la victoire des partisans de Fervacques en empêchant, par une ruse de dernière minute, Hoédic de se présenter aux élections. Mais Hoédic aura sa revanche quatre ans plus tard quand, le conseil municipal de Trévennec ayant été dissous, il dirigera la coalition d'opposition et parviendra à conquérir la mairie. Maire de Trévennec, il en est bientôt le député, devenant ainsi, dans le département et même dans la région, le principal rival de « l'Archange ». Porte-parole du PS, il se montre par ailleurs, au sein du parti, l'un des plus hostiles aux positions de Kahn-Serval — en 75 au moment du génocide cambodgien, comme en 77 dans l'affaire de la Centrale des Eaux —, ce qui n'empêchera pas, bien sûr, qu'il ne lui rende, après sa mort, un hommage ému... Cf. « Leçons de Ténèbres », T. I et II.

Ibn Al-Hamid (cheikh Farez, dit « Poupougne ») : sous-émir dans la soixantaine. On ne sait trop d'où il sort, mais il rentre partout. Se met en ménage et en affaires avec Carole Massin qu'il avait d'abord chargée de la décoration de son appartement. Il l'aide à monter l'entreprise « Marie Mauvière » et, au Moyen-Orient, quelques opérations moins avouables. En 77, Carole, devenue la maîtresse d'Alban de Fervacques, rompt avec lui ; en 78, elle revend même l'appartement que son « Poupougne » avait mis à son nom. Ibn Al-Hamid est très atteint, mais il survit. Cf. « Leçons de Ténèbres », T. II.

Joues : général américain, membre du Conseil National de Sécurité, auquel « la Presse », sur les indications de Juan Arroyo (voir ce nom), avait attribué en 73 un rapport incendiaire, mais apocryphe, sur la situation au Moyen-Orient. Cf. « Leçons de Ténèbres », T. I.

Jurassienne des Fluides (la) : voir Kahn-Serval.

J. V. : voir Valbray (Jean).

Kahn-Serval (Maud) : voir Avenel (Maud).

Kahn-Serval (Renaud, dit « le Hussard » ou « RKS ») : cet orphelin (ses parents ont été déportés pendant la guerre) a fait de brillantes études d'ingénieur des Mines avant d'être élu député de Besançon en 62. PSU, puis « Conventionnel » et socialiste, il passe pour l'un des poulains de Mendès-France. C'est en 67 que, déjà épris de Maud Avenel, il fait à Senlis la connaissance de Christine. Elle l'aide en 68 dans sa campagne électorale, mais il est battu par Lionel Berton, qui, se donnant d'abord pour l'un de ses amis, l'a délibérément trahi. Ayant épousé « la belle Avenel » en juillet de la même année pour se remettre de sa déception politique, Kahn-Serval reconquiert sa circonscription en 73. Entre-temps, il est resté l'un des plus brillants espoirs du PS et l'ami de Christine et de son mari, Frédéric Maleville, qu'il convertit peu à peu au socialisme En 75, il prend, à propos du génocide cambodgien, des positions courageuses qu'Hoédic et Dormanges ne lui pardonneront pas. Fin 76, considéré à tort comme compromis dans le scandale de la Centrale des Eaux et de la Jurassienne des Fluides et accusé d'avoir touché des pots-de-vin, il se trouve en butte à la hargne conjuguée de Berton, devenu ministre de la Justice, de Dormanges et d'Hoédic ; il démissionne ; mais, soutenu par Christine et poussé par les rares amis qui lui restent, il est triomphalement réélu. Il se suicide six mois plus tard sans un mot d'explication, laissant la « classe politique » désemparée, mais vite consolée. Cf. « Leçons de Ténèbres », T. I et II.

Kirchner (Olga, née Dimenschtein, dite « la Cubaine » et « la Veuve ») : alors qu'elle est vendeuse chez Schiaparelli, Olga Dimenschtein (d'origine roumaine ou hongroise) fait, en 1935, la connaissance d'Anne de Chérailles, d'une dizaine d'années sa cadette. Le comte et la comtesse de Chérailles obligent leur fille à mettre un terme à cette amitié passionnée et, quand Anne épouse Jean Valbray, Olga part à la Jamaïque avec une protectrice anglaise. Rentrée en 39, c'est par miracle qu'elle échappe trois ans plus tard à la « rafle du Vél'd'Hiv' » : toute sa famille, arrêtée, disparaîtra dans les chambres à gaz. Elle-même, réfugiée en zone libre, est capturée début 44 et déportée à Auschwitz. En 1947, deux ans après la libération du camp, elle épouse un riche Autrichien, Hans Kirchner, qu'elle avait connu à Kingston neuf ans plus tôt. Elle s'installe avec lui dans le Cuba de Batista (d'où son surnom de « Cubaine ») ; elle en revient en 1955, veuve, apparemment milliardaire, et extravagante : tenues excentriques, propos fascisants, abus d'alcool, et pertes excessives dans les casinos. Par hasard (ou non ?), elle retrouve Anne de Chérailles à Gstaad en 1956, renoue leur ancienne amitié, monte une galerie de tableaux rue de Seine à Paris, et protège de jeunes peintres (dont Alfonso Vasquez) qui passent pour ses « gigolos ». Elle incite Anne à mettre au point la formule de ses « Rendez-vous » politico-littéraires, dont elle établit souvent les listes d'invités. C'est à Senlis qu'en 66 elle rencontre Christine Valbray et semble se prendre pour elle d'une réelle affection. Elle l'entraîne bientôt dans les casinos, l'initie à la roulette, puis la fait entrer au cabinet d'Antonelli et favorise sa carrière. Dès 68, elle a créé le PAPE, Programme d'Action Pour l'Europe, une association d'aide aux dissidents de l'Est dont elle est la secrétaire générale, et que Fortier de Leussac accepte de présider. Christine, qu'elle tient par ses dettes de jeu, ne refuse pas de fournir certains renseignements à cette association, dont Olga ne lui révèle qu'en 76 qu'elle sert de couverture aux activités du KGB, dont elle-même serait un officier. D'abord choquée, Christine cède à la tentation d'une nouvelle complicité, à la condition qu'Olga sera son « traitant » et accédera à tous ses caprices, notamment financiers... Olga accepte ce rôle de « nounou », tout en faisant alterner douceurs et menaces pour obtenir de son « agent » le meilleur rendement. Cf. « Leçons de Ténèbres », T. I et II.

Lacroix (Clotilde) : second enfant du docteur Lacroix, elle fait du piano avec Béatrice et va à l'école avec Christine ; plus grande que les deux filles Brassard, elle leur donne ses vieilles robes, que la grand-mère retaille. Elle fascine Christine par sa grâce et par la splendeur des « déguisementstout-faits » qu'elle entasse dans ses placard. Quand elle meurt en 1956 dans un accident de voiture, on l'enterre dans sa « robe de fée ». Cf. « Leçons de Ténèbres », T. I.

Lacroix (docteur Pierre) : médecin, et voisin des Brassard dans l'impasse de la Gare à Evreuil. Il semble que Malise Brassard, qui souffre déjà à l'époque de troubles nerveux, n'ait pas été seulement sa patiente, mais sa maîtresse. C'est peut-être pour cette raison qu'il se montre affectueux avec Béatrice et Christine, les accueillant volontiers chez lui, au « Belvédère », et les poussant à fréquenter ses propres enfants, Frédéric et Clotilde. Après la mort accidentelle des deux petits, en 56, il rompt avac Malise et, trois ans plus tard, quitte Evreuil pour l'Alsace. Cf. « Leçons de Ténèbres », T. I.

Lacroix (Frédéric) : fils du docteur Lacroix et frère de Clotilde, voisin des Brassard à Evreuil, il est l'amour d'enfance de Christine. Elle admire son élégance rêveuse et un peu dédaigneuse, ses naïvetés de poète, sa pâleur. Il l'entraîne sur le remblai du métro, lui offre des coquelicots et a promis de l'épouser ; mais il meurt à treize ans dans un accident de voiture, avec sa sœur. Christine, qu'on a tenue à l'écart du drame et qui ne reverra pas les parents Lacroix, cherche en vain sa tombe. Un jour, elle s'imagine qu'il est enterré dans le jardin du « Belvédère »... Cf. « Leçons de Ténèbres », T. I.

Lacroix (Madame Pierre) : épouse du docteur et mère de Frédéric et Clotilde, elle supporte mal la liaison de son mari avec leur jeune voisine, Lise Brassard. A deux reprises, elle écrit à Jean Valbray pour dénoncer ces « relations coupables » ; c'est Maria-Nieves qui empêche Valbray d'utiliser ces correspondances pour obtenir le divorce aux torts de sa femme. Christine ne découvrira cette liaison qu'en 69, par quelques confidences échappées à Nieves et des lettres retrouvées dans une cave. Cf. « Leçons de Ténèbres », T. I.

Laurence : voir Fervacques (Laurence de).

Lebœuf (Maître) : avocat sans grandes causes. Joue les importants, mais ne plaide que des divorces, et des divorces « pauvres ». Il rencontre Christine Brassard en 1962 lorsqu'elle cherche à engager une action en reconnaissance de paternité contre Jean Valbray ; il l'en dissuade en lui exposant quel sort la loi d'alors fait aux « enfants adultérins », puis lui demande de régler sa consultation en liquide, tout en se montrant très caressant : la consultante n'a que dix-sept ans... Cf. « Leçons de Ténèbres », T. I.

Lefort (Pierre, dit « le Bayard de la fange » et « l'Homère de l'ordure ») : Lefort a commencé sa carrière journalistique, avant la guerre, dans un journal financé par Stavisky ; il l'a poursuivie à « Gringoire » et au « Charivari » ; il la termine dans la boue, en créant « la Vérité », moitié « lettre confidentielle », moitié feuille de chantage. Dès 67, il s'en est pris avec violence au père et à la famille maternelle de Christine. Dans l'affaire de la Centrale des Eaux, fin 76, il se montre l'un des adversaires les plus virulents de Kahn-Serval — son Salengro à lui... Christine Valbray considère Lefort comme l'un des responsables du suicide du jeune député. Un an plus tard, il recommence en attaquant Fervacques sur l'affaire de l'ANEA et des contrats irakiens, puis, par suite d'indiscrétions involontairement commises par Christine elle-même, publie d'importantes révélations sur un « délit d'initiés » qu'aurait commis le ministre. Mais cette campagne de presse, qui alarmait Christine, s'arrête lorsque « le Bayard de la fange » est mystérieusement assassiné un soir, au moment où il rentrait chez lui. Le groupe « Fervacques and Spear » rachète « la Vérité ». Cf. « Leçons de Ténèbres », T. I et II.

Le Louarn (Yves) : ancien proviseur du lycée de Compiègne où Christine a enseigné quelques années. Le Louarn, qui à l'époque dirige aussi la section PSU, tombe amoureux de sa jeune collègue. Par complaisance, elle entre dans son lit et dans sa tendance. Mais, contaminée par l'idéalisme de Kahn-Serval, elle rompt en mars 68 une liaison où le sentiment a peu de part. Trois mois plus tard, c'est Le Louarn qui rompt avec lui-même lorsque, affolé par la violence de ses élèves et contesté en tant que proviseur, il rejoint les manifestants gaullistes du 30 Mai. Cf. « Leçons de Ténèbres », T. I.

Lérichaud (général Max) : responsable de l'ANEA — Agence Nationale de l'Air — il a dénoncé au vieux Chérailles (qui l'a répété à Christine) certaines malversations commises par Charles de Fervacques, ministre des Affaires étrangères, à l'occasion de la passation de divers contrats militaires, notamment avec l'Irak en 76. Cf. « Leçons de Ténèbres », T. II.

« ***Lettre*** » (la) : journal satirique à plus faible tirage que « le Canard enchaîné », il dispose pourtant d'informations confidentielles et semble être pour la gauche ce que « la Vérité » est pour la droite. Il arrive en effet que les deux journaux se renvoient la balle — en 67 par exemple dans l'affaire Pellegrini-Valbray, ou en 76 dans le scandale de la Jurassienne des Fluides où se trouve impliqué Kahn-Serval. Cf. « Leçons de Ténèbres », T. I et II.

Leussac : voir Fortier de Leussac.

Le Veneur (Alexis) : ce personnage authentique ne devient imaginaire que par l'usage immodéré qu'en fait Christine Valbray, qui, à vingt ans, lui a consacré son « mémoire de Maîtrise ». Sa vie, il faut bien le dire, est un roman — roman de l'opportunisme et du retournement : ayant servi (et trahi) tour à tour Louis XVI, Robespierre, Napoléon, Louis XVIII, Charles X et Louis-Philippe, il meurt en 1833 entouré de l'estime générale, et l'on inscrit son nom sur l'Arc de Triomphe... A mesure qu'elle avance en âge, Christine voit se multiplier autour d'elle les émules du « grand homme ». Cf. « Leçons de Ténèbres », T. I.

LM : « La Ménagère », entreprise des Chérailles, leader français de l'électroménager. Cf. « Leçons de Ténèbres », T. I et II.

Maingon : ville de la banlieue nord de Paris, située à proximité immédiate d'Evreuil, mais un peu moins « rouge » que sa voisine : Evreuil est traditionnellement communiste, Maingon socialiste. C'est à Maingon que Christine Valbray, petite fille, allait au lycée avec les enfants Lacroix. Cf. « Leçons de Ténèbres », T. I.

Maleville (Alexandre) : fils unique de Frédéric Maleville et Christine Valbray, né en 1971 à Trévennec. A quatre ans, il voulait être « conducteur de balcons », par la suite pilote de chasse ou ingénieur comme tout le monde... Christine, qui n'a jamais été maternelle, s'éloigne de lui d'autant plus vite qu'au moment du divorce la garde de l'enfant a été confiée au père. Cf. « Leçons de Ténèbres », T. I et II.

Maleville (Christine) : voir Valbray (Christine).

Maleville (Frédéric) : issu de la bonne bourgeoisie et sorti de l'ENA, ce sous-préfet, ami de Philippe Valbray, commence brillamment sa carrière : après quelques postes territoriaux il se trouve, en 68, conseiller à l'Elysée. Dans le cadre de ses fonctions, il rencontre la demi-sœur de Philippe, Christine, qui, jeune professeur, s'est chargée de la « promotion » de la grève de la faim de sa collègue, Solange Drouet. En 69, après le départ de De Gaulle, il entre à Matignon. En décembre de la même année, il épouse Christine Valbray. L'année suivante, ayant commis quelques fautes administratives dont son rival, Christian Frétillon, a tiré parti, il est « rétrogradé » au cabinet du ministre de l'Intérieur. Là, nouveaux ennuis de carrière, dont un pot de graisse de foie gras envoyé à un influent conseiller de l'Elysée ne suffit pas à le protéger... Il est encore « rétrogradé » ; cette fois à la sous-préfecture de Trévennec en Bretagne. Il y fait la connaissance de « l'Archange », dont la commune, Sainte-Solène, appartient à l'arrondissement. Pour conserver son poste, il est contraint de rendre à Fervacques, notamment dans l'affaire d'Armezer, quelques services d'une moralité discutable. Cette succession de déboires le pousse peu à peu vers le socialisme : il adhère secrètement au PS. En 73, il est, grâce à Fervacques qui cherche à l'éloigner de sa femme, nommé « en avancement » à Perpignan, puis, en 75, préfet de la Guyane. Divorcé de Christine en 76 après avoir obtenu la garde de leur unique enfant, Alexandre, il perd son poste en 78 : il a laissé transpirer trop tôt ses préférences pour la gauche. Placé « hors-cadre », c'est-à-dire sans affectation, il revient à Etampes, la ville dont il est originaire, et s'engage à fond dans la vie politique, « travaillant » la circonscription pour le compte des socialistes. Cf. « Leçons de Ténèbres », T. I et II.

Malise : voir Brassard (Lise).

Mandrin : voir Dormanges.

Maria-Nieves, Marie-Neige : voir Villosa de Vega (Maria-Nieves).

Martineau (Evelyne) : jeune dactylo affectée au service commercial de l'ambassade de France à Vienne, elle fait la conquête de son ambassadeur, Jean Valbray, veuf de fraîche date. Peu subtile mais très assurée, elle joue bientôt auprès du père de Christine les servantes-maîtresses. Dans le milieu des ambassades elle étonne et détonne, par exemple lorsqu'elle entraîne le corps diplomatique dans une « danse des canards » endiablée... Christine, moitié bon sens, moitié jalousie, décide de l'éloigner : avec la complicité de Kahn-Serval, elle la fait engager en 76 comme doublure de Maud Avenel. Cf. « Leçons de Ténèbres », T. II.

Massin (Carole, née Jeanine, puis successivement Ghislaine, Pauline, Stéphanie, Marie-Anne, et Marie) : cette jeune femme avenante, née en 1943, rencontre Christine Valbray (alors Brassard) en 65 dans le HLM de Compiègne où toutes deux vivent. Vendeuse à mi-temps au rayon literie des « Nouvelles Galeries », elle complète alors ses revenus en jouant les « hôtesses » dans des boîtes de nuit de la région. Elle revient de loin : pas seulement de Toulon — dont elle a gardé l'accent. Elle est en effet la survivante d'un drame épouvantable (que Christine n'apprendra qu'en 77) : son père, Emile Massin, a tué sa mère sous ses yeux avant de se donner la mort. Mais l'orpheline (qui a changé son prénom de Jeanine pour celui, plus affriolant, de Carole, avant d'en emprunter, à mesure qu'elle grimpe dans le monde, une demi-douzaine d'autres) a tourné la page : apparemment gaie et généreuse, elle a l'esprit d'entreprise. Et tant pis si ces entreprises ne sont pas toujours de celles que la morale approuve ! De « michetonneuse » occasionnelle elle passe en effet vite au professionnalisme : elle devient codirectrice d'une agence d'« hôtesses » (« Cléopâtre »), monte une petite société de commercialisation d'un bip-bip électronique, le « Contact », qui « permet de multiplier à l'infini les rencontres décontractées », et fonde un réseau téléphonique spécialisé, « le Sex-Appel ». Ayant ouvert en même temps, sous le nom de « Marie Mauvière », un petit bureau de décoration (devenir décoratrice est son rêve d'enfant), elle entre dans le circuit des émirs — dont elle partage le goût de l'or et celui des dorures. Protégée d'Ibn Al-Hamid (« Poupougne » dans l'intimité), elle apprend l'anglais et la finance internationale, et crée, avec le comte de Balmondière, une petite entreprise d'informatique spécialisée dans le bakchich africain et moyen-oriental. Présentée à Alban de Fervacques en 1975 par Sibylle de Balmondière, elle devient sa maîtresse (« la belle-sœur de Christine par la main gauche ») et prend sur lui une influence croissante lorsqu'en 1977 il tombe gravement malade. Liquidant alors « Poupougne » et tous ses avoirs en France, elle s'installe aux Etats-Unis.

Christine, à laquelle elle doit en partie son « décrassage » social et son vernis culturel, a utilisé de temps en temps son F3 de Compiègne pour ses rendez-vous galants puis, entre 72 et 74, son appartement de Paris. Par la suite elle recourra encore à Carole, lorsque au moment du scandale de la Centrale des Eaux il faudra quelque temps cacher Kahn-Serval. Enfin, c'est par Carole qu'en 78 elle apprendra l'existence de sa mystérieuse rivale — qui n'est autre que Nadège de Leussac à laquelle « Caro » vient de confier la direction de sa société de décoration, « Mauvière and Co ». Cf. « Leçons de Ténèbres », T. I et II.

Mauvière (Marie-Anne) : voir Massin (Carole).

Michels (Stuart) : architecte et sculpteur anglais, habitué des « Rendez-vous » de Senlis. Plutôt imitateur que créateur, il restaure le « Xanadu » de Randolph Hearst, remodèle de fausses cariatides, et construit un Lascaux bis. Mais au milieu des années soixante-dix, après quelques glorieux « happenings », il découvre le principe des « cannelures » — zébrures verticales peintes en noir sur des demi-fûts de colonnes — qui lui assurent aussitôt un immense succès et la consécration dont rêve tout grand artiste. Même Fervacques, influencé par Nadège de Leussac, voudra avoir au Quai d'Orsay un bureau « cannelé »... Cf. « Leçons de Ténèbres », T. I et II.

Moreau-Bailly (François) : journaliste et divorcé. A commencé dans la presse économique — « les Echos »

— avant de prendre, dans les années cinquante, la direction d'un petit journal de gauche, « la Presse », dont il fera l'un des phares de l'intelligentsia. Proche des mendésistes, puis du PSU, enfin des gaullistes de gauche, avant de revenir vers les gauchistes d'abord, et les socialistes ensuite, Moreau-Bailly fournit au salon d'Anne de Chérailles (dont il est l'amant « en titre ») l'alibi politique qui lui manquait, tandis qu'Anne procure à son François l'alibi sexuel qu'il lui faut pour camoufler des coups de cœur moins orthodoxes. Le patron de « la Presse » n'a d'ailleurs pas de chance avec ses protégés, Escudier, Dormanges, qui, tous, après l'avoir exploité, le trahissent... La dernière de ces trahisons sera la bonne : en 78, François Moreau-Bailly perd la direction du journal qu'il animait depuis vingt-deux ans. L'affection d'Anne ne suffit pas à le consoler... Signe particulier de cet intellectuel lunaire, velléitaire et sympathique : il chante avec sentiment les romances de Reynaldo Hahn. Cf. « Leçons de Ténèbres », T. I et II.

Nadège : voir Fortier de Leussac (Nadège).

Neige, Nieves : voir Villosa de Vega (Maria-Nieves).

Nicolas : voir Zaffini (Nicolas).

Normanville (Anne-Marie de) : seconde femme de François Pinsart. D'« excellente famille », elle épouse, après la mort du vaudevilliste, un marquis de Duras. Elle est l'arrière-grand-mère de Charles de Fervacques et c'est elle qui, à la fin du XIXe siècle, lance, avec sa belle-fille Gladys Mellon, la station de Sainte-Solène. Cf. « Leçons de Ténèbres », T. I.

Olga : voir Kirchner (Olga).

PAPE : abréviation de « Programme d'Action Pour l'Europe », association culturelle créée en 68 par Olga Kirchner et Bertrand Fortier de Leussac. Sous prétexte de célébrer la culture européenne (et d'aider avec discrétion quelques dissidents de l'Est), l'association couvre certaines activités de renseignement qui profitent au bloc communiste. Cf. « Leçons de Ténèbres », T. I et II.

Pasty (Thierry) : voir Saint-Véran (Thierry).

Pavel : mystérieux personnage qu'Olga Kirchner a obligé Christine Valbray à rencontrer en 76 à la gare de Lyon. Il se donnait pour employé de l'ambassade d'URSS — et plus précisément de la « Résidence » du KGB ; il a félicité Christine pour sa contribution à la cause de la paix. Cf. « Leçons de Ténèbres », T. II.

Pellegrini di Siena (Lydia) : en 62, jeune femme piquante, elle fréquente le Farnèse où Maria-Nieves, que Jean Valbray n'a pas encore épousée, la reçoit en petit comité. On la croit princesse, comme on croit son père grand-maître de « l'Ordre de Saint-Thomas d'Acre ». En fait, toute la famille vit d'expédients et d'escroqueries, plumant les cow-boys américains qui lui achètent naïvement de faux titres de chevalerie. Bien qu'informé de cette situation par son attaché culturel, Thierry Pasty, Jean Valbray a une brève aventure avec cette « belle plante », un peu vénéneuse ; égarement qui lui coûtera cher quand, fin 67, le père de Lydia se trouve compromis dans une affaire de pots-de-vin entre la Compagnie Alitalia et l'entreprise Douglas, et qu'on découvre le nom de notre ambassadeur dans l'agenda de la dame... Sans les « événements » de 68, le sémillant Valbray y laissait sa carrière. Cf. « Leçons de Ténèbres », T. I et II.

Pelligrini di Siena (prince) : faux prince mais vrai père de Lydia, il est l'heureux inventeur de « l'Ordre souverain de Saint-Thomas d'Acre », du « Saint-Synode Turc Orthodoxe » et de quelques autres plaisanteries destinées aux épiciers de l'Iowa. Il atteint son niveau d'incompétence lorsque, entré « pour de vrai » dans la franc-maçonnerie romaine, il tente de servir d'intermédiaire dans un marché passé entre la Compagnie Douglas et Alitalia. Cf. « Leçons de Ténèbres », T. II.

Philippe : voir Valbray (Philippe).

Picaud-Ledoin : député « solidariste », ami de Fervacques et de D'Aulnay, il devient ministre de l'Agriculture en 76 dans le premier gouvernement Barre ; mais il suit « l'Archange » en novembre 78 lorsque après le limogeage de D'Aulnay celui-ci donne sa démission, ne laissant « en gage » à Giscard que Christine Valbray. Cf. « Leçons de Ténèbres », T. II.

Pinsart de Fervacques (François) : voir Fervacques (François de).

Pinsart de Fervacques (Jean) : dernier enfant de François Pinsart et d'Anne-Marie de Normanville, il meurt à l'âge de sept ans dans l'incendie du Bazar de la Charité. Il est enterré, avec sa sœur Marie, dans la chapelle de l'Espérance, sur la pointe de la Dieu-Garde à Sainte-Solène. Cf. « Leçons de Ténèbres », T. I.

Pinsart de Fervacques (Marie) : fille de François Pinsart et d'Anne-Marie de Normanville, elle meurt en 1897, à l'âge de dix-sept ans, en tentant de sauver son frère Jean, prisonnier des flammes du Bazar de la Charité. Elle est enterrée avec lui à Sainte-Solène. Cf. « Leçons de Ténèbres », T. I.

« ***Presse*** » (la) : grand quotidien dirigé par François Moreau-Bailly de 1956 à 1978, puis par Henri Dormanges. D'abord « gauchisant », le journal change d'actionnariat et d'orientation en 78 lorsque Dormanges en prend la tête. Cf. « Leçons de Ténèbres », T. I et II.

Prioux (le père Pierre) : jésuite de cour et de théâtre. Toutes ses productions scéniques, appréciées du monde intellectuel, sont des « relectures » et des « remises en question » : il fait jouer « le Soulier de Satin » pieds nus, « Comme il vous plaira » sur un étal de tripiers, « l'Ecole des Femmes » par une jeune comédienne noire, et « la Double Inconstance » derrière un rideau de fer « pour retrouver la merveilleuse intériorité de la radio ». Il a lancé Maud Avenel (qui, d'après les mauvaises langues, aurait un moment partagé sa vie — pour être jésuite, on n'en est pas moins homme), et il a, non sans rires et non sans peine, baptisé Christine en décembre 69, à la veille de son mariage. Cf. « Leçons de Ténèbres », T. I et II.

Progrès et Solidarité : revue et « club » de réflexion créés dans les années soixante par Charles de Fervacques et quelques-uns de ses amis. Au début des années soixante-dix, ce club centriste, transformé en association et en « mouvement », attire quelques jeunes non gauchistes et un certain nombre de parlementaires qui, grâce à la « Spear », trouvent là le boire et le manger. En 74, Fervacques parvient à prolonger son mouvement par un groupe parlementaire autonome, que préside d'Aulnay. On parle alors de députés « solidaristes », et on dit « solidarisme » comme s'il s'agissait déjà d'un parti. Cf. « Leçons de Ténèbres », T. I et II.

Renaud (dit « RKS ») : voir Kahn-Serval (Renaud).

Rendez-vous : voir Senlis.

Rengen : propriété de Diane de Rubempré au Tyrol. Cf. « Leçons de Ténèbres », T. II.

Rieux (les) : « folie » du XVIIIe siècle, à moitié ruinée, que Jean Valbray achète en 46 pour une bouchée de pain dans la banlieue nord de Paris. Il y installe la famille Brassard et poursuit sa carrière diplomatique sous d'autres cieux. En 66, pour contraindre sa femme, Malise, à accepter le divorce, il met « les Rieux » en vente. La maison, en très mauvais état, ne trouve preneur que fin 68 : une chaîne de supermarchés, intéressée par l'emplacement et le terrain, décide de la démolir pour implanter l'un de ses centres. En janvier 69, les Brassard font leurs paquets et s'installent à Creil. Le vieil hôtel est démoli en mars. Cf. « Leçons de Ténèbres », T. I.

Rondelle (Monsieur) : inspecteur des Renseignements Généraux, époux de la cuisinière que les Chérailles engagent pour leurs grandes réceptions à Senlis ou Villa Scheffer. C'est lui qui, en 74, est chargé de l'enquête administrative préalable sur Christine Valbray, à laquelle on vient de confier le poste de directeur adjoint au cabinet du Quai d'Orsay. Par paresse — et faute de crédits de déplacement — il préfère s'adresser directement à l'intéressée (dont il a entendu dire du bien par sa femme) et remplir le dossier avec elle : Christine y met tout ce qui peut servir sa carrière et tait ce qui la gênerait... Cf. « Leçons de Ténèbres », T. II.

Roux : député solidariste, secrétaire d'Etat entre 76 et 78. Cf. « Leçons de Ténèbres », T. II.

Rubempré (Diane de) : arrière-petite-fille de François Pinsart, petite-fille de la princesse Madeleine de Rubempré (amie des Chérailles), Diane est la cousine au deuxième degré de Charles et Alban de Fervacques. Elle laisse ses cousins gérer sa fortune, et se consacre à la chasse (sa propriété de Rengen au Tyrol est connue de tous les bons fusils) ; entre deux massacres elle s'occupe de ses maris, plus play-boys les uns que les autres, de ses yachts, de leurs marins, et, sur le tard, de la cocaïne. Cf. « Leçons de Ténèbres », T. I et II.

Rubempré (Isabelle de) : sœur jumelle de Diane de Rubempré, morte à vingt ans, après avoir été le premier amour de son cousin Charles de Fervacques. Cf. « Leçons de Ténèbres », T. II.

Rubempré (princesse Madeleine de) : fille de François Pinsart, le vaudevilliste, elle épouse, après l'incendie du Bazar de la Charité, un prince hollandais un peu « retardé », Onno de Rubempré. Intime amie de la vieille comtesse de Chérailles, elle est la grand-mère de Diane de Rubempré. Cf. « Leçons de Ténèbres », T. I et II.

Rudolf : agent appartenant au réseau d'Olga Kirchner. A Vienne, il travaille comme serveur au restaurant « Kônig von Ungarn » et se charge, pendant toute la durée de la Conférence sur la Sécurité en Europe, d'acheminer les documents que lui remet Christine Valbray. Cf. « Leçons de Ténèbres », T. II.

Sainte-Solène : « la perle de la Côte des Fées ». Station balnéaire bretonne fondée par François Pinsart de Fervacques à la fin du Second Empire, et « lancée » au début du siècle par sa veuve et sa belle-fille, Gladys Mellon. Charles de Fervacques, qui a hérité de la grande maison faussement gothique construite pour la famille par Viollet-le-Duc, est élu maire de Sainte-Solène en 53 et député l'année d'après. Très vite, constatant que les milliardaires qui ont lancé la plage l'ont désertée et que les « congés payés » ne permettent aux commerçants locaux que de vivoter, Fervacques, arguant du microclimat de la région — « la Riviera armoricaine » —, en fait une station pour le troisième âge, qu'il juge plus « porteur ». Aux hôtels chics, comme aux petites pensions de famille que Christine Valbray avait connues dans les années cinquante, succèdent, au début des années soixante-dix, maisons de retraite de luxe, centres de postcure, résidences « tous services », instituts de thalassothérapie, cliniques, golfs, pâtisseries et cimetières. Au casino on organise des concours de scrabble et des thés dansants, transposant dans la Bretagne de cette fin de siècle l'ambiance opulente et tranquille de la Côte d'Azur des années 1900... Cf. « Leçons de Ténèbres », T. I.

Saint-Véran (Thierry) : écrivain dont Christine Valbray a fait la connaissance à Rome dans les années soixante alors que, jeune et timide professeur de lettres, il avait été nommé attaché culturel au Farnèse. Il s'appelait Thierry Pasty et ne prendra le pseudonyme de Saint-Véran qu'en 68 lorsqu'il publie son premier roman, « la Vie de Giton », un remake du « Satiricon » qui fait scandale mais lui assure une immense notoriété. Il abandonne aussitôt la carrière diplomatique pour la littérature, devenant critique dans divers journaux, et publiant deux essais, l'un de morale, « Débris, Bribes et Riens », l'autre de polémique, « Des morts qu'il faut tuer ». Il entreprend aussi un grand roman, œuvre de longue haleine qu'il n'achève pas — mais dont il se laisse heureusement distraire par de multiples ouvrages à succès : des nouvelles, des pièces comme le « Divertimento Baroque », des scénarios de feuilletons pour la télévision. Christine — qui l'a retrouvé aux « Rendez-vous » de Senlis, puis à Sainte-Solène, à Paris, à Vienne enfin (où a lieu la première de son « Divertimento Baroque ») — accepte qu'il la courtise : persuadée que ses goûts le portent davantage vers l'autre sexe, elle ne le croit pas dangereux... C'est ainsi qu'en 77, peu défendue, elle se retrouve dans son lit un soir de « déprime » alors qu'il cherche à la consoler des cruautés de « l'Archange ». Lorsqu'en 78, convaincue que Fervacques la trompe avec Nadège de Leussac, elle prend l'initiative de la rupture, c'est en annonçant à son amant qu'elle se met en ménage avec Saint-Véran, qui semble alors sincèrement épris d'elle. En fait, même si elle connaît l'écrivain depuis quinze ans, elle sait encore peu de choses de son passé ; tout juste, en

75, a-t-elle rencontré au château de Fervacques Alexis Sovorov, ancien précepteur de Charles et d'Alban, qui se présente à elle comme l'ex-tuteur de Thierry... Cf. « Leçons de Ténèbres », T. I et II.

Sans Pareille (la) : voir Valbray (Christine).

Senlis (« Rendez-vous » de) : « rencontres » politico-artistiques qu'Anne de Chérailles commence à organiser dans son vieil hôtel de la rue de la Treille à la fin des années cinquante ; François Moreau-Bailly lui sert de « rabatteur » dans les milieux parlementaires, Olga Kirchner dans certains milieux de l'art. Cette formule de week-ends campagnards, où la décontraction est obligatoire et où se croisent des célébrités venues d'horizons différents, connaît un grand succès dans les années soixante. Succès qui décroît vers le milieu des années soixante-dix quand Anne de Chérailles, accaparée par les difficultés de la LM, délègue à Olga Kirchner le soin de procéder aux dosages délicats qui précèdent les invitations : les « Rendez-vous » se trouvent alors curieusement déportés vers l'économique, l'industriel, le scientifique, et tournent aux séminaires pour jeunes cadres. Du reste, les fins de semaine à la campagne sont passées de mode, comme les « fermettes aménagées ». Cf. « Leçons de Ténèbres », T. I et II.

Sévigné (Elisabeth de) : voir Fervacques (Elisabeth de).

Sovorov (Alexis) : Russe blanc élevé à Pantin. Docteur en théologie, licencié ès lettres (bien qu'il s'efforce toujours, pour faire « parigot », de parler un argot terriblement daté), il devient en 1940, aux Etats-Unis où il s'est réfugié, le précepteur de Charles et Alban de Fervacques dont il a conquis la mère, la princesse Variaguine, par ses souvenirs de Russie. Il est licencié de son emploi en 1942 quand le jeune Charles se plaint auprès de son père de certains « gestes déplacés » du précepteur — lequel n'affichera que bien plus tard son goût pour les garçons. Rentré en France à la Libération, Sovorov devient chroniqueur mondain à « Paris-Match », puis à « Jours de France ». Quelques années plus tard (comme il le raconte à Christine Valbray en 75, lorsqu'il la rencontre pour la première fois), il est nommé tuteur d'un jeune enfant, Thierry Pasty, le futur Saint-Véran... Cf. « Leçons de Ténèbres », T. II.

Spear (la) : appellation abrégée de la holding franco-américaine « Fervacques and Spear », créée dans les années vingt par Bertrand de Fervacques avec un certain Mr. Spear, depuis longtemps disparu. Actionnaire de nombreuses entreprises (entre autres les usines d'armements Mérian), spécialiste des coups de Bourse et de la « hot money », la « Spear » chapeaute tout le groupe, y compris la fameuse Banque Française d'Extrême-Orient. Cf. « Leçons de Ténèbres », T. I et II.

Thierry : voir Saint-Véran (Thierry).

Trévennec : chef-lieu d'arrondissement — particulièrement hideux — d'un département du nord de la Bretagne. Christine Valbray y vit quelques années lorsqu'elle est la femme de Frédéric Maleville, nommé sous-préfet de l'arrondissement. Par chance, se trouvent à proximité des endroits charmants : Sainte-Solène et « la Côte des Fées ». En 1975, Jean Hoédic, jeune militant socialiste qui fut l'adversaire malheureux de « l'Archange » lors de l'affaire d'Armezer, conquiert la mairie de Trévennec à l'occasion de municipales anticipées, et il en devient, peu après, le député. Cf. « Leçons de Ténèbres », T. I et II.

Valade : peintre en vogue, souvent exposé dans la galerie d'Olga Kirchner. Spécialiste des « chiffonnages » et des « éraillures ». Cf. « Leçons de Ténèbres », T. II.

Valbray (Anne) : voir Chérailles (Anne de).

Valbray (Christine, née Brassard, épouse Maleville) : née en février 1945 à Saint-Rambert-en-Bugey, de Lise Brassard. Le père, Jean Valbray, n'est pas nommé dans l'acte de naissance car il est encore marié à Anne de Chérailles. Christine est donc une « bâtarde adultérine ». Elevée à Evreuil, dans la banlieue parisienne, par ses grands-parents maternels, elle ne fait la connaissance de son père qu'à l'âge de seize ans : il est ambassadeur au Farnèse, elle est communiste et partagée entre le cynisme et la révolte. Adoptée par Valbray en 69 (une loi de 1945, toujours en vigueur à cette époque, interdit en l'espèce toute légitimation rétroactive), elle épouse la même année Frédéric Maleville, un jeune sous-préfet, ami de son demi-frère Philippe. Vite fatiguée de la vie de sous-préfecture, qui lui interdit toute activité professionnelle (elle était jusqu'à son mariage maîtresse auxiliaire de français, puis professeur d'histoire agrégé au lycée de Compiègne), elle revient à Paris malgré sa récente maternité (un fils né en 71), et se lance dans le journalisme : elle travaille à « la Gazette des Arts », revue dont Anne de Chérailles est propriétaire. Ses idées politiques rosissent et, à l'instigation d'Olga Kirchner, qu'elle a connue à Senlis, elle entre comme attachée de presse au cabinet du ministre de l'Education nationale, Antonelli. En juin 73, elle passe au cabinet de Charles de Fervacques, ministre des Affaires étrangères, toujours comme attachée de presse ; mais, devenue la maîtresse du ministre, elle étend vite le champ de ses attributions : chargée de la politique culturelle à l'étranger, elle devient bientôt directeur adjoint du cabinet, puis, en 77, directeur « à part entière ». Parallèlement, pour rembourser d'importantes dettes de jeu (elle a commencé, par désœuvrement, à fréquenter le casino de Sainte-Solène du temps où elle habitait la sous-préfecture de Trévennec), elle accepte de fournir certains renseignements diplomatiques à une association animée par Olga, le PAPE. Lorsqu'elle discerne, derrière cette organisation vouée à aider les artistes dissidents d'Europe de l'Est, l'ombre du KGB, elle n'interrompt pas pour autant sa collaboration... En 1976, son mari obtient le divorce et la garde de leur enfant. En octobre 78, elle rompt sa liaison avec Charles de Fervacques par crainte d'être rejetée par lui (il s'est pris d'un amour en apparence sincère pour la très jeune Nadège de Leussac) ; cette rupture ravit « l'Archange » qui, en remerciement, fait offrir à son ex-maîtresse un petit poste ministériel — secrétaire d'Etat à la Défense nationale — lorsque lui-même quitte le gouvernement pour préparer les Présidentielles. Toujours affiliée au mouvement solidariste (voir « Progrès et Solidarité ») et toujours amoureuse de Fervacques, Christine prend ses nouvelles fonctions la mort dans l'âme, tout en feignant de s'attacher au romancier Saint-Véran. Cf. « Leçons de Ténèbres », T. I et II.

Valbray (Hélène, née Dallières) : quatrième femme de Jean Valbray. Epousée en 1978 peu après la nomination de l'ambassadeur à Moscou, cette « légitime »-ci a la trentaine, vient de Neuilly, et se prend pour une spécialiste de la porcelaine chinoise. Cf. « Leçons de Ténèbres », T. II.

Valbray (Jean, dit « l'Ambassadeur », « J. V. », « Valmy ») : né en 1913, diplômé de l'Ecole Normale Supérieure, il entre dans la diplomatie en 1936 et épouse Anne de Chérailles en 1938. Nommé à la Mission économique à Londres en 1939, il rallie la France Libre sitôt après la naissance de son fils Philippe, tandis que sa belle-famille verse dans la collaboration. Chargé de coordonner les maquis de la Saône et de l'Ain, il devient successivement l'amant des deux sœurs Brassard, Arlette (fusillée en 1944), et Lise, à laquelle il fait deux enfants, Christine et Béatrice. Divorcé d'Anne de Chérailles en juillet 1946, il épouse Lise Brassard, ancienne vendeuse dans une charcuterie de Belley, mais ne parvient pas à reconnaître ses deux filles, une nouvelle loi ayant interdit la « légitimation des bâtards adultérins, même par mariage subséquent ». Très vite, il se sépare d'une femme qui n'est ni de « son genre », ni de son milieu. Il poursuit seul sa carrière diplomatique, qui le mène de Washington à Madrid, puis de Madrid à Bruxelles, de Bruxelles à Prague, et de Prague à Rome. Quand il commence à vivre avec Maria-Nieves Villosa de Vega et que Lise Brassard continue de lui refuser le divorce, il tente de faire pression sur elle en cessant de contribuer à l'entretien des enfants, qui « sur le plan légal » ne lui sont rien. Il ne se montre curieux de connaître son aînée, Christine, qu'en apprenant qu'elle vient de passer son bac. Conquis (malgré de fréquents « accrochages ») par cette fille intelligente et jolie, il l'adopte en 1969 — non sans avoir, au préalable, vendu « les Rieux » pour punir Lise Brassard de son entêtement et « échangé » l'adoption qu'il prononce contre le consentement au divorce de sa deuxième femme. Il n'adopte d'ailleurs pas son autre fille, moins brillante et moins complaisante. Ayant enfin pu épouser la comtesse Villosa de Vega, il est nommé ambassadeur à Vienne. Maria-Nieves, à laquelle Christine s'est profondément attachée, meurt en 1973 d'un cancer du foie, et Valbray, qui ne peut rester longtemps sans femme et se plaît à passer de l'aristocratique au populaire et vice versa, s'éprend d'une garde au fond pour cet « l'Archange », qu'elle a formé et « materné »... Cf. « Leçons de Ténèbres », T. I et II.

Weber (Marceau) : né dans l'Aveyron, cet ancien chef de gare fait un parcours politique très Troisième République (bien qu'il soit l'un des « Quatre-vingts » qui refusent en 40 les pleins pouvoirs à Pétain), avant de se retrouver en 1950 président (MRP) du Sénat. Impliqué en 56 dans une affaire de mœurs — le scandale des « ballets bleus » —, il se suicide trois mois plus tard, au grand désespoir de sa fille Malou. Cf. « Leçons de Ténèbres », T. I.

Worsley (Cynthia) : une des nombreuses fiancées de Philippe Valbray. Héritière de la princesse de Guéménée, sa mère, et des parfums Worsley, elle plaît beaucoup à Anne de Chérailles, mais en 69 Christine, un peu par jeu, un peu par jalousie, fait échouer ce projet de mariage. Cf. « Leçons de Ténèbres », T. I.

Worsley (Florence, née princesse de Guéménée) : sotte, mais, dans les années soixante, encore riche. Aussi Anne de Chérailles la convie-t-elle à ses « Rendez-vous »... Florence Worsley ne parviendra pourtant pas à marier sa fille Cynthia à Philippe Valbray, et son mari la ruinera en innovations technologiques et en gitons. Cf. « Leçons de Ténèbres », T. I et II.

Worsley (James) : époux de Florence et père de Cynthia, surnommé « Ille-et-Vilaine » en raison de l'implantation de ses usines de parfums et de ses ambiguïtés sexuelles. A force d'idées géniales et de modernisations successives de ses chaînes de production, de son commercial et de ses bureaux, il parvient à ruiner une famille qui fournissait les grandes Cours d'Europe au XIXe siècle. Cf. « Leçons de Ténèbres », T. I et II.

Zaffini (Giuseppe) : d'origine italienne, syndicaliste CGT, ouvrier aux usines Bourjois d'Evreuil — où il fait la connaissance de Germaine Brassard, la grand-mère de Christine —, il devient, avec sa femme Rosa, le meilleur ami de ces autres immigrés que sont les « transplantés du Bugey ». Il s'efforce, sans succès, de ramener le grand-père Brassard au communisme, mais parvient à y convertir ses deux petites-filles. Il a moins de chance avec son fils Nicolas, qui, d'abord membre éminent des Jeunesses Communistes, puis de l'UEC, passe au trotskisme à la veille de 68, puis à l'écologisme : double déshonneur pour un vieux stalinien. Cf. « Leçons de Ténèbres », T. I.

Zaffini (Nicolas, dit « Zaffi ») : fils de Giuseppe et Rosa Zaffini. Agé de quelques années de plus que Christine, il s'attache à elle dès l'enfance, mais s'en éloigne après 68 lorsqu'elle fait un mariage « bourgeois » tandis qu'il évolue vers un gauchisme de plus en plus intransigeant. Ingénieur des Arts et Métiers, et candidat d'un des courants trotskistes aux Présidentielles de 1974, il fait cependant un score si médiocre qu'une partie des troupes qu'il avait séduites en « Mai » l'abandonne. Ayant mis un peu d'eau dans son vin, il se convertit à l'écologie : on le voit sur le Larzac et devant chaque centrale nucléaire — sans qu'il obtienne encore, dans les nombreuses élections auxquelles il se présente, le succès escompté. Un moment il renoue avec Laurence de Fervacques, une des maîtresses occasionnelles que lui avait values son aura de grand « soixante-huitard » ; il est prêt à accepter n'importe quel poste technique que le père de Laurence, ministre, pourrait lui proposer à l'étranger. Mais Fervacques, que les espérances et les déboires amoureux de sa fille n'attendrissent guère, ne veut rien entendre. Zaffini lâche de nouveau cette Laurence qui lui rapporte si peu. Il a le bonheur de rencontrer dans l'écologie la fille, pénitente, d'un gros industriel pollueur ; il l'épouse (« le mariage romantique de l'année ») et le beau-père, mûr lui aussi pour l'expiation, entretient le jeune ménage et les « Verts » de Zaffi. Les scores du jeune leader s'améliorent peu à peu : en abandonnant à temps le trotskisme pour l'écologie, plus « in », il a fait le bon choix. Son seul problème existentiel est de savoir s'il doit faire pencher ses écologistes à gauche ou à droite, s'allier avec le pouvoir ou avec l'opposition. Pour l'instant — comme Fervacques et pour les mêmes raisons —, il essaie de rester au centre. Cf. « Leçons de Ténèbres », T. I et II.

Table

Evreuil 5

La Lagune 577

Liste des principaux noms propres cités dans les premier et deuxième volumes 655

Composition réalisée par JOUVE

IMPRIMÉ EN FRANCE PAR BRODARD ET TAUPIN
La Flèche (Sarthe)
LIBRAIRIE GÉNÉRALE FRANÇAISE - 43, quai de Grenelle - 75015 Paris.
ISBN : 2 - 253 - 05919 - 6

30/7387/1